长垣三善文化志

主编 陈文圣 王文举

·郑州·

图书在版编目(CIP)数据

长垣三善文化志 / 陈文圣,王文举主编. --郑州:河南大学出版社,2022.6
ISBN 978-7-5649-5179-5

Ⅰ.①长… Ⅱ.①陈… ②王… Ⅲ.①文化史-长垣县 Ⅳ.①K296.14

中国版本图书馆CIP数据核字(2022)第105256号

责任编辑	马 博 时二凤		
责任校对	肖凤英		
封面设计	马 龙		

出 版	河南大学出版社		
	地址:郑州市郑东新区商务外环中华大厦2401号	邮编:450046	
	网址:hupress.henu.edu.cn		
	电话:0371-86059701(营销部)		
	0371-22860116(人文社科分公司)		
排 版	郑州市今日文教印制有限公司		
印 刷	郑州印之星印务有限公司		
版 次	2022年10月第1版	印 次	2022年10月第1次印刷
开 本	890 mm×1240 mm　1/16	印 张	46.75
字 数	766千字	定 价	260.00元

(本书如有印装质量问题,请与河南大学出版社营销部联系调换。)

《长垣三善文化志》编委会

主　任：夏治中

顾　问：宋广民

成　员：陈文圣　　　　王文举　　　孙宝全
　　　　李灿军　　　　张　威　　　季洪林
　　　　张　琰(女)　　王　强(女)　李志刚
　　　　崔增慧　　　　韩会敏(女)

主　编：陈文圣　　　　王文举

副主编：孙宝全(执笔)　李灿军　　　张　威

编　辑：顿建娜(女)　　杜　宇(女)　张志凌(女)
　　　　赵光甫

主编简介

陈文圣

长垣市芦岗乡人,曾任中共长垣县委宣传部常务副部长、长垣县住房和城乡建设局局长,现任长垣市人大常委会办公室主任、机关党组书记。擅写诗,对长垣文史研究颇深,主编或参与编辑出版《风物长垣》《长垣防腐志》《长垣市中医医院志(1988年—2020年)》等书。

王文举

长垣市魏庄镇人,中共党员,现任中共长垣市蒲东街道党工委书记。先后担任共青团长垣县委副书记、苗寨镇党委副书记、蒲西街道正科级干部、长垣市汽车产业园区管委会主任、孟岗镇党委书记。致力文化建设,曾主导编辑《长垣君子文化志》《长垣烹饪志》等书。

序　言

《长垣三善文化志》是我国为数不多的一部地方吏治文化志书。

长垣古称"三善之地",是三善文化的发源地,这和孔子与其弟子子路有关。《孔子家语·辩政》记载:"子路治蒲三年,孔子过之。入其境,曰:'善哉!由也,恭敬以信矣。'入其邑,曰:'善哉!由也,忠信以宽矣。'至其庭,曰:'善哉!由也,明察以断矣。'"孔子三称其善,成为后世传颂的治理"千乘之国"的佳话。由此可见,"三善"的核心是良政善治,要义是恭敬、忠信、明察,三善文化就是在儒家思想浸润下的中华优秀传统吏治文化的缩影。

两千多年来,三善文化对后人"为官一任,造福一方"影响深远。无论是长垣人重用在外,还是外地人在长理政,无论是誉满民间的邑宰县令,还是立身庙堂的贤臣廉吏,无论是中唐"六节度",还是晚明"七尚书",无不将其奉若圭臬,传承发扬。新中国成立以来,特别是改革开放以来,长垣人将三善文化作为促进良政善治的本土教材,秉持以人民为中心的发展思想,科学行政,依法行政,民主行政,推动长垣进入历史最好的发展时期:党建引领坚强有力,政治生态风清气正,产业经济不断优化,社会风尚积极向好,城乡面貌日新月异,人民群众安居乐业,成功创建全国文明城市、实现撤县设市、跻身全国百强县(市),"长垣现象""长垣模式""长垣经验"闻名遐迩,全市经济社会发展和人民生活水平取得了长足进步和大幅提升。三善文化以其内在的无穷魅力和现世价值,为长垣经济社会高质量发展注入了源源不断的精神力量,已经成为世代流芳的精神瑰宝。

治天下者,以史为鉴;治郡国者,以志为鉴。进入新时代,踏上新征程,在实施全面依法治国和推进国家治理体系与治理能力现代化的今天,对三善文化加以挖掘、总结、创新和弘扬,具有重要的存史资政意义。这是编者编纂本志书的初心和目的。2021年5月,在市委的大力支持下,市人大常委会牵头启动了《长垣三善文化志》编纂工作。全体编纂人员怀着对祖先遗留宝贵文化的敬畏与感恩，按照讲政治、有特色、出精品的要求，坚持以史为据，广撷博采，详考精裁，秉笔直书，经过近一年的辛苦征编创作，终于辑成《长垣三善文化志》一书并付梓成册，为读者奉献出一部弥足珍贵的精品佳志。《长垣三善文化志》是研究地方吏治文化的专著，较好地体现了政治性、人民性、时代性、地域性，具有重要的文献价值、史学价值和元典价值。值此付梓之际，向关心、支持本志出版和参加编纂的同志一并表示谢忱！

修志问道，垂鉴未来。习近平强调："不忘本来才能开辟未来，善于继承才能更好创新。对历史文化特别是先人传承下来的价值理念和道德规范，要坚持古为今用、推陈出新，有鉴别地加以对待，有扬弃地予以继承，努力用中华民族创造的一切精神财富来以文化人、以文育人。"三善文化是长垣的传家宝，是长垣人的精神富矿，我们要世世代代地传承下去。我们相信，在三善文化的感召和激励下，全市人民一定能够汲取更多动力和源泉，在新时代新征程勇立潮头、勇毅前行，创造新的历史伟业。我们相信，通过全市上下的学习宣传和继承弘扬，三善文化一定能够被赋予新的历史内涵，焕发新的时代光芒，在古蒲大地乃至全国永世传颂、熠熠生辉。如是，将不愧对于先人，不汗颜于后人。

最后，我想引用长垣老县衙内的《退思铭》碑文与各位读者共勉：仲子喜闻，蘧公欲寡。懿范孔彰，慎修匪假。千载此心，昭昭不昧。直道犹存，神明鉴在。垣本古蒲，先贤旧御。遗迹难追，殚婴厥虑。出务勤民，入求省己。早见预图，令终如始。

是为序。

长垣市第一届人大常委会主任　夏治中
2022年2月

目 录

概述 …………………………………………………………………… 001

第一章　长垣"三善之地"的由来 ………………………………… 012
　第一节　"三善"的由来 ……………………………………………… 012
　第二节　子路传记 …………………………………………………… 019
　第三节　子路与长垣 ………………………………………………… 037
　第四节　《论语》中有关子路的记述 ……………………………… 043
　第五节　《孔子家语》中有关子路的记述 ………………………… 057
　第六节　其他有关子路的生平介绍 ………………………………… 072

第二章　子路治蒲的执政理念 …………………………………… 088
　第一节　孔子的仕途之路 …………………………………………… 088
　第二节　子路的从政之路 …………………………………………… 094
　第三节　《论语》中孔子的治国理念 ……………………………… 101
　第四节　《孔子家语》中孔子的执政理念 ………………………… 118
　第五节　子路治理思想的研究 ……………………………………… 157

第三章　"三善之地"产生的历史渊源 ………………………… 182
　第一节　先秦时期长垣的兴替沿革 ………………………………… 182
　第二节　先秦时期长垣的社会阶级 ………………………………… 184
　第三节　先秦时期长垣的军事战争 ………………………………… 186
　第四节　先秦时期长垣的民风民俗 ………………………………… 188
　第五节　先秦时期长垣的文化艺术 ………………………………… 190
　第六节　先秦时期长垣的历史人物与事件 ………………………… 192

第四章　"三善之地"的文史典籍 ……………………………… 220
　第一节　长垣金石记载的"三善"与子路 ………………………… 220

第二节　长垣歌颂"三善"的古诗词 ························ 244
　　第三节　先贤仲子祠祭祀 ···································· 279
第五章　"三善之地"的历史遗存与传承 ···························· 282
　　第一节　纪念子路的古迹遗址 ································ 282
　　第二节　当代纪念子路的建筑 ································ 299
第六章　"三善之地"的善政善治 ···································· 304
　　第一节　子路之后长垣的有为县令 ···························· 304
　　第二节　子路之后长垣籍的有为名士 ·························· 378
　　第三节　新中国成立前后长垣的党政人物 ······················ 510
　　第四节　长垣市对三善文化的重视与作为 ······················ 552
　　第五节　三善文化对当代长垣的影响和意义 ···················· 554
　　第六节　当代歌颂三善文化与子路的文学作品 ·················· 566
第七章　对子路研究的最新成果 ···································· 590
附录：蒲东——"三善之地"的发祥地　"三善文化"的传播源 ············ 727
后记 ··· 736

概 述

人类社会历史就是一部治理演变的过程。有了人类,就有了治理。纵观人类社会或进或退,但总是曲折向前。大凡有良政善治,则经济社会发展,文明昌达。反之,则经济社会倒退,文明晦暗。

中原地区是中华文明的重要发祥地,也是历代治国理政的首要之地。春秋时期,子路在长垣任蒲邑宰,践行儒家礼仪仁政的治国理念,进行儒家执政兴国的有益尝试,丰富儒家善政善治的执政方略,生发出恭敬、忠信、明察的三善文化,在中国社会治理史上留下了浓墨重彩的华章。

一

文化是人类社会历史的根脉。

在漫长的历史进程中,产生了许许多多的文化,引领社会向前发展。中原文化作为中华文明的根文化之一,绚丽多彩,婀娜多姿,犹如一棵根深叶茂的大树,结出一串串硕果。三善文化即是其中之一。

中原地区自上古至唐宋时期,一直是中国的政治、经济、文化中心,在上古时期就形成了发达的农业文明,由此衍生的文化,则为后世的社会政治制度、文化礼仪典章提供了基本的范本。中原文化在某种程度上就代表着中国传统文化,而儒家思想在传统文化中长期占据主流位置。《尚书·禹贡》载,长垣属冀州、兖州、豫州之域,处于中原腹地,长期受中原正统思想的教化和影响。春秋时期,长垣是诸子百家思想碰撞交汇的实验场。子路任蒲邑宰三年,儒家治理思想落地开花,蒲地面貌焕然一新。由子路治蒲而产生的三善文化,实际是一种吏治文化,应算作是正统中原文化的一种。可以说,三善文化是优秀的中原文化。

三善文化也是儒家的仁政文化。儒家的核心思想是"仁",具体表现就是忠与恕。曾子说："夫子之道,忠恕而已矣。"(《论语·里仁》)作为孔门十哲,子路美德很多,但最突出的是孝顺和善政。子路是至孝之人,曾有"百里负米"之说,孔子赞誉:生尽其力,死尽其思,真乃至孝。在政治上,子路不但有远大的政治抱负,而且具有善政为民的雄才大略。孔子在鲁国做过司寇以后,又推荐弟子到各地任职,推广儒家思想,施展政治抱负,推行仁政理念。其中子路、冉求、子羔等为孔门四科中"政事"科。子路曾分别当过鲁国执政大夫季孙氏和卫国执政大夫孔悝家臣,又被孔悝派往蒲地治理。在每次任职内,他都忠诚践行儒家思想,特别是三善治蒲,使子路的从政生涯达到了顶峰。

善政善治是三善文化的核心。如何实行有效治理一直是历代统治者亟待破解的命题,良政善治成为历代统治者的追求。儒家思想作为入世哲学,在治国的方略上,主张为政以德,实行德治或礼治,三善治蒲即是儒家治理思想的一个范例。子路在施政中,恭敬谨慎讲信用,使百姓尽力做事;忠实守信而宽容,使百姓不苟且马虎;明察秋毫果敢决断,使政令不扰民。孔子对子路的治理理念和模式给予高度肯定,"虽三称其善,庸尽其美乎?"(《孔子家语·辩政》),认为这就是善政善治。后世对三善治蒲也倍加推崇,《孔子家语》和《史记·孔子世家》给予详细记载和充分赞誉,尤其是长垣历代县宰奉若圭臬,竞相效仿,发扬光大,形成了独具特色的三善文化。

三善治蒲对后世治理理念影响深远。在全面依法治国的今天,尤需对三善文化加以挖掘、总结、创新和弘扬,使其迸发新的生机与活力。

二

三善文化作为中原地域以善政善治为主要特征的治理文化,有其深厚的历史渊源。

长垣位列中原名邑,古称"三善之地"。春秋时期,农耕经济在黄河、长江流域兴起,中华文明基因已经形成。夏朝时人们遵从天命,殷商时遵从神灵,到了周朝时人们开始尊礼。经由夏、商、西周,到春秋战国社会剧烈动荡、急剧变革,以礼崩乐坏、百家争鸣为标志,诸子百家对国家治理理念已然成熟,催生了以儒道墨法为代表的等各家救世治国思想,产生了一大批救世治世的思想家、政治家。各种思想相互碰撞、交融并济,各家代表人物竞相登场、施展抱负。在各家激烈博弈中,儒家思想经过历代的长期实践,在秦毁汉誉之后,不断革故鼎新,博采众长,逐渐脱颖而出,成为统治阶级认可的治国之术。而后,历代统治者推行德政、礼治和人治,不断吸收法治和无为而治的理念,形成了中国传统文化的基本范式儒家思想,逐渐渗透到社会各方面,成为封建社会治国理政的道德基石。

长垣是春秋君子蘧伯玉的故里,也是孔子周游列国的旅居地,更是诸子百家传经布道的实验场,饱受各种文化思想浸淫,人文底蕴深厚。孔子周游列国多次到长垣,在此留下了杏坛施教、增删《春秋》、演习周礼等佳话,也遭遇匡人困孔的窘境,落下"子畏于匡"的诟病。尤其是蘧孔之交,历时数十年,二者亦师亦友,心灵相通,教学相长,兼容并包,学术思想各为一派宗师。子路治蒲三年,忠实践行儒家思想,孔子三称其善,史称"治蒲三善",为后世留下治理千乘之国的范例,也为三善文化奠定了坚实基础。此后,善政善治的治理理念深深地根植于中原大地。

春秋战国时期,中原地区实行男耕女织、自给自足的小农经济生活,家国天下的情怀使得中华文明生生不息、绵延不绝。自秦汉国家社会大一统后,经过历代实践改进,形成了以皇帝、宰相、郡县官吏管理和地方士绅自治的治理体系,民为邦本的治国理念和选贤举能的官员选拔制度促使对国家进行有效控制、动员和管理,把儒家治国理政的理念顺延了下去,一直到民国建立。民国时期,长垣城短暂设置三善镇,可见三善文化影响之深远。

良政善治一直是人们的美好希冀。华夏文明五千年,三皇五帝到于今,绽放诸多璀璨文明之花,生发些许善政善治之策,引领中华民族绵延向前,护佑伟大祖国繁荣昌盛。从上古时代的天下大同,到夏商周的普世小康,到封建王朝的王道乐土,到旧民主主义时代的民族民权民生,无不彰显历代统治阶级的价值追求。中国共产党成立后,树立为人民服务的根本宗旨,确立了以人民为中心的执政理念,为人民谋幸福、为民族谋复兴、为世界谋大同,充分展示打造人类命运共同体的初心使命。至此,长垣三善文化也被赋予新的历史内涵,焕发出青春的光芒。

三

三善文化生发在长垣有其地理上的必然性。

自古得中原者得天下。中原地区作为中华文明的肇始之域，是历代兵家必争之地，是历代执政兴国之所，也是产生治理文化的温床。长垣无论从地域上还是从战略上，都属于中原重镇。

关于古代疆域的记载，最早见诸《尚书·禹贡》，大约是三皇五帝时大禹治理的范围，主要涵盖黄河、长江乃至珠江流域。中原地区主要包括黄淮济流域。而黄河流域是传统意义上的华夏民族的主要集聚区。黄河是中华民族的母亲河。有史以来，人们与黄河相伴相生，福祸不一。先古时期，人们逐水而居，受水滋养，得水之福，又时而黄患肆虐，十年九涝，饱受祸害。当时，长垣境内河流逶迤，水草丰美，境内有济水、濮水流过，黄河流经南部，境内有浮邱店仰韶文化和多处龙山文化遗址，见证长垣的宜居和繁荣。后来黄河多次改道泛滥，直至1855年铜瓦厢决口，从长垣东部穿过，转向东北入海，形成了黄河下游的现状。

古时候，长垣位于冀、兖、豫三州交界之处，居中原地区的关键地带，战略位置突出。夏代末期，推翻夏桀王、建立殷商的鸣条之战发生在长垣。春秋战国时期，诸国多次在此会盟。齐国和魏国大战于桂陵，孙膑首创围点打援战例，大败庞涓，围魏救赵彪炳史册。秦汉统一后，长垣东连邹鲁直抵黄海，西接朝歌背靠太行，澶渊距其北，大河经其南，地理位置险要，是兵家必据之地。三国时，曹操、袁术决战于长垣匡亭，曹魏开始雄踞中原。唐朝时，王仙芝起义发轫于长垣，波及大半中国。北宋时，长垣隶属京畿道开封府，是首善之区。宋太宗赵光义御驾亲征，战于长垣，大破进犯辽军。按元代疆域，河北、山东西部都属中书省管辖，长垣一度设立为保垣州，又称保保州，区位优势凸显。明朝分割邺、汲以西隶属河南，济、博以东隶属山东，长垣隶属大名府开州，深入兰阳、仪封之间，在京畿之地独领风骚。清代以至民国，长垣多隶属河北省大名府。清末白莲教在长垣东部活动频繁，曾诛杀知县赵纶，芦岗村数十村民遇害。民国时期，长垣饱经战乱，生灵涂炭，抗日战争期间沦为敌占区，日寇在此制造了惨绝人寰的小渠惨案和菁学惨案。

西汉贾谊说，治安之理不可不深长思也，要旨在易制耳。所以长垣虽然四野平旷，没有山溪之险峻，但其形胜隐然在四境之外，而不在区区疆域之间。可见，长垣以其独特的地理位置，成为历代治理施政的重要区域，也自然而然出现各种各样的治理思想和模式。有了善政，长垣就兴盛。反之，则难以治理。因此,长垣特殊的区域位置,成为产生三善文化的客观条件。

四

城市是文明的象征,也是社会治理的载体。

长垣作为"三善之地""君子之乡",是三善文化发源地,更是长垣社会治理的首善之区。

历代统治阶级都把城市治理作为国家治理的开始。黄河流域的二里头遗址、长江流域的良渚古城都是最早的城市。中原地区是华夏民族重要的居住地,城市文明随处可见。

长垣县城迁徙示意图

长垣最早散见于史料的当属龙城,据传是夏大夫关龙逄的封地,清末民初时尚有挖出的碑刻为证。春秋时期,有漆城、鹤城、宛濮、机城、祭城等,但最有名的是蒲邑、匡邑。子路就是迄今为止最早有文字记载的蒲邑宰,也是史料记载治理长垣的第一人。长垣也因之而被后世称作"三善之地",三善文化随之闻名于世。匡邑因"子畏于匡"而有名,有人以阳虎(或称阳货)因尝暴匡人,也被推断在匡邑做过官,但因无史料佐证,尚未成定论。

战国时,在长垣设置首垣邑,为诸城之首。秦时实行郡县制,首设长垣县,《水经注·济水》记载:"县有防垣,故县氏之。"此系长垣县名的由来。西汉和东汉初,置为长罗侯国。王莽新朝时为长固县。东汉时恢复设置长垣县,班昭之子曹成曾任长垣长,当时长垣战乱频仍,民生凋敝,人口减至万户以下,班昭作《东征赋》记述了当时的境况。

自战国始至隋初,治所均在今陈墙村一带,历时近千年。

隋代时,县治移于妇姑城,因此地有古匡城,故改名为匡城县。唐代继续设匡城县,经济有所恢复,岑参《醉题匡城周少府厅壁》有"玉壶美酒琥珀殷"之说。五代时先改为长垣县,后又为匡城县。至北宋建立,因避讳宋太祖赵匡胤,以此地有春秋时卫懿公养鹤城旧址,故改为鹤丘县,后复改为长垣县。五代至宋,皆属京畿道开封府。

自隋至金初,治所在南蒲街道司坡一带,历时六百多年。

金代时,黄河改道东流,为避水患,治所迁于柳冢。元代时,曾一度改县为州,设保垣州,不久仍改为长垣县。

金元两代共165年,治所在今苗寨镇柳冢一带。

明代初年,因黄河水患,治所迁至蒲城镇,即今治所所在地。清代至民国未有变化。民国时,长垣一度设立三善镇。

新中国成立后,县治仍在旧址。后搬迁至新城区。2019年,长垣撤县设市,"三善之地"进入新的发展时期。

五

一方水土养育一方人。

治国犹如栽树,本根不摇,则枝叶茂荣。长垣特有的人文气质是三善文化肇始和赓续的基因。

中原地区孕育了中华文明,九曲黄河滋养了华夏民族。长垣位于中原腹地,黄河之滨,钟灵毓秀,人杰地灵,人文底蕴深厚,历史文化悠久。

长垣自古土壤丰饶,人民重礼义而讲文德,仁人志士随处可见。

夏末时,桀王骄横无道,行淫纵乐,政事怠废,怨声载道,大夫关龙逢以死相谏。明代时,有人在其封地龙相村挖掘出"一片忠肝"的篆书碑刻。后人在县城南关建双忠祠供奉纪念,关龙逢被尊为华夏第一谏臣。

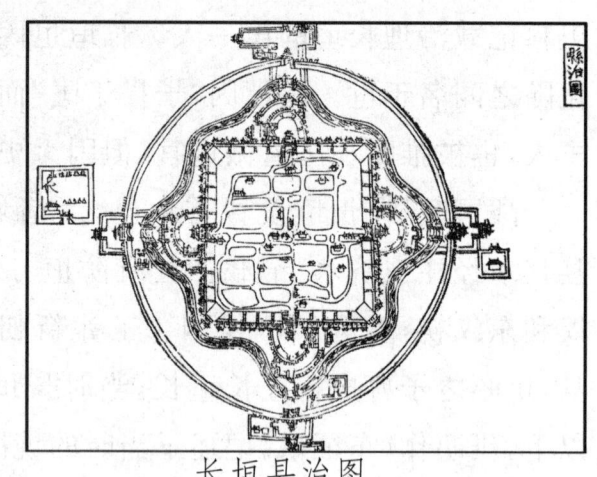

长垣县治图

春秋时,卫地多君子,气度庄重,崇尚节义,以蘧伯玉居首,为后世君子典范,至今长垣仍被称为"君子之乡"。子路任蒲邑宰时,开挖沟渠,救穷济贫,政绩突出,辖域大治。人皆仰慕,建子路祠以纪念。受其影响,长垣自古多壮士,民俗刚武难治,遇大难守义而不变。孔子曾说:"男子有死之志,妇人有保西河之志。"(《孔子家语·困誓》)

卫庄公夫人庄姜颇有懿德,其傅姆为长垣人,姓名不详。庄姜写下《硕人》四章,收入《诗经·卫风》,成为有史记载的第一位女诗人。

东汉末年,吴恢一家四代五人,皆为清官,史称"长垣五廉吏"。吴恢曾为南海太守,是食禄二千石的最高地方官,一生清廉,没有积蓄。其子吴祐,年二十,经常牧猪于长垣泽中,行吟经书,守志如初,后举孝廉,在京官至光禄四行,迁外任为胶东侯相、河间相,为政仁简,以身自律。吴祐长子吴凤官至乐浪太守,幼子吴恺为新息令,孙子吴冯官至鲖阳侯,皆以贤名,称颂后世。

三国时,毛玠以公正清廉著称于世,提出"奉天子以令不臣,修耕植,蓄军资"(《三国志·魏书·毛玠传》)的战略思想,曹操敬纳其言,拜为尚书仆射。

唐代时,藩镇割据,刘玄佐轻财重义,严而有谋,忠于朝廷,任宣武军节度使,建号宣武军,累封怀德郡王,册赠太傅。之后,韩弘、韩充、韩公武、李万荣及邓惟恭相继出任宣武军节度使,荣膺汴州地方军政长官,经略数十载,时称"六节度使"。其中韩弘系刘玄佐外甥,功勋卓著,封许国公,官终司徒、中书令,获赠太尉,撰有《圣朝万岁乐谱》,是长垣有记载唯一任宰相的官员。

宋代时,长垣属京畿之地,礼俗受汴京影响大,多忠勇好义之士。北宋时,王猎担任天章阁待制兼侍讲,宋英宗赵曙入为皇子,即拜说书,后任龙图阁直学士、工部侍郎,以"帝师"传世。南宋时,贡祖文随驾扈从宋高宗赵构南渡,后又舍身义救岳飞三子岳霖,世称忠肝义胆。

明清时,长垣重视文教,崇贤尊礼,文风大振,名人辈出,特别是明后期,李化龙、崔景荣、王永光等七人相继出任尚书,有"满朝文武半江西,小小蒲城七尚书"之誉。清代前期,文风不减,名士荟萃,如内阁学士、户部尚书张楷,郜炳元、郜焕元、郜宠元"郜氏兄弟"等,忠信朴茂,躬行礼制,皆为一时之盛。

民国时期,长垣俗尚俭朴,力黜奢华,先人后己,务崇礼让,古朴无文,淳雅忠厚之风犹存乎古。

新中国成立后,长垣坚持以人民为中心,尊崇传统文化,倾力打造"三善之地""君子之乡""魅力之城",叫响"长垣人好"品牌,创成全国文明城市,赋予了三善文化新的人文内涵。

六

有了人类,便有了社会。有了社会,便有了管理。

三善文化作为一种治理文化,与时代相伴而生,因时而化,随着社会变化而变化,随着社会发展而发展。

上古时期,中原地区农耕文明程度很高,人们个个独立,不相往来,内部组织极为安和,相互之间没有斗争。长垣浮邱店和苏坟、青岗、大埂、小岗、宜邱等处,尚存仰韶文化和龙山文化遗址,是长垣人类最早活动的证明。人们遵天理,行大道,日出而作,日落而息,部落首领和长老掌管狩猎劳动,分配生活资料,过着朴素的原始共产主义生活。

虞唐和夏商周时期,黄帝之后,出现天子诸侯,开始有阶级之分,尧舜禹都是天下诸侯公认的首领,当时注重教化,最重孝悌,辅以刑罚。夏代的生活水平较低,农业发达,轻徭薄赋,设立学校,尊师重道,提倡节俭,风气质朴。《说文解字》载,夏代中兴之君少康也即杜康,死葬长垣。长垣的关龙逄死谏和鸣条之战,都是夏桀王时的事情。殷商时期,土地分为公田和私田,公田收入归公,私田则归个人。但又借助私人之力,以助公田。甲骨文的出现,说明社会的文明又进了一步。西周时,推行井田制,农业发达,崇尚礼乐,刑罚清简,人们多能过上朴素的小康生活。但诸侯列国逐渐强盛,出现政由方伯的局面,开启了春秋战国的封建时代,礼崩乐坏,诸侯纷争,至秦始皇统一中国,进入封建社会。

封建制度统治中国数千年。这期间,以孔子为代表的儒家学说,从焚书坑儒到独尊儒术,几经毁誉,不断变革,正式成为封建社会统治人民的思想体系。唐代政权基本上以儒家思想为主导,但是也渗透了佛教和道教。宋代时发展为理学,后取得官方地位。元明清时期,科举考试都以宋儒理学内容为考试题目。直到民国初年爆发五四运动,才打破了儒家学说一统天下的统治地位。

封建时代,统治阶级治理主要放在郡府州县上,故有皇权不下县之说,县官权责可谓极重。这期间,长垣的社会治理一直按照历朝历代的规制,有序推进。长垣发端于春秋战国,肇始于卫秦,发展于汉唐,隆兴于宋元,兴盛于明清,虽屡经王权兴替,而经济社会与时俱进。这是社会进步使然,也是县级官吏努力向上的结果。特别是三善文化的熏陶浸淫,促使历代官吏自我警醒,勤政为民。长垣老县衙内有《退思铭》曰:"仲子喜闻,蘧公欲寡。懿范孔彰,慎修匪假。千载此心,昭昭不昧。直道犹存,神明鉴在。垣本古蒲,先贤旧御。遗迹难追,殚婴厥虑。出务勤民,入求省己。早见预图,令终如始。"这是长垣县历代官员的座右铭。

民国时期,封建时代终结,改元换制,新旧交替,无数仁人志士为改变中国前途命运,尝试了君主立宪制、议会制、多党制、总统制等各种制度模式,但都以失败而告

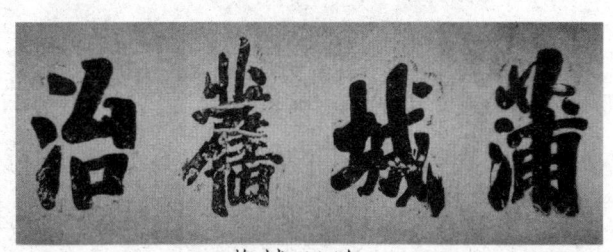
蒲城旧治

终。虽然县级官吏竭力维持,终因时局动荡,军阀混战,日寇侵扰,战乱纷争,天灾人祸,人民依旧生活在水深火热之中。

新中国成立后,在中国共产党的领导下,建立社会主义制度,实行人民民主专政,经济社会迅猛发展,综合国力不断提升,人民生活水平日益提高,长垣开始迈进全新的历史时代。

七

"好雨知时节,当春乃发生。"(《春夜喜雨》)

古人云:"凡将立国,制度不可不察也。"(《商君书·壹言》)在几千年的历史演进中,中华民族积累了关于国家治理的丰富思想,逐步建立了一整套国家制度和国家治理体系,形成了一系列治理文化。三善文化就是在儒家浸润下的中华优秀传统治理文化的缩影,它是在长垣大地上诞生的,和长垣有着千丝万缕的联系,对长垣人思想的影响也是根深蒂固的。所以用三善文化来促进长垣善政善治,是最有针对性和本土性的生动教材。这种跨越两千多年时空的双向交流和融合,其民族精神、文化理念和价值追求是一脉相承的。

新中国成立后,在长期探索的基础上,中国共产党坚持把马克思主义同中国具体实际相结合,将开拓正确道路、发展科学理论、建设有效制度有机统一起来,及时把成功的实践经验转化为治理成果,确立了社会主义制度,实现了真正意义上的良政善治。社会主义制度的确立,使中国发生了翻天覆地的变化,古蒲长垣发展也迎来了春天,焕发出勃勃生机。在中国共产党的领导下,三善文化与时俱进,生发红色基因,长垣在革命、建设、改革的具体实践中,迸发出非凡动力,取得了辉煌成就,充分彰显了社会主义良政善治的丰功伟绩。

进入社会主义新时代,三善文化赓续红色传统,不断完善提升,极大地推

动了长垣社会进步。长垣赋予了恭敬、忠信、明察三善文化以新的内涵,秉持以人民为中心的执政理念,依法行政、文明行政、科学行政,使长垣进入历史最好的发展时期。目前,长垣经济、政治、精神、社会、生态"五位一体"、协调发展,经济水平不断提升,改革开放日益深入,乡村振兴方兴未艾,城市建设日新月异,人民群众安居乐业,成功实现撤县设市、跻身全国百强县(市),"长垣现象""长垣模式""长垣经验"闻名遐迩。三善文化在古蒲大地熠熠生辉。

从上古时期到社会主义新时代,由三善治蒲到全面依法治国,三善文化以其内在的无穷魅力,闪耀着时代的光辉,为长垣经济社会发展做出了巨大贡献,在中原大地乃至全国都留下了精神瑰宝。

滔滔黄河,不尽东流。人类文明,终将向前。进入新时代,党和国家提出治理能力和治理体系现代化,相信不久的将来,一个全新的中国将以崭新的面貌屹立在世界东方。"三善之地"——长垣必将在实现中华民族伟大复兴的中国梦的征程中取得骄人成绩,三善文化也必将以优良的中国传统文化载入史册!

"善哉！由也，恭敬以信矣。""善哉！由也，忠信以宽矣。""善哉！由也，明察以断矣。"两千多年前孔老夫子在蒲邑的三声感叹，响彻至今，给长垣留下了"三善之地"的千古美名。

——编者题记

第一章　长垣"三善之地"的由来

第一节　"三善"的由来

春秋时期，孔子的弟子子路担任蒲邑宰，经过三年精心治理，此地民阜粮丰，人民安居乐业，社会安定和谐。孔子到此考察，禁不住三称其善，于是长垣就成了"三善之地"的代称。

子路治蒲的故事，最早的文字记载来源于《孔子家语·辩政》。原文如下：

子路治蒲三年，孔子过之。入其境，曰："善哉！由也，恭敬以信矣。"入其邑，曰："善哉！由也，忠信以宽矣。"至其庭，曰："善哉！由也，明察以断矣。"子贡执辔而问曰："夫子未见由之政，而三称其善，其善可得闻乎？"孔子曰："吾见其政矣。入其境，田畴尽易，草莱甚辟，沟洫深治，此其恭敬以信，故其民尽力也；入其邑，墙屋完固，树木甚茂，此其忠信以宽，故其民不偷也；至其庭，庭甚清闲，诸下用命，此其言明察以断，故其政不扰也。以此观之，虽三称其善，庸尽其美乎？"

【译文】

子路治理蒲地三年，孔子经过蒲地。进入其境内，说："子路做得好啊，以恭敬来取得信用。"进入城里，说："子路做得好啊！忠信而宽厚。"进入官衙，说："子路做得好啊！经过明察来做出判断。"子贡拉着马绳问道："您还没有看见子路处理政事，却三次称赞他做得好，他的善政可以说给我听听吗？"孔子说："我看见他的善政了。进入蒲地境内，田地都整治过了，杂草都清除了，沟渠都挖深了，说明他以恭敬取得了信用，所以老百姓种田很努力；进入城里，看到墙壁房屋都很坚固，树木生长茂盛，这说明他忠信而且宽厚，所以老百姓不会磨工偷懒；进入官衙的厅堂，厅堂中清净闲适，下面办事的人都听从他的命令，这说明他能明察做出判断，所以政事有条不紊。以此看来，我虽然三次称赞他做得好，哪能说尽他的优点呢？"

子路治蒲

子路是有文字记载的任长垣（春秋时称蒲邑）的第一任行政长官。当时蒲邑为卫国边塞要地，紧邻强大的晋国，此地民风强悍、豪侠刚武，难以治理，朝廷为此很是为难。当时子路正在孔文子家做家臣（孔文子，名圉，是卫国的大夫。死后卫国国君赐予他"文子"的称号，后人称他为"孔文子"），孔文子知道子路的能力，就推荐了贤能且勇武的子路做蒲邑宰。子路不仅勇武过人，也很有治赋之才，在孔子三千名弟子中，长于政事的，孔子只提到两个人，就是子路和冉求。孔子曾多次说过："由也，千乘之国，可使治其赋也。"《论语·公冶长》就是说有千乘兵车这样的国家，以子路之才，足以治理好经济。子路在蒲邑三年，充分发挥了他执政的能力和天赋，展现了他高尚的人格，把蒲地治理得社会稳定、物阜粮丰、政风清明、百姓安居乐业。连孔子都三称其善，从此在蒲邑留下了"三善之地"的美名，千古传颂。

子路治蒲的政绩，可从以下三个方面体现出来：

一是重视农业生产。

民以食为天，国以粮为本。农业是百姓生存的前提，是国家稳定的根本。春秋时代的中后期，随着牛耕的普及和铁制农具的应用，农业经济得以迅速发展，出现了私田的开发和井田制的瓦解这一深刻的社会变化。小农经济占主导地位，其特点是以家庭为单位分散经营，这是当时经济结构的根本特征，也是古代社会政治、文化等上层建筑赖以建立和长期存在的深厚基础。

其一，农业是繁荣经济、富国足民的基础。"田野充，则民财足。"（《管子·揆度》）因为自古以来，民以农为生，农业的发展可使人民安居乐业，人丁兴旺，国库粮仓充盈，可使内无粮荒、动乱之虞。

其二，农业是安定社会、长治久安的保证。西汉政论家晁错在《论贵粟疏》中说得更透彻："人情一日不再食则饥，终岁不制衣则寒。夫腹饥不得食，肤寒不得衣，虽慈母不能保其子，君安能以有其民哉？"晁错在这段话中，从政治角度出发，指出了发展农业生产，解决百姓的吃饭穿衣问题，对保持社会安宁的重要意义。农业是古代国家的经济基础，农民占人数的比例很高。根据我国1949年的人口统计，共有人口是5.4亿人，其中农业人口占比是

89.36%,那么以此推算,春秋时期农业人口应占95%以上。所以农民生活稳定了,社会才能安定。

其三,公元前770年平王东迁,建立了东周王朝。但此时周已衰弱到了极点,统治范围方圆不足六百里,各诸侯国纷纷割据称雄,不再朝见周王,其统率诸侯的权力也是名存实亡。此间,全国共分为一百四十多个大小诸侯国。春秋时期,各个诸侯国纷纷兼并其他小国,其中以楚、齐等大国甚之。到春秋末年,大部分中小国家已逐渐退出历史舞台,取而代之的是秦、楚、燕、韩、赵、魏、齐七国统治的时代。至此,中国历史上的春秋时代便告一段落。进入战国之后,国家兼并多已完成,周王朝之诸侯国,仅剩二十多个,其中最大者七,号为战国七雄。各诸侯国之间并不能和平共存,而是互相征伐,战争频繁。春秋时期也是各国兼并与斗争,改革与争霸战争共存的时期,战争频仍,更需要粮食的充足做后盾,兵马未动,粮草先行,没有充足的粮草,就不可能有战争的胜利。因此历代都把发展农业当作"立国之本"。农业是巩固国防、克敌制胜的重要条件。《管子·治国》中说:"粟多则国富,国富者兵强,兵强者战胜,战胜者地广。是以先王知众民、强兵、广地、富国之必生于粟也。"深刻地指出了粮多、国富、兵强之间的内在关系。

子路上任以来首先把长垣乡村的治理、农业的丰收当作头等大事,使蒲邑大地变成"田畴尽易,草莱甚辟",让农民开垦出土地,并精耕细作,使得田畴整整齐齐,农业大面积丰收,百姓生活富足。子路重视农业生产,还体现在对兴修水利的重视上。华夏文明是典型的农耕文明,农业的发展对中国社会的发展具有举足轻重的影响,而农业的发展又依赖于农田水利的设施。从远古时期,人们就知道了水利的重要性。从大禹治水开始,我国的水利建设事业不断发展,在五千年的文明史中,对中国的历史进程产生了巨大的影响。春秋战国时期是中国社会大变革的阶段,中原地区农田水利逐渐以灌排渠系[①]取代沟洫体系[②]。子路为了修好水利工程,从前期的勘测设计、群众的发动筹备,到中间的工程施工、后期的维护管理等阶段,都做了细致、持久的工作,付出了艰辛的劳动。这些现在虽没有文字记载,但从子路当时所修建的水利工程至今还发挥着作用的现象中,可见其整修渠道在线路选择中的科学性和实用性,在当时没有广泛的实地调查研究、对比选择是做不到这一点的。

二是在治国理政中以"仁"为本。

"仁"是孔子所追求的最高的人生境界。儒家伦理思想核心的"仁"就是仁者爱人，孔子把"爱人"伦理道德规范体系作为最高准则，就是希望人们能以"仁爱之心"处理人与人之间的关系。"仁者爱人，有礼者敬人。爱人者人恒爱之，敬人者人恒敬之。"(《孟子·离娄下》)是以君子视善、语善、行善，博学于文，守之以礼，仁而爱人，持而久之，所行之处无处不得自在。至善生神，神生仁爱，仁爱就具足智慧，智慧足以成就一切。最终能与天地并立，达到天人合一的境界，成为一个大写的人。

子路在任期间关心百姓生活，是为百姓办好事的重民思想的具体体现。首先解决了百姓的衣食之忧，然后就是住房"墙屋完固，树木甚茂"，让老百姓都盖起坚固的房屋，种植各种树木，使百姓安居乐业。子曰："君子笃于亲，则民兴于仁；故旧不遗，则民不偷。"(《论语·泰伯》)翻译过来就是："在上位的人如果厚待自己的亲属，老百姓当中就会兴起仁的风气；如果摒弃传统中坏的东西，传承传统中好的东西，那么人民群众在工作和生活中就不会投机取巧，整个社会风气就会越来越好。"这个"偷"字不只是偷盗，而是不苟安偷生的意思。说明百姓的积极性都被调动了起来，都把精力用在了生产上、生活上，百姓的道德水平也在提高。

在治理行政方面，子路也是遵循以人为本的原则，以恭敬忠信待民，做到了政不扰民；在处理案件时，做到了明察秋毫，公平合理，绝不会有冤假错案；在社会上形成恭敬忠信之风，以至于衙门里清净闲暇，这不是社会升平、和谐安定的景象吗？

三是以德行天下。

子路在蒲邑期间，处处以身作则，用自己高尚的人格和品德影响着蒲邑人民。

子路从小就以"负米孝亲"的行动，赢得了广泛的赞誉，他的孝敬出自善良的本能。自从拜师孔子之后，尊师效忠，刻苦学习，在孔子的言传身教下，思想品德和行为能力都得到了质的升华。他曾说过："我愿意拿出自己的车马、穿的衣服，和朋友们共同使用，即使用坏了也不抱怨。"(参见《论语·公冶长》)孔子说过："穿着破旧的袍子，与穿着狐貉裘皮衣服的人站在一起，而不觉得羞耻的，大概只有仲由吧！《诗经》里说：'不嫉妒，不贪求，有什么不好呢？'"(参见《论语·子罕》)子路曾问孔子怎样做才是君子。孔子说："修养自己以做到恭敬认真,修养自己并且使别人安乐,修养自己并且使百姓安乐。"(参见《论语·宪问》)子路问为政之道。孔子说:"自己先要身体力行带好头,然后让老百姓辛勤劳作。"子路请求多讲一些,孔子说:"不要松懈怠惰。"(参见《论语·子路》)孔子的话,只要子路从心里认为是对的,必将不折不扣地执行。而且像孔子所说的:"子路无宿诺。"(《论语·颜渊》)子路听到了什么道理,如果还没有来得及去实行,便唯恐又听到新的道理,必马上执行。在蒲邑修水利的时候,子路就身先士卒,到水利工地参加劳动,并拿出自己的薪水来改善百姓的生活。子路在蒲邑宰的位置上,从不为自己谋取任何利益,生活艰苦朴素,并以简为荣。对属下也是一视同仁,一切秉公执法,让人心服口服。他光明磊落的行为、仁爱宽厚的胸怀、侠肝义胆的性格,在蒲邑人民心中树起光辉的形象,有着至高的权威,也可以说是达到了"无令也行"的地步。

注:
①灌排渠系:是从灌溉水源取水、输送、分配到田间的各级渠道网络的总称。
②沟洫体系:是夏商周时代黄河中下游地区农业的显著特点,井间广四尺深四尺谓之沟,方十里为成,成间广八尺深八尺谓之洫。

孔子教育的成果

孔子到蒲邑"三称其善",还觉得庸尽其美,其兴奋满意的心情跃然纸上。这里有对子路所做出成就的赞许和嘉奖,而更让他兴奋和欣慰的是,子路在蒲邑的成功也是他教育成功实例的证明。

做官从政是孔子一生的理想和毕生的追求,他有一腔报国的热血,有自己的政治见解和抱负,有治理国家的雄才大略。但各国的统治者对他始终采取一种敬而远之的态度,他在从政的路上处处碰壁。他只好无奈地把目标转移到教育方面,把一生中一大半时间贡献给传道、授业、解惑的教育工作。也把自己博大精深的思想言传身教给了自己的学生,希望把修身、齐家、治国、平天下的理想寄托在学生们的身上。尽管游学各国、颠沛流离,孔子也坚持做到了志不稍贬、学不暂停,为了国家和后人,他知其不可为而为之。

孔子收徒讲学,目的不只是培养专业技术人才,让他们有安身的本领,而是要培养具有崇高道德情操和担当意识的"士人",让他们到各国做官从政,让自己的政治主张通过弟子们实现,达到救世弘道的目的。所以孔子才当之无愧地成为中国历史上最伟大的教育家。另外,孔子的学术思想亦依赖于众多高徒不遗余力地传播才得以发扬光大、影响深远。鲍鹏山先生在《孔子是怎样炼成的》一书中说:"孔子的一生,离不开他的弟子,孔子的光辉,沐浴着弟子,而弟子们的风采,也衬托着孔子。"诚哉斯言。这样的师生关系,实乃师生道合、薪火相传的典范。

子路治蒲三年,成就如此斐然,这不就是孔子一生所希望看到的吗?不就是他一生教育的成果吗?还有什么比这更值得高兴和骄傲的呢?所以三称其善也说不尽自己心中的喜悦和自豪呵。

子路身为孔门七十二贤人之一,足见他的智慧与德行超然一般,然而这智慧的开启与品德的提升,也的确来源于孔子的教导和指引,以及他对夫子的恭敬之心与他认真踏实的求学态度。治蒲三年,他没有辜负老师的教导,没有辜负蒲邑百姓的企望,他兢兢业业、勤勤恳恳、宵衣旰食,不敢有一日之懈怠,上不愧天,下不愧民,把一个蒲邑治理成孔子理想中的城邦,成为百姓安居乐业的家园,他心足矣。

但"治蒲三善"成为千古之佳话,可能是子路生前没想到的吧。

"三善之地"是长垣历史上一张亮丽的名片,它是长垣的别名,是长垣的荣耀,是长垣的财富,是长垣的骄傲。这张名片的创造者是孔子的学生,世世代代的长垣人都在怀念他、祭祀他,他的名字叫"子路"。

——编者题记

第二节　子路传记

子路姓仲,名由,字子路,又叫季路。公元前542年九月初七日,子路出生于鲁国的卞邑(今山东省泗水县泉林镇下桥村)一个贫困的农民家庭。子路的祖上在此地繁衍生息已十几代,也有几代做官的,但到子路父亲时已家道中落。子路上有一个姐姐,到他父亲40岁时才有了他,其母亲在怀他时梦见熊罴入怀,所以生下来就起名叫"子路"(古代东夷人称熊为子路)。

百里负米

子路出身贫寒，小时候经常吃野菜度日。他从小就进山打柴、入林打猎、下田耕作，养成了粗犷豪放、勇武刚烈的性格。9岁时就常头戴锦鸡翎头盔、身佩猪皮剑鞘，威武雄壮，在和小伙伴们玩游戏时，充当英强果敢的孩子王（参见《史记·仲尼弟子列传》）。13岁时子路已长得人高马大，仪表堂堂，家里虽然经济拮据，但还是让子路读书习武。

子路从小因为家境贫寒，常吃野菜也不觉得苦，平时非常节俭，但总担心父母吃不好，为了能让父母吃上米饭，他常到百里外的曲阜尼山背米，因为这地方产的米称为香米，父母很爱吃。冬天，冰天雪地，天气非常寒冷，子路顶着鹅毛大雪，踏着河面上的冰，一步一滑地往前走，脚被冻僵了，抱着米袋的双手实在冻得不行，便停下来，放在嘴边呵口气，然后继续赶路。夏天，烈日炎炎，汗流浃背，子路都不停下来歇息一会儿，只为了能早点回家给父母做可口的饭菜。遇到大雨时，子路就把米袋藏在自己的衣服里，宁愿淋湿自己也不让大雨淋到米袋。路上再饿也舍不得吃一点米，而是在野地里找点野果之类的东西充饥。

子路百里负米不是一天两天，也不是一年两年，而是一直坚持到父母去世。（参见《孔子家语·致思》）

子路不仅对父母孝敬恭亲，对其姐姐也是照顾有加，为姐姐服丧时，到了丧期结束要除去丧服的时候仍未除，孔子问他为什么不去掉，他说："我没有兄弟，只有这一个姐姐，因此不忍心脱掉丧服，想为姐姐多戴几年孝。"孔子说："先王规定的礼制就是这样，行道之人皆不忍心，但怎么能因不忍心而违背先王规定的礼制呢？"后来在孔子的劝说下才除掉丧服。（参见《礼记·檀弓上》）

子路的孝行在历史上广泛传颂，也载入"二十四孝图"，成为后世对人们进行孝道教育的典型教材。

子路投师

在子路19岁那年,孔子开设私人讲学,他带领几个早期弟子溯泗河到卞邑,遇到子路。那时子路身长九尺,头戴雄鸡冠,身佩公猪的牙齿,双耳配能发出响声的耳饰,貌伟声雄,赳赳行行。他听到孔子师生诵读诗书的声音,有点顽皮地敲着公猪牙,吹着口哨,故意喧扰,让他们读不成书。(参见《论衡·率性》)子路见到孔子,拔剑而舞说:"古时的君子是用剑自卫的吗?"孔子说:"古时君子以忠为本,以仁自卫,不出家门便知千里之外的事物。遇到不善良的人就用忠义教化他,遇有欺侮陵暴自己的人就以仁爱来安定他,为什么要拿剑呢?"子路说:"我今天才听到这样的话。"(参见《孔子家语·好生》)

孔子问子路:"你有何喜好?"子路回答说:"喜好长剑。"孔子说:"我问的不是这个,只是说以你现有的才能,再加之以学问,岂不是更好吗?"子路瞥了孔子一眼,反问:"学习有什么好处?"孔子回答说:"君主如果没有直言相劝的臣子就会在治理上失误,士人没有相互切磋的朋友就会在道德上出错。驯服狂野的烈马不能没有鞭子,矫正强弓硬弩不能没有器具。木材只有经过绳墨取线才能锯成真正的木料,人只有经过教育才能成为人才。只有学习能够解决长期存在的疑惑,人们知道了应该怎样做,能不成功吗?"顿了顿,孔子加重语气说:"诽谤实行仁爱的人,诋毁追求学问的人,是接近造孽的行为。总之要想成为君子,绝不可以不学习。"子路不服气,说:"南山上野生的竹子,没见谁侍弄它,却长得直直的,砍下来当箭使,能够穿透犀牛皮,我问你,南山上的竹子向谁学习了?"孔子回答:"不错。然而给竹竿的后面装上尾羽,前面再装上磨得尖尖的箭头,这样的箭不是能够射进得更深吗?"(参见《孔子家语·子路初见》)

孔子的话如春风细雨,使子路豁然开朗,如黑暗中见到光亮,迷途中有了方向,虽然孔子只比子路大9岁,但他决定拜孔子为师。第二天他着儒服,提干肉,毕恭毕敬、心悦诚服地拜在了孔子门下。子路和孔子这种亦师亦友、亦父亦兄的关系,一直到死都没有变。

仁德教化

　　子路直爽、豁达、勇武、守信、忠诚、粗鲁,直言快语,毫不设防。虽已拜孔子为师,但常和孔子发生争执,像这样直言不讳对孔子表示不同意见,甚至质疑批评劝阻的,在孔子那么多的弟子中唯有子路一人。有一次在卫国,孔子试图有所作为,不得已拜见卫灵公的宠姬南子。因南子的名气很不好,子路大为不满,而且怒形于色地质问孔子。孔子一再解释,仍不能说服子路,无奈之下只好指天发誓:"假如我居心不良有失礼义的话,就让老天厌弃我吧。"(参见《论语·雍也》)还有一次子路问孔子:"如果卫君要您主持朝政,您首先要做什么?"孔子回答:"那一定首先要正名。"子路一听就鲁莽地指责孔子:"您也太迂腐了,目前已经流行的名何必再去纠正?"气得孔子大声训斥他:"子路,你也太野蛮了。"(参见《论语·子路》)孔子带着弟子被围在陈国与蔡国之间,断粮七日,大部分弟子连饿带病都躺倒了,而孔子还在讲授学问、弹琴唱歌。子路一脸怨气,对孔子说:"君子是不会被什么东西困扰的,想来老师的仁德还不够吧;人们还不信任我们,想来老师的智慧还不够吧;人们不愿推行我们的主张,而且我从前就听老师讲过:'做善事的人上天会降福于他,做坏事的人上天会降祸于他。'如今老师您积累德行,心怀仁义,推行您的主张已经很长时间了,怎么处境如此困穷呢?"(参见《孔子家语·在厄》)

　　从以上的言语中我们可以看到子路当仁不让于师,为正义义无反顾的品质。对子路语言和行动上的不满和斥责,孔子大多数时候还是耐心批评教育、循循善诱,使子路心服口服。其实子路对孔子是尊敬和崇拜的,而且处处维护孔子的权威,更容不得别人对孔子的不敬和怀疑。有一次赵襄子对子路说:"我曾问先生(孔子)的主张,先生不回答。知道不予回答,这就是隐瞒吧,隐瞒怎么算得上仁呢?假若他确实是不知道,那又怎能算得上圣人呢?"子路说:"建造天下最大的钟,而用小木棒去撞击它,怎能使它发出声响呢?您问先生的问题,岂不是像用小木棒去撞大钟吗?"(参见《说苑·善说》)像这样的事情还不少,孔子曾深有感触地说:"自从子路跟随我问道以来,再也没有人敢与我恶语相对。"(参见《史记·仲尼弟子列传》)所以可以说"孔子之道虽大,得仲子而愈尊"(《仲里志·仲子本传》)。

子路 22 岁娶颜浊邹的妹妹颜氏为妻，23 岁就跟随孔子到齐国去了，此后除了回家照顾父母，基本上都是跟着孔子。在孔子的弟子中，子路是跟随孔子时间最长的人，也是一个很特殊的角色。他既是保镖、侍卫，又是马夫、管家，就像是现在企业里的办公室主任。在跟随孔子的日子里，车马劳顿、危难饥馑，他从无怨言；沿途寻路问津、吃穿营宿，他主动担当。孔子周游列国过匡地（长垣东南）时，被误认为是曾经为害过匡人的阳货，因而被匡人包围起来。子路怒，奋戟将与之战，但被孔子制止，后来匡人知道是孔子及其弟子，才解甲而去。（参见《孔子家语·困誓》）孔子生病的时候，子路像亲儿子一样守护床前，为了使孔子的病情早日康复，还向不信鬼神的孔子请示，要向鬼神祈祷。（参见《论语·述而》）

子路在孔子的弟子中是最勤学好问的一个，在《论语》中就有记载，如子路问政、问事、问礼、问孝、问士、问君子、问处世、问强勇、问事君、问完人等。在孔子提问时，大多是子路抢先回答。《周易》（卷一）记载："君子学以聚之，问以辨之。"好学才能积累知识，好问才能辨别是非，子路就是一个"不羞学，不羞问"（《说苑·谈丛》）的人。朱熹在《四书集注》中说：在仁的方面，"子路之于仁，盖日月至焉者"；在才艺方面，"子路之学，已造乎正大高明之域"；在信义方面，"子路忠信明决，故言出而人信服之"。由于孔子的言传身教，加上子路的勤学好问，子路终于成为德才兼备、文武双全的不可多得的人才，成就了一生的辉煌，成为一代大贤。

闻过则喜

闻过则喜是子路诸美德中最亮丽的一点，被后人极力称许。周敦颐就曾说："仲由喜闻过，令名无穷焉。"（《通书·过》）程颐说："子路，人告之以有过则喜，亦可谓百世之师矣。"（《孟子·公孙丑上》）朱熹也说过："喜其得闻而改之，其勇于自修如此。"（《孟子·公孙丑上》）孟子曾把子路的这一优点同禹、舜相提并论，他说："子路，别人告诉他有过错，他就非常高兴；大禹听到别人说出有益的话，就向此人拜谢；舜就更加伟大了，他总是乐于同别人一道行善，经常放弃自己不正确的意见而服从别人的意见，愉快地吸取别人的优点来行善事。"（参见《孟子·公孙丑上》）

听到别人说自己的错误或缺点就高兴喜欢，说起来容易，真正做到却是很难。子路不仅闻过能虚心接受，而且能迅速改正，对说自己过错的人从无怨言，一般人是很难做到的。子路因心直口快，不论任何场合，从不掩饰自己的观点，所以在孔子的弟子中，他是受到孔子的批评和训斥最多的一个，这在《论语》中常能看到。比如子路有一次穿着盛装去见孔子，孔子就批评他说："你穿这么好的衣服，脸色又很神气，天下的人还有谁肯把你的过失告诉你呢？"子路一听赶忙换了衣服回来，欣然改正，神色自若。（参见《孔子家语·三恕》）一次，孔子遇到一位打鱼的老人，对他毕恭毕敬极尽礼节。这引起了子路的不满："对这么个老头，您老人家却弓腰哈背，一拜再拜地跟他说话，是不是谦虚得太过分了？"孔子很生气地说："子路，你也太难开化了，在众多的弟子中只有你还存在着不仁的毛病。"（参见《庄子·渔父》）这些话是够重的，甚至有点说过了头，一般人是吃不消的，但子路却能听得进。

孔子对子路批评最严厉的一次，可能要数子路弹琴的事。子路一向尚勇好强，性格豪爽，所以弹琴鼓瑟时就不免带有杀伐之声，结果招来了孔子一顿猛批："君子弹奏的音乐应温和适中，体现安宁太平之风，而小人弹奏的音乐，中和温存之气不存在于身心，就表现出悖逆作乱之风。子路你现在还是普通平民，不曾留意先王之制，却习于亡国之声，怎能保住你那七尺之躯呢？"这引起子路很大的震动，他急忙认错，痛悔自责，闭门思过，七日不食，以至骨立。这种勇于接受批评，深刻自我反省，决心改正错误的精神真是难能可贵，就连

孔子也深受感动,说:"子路有错能改,就是有所长进的表现呵。"(参见《孔子家语·辩乐解》)

　　子路当仁不让于师,敢说敢做,常与孔子发生争执,而孔子对子路爱之切而责之重。好在子路心胸坦荡,闻过则喜,在孔子的批评中受益匪浅。两千多年来,子路的闻过则喜已成为中国传统道德教育和个人修养的一个重要内容,对于中华民族的道德建设具有重要的指导意义。

勇堕三都

孔子仕鲁期间,要说最大、最能体现他的政治理想与人生追求的行动,当是堕三都。在堕三都行动中,子路发挥了重要的作用。

鲁定公九年(公元前501年),51岁的孔子被任命为中都宰,由于政绩突出,第二年升为小司空,时间不长又被提升为大司寇(掌管司法、刑狱和社会治安的长官)。当时鲁定公是个有位无权的傀儡,鲁国大权仍由"三桓"(孟孙氏、叔孙氏、季孙氏)把持。孔子为了削弱私家公室,向鲁定公建议:"私家不能藏兵器,大夫不能有长三百丈、高一丈的城墙,今三家已过制,臣请拆除之。"(参见《孔子家语·相鲁》)堕三都的前线总指挥就是子路,这时子路已是季氏宰。由于子路果敢善断,勇力过人,兼之又是季桓子的家臣,了解情况,因此孔子就把这项艰巨的任务交给了子路。子路果不负孔子的企望,首先带兵顺利拆除了叔孙氏的都城,在第二步拆除季孙氏的费都时受到强烈反对,孔子命子路率部奋力反击,才拆毁了费都。第三步计划因当权人的全力反抗,最后以失败告终。这样的后果加深了孔子与"三桓"的矛盾,子路也受到季桓子的猜忌和不信任,被解除了季氏宰的职务。孔子在鲁已无力回天,不能实现其忠君尊王的目的,只好怀着悲愤的心情,带领弟子们离鲁而出走,从此,55岁的孔子开始了长达14年的流浪生涯(参见《孔子传》)。

由于身处春秋乱世,当时是各国战争频繁的时期,大国欺负小国,想拥有更多的土地;小国要发展自强,保护自己的疆土。各国急于加强军事和经济,准备战争和自卫。而孔子希望各国君主能施以仁政,不要战争,要先行礼仪,感化他人,要先搞思想教育,要大家循规蹈矩。这在当时是无法行得通的,孔子的政治主张显得很迂腐,孔子所推行的"大道"不为人们所理解。在多次碰壁后,孔子心理已经意识到"大道不行,礼乐难兴"的现实了,但是他仍然没有停止奔走的脚步,而是"知其不可为而为之",虽"累累如丧家之犬"而不改初衷。为自己的信念献身,精神不朽,这就非常难得了。作为孔子弟子的子路,跟随孔子后不管遇到多少困难,不管境遇多么糟糕,对孔子的信任和敬仰从来没有怀疑和改变,而且处处维护孔子的地位和威望。

治蒲三善

公元前483年,子路被卫国聘为蒲邑宰。蒲邑是卫国的边鄙之地,与晋国毗邻,该地民风剽悍,经常有豪侠出没,曾发生过反叛。卫国的君臣上下都为选择一个什么样的人来治理而犯难,一致认为,不是贤明而又勇武超绝的人是绝对不敢来治理这个地方的。后来卫国贵族孔文子就推荐了子路,因为子路曾在孔文子的家中担任过家臣,他了解子路的英勇和智慧,他的推荐得到了大家的认可。

子路在赴蒲邑前向孔子讨教,孔子说:"你知道蒲邑的情况吗?"子路说:"蒲邑多壮士,很难治理。"孔子说:"恭敬和谨慎可以慑服乡勇、收服人心;宽缓公正理政就可以安抚豪强;仁爱宽恕做人就能够融化贫困;温和果断理狱就能够抑止奸邪。照这样坚持不懈地做下去,治理起来就不会感觉难了。"(参见《孔子家语·致思》)

子路牢记老师的教导,并根据这么多年老师言传身教,自己观察体会到的老师的执政理念,已60岁的他满怀信心地赴任了。子路深知农业对地方上的重要性,以及水利对农业的作用,他做的第一件事就是兴修水利,他身先士卒与老百姓一起开挖沟渠、打坝筑堤。老百姓劳务繁重,生活困苦,他便拿出自己的部分俸禄,每人每天发给一篮饭、一壶汤,以救济当时困乏的百姓,保证了水利工程如期完成。这条长百里的水渠,历尽沧桑,防洪灌溉,为民造福,至今还发挥着作用。

子路治蒲三年,有一次孔子和他的弟子们路过那里,刚入蒲邑之境,孔子就赞叹地说:"善哉,仲由恭敬而忠信了。"进入蒲邑城邑,孔子又赞叹地说:"善哉,仲由忠信而宽厚了啊。"最后到了子路的官署,孔子再次赞叹:"善哉,仲由真是明察而果断啊。"随从的弟子子贡奇怪地问:"先生您还没有具体地了解仲由的为政情况,怎么就三称其善呢?"孔子说:"不用了解我已经知道他为政的情况了。你看,进入蒲境我见到田地全部得到修整,荒地大都得到开垦,沟渠也得以拓宽加深,这说明只有他恭敬而诚信,老百姓才能兢兢业业地尽力劳作。进入城邑,我见到城墙和房屋很坚固,树木也很茂盛,这说明他忠信宽厚,老百姓毫不懈怠。进入他的官署,我见到衙内幽雅安静、井然有序,手下的人都待命听令,这说明他明察果断,因而这里政局安定。由此看来,即使三次称赞他的政绩,又怎能把他的美德包括进去呢?"(参见《孔子家语·辩政》)

子路之死

鲁哀公十五年（前480年），卫国发生了父子争权的内乱。原来卫国的国君卫灵公有宠姬名叫南子，深得卫灵公的喜爱，然而南子时时妖冶作态，淫乱宫廷。这就引起了在旁边冷眼观察的太子蒯聩的憎恶，蒯聩决心除掉南子以正国风，然而因谋事不周，计划泄露，南子就促使卫灵公杀掉蒯聩。蒯聩惧诛，匆忙出逃，先到宋国，又到晋国，投靠了赵简子。

卫灵公去世后，南子擅权，又想立自己的亲儿子郢为国君。郢不愿意参与当时混乱的朝政，婉言谢绝其母说："现在出逃太子的儿子辄在卫，何不立他为君呢？"南子无奈，只好立辄为卫国国君，是为卫出公。

卫出公十二年（前481年），身在外地的蒯聩野心不死，虽然是自己的儿子执政，但他总觉得自己的王位丢失得太不应该，心里一直不平衡，于是置道义于不顾，决心回卫与其子争夺王位。要想争夺王位何其容易，当时卫出公政绩尚佳，国安民定，况且父与子争权，于情于理不通，老百姓也不会接受。他只有另辟蹊径，想从内部争取势力来个里应外合，他首先想到了自己的姐姐孔姬，孔姬是卫灵公的长女，因为嫁给了当时掌握实权的卫国大夫孔圉（孔文子），故人称孔姬。孔姬生子孔悝，卫灵公去世，孔悝为卫大夫，事卫出公执掌国政。如能通过孔姬胁持孔悝，逼迫卫出公让位，这样就能事半功倍。另外孔家有一个家臣名叫浑良夫，此人身材高大，仪表超群，孔圉死后就与孔姬私通。孔姬经常派浑良夫到晋国看望蒯聩，蒯聩抓住机会，先买通了浑良夫，并许诺："如果复国事成，当封浑良夫为大夫，服冕坐轩，三犯死罪可特赦。"浑良夫就依仗与孔姬的特殊关系，多次劝诱，最后说通了孔姬。

公元前480年冬的一个夜晚，装扮成妇人的蒯聩和浑良夫进入帝丘（今濮阳东），然后又混入相府，当孔悝从宫中议事回来时，浑良夫出其不意带领一帮武士，将孔悝胁持到站在高台上的蒯聩和孔姬面前。孔姬劈头便问："悝儿，父母两族谁为至亲？"孔悝说："父则伯叔，母则舅氏。"孔姬说："你既知舅为至亲，何不帮我弟复国？"孔悝说："废子立孙，先君遗命，儿位列卿相，何敢违背？"此后孔悝借故到厕所，想从暗道机关逃走，然而蒯聩早令猛士在那里把守，万般无奈在其母、舅的胁迫下，只得答应派甲士围困皇宫，逼迫出公让位。卫出公得知此消息,如同晴天霹雳,自知大势已去,无力抵抗,只得携家属连夜从后门逃出都城,直奔鲁国而去。

这时子路身为孔悝的邑宰,出城办事尚未回归,当得知政变消息后,怒发冲冠,策马扬鞭飞奔回城。当他走到城门口时正遇到逃难出城的同学高柴,高柴劝子路说:"出公已逃走,城门也要关了,你赶快回去吧,不要再做无谓的牺牲了。"子路愤怒地说:"你这说的是什么话,我们吃人家的俸禄不应该逃避人家的灾难,我非去看看不可。"这时恰巧有个使者入城,子路便随之而入。

子路昂首阔步进入相府,直扑正厅的高台之下,大吼一声:"大夫不要惊慌,仲由来也。"这时高台上蒯聩、孔姬、浑良夫和一帮武士正围着已经订立了盟约的孔悝,使子路无法近前。子路逼迫蒯聩交出孔悝,蒯聩等拒不下台。愤怒的子路抱来一堆堆柴草,把高台团团围住,他准备点燃柴草,使这一帮人葬身火海。蒯聩害怕了,他指挥着武士将子路团团围住,子路力战数敌,左冲右挡,勇力渐渐不支,毕竟年过花甲,身上多处受伤,帽带也断了。他怒目呵斥敌人道:"君子就是死了,也要戴正帽子。"于是他泰然自若地系好帽带,敌人趁机一拥而上,将子路剁为肉酱。子路慨然赴难,时年63岁。(参见《左传·哀公十五年》)

当时孔子不在卫国,他得知卫国内乱后预感到不详,说:"嗟乎,由也死矣。"因孔子最了解自己的弟子,他知道子路在此次祸乱中,一定会忠于主人,会拼死相搏,死难的事不可避免。不久卫国的使臣到来,带来了子路已死的准确消息,孔子听后捶胸顿足,连呼:"吾何忍食此!"(参见《孔子家语·曲礼子夏问》)他让弟子们在厅堂摆上子路的灵位,伤心不已。子路之死对年迈的孔子打击太大了,从此孔子一病不起,到第二年就去世了。

封谥尊崇

　　子路从一个山中莽夫到孔门高足、一代贤圣,除了孔子的谆谆教导、身体力行外,和子路忠厚良善、老实坦诚、豪爽仗义、刚正不阿、重诺守信的天性,以及勤学好问、勇于实践、闻过则喜、尊师敬友的学习态度有关。所以,孔门弟子敬畏他,楚人羡慕他,晋人忌惮他,鲁、卫两国争聘他,在他生前成为美谈。南宋大儒朱熹在《四书集注》中对子路有很高的评价:在仁的方面,说"子路之于仁,盖日月至焉者";在才艺方面,说"子路之学,已造乎正大高明之域";在信义方面,说"子路忠信明决,故言出而人信服之,不待其辞之毕也","子路之所以取信于人者,由其养之有素也"。不但在卫国,在其他小国子路的名气也不小,有时他比一个国家的信誉都要高。比如小邾国的射将军,用句绎这个地方作为交换条件来投奔鲁国,说:"假使季路(子路)答应和我口头约定,我就不用跟鲁国进行盟誓了。"但子路辞谢了。季康子派冉求对子路说:"鲁国是个有一千辆战车的大国,但射却信不过,反而相信你子路的话,你为什么辜负人家呢?"(参见《左传·哀公十四年》)

　　子路作为孔门高徒,一代贤哲,受到了当时和后世的尊崇和爱戴。仅《论语》一书涉及子路的就有四十处之多。孔子也多次称赞子路,如:称其勇说"由也好勇过我"(《论语·公冶长》),"由之勇贤于丘"(《孔子家语·六本》),"勇人也,丘弗如也"(《论衡·定贤》);称其孝说"由也事亲,可谓生事尽力,死事尽思者也"(《孔子家语·致思》);称其义说"道不行,乘桴浮于海。从我者,其由与?"(《论语·公冶长》);称其才说"千乘之国,可使治其赋"(《论语·公冶长》),"由也果,于从政乎何有?"(《论语·雍也》);称其德说"不忮不求,何用不臧?"(《论语·子罕》);等等。可见孔子对子路的爱戴是由衷的。

　　子路死后,以其高贵的人格和崇高的品德,受到当时及后世人们的尊敬和爱戴,东汉明帝永平十五年(72年),御驾阙里祀孔子及七十二弟子,自此,凡祭孔大典,子路皆从祀;《后汉书·列女传》说"子路至贤";《三国志·吴书·诸葛恪》说子路有"亚圣之德";《旧唐书·礼仪志》追封子路为卫侯;唐玄宗开元七年(719年),为子路始建庙祭祀;北宋真宗大中祥符二年(1009年)加封子路为"河内公",并亲作御制祭文;南宋度宗咸淳二年(1266年)晋封为

"卫公";明世宗嘉靖九年(1530年)改称为先贤仲子;康熙三十八年(1699年)御书"圣门之哲"匾额。历史上全国各地祭祀子路的祠堂、庙宇数不胜数,著名的有泗水、微山、范县、吴江、濉溪、杭州、濮阳、长垣等地。著名的墓葬有濮阳、长垣、清丰等地。

蒲人缅怀

子路任蒲邑宰三年,任职期间勤政爱民,兴修水利,防御灾害,急民所急,帮民所需,与民同苦,深得人民爱戴。在子路的治理下,蒲邑社会安定,经济繁荣,文化昌盛,民风朴实,成为卫国名邑,各国不敢窥伺,留下了"治蒲三善"的千古佳话。对于蒲邑之地的老百姓来说,子路是最贴心、最有能力的父母官,是千年万载都要供奉的福星,是永世传颂的丰厚的文化遗产。其德其行如日月在天、江河行地。子路形象光照人间,子路之恩润泽蒲邑。蒲邑被冠以"三善之地",是蒲邑后人之福、之傲、之荣。

子路结缨而死,蒲之民无不悲痛怀思,自发地在城东北三里处(今岳庄一百米处)立墓,并修建墓祠,这是有史记载的最早的子路三大墓葬之一。此墓有说是衣冠冢,有说是骸骨冢:"一在长垣,谓昔子路治蒲有惠政,蒲人乞其骸骨葬之;一在开州,谓孔悝支裂之,而澶人葬其首,今祠墓尚并存。"(《改亭诗文集·冉伯牛墓考辨》)并有仲氏后人专管祀田和祭祀。(对此,本书还有专门篇章论述。)

《长垣县志》记载,长垣子路墓祠的祀典是:"每岁春秋仲月上戊日祭。春祭于墓,秋祭于祠。"乾隆五十六年(1791年)所立石碑记载,每年九月九日重阳节,在子路墓前举行敬贤大会,公布子路墓附近村民的优免事项。每年九月九日的子路坟前的祭祀会,也成了远近闻名的商贸会,一直延续到现在。

仲子祠

附：子路年表

鲁襄公三十一年（前542年）九月初七日，因其母临产前梦熊入怀，取名由，字子路，又字季路。

鲁昭公八年（前534年），与乡人戏，即英强异常，乡人奇之。（9岁）

鲁昭公十二年（前530年），在此前后，开始读书、习武。（13岁）

鲁昭公十七年（前525年），知书达理，见义勇为，有搏虎屠龙之勇。（18岁）

鲁昭公十八年（前524年），初见孔子，后委质，为孔子弟子。（19岁）

鲁昭公二十年（前522年），从孔子在鲁都学习。（21岁）

鲁昭公二十一年（前521年），娶妻颜氏（卫国贤大夫颜浊邹之妹）。（22岁）

鲁昭公二十二年（前520年），从孔子适齐，是年景王崩，敬王立。（23岁）

鲁昭公二十三年（前519年），从孔子在齐。（24岁）

鲁昭公二十四年（前518年），从孔子适周，问礼于老聃，学乐于苌弘。（25岁）

鲁昭公二十五年（前517年），昭公出奔，孔子适齐，过泰山有妇人哭于道，使子路问之，孔子有"苛政猛于虎"之叹。（26岁）

鲁昭公二十六年（前516年），从孔子在齐闻韶乐。（27岁）

鲁昭公二十七年（前515年），从孔子在齐。（28岁）

鲁昭公二十八年（前514年），从孔子归鲁。（29岁）

鲁昭公二十九年（前513年），家贫，亲老，常负米百里养亲，乡人称孝。（30岁）

鲁昭公三十年（前512年），父仲皃卒，哀痛绝食不寝者数日，乡人哀之。（31岁）

鲁昭公三十一年（前511年），迎母养于鲁都。（32岁）

鲁昭公三十二年（前510年），母宋氏卒，哀毁几不起，颜色憔悴，扶柩返里，于卞城南与父合葬。昭公薨于干侯，定公立。（33岁）

鲁定公元年（前509年），因阳虎乱政，从孔子退修诗书。（34岁）

鲁定公五年（前505年），从孔子观鲁桓公庙欹器，有问持盈等语。（38岁）

鲁定公八年（前502年），生子崔，是年公山不狃以费叛，召孔子，孔子欲往，仲子止之。（41岁）

鲁定公九年（前501年），孔子为中都宰，诛少正卯。从焉。（42岁）

鲁定公十年（前500年），孔子由中都宰升为司空，不久又升为大司寇，摄相事。六月，保定公会齐侯于夹谷。（43岁）

鲁定公十二年（前498年），为季氏宰，辅孔子"堕三都"未果。齐人送女乐于鲁，定公受之。孔子无奈去鲁适卫，仲子从之，住于妻兄颜浊邹家，从此开始了14年周游列国行。（45岁）

鲁定公十三年（前497年），从孔子在卫，已而去卫适曹，又适宋，又适陈。过匡地（今河南省长垣县东南），匡人围之，仲子怒起，奋戟将战，孔子止之，使鼓琴三曲终，匡人解甲而去，月余返卫。子见卫灵公夫人南子，子路不悦。（46岁）

鲁定公十四年（前496年），晋国大夫范氏家臣佛肸召孔子，孔子欲往，仲子不悦而质问。（47岁）

鲁定公十五年（前495年），仲子随孔子在卫。鲁定公薨，哀公立。（48岁）

鲁哀公二年（前493年），从孔子去卫适陈。卫灵公死，其孙辄立，是为卫出公。（50岁）

鲁哀公三年（前492年），生子启。（51岁）

鲁哀公四年（前491年），从孔子自陈适蔡。（52岁）

鲁哀公五年（前490年），从孔子自蔡适叶，遇长沮、桀溺，问津。又遇荷蓧丈人，有拱立止宿事。至叶，叶公问孔子事，仲子不对。（53岁）

鲁哀公六年（前489年），从孔子自陈适蔡，在陈蔡间绝粮7日，仲子有愠见事。（54岁）

鲁哀公七年（前488年），从孔子在卫，时蒯聩入居于戚，有"卫君待子而为政"之问。（55岁）

鲁哀公十一年（前484年），孔子从卫返鲁。（59岁）

鲁哀公十二年（前483年），仲子为季氏宰。（60岁）

鲁哀公十三年(前482年)，为卫国执政孔悝家臣，任蒲邑宰，赴任前向孔子请教治蒲方略。(61岁)

鲁哀公十四年(前481年)，有水备之政，蒲邑大治，孔子过蒲，三称其善。小邾射要求与子路订盟，子路拒之。(62岁)

鲁哀公十五年(前480年)，任蒲邑宰，是年冬，蒯聩挟持卫国执政孔悝发动政变，卫出公奔鲁。子路闻变，赶赴卫都阻止，因寡不敌众，结缨而死，后葬于澶渊，大名府开州之墓是也。(63岁)

两千多年前,一个鲁国人被推荐到卫国的蒲邑,做了蒲邑宰。治蒲三年,树起了一座治国理政的丰碑。他和蒲邑结下了不解之缘,成了蒲邑千古颂扬的名人。

——编者题记

第三节　子路与长垣

　　子路在做蒲邑宰之前,随孔子周游列国时多次来过长垣,但文史上没有太多的记载,只有匡人围孔时有记录——"子路怒,奋戟,将与之战",但被孔子制止。后来匡人知道是把孔子当作阳货的误会,才解围。(参见《孔子家语·困誓》)还有一次是孔子一行在蒲邑时,又被蒲人围困,逼迫他们一起参加反叛卫国的活动,孔子师徒不答应,因此引起一场战斗,由于子路和师弟公良孺等的英勇苦战,终于迫使蒲人通过谈判而解决问题。(参见《孔子本传·去国适卫》)因此,蒲邑之地的百姓也给孔子弟子和后世留下了野蛮和强悍的印象。

　　在当时选用蒲邑之地的官员时,朝廷上是犯了难的。据古籍记载,蒲邑是卫国的边鄙之地,与晋国毗邻,该地民风剽悍,经常有豪侠出没,曾发生过多次反叛。卫国的君臣上下都为选择一个什么样的人来治理蒲邑而犯难,一致认为,不是贤明而又勇武超绝的人是绝对不敢来治理这个地方的。最后选用子路,也是因为子路骁勇过人,智勇双全,并且和蒲人打过交道吧。

其一，子路接任蒲邑宰，肯定是有自己的想法的。现在没有文字记载，我们可以推测一下。当时的子路已经60岁，他已不是单纯的好武尚勇之人。跟着孔子几十载，从个人修养到执政理念，他已有了质的变化。孔子一直主张仁政之道，反对杀伐，所以他教育的弟子们是行仁守礼，施行文治，使近者悦、远者来。子路耳濡目染，深得其惠。关于子路执政方面的能力，连孔子都是很放心的。他曾说过："由也，千乘之国，可使治其赋也。"（《论语·公冶长》）子路勇武善战和治赋的能力，在邻国之间也是很有名气的，所以荀子曾把子路和卞庄子并列："齐人欲伐鲁，忌卞庄子，不敢过卞。晋人欲伐卫，畏子路，不敢过蒲。"（《荀子·大略》）子路治蒲已是他晚年的事了，晚年的子路仍能使强大的晋国忌惮，可见子路的勇武之名和治赋能力有多强。

其二，关于蒲邑之地民风剽悍、豪侠刚武的说法，出身穷苦之家又尚勇武的子路，对此会有自己的理解和认识的。春秋时期天下大乱，礼崩乐坏，社会动荡不安，征战杀伐不止，民不聊生，各诸侯国之间通行的都是强权政治，因此民间有尚武之风也是有一定的原因的。蒲邑之地民风剽悍，从另一方面说也是吃苦耐劳、朴实粗豪、重义尚武、勇于进取的表现。子路从心里喜爱这种民风，更能理解和赞同此地人的所作所为。

有以上两点，子路就有信心治理好蒲邑，才敢于和乐于到蒲邑赴任。

子路到长垣赴任之前曾向孔子请教，孔子说："恭敬和谨慎可以慑服乡勇、收服人心；宽缓公正理政就可以安抚豪强；仁爱宽恕做人就能够融化贫困；温和果断理狱就能够抑止奸邪。照这样坚持不懈地做下去，治理起来就不会感觉难了。"（参见《孔子家语·致思》）

子路到任后，没有教条式地按孔子的教导行事，而是根据蒲邑当地的实际情况开展工作的。他的第一个大行动是兴修水利工程。按常理说，兴修水利工程必先要勘察、设计，找出一条理想的线路。为此子路肯定是风餐露宿、不辞劳苦，亲自跑遍了蒲邑大地，经过反复研究对比，检阅不少历史水文资料，才能选出一条科学、正确、合理的施工线路。所以子路兴修的水利工程，到两千多年后的今天还发挥着作用。除此之外，他还要广泛征求广大群众的意见和建议，做出这一合民意、顺民心的重大举措，这样才能得到百姓的拥护，使其积极主动地参与到水利工程的建设中去。

选定好线路就要动员群众参加施工，他按照孔子的教导，恭敬谨慎地宣传和发动,达到慑服乡勇、收服人心的效果。然后又身先士卒地和群众同吃同住同劳动,还自掏腰包改善群众的伙食,这怎能不使蒲邑百姓尊敬和爱戴呢?这样的父母官就是放到现在,也是焦裕禄式的党的好干部,人民的贴心人呵。

兴修了水利,发展了农业,改善了群众的生活条件,然后用仁爱宽恕做人的行为融化贫困,以宽缓公正理政的方针安抚豪强,以温和果断的理狱方式抑止奸邪,使豪强畏其勇,百姓感其恩,三年时间把一个人人危惧的蒲邑,变成了孔子都三称其善的地方。当然这是子路在蒲邑执政的能力的具体体现,也是实践孔子执政理念的成功典范。

按照"晋人欲伐卫,畏子路,不敢过蒲"(《荀子·大略》)的记载,子路在蒲邑不仅是在行政上有突出的贡献,在军事上也发挥了自己的特长和能力,充分利用蒲人剽悍的性格和特点,建立了一支亦民亦兵的善战队伍,否则强大的晋国也不会畏惧子路一人而不敢过蒲。这也说明子路身在蒲邑,心里还有国家这个大局,因为没有一个强大的军队,国家就不会稳定,人民也就不能过安宁的生活。子曰:"善人教民七年,亦可以即戎矣。"(《论语·子路》。今译:善人训练百姓七年,也可以派他们去作战了。)"善人"即有善良之心,爱护、救助他人的人;"七年"是个概数,指长时期;"即戎"即当兵作战。子曰:"以不教民战,是谓弃之。"(《论语·子路》。今译:用未经训练的百姓作战,等于糟蹋生命。)"不教民"指没有经受过训练的民众。孔子认为有仁者之心的人,要对来当兵的老百姓进行长期的训练,才能用他们作战,让没有受过训练的老百姓去作战,等于让他们去送死。士兵都是从老百姓之中来的,让老百姓成为士兵要有一个过程,最起码的要求是让士兵懂得为什么作战和怎样作战,如何在战斗中保护自己和消灭敌人,不然的话,上前线也是白送命。送士兵去当炮灰,是仁者所不为的。同时,不经过充分训练的士兵没有战斗力,用这样的兵去作战,一定打败仗,这也是智者所不为的。子路正是按照孔子这样的理念来训练百姓,准备打仗的。子路任职,并不是只为一地一事,而是立足一地而想着国家,谋着眼前而想着未来,是一个真正的胸怀广阔、目光远大的政治家。

子路做了三年的蒲邑宰,对于蒲邑之地的老百姓来说,子路何止是"仲青天"啊,他简直就是老百姓的福星和心目中的神。以至于几千年来,子路就是一代代在蒲邑做官人的标杆和典范。几千年来，蒲邑人怀念他、祭祀他，香火不断，思念不绝，始终受到人们的敬仰和传颂。据《长垣县志》记载，子路之后，在长垣的县宰执政期间，大多数都有修葺子路坟和子路祠的善举，此事是顺应民情、笼络民心的事情，他们何乐而不为呢？

在子路离开蒲邑后，就遭到结缨之难，这对于蒲邑人来说，是何等地震惊和悲伤呵。据史料记载，子路的墓有三处：一是卫人得其首而葬之戚城东门外（今濮阳县106国道西侧）；二是蒲邑人哀痛思念，搜其衣冠而葬，史称"衣冠墓"（今长垣市城东岳庄村旁）；三是清丰人感其壮烈，故招其魂而葬之，名曰"招魂墓"（今清丰县城西南马厂村）。

长垣子路坟起源于春秋时期，至明代已成为长垣县的四致八景之一。子路坟位于长垣县蒲东区岳庄东北，原有墓有祠，历经明清数次修建，面貌大为改观，前有山门，过山门为子路祠前堂，门上方有"河内公祠"四个大字。进入祠内，主殿为"正大高明"大堂，左右有东西廊房。过大堂为子路衣冠冢，墓冢高大。祠内碑刻林立，庄严肃穆。每年重阳节，为祭祀仲由日，戏台高架，商贾云集，百里周围的百姓蜂拥而至，这些盛况一直延续至今。

最早提到长垣县子路墓的文字记载是东汉班昭的《东征赋》，《东征赋》是东汉才女班昭于永初七年（113年）创作的一篇赋。此赋写了作者随儿子曹成到长垣赴任途中的所见所感，以及离开京城的悲伤和长途跋涉的劳苦，在缅怀先贤、体察民难等文中给人以洁身自好、坚持正道、敬业慎行的教导。其中有这样一段文字："到长垣之境界，察农野之居民。睹蒲城之丘墟兮，生荆棘之榛榛。惕觉寤而顾问兮，想子路之威神。卫人嘉其勇义兮，讫于今而称云。蘧氏在城之东南兮，民亦尚其丘坟。""亦尚其丘坟"，一个"亦"字，揭示了当时子路、蘧伯玉的"丘坟"在长垣并存的史实。

至于长垣县仲子墓是衣冠墓还是先贤仲子的真身墓，随着历史的演变也有不同说法。最早的说法是"分尸而葬"。明朝正统年间的文献《大名府志》记载："盖子路死卫孔悝之难，分其尸，故清丰县与开州、长垣俱有墓以葬。"还有的记载：濮阳（古开州）子路墓，葬的是子路的头颅，长垣葬的是躯体，清丰葬的是衣冠。这种说法，在清代仍得到延续。与子路嫡长孙同居吴江县盛泽镇的计东就说："子路墓亦有三，俱在大名。一在清丰，祠墓俱废；一在长垣，谓昔子路治蒲有惠政，蒲人乞其骸骼而葬之；一在开州，谓孔悝支裂之，而澶

人葬其首,今祠墓尚并存。"(《改亭诗文集·冉伯牛墓考辨》)

但对于长垣的百姓和官员来讲,这还不够,他们要多方求证论定,此墓是真身墓。据崇祯《仲子三墓志》转引万历年间的《长垣县志》记载:"子路治蒲而死难于卫都,则葬蒲为是。"子路遇难处距长垣县城不过百里路,按当时长垣人对子路的感情,以及长垣人剽悍义勇的性格,到濮阳运回子路的骸骼而葬之,是情理之中的事情。当然,长垣的子路墓是衣冠墓,还是骸骼墓,有待于考古学家进一步的考证,但子路墓从春秋到现在都在长垣,这是不容置疑的,长垣人数千年来对子路的感恩戴德的感情,也是不容置疑的。

据《长垣县志》记载,长垣子路墓祠的祀典是:"每岁春秋仲月上戊日祭。春祭于墓,秋祭于祠。祭日备器神位前:陈帛二、羊一、豕一、铏一、簠二、簋二、笾四、豆四、爵六、炉一、镫二。主祭官公服诣祠内赞引,行一跪三叩首礼,兴,行献礼,诣神位前,跪连三献爵,叩首,兴,复位,行一跪三叩首礼,毕。"

可见不管是墓祭还是祠祭,都是长垣县内很隆重的大事。

此后在城内还修建了子路祠,还有子路书院,在县南街还修建了二贤祠(祭祀蘧伯玉和子路)。县志、碑刻、古籍中亦有许多有关重修子路祠的记载。

清朝之前,长垣仲子墓祠的规模如下:前有山门,山门右旁立"先贤仲由祠墓"巨碑。过山门为牌坊,上书"三善遗踪"金匾。过牌坊为影壁墙。牌坊与影壁左侧为庑一排,右侧为筒子楼三层。影壁后为子路祠主殿,门上方有"先贤河内公墓"六个大字,后改为"正大高明"匾。主殿后为子路墓,墓前有巨型石碑,上书"大贤河内公子路墓"(字径七寸)。整个祠墓占地数十亩。春秋二祭,除祀田所得外,县衙每次拨银三两为助。

如今,岳庄的子路坟、子路墓祠,城内的子路祠、子路书院、二贤祠等皆无踪影。子路坟在新中国成立后还有一坟冢,可"文化大革命"中也被荡为平地,只有残留的石碑、石柱座等散落民间。这是长垣人心中的罪责,心中的痛。蒲邑的后人对重修子路坟、子路祠的呼声越来越高。

如今的长垣是"中国厨师之乡"、"中国防腐蚀之都"、"中国起重机械之乡"、国家绿色农业发展示范区、国家级卫生县城、中华美食名城、国家卫生城市、全国文明城市、中国卫生材料生产基地。2011年被确定为河南省10个省直管县体制改革试点之一,2019年又撤县改市。随着长垣经济的发展和繁荣,长垣人对传统文化越来越重视。子路在长垣留下的文化遗产,有着重要的地位和影响,一些子路雕像被树立了起来,一些遗失的有关子路的文字、典籍、碑刻,逐渐被发现、挖掘和整理。2021年4月,市人大和蒲东办事处发起了编写《长垣三善文化志》的倡议,并付诸实施,成立了编写小组,投入到紧张有序的挖掘、整理、编写之中。

关于重修子路坟和子路祠,已在酝酿和讨论之中,好在岳庄子路坟原址虽然被围了起来,还没有被侵占,还是一片空地。在此地修建子路坟、子路祠、子路书院等建议,已被市委、市人大提到了议程上。希望千年古祠早日再现蒲邑大地,庶几可以告慰先贤。让子路善政为民、诚实守信、忠义仁勇、闻过则喜、闻善则行、见义必为、见危必拯,以及舍生忘死、向死而生的忠勇精神和民族血性,在长垣永远发扬光大,仰为旗帜,感召后人。

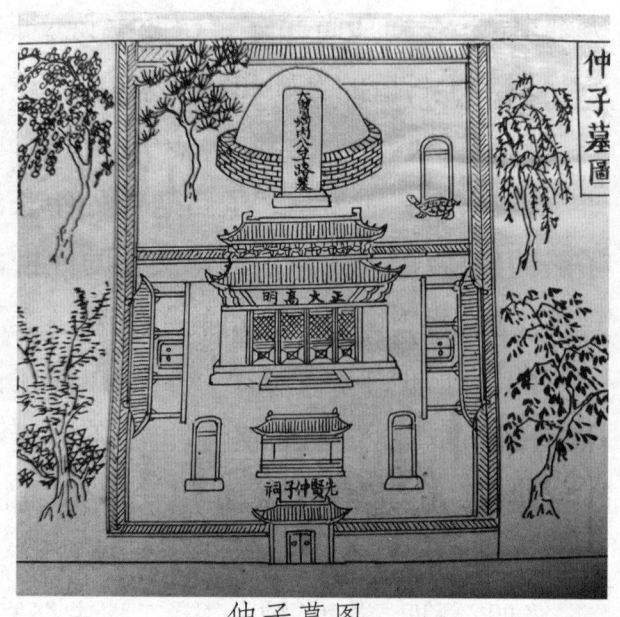

仲子墓图

《论语》是春秋时期思想家、教育家孔子的弟子及再传弟子记录孔子及其弟子言行而编成的语录文集,较为集中地体现了孔子及儒家学派的政治主张、伦理思想、道德观念及教育原则等,被尊为"五经之錧辖,六艺之喉衿",是研究孔子及儒家思想的第一手资料,也是研究孔子弟子的第一手资料。在《论语》中有41处提到子路,是孔子弟子中提到最多的一个,足见子路在孔子弟子中的地位和作为。

——编者题记

第四节 《论语》中有关子路的记述

为政篇:

子曰:"由!诲女知之乎!知之为知之,不知为不知,是知也。"

【译文】

孔子说:"由!我教给你对待知或不知的正确态度吧!知道就是知道,不知道就是不知道,这才是智慧啊。"

公冶长篇:

1. 子曰:"道不行,乘桴浮于海。从我者,其由与?"子路闻之喜。子曰:"由也好勇过我,无所取材。"

【译文】

孔子说:"如果我的主张无法推行了,我就乘着小筏子漂往海外。跟随我的,恐怕只有仲由吧?"子路听了这话很高兴。孔子说:"仲由好勇的精神大大超过了我,但这是不足取的呀。"

2. 孟武伯问:"子路仁乎?"子曰:"不知也。"又问。子曰:"由也,千乘之国,可使治其赋也,不知其仁也。"

【译文】

孟武伯问:"子路有仁德吗?"孔子说:"不知道。"孟武伯又问,孔子说:"仲由啊,一个有千辆兵车的国家,可让他来负责军事,不知道他是否仁德。"

3. 子路有闻,未之能行,唯恐有闻。

【译文】

子路听到一种道理,如果还没有来得及去实行,便唯恐又听到新的道理。

4. 颜渊、季路侍。子曰:"盍各言尔志?"子路曰:"愿车马衣轻裘与朋友共敝之而无憾。"颜渊曰:"愿无伐善,无施劳。"子路曰:"愿闻子之志。"子曰:"老者安之,朋友信之,少者怀之。"

【译文】

颜渊、季路侍立在孔子身旁。孔子说:"你们何不各自谈谈自己的志向?"子路说:"我愿意拿出自己的车马、穿的衣服,和朋友们共同享用,即使用坏了也不抱怨。"颜渊说:"我愿意不夸耀自己的长处,不宣扬自己的功劳。"子路说:"我们希望听听老师的志向。"孔子说:"我愿使老年人安度晚年,使朋友们信任我,使年轻人怀念我。"

雍也篇:

1. 季康子问:"仲由可使从政也与?"子曰:"由也果,于从政乎何有?"

【译文】

季康子问:"可以让仲由治理政事吗?"孔子说:"仲由办事果断,让他治理政事有什么困难呢?"

2. 子见南子,子路不说。夫子矢之曰:"予所否者,天厌之!天厌之!"

【译文】

孔子去见了(卫灵公的夫人)南子,子路不高兴。孔子发誓说:"我假若做了什么不对的事,让上天厌弃我吧!让上天厌弃我吧!"

述而篇:

1. 子谓颜渊曰:"用之则行,舍之则藏,惟我与尔有是夫。"子路曰:"子行三军,则谁与?"子曰:"暴虎冯河,死而无悔者,吾不与也。必也临事而惧,好谋而成者也。"

【译文】

孔子对颜渊说:"如果用我,我就积极行动;如果不用我,我就藏起来,只有我和你才能这样吧。"子路说:"如果让您率领三军,您愿找谁一起共事呢?"孔子说:"赤手空拳和老虎搏斗,徒步涉水过大河,死了都不后悔的人,我是不会与他共事的。我所要找的共事的人,一定是遇事小心谨慎,善于谋划而且能完成任务的人。"

2. 叶公问孔子于子路,子路不对。子曰:"女奚不曰:'其为人也,发愤忘食,乐以忘忧,不知老之将至云尔。'"

【译文】

叶公问子路孔子是个怎样的人,子路没有回答。孔子说:"你为什么不这样说:'他的为人啊,发愤用功到连吃饭都忘了,快乐时忘记了忧愁,不知道衰老将要到来,如此而已。'"

3. 子疾病,子路请祷。子曰:"有诸?"子路对曰:"有之。《诔》曰:'祷尔于上下神祇。'"子曰:"丘之祷久矣。"

【译文】

孔子病得很重,子路请求为他祈祷。孔子说:"有这回事吗?"子路回答说:"有的。《诔》中说:'为你向天地神灵祈祷。'"孔子说:"我已经祈祷很久了。"

子罕篇：

1. 子疾病，子路使门人为臣。病间，曰："久矣哉，由之行诈也！无臣而为有臣。吾谁欺？欺天乎？且予与其死于臣之手也，无宁死于二三子之手乎？且予纵不得大葬，予死于道路乎？"

【译文】

孔子病重，子路让孔子的学生充当家臣准备料理丧事。后来，孔子的病好些了，知道了这事后说："仲由做这种欺诈的事情很久了吧！我没有家臣而冒充有家臣。我欺骗谁呢？欺骗上天吗？况且我与其死在家臣手中，不如死在你们这些学生手中啊！我纵使不能按照卿大夫的葬礼来安葬，难道会死在路上没人葬吗？"

2. 子曰："衣敝缊袍，与衣狐貉者立，而不耻者，其由也与？'不忮不求，何用不臧？'"子路终身诵之。子曰："是道也，何足以臧？"

【译文】

孔子说："穿着破旧的袍子与穿着狐貉裘皮衣服的人站在一起，而不觉得羞耻的，大概只有仲由吧？《诗经》里说：'不嫉妒，不贪求，有什么不好呢？'"子路听了，从此常常念着这句话。孔子又说："仅仅做到这个样子，又怎么算得上好呢？"

乡党篇：

色斯举矣，翔而后集。曰："山梁雌雉，时哉时哉！"子路共之，三嗅而作。

【译文】

（孔子在山谷中行走，看见几只野鸡。）孔子神色一动，野鸡就飞起来，盘旋了一阵后，又落在了树上。孔子说："山梁上的这些母野鸡，得其时啊！得其时啊！"子路向它们拱拱手，它们又拍拍翅膀飞走了。

先进篇：

1. 德行：颜渊，闵子骞，冉伯牛，仲弓。言语：宰我，子贡。政事：冉有，季路。文学：子游，子夏。

【译文】

（孔子的弟子各有所长。）德行好的：颜渊，闵子骞，冉伯牛，仲弓。娴于辞令的：宰我，子贡。能办理政事的：冉有，季路。熟悉古代文献的：子游，子夏。

2. 季路问事鬼神。子曰："未能事人，焉能事鬼？"曰："敢问死。"曰："未知生，焉知死？"

【译文】

季路问服侍鬼神的方法。孔子说："活人还不能服侍，怎么能去服侍死人？"季路又问："敢问死是怎么回事？"孔子说："还不懂得生，怎么懂得死？"

3. 闵子侍侧，訚訚如也；子路，行行如也；冉有、子贡，侃侃如也。子乐。"若由也，不得其死然。"

【译文】

闵子骞侍立在孔子身边，恭敬而正直的样子；子路是很刚强的样子；冉有、子贡的样子温和而快乐。孔子很高兴。（但他又说道：）"像仲由这样，恐怕得不到善终。"

4. 子曰："由之瑟奚为于丘之门？"门人不敬子路。子曰："由也升堂矣，未入于室也。"

【译文】

孔子说："仲由为什么要到我这里弹瑟呢？"孔子的其他学生因此而不尊重子路。孔子说："仲由的学问啊，已经具备升堂的程度，只是还不够精深，没达到入室的程度罢了。"

5. 子路问："闻斯行诸？"子曰："有父兄在，如之何其闻斯行之？"冉有问："闻斯行诸？"子曰："闻斯行之。"公西华曰："由也问闻斯行诸，子曰'有父兄在'；求也问闻斯行诸，子曰'闻斯行之'。赤也惑，敢问。"子曰："求也退，故进之。由也兼人,故退之。"

【译文】

子路问:"凡事一听到就行动吗?"孔子说:"父亲和兄长都在,怎么能一听到就行动呢?"冉有问:"凡事一听到就行动吗?"孔子说:"一听到就行动。"公西华说:"仲由问凡事一听到就行动吗,您说'父亲和兄长都在';冉求问凡事一听到就行动吗,您说'一听到就行动'。我有些糊涂了,斗胆问问老师。"孔子说:"冉求平日做事退缩,所以我激励他;仲由好勇胜人,所以我要压压他。"

6. 季子然问:"仲由、冉求可谓大臣与?"子曰:"吾以子为异之问,曾由与求之问。所谓大臣者,以道事君,不可则止。今由与求也,可谓具臣矣。"曰:"然则从之者与?"子曰:"弑父与君,亦不从也。"

【译文】

季子然问:"仲由、冉求是否称得上大臣?"孔子说:"我以为你会问别的人,竟是问仲由和冉求呀。我们所说的大臣,应该能以合于仁道的方式去侍奉君主,如果行不通,宁可不干。现在由和求这两个人呀,可以说是具有相当才能的臣属了。"季子然又问:"那么,他们会一切顺从上级吗?"孔子说:"杀父亲、杀君主的事情,他们也是不会顺从的。"

7. 柴也愚,参也鲁,师也辟,由也喭。

【译文】

高柴愚笨,曾参迟钝,颛孙师偏激,仲由鲁莽。

8. 子路使子羔为费宰。子曰:"贼夫人之子。"子路曰:"有民人焉,有社稷焉,何必读书,然后为学?"子曰:"是故恶夫佞者。"

【译文】

子路叫子羔去做费县县长。孔子说:"这是害了人家的儿子。"子路说:"那里有百姓,有土地和五谷,为什么一定要读书才叫做学问呢?"孔子说:"所以我讨厌强嘴利舌的人。"

9. 子路、曾晳、冉有、公西华侍坐。子曰:"以吾一日长乎尔,毋吾以也。

居则曰：'不吾知也！'如或知尔，则何以哉？"子路率尔而对曰："千乘之国，摄乎大国之间，加之以师旅，因之以饥馑；由也为之，比及三年，可使有勇，且知方也。"夫子哂之。"求，尔何如？"对曰："方六七十，如五六十，求也为之，比及三年，可使足民。如其礼乐，以俟君子。""赤，尔何如？"对曰："非曰能之，愿学焉。宗庙之事，如会同，端章甫，愿为小相焉。""点，尔何如？"鼓瑟希，铿尔，舍瑟而作，对曰："异乎三子者之撰。"子曰："何伤乎？亦各言其志也。"曰："莫春者，春服既成，冠者五六人，童子六七人，浴乎沂，风乎舞雩，咏而归。"夫子喟然叹曰："吾与点也！"三子者出，曾皙后。曾皙曰："夫三子者之言何如？"子曰："亦各言其志也已矣。"曰："夫子何哂由也？"曰："为国以礼，其言不让，是故哂之。""唯求则非邦也与？""安见方六七十如五六十而非邦也者？""唯赤则非邦也与？""宗庙会同，非诸侯而何？赤也为之小，孰能为之大？"

学堂岗四子言志塑像（局部）

【译文】

　　子路、曾皙、冉有、公西华四人陪同孔子坐着。孔子说："我比你们年龄都大，你们不要因此受到拘束而不敢讲话。你们平时总爱说：'没有人了解我呀！'如果有人了解你们，（打算请你们出去，）那你们怎么办呢？"

　　子路轻率而急切地回答说："一个千乘之国，夹在几个大国之间，外面有军队侵犯它，国内又连年灾荒，让我去治理，只要三年，就可以使那里人人有勇气、个个懂道义。"孔子听后微微一笑。又问："冉求，你怎么样？"冉求回答说："方圆六七十里或五六十里的小国家，让我去治理，只要三年，可以使人人富足。至于礼乐方面，只有等待贤人君子来施行了。"孔子又问："公西赤，你怎么样？"公西赤回答说："不敢说我有能力，但我愿意这样学习。宗庙祭祀或者同外国盟会，我愿意穿着礼服，戴着礼帽，做一个小傧相。"孔子接着问："曾点，你怎么样？"曾点正在弹瑟，这时瑟声逐渐稀疏，然后"铿"的一声停止了，他摊开瑟，站起来回答道："我的志向和他们三位所说的不一样。"孔子说："那有什么妨碍呢？也不过是各人谈谈自己的志向罢了。"曾皙说："暮春三月的时候,春天的衣服都穿在身上了,我和五六个成年人,还有六七个儿童一起,在沂水岸边洗洗澡,在舞雩台上吹风纳凉,唱着歌儿走回来。"孔子长叹一声说:"我赞赏曾点的志向啊。"子路、冉有、公西华三个人都出来了,曾皙后走。曾皙问孔子:"他们三位同学的话怎么样?"孔子说:"也不过各人谈谈自己的志向罢了。"曾皙说:"您为什么笑仲由呢?"孔子说:"治理国家应该注意礼仪,他的话一点也不谦逊,所以笑他。"曾皙又问:"难道冉求所讲的不是有关治理国家的事吗?"孔子说:"怎么见得方圆六七十里或五六十里的地方就算不上一个国家呢?"曾皙再问:"公西赤讲的不是国家吗?"孔子说:"有宗庙,有国家之间的盟会,不是国家是什么?公西华只能做小傧相,谁能做大傧相呢?"

颜渊篇:

子曰:"片言可以折狱者,其由也与?"子路无宿诺。

【译文】

孔子说:"根据单方面的供词就可以判决诉讼案件的,大概只有仲由吧?"子路这里从来没有不及时兑现的诺言。

子路篇:

1. 子路问政。子曰:"先之劳之。"请益。曰:"无倦。"

【译文】

子路问为政之道。孔子说:"自己先要身体力行带好头,然后让老百姓辛勤劳作。"子路请求多讲一些。孔子说:"永远不要松懈怠惰。"

2. 子路曰:"卫君待子而为政,子将奚先?"子曰:"必也正名乎!"子路曰:"有是哉,子之迂也!奚其正?"子曰:"野哉,由也!君子于其所不知,盖阙如也。名不正,则言不顺;言不顺,则事不成;事不成,则礼乐不兴;礼乐不兴,则刑罚不中;刑罚不中,则民无所错手足。故君子名之必可言也,言之必可行也。君子于其言,无所苟而已矣。"

【译文】

子路说:"卫国国君要您去治理国家,您打算先从哪些事情做起呢?"孔子说:"必须先正名分。"子路说:"您的迂腐竟到如此地步吗!何必要正名呢?"

孔子说:"仲由,真粗野啊!君子对于他所不知道的事情,应该选择不谈论吧。名分不正,说起话来就不顺当合理;说话不顺当合理,事情就办不成;事情办不成,国家的礼乐制度也就不能兴盛;礼乐制度不兴盛,刑罚的执行就不会得当;刑罚不得当,百姓就手足无措,不知怎么办好。所以,君子定下名分,就一定可以言之有理;言之成理,就一定行得通。君子对于自己要说的话,一点都不马虎就是了。"

3. 子路问曰:"何如斯可谓之士矣?"子曰:"切切偲偲,怡怡如也,可谓士矣。朋友切切偲偲,兄弟怡怡。"

【译文】

子路问道:"怎样才可以称为士呢?"孔子说:"互相批评而又和睦相处,就可以叫作士了。朋友之间互相批评,兄弟之间和睦相处。"

宪问篇:

1. 子路问成人。子曰:"若臧武仲之知,公绰之不欲,卞庄子之勇,冉求之艺,文之以礼乐,亦可以为成人矣。"曰:"今之成人者何必然?见利思义,见危授命,久要不忘平生之言,亦可以为成人矣。"

【译文】

子路问怎样才算是完人。孔子说:"像臧武仲那样有智慧,像孟公绰那样不贪求,像卞庄子那样勇敢,像冉求那样有才艺,再用礼乐来增加他的文采,就可以说是完人了。"孔子又说:"如今的完人哪里一定要这样?看见利益便想到道义,遇到危险时肯献出生命,长期处在贫困之中也不忘平生的诺言,也可以说是完人了。"

2. 子路曰:"桓公杀公子纠,召忽死之,管仲不死。"曰:"未仁乎?"子曰:"桓公九合诸侯,不以兵车,管仲之力也。如其仁,如其仁。"

【译文】

子路说:"齐桓公杀了他哥哥公子纠,(公子纠的师傅)召忽自杀以殉,(但是他的另一师傅)管仲却没有死。"接着又说:"管仲是不仁吧?"孔子说:"桓公多次召集各诸侯国盟会,停止了战争,都是管仲的力量。这就是他的仁德,这就是他的仁德。"

3. 子路问事君。子曰:"勿欺也,而犯之。"

【译文】

子路问怎样服侍君主。孔子说:"不要(阳奉阴违地)欺骗他,但可以犯颜直谏。"

4. 公伯寮愬子路于季孙。子服景伯以告,曰:"夫子固有惑志于公伯寮,吾力犹能肆诸市朝。"子曰:"道之将行也与,命也;道之将废也与,命也。公伯寮其如命何!"

【译文】

公伯寮向季孙诬谤子路。子服景伯把这件事告诉了孔子,说:"他老人家已经被公伯寮迷惑了,可是我的力量还能让公伯寮的尸首在街头示众。"孔子说:"我的主张将要实现,是天命决定的;我的主张将要被废弃,也是天命决定的。公伯寮能把天命怎么样呢?"

5. 子路宿于石门。晨门曰:"奚自?"子路曰:"自孔氏。"曰:"是知其不可而为之者与?"

【译文】

子路在石门住了一宿。(第二年清早进城,)守城门的人问:"从哪儿来?"子路说:"从孔家来。"守城门的人说:"就是那位知道做不到却还要去做的人吗?"

6. 子路问君子。子曰:"修己以敬。"曰:"如斯而已乎?"曰:"修己以安人。"曰:"如斯而已乎?"曰:"修己以安百姓。修己以安百姓,尧舜其犹病诸!"

【译文】

子路问怎样做才是君子。孔子说:"修养自己来严肃认真地对待工作。"子路说:"像这样就可以了吗?"孔子说:"修养自己来使上层人物安乐。"子路又问:"像这样就可以了吗?"孔子说:"修养自己来使百姓安乐。修养自己来使百姓都安乐,尧舜大概还没有完全做到哩!"

卫灵公篇：

1. 在陈绝粮，从者病，莫能兴。子路愠见曰："君子亦有穷乎？"子曰："君子固穷，小人穷斯滥矣。"

【译文】

孔子在陈国断绝了粮食，跟从的人都饿病了，爬不起床来。子路生气地来见孔子说："君子也有困窘得没有办法的时候吗？"孔子说："君子在困窘时还能固守正道，小人一困窘就会胡作非为。"

2. 子曰："由！知德者鲜矣。"

【译文】

孔子说："仲由！知晓德的人太少了。"

季氏篇：

季氏将伐颛臾。冉有、季路见于孔子，曰："季氏将有事于颛臾。"孔子曰："求！无乃尔是过与？夫颛臾，昔者先王以为东蒙主，且在邦域之中矣，是社稷之臣也。何以伐为？"冉有曰："夫子欲之，吾二臣者皆不欲也。"孔子曰："求！周任有言曰：'陈力就列，不能者止。'危而不持，颠而不扶，则将焉用彼相矣？且尔言过矣，虎兕出于柙，龟玉毁于椟中，是谁之过与？"冉有曰："今夫颛臾，固而近于费。今不取，后世必为子孙忧。"孔子曰："求！君子疾夫舍曰欲之而必为之辞。丘也闻有国有家者，不患寡而患不均，不患贫而患不安。盖均无贫，和无寡，安无倾。夫如是，故远人不服，则修文德以来之。既来之，则安之。今由与求也，相夫子，远人不服，而不能来也；邦分崩离析，而不能守也；而谋动干戈于邦内。吾恐季孙之忧，不在颛臾，而在萧墙之内也。"

【译文】

季氏准备攻打颛臾。冉有、季路去见孔子，说："季氏准备对颛臾用兵了。"孔子说："冉求！这难道不应该责备你吗？那颛臾，上代的君王曾经授权它主持东蒙山的祭祀，况且它又在鲁国的疆域之内，是国家的臣属，为什么要攻打它呢？"冉有说："季孙想去攻打，我们两个人本来都是不同意的。"孔子说："冉求！周任说过：'根据自己的才力去担任职务，如果不能胜任，就辞职不干。'譬如一个盲人遇到了危险而不去扶持他，要跌倒了而不去搀扶他，那还用辅助的人干什么呢？而且你说的话就是错误的，老虎、犀牛从笼子里跑出来，龟甲和美玉在匣子里被毁坏了，是谁的过错呢？"冉有说："现在颛臾，城墙坚固，而且离季氏的采邑费地很近。现在不攻占它，将来一定会成为子孙的祸患。"孔子说："冉求！君子讨厌那种不实说自己的贪欲而另找借口加以掩饰的做法。我听说，对于诸侯和大夫，不怕贫穷而怕财富不均，不怕人口少而怕不安定。财富均衡就没有贫穷，和睦团结就不觉得人口少，境内安定就不会有倾覆的危险。像这样做，远方的人还不归服，那就再修仁义礼乐的政教来招致他们。他们来归服了，就让他们安心生活。现在，仲由和冉求你们辅佐季孙，远方的人不归服却又不能招致他们，国家分崩离析却不能保全守住，反而谋划在境内动用武力。恐怕季孙的忧虑不在颛臾，而是在鲁君这里吧。"

阳货篇：

1. 公山弗扰以费畔，召，子欲往。子路不说，曰："末之也，已，何必公山氏之之也？"子曰："夫召我者，而岂徒哉？如有用我者，吾其为东周乎？"

【译文】

公山弗扰在费邑叛反，召孔子，孔子准备前往。子路不高兴，说："没有地方去就算了，为什么一定要去公山氏那里呢？"孔子说："那召我去的人，岂会让我白去一趟吗？如果有人用我，我将使周朝的政德在东方复兴吧？"

2. 佛肸召，子欲往。子路曰："昔者由也闻诸夫子曰：'亲于其身为不善者，君子不入也。'佛肸从中牟畔，子之往也，如之何？"子曰："然，有是言也。不曰坚乎，磨而不磷；不曰白乎，涅而不缁。吾岂匏瓜也哉？焉能系而不食？"

【译文】

佛肸召请，孔子想去。子路说："从前听老师说过：'亲自做坏事的人那里，君子是不去的。'如今佛肸盘踞中牟叛乱，您却要去，怎么说得过去呢？"孔子说："是的，我是说过这话。但不是说有坚硬的东西吗，那是磨也磨不薄的；不是有洁白的东西吗，那是染也染不黑的。我难道是那匏瓜吗？怎么能只挂在那里而不被食用呢？"

3. 子曰:"由也!女闻六言六蔽矣乎?"对曰:"未也。""居!吾语女。好仁不好学,其蔽也愚;好知不好学,其蔽也荡;好信不好学,其蔽也贼;好直不好学,其蔽也绞;好勇不好学,其蔽也乱;好刚不好学,其蔽也狂。"

【译文】

孔子说:"仲由!你听过六种品德便会有六种弊病吗?"子路回答:"没有。"孔子说:"坐下!我告诉你。爱仁德却不爱学习,它的弊病是愚蠢;爱耍聪明而不爱学习,它的弊病是放荡不羁;爱诚信而不爱学习,它的弊病是容易被人利用伤害;爱直率而不爱学习,它的弊病是说话尖酸刻薄;爱勇敢而不爱学习,它的弊病是容易作乱闯祸;爱刚强却不爱学习,它的弊病是胆大妄为。"

4. 子路曰:"君子尚勇乎?"子曰:"君子义以为上,君子有勇而无义为乱,小人有勇而无义为盗。"

【译文】

子路说:"君子崇尚勇敢吗?"孔子说:"君子把义看作是最尊贵的,君子有勇无义就会犯上作乱,小人有勇无义就会做土匪强盗。"

微子篇:

1. 长沮、桀溺耦而耕,孔子过之,使子路问津焉。长沮曰:"夫执舆者为谁?"子路曰:"为孔丘。"曰:"是鲁孔丘与?"曰:"是也。"曰:"是知津矣。"问于桀溺,桀溺曰:"子为谁?"曰:"为仲由。"曰:"是鲁孔丘之徒与?"对曰:"然。"曰:"滔滔者天下皆是也,而谁以易之?且而与其从辟人之士也,岂若从辟世之士哉?"耰而不辍。子路行以告。夫子怃然曰:"鸟兽不可与同群,吾非斯人之徒与而谁与?天下有道,丘不与易也。"

【译文】

长沮和桀溺一起耕地,孔子从他们那里经过,让子路去打听渡口在哪儿。长沮问子路:"那个驾车的人是谁?"子路说:"是孔丘。"长沮又问:"是鲁国的孔丘吗?"子路说:"是的。"长沮说:"他应该知道渡口在哪儿。"子路又向桀溺打听,桀溺说:"你是谁?"子路说:"我是仲由。"桀溺说:"是鲁国孔丘的学生吗?"子路回答说:"是的。"桀溺就说:"普天之下到处都像滔滔洪水一样混乱,能够同什么人去改变这种状况呢?而你与其跟从那逃避坏人的人,还不如跟从逃避污浊尘世的人呢。"他一面说,一面不停地耙土。子路回来把这些话告诉了孔子。孔子怅然若失地说:"我们既然不能和鸟兽合群共处,若不同人群打交道,又同什么去打交道呢?如果天下太平,我也不用与你们一起进行变革了。"

2. 子路从而后,遇丈人,以杖荷蓧。子路问曰:"子见夫子乎?"丈人曰:"四体不勤,五谷不分。孰为夫子?"植其杖而芸。子路拱而立。止子路宿,杀鸡为黍而食之,见其二子焉。明日,子路行以告。子曰:"隐者也。"使子路反见之。至,则行矣。子路曰:"不仕无义。长幼之节,不可废也;君臣之义,如之何其废之?欲洁其身,而乱大伦。君子之仕也,行其义也。道之不行,已知之矣。"

【译文】

子路跟随着孔子,却远落在后面,遇到一个老人,用拐杖挑着除草用的工具。子路问道:"您看见我的老师了吗?"老人说:"你这人四肢不劳动,五谷分不清。谁是你的老师呢?"说完,把拐杖插在地上开始锄草。子路拱着手恭敬地站着。老人便留子路到他家中住宿,杀鸡做饭给子路吃,还叫他的两个儿子出来相见。第二天,子路赶上了孔子,并把这事告诉了他。孔子说:"这是个隐士。"叫子路返回去再见他。子路到了那里,老人已经出门了。子路说:"不肯做官是不合义的。长幼之间的礼节,不可以废弃;君臣之间的道义,又怎么可以废弃呢?只想保持自身纯洁,却破坏了君臣大伦。君子出来做官,是为了实行君臣之义。至于我们的政治主张行不通,是早就知道的了。"

《孔子家语》详细记录了孔子与其弟子门生的问对诘答和言谈行事，对研究儒家学派的哲学思想、政治思想、伦理思想和教育思想，有巨大的理论价值、文献价值和较高的文学价值。此书是研究孔子及其弟子生平和思想的重要参考资料。

——编者题记

第五节 《孔子家语》中有关子路的记述

相鲁篇：

孔子言于定公曰："家不藏甲，邑无百雉之城，古之制也。今三家过制，请皆损之。"乃使季氏宰仲由隳三都。叔孙辄不得意于季氏，因费宰公山弗扰率费人以袭鲁。孔子以公与季孙、叔孙、孟孙入于费氏之宫，登武子之台。费人攻之，及台侧，孔子命申句须、乐颀勒士众下伐之，费人北。遂隳三都之城。强公室，弱私家，尊君卑臣，政化大行。

【译文】

孔子对鲁定公说："卿大夫的家中不能私藏兵器铠甲，封地内不能建筑一百雉规模的都城，这是古代的礼制。当前季孙氏、叔孙氏、孟孙氏三家大夫的城邑都逾越了礼制，请您削减他们的势力。"于是派季氏家臣仲由拆除三家大夫的城池——季孙氏的都城费、叔孙氏的都城邱、孟孙氏的都城成。叔孙氏的庶子叔孙辄得不到叔孙氏的器重，联合费城的长官公山弗扰率领费人进攻鲁国都城曲阜。孔子保护着鲁定公，和季孙氏、叔孙氏、孟孙氏三大夫躲入季氏的住宅,登上武子台。费人进攻武子台,攻到台的一侧,孔子命令申句须、乐颀两位大夫统领士卒前去抵挡,费人败退。这样,终于削减了三座都邑的城池。这一行动使鲁国国君的权力得到加强,大夫的势力被削减,国君得到尊崇,臣子地位下降,政治教化措施得到执行。

始诛篇:

孔子为鲁司寇,摄行相事,有喜色。仲由问曰:"由闻君子祸至不惧,福至不喜,今夫子得位而喜,何也?"孔子曰:"然,有是言也。不曰'乐以贵下人'乎?"于是朝政七日而诛乱政大夫少正卯,戮之于两观之下,尸于朝三日。

子贡进曰:"夫少正卯,鲁之闻人也。今夫子为政而始诛之,或者为失乎?"孔子曰:"居,吾语汝以其故。天下有大恶者五,而窃盗不与焉。一曰心逆而险,二曰行僻而坚,三曰言伪而辩,四曰记丑而博,五曰顺非而泽。此五者,有一于人,则不免君子之诛,而少正卯皆兼有之。其居处足以撮徒成党,其谈说足以饰褒莹众,其强御足以反是独立,此乃人之奸雄者也,不可以不除。夫殷汤诛尹谐,文王诛潘正,周公诛管蔡,太公诛华士,管仲诛付乙,子产诛史何,是此七子皆异世而同诛者,以七子异世而同恶,故不可赦也。《诗》云:'忧心悄悄,愠于群小。'小人成群,斯足忧矣。"

【译文】

孔子做鲁国的大司寇,代理行使宰相的职务,表现出高兴的神色。弟子仲由问他:"我听说君子祸患来临不恐惧,幸运降临也不表现出欢喜,现在您得到高位而流露出欢喜的神色,这是为什么呢?"孔子回答说:"对,确实有这样的说法。但不是有'显贵了而仍以谦恭待人为乐事'的说法吗?"就这样,孔子执掌朝政七天就诛杀了扰乱朝政的大夫少正卯,在宫殿门外的两座高台下杀了他,还在朝廷暴尸三日。

孔子弟子子贡向孔子进言:"这个少正卯,是鲁国知名的人,现在老师您执掌朝政首先就杀掉他,可能有些失策吧?"孔子回答说:"坐下来,我告诉你杀他的缘由。天下称得上大恶的有五种,连盗窃的行为也不包括在内。一是通达事理却又心存险恶,二是行为怪僻而又坚定固执,三是言语虚伪却又能言善辩,四是对怪异的事知道得过多,五是言论错误还要为之润色。这五种大恶,人只要有其中之一恶,就免不了受正人君子的诛杀,而少正卯五种恶行样样都有。他身居一定的权位就足以聚集起自己的势力结党营私,他的言论也足以迷惑众人伪饰自己而得到声望,他积蓄的强大力量足以叛逆礼制成为异端。这就是人中的奸雄啊!不可不及早除掉。历史上,殷汤杀掉尹谐,文王杀掉潘正,周公杀掉管叔、蔡叔,姜太公杀掉华士,管仲杀掉付乙,子产杀掉史何,这七个人生于不同时代但都被杀了头,原因是七个人尽管所处的时代不同,但具有的恶行是一样的,所以对他们不能放过。《诗经》中说:'忧心如焚,为群小所憎恶。'如果小人成群,那就足以令人担忧了。"

致思篇:

孔子北游于农山,子路、子贡、颜渊侍侧。孔子四望,喟然而叹曰:"于斯致思,无所不至矣。二三子各言尔志,吾将择焉。"

子路进曰:"由愿得白羽若月,赤羽若日,钟鼓之音上震于天,旌旗缤纷下蟠于地。由当一队而敌之,必也攘地千里,搴旗执馘。唯由能之,使二子者从我焉。"

夫子曰:"勇哉!"

子贡复进曰:"赐愿使齐、楚合战于漭漾之野,两垒相望,尘埃相接,挺刃交兵。赐着缟衣白冠,陈说其间,推论利害,释国之患。唯赐能之,使夫二子者从我焉。"

夫子曰:"辩哉!"

颜回退而不对。孔子曰:"回,来,汝奚独无愿乎?"颜回对曰:"文武之事,则二子者既言之矣,回何云焉?"

孔子曰:"虽然,各言尔志也,小子言之。"

对曰:"回闻薰莸不同器而藏,尧桀不共国而治,以其类异也。回愿得明王圣主辅相之,敷其五教,导之以礼乐,使民城郭不修,沟池不越,铸剑戟以为农器,放牛马于原薮,室家无离旷之思,千岁无战斗之患。则由无所施其勇,而赐无所用其辩矣。"

夫子凛然曰:"美哉!德也。"

子路抗手而对曰:"夫子何选焉?"

孔子曰:"不伤财,不害民,不繁词,则颜氏之子有矣。"

【译文】

孔子向北游览到农山，子路、子贡、颜渊在身边陪着。孔子向四面望了望，感叹地说："在这里集中精力思考问题，什么想法都会出现啊！你们每个人各谈谈自己的志向，我将从中做出选择。"

子路走上前说："我希望有这样一个机会，白色的指挥旗像月亮，红色的战旗像太阳，钟鼓的声音响彻云霄，繁多的旌旗在地面盘旋舞动。我带领一队人马进攻敌人，必会夺取敌人千里之地，拔去敌人的旗帜，割下敌人的耳朵。这样的事只有我能做到，您就让子贡和颜渊跟着我吧！"

孔子说："真勇敢啊！"

子贡也走上前说道："我愿出使到齐国和楚国交战的广阔原野上，两军的营垒遥遥相望，扬起的尘埃连成一片，士兵们挥刀交战。在这种情况下，我穿戴着白色衣帽，在两国之间劝说，论述交战的利弊，解除国家的灾难。这样的事只有我能做得到，您就让子路和颜渊跟着我吧！"

孔子说："真有口才啊！"

颜回后退不说话。孔子说："颜回，过来，为何只有你没有志向呢？"颜回回答说："文武两方面的事，子路和子贡都已经说过了，我还说什么呢？"

孔子说："虽然如此，还是各人说说各人的志向，你就说吧。"

颜回回答说："我听说薰草和莸草不能藏在同一个容器中，尧和桀不能共同治理一个国家，因为他们不是同一类人。我希望得到明王圣主来辅助他们，向人民宣传五教，用礼乐来教导他们，使百姓不修筑城墙，不逾越护城河，剑戟之类的武器改铸为农具，平原湿地放牧牛马，妇女不因丈夫长期离家而忧虑，千年无战争之患。这样，子路就没有机会施展他的勇敢，子贡就没有机会运用他的口才了。"

孔子表情严肃地说："这种德行是多么美好啊！"

子路举起手来问道："老师您选择哪种呢？"

孔子说："不耗费财物，不危害百姓，不费太多的言辞，只有颜回才有这个想法啊！"

三恕篇：

孔子观于鲁桓公之庙，有欹器焉。夫子问于守庙者，曰："此谓何器？"对曰:"此盖为宥坐之器。"

孔子曰:"吾闻宥坐之器,虚则欹,中则正,满则覆。明君以为至诚,故常置之于坐侧。"顾谓弟子曰:"试注水焉!"乃注之。水中则正,满则覆。夫子喟然叹曰:"呜呼!夫物恶有满而不覆哉?"

子路进曰:"敢问持满有道乎?"

子曰:"聪明睿智,守之以愚;功被天下,守之以让;勇力振世,守之以怯;富有四海,守之以谦。此所谓损之又损之之道也。"

【译文】

孔子到鲁桓公的庙里去参观,在那里看到一件容易倾倒的器物。于是他问守庙的人:"这是什么器物啊?"守庙人回答说:"这是国君放在座位右边以示警诫的欹器。"

孔子说:"我听说国君放在座位右边的欹器,空虚时就倾倒,水不多不少时就端正,水满时就倒下。贤明的国君把它作为最高警戒,所以常常把它放在座位边。"说完回头对弟子说:"灌进水试试。"弟子把水灌进欹器,水不多不少时欹器就端正,水满时就倒下。孔子感叹道:"唉,哪有东西盈满了不倒的呢!"

子路走上前去问道:"请问保守成业有什么方法吗?"

孔子说:"聪明睿智的人,用愚朴来保守成业;功盖天下的人,用谦让来保守成业;勇力震世的人,用怯懦来保守成业;富有四海的人,用谦卑来保守成业。这就是退损再退损的方法。"

弟子行篇:

不畏强御,不侮矜寡,其言循性,其都以富,材任治戎,是仲由之行也。孔子和之以文,说之以《诗》曰:"受小拱大拱,而为下国骏庞,荷天子之龙。不戁不悚,敷奏其勇。"强乎武哉,文不胜其质……

【译文】

不害怕强暴,不欺辱鳏寡,说话遵循本性,相貌堂堂端正,才足以打仗带兵,这是子路的品行。孔子用文辞来赞美他,用《诗经》中的话来称赞他:"接受上天大法和小法,庇护下面诸侯国,接受天子授予的荣宠。不胆怯不惶恐,施神威奏战功。"强力又勇敢啊!文采胜不过他的质朴……

贤君篇：

子路问于孔子曰："贤君治国，所先者何？"孔子曰："在于尊贤而贱不肖。"子路曰："由闻晋中行氏尊贤而贱不肖矣，其亡何也？"孔子曰："中行氏尊贤而不能用，贱不肖而不能去。贤者知其不用而怨之，不肖者知其必己贱而仇之。怨仇并存于国，邻敌构兵于郊，中行氏虽欲无亡，岂可得乎？"

【译文】

子路问孔子："贤明的君主治理国家，首先要做的是什么呢？"孔子说："在于尊重贤人而轻视不贤的人。"子路说："我听说晋国中行氏尊重贤人而轻视不贤的人，他为什么灭亡了呢？"孔子说："中行氏尊重贤人却不任用他们，看不起不贤的人却不能撤换他们。贤人知道自己不会被任用而怨恨，不贤的人知道自己被看不起而仇恨。怨恨和仇恨的人同时存在于国内，邻国的军队又集聚于郊外，中行氏即使不想灭亡，能够做得到吗？"

辩物篇：

阳虎既奔齐，自齐奔晋，适赵氏。孔子闻之，谓子路曰："赵我其世有乱乎？"子路曰："权不在焉，岂能为乱？"孔子曰："非汝所知。夫阳虎亲富而不亲仁，有宠于季孙，又将杀之，不克而奔，求容于齐。齐人囚之，乃亡归晋。是齐、鲁二国，已去其疾。赵简子好利而多信，必溺其说而从其谋，祸败所终，非一世可知也。"

【译文】

季孙氏的家臣阳虎逃到齐国后，又从齐国跑到晋国，投奔了赵简子。孔子听说了这件事，对子路说："赵氏的后代恐怕要有动乱吧？"子路说："阳虎拿不到权，怎能为乱？"孔子说："不是你理解的那样，阳虎亲近富人而不亲近仁人，得宠于季桓子，而又要杀害他，未得逞又逃走，请求齐国接纳他。齐人囚禁了他，他又逃到晋国。这样，齐、鲁两国都去掉了祸根。赵简子贪图利益而又轻信，必定会轻信他的话而听从他的谋划，祸患引起的后果，不是这一代能知道的啊。"

子路初见篇：

1. 子路初见孔子，子曰："汝何好乐？"对曰："好长剑。"孔子曰："吾非此之问也,徒谓以子之所能,而加之以学问,岂可及哉?"子路曰:"学岂益哉也?"

孔子曰:"夫人君而无谏臣则失正,士而无教友则失听。御狂马不释策,操弓不反檠。木受绳则直,人受谏则圣。受学重问,孰不顺成?毁仁恶士,必近于刑。君子不可不学。"

子路曰:"南山有竹,不柔自直,斩而用之,达于犀革。以此言之,何学之有?"孔子曰:"栝而羽之,镞而砺之,其入之不亦深乎?"子路再拜曰:"敬而受教。"

【译文】

子路初次拜见孔子,孔子说:"你有什么爱好?"子路回答说:"我喜欢长剑。"孔子说:"我不是问你这个。我是说以你的能力,再加上努力学习,谁能赶得上你呢!"子路说:"学习真的有用吗?"

孔子说:"国君如果没有敢谏的臣子就会失去正道,读书人没有敢指正问题的朋友就听不到善意的批评。驾驭正在狂奔的马不能放下马鞭,已经拉开的弓不能用檠来匡正。木料用绳墨来矫正就能笔直,人接受劝谏就能成为圣人。接受知识,重视学问,谁能不顺利成功呢?诋毁仁义厌恶读书人,必定会触犯刑律。所以君子不可不学习。"

子路说:"南山有竹子,不矫正自然就是直的,砍下来用作箭杆,可以射穿犀牛皮。以此说来,哪用学习呢?"孔子说:"做好箭栝还要装上羽毛,做好箭头还要打磨锋利,这样的箭不是射得更深吗?"子路再次拜谢说:"恭敬地接受您的教诲。"

2. 子路将行,辞于孔子。子曰:"赠汝以车乎?赠汝以言乎?"子路曰:"请以言。"

孔子曰:"不强不达,不劳无功,不忠无亲,不信无复,不恭失礼。慎此五者而已。"

子路曰:"由请终身奉之。敢问亲交取亲若何?言寡可行若何?长为善士而无犯若何?"

孔子曰:"汝所问苞在五者中矣。亲交取亲,其忠也;言寡可行,其信乎;长为善士而无犯,其礼也。"

【译文】

子路将要出行,向孔子辞行。孔子说:"我送给你车呢,还是送给你一些忠告呢?"子路说:"请给我些忠告吧。"

孔子说:"不持续努力就达不到目的,不劳动就没有收获,不忠诚就没有亲人,不讲信用别人就不再信任你,不恭敬就会失礼。谨慎地处理好这五个方面就可以了。"

子路说:"我将终生记在心头。请问取得新结交的人的信任需要怎么做?说话少而事情又能行得通需要怎么做?一直都是善人而不受别人侵犯需要怎么做?"

孔子说:"你所问的问题都包括在我讲的五个方面了。要取得新结识的人的信任,那就是诚实;说话少事情又行得通,那就是讲信用;一向为善而不受别人侵犯,那就是遵行礼仪。"

在厄篇:

楚昭王聘孔子,孔子往拜礼焉,路出于陈、蔡。陈、蔡大夫相与谋曰:"孔子圣贤,其所刺讥,皆中诸侯之病。若用于楚,则陈、蔡危矣。"遂使徒兵距孔子。

孔子不得行,绝粮七日,外无所通,藜羹不充,从者皆病。孔子愈慷慨讲诵,弦歌不衰。乃召子路而问焉,曰:"《诗》云:'匪兕匪虎,率彼旷野。'吾道非乎,奚为至于此?"

子路愠,作色而对曰:"君子无所困。意者夫子未仁与?人之弗吾信也;意者夫子未智与?人之弗吾行也。且由也,昔者闻诸夫子:'为善者天报之以福,为不善者天报之以祸。'今夫子积德怀义,行之久矣,奚居之穷也?"

子曰:"由未之识也,吾语汝!汝以仁者为必信也,则伯夷、叔齐不饿死首阳;汝以智者为必用也,则王子比干不见剖心;汝以忠者为必报也,则关龙逢不见刑;汝以谏者为必听也,则伍子胥不见杀。夫遇不遇者,时也;贤不肖者,才也。君子博学深谋而不遇时者,众矣,何独丘哉?且芝兰生于深林,不以无人而不芳;君子修道立德,不谓穷困而改节。为之者,人也;生死者,命也。是以晋重耳之有霸心,生于曹卫;越王勾践之有霸心,生于会稽。故居下而无忧者,则思不远;处身而常逸者,则志不广,庸知其终始乎?"

子路出，召子贡，告如子路。子贡曰："夫子之道至大，故天下莫能容夫子，夫子盍少贬焉？"子曰："赐，良农能稼，不必能穑；良工能巧，不能为顺；君子能修其道，纲而纪之，不必其能容。今不修其道而求其容，赐，尔志不广矣，思不远矣。"

子贡出，颜回入，问亦如之。颜回曰："夫子之道至大，天下莫能容。虽然，夫子推而行之。世不我用，有国者之丑也，夫子何病焉？不容，然后见君子。"

孔子欣然叹曰："有是哉，颜氏之子！使尔多财，吾为尔宰。"

【译文】

楚昭王聘请孔子到楚国去，孔子去拜谢楚昭王，途中经过陈国和蔡国。陈国、蔡国的大夫一起谋划说："孔子是位圣贤，他所讥讽批评的都切中诸侯的问题，如果被楚国聘用，那我们陈国、蔡国就危险了。"于是派兵阻拦孔子。

孔子不能前行，断粮七天，也无法和外边取得联系，连粗劣的食物也吃不上，跟随他的人都病倒了。这时孔子更加慷慨激昂地讲授学问，用琴瑟伴奏不停地唱歌。还找来子路问道："《诗经》说：'不是野牛不是虎，却都来到荒野上。'我的道难道有什么不对吗？为什么到了这个地步啊？"

子路一脸怨气，不高兴地回答说："君子是不会被什么东西困扰的。想来老师的仁德还不够吧，人们还不信任我们；想来老师的智慧还不够吧，人们不愿推行我们的主张。而且我从前就听老师讲过：'做善事的人上天会降福于他，做坏事的人上天会降祸于他。'如今老师您积累德行心怀仁义，推行您的主张已经很长时间了，怎么处境如此困穷呢？"

孔子说："由啊，你还不懂得啊！我来告诉你。你以为仁德的人就一定被人相信？那么伯夷、叔齐就不会被饿死在首阳山上。你以为有智慧的人一定会被任用？那么王子比干就不会被剖心。你以为忠心的人必定会有好报？那么关龙逢就不会被杀。你以为忠言劝谏一定会被采纳？那么伍子胥就不会被迫自杀。遇不遇到贤明的君主，是时运的事；贤还是不贤，是才能的事。君子学识渊博深谋远虑而时运不济的人多了，何止是我呢！况且芝兰生长在深林之中，不因为无人欣赏而不芳香；君子修养身心培养道德，不因为穷困而改变节操。如何做在于自身，是生是死在于命。因而晋国重耳的称霸之心，产生于曹卫；越王勾践的称霸之心，产生于会稽。所以说居于下位而无所忧虑的人,是思虑不远;安身处世总想安逸的人,是志向不大,怎能知道他的终始呢?"

子路出去了,孔子叫来子贡,又问了同样的问题。子贡说:"老师您的道实在博大,因此天下容不下您,您何不把您的道降低一些呢?"孔子说:"赐啊,好的农夫会种庄稼,不一定会收获;好的工匠能做精巧的东西,不一定能顺遂每个人的意愿;君子能培养他的道德学问,抓住关键创立政治主张,别人不一定能采纳。现在不修养自己的道德学问而要求别人能采纳,赐啊,这说明你的志向不远大,思想不深远啊。"

子贡出去以后,颜回进来了,孔子又问了他同样的问题。颜回说:"老师的道太广大了,天下也容不下。虽然如此,您还是竭力推行。世人不用,那是当权者的耻辱,您何必为此忧虑呢?不被采纳才看出您是君子。"

孔子听了高兴地感叹说:"你说得真对呀,颜家的儿子!假如你有很多钱,我就来给你当管家。"

困誓篇:

1. 子路问于孔子曰:"有人于此,夙兴夜寐,耕芸树艺,手足胼胝,以养其亲。然而名不称孝,何也?"

孔子曰:"意者身不敬与?辞不顺与?色不悦与?古之人有言曰:'人与己与不汝欺。'今尽力养亲,而无三者之阙,何谓无孝之名乎?"

孔子曰:"由,汝志之,吾语汝:虽有国士之力,而不能自举其身,非力之少,势不可矣。夫内行不修,身之罪也;行修而名不彰,友之罪也。行修而名自立。故君子入则笃行,出则交贤,何谓无孝名乎?"

【译文】

子路问孔子:"这里有一个人,早起晚睡,耕种庄稼,手掌和脚底都磨出了茧子,以此来养活父母。然而却没有得到孝子的名声,这是为什么呢?"

孔子说:"想来自身有不敬的行为吧?说话的言辞不够恭顺吧?脸色不温和吧?古人有句话说:'别人的心与你自己的心是一样的,是不会欺骗你的。'现在这个人尽力养亲,如果没有上面讲的三种过错,怎么能没有孝子的名声呢?"

孔子又说:"仲由啊,你记住,我告诉你:一个人即使有全国著名勇士那么大的力量,也不能把自己举起来,这不是力量不够,而是情势上做不到。一个人不很好地修养自身的道德,这是他自己的错误;自身道德修养好了而名声没有彰显,这就是朋友的过错。品行修养好了自然会有名声。所以君子在家行为要淳厚朴实,出外要结交贤能的人。这样怎会没有孝子的名声呢?"

2. 孔子遭厄于陈、蔡之间,绝粮七日,弟子馁病,孔子弦歌。子路入见曰:"夫子之歌,礼乎?"孔子弗应,曲终而曰:"由,来!吾语汝:君子好乐,为无骄也;小人好乐,为无慑也。其谁之子不我知而从我者乎?"子路悦,援戚而舞,三终而出。

明日,免于厄。子贡执辔曰:"二三子从夫子而遭此难也,其弗忘矣!"孔子曰:"善!恶何也?夫陈、蔡之间,丘之幸也。二三子从丘者,皆幸也。吾闻之,君不困不成王,烈士不困行不彰。庸知其非激愤厉志之始于是乎在?"

【译文】

孔子被困在陈国和蔡国之间,断粮七日,弟子也因饥饿而疲惫不堪,但孔子仍在弹琴吟诵歌唱。子路进见孔子说:"老师这时还在唱歌,这符合礼吗?"孔子没有回答,一曲终了才说:"仲由,来!我告诉你:君子爱好音乐,是为了不骄傲放纵;小人爱好音乐,是为了消除畏惧。这是谁家的儿子不了解我而跟随我呢?"子路听了很高兴,拿起兵器舞了起来,三曲结束才出去。

第二天,危难过去了。子贡拉着马缰绳说:"我们跟随老师遭受此次危难,大概永远不会忘记了。"孔子说:"说得好!为什么这样说呢?我们在陈、蔡之间遭受的危难,是我的幸运。你们跟随着我,你们也都是幸运的。我听说,君王不遭受困厄就不能成就王业,仁人志士不遭受危厄行为就不会彰显。怎知奋发励志的开始不在于这次危难呢?"

观乡射篇:

孔子观于乡射,喟然叹曰:"射之以礼乐也,何以射?何以听?修身而发,而不失正鹄者,其唯贤者乎?若夫不肖之人,则将安能以求饮?《诗》云:'发彼有的,以祈尔爵。'祈,求也。求所中以辞爵。酒者,所以养老、所以养病也。求中以辞爵,辞其养也。是故士使之射而弗能,则辞以病,悬弧之义。"

于是退而与门人习射于瞿相之圃,盖观者如堵墙焉。射至于司马,使子路执弓矢,出列延,谓射之者曰:"奔军之将,亡国之大夫,与为人后者,不得入,其余皆入。"盖去者半。又使公罔之裘、序点扬觯而语曰:"幼壮孝悌,耆老好礼,不从流俗,修身以俟死者,在此位。"盖去者半。序点又扬觯而语曰:"好学不倦,好礼不变,耄期称道而不乱者,在此位。"也盖仅有存焉。

射既阕,子路进曰:"由与二三子者之为司马,何如?"孔子曰:"能用命矣。"

【译文】

孔子观看乡射礼,长叹一声说:"射箭时配上礼仪和音乐,射箭的人怎能一边射,一边听?努力修养身心而发出的箭,并能射中目标,只有贤德的人才能做到。如果是不肖之人,他怎能射中而罚别人喝酒呢?《诗经》说:'发射你的箭射中目标,祈求你免受罚酒。'祈,就是求。祈求射中而免受罚酒。酒,是用来养老和养病的。祈求射中而辞谢罚酒就是推辞别人的奉养。所以如果让士人射箭,假如他不会,就应当以有病来辞谢,因为男子生来就应该会射箭。"

于是回来后和弟子们在瞿相的园圃中学习射箭,观看的人们好像一堵围墙。当射礼行至子路时,孔子让子路手执弓箭出来邀请比射的人,说:"败军之将、丧失国土的大夫、求做别人后嗣的人,一律不准入场,其余的人进来。"听到这话,人走了一半。孔子又让公罔之裘、序点举起酒杯说:"幼年壮年时能孝敬父母,友爱兄弟,到老年还爱好礼仪,不随流俗,修身以待终年的人,请留在这个地方。"结果又走掉一半。序点又举杯说:"好学不倦,好礼不变,到老还言行不乱的人,请留在这里。"结果只有几个人留下没走。

射箭结束后,子路走上前对孔子说:"我和序点他们这些人做司马,如何?"孔子回答说:"可以胜任了。"

辩乐解篇:

子路鼓琴,孔子闻之,谓冉有曰:"甚矣,由之不才也。夫先王之制音也,奏中声以为节,流入于南,不归于北。夫南者,生育之乡;北者,杀伐之城。故君子之音,温柔居中,以养生育之气。忧愁之感,不加于心也;暴厉之动,不在于体也。夫然者,乃所谓治安之风也。小人之音则不然,亢丽微末,以象杀伐之气。中和之感,不载于心;温和之动,不存于体。夫然者,乃所以为乱之风。

昔者舜弹五弦之琴，造《南风》之诗，其诗曰：'南风之熏兮，可以解吾民之愠兮。南风之时兮，可以阜吾民之财兮。'唯修此化，故其兴也勃焉。德如泉流，至于今王公大人述而弗忘。殷纣好为北鄙之声，其废也忽焉。至于今王公大人举以为诫。夫舜起布衣，积德含和，而终以帝。纣为天子，荒淫暴乱，而终以亡。非各所修之致乎？由今也匹夫之徒，曾无意于先王之制，而习亡国之声，岂能保其六七尺之体哉？"

冉有以告子路，子路惧而自悔，静思不食，以至骨立。

夫子曰："过而能改，其进矣乎！"

【译文】

子路弹琴，孔子听了，对冉有说："太差了，子路太不成才了。古代贤明的君王制作了音乐，奏中和之音加以节制，在南方流传，不流向北方。因为南方是生育万物的地方，北方是征战厮杀的区域。所以那些道德高尚的君子的音乐温柔适中，用来涵养生育万物之气。让忧愁的心情从心里驱除，把暴戾躁动之情从体内赶走。这样的音乐，就是所说的太平盛世之风。小人的音乐则不同，激烈琐屑，象征杀伐征战之气。中正平和之感不存在于心中，温蕴平和的举动不存在于身体。这样的音乐，就是乱世之风。从前，舜弹奏五弦琴，制作了《南风》之诗，其诗是这样的：'多么温和的南风呵，可以解除我们百姓的忧愁。多么及时的南风呵，可以增加我们百姓的财富。'只因为用这样的教化措施，所以他的兴起非常快。舜的德政犹如清泉流淌，一直流传到今天，王公大人们代代传授不敢忘记。殷纣王喜好杀伐征战之音，所以他的灭亡就非常迅速。一直到今天，王公大人们常以此为戒来教训后人。舜从一个平民起身，不断积累道德涵养平和之性，终于成为帝王。殷纣王本为天子，但荒淫残暴，终于国灭身亡。这难道不是由各自的修养所导致的吗？子路现今只是一个平民，无视先王的礼制，而沉湎于亡国之声，怎能保全七尺之躯呢？"

冉有把孔子的话告诉了子路，子路听后心里既害怕又后悔，静坐思考，不吃不喝，以致瘦得形销骨立。

孔子说："有过错能够改正，子路又进步了。"

屈节解篇：

子路问于孔子曰："由闻丈夫居世，富贵不能有益于物；处贫贱之地，而不能屈节以求伸,则不足以论乎人之域矣。"

孔子曰:"君子之行己,期于必达于己。可以屈则屈,可以伸则伸。故屈节者,所以有待;求伸者,所以及时。是以虽受屈而不毁其节,志达而不犯于义。"

【译文】

子路问孔子:"我听说大丈夫生活在世间,富贵而不能有利于世间的事物;处于贫贱之地,不能暂时忍受委屈以求得将来的伸展,则不足以达到人们所说的大丈夫的境界。"

孔子说:"君子所做的事,期望必须达到自己的目标。需要委屈的时候就委屈,需要伸展的时候就伸展。委屈自己是因为有所期待,求得伸展需要抓住时机。所以虽然受了委屈也不能失掉气节,志向实现了也不能有害于义。"

七十二弟子解篇:

仲由,弁人,字子路,一字季路。少孔子九岁。有勇力才艺,以政事著名。为人果烈而刚直,性鄙而不达于变通。仕卫为大夫,蒯聩与其子辄争国,子路遂死辄难。孔子痛之,曰:"吾自有由,而恶言不入于耳。"

【译文】

仲由,弁地人,字子路,一字季路。比孔子小九岁。有勇力才艺,以政事著名。为人果烈而刚直,性格粗放而不善于变通。在卫国担任大夫的官职,正赶上蒯聩与他的儿子辄争夺国君之位,子路死于这场变乱。孔子非常悲痛,说:"自从我有了子路,那些恶意中伤的话再也传不到我耳朵里了。"

曲礼子夏问篇:

1.子路问于孔子曰:"鲁大夫练而杖,礼与?"孔子曰:"吾不知也。"子路出,谓子贡曰:"吾以为夫子无所不知,夫子亦徒有所不知也。"子贡曰:"子所问何哉?"子路曰:"由问:'鲁大夫练而杖,礼与?'夫子曰:'吾不知也。'"子贡曰:"止,吾将为子问之。"遂趋而进,曰:"练而杖,礼与?"孔子曰:"非礼也。"子贡出,谓子路曰:"子谓夫子而弗知之乎?夫子徒无所不知也。子问非也。礼,居是邦,则不非其大夫。"

【译文】

子路问孔子:"鲁国丈夫在练祭时还拿着丧棒,这合于礼制吗?"孔子说:"我不知道。"子路出来,对子贡说:"我以为我们先生无所不知,但先生实际上也有不知道的事情。"子贡问:"你问的是什么事情?"子路回答:"仲由我问道:'鲁国丈夫在练祭时还拿着丧棒,这合于礼制吗?'先生说:'我不知道。'"子贡说:"等等,我要替你问问。"于是就前去进见孔子,问道:"练祭时拿着丧棒,这合于礼制吗?"孔子说:"不合于礼制。"子贡出来,对子路说:"你不是说先生不知道吗?先生实际上无所不知。你的问法不对。根据礼制,住在一个国家,就不能非议这个国家的大夫。"

2. 子路与子羔仕于卫,卫有蒯聩之难。孔子在鲁闻之,曰:"柴也其来,由也死矣!"既而卫使至,曰:"子路死焉。"夫子哭之于中庭。有人吊者,而夫子拜之。已哭,进使者而问故。使者曰:"醢之矣。"遂令左右皆覆醢,曰:"吾何忍食此!"

【译文】

子路和子羔同时在卫国做官,卫国的蒯聩发动了叛乱。孔子在鲁国听到这件事,说:"高柴会回来,仲由会死于这次叛乱啊!"不久卫国的使者来了,说:"子路死在这次叛乱中了。"孔子在正室厅堂哭吊子路。有人来慰问,孔子拜谢。哭过之后,让使者进来问子路死的情况。使者说:"已经被砍成肉酱了。"孔子让身边的人把肉酱倒掉,说:"我怎忍心吃这种东西呢!"

第六节 其他有关子路的生平介绍

仲 由

夏乃儒

仲由（前542—前480年），孔子弟子。姓仲，名由，字子路，一字季路。春秋末鲁国之卞（今山东泗水县东）人。出身贫贱，为"鄙人"（《荀子·大略》），"常食藜藿之实"（《说苑·建本》）。少孔子九岁，为孔门弟子中年龄较长者。性耿直好勇。孔子常评论他："由也好勇过我"（《论语·公冶长》），"由也果"（《论语·雍也》），"由也喭"（《论语·先进》），"子路，行行如也"（同上）。但有轻学倾向，提出"有民人焉，有社稷焉。何必读书，然后为学"（同上）。孔子提醒他："好仁不好学，其蔽也愚……好勇不好学，其蔽也乱。"（《论语·阳货》）一生跟随孔子，时时保护孔子。孔子说："自吾得由，恶言不闻于耳。"（《史记·仲尼弟子列传》）他敬重孔子，并常直率地提出意见。对"子见南子"，甚不悦。批评孔子认为为政必以"正名"始是"子之迂也"（《论语·子路》）。孔子也深知其为人，认为他在学问上"升堂矣，未入于室也"（《论语·先进》），但在政事上却评价甚高，认为他已备大臣之数，"千乘之国可使治其赋"（《论语·公冶长》），甚至说："道不行，乘桴浮于海。从我者，其由与？"（同上）虽曾批评他"片言可以折狱"，但又同时肯定他"无宿诺"（《论语·颜渊》）。有才能，长政事。自述其志向为："愿车马衣轻裘与朋友共敝之而无憾。"（《论语·公冶长》）曾为鲁国季氏宰，协助孔子"堕三都"。后从孔子去鲁，厄于陈蔡，由卫返鲁。传说曾治蒲三年，政绩显著，孔子"三称其善"（《韩诗外传》卷六）。鲁哀公十四年（前481年），小邾国的射奔鲁，声称宁与子路相约，而不欲与鲁盟誓。"使子路，子路辞"，当时季康子派冉有对其说："千乘之国，不信其盟，而信子之言，子何辱焉？"子路认为此举不义，故"由弗能"。（参见《左传·哀公十四年》）后又为卫国大夫孔悝之邑宰。卫贵族内讧，他以"食其食者不避其难"的态度参与斗争。这与他所持"士不能勤苦，不能轻死亡，不能恬贫穷，而曰我能行义，吾不信也"（《韩诗外传》卷二）的信念相一致。当被击断冠缨时，还记住"君子死，冠不免"之礼仪，在重结缨带时被杀，并"醢之"。（参见《左传·哀公十五年》）孔子在鲁闻之，悲痛至极，"令左右皆覆醢"(《孔子家语·曲礼子夏问》)。其言行在《论语》中提及三十八次。对后世也有较大影响。孟子赞其闻过则喜的态度,把他与禹、舜相提并论(参见《孟子·公孙丑上》)。唐开元赠"卫侯",宋封"河内公",又称"卫公"。

(摘自张岱年主编《孔子大辞典》,有改动)

子 路

李廷勇

　　子路(前542—前480年),姓仲名由,字子路,又称季路。春秋末年鲁国卞(今山东泗水县)人。生于鲁襄公三十一年,卒于鲁哀公十五年,小孔子9岁,是孔门中年龄较大的弟子。出身寒微,《荀子·大略》说他和子贡一样,出身"鄙人"。自小亲力劳作,常常以野菜野果充饥(《说苑·建本》)。其性耿直好勇,为人直爽、粗莽。年轻时曾头戴鸡冠,身佩猪骨,欺侮侵犯孔子。王充说他"未入孔子之门时,戴鸡佩豚,勇猛无礼,闻诵读之声,摇鸡奋豚,扬唇吻之音,聒贤圣之耳,恶至甚矣"(《论衡·率性》)。孔子见他行虽鲁莽,然性爽直刚强,仍不失为一可塑之才。于是用礼义的手段慢慢诱导他,终于使他决定改穿儒服跟随孔子学习,在孔子原来门弟子的引荐下拜孔子为师(《史记·仲尼弟子列传》)。从师以后先后在鲁、卫两国当官,后随孔子游学于列国。鲁哀公十一年(前484年),随孔子结束游历回到鲁国,继续参与一些政治活动。鲁哀公十五年(前480年),卫国发生内乱,子路不顾安危挺身入险,死于乱中,时年63岁。

　　子路生性耿直,不时现出粗野鲁莽之态。在孔子身边"行行如也"(《论语·先进》),一副刚强威猛的形象。对先生的提问总是不多加思索"率尔开对"(《论语·先进》)。对孔子的某种言行,特别是前后有矛盾的言行则直言不讳地表达自己的观点和看法。有一次,孔子在卫国,试图有所作为不得已拜见卫灵公宠姬南子,子路非常不高兴,而且怒形于色。孔子一再解释原因,仍不能消除他的误会,无奈之下只好指天发誓:"予所否者,天厌之!天厌之!"(《论语·雍也》)即:"假如我居心不良的话,就让老天厌弃我吧!"另外有一次子路问孔子:"如果卫君要您主持朝政,您首先要做的是什么?"孔子回答说"那一定首先是正名",因为名不正则言不顺,言不顺则事不成。子路却鲁莽地批评孔子:"有是哉,子之迂也!奚其正?"即是说:"您也太迂腐了,目前已经流行的名何必再去纠正?"孔子非常生气,大声训斥他:"野哉,由也!"(参见《论语·子路》)以上两例,已足见子路性格之一斑。也因为此,子路在处理事情时不免急躁草率。孔子曾说:"片言可以折狱者,其由也与?"(《论语·颜渊》)批评他仅凭一面之词就断案定狱。因而在教学过程中针对子路性格上的不足因材施教。当时子路和冉有问先生同一问题——"闻斯行诸",即听到什么就立即干起来吗?孔子答子路说:"有父兄在,如之何其闻斯行之?"另答冉有说:"闻斯行之!"当时在场的公西华不解孔子用意,故请先生解释。孔子说:冉有为人略显退缩,我叫他听到就干起来,以此给他壮胆,而仲由胆大而鲁莽,于是我搬出父兄等尊长来,压压他,以让他收敛一下自己急躁冒进的情绪。孔子此举,可谓知人。

与刚强粗直的性格相应,子路为人好勇尚义,重信守职。孔子常评论他"好勇过我"(《论语·公冶长》),"由也果(果敢)"(《论语·雍也》)。子路本人也常以勇猛自豪,说自己愿奋长戟,扫荡三军,即使虎狼在后,仇敌在前,也能冲锋陷阵解救国家于危难(参见《韩诗外传》卷七)。又说:"千乘之国,摄乎大国之间,加之以师旅,因之以饥馑,由也为之,比及三年,可使有勇。"(《论语·先进》)就是说:有一千乘兵车的国家,屈服在大国强权之下,经受兵祸荒年之灾,我去治理,只需三年,就能使百姓勇猛顽强,懂得保卫国家。子路还不时在先生面前问起"君子尚勇乎?"之类的话,足见子路尚勇之性。子路随孔子游学时,途中遇见一位批评他"四体不勤,五谷不分"的老人,孔子说那是一位隐士,子路却说:"不仕无义。长幼之节,不可废也;君臣之义,如之何其废之?"认为一个有才德之人不为国家做事,这是无义之举。君子出仕为官,才是遵守道义的行为。(参见《论语·微子》)可见子路非常看重长幼君臣之义。还说:"士不能勤苦,不能轻死亡,不能恬贫穷,而曰我能行义,吾不信也。"(《韩诗外传》卷二)他正是以大无畏的精神实践着他的信念。公元前480年,卫国发生内乱,出亡太子蒯聩企图复国,与孔悝家臣浑良夫密谋。两人挟持孔悝攻击卫出公。外出的子路闻讯,飞马赶回卫都。在城门边上正遇到准备出逃的子羔(高柴)。子羔说:"出公已经连夜逃亡了,而且现在四门紧闭,你赶快走吧,何苦空受其祸?"子路却毫不犹豫地说:"我既食孔悝之禄,他既有难,我岂能远避?"正值叛军出城追出公,子路趁机潜入城内,直奔孔氏堂前,见孔悝被蒯聩等挟持于台口,高声大呼:"仲由在此,孔大夫赶快走开!"此时孔悝早已失去自由,不敢下台,子路紧接着吼道:"太子没什么武艺,等我一把火烧掉这台阶,他自然要放您。"太子闻言大惊,急命死党石乞等围攻子路。子路舞剑奋战,但终因年岁不饶人,被叛军刺断冠缨,身受重伤。子路仍忍痛大呼："大丈夫死不免冠,且待我结缨戴冠而死。"于是扔下利剑,双手取冠结缨。随后叛党死士一哄而上,乱刀砍死子路。(参见《左传·哀公十五年》)此段描写,足以显示子路尚勇好义、不畏强御的天性。

子路还特别重视信用,《论语·颜渊》中称赞他"子路无宿诺",即答应办的事情,立即去做,决不拖延。"子路有闻,未之有行,唯恐有闻。"(《论语·公冶长》)说明他凡有所闻,便立即行动,生怕事情还没干完,又有新的事情。他也非常忠于职守,无论就职于鲁或是出仕于卫,都尽忠尽职,面对叛臣贼子,挺身入难,杀身成仁。作为弟子,虽然对先生屡有批评唐突之言,但仍对孔子忠心耿耿,忠心尽力。先生周游列国,子路始终追随左右,未尝须臾离开。无论是困于匡人,或是厄于陈蔡,子路都凭其过人的勇武,做了孔子当然的保护者。孔子曾深有感触地说:"自吾得由,恶言不闻于耳。"(《史记·仲尼弟子列传》)即自从子路跟随孔子问道以来,再也没有人敢对先生恶言相对。子路见先生赞扬自己,快乐非常,更加用心地练习武艺。

在孔门众弟子中,子路除好勇尚义外,更以长于政事而著名。他时常向孔子请教治国之道。孔子评价自家弟子长于政事只举了两人,子路就是其中之一,足见子路的行政才能是获得了先生的首肯。季氏曾经问孔子仲由等是否称得上大臣。孔子说:"所谓大臣,是用最合于仁义的内容和方式来对待君主,如果这样行不通,则宁肯辞职不干。仲由办事果断,可以说是具有相当才能的大臣。"(参见《论语·先进》)又说:"由也,千乘之国,可使治其赋也。"(《论语·公冶长》)即有千乘兵车这样的国家,以子路之才,足以治理好经济。他的才华很早就被季氏看中,孔子入仕鲁司寇时,他同时入仕于季氏,当上总管之职。其间还举荐同门子羔出宰费邑,希望走出一条不先学习,而是在行政中锻炼才干的成才之路。(参见《论语·先进》)后跟从孔子游学到卫国,卫国执政孔悝用为蒲邑令。"蒲多壮士,又难治",孔子告诫他只要以恭敬宽正为本,那么下可以折服壮士、教化百姓,上可以报答孔悝知遇之恩。(参见《史记·仲尼弟子列传》)子路谨遵先生的教诲,在蒲邑"为水备,与其民修沟渎。以民之劳烦苦也,人与之一箪食,一壶浆"(《孔子家语·致思》),为民做防患未然的设计,召集乡民,议定于浅沟小滨之地,加深加阔,没有沟渠的地方,选择好地方开凿成渠,既防天旱,又备水涝。对出工之人,每人每日一箪食,一壶浆。三年之后,孔子专程来蒲检查子路的治绩:"入其境而善之,曰:'善哉!

由恭敬以信矣。'入其邑,曰:'善哉!由忠信以宽矣。'至其庭,曰:'善哉!由明察以断矣。'"同行的子贡还看不明白,下马问孔子说:"夫子没有看到仲由的行政,却三次称好,是什么缘故?"孔子说:"我们刚进边境,见田禾茂盛,野草尽除,沟洫深广,这是因为子路恭敬行信,所以乡民肯躬耕田畴;进入城中,见墙屋完固,树木葱茏,这是因为子路忠信行宽,所以民众不偷懒;来到衙署庭中,见属下用命,讼庭清闲,这是因为子路断案明察,所以百姓未受侵扰,生活安详。"(参见《韩诗外传》卷六第四章)由此,我们可以看到子路的治才。难怪孔子曾说:"由也果,于从政乎何有?"即对于果敢坚毅的仲由来说,从政治国有什么难处呢?(参见《论语·雍也》)

子路性虽鲁莽,然事双亲至孝。年少之时家境贫寒,自己以野菜野果为食。为孝敬父母到百里之外背来,以尽其欢。长大成人后步入社会上层,父母已逝,常常独自叹息:"伤(哀痛)哉,贫也!生无以为养,死无以为礼也。"(《礼记·檀弓下》)为自己在父母有生之年未能很好地奉养,死后葬礼又不隆重而深深哀痛。此时的他虽然宁愿吃野果而为父母背粮百里之外,但也不可能了。他姐姐亡故,亲自戴孝,逾期不除。先生问他为何,他说自己兄弟少,于心"弗忍也",其仁爱之情溢于言表。(参见《孔子家语·曲礼子贡问》)

子路原为一介武夫,自从拜师孔子后,受仁义礼乐的熏陶,学问修养日有长进。但多显得保守机械,不会举一反三,对孔子的融会贯通多不能理解。而且对于为学还有轻视倾向。他任季氏宰时,举荐学问才能尚不佳的子羔去任费邑主管,孔子曾指出这是害了子羔。子路却说:"那地方,有老百姓,有土地和五谷,为什么一定要读书,才叫做学问呢?"被孔子斥为强嘴利舌。(参见《论语·先进》)有一次,孔子问他:"以你原有的才能,再加上学问,你将喜好什么?"子路说:"既有才能,何必再加学问!学问究竟有什么好处?"孔子严肃地指出:"君无谏臣,失误必大;士无教友,则听不到良言;马无鞭缰,即不能控御。木料用绳墨来矫正就能变直,人接受了学问,无事不顺,厌恶学问,必近刑罚。所以君子不可以不学。"子路仍固执强辩:"南山有竹,不揉自直,斩作竹箭,可穿犀草。如此说来,何必要学?"孔子进一步开导他:"竹箭配上箭羽,箭镞经过打磨,那会射得更深。做学问就像配箭羽磨箭镞一样,道理是一样的。"子路再拜受教。(参见《孔子家语·子路初见》)孔子既肯定他的勇武忠心、善于行政,也评论他"不知其仁"(《论语·公冶长》),学问方面"升堂矣,未入于室也"(《论语·先进》)。好在子路闻过则喜,乐于纠正错误,因而多学而有成。

虽然子路不时冲撞孔子,孔子对其学业亦多持批评,但师徒间的情谊却未受影响。孔子生病时,子路常常向天地神祇祷告,希望先生健康长寿。孔子对子路的亲近态度和爱心仍超出一般人。他曾经说:"主张行不通时,就坐个木筏漂流海外,到时跟随我的,恐怕只有仲由吧!"(参见《论语·公冶长》)孔子说:"穿着破烂的旧丝绵袍子,与穿着狐貉裘皮衣服的人站在一起而不觉得惭愧的,恐怕只有仲由做得到。"(参见《论语·子罕》)子路终生都记诵先生的这句赞语。子路死后,孔子悲痛至极,哀叹是天帝有意断绝他。如此看重子路,在孔门弟子中除颜回外仅见。

子路作为孔子的忠诚卫士,在孔门弟子中有很高的地位。孟子评论他"闻过则喜"的品德可与传说中的禹舜相比(参见《孟子·公孙丑上》)。他的见义勇为、杀身成仁、言诺行信、闻过则喜的美德对后世产生了深远的影响,一向为人们所称道。历代统治者对他亦推崇有加。自东汉明帝永平十五年(72年)祠仲尼及七十二弟子后,历代对他不断祭封。唐玄宗开元八年(720年)把他列为"十哲"之一,开元二十七年(739年)赠"卫侯"。北宋真宗大中祥符二年(1009年)诏封为"河内公"。南宋度宗咸淳二年(1266)又改封为"卫公"。

(摘自李廷勇《孔门七十二贤》,有改动)

智勇兼备的仲由

修建军

仲由（前542—前480年），字子路，春秋时期鲁国卞（今山东泗水县）人。子路为人生性耿直，性格豪放不羁，武艺高强。子路是孔子最忠实的弟子之一，在孔子周游列国期间，他一直追随左右，充当了孔子的保护者。他也属于孔门当中为数不多的敢于对孔子提出反对意见的弟子，所以对孔子有很大的帮助。孔子曾高兴地说，自从有了仲由这个弟子以后，就很少听到别人说自己的坏话了。子路在孔门弟子中属于"政事"突出的弟子。

拜师孔子

子路拜孔子为师，是所有弟子中最有特点，也是最富有戏剧性的。据《孔子家语》记载，子路第一次见孔子的时候，孔子正在和弟子们一起诵读诗书。子路贸然就闯了进来，只见他身穿华丽的绸缎长衫，头戴一顶武士帽，上边还插着鸡毛；腰间佩戴着一把长剑，剑柄上还包着一层猪皮。子路一进门就称孔子为老师。孔子见状大吃一惊，对他说："你这样昂昂然如入无人之境，成何体统呢？要知道江河之水出自高山，可是源头的水极浅小，仅能浮起酒杯。可是到了中下游，情形就大不相同了。如果不乘大船、不避大风则是没法渡过的，这不是因为河水大吗？如今你身穿华丽的服装，又目空一切，天下还有谁敢指出你的错误呢？"听了孔子的话，子路面有羞愧之色，退了出去。第二次，子路去见孔子，这一次是一身戎装，在孔子的庭院中，子路拔出宝剑就舞了起来。他对孔子说："古代的君子不也是佩剑以自卫的吗？"孔子说："古时候，凡是君子都是以忠为本质，以仁来自卫，足不出户，可以预知千里之外的事情。见到行为不善的人，就用忠信去教育他；遇到强暴横行的人，就用仁义去感化他。只要这样做了，就一定会取得好的结果，何必还要用剑来自卫呢？"接着，孔子又以成汤讨桀、武王伐纣给子路讲了一通以德服人的道理，子路听得心服口服。子路快步退出，换了一身儒服第三次来到孔子面前。孔子见子路虽然有些粗鲁，但也是聪明机灵的，心里已经开始有些喜欢这个求学的弟子了。孔子严肃地对子路说："仲由，你记住了！我告诉你，大凡喜欢自我吹嘘的人，一定是一个华而不实的人；喜欢做样子给别人看的人，一定是一个卑微小人。而君子的内心则是十分坦荡的，从不装腔作势，知道的就说知道，不知道的就是不知道；会做的事情就说会做，不会做的就是不会做。君子能够做到既仁且智，还是觉得自己做得不够。"孔子问子路："仲由，你有什么爱好呢？"子路答："我喜欢舞剑。"孔子说："我不是问你的武功，而是问你喜欢学什么呢？"子路问："喜欢学习有什么好处呢？"孔子解释道："国君身边如果没有几个劝谏之臣，就会给国家的政治生活带来灾害；士人如果没有老师朋友，听不到逆耳忠言，也很难有所长进。骏马如果没有缰绳就无法控制，木头不受绳墨也难以自直。人只有有了学问，才会事事通达。一个人如果厌恶学问，就势必会犯错误，那么只有等着受惩罚了。所以君子是不可以不努力学习的。"子路这时心里还有一点不服，对孔子说："世上好多东西都是先天生就的。比如南山上的竹子，并没有人去整修它，它照样长得很直；把竹子做成箭，连犀牛皮都可以穿透。这不是先天长成的吗？如此而论，何必要学？"孔子就着子路的话来诱导他："竹子如果削尖了再配上羽毛，再磨快箭头，射入犀牛皮不是会更深吗？"到此，子路对孔子开始信服了。子路对孔子作深深一拜，说："我已经听明白您话中的大道理了，请接受我这个弟子。"子路按当时的礼节，正式拜孔子为师。可以说，子路孔门拜师，是其人生道路上的重要转折。在孔子耐心的教育下，子路学礼习文，德业修养都有了长足进步，尤其是行政才能，也得到了最大限度的发挥。

尊师卫道

孔子因材施教的思想，在子路身上得到了最为充分的体现。子路果敢直爽，有时候也往往会过于偏激。孔子就着重教育他要在谨慎行事上多加注意。子路崇尚勇武和强力，孔子就告诉他，对于勇和强的不同态度，能够分辨出君子和小人。这种区分就在于，君子立义以为勇，小人则是以不逊为勇。用宽厚柔顺的精神去感化别人，不报复横逆无道的人，这是君子所具备的刚强；把兵器和甲胄当枕头，冒险轻生，这是小人的刚强。所以，真正的君子的刚强表现在：和顺而不随波逐流；以中庸之道立身而又不偏颇；国家政治清明不改变自己的志向；国家政治混乱而不改变自己的节操。孔子还警告子路：像你仲由这样，如果不去掉小人之强勇，树立君子之强勇，不知什么时候就会白白送掉性命的。在孔子耐心的教育下,子路逐步去掉了自己身上鲁莽的缺陷,对于孔子的思想学说的理解也逐步加深,对于孔子的尊重和爱戴之情也日加深厚。

子路对于孔子的尊重,首先表现在他对孔子学说的浓厚兴趣上。在《论语》等有关典籍中,多处记载了子路向孔子提出的各种问题,主要是围绕着三个方面:一是与做人有关的问题,包括问强与勇、问君子、问士、问处世、问礼、问孝、问完人等等;二是与政事有关的问题,包括问政、问事君、问贤人治国等等;三是对历史人物、历史事件评价问题的关切,包括问管仲、问子产、问中行氏等等。所有的问题,孔子都予以耐心的回答。在孔子的感召下,子路终于成为孔门最忠实的信徒,毕生以捍卫和发扬孔子之道为己任。

子路尊重孔子,拳拳之心均体现于言行。周游列国期间,孔子师徒困厄重重,一路上,子路或亲自驾车,或充当侍卫,随时准备以自己的生命来保护孔子。在匡地被围,在蒲邑被困,都得子路之力,孔子才免性命之虞。孔子生病的时候,子路也会像亲生儿子一样,守护床前。一次,急得实在没法了,他竟然向一向不信鬼神的孔子请示,要向鬼神祷告,请求鬼神保佑孔子免于病痛。不仅如此,子路还时常向一些攻击孔子的言行进行反击。我们知道,孔子当时创立儒家学派,并努力想使儒家的仁义思想在现实的政治生活中得以运用,所以才历尽艰辛,游说各国诸侯,但在当时的社会历史条件下,诸侯国君们只对兵战事情感兴趣,所以,孔子是屡屡碰壁,横遭世人耻笑。据《说苑·善说》记载:晋国正卿赵襄子曾不无挑衅地问孔子:"先生您带着礼品去拜见各国国君,如今已经到过七十多个国家了,但并不顺利。我不知道是这个世上真的没有贤明的君主呢,还是先生您的主张原来就行不通呢?"孔子当时无法回答。后来赵襄子又对子路说:"我曾问起先生的主张,他却闭口不答。这不是隐瞒吗?隐瞒怎么能算得上仁人呢?假若他真的是不知道,又有什么资格来做圣人呢?"子路听完,很生气,当即反唇相讥:"建设一口天下最大的钟却用极小的木棍来撞击它,怎么能发出声音呢?你问先生的问题,难道不是像用小木棍去撞击大钟吗?"几句话回击得赵襄子无言以对。

子路尽管对孔子非常尊重,但他从来不盲从。子路能够理性地对待自己敬爱的老师,出于尊重,他才力图使老师少出现过失;为了使老师少出现过失,子路往往会直言不讳地对老师的某些言行提出质疑与规劝,从而使孔子在世人心目中的形象更加高大，这是子路尊师所达到的一个更高的境界。尽管有时会使孔子感到难堪，但孔子还是打心眼里喜欢这个坦率的弟子。

当时的鲁国，已经是"陪臣执国命"，鲁定公有名无实，国家的权力掌握在季桓子手中。这时，季桓子的家臣公山不狃与阳虎密谋杀掉季桓子，进而控制鲁国。公山不狃准备借助孔子的力量，来达到这一目的，因此召孔子前往费邑。孔子几欲前往，子路当时就表示反对，说："您没有地方去也就算了，何必要到公山不狃那里去呢？"子路想："老师您不是一向主张要恪守君臣之礼吗？现在公山不狃只是一个家臣，竟敢犯上作乱，您为何竟要去帮他呢？这于情于理都是不适合的。"孔子解释说："我并不是随便要去的。我的目的是想在东方复兴周礼呀！"子路又对孔子说："您的想法是行不通的。您扶持一个乱臣，难道您不怕被天下人耻笑吗？"孔子终于未能到费邑去。同样的例子还有，如晋国的中牟宰也要反叛，来请孔子帮忙，孔子也想前去，终于因子路的极力劝阻而未能成行。周礼是孔子极力提倡的，而犯上作乱恰恰是违反周礼的。孔子的意图当然不是支持这种行为，而是想在一方土地实施自己的思想主张。子路在这个问题上反而看得比较清楚，而孔子也正是在子路的劝说下去鲁适卫的。

即使在生活的细节问题上，为了保全孔子的名声，子路也是用心良苦。"子见南子"是一个大家熟知的故事，也曾经被改编成戏剧。孔子离开鲁国到了卫国以后，卫灵公对孔子还是很热情的，但从未给孔子安排实际事务。卫灵公只是借助孔子的名气，以显示自己的尊贤之德。南子是卫灵公的夫人，生活极不检点，在当时名声很差，但借着卫灵公对她的宠爱，也喜好搬弄权术，也是想在卫国立足的人极力讨好的热门人物。孔子到达卫国后，曾应召前去见她。子路觉得这对孔子的名声影响太坏了，因此非常不高兴。孔子也觉得很没趣，再三给子路解释，最后竟然发誓："我如果做了什么丢人的事，就让老天爷惩罚我，就让老天爷惩罚我！"此事在《论语·雍也》中有所记载。诸如此类的事情，简直是数不胜数。子路就好像是孔子生活中的一面镜子，有了子路，孔子可以随时纠正自己的不当之处。难怪孔子曾感叹道：我的学说在中国行不通，那就只好乘着木筏子，漂洋过海，能够随从我的，大概只有仲由了吧！

从政显才

子路在孔门弟子中以政事而著名。从相关记载中可以看出，孔子每次征询弟子们的志向的时候，子路都曾明确表示自己的志向就是统帅军队。如他说："拥有一千辆兵车的国家，夹在大国之间，受到外国军队的侵犯，再加上国内闹饥荒，如果让我去治理的话，不用三年，我保证可以使这个国家的人勇敢善战，又懂得礼仪。"对于子路的勇武与军事才能，孔子是予以肯定的。如鲁国的孟武子曾经问孔子子路"仁不仁"的问题。孔子给他的回答是："子路仁不仁的问题我不知道。但是他可以充当千赋之国的军事统帅。"在多次这样的问答之中，孔子都是对子路的治军之才能予以高度肯定的。

尽管有极高的从政才能，但是能够得到从政的机会也是比较难的。子路的从政生涯也是比较短暂的，但他"治蒲"却取得了孔子"三称其善"的辉煌政绩。

据古籍记载，蒲邑是卫国的边鄙之地，与晋国相毗邻。该地民风剽悍，有豪侠出没，曾经发生过反叛。卫国的君臣上下都为选择一个什么样的人来治理而犯难，而且一致认为，不是贤明而又勇武超绝的人，是绝对不敢来治理这个地方的。子路跟随孔子在卫国的时候，曾做过卫国贵族孔文子的家臣。孔文子认为子路有这个能力来担当此任，于是决定聘用子路为蒲邑宰。子路在前往蒲邑之前，来向孔子辞行，并向孔子讨教。孔子说："我听说蒲邑多壮士，那个地方是很难治理的。我送你三句话：恭敬和谨慎可以收服勇士之心，宽厚与刚正可以得到百姓的拥护，廉洁和冷静可以得到上司的赏识。"子路领命而去。到达蒲邑后，子路首先废除苛刻政治，为解决水患问题，带领当地百姓大搞水利建设。据《孔子家语》等古籍记载，在兴修水利的过程中，子路看到民工非常劳累，就用私家的米做了一些饭去犒劳他们。孔子听说这件事以后，就派子贡前去制止，甚至还砸碎了饭缸。子路不解，专程来见孔子。子路对孔子说："我谨遵您的教诲，勤政爱民。如今恐百姓遭水灾，特在农闲时节召集民工来挖沟渠以泄洪水。我看到民工实在是太劳累了，又吃得不好，所以就为他们备下了一缸饭。这何错之有呢？"言外之意是：难道我行仁心有什么不对吗？孔子说："你既然知道民工缺乏粮食，为什么不禀报国君来实施赈济呢？你以为你以私家的粮食来给民工吃，是在行仁德，难道你这不是告诉世人你子路行恩惠于百姓,而国君却不能施恩惠于百姓吗?你的仁心没有过错,但会被小人钻空子的。获罪于国君,你的麻烦就大了。"孔子是在告诫子路,工作一定要注意正确的方法。子路治蒲不到三年的时间,蒲邑的状况发生了重大变化。《孔子家语·辩政》记载,子路治蒲三年,孔子因事路过那里。刚一入境,孔子就高兴地说:"仲由真不错,做到了恭敬守信。"到了城边,孔子又赞叹:"仲由不错,做到了忠信宽厚。"进入官衙,孔子则大声赞扬:"仲由真不错,做到了明察善断。"随行的子贡很惊讶:"还没有见到子路呢,怎么就夸不绝口了?"孔子对子贡解释说:"沿途我已经看到仲由的政绩了。刚入其境,田畴尽开,沟洫畅通,表明民尽其力;到了城边上,看到房屋完固,树木茂盛,表明民风很好,无偷窃之风;到了官衙以后,看到各种官吏都比较清闲,官衙里也没有官司,如此看来,我三称其善恐怕还不够呢!"子路将老师请进大堂,看到在大堂的一角堆放着许多兵器,孔子说:"看来,你还是改不了武士之气呀。"子路忙答:"这些兵器存放在这里,一旦有敌来犯,可以发动百姓用这些兵器去自卫。"孔子对子贡说:"我说三称其善还不够嘛!政绩再好,如果敌人来犯,没有抵抗之力也是不行的。"子路治蒲卓有成效,难怪《荀子·大略》有"晋国要讨伐卫国,由于害怕子路,而不敢经过蒲地"的记载。

结缨卫难

关于子路"结缨卫难",在《左传》《孔子家语》等古籍中均有所记载。公元前480年,卫国发生政变。逃亡到晋国的卫公子蒯聩,回到卫国争夺君位,并用武力胁迫孔悝与之订立盟约,支持他们的政变行为。孔悝态度很坚决,誓死不从。蒯聩等叛军把孔悝强行押至准备盟誓的坛台上,情况十分危急。孔悝家臣急忙派人前去禀报子路,子路马上赶来。正要入城,恰遇从城里出来的师弟高柴,他告诉子路:"卫出公已经出逃,城门也已经关闭了,你快离开这里,不要白白送死。"子路说:"食人家俸禄,就要解人家危难。"高柴匆匆走了。来到城门跟前,大夫公孙敢关上城门,对子路说:"不要进去了。"子路说:"你公孙敢只贪图别人的利禄,而我不是。我既然食人家之禄,一定要救人家之难。"这时正好有使者出城,子路趁机闯了进去。子路对蒯聩说:"你为什么要利用孔悝呢?你就是杀了他,仍然会有人继续来反对你们的。"子路接着说:"太子胆子小,如果我放火烧坛台的话,就一定会放了孔悝。"蒯聩果然很害怕,立即下令让石乞等卫士下到台下与子路搏斗。子路虽然勇武,但毕竟寡不敌众。在慌乱中,被对方把帽带削断了。即使在这种情况下,子路依然牢记"君子死,冠不免"的古训,停下来去系帽带,就在这时,乱军蜂拥而上,乱剑刺死子路,并把他剁成了肉酱。孔子听到子路的死讯后,伤心痛哭。当他听卫国使者说子路已被乱军剁成肉酱时,赶忙叫家人把平时最爱的肉酱全部倒掉了,并说:"我怎么还能再吃肉酱呢?"子路忠于职守,直到最后付出了生命的代价。孔子对此是深为了解的,早在卫国发生政变之初,就断言:"高柴肯定会回来,而仲由肯定是回不来了。"哪里还有比老师更了解自己的弟子的呢?

后世影响

子路自从踏入孔门之后,经过孔子耐心的教育与子路本身的勤奋努力,终于成为一个修养比较全面的人物。实质上,子路除了在政事方面特别突出以外,在孝行、守信等诸多方面也是非常有影响的。孔子对其孝行、勇武之德、片言折狱等可贵的品德也是给予高度评价的,并常常自叹弗如。子路"百里负米养亲"以及"无宿诺"的德行,在民间也是广为流传的。

在历代的著述中,子路往往被当成教化不辍则野人变贤才的典范。或赞颂他善于政事,或称颂他具备圣贤之德,也有的称赞他的敢作敢为。如《后汉书·列女传》中曾赞"子路至贤",有杀身成名,死而不悔的精神;《三国志·吴书·诸葛恪》中称子路有"亚圣之德"。后世往往把子路看成是"执金吾"的化身,即秉公治安的典范。历代统治者也给予子路比较高的地位。自从东汉明帝东巡祠仲尼及七十二弟子后,对子路也不断追加谥号。唐代开始子路成为"十哲"之一,配享孔庙。唐代开元二十七年(739年)追封子路为"卫侯";南宋度宗咸淳二年(1266年)追封子路为"卫公"。明世宗嘉靖九年(1530年)追尊子路为先贤。在今天的山东微山有仲子庙,康熙曾为仲庙题写了"圣门之哲"的匾额,雍正帝题写的匾额是"圣道干城"。乾隆帝题写的楹联是:"三德达身修勇故不怠,四科从政事果则无难。"

(摘自修建军《孔门弟子》,有改动。作者修建军系曲阜师范大学孔子文化学院教授)

"子路治蒲",成就了"三善之地"的佳话。这不仅仅是子路的功劳,因为他背后还站着一位伟人——孔子,是孔子把一个顽劣的少年培养成七十二贤人之一,培养成一个文武双全的治国之才。子路忠实地按照孔子的思想和教导,认真做人、勤奋做事、谨慎做官,成就了自己,也成就了"三善之地"。

——编者题记

第二章 子路治蒲的执政理念

子路一生在执政方面有着出色的表现和突出的成就,孔子曾多次给予肯定和表扬。当然,这一切与孔子的教诲是分不开的,子路在蒲邑执政所留下的"三善"佳话,就是孔子执政理念在实际运用中的典型案例。

第一节 孔子的仕途之路

孔子胸怀天下,一生追求的就是恢复周礼,推行仁政。要实现这一理想,他必须得出仕,为自己谋一个职位,名正言顺地推行自己的治国方略。

与道家的出世相比,儒家更倾向于入世,即站出来,走出去,用自己的力量为这个日益混乱的社会做一点什么,即便不能挽回颓势,也要尽力而为。这恐怕就是儒道两家最明显的区别吧。作为儒家的代表人物,孔子并不排斥楚狂接舆①的做法。他曾多次宣传"以道事君,不可则止"(《论语·先进》),以及"用之则行,舍之则藏"(《论语·述而》)的思想,对微子和箕子②的权变行为也非常赞赏,给了他们"仁者"的最高评价。但是,赞赏归赞赏,孔子却不肯效仿他们的做法,为了实现自己的理想,为了推行心中的大道,他一直在苦苦地求索。

孔子拒绝做隐士,是因为他认为"不仕无义"(《论语·微子》)。义,宜也。就是合理。人生在世,追求的是道义二字,事事都做得合情合理。孔子觉得,既然懂礼仪、有见识,就不能忽视了更大的道义,那就是君臣之义。怀揣着济世的理想,又有着济世的才能,这个世道又确实需要有人站出来做些事。那就应该有人站出来勇敢担当,就算是失败了,也没什么后悔的,毕竟努力过了。明知道是该做的事却不去做，或者是担心劳而无功而不去做，这些都不是君子所为。"欲洁其身，而乱大伦"（《论语·微子》），自己的小家伦理道德丝毫不乱，却置天下大义于不顾，这怎么能叫作君子呢？

孔子一生是极力主张入仕做官的，在《论语·子张》中，有一句很重要的话——"学而优则仕"，意思就是学习最好的就是要去做官。从孔子的生平来看，无论是少年有志于学、复兴家族之志，还是三十以后以知礼而闻于诸侯，立于世间，他都具备了当大官、成大事的本领。孔子急于从政做官，不外三个原因：

一是实现他的政治蓝图。孔子一心想着推行仁道，恢复周礼，实现他的政治主张。如果不从政实践的话，他的那些政治主张就只能停留在口头，一点用也没有，并且也无法验证他的主张是对是错。恢复周朝的礼仪制度，把管理的地方变成东周那个样子，这就是他的政治理想。《论语》共二十篇，其中直接涉及论政的就有十篇，在篇数中占了百分之五十，对于向他问政的人，他都做了认真的回答。这足以说明孔子在各个时期都没有放弃对政治的兴趣。在《论语》中向孔子问政的人主要是三个方面的人物，首先是他的学生，大概有七人次；其次是一些国君，有五人次；最后是当时鲁国的士大夫，曾三次向孔子问政。

二是实现他的学术主张。除了政治主张，还有孔子的道德理想，他要用他的这些伦理道德去教化人民，敦风化俗。如果不当官，就没有机会、没有场合去教化人民，这些理想也无法实现。孔子对子路说过："吾岂匏瓜也哉？焉能系而不食？"（《论语·阳货》。今译：难道我就是中看不中用的匏瓜吗？只能挂着，不能吃？）孔子一心想改变当时礼崩乐坏的社会，他把为官作为拯救社会、实现自己政治抱负的机遇和平台，而不是升官发财的途径。

三是实现他的人生价值。孔子代表的是士人和君子，士人相对于庶人，君子相对于小人，在他看来，庶人和小人是没有人生价值的，但士人和君子是有人生价值的，所以他说："士而怀居，不足以为士矣。"（《论语·宪问》。今译：如果一个人只贪图安逸，那他就失去了人生价值，就不配称作士人了。）

孔子虽然非常想从政做官，但不是见官就拜、是官就做的，他是有自己的原则和底线的，《论语·泰伯》中讲："天下有道则现，无道则隐。邦有道，贫且贱焉，耻也；邦无道，富且贵焉，耻也。"意思就是天下太平的时候，我们就出来做事；天下大乱的时候，学问用不上，就去做隐士。如果国家政治清明，你还很贫贱，既没有财富又没有地位，那是可耻的；如果政治昏暗，天下大乱，你却大发不义之财，飞黄腾达，大富大贵，那也是可耻的。《论语·宪问》中又说："邦有道，谷；邦无道，谷，耻也。"这里的谷，就是当官的俸禄，也就是现在说的工资、薪水。意思就是说，国家政治清明，可以出来做官吃国家俸禄；如果国家政治昏暗，你还出来当官混吃混喝领俸禄，那就可耻了。所以说，孔子不是有官就做的，不然他早就做官了。他要看这个国家的政治情况，如果不好，当了官，理想也不会实现，就不能当官。

一、孔子的蹉跎仕途

孔子一生官运不济，用我们今天的话说，就是孔子既没有机会证明自己，也没有机会检验自己，更谈不上真正意义上的"闻"或者"达"。

孔子在鲁昭公十年至十一年（前532—前531年），担任过"乘田吏"和"委吏"之类的小官，据史料记载干得还很不错。但那只属于处理具体事务的小吏。孔子为官不媚上，大凡步入仕途的人，无不四处奔波，求神拜佛，削尖脑袋往上爬，养成了官场上奴颜媚骨的习性。孔子不为做官而图官位，自然就无须媚上，翻遍史料，从来没有发现孔子为达到自己升官发财的目的，对上级领导投其所好、溜须拍马的媚态。我们可以设想，假若孔子识时务，不固执己见，对上级领导的指示坚决贯彻落实，把上级领导的事情（无论公私）当成自己的事情来办，再加上孔子过人的才华，荣华富贵岂不唾手可得？

孔子的仕途并不顺畅，确切地说，孔子一生只做过一次官。即鲁定公九年至十三年（前501—前497年），先后在鲁国担任中都宰、司空、大司寇等要职，其间还担任过相当于临时宰相的职务。此时孔子已经50多岁了。孔子的治国理念是要复兴周道，尊崇周礼，应该说这种守旧的观念在当时是行不通的。被司马迁和孔门弟子们大肆渲染的夹谷之会③，也不过是为日趋没落的鲁国在外交上争回点面子罢了。

鲁定公十二年（前498年），孔子为削弱三桓势力，采取了"堕三都"的措施。后来堕三都的行动半途而废，孔子与三桓的矛盾也随之暴露。孔子在不得已的情况下离开鲁国，到外国去寻找出路，开始了周游列国的旅程，这一年，孔子55岁。

孔子从政的失败，不是孔子的能力和人品有问题，而是当时的政治形势不适合孔子。作为政治家的孔子，有心济世而志向远大，一直在寻求一个能实现自己政治理想的机会。孔子为官，始终恪守着一条道义上的底线："不义而富且贵，于我如浮云。"（《论语·述而》）正直的孔子弃高官厚禄如敝屣，表明自己决不为不义之人所用的态度。我们可以设想，假若孔子识时务，不固执己见，与国君和大夫们好好交往、多多应酬，舒舒服服过自己的日子，岂不美哉？按说孔子在鲁国做过"俸粟六万"的大官（年薪六万斗小米，相当于省部级以上的待遇），在卫、陈等国虽无实职，但也是国君、贵人们的座上客，顾问费总不会太少吧。但孔子不论在哪儿，总是针砭时弊，直言相谏，导人向善，宁愿被辞职，也决不尸位素餐。这种做官的态度，足令今日天下为官者汗颜。

二、孔子转向私人教育

孔子的仕途屡次遭到挫折，他的从政之心有所收敛，就把主要精力放在了做学问上，春秋时像孔子这样办学的应该不止他一家，但论及办学规模以及影响范围，大概是没人可与之比肩的。据司马迁《史记·孔子世家》记载，孔门"弟子盖三千焉，身通六艺者七十有二人"，不仅办学规模空前，而且优秀人才辈出。

孔子办学就是要通过教育，培养德才兼备的人才，培养能够在政治上有所作为的君子，最主要的目的就是四个字——读书做官。孔子从"为政在人"的政治主张出发，提倡统治者礼贤下士、招收人才，使自己的政治主张通过其弟子发扬光大，推行仁道，恢复周礼，建立一个没有战争、仁行天下的大同世界。

为了这个目标，孔子的教学内容很广泛，有著名的礼、乐、射、御、书、数六艺。这六艺既有人文学科的道德养成和艺术修养，如礼、乐，也有当时贵族日常生活所需要的基本技能，如射、御、书、数等。礼是指周礼，是周代贵族在不同场合所应展现出的威仪及各种日常行为规范，学礼的目的是养成高贵的品格和气质；乐，不光包括音乐，还涵盖文学、舞蹈等各种艺术，学"乐"是为了提高一个人的文化品位和艺术才华；射指射箭，这是当时贵族阶层的时尚运动，就跟今天的企业高管爱玩高尔夫球差不多；御是指驾车技术，那时候的学生跟孔子学御,就相当于现在的人去驾校学车考驾照;书是指书写,涵盖识字、阅读、文秘等内容;数是指基本的数学、物理知识,包括怎么记账、怎么丈量土地等。可以说,孔子的私学就是春秋末期最有名的综合性大学,学生跟着孔子学好了,根本不用为"就业"问题发愁。原因很简单,有过硬的本领在身,任何时候都会成为"就业"市场上的宠儿。

他提倡"有教无类"(《论语·卫灵公》),创办私学,广招学生,打破了奴隶主贵族对学校教育的垄断,把受教育的范围扩大到平民,顺应了当时社会发展的趋势。他主张"学而优则仕",即学习后还有余力,就去做官。他的教育目的是要培养从政的君子,而君子必须具有较高的道德品质修养,所以孔子强调学校教育必须将道德教育放在首要地位。《论语·学而》载:"弟子,入则孝,出则悌,谨而信,泛爱众,而亲仁。行有余力,则以学文。"

孔子从22岁设学于闾里开始,以革新的精神创办了私学,以至周游列国颠沛流离的十四年中,也从未停止收徒授业,行教逾半个世纪。培养的弟子多达三千余人,其中出类拔萃的人才七十多人。事实证明,孔子的教育是成功的,孔子的思想经弟子传播、发扬,不仅改变了当时的社会,也改变了两千多年来的中国。

注:

①楚狂接舆:出自《论语·微子》。原文:楚狂接舆歌而过孔子曰:"凤兮凤兮!何德之衰?往者不可谏,来者犹可追。已而,已而!今之从政者殆而!"孔子下,欲与之言。趋而辟之,不得与之言。

译文:楚国的狂人接舆从孔子的车前经过,唱道:"凤凰呀,凤凰呀!你的德行为什么衰败了呢?过去的是无法挽回了,未来的还是可以补救的。算了吧,算了吧!现在当政的那些人危险极了!"孔子下车想和他谈谈。他却连忙避开了,孔子没能够和他谈。

②微子和箕子:在商朝末年的王族中,被孔子称为"殷之三仁"的人。另外一个是比干。微子是纣王之兄,纣王荒淫乱政,微子几次力谏而纣王不听。微子见"纣终不可谏",便逃到微地隐居起来。箕子是纣王的叔父。商朝末年纣王无道,骄奢淫逸,箕子多次进谏纣王,纣王不听,并且想要加害于他。箕子继续劝谏,纣王一怒之下要囚禁箕子,箕子披发装疯才躲过一劫。后来就隐居起来,并创作了琴曲《箕子操》,鼓琴自悲以发泄心中的怫郁。

③夹谷之会：春秋时期非常重要的一次诸侯会盟，也是孔子一生中最为出彩的一次政治经历。夹谷是位于齐鲁边境的夹谷山（今山东莱芜夹谷峪），在齐国境内。

鲁定公十年（前500年），齐、鲁两国决定在夹谷山举行会盟，齐景公和鲁定公亲自出席。孔子此时已经官至大司寇，职位仅次于国卿，而且他见多识广，熟悉外交礼仪，就作为这次会盟的"相事"。由于齐、鲁两国多年来相互征伐，积怨很深，因此两国君臣之间相互猜忌，各怀心思。在会盟期间虽险象环生，但孔子凭着自己的学识和胆识，以及超强的外交才能，终化险为夷，使齐、鲁两国最终决定结为同盟关系。

第二节　子路的从政之路

子路成为孔子的弟子后，终生就学于孔子，他入孔门后，对孔子的人品与学问充满了敬仰，终其一生都是孔子的信徒和卫士。他是孔子在"礼"的教化下转变最大的弟子之一，儒学的教化在子路身上得到了充分的体现，他从一个山中莽汉，成为孔门弟子中德才兼备、文武双全的难得的人才。在孔子三千弟子中，长于政事的只有两人，就是子路和冉求，足见子路治国理政的能力是出类拔萃的。

真正说起来，子路从政的机会也是很少的，他先是做了几年季氏家臣，然后随孔子周游列国。在卫国做过大夫孔文子的家臣，回国后又做过短时间的季氏家臣。接着被卫国聘用，做了三年的蒲邑宰。

做蒲邑宰时子路已是61岁的老人了，已不是头戴鸡翎的山中无知的莽汉，而是孔子弟子中的七十二贤者，一个称职的儒家栋梁，一个成熟的政治家。

治蒲三年，是子路系统地从政的三年，是展示子路治赋能力的三年，也是他实践孔子执政理念的三年。子路在去蒲邑赴任前，还请教于孔子，孔子说："蒲多壮士，又难治。然吾语汝：恭以敬，可以执勇；宽以正，可以比众；恭正以静，可以报上。"（《史记·仲尼弟子列传》）意思是：蒲邑壮士多，又难以治理。但我告诉你，恭谨和谦敬，可以制服勇猛的人；宽容和公正，可以使百姓亲近你；恭谨、公正和冷静，就可以报效上司。可见子路对孔子的尊敬和信任，也可以看出孔子对子路的关心和支持。以下几个方面清楚地体现了子路执政是对孔子理念的实践和验证：

一、实行仁政

孔子思想的核心是"仁"，但孔子强调的"仁"已经不是处于伦理道德领域对人与人之间和谐相处的道德规范，而变成了一种治国学说。"仁政"思想是孔子在前人思想基础上创立的政治观，它的基本内涵是爱人和富民。他一生努力的主要方向是要"天下归仁",用上说下教的温和方法来革新社会,在旧制的形式中注入新的精神"仁",借以改良奴隶社会的礼制、秩序,使之更能适应当时奴隶要解放及一般自由民要求改善生活和政治地位的时代潮流,这是孔子思想的主要特征,也是他思想进步的一种重要的表现。

  孔子提出"以德为本"的治国理念,为政以德,以礼节制,加强道德修养,采用正己正人、推己及人的方法,来达到执政为民、完善吏治的目的。在《论语》一书中有109处关于"仁"的问答,孔子把仁的伦理道德升华为一种对为政者的要求,从而创立了一种新的治国学说。子曰:"民之于仁也,甚于水火。水火,吾见蹈而死者矣,未见蹈仁而死者也。"(《论语·卫灵公》)意思是百姓需要仁德,更急于需要水火。往水火里去,我看见因而死了的,却从没有看见践履仁德因而死了的。孔子提出,实现国家大治,就要行德政,行德政就要有仁爱之心,只有仁者才能爱人,"古之为政,爱人为大"(《礼记·哀公问》)。子曰:"为政以德,譬如北辰居其所而众星共之。"(《论语·为政》)这句话的意思是用道德去治理国家,自己便会像北极星那样,安然处在自己的位置上,别的星辰都环绕着它。"子张问仁于孔子。孔子曰:'能行五者于天下为仁矣。''请问之。'曰:'恭,宽,信,敏,惠。恭则不侮,宽则得众,信则人任焉,敏则有功,惠则足以使人。'"(《论语·阳货》)意思是:子张问孔子什么是仁。孔子说:"能在天下实行五种品德,就是仁了。""请问哪五种?"孔子说:"庄重,宽厚,诚实,勤敏,慈惠。恭敬庄重,就不会受到侮慢;宽厚,就能获得众人拥护;诚实,就能得到别人的任用;勤敏,就能取得成功;慈惠,就能更好地役使别人。"

  子路由于出身贫寒,从小就过着衣不遮体、食不果腹的生活,他深知基层百姓的苦难和需求,加之孔子思想的长期熏陶,仁政思想扎根很深,也是他执政的渴望。在担任蒲邑宰的三年中,他遵循儒家"入仕治世",修身、齐家、治国平天下的准则,通过仕途来改造社会,造福人民,实现孔子仁政德治的教导,也展现自己的人生价值。他用恭敬的姿态、仁和的手段、守信的言行、慈惠的政令,勤政爱民、抑制奸邪、温和处世、果断理狱、发展生产、改善民生环境,鼓励百姓创建美好家园,深受百姓拥护和爱戴。在蒲邑,豪强畏其勇,百姓敬其德,他的仁政在人民中间树立了绝对的威望,也就有了强大的号召力。

二、实行善政

儒家的善政伦理,一直强调在国家的治理中应当"以民为本",统治者要从人民出发,设身处地地为民着想,只有这样社会才能治理好,国家才可能安定。因此需施善政,以民为邦本,要明察与顺应人心向背,因为富民才能富国,治国之道必先富民。

儒家善政伦理实际上是儒家的伦理道德对社会和国家的治理,在老百姓的心目中一直是理想的社会管理模式。"善政"的"善"是指执政者必须顺民意、谋民利、得民心,这也是孔子"以人为本"的思想,要把人民看成社会的主人,尊重人、理解人、帮助人,千方百计地调动人民的积极性,把人民的事情办好。"以人为本",是中国古代善政思想的基本内涵,也是中国传统文化的元素的浸润之果,包括爱民、养民、富民、敬民四个层次。

子贡问政时,孔子回答:"足食,足兵,民信之矣。"(《论语·颜渊》)孔子把"食"列为三大政治任务之首,后世发展为"民以食为天"的政训。孔子到卫国去,看到这个国家的人口众多,冉有问:"既庶矣,又何加焉?"曰:"富之。"曰:"既富矣,又何加焉?"曰:"教之。"(《论语·子路》)他不但主张对老百姓要"富之",还要"教之"。孔子认为要治理好一个国家,必须在实现人民生活富裕的基础上加强教化。他主张统治者治理国家时要恩威并施。他认为:"道之以政,齐之以刑,民免而无耻;道之以德,齐之以礼,有耻且格。"(《论语·为政》)即用政令加以刑罚是一种不得已的手段,绝不是最好的办法。最上之策是以仁德教化百姓,以礼约束百姓,这样就可以使百姓明廉耻、辨是非。孔子从保护人民的生存出发,反对各国君主对百姓增加赋税、过分剥削,主张强调减轻赋税和徭役,反对苛捐重赋。"子贡曰:'如有博施于民而能济众,何如?可谓仁乎?'子曰:'何事于仁!必也圣乎!尧舜其犹病诸!'"(《论语·雍也》。今译:子贡说:"如果有人能给民众以好处,又能周济大众,这人怎么样?可以说他有仁德了吗?"孔子说:"哪里仅仅是仁德呢!那一定是圣德了!尧和舜大概都难以做到!")

子路到蒲邑后,一切从善政出发,没有从任何资料中见到以强制手段颁布的法令。他最关心的事就是农业生产,就是农民的生活。到蒲邑办的第一件大事就是大张旗鼓地修渠挖沟、打堤筑坝。他知道水是农业的命脉,是农业丰收的保障。为了尽快修好水渠,他拿出自己的俸禄来改善农民的伙食。然后就是关心百姓的住房,鼓励和支持农民修建永久而坚固的住房,有吃有住才是安居乐业的基础。

说子路天生就有一颗善心一点也不为过,从小他就孝敬父母,并持之以恒。他还有宽厚的胸怀,在《论语·公冶长》中就有这么一段文字:"子曰:'盍各言尔志?'子路曰:'愿车马衣轻裘与朋友共敝之而无憾。'"(今译:孔子说:"你们为什么不各自谈谈自己的志向?"子路说:"我愿意拿出自己的车马、穿的衣服,和朋友们共同使用,即使用坏了也不抱怨。")在蒲邑,他是老百姓的父母官,可他把蒲邑百姓当作父母,一心发展农业生产,稳定社会秩序,改善人民的生活,很快就让大部分普通百姓过上了安居乐业的生活,这就是善政的结果。

三、实行勤政

勤政就是恪尽职守,勤于政事,认真负责地为国为民做事。恪尽职守,勤于政事,历来为各朝各代的统治者所提倡,也为儒家思想所肯定,同时也受到百姓的称赞。对于随时准备着"齐家、治国、平天下"的士人来说,万不可贪图舒适安逸的生活,入职后更不能贪图享乐。孔子说:"士而怀居,不足以为士矣。"(《论语·宪问》)这是孔子在告诫士人,如果他留恋舒适安逸的生活方式,就不能够算个有出息的士人。因此,戒除贪图安逸、贪图享乐,是知识分子和为政士人的起码品德。所以,孔子还说,君子"不患无位,患所以立"(《论语·里仁》)。任职后,该何如?孔子说:"居之无倦,行之以忠。"(《论语·颜渊》)即在执政的岗位上,万万不可懈怠、不可滋生厌倦;施政一定要有负责任的态度。有一次子路向孔子请教如何从政的问题,孔子说:"先之劳之。"子路继续究问,孔子说:"无倦。"工作要做在下属或百姓前面,对下属或百姓要慰劳奖勉;对工作不要厌倦懈怠。(参见《论语·子路》)用今天的话说就是忠于职守,体恤下属。既以身作则,又体恤下属、懂得奖掖,下属自然会尽心尽责工作。这就是孔子的工作态度,对下属、对工作的仁心道义。孔子的弟子曾子曰:"士不可以不弘毅,任重而道远。仁以为己任,不亦重乎?死而后已,不亦远乎?"(《论语·泰伯》)有定力勤政为民,勇担当求真务实,重规矩严于律己,这是中华文化传统中儒士为官之道的精华所在。子曰:"君子食无求饱,居无求安,敏于事而慎于言。"(《论语·学而》)又曰:"君子欲讷于言而敏于行。"(《论语·里仁》)意为做事勤奋敏捷,说话却谨慎。

子路就是劳动人民出身,从小就打柴、狩猎、做农活。跟随孔子之后,赶车、问路、守卫、杂务等什么活都抢着干。到了蒲邑当了父母官也没有改变这种习惯,而是身先士卒地到水利工地参加劳动,在劳动实践中发现问题、解决问题。衙门里很少见到他的身影,蒲邑大地就是他的办公场所。他能选择科学的沟渠路线(所修水渠几千年之后还能发挥作用),和他能够处处想人民所想,以及不辞劳苦进行广泛的调查研究和实地考察是分不开的,这就是他勤政的结果。

四、实行廉政

廉政是儒家对清明的政治生活的概括,其中心思想是提倡"以廉为本",主张把廉政同政治管理结合起来,要求为官之人在执掌政权的过程中要做到清正廉明、克己奉公、勤政爱民、光明磊落。孔子说:"君子喻于义,小人喻于利。"(《论语·里仁》)又说:"苟正其身矣,于从政乎何有?不能正其身,如正人何?"(《论语·子路》)又说:"奢则不孙,俭则固。与其不孙也,宁固。"(《论语·述而》)强调官吏的廉洁与否,是关系到政权存亡、国家兴衰的根本问题。廉作为官者之品德,有清正、俭朴、明察等多种含义。把为政清廉作为政德的主要内容。"政者,正也。"(《论语·颜渊》)儒家以礼义廉耻为准则的政治文化,是以廉德为核心的廉政文化,是中国古典中廉政文化建设的发端。孔子说:"士志于道,而耻恶衣恶食者,未足与议也。"(《论语·里仁》)意思是说一个人应该将遵行与发扬道义作为志向与目标,如果不是这样,总以穿不上时髦光鲜的衣服、吃不到山珍海味而觉得羞耻,这个人就不值得与他讨论问题,大概做朋友的资格也没有了。"无欲速,无见小利。欲速则不达,见小利则大事不成。"(《论语·子路》)即办事情不要只图快,不要只顾小利。只图快,反而达不到目的;只顾小利,就办不成大事。

孔子针对一些国家统治者与老百姓之间日益尖锐的矛盾,提出从政的人不能过于贪婪,而应节俭。如季康子患盗求教于孔子时,他说"苟子之不欲,虽赏之不窃"(《论语·颜渊》),他谴责统治者的奢侈浪费,主张统治者要用德行引导和感化老百姓。他对子产的"其养民也惠,其使民也义"(《论语·公冶长》)十分赞赏,并以此作为成为"君子"应该努力实践的必由之路。

孔子说:"知及之,仁不能守之,虽得之,必失之。知及之,仁能守之,不庄以莅之,则民不敬。知及之,仁能守之,庄以莅之,动之不以礼,未善也。"(《论语·卫灵公》)这里孔子讲的是为官的辩证法。他的意思是说:一个人的聪明才智符合官位的要求,但他的品德不能保住官位,即使得到了官位,也一定会再失去。聪明才智符合官位的要求,品德能保住官位,但不用严肃的态度管理民众,民众就不会认真谨慎地执行指令。聪明才智符合官位的要求,品德能保住官位,也能用严肃的态度管理民众,但不依据礼度来役使民众,还不能算做得好。

鲁国执政卿(相当于这个诸侯国的宰相)季康子向孔子请教政治治理问题。孔子回答说:"政者,正也。子帅以正,孰敢不正?"(《论语·颜渊》)意思是:政字的意思就是端正。您自己带头端正,谁敢不端正呢?

在孔子看来:"上好礼,则民易使也。"(《论语·宪问》)执政者如果崇尚礼仪,百姓很自然地就容易管理了。当官的只要率先垂范,世风、民风自然趋正。这就是孔子所谓的:"其身正,不令而行;其身不正,虽令不从。"(《论语·子路》)一个单位是如此,一个国家也是如此。孔子还说:"苟正其身矣,于从政乎何有?不能正其身,如正人何?"(《论语·子路》)他的意思是说:当政者如果能端正自己的行为,对于管理政事来说还有什么难的?如果不能端正自己的行为,怎么去端正别人的行为呢?

孔子说:"躬自厚而薄责于人,则远怨矣。"(《论语·卫灵公》)即我们要多责备自己,少责备别人,就可以消除人们对自己的不满了。

子路任蒲邑宰三年,没有给自己和家人谋得什么好处,还常常用自己微薄的俸禄救济贫苦百姓。他没有修缮衙门,没有修建供有钱人享乐的楼堂馆所,更没有动用蒲邑的人力、物力修建什么面子工程,他把所有资金都用在了民用民生上,把所有的心思都用在了为百姓谋幸福的事情上了。他之所以受到蒲邑百姓的广泛爱戴,就是因为他走的是廉洁奉公、一心为民、勤勉敬业、无私无畏的施政之道。

五、小结

孔子过蒲三称其善,是对子路在蒲邑执政三年的客观评价,也是对子路执政能力和君子人品的高度赞扬。子路到蒲邑任职前，孔子曾对他说，蒲邑是个壮士多而又难以治理的地方，他也曾为子路担心。可没想到不到三年时间，这地方竟被子路治理得这样好：田地整齐又没有杂草，荒地也没有了，沟渠挖得很深；人人都很尽力，房屋都完好坚固，树木都很茂盛；衙门里很清闲，属下都很敬业。孔子感到惊奇而欣慰，他为子路总结了三句话：恭敬以信，忠信以宽，明察以断。后来他自己也说，虽三称其善，也没有说尽子路的成就。

  子路治蒲的成功，最让孔子欣慰的是自己教育的成功，他倾尽一辈子的心血，不就是让弟子们从政，用仁政来治理国家，让社会稳定和谐，让人民富裕快乐吗？虽然蒲邑是个小县城，但与治理千乘之国有共通之处，所以孔子从子路治蒲的实践中，也看到了天下大同的希望和曙光。还有什么比这更让他兴奋和高兴的呢？

第三节 《论语》中孔子的治国理念

学而篇：

1. 子曰："道千乘之国，敬事而信，节用而爱人，使民以时。"

【译文】

孔子说："治理一个拥有千辆兵车的国家，对待国家大事要严谨慎重，并且诚实守信，节省人力、财力，又关爱百姓，役使百姓要在农闲时间。"

2. 有子曰："礼之用，和为贵。先王之道，斯为美，小大由之。有所不行，知和而和，不以礼节之，亦不可行也。"

【译文】

有子说："礼的作用，以遇事做得恰当和顺为可贵。以前的圣明君主治理国家，最可贵的地方就在于此，无论小事大事，都按这个原则去做。如遇到行不通的，知道和顺可贵而一味地追求和顺，不用礼法去节制约束它，也是不可行的。"

为政篇：

1. 子曰："为政以德，譬如北辰居其所而众星共之。"

【译文】

孔子说："用道德去治理国家，自己便会像北极星那样，安然处在自己的位置上，别的星辰都环绕着它。"

2. 子曰："道之以政，齐之以刑，民免而无耻；道之以德，齐之以礼，有耻且格。"

【译文】

孔子说："用政令来治理他们，用刑罚来处罚他们，百姓虽然能暂时避免犯罪，但不会感到不服从统治是可耻的；如果用道德来统治他们，用礼教来约束他们,百姓不但有廉耻之心,而且人心归服。"

3. 子曰:"视其所以,观其所由,察其所安。人焉廋哉?人焉廋哉?"
【译文】
孔子说:"看一个人的所作所为,考察他处事的动机,了解他心安于什么事情。那么,这个人的内心怎能掩盖得了呢?这个人的内心怎能掩盖得了呢?"

4. 哀公问曰:"何为则民服?"孔子对曰:"举直错诸枉,则民服;举枉错诸直,则民不服。"
【译文】
鲁哀公问道:"怎么做才能使百姓服从呢?"孔子答道:"把正直的人提拔上来,使他们位居不正直的人之上,百姓就服从了;如果把不正直的人提拔上来,使他们位居正直的人之上,百姓就会不服从。"

5. 季康子问:"使民敬、忠以劝,如之何?"子曰:"临之以庄,则敬;孝慈,则忠;举善而教不能,则劝。"
【译文】
季康子问:"要使百姓恭敬、尽心竭力而又互相勉励,该怎么做?"孔子说:"你用庄重的态度对待百姓,他们就会恭敬你;你孝顺父母、爱护幼小,他们也就会对你尽心竭力了;你提拔贤能之士,教育能力弱的人,他们也就会互相勉励了。"

6. 或谓孔子曰:"子奚不为政?"子曰:"《书》云:'孝乎惟孝,友于兄弟,施于有政。'是亦为政,奚其为为政?"
【译文】
有人问孔子:"您为什么不当官参与政治呢?"孔子说:"《尚书》中说:'孝呀,只有孝顺父母,友爱兄弟,并把孝悌的精神扩展、影响到政治上去。'这也是参与政治,为什么一定要当官才算参与政治呢?"

7. 子张问："十世可知也?"子曰："殷因于夏礼,所损益可知也;周因于殷礼,所损益可知也;其或继周者,虽百世可知也。"

【译文】

子张问："今后十代的礼仪制度现在可以预知吗?"孔子说："殷代承袭夏代的礼仪制度,其中废除和增加的内容是可以知道的;周代继承殷代的礼仪制度,其中废除和增加的内容也是可以知道的;将来如果有继承周朝的朝代,即使在一百代以后,它的礼仪制度也是可以预先知道的。"

八佾篇:

1. 定公问："君使臣,臣事君,如之何?"孔子对曰："君使臣以礼,臣事君以忠。"

【译文】

鲁定公问："君主任用臣子,臣子侍奉君主,各自应该怎么做?"孔子答道："君主应该依礼任用臣子,臣子应该用忠心侍奉君主。"

2. 子曰："居上不宽,为礼不敬,临丧不哀,吾何以观之哉?"

【译文】

孔子说："居高位时待人不宽厚,举行礼仪时不恭敬,参加葬礼时不真心哀悼,这种样子我怎么看得下去呢?"

里仁篇:

1. 子曰："能以礼让为国乎?何有?不能以礼让为国,如礼何?"

【译文】

孔子说："能用礼让来治理国家吗?这有什么困难呢?如果不能用礼让来治理国家,又怎么来对待礼仪呢?"

2. 子曰："不患无位,患所以立。不患莫己知,求为可知也。"

【译文】

孔子说："不担忧没有职位,只担忧没有任职的本领。不担忧没人知道自己,应该追求能使别人知道自己的本领。"

雍也篇：

子贡曰："如有博施于民而能济众，何如？可谓仁乎？"子曰："何事于仁！必也圣乎！尧舜其犹病诸！夫仁者，己欲立而立人，己欲达而达人。能近取譬，可谓仁之方也已。"

【译文】

子贡说："如果有人能给民众以好处，又能周济大众，这人怎么样？可以说他有仁德了吗？"孔子说："哪里仅仅是仁德呢！那一定是圣德了！尧和舜大概都难以做到！一个有仁德的人，自己要站得住，同时也使别人站得住；自己要事事通达顺畅，同时也使别人事事通达顺畅。凡事能够推己及人，可以说是实践仁道的方法了。"

泰伯篇：

1. 子曰："笃信好学，守死善道。危邦不入，乱邦不居。天下有道则见，无道则隐。邦有道，贫且贱焉，耻也；邦无道，富且贵焉，耻也。"

【译文】

孔子说："坚定信念，努力学习，誓死坚守治国做人之道。不进入危险的国家，不居住祸乱的国家。天下太平，就出来从政；天下不太平，就隐居起来。国家政治清明，如果自己贫穷，是耻辱；国家政治混乱，而自己富贵，也是耻辱。"

2. 子曰："大哉尧之为君也！巍巍乎！唯天为大，唯尧则之。荡荡乎，民无能名焉。巍巍乎其有成功也，焕乎其有文章！"

【译文】

孔子说："伟大呀，尧这样的君主！真是崇高呀！唯有天最高最大，只有尧能效法天。他的恩惠真是广博呀，百姓简直不知道该怎样称赞他。他的功绩实在太崇高了，他的礼仪制度真是灿烂美好呀！"

3. 舜有臣五人而天下治。武王曰："予有乱臣十人。"孔子曰："才难，不其然乎？唐虞之际，于斯为盛。有妇人焉，九人而已。三分天下有其二，以服事殷。周之德，其可谓至德也已矣。"

【译文】

舜有五位贤臣,天下就得到了治理。武王说过:"我有十位能治理天下的臣子。"孔子说:"人才难得,不是这样吗?唐尧、虞舜时代以及周武王说那话时,人才最盛。然而武王十位治国人才中有一位是妇女,所以实际上只有九人而已。周文王得了天下的三分之二,还仍然服侍殷朝。周朝的道德,可以说是最高的了。"

4. 子曰:"禹,吾无间然矣。菲饮食而致孝乎鬼神,恶衣服而致美乎黻冕,卑宫室而尽力乎沟洫。禹,吾无间然矣。"

【译文】

孔子说:"禹,我对他没有意见了。他自己的饮食质量很差,却用丰盛的祭品孝敬鬼神;他自己平时穿得破旧,却把祭祀的服饰和冠冕做得很华美;他自己居住的房屋很差,却把力量完全用于沟渠水利上。禹,我对他没有意见了。"

先进篇:

子曰:"先进于礼乐,野人也;后进于礼乐,君子也。如用之,则吾从先进。"

【译文】

孔子说:"先学习礼乐而后做官的人,是无爵禄的平民;先做官而后学习礼乐的人,是贵族子弟。如果要我选用人才,我将选用先学习礼乐的人。"

颜渊篇:

1. 子贡问政。子曰:"足食,足兵,民信之矣。"子贡曰:"必不得已而去,于斯三者何先?"曰:"去兵。"子贡曰:"必不得已而去,于斯二者何先?"曰:"去食。自古皆有死,民无信不立。"

【译文】

子贡问怎样治理国家。孔子说:"粮食充足,军备充足,民众信任朝廷。"子贡说:"如果迫不得已要去掉一项,三项中先去掉哪一项呢?"孔子说:"去掉军备。"子贡说:"如果迫不得已,要在剩下的两项中去掉一项,先去掉哪一项呢?"孔子说:"去掉粮食。自古以来,人都是要死的,如果没有民众的信任,那么国家就站立不住了。"

2. 哀公问于有若曰:"年饥,用不足,如之何?"有若对曰:"盍彻乎?"曰:"二,吾犹不足,如之何其彻也?"对曰:"百姓足,君孰与不足?百姓不足,君孰与足?"

【译文】

鲁哀公问有若:"年成歉收,国家用度不够,怎么办呢?"有若回答说:"何不实行十分抽一的税率呢?"哀公说:"十分抽二尚且不够用,怎么能去实行十分抽一呢?"有若回答说:"如果百姓的用度够,您怎么会不够?如果百姓的用度不够,您又怎么会够?"

3. 齐景公问政于孔子。孔子对曰:"君君,臣臣,父父,子子。"公曰:"善哉!信如君不君,臣不臣,父不父,子不子,虽有粟,吾得而食诸?"

【译文】

齐景公向孔子询问政治。孔子回答说:"国君要像国君,臣子要像臣子,父亲要像父亲,儿子要像儿子。"景公说:"好哇!如果国君不像国君,臣子不像臣子,父亲不像父亲,儿子不像儿子,即使有粮食,我能够享受得了吗?"

4. 子曰:"听讼,吾犹人也。必也使无讼乎!"

【译文】

孔子说:"审理诉讼案件,我同别人一样(没有什么高明之处)。重要的是必须使诉讼的事件完全消灭才好!"

5. 子张问政。子曰:"居之无倦,行之以忠。"

【译文】

子张问怎样治理政事。孔子说:"居于官位不懈怠,执行君令要忠心。"

6. 季康子问政于孔子。孔子对曰："政者，正也。子帅以正，孰敢不正？"

【译文】

季康子向孔子询问为政方面的事。孔子回答说："政字的意思就是端正。您自己带头端正，谁敢不端正呢？"

7. 季康子问政于孔子，曰："如杀无道，以就有道，何如？"孔子对曰："子为政，焉用杀？子欲善而民善矣。君子之德风，小人之德草。草上之风，必偃。"

【译文】

季康子向孔子问政事，说："假如杀掉坏人，以此来亲近好人，怎么样？"孔子说："您治理国家，怎么想到用杀戮的方法呢？您要是好好治国，百姓也就会好起来。君子的作风好比风，老百姓的作风好比草。风向哪边吹，草向哪边倒。"

8. 子张问："士何如斯可谓之达矣？"子曰："何哉，尔所谓达者？"子张对曰："在邦必闻，在家必闻。"子曰："是闻也，非达也。夫达也者，质直而好义，察言而观色，虑以下人。在邦必达，在家必达。夫闻也者，色取仁而行违，居之不疑。在邦必闻，在家必闻。"

【译文】

子张问："士要怎么样才可说是通达了？"孔子说："你所说的通达是什么呢？"子张回答说："在朝廷做官一定有名声，做家臣一定有名声。"孔子说："这是有名声，不是通达。通达的人，品质正直而喜爱道义，体会别人的话语，观察别人的脸色，时常想到对别人谦让。这样的人在朝廷做官一定通达，做家臣也一定通达。有名声的人，表面上要实行仁德而行动上却相反，还以仁人自居而毫不怀疑自己。这样的人在朝廷一定虚有其名，做家臣也一定虚有其名。"

9. 樊迟问仁，子曰："爱人。"问知，子曰："知人。"樊迟未达。子曰："举直错诸枉，能使枉者直。"樊迟退，见子夏，曰："乡也，吾见于夫子而问知，子曰：'举直错诸枉，能使枉者直。'何谓也？"子夏曰："富哉言乎！舜有天下，选于众,举皋陶,不仁者远矣。汤有天下,选于众,举伊尹,不仁者远矣。"

【译文】

樊迟问什么是仁,孔子说:"爱人。"问什么是智,孔子说:"善于识人。"樊迟没有完全理解。孔子说:"把正直的人提拔上来,使他们的位置在不正直的人上面,就能使不正直的人变正直。"樊迟退了出来,见到子夏,说:"刚才我去见老师,问他什么是智,他说:'把正直的人提拔上来,使他们的位置在不正直的人上面。'这是什么意思?"子夏说道:"这是含义多么丰富的话呀!舜有了天下,在众人中选拔人才,把皋陶提拔起来,不仁的人就远离了。汤得了天下,也从众人中选拔人才,把伊尹提拔起来,那些不仁的人就远离了。"

子路篇:

1. 子路问政。子曰:"先之劳之。"请益。曰:"无倦。"

【译文】

子路问为政之道。孔子说:"自己先要身体力行带好头,然后让老百姓辛勤劳作。"子路请求多讲一些。孔子说:"不要松懈怠惰。"

2. 仲弓为季氏宰,问政。子曰:"先有司,赦小过,举贤才。"曰:"焉知贤才而举之?"子曰:"举尔所知;尔所不知,人其舍诸?"

【译文】

仲弓做了季氏的总管,向孔子问怎样管理政事。孔子说:"自己先给下属各部门主管人员做出表率,宽赦他人的小错误,提拔贤能的人。"仲弓说:"怎么知道哪些人是贤能的人而去提拔他们呢?"孔子说:"提拔你所知道的;那些你所不知道的,别人难道会埋没他吗?"

3. 子路曰:"卫君待子而为政,子将奚先?"子曰:"必也正名乎!"子路曰:"有是哉,子之迂也!奚其正?"子曰:"野哉,由也!君子于其所不知,盖阙如也。名不正,则言不顺;言不顺,则事不成;事不成,则礼乐不兴;礼乐不兴,则刑罚不中;刑罚不中,则民无所错手足。故君子名之必可言也,言之必可行也。君子于其言,无所苟而已矣。"

【译文】

子路说:"卫国国君要您去治理国家,您打算先从哪些事情做起呢?"孔子说:"必须先正名分。"子路说:"您的迂腐竟到如此地步吗!何必要正名呢?"孔子说:"仲由,真粗野啊!君子对于他所不知道的事情,总是采取存疑的态度。名分不正,说起话来就不顺当合理;说话不顺当合理,事情就办不成;事情办不成,礼乐制度也就不能兴建起来;礼乐制度不能兴建起来,刑罚的执行就不会得当;刑罚不得当,百姓就手足无措,不知怎么办好。所以,君子定下名分,就一定可以言之成理;言之成理,就一定行得通。君子对于自己要说的话,一点都不马虎就是了。"

4. 子曰:"其身正,不令而行;其身不正,虽令不从。"

【译文】

孔子说:"(作为管理者)如果自身行为端正,不用发布命令,百姓也会照着去办;如果本身不端正,就是发布了命令,百姓也不会听从。"

5. 子适卫,冉有仆。子曰:"庶矣哉!"冉有曰:"既庶矣,又何加焉?"曰:"富之。"曰:"既富矣,又何加焉?"曰:"教之。"

【译文】

孔子到卫国去,冉有驾车。孔子说:"人口真是多啊!"冉有说:"人口已经如此众多了,又该做什么呢?"孔子说:"使他们富裕起来。"冉有说:"已经富裕了,还该怎么做?"孔子说:"教育他们。"

6. 子曰:"'善人为邦百年,亦可以胜残去杀矣。'诚哉是言也!"

【译文】

孔子说:"'好人治理国家一百年,也能够克服残暴行为、免除虐杀了。'这句话说得真对啊!"

7. 子曰:"苟正其身矣,于从政乎何有?不能正其身,如正人何?"

【译文】

孔子说:"如果端正了自己的言行,治理国家还有什么难的呢?如果不能端正自己,又怎么端正别人呢?"

8. 定公问:"一言而可以兴邦,有诸?"孔子对曰:"言不可以若是,其几也,人之言曰:'为君难,为臣不易。'如知为君之难也,不几乎一言而兴邦乎?"曰:"一言而丧邦,有诸?"孔子对曰:"言不可以若是,其几也,人之言曰:'予无乐乎为君,唯其言而莫予违也。'如其善而莫之违也,不亦善乎?如不善而莫之违也,不几乎一言而丧邦乎?"

【译文】

鲁定公问:"一句话可以使国家兴盛,有这样的话吗?"孔子回答说:"没有这样的话,但接近这样的话是有的,有人说:'做国君难,做臣子也不容易。'如果知道了做国君的艰难,自然会努力去做事,这不近于一句话而使国家兴盛吗?"定公说:"一句话可以使国家丧亡,有这样的话吗?"孔子回答说:"没有这样的话,但接近这样的话是有的,有人说:'我做君主没有什么可高兴的,唯一使我高兴的是我说的话没有人敢违抗。'如果君主说的话正确而没有人违抗,这不是很好吗?如果说的话不正确也没有人敢违抗,这不就近于一句话就可以使国家丧亡吗?"

9. 叶公问政。子曰:"近者悦,远者来。"

【译文】

叶公问怎样治理国家。孔子说:"使在您统治下的百姓感到高兴,使在您统治外的百姓前来投奔。"

10. 子夏为莒父宰,问政。子曰:"无欲速,无见小利。欲速则不达,见小利则大事不成。"

【译文】

子夏做了莒父的县长,问怎样治理政事。孔子说:"不要急于求成,不要贪图小利。急于求成反而达不到目的,贪小利则办不成大事。"

11. 子曰:"以不教民战,是谓弃之。"

【译文】

孔子说:"用未受过训练的人民去作战,等于糟蹋生命。"

宪问篇:

子曰:"邦有道,危言危行;邦无道,危行言孙。"

【译文】

孔子说:"国家政治清明,言语正直,行为正直;国家政治黑暗,行为也要正直,但言语应谦逊谨慎。"

卫灵公篇:

1. 子贡问为仁。子曰:"工欲善其事,必先利其器。居是邦也,事其大夫之贤者,友其士之仁者。"

【译文】

子贡问怎样实行仁德。孔子说:"工匠要想做好事情,必须先把工具磨锋利。我们住在一个国家,就要敬奉大夫中有贤德的人,与士人中有仁德的人交朋友。"

2. 颜渊问为邦。子曰:"行夏之时,乘殷之辂,服周之冕,乐则《韶》《舞》。放郑声,远佞人。郑声淫,佞人殆。"

【译文】

颜渊问怎样治理国家。孔子说:"用夏代的历法,坐殷代的车子,戴周代的礼帽,音乐就用《韶》《武》。舍弃郑国的乐曲,疏远小人。郑国的乐曲不正派,小人危险。"

3. 子曰:"众恶之,必察焉;众好之,必察焉。"

【译文】

孔子说:"众人都厌恶他,一定要考察一下;众人都喜欢他,也一定要考察一下。"

4. 子曰："知及之,仁不能守之,虽得之,必失之。知及之,仁能守之,不庄以莅之,则民不敬。知及之,仁能守之,庄以莅之,动之不以礼,未善也。"

【译文】

孔子说："靠聪明才智得到它,如果不能用仁德守住它,即使得到了,也一定会丧失。靠聪明才智得到它,能用仁德守住它,但不以庄重的态度来行使职权,那么民众就不敬服。靠聪明才智得到它,能用仁德守住它,能以庄重的态度来行使职权,但行动不符合礼仪,也是不够好的。"

5. 子曰："民之于仁也,甚于水火。水火,吾见蹈而死者矣,未见蹈仁而死者也。"

【译文】

孔子说："民众对于仁的需要,超过对水火的需要。往水火里去,我看见因而死了的,却没有见过为践履仁德而死的。"

6. 子曰："事君,敬其事而后其食。"

【译文】

孔子说："侍奉君主,要恭敬谨慎地办事,把领取俸禄之事往后放。"

7. 子曰："道不同,不相为谋。"

【译文】

孔子说："主张不同,不能一起谋划事情。"

季氏篇:

1. 季氏将伐颛臾。冉有、季路见于孔子,曰："季氏将有事于颛臾。"孔子曰："求!无乃尔是过与?夫颛臾,昔者先王以为东蒙主,且在邦域之中矣,是社稷之臣也。何以伐为?"冉有曰："夫子欲之,吾二臣者皆不欲也。"孔子曰："求!周任有言曰:'陈力就列,不能者止。'危而不持,颠而不扶,则将焉用彼相矣?且尔言过矣,虎兕出于柙,龟玉毁于椟中,是谁之过与?"冉有曰："今夫颛臾,固而近于费。今不取,后世必为子孙忧。"孔子曰："求!君子疾夫舍曰欲之而必为之辞。丘也闻有国有家者,不患寡而患不均,不患贫而患不安。

盖均无贫,和无寡,安无倾。夫如是,故远人不服,则修文德以来之。既来之,则安之。今由与求也,相夫子,远人不服,而不能来也;邦分崩离析,而不能守也;而谋动干戈于邦内。吾恐季孙之忧,不在颛臾,而在萧墙之内也。"

【译文】

季氏准备攻打颛臾。冉有、季路去拜见孔子,说:"季氏准备对颛臾用兵了。"孔子说:"冉求!这难道不应该责备你吗?那颛臾,上代的君王曾经授权它主持东蒙山的祭祀,况且它又在鲁国的疆域之内,是国家的臣属,为什么要攻打它呢?"冉有说:"季孙想去攻打,我们两个人本来都是不同意的。"孔子说:"冉求!周任说过:'根据自己的才力去担任职务,如果不能胜任,就辞职不干。'譬如一个盲人遇到了危险而不去扶持他,要跌倒了而不去搀扶他,那还用辅助的人干什么呢?而且你说的话就是错误的,老虎、犀牛从笼子里跑出来,龟甲和美玉在匣子里被毁坏了,是谁的过错呢?"冉有说:"现在颛臾,城墙坚固,而且离季氏的采邑费地很近。现在不攻占它,将来一定会成为子孙的祸患。"孔子说:"冉求!君子讨厌那种不实说自己的贪欲而另找借口加以掩饰的做法。我听说,对于诸侯和大夫,不怕贫穷而怕财富不均;不怕人口少而怕不安定。财富均衡就没有贫穷,和睦团结就不觉得人口少,境内安定就不会有倾覆的危险。像这样做,远方的人还不归服,那就再修仁义礼乐的政教来招致他们。他们来归服了,就让他们安心生活。现在,仲由和冉求你们辅佐季孙,远方的人不归服却又不能招致他们,国家分崩离析却不能保全守住,反而谋划在境内动用武力。恐怕季孙的忧虑不在颛臾,而是在鲁君这里吧。"

2. 孔子曰:"天下有道,则礼乐征伐自天子出;天下无道,则礼乐征伐自诸侯出。自诸侯出,盖十世希不失矣;自大夫出,五世希不失矣;陪臣执国命,三世希不失矣。天下有道,则政不在大夫。天下有道,则庶人不议。"

【译文】

孔子说:"天下政治清明,制礼作乐以及出兵征伐的命令都由天子下达;天下政治昏乱,制礼作乐以及出兵征伐的命令都由诸侯下达。政令由诸侯下达,大概延续到十代就很少有不丧失的;政令由大夫下达,延续五代后就很少有不丧失的;若是大夫的家臣把持国家政权,延续到三代就很少有不丧失的。

天下政治清明，国家的政权就不会掌握在大夫手中。天下政治清明，老百姓就不会议论纷纷。"

3. 孔子曰："侍于君子有三愆：言未及之而言谓之躁，言及之而不言谓之隐，未见颜色而言之瞽。"

【译文】

孔子说："侍奉君子容易有三种过失：君子还未说话，你却先说了，叫作急躁；君子已经说到了，你却不说，叫作隐瞒；不看君子的脸色而贸然开口，叫作瞎眼睛。"

阳货篇：

1. 子张问仁于孔子。孔子曰："能行五者于天下为仁矣。""请问之。"曰："恭，宽，信，敏，惠。恭则不侮，宽则得众，信则人任焉，敏则有功，惠则足以使人。"

【译文】

子张问孔子什么是仁。孔子说："能在天下实行五种品德，就是仁了。""请问哪五种？"孔子说："庄重，宽厚，诚实，勤敏，慈惠。庄重就不会受到侮慢，宽厚就能获得众人拥护，诚实就能得到别人的任用，勤敏就能取得成功，慈惠就能更好地役使别人。"

2. 子曰："鄙夫可与事君也与哉？其未得之也，患得之；既得之，患失之。敬患得失之，无所不至矣。"

【译文】

孔子说："可以和鄙野之人一起侍奉君主吗？他没官位时总怕得不到；得到之后，又怕失去。假若生怕失去，会无所不用其极了。"

子张篇：

1. 子夏曰："君子信而后劳其民；未信，则以为厉己也。信而后谏；未信，则以为谤己也。"

【译文】

子夏说:"君子必须在得到民众的信任之后才去役劳他们,否则民众就会认为是在虐害他们。君子必须在得到君主的信任之后才去进谏,否则君主就会以为是在诽谤他。"

2. 子夏曰:"仕而优则学,学而优则仕。"

【译文】

子夏说:"做官如有余力就去学习,学习如有余力就去做官。"

3. 孟氏使阳肤为士师,问于曾子。曾子曰:"上失其道,民散久矣。如得其情,则哀矜而勿喜。"

【译文】

孟氏任命阳肤为典狱官,阳肤向曾子请教。曾子说:"当政的人失去了正道,百姓民心涣散太久了。如果了解百姓犯法的实情,应当同情他们,不要因判了他们的罪而沾沾自喜。"

尧曰篇:

1. 尧曰:"咨!尔舜!天之历数在尔躬,允执其中。四海困穷,天禄永终。"舜亦以命禹。曰:"予小子履敢用玄牡,敢昭告于皇皇后帝:有罪不敢赦。帝臣不蔽,简在帝心。朕躬有罪,无以万方;万方有罪,罪在朕躬。"周有大赉,善人是富。"虽有周亲,不如仁人。百姓有过,在予一人。"谨权量,审法度,修废官,四方之政行焉。兴灭国,继绝世,举逸民,天下之民归心焉。所重:民、食、丧、祭。宽则得众,信则民任焉,敏则有功,公则说。

【译文】

尧说:"啧啧!你这位舜啊!按照上天安排的次序,帝位要落到你身上了,你要真诚地执守中正之道。如果天下的百姓贫困穷苦,上天给你的禄位也就永远终止了。"舜也这样告诫禹。商汤说:"我小子履谨用黑色的公牛作为祭品,明白地禀告光明伟大的天帝:有罪的人我不敢擅自赦免。您的臣仆的罪过我也不敢掩盖隐瞒,这是您心中知道的。我本人如果有罪,不要牵连天下万方;天下万方有罪,罪责就在我一个人身上。"周朝实行大封赏,使善人都富贵起来。周武王说:"我虽然有至亲,却不如有仁德之人。百姓如果有罪过,应该由我来担承。"谨慎地检验并审定度量衡,恢复废弃了的职官,天下四方的政令就会通行了。复兴灭亡了的国家,承续已断绝的宗族,提拔被遗落的人才,天下的百姓就会诚心归服了。所重视的是:民众、粮食、丧礼、祭祀。宽厚就会得到众人的拥护,诚恳守信就会得到民众的信任,勤敏就能取得功绩,公正就会使百姓高兴。

2. 子张问于孔子曰:"何如斯可以从政矣?"子曰:"尊五美,屏四恶,斯可以从政矣。"子张曰:"何谓五美?"子曰:"君子惠而不费,劳而不怨,欲而不贪,泰而不骄,威而不猛。"子张曰:"何谓惠而不费?"子曰:"因民之所利而利之,斯不亦惠而不费乎?择可劳而劳之,又谁怨?欲仁而得仁,又焉贪?君子无众寡,无小大,无敢慢,斯不亦泰而不骄乎?君子正其衣冠,尊其瞻视,俨然人望而畏之,斯不亦威而不猛乎?"子张曰:"何谓四恶?"子曰:"不教而杀谓之虐;不戒视成谓之暴;慢令致期谓之贼;犹之与人也,出纳之吝谓之有司。"

【译文】

子张向孔子问道:"怎样才可以治理政事呢?"孔子说:"推崇五种美德,摒弃四种恶政,这样就可以治理政事了。"子张说:"什么是五种美德?"孔子说:"君子使百姓得到好处却不破费,使百姓劳作却无怨言,有正当的欲望却不贪求,泰然自处却不骄傲,庄严有威仪而不凶猛。"子张说:"怎样是使百姓得到好处却不破费呢?"孔子说:"就着百姓能得利益之处因而使他们有利,这不就是使百姓得到好处却不破费吗?选择百姓可以劳作的时间去让他们劳作,谁又会有怨言呢?想要仁德而又得到了仁德,还贪求什么呢?无论人多人少,无论势力大小,君子都不怠慢,这不就是泰然自处却不骄傲吗?君子衣冠整洁,目不斜视,态度庄重,庄严的威仪让人望而生敬畏之情,这不就是庄严有威仪而不凶猛吗?"子张说:"什么是四种恶政?"孔子说:"不进行教化就杀戮叫作虐;不加申诫便强求别人做出成绩叫作暴;下达可以缓慢执行的命令而要求限期完成叫作贼;同是给人财物,出手吝啬叫作小家子气。"

3. 孔子曰:"不知命,无以为君子也;不知礼,无以立也;不知言,无以知人也。"

【译文】

孔子说:"不懂得天命,就没有可能成为君子;不懂得礼,就没有办法立足于社会;不知道分辨别人的言语,便不能了解别人。"

第四节 《孔子家语》中孔子的执政理念

相鲁篇：

1. 孔子初仕，为中都宰。制为养生送死之节，长幼异食，强弱异任，男女别涂，路无拾遗，器不雕伪。为四寸之棺，五寸之椁，因丘陵为坟，不封、不树。行之一年，而西方之诸侯则焉。

定公谓孔子曰："学子此法以治鲁国，何如？"孔子对曰："虽天下可乎，何但鲁国而已哉！"于是二年，定公以为司空，乃别五土之性，而物各得其所生之宜，咸得厥所。

先时，季氏葬昭公于墓道之南，孔子沟而合诸墓焉。谓季桓子曰："贬君以彰已罪，非礼也。今合之，所以掩夫子之不臣。"

由司空为鲁大司寇，设法而不用，无奸民。

【译文】

孔子刚做官时，担任中都邑的邑宰。他制定了使老百姓生有保障、死得安葬的制度，提倡按照年纪的长幼吃不同的食物，根据能力的大小承担不同的任务，男女走路各走一边，在道路上遗失的东西没人拾取据为己有，器物不求浮华雕饰。死人装殓，棺木厚四寸，椁木厚五寸，依傍丘陵修墓，不建高大的坟，不在墓地周围种植松柏。这样的制度施行一年之后，西方各诸侯国都纷纷效法。

鲁定公对孔子说："学习您的施政方法来治理鲁国，您看怎么样？"孔子回答说："就是天下也足以治理好，岂止是治理好鲁国呢！"这样实施了两年，鲁定公任命孔子做了司空。孔子根据土地的性质，把它们分为山林、川泽、丘陵、高地、沼泽五类，各种作物都种植在适宜的环境里，都得到了很好的生长。

早先，季平子把鲁昭公葬在鲁国先王陵寝的墓道南面（使昭公不能和先君葬在一起，以泄私愤），孔子做司空后，派人挖沟把昭王的陵墓与先王的陵墓圈连到一起。孔子对季平子的儿子季桓子说："令尊以此羞辱国君却彰显了自己的罪行，这是破坏礼制的行为。现在把陵墓合到一起，可以掩盖令尊不守臣道的罪名。"

之后，孔子又由司空升为鲁国的大司寇，他虽然设立了法律，却派不上用场，因为没有犯法的奸民。

2. 定公与齐侯会于夹谷，孔子摄相事，曰："臣闻有文事者必有武备，有武事者必有文备。古者诸侯并出疆，必具官以从，请具左右司马。"定公从之。

至会所，为坛位，土阶三等，以遇礼相见，揖让而登。献酢既毕，齐使莱人以兵鼓噪，劫定公。孔子历阶而进，以公退，曰："士，以兵之。吾两君为好，裔夷之俘敢以兵乱之，非齐君所以命诸侯也！裔不谋夏，夷不乱华，俘不干盟，兵不逼好，于神为不祥，于德为愆义，于人为失礼，君必不然。"齐侯心怍，麾而避之。

有顷，齐奏宫中之乐，俳优侏儒戏于前。孔子趋进，历阶而上，不尽一等，曰："匹夫荧侮诸侯者，罪应诛。请右司马速刑焉！"于是斩侏儒，手足异处。齐侯惧，有惭色。

将盟，齐人加载书曰："齐师出境，而不以兵车三百乘从我者，有如此盟。"孔子使兹无还对曰："而不返我汶阳之田，吾以供命者，亦如之。"

齐侯将设享礼，孔子谓梁丘据曰："齐鲁之故，吾子何不闻焉？事既成矣，而又享之，是勤执事。且牺象不出门，嘉乐不野合。享而既具，是弃礼；若其不具，是用秕稗也。用秕稗，君辱；弃礼，名恶。子盍图之？夫享，所以昭德也。不昭，不如其已。"乃不果享。

齐侯归，责其群臣曰："鲁以君子道辅其君，而子独以夷狄道教寡人，使得罪。"于是乃归所侵鲁之四邑及汶阳之田。

【译文】

鲁定公和齐侯在齐国的夹谷举行盟会，孔子代理司仪，孔子对鲁定公说："我听说，举行和平盟会一定要有武力作为后盾，而进行军事活动也一定要有和平外交的准备。古代的诸侯离开自己的疆域，必须配备应有的文武官员随从，请您带上正副司马。"定公听从了孔子的建议。

到举行盟会的地方，筑起盟会的高台，土台设立三个台阶。双方以简略的会遇之礼相见，相互行礼谦让着登上高台。互赠礼品互相敬酒后，齐国一方派莱人军队擂鼓呼叫，威逼鲁定公。孔子快步登上台阶，保护鲁定公退避，说："鲁国士兵，你们去攻击莱人。我们两国国君在这里举行友好会盟，远方夷狄的俘虏竟敢拿着武器行暴，这绝不是齐君和天下诸侯友好邦交之道。远方异国不得谋我华夏，夷狄不得扰乱中国，俘虏不可扰乱会盟，武力不能逼迫友好。否则，这不但是对神明的不敬，从道德上讲是不义，从为人上讲是失礼。齐侯必然不会这么做吧？"齐侯听了孔子的话，内心感到愧疚，挥手让莱人军队撤了下去。

过了一会儿，齐国方面演奏宫廷乐舞，歌舞艺人和矮人小丑在国君面前表演歌舞杂技、调笑嬉戏。孔子快步登上台阶，站在第二阶上说："卑贱的人敢戏弄诸侯国君，罪当斩。请右司马迅速对他们用刑。"于是斩杀了侏儒小丑，砍断手足。齐侯心中恐慌，脸上露出惭愧的神色。

正当齐、鲁两国就要歃血为盟时，齐国在盟书上加了一段话说："将来齐国发兵远征时，鲁国假如不派三百辆兵车从征，就要按照本盟约规定加以制裁。"孔子让鲁大夫兹无还针锋相对地回应道："你齐国不归还我汶河以北的属地，而要让鲁国派兵跟从的话，齐国也要按本盟约的条文接受处罚。"

齐侯准备设宴款待鲁定公。孔子对齐大夫梁丘据说："齐、鲁两国的传统礼节，阁下难道没听说过吗？会盟既然已经完成，贵国国君却要设宴款待我国国君，这岂不是徒然烦扰贵国群臣？何况牛形和象形的酒器，按规矩不能拿出宫门，而雅乐也不能在荒野演奏。假如宴席上配备了这些酒器，就是背弃礼仪；假如宴席间一切都很简陋，就如同舍弃五谷而用秕稗。简陋的宴席有伤贵国国君的脸面，背弃礼法贵国就会恶名昭彰，希望您慎重考虑。宴客是为了发扬君主的威德，假如宴会不能发扬威德，倒不如干脆作罢更好。"于是齐国就取消了这次宴会。

齐国国君回到都城，责备群臣说："鲁国的臣子用君子之道辅佐他们的国君，而你们却偏偏用偏僻蛮荒的少数部族的行为方式误导我，招来这些羞辱。"于是，齐国归还了以前侵占鲁国的四座城邑和汶河以北的土地。

始诛篇：

1. 孔子为鲁司寇，摄行相事，有喜色。仲由问曰："由闻君子祸至不惧，福至不喜，今夫子得位而喜，何也？"孔子曰："然，有是言也。不曰'乐以贵下人'乎？"于是朝政七日而诛乱政大夫少正卯，戮之于两观之下，尸于朝三日。

子贡进曰:"夫少正卯,鲁之闻人也。今夫子为政而始诛之,或者为失乎?"孔子曰:"居,吾语汝以其故。天下有大恶者五,而窃盗不与焉。一曰心逆而险,二曰行僻而坚,三曰言伪而辩,四曰记丑而博,五曰顺非而泽。此五者,有一于人,则不免君子之诛,而少正卯皆兼有之。其居处足以撮徒成党,其谈说足以饰褒莹众,其强御足以反是独立,此乃人之奸雄者也,不可以不除。夫殷汤诛尹谐,文王诛潘正,周公诛管蔡,太公诛华士,管仲诛付乙,子产诛史何,是此七子皆异世而同诛者,以七子异世而同恶,故不可赦也。《诗》云:'忧心悄悄,愠于群小。'小人成群,斯足忧矣。"

【译文】

孔子做鲁国的大司寇,代理行使宰相的职务,表现出高兴的神色。弟子仲由问他:"我听说君子祸患来临不恐惧,幸运降临也不表现出欢喜。现在您得到高位而流露出欢喜的神色,这是为什么呢?"孔子回答说:"对,确实有这样的说法。但不是有'显贵了而仍以谦恭待人为乐事'的说法吗?"就这样,孔子执掌朝政七天就诛杀了扰乱朝政的大夫少正卯,在宫殿门外的两座高台下杀了他,还在朝廷暴尸三日。

孔子弟子子贡向孔子进言:"这个少正卯,是鲁国知名的人,现在老师您执掌朝政首先就杀掉他,可能有些失策吧?"孔子回答说:"坐下来,我告诉你杀他的缘由。天下称得上大恶的有五种,连盗窃的行为也不包括在内。一是通达事理却又心存险恶,二是行为怪僻而又坚定固执,三是言语虚伪却又能言善辩,四是对怪异的事知道得过多,五是言论错误还要为之润色。这五种大恶,人只要有其中之一恶,就免不了受正人君子的诛杀,而少正卯五种恶行样样都有。他身居一定的权位就足以聚集起自己的势力结党营私,他的言论也足以迷惑众人伪饰自己而得到声望,他积蓄的强大力量足以叛逆礼制成为异端。这就是人中的奸雄啊!不可不及早除掉。历史上,殷汤杀掉尹谐,文王杀掉潘正,周公杀掉管叔、蔡叔,姜太公杀掉华士,管仲杀掉付乙,子产杀掉史何,这七个人生于不同时代但都被杀了头,原因是七个人尽管所处时代不同,但具有的恶行是一样的,所以不能放过他们。《诗经》中说:'忧心如焚,为群小所憎恶。'如果小人成群,那就足以令人担忧了。"

2. 孔子为鲁大司寇,有父子讼者,夫子同狴执之,三月不别。其父请止,夫子赦之焉。

季孙闻之不悦,曰:"司寇欺余,曩告余曰:'国家必先以孝。'余今戮一不孝以教民孝,不亦可乎?而又赦,何哉?"

冉有以告孔子,子喟然叹曰:"呜呼!上失其道而杀其下,非理也。不教以孝而听其狱,是杀不辜。三军大败,不可斩也。狱犴不治,不可刑也。何者?上教之不行,罪不在民故也。夫慢令谨诛,贼也;征敛无时,暴也;不试责成,虐也。政无此三者,然后刑可即也。《书》云:'义刑义杀,勿庸以即汝心,惟曰未有慎事。'言必教而后刑也,既陈道德以先服之。而犹不可,尚贤以劝之;又不可,即废之;又不可,而后以威惮之。若是三年,而百姓正矣。其有邪民不从化者,然后待之以刑,则民咸知罪矣。《诗》云:'天子是毗,俾民不迷。'是以威厉而不试,刑错而不用。今世则不然,乱其教,繁其刑,使民迷惑而陷焉,又从而制之,故刑弥繁而盗不胜也。夫三尺之限,空车不能登者,何哉?峻故也。百仞之山,重载陟焉,何哉?陵迟故也。今世俗之陵迟久矣,虽有刑法,民能勿逾乎?"

【译文】

孔子做鲁国的大司寇,有父子二人来打官司,孔子把他们羁押在同一间牢房里,过了三个月也不判决。父亲请求撤回诉讼,孔子就把父子二人都放了。

季孙氏听到这件事,很不高兴,说:"司寇欺骗我,从前他曾对我说过:'治理国家一定要以提倡孝道为先。'现在我要杀掉一个不孝的人来教导百姓遵守孝道,不也可以吗?司寇却又赦免了他们,这是为什么呢?"

冉有把季孙氏的话告诉了孔子,孔子叹息说:"唉!身居上位不按道行事而滥杀百姓,这违背常理。不用孝道来教化民众而随意判决官司,这是滥杀无辜。三军打了败仗,是不能用杀士卒来解决问题的;刑事案件不断发生,是不能用严酷的刑罚来制止的。为什么呢?统治者的教化没有起到作用,罪责不在百姓一方。法律松弛而刑杀严酷,是杀害百姓的行径;随意横征暴敛,是凶恶残酷的暴政;不加以教化而苛求百姓遵守礼法,是残暴的行为。施政中没有这三种弊害,然后才可以使用刑罚。《尚书》说:'刑杀要符合正义,不能要求都符合自己的心意,断案不是那么顺当的事。'说的是先施教化后用刑罚,先陈说道理使百姓明白敬服。如果还不行,就应该以贤良的人为表率引导鼓励他们;还不行,才放弃种种说教;还不行,才可以用威势震慑他们。这样做三年,而后百姓就会走上正道。其中有些不从教化的顽劣之徒,对他们就可以用刑罚。这样一来百姓就都知道什么是犯罪了。《诗经》说:'辅佐天子,使百姓不迷惑。'能做到这些,就不必用严刑峻法,刑罚也可搁置不用了。当今之世却不是这样,教化紊乱,刑罚繁多,使民众迷惑而随时会落入陷阱。官吏又用繁多的刑律来控制约束,所以刑罚越繁,盗贼越多。三尺高的门槛,即使空车也不能越过,为什么呢?是因为门槛高。一座百仞高的山,负载极重的车子也能登上去,为什么呢?因为山是由低到高缓缓升上去的,车就会慢慢登上去。当前的社会风气已经败坏很久了,即使有严刑苛法,百姓能不违反吗?"

王言解篇:

孔子闲居,曾参侍。孔子曰:"参乎,今之君子,唯士与大夫之言可闻也。至于君子之言者,希也。於乎!吾以王言之,其不出户牖而化天下。"

曾子起,下席而对曰:"敢问何谓王之言?"孔子不应。曾子曰:"侍夫子之闲也难,是以敢问。"孔子又不应。曾子肃然而惧,抠衣而退,负席而立。

有顷,孔子叹息,顾谓曾子曰:"参,汝可语明王之道与?"曾子曰:"非敢以为足也,请因所闻而学焉。"

子曰:"居,吾语汝!夫道者,所以明德也。德者,所以尊道也。是以非德道不尊,非道德不明。虽国之良马,不以其道服乘之,不可以道里。虽有博地众民,不以其道治之,不可以致霸王。是故,昔者明王内修七教,外行三至。七教修,然后可以守;三至行,然后可以征。明王之道,其守也,则必折冲千里之外;其征也,则必还师衽席之上。故曰内修七教而上不劳,外行三至而财不费。此之谓明王之道也。"

曾子曰:"不劳不费之谓明王,可得闻乎?"

孔子曰:"昔者帝舜左禹而右皋陶,不下席而天下治,夫如此,何上之劳乎?政之不平,君之患也;令之不行,臣之罪也。若乃十一而税,用民之力,岁不过三日。入山泽以其时而无征,关讥市廛皆不收赋,此则生财之路,而明王节之,何财之费乎?"

曾子曰："敢问何谓七教？"

孔子曰："上敬老则下益孝，上尊齿则下益悌，上乐施则下益宽，上亲贤则下择友，上好德则下不隐，上恶贪则下耻争，上廉让则下耻节，此之谓七教。七教者，治民之本也。政教定，则本正也。凡上者，民之表也，表正则何物不正？是故，人君先立仁于己，然后大夫忠而士信，民敦俗璞，男悫而女贞。六者，教之致也，布诸天下四方而不怨，纳诸寻常之室而不塞。等之以礼，立之以义，行之以顺，则民之弃恶如汤之灌雪焉。"

曾子曰："道则至矣，弟子不足以明之。"

孔子曰："参以为姑止乎？又有焉。昔者明王之治民也，法必裂地以封之，分属以理之，然后贤民无所隐，暴民无所伏。使有司日省而时考之，进用贤良，退贬不肖，则贤者悦而不肖者惧。哀鳏寡，养孤独，恤贫穷，诱孝悌，选才能。此七者修，则四海之内无刑民矣。上之亲下也，如手足之于腹心；下之亲上也，如幼子之于慈母矣。上下相亲如此，故令则从，施则行，民怀其德，近者悦服，远者来附，政之致也。夫布指知寸，布手知尺，舒肘知寻，斯不远之则也。周制，三百步为里，千步为井，三井而埒，埒三而矩，五十里而都，封百里而有国，乃为福积资求焉，恤行者有亡。是以蛮夷诸夏，虽衣冠不同，言语不合，莫不来宾。故曰无市而民不乏，无刑而民不乱。田猎罩弋，非以盈宫室也；征敛百姓，非以盈府库也。惨怛以补不足，礼节以损有余。多信而寡貌，其礼可守，其言可覆，其迹可履。如饥而食，如渴而饮。民之信之，如寒暑之必验。故视远若迩，非道迩也，见明德也。是故兵革不动而威，用利不施而亲，万民怀其惠。此之谓明王之守，折冲千里之外者也。"

曾子曰："敢问何谓三至？"

孔子曰："至礼不让，而天下治；至赏不费，而天下士悦；至乐无声，而天下民和。明王笃行三至，故天下之君可得而知，天下之士可得而臣，天下之民可得而用。"

曾子曰："敢问此义何谓？"

孔子曰："古者明王必尽知天下良士之名，既知其名，又知其实，又知其数及其所在焉，然后因天下之爵以尊之，此之谓至礼不让而天下治。因天下之禄以富天下之士，此之谓至赏不费而天下之士悦。如此，则天下之民名誉兴焉，此之谓至乐无声而天下之民和。故曰：'所谓天下之至仁者，能合天下之至亲也。所谓天下之至知者,能用天下之至和者也。所谓天下之至明者,能举天下之至贤者也。'此三者咸通,然后可以征。是故仁者莫大乎爱人,智者莫大乎知贤,贤政者莫大乎官能。有土之君修此三者,则四海之内供命而已矣。夫明王之所征,必道之所废者也。是故诛其君而改其政,吊其民而不夺其财。故明王之政,犹时雨之降,降至则民悦矣。是故行施弥博,得亲弥众,此之谓还师衽席之上。"

【译文】

孔子在家闲居,弟子曾参在身边陪侍。孔子说:"曾参啊!当今身居高位的人,只能听到士和大夫的言论,至于那些有高尚道德的君子的言论,就很少听到了。唉,我若把成就王业的道理讲给居高位的人听,他们不出门户就可以治理好天下了。"

曾参谦恭地站起来,走下座席问孔子:"请问先生,什么是成就王业的道理呢?"孔子不回答。曾参又说:"赶上先生您有空闲的时候也难,所以敢大胆向您请教。"孔子又不回答。曾参紧张而害怕,提起衣襟退下去,站在座位旁边。

过了一会儿,孔子叹息了一声,回头对曾参说:"曾参啊!大概可以对你谈谈古代明君治国之道吧!"曾参回答说:"我不敢认为自己有了足够的知识能听懂您谈治国的道理,只是想通过听您的谈论来学习。"

孔子说:"你坐下来,我讲给你听。所谓道,是用来彰明德行的。德,是用来尊崇道义的。所以没有德行,道义不能被尊崇;没有道义,德行也无法发扬光大。即使有一国之内最好的马,如果不能按照正确的方法来使用骑乘,它就不可能在道路上奔跑。一个国家即使有广阔的土地和众多的百姓,如果国君不用正确的方法来治理,也不可能成为霸主或成就王业。因此,古代圣明的国君在内实行'七教',对外实行'三至'。'七教'修成,就可以守卫国家;'三至'实行,就可以征伐外敌。圣明国君的治国之道,守卫国家,一定能击败千里之外的敌人;对外征伐,也一定能得胜还朝。因此说,在内实行'七教',国君就不会因政事而烦劳;对外实行'三至',就不至于劳民伤财。这就是所说的古代明王的治国之道。"

曾参问道:"不为政事烦劳、不劳民伤财叫作明君,其中的道理可以讲给我听听吗?"

孔子说："古代帝舜身边有两个得力的臣子，即禹和皋陶，他不用走下座席天下就治理好了。这样，国君还有什么烦劳呢？国家政局不安，是国君最大的忧患；政令不能推行，是臣子的罪责。如果实行十分之一的税率，民众服劳役一年不超过三天，让百姓按季节进入山林湖泊伐木渔猎而不滥征税，交易场所也不滥收赋税，这些都是生财之路，而圣明的君主节制田税和使用民力，怎么还会浪费财力呢？"

曾参问："敢问什么是七教呢？"

孔子回答说："居上位的人尊敬老人，那么下层百姓会更加遵行孝道；居上位的人尊敬比自己年长的人，下层百姓会更加敬爱兄长；居上位的人乐善好施，下层百姓会更加宽厚；居上位的人亲近贤人，百姓就会择良友而交；居上位的人注重道德修养，百姓就不会隐瞒自己的观点；居上位的人憎恶贪婪的行为，百姓就会以争利为耻；居上位的人讲廉洁谦让，百姓就会以不讲气节德操为耻。这就是所说的七种教化。这七教，是治理民众的根本。政治教化的原则确定了，那治民的根本就是正确的。凡是身居上位的人，都是百姓的表率，表率正还有什么不正的呢？因此国君首先能做到仁，然后大夫也就会做到忠于国君，而士也就能做到讲信义，民心敦厚，民风淳朴，男人诚实谨慎，女子忠贞不贰。这六个方面，是教化导致的结果。这样的教化散布天下四方而不会产生怨恨情绪，用来治理普通家庭而不会遭到拒绝。用礼来区分人的等级尊卑，以道义立身处世，遵照礼法来行事，那么百姓放弃恶行就如同用热水浇灌积雪一样了。"

曾参又说："这样的治国方法确实是最好的了，只是我不足以进一步深入理解它。"

孔子说："你以为这些就够了吗？还有呢！古代圣明的君主治理百姓，按照法规，一定要把土地分封下去，分别派官吏来治理。这样，贤良的人不会被埋没，顽劣的暴民也无处隐藏。派主管官员经常视察定时考核，进用贤良的人，罢免贬斥才能、品德差的官员。这样一来，贤良的人就会愉快，而才能、品德差的官员就会害怕。怜悯无妻或丧妻的老年男子和无夫或丧夫的老年妇女，抚养幼年失父的孤儿和老年无子的人，同情穷苦贫困的人，诱导百姓孝敬父母、尊重兄长，选拔有才能的人。一个国家做到这七个方面，那么四海之内就没有犯罪的人了。身居上位的人爱护百姓，如同手足爱护腹心；那么百姓爱戴居上位者，也如同幼儿对待慈母。上下能如此相亲，上面的命令百姓就会听从，措施也得以推行，民众会感怀他的德政，身边的人会心悦诚服，远方的人会来归附，这真是政治所达到的最高境界。伸开手指可以知道寸的长短，伸开手可以知道尺的长短，展开肘臂可以知道寻有多长，这是近在身边的准则。周代的制度以三百步为一里，一千步见方为一井，三井合为一埒，三埒成为一矩，五十里的疆域可以建大城市，分封百里的土地可以建国都，这是为了积蓄生活所需的物品，让安居的人帮助居无定所的人。因此，偏远地方的少数民族，虽然服装不同、言语不通，却没有不归附的。所以说，没有市场交易百姓也不缺乏生活用品，没有严刑峻法社会秩序也不会混乱。捕猎野兽鱼鳖不是为了充盈宫室，征敛赋税也不是为了充实国库，这样精心地准备是为了补救灾年的不足，用礼节来防范淫逸奢靡。多一些诚信，少一些文饰，礼法就会得到遵守，国君的话百姓就会听信，国君的行为就会成为百姓的表率。国君和百姓的关系就像饿了要吃饭，渴了要喝水一样。百姓信任国君就像相信寒来暑往的规律一样。国君离百姓虽远，可觉得就像在身边一样，这不是距离近，而是四海之内都可看到圣明的德政。所以不动用武力就有威慑之力，不必赏赐财物臣民自然亲附，天下百姓都感受到了国君的恩惠。这就是所说的圣明国君守御国家的方法，也是能打败千里之外敌人的原因。"

曾参又问："敢问什么是三至呢？"

孔子回答说："最高的礼节是不谦让而天下得到治理，最高的奖赏是不耗费财物而天下的士人都很高兴，最美妙的音乐是没有声音而使百姓和睦。圣明的国君努力做到这三种极致，就可以知道谁是能治理好天下的国君，天下的士人都可以成为他的臣子，天下的百姓都能为他所用。"

曾参问："敢问这是什么意思呢？"

孔子回答说："古代圣明的国君必定知道天下所有贤良士人的名字，既知道他们的名字，又知道他们的实际才能，还知道他们的人数，以及他们所住的地方，然后把天下的爵位封给他们使他们得到尊崇，这就是最高的礼节，不谦让而天下得到治理。用天下的禄位使天下的士人得到富贵，这就是最高的奖赏，不耗费财物而天下的士人都会高兴。如此，天下的人就会重视名誉，这就是最美妙的音乐，没有声音而使百姓和睦。所以说：'天下最仁慈的人，能亲和天下至亲的人；天下最明智的人，能任用天下使百姓和睦的人；天下最英明的人,能任用天下最贤良的人。'这三方面都做到了,然后可以向外征伐。因此,仁慈者莫过于爱护人民,有智者莫过于知道贤人,善于执政的君主莫过于选拔贤能的官吏。拥有疆土的国君能做到这三点,那么天下的人都可以与他同呼吸、共命运了。圣明君主征伐的国家,必定是礼法废弛的国家。所以要杀掉他们的国君来改变这个国家的政治,抚慰这个国家的百姓而不掠夺他们的财物。因此圣明君主的政治就像及时雨,降下百姓就欢愉。所以,他的教化施行的范围越广博,得到亲附的民众越多,这就是军队出征能得胜还朝的原因。"

问礼篇：

哀公问于孔子曰："大礼何如？子之言礼,何其尊也？"孔子对曰："丘也鄙人,不足以知大礼也。"公曰："吾子言焉！"

孔子曰："丘闻之,民之所以生者,礼为大。非礼则无以节事天地之神焉,非礼则无以辨君臣上下长幼之位焉,非礼则无以别男女父子兄弟婚姻亲族疏数之交焉。是故君子此之为尊敬,然后以其所能教顺百姓,不废其会节。既有成事,而后治其文章黼黻,以别尊卑上下之等。其顺之也,而后言其丧祭之纪,宗庙之序。品其牺牲,设其豕腊,修其岁时,以敬其祭祀,别其亲疏,序其昭穆。而后宗族会燕,即安其居,以缀恩义。卑其宫室,节其服御,车不雕玑,器不雕镂,食不二味,心不淫志,以与万民同利。古之明王行礼也如此。"

公曰："今之君子胡莫之行也？"

孔子对曰："今之君子,好利无厌,淫行不倦,荒怠慢游,固民是尽。以遂其心,以怨其政,以忤其众,以伐有道。求得当欲不以其所,虐杀刑诛不以其治。夫昔之用民者由前,今之用民者由后。是即今之君子莫能为礼也。"

【译文】

鲁哀公向孔子请教说："隆重的礼仪是什么样的？您为什么把礼说得那么重要呢？"孔子回答道："我是个鄙陋的人,不足以了解隆重的礼节。"鲁哀公说："您还是说说吧！"

孔子回答道："我听说,在民众生活中,礼仪是最重要的。没有礼就不能有节制地侍奉天地神灵,没有礼就无法区别君臣、上下、长幼的地位,没有礼就不能分别男女、父子、兄弟的亲情关系以及婚姻亲族交往的亲疏远近。所以,君主把礼看得非常重要,认识到这一点以后,用他所了解的礼来教化引导百姓,使他们懂得礼的重要和礼的界限。等到礼的教化卓有成效之后,才用文饰器物和礼服来区别尊卑上下。百姓顺应礼的教化后,才谈得上丧葬祭祀的规则、宗庙祭祀的礼节。安排好祭祀用的牺牲,布置好祭神祭祖用的干肉,每年按时举行严肃的祭礼,以表达对神灵、先祖的崇敬之心,区别血缘关系的亲疏,排定昭穆的次序。祭祀以后,亲属在一起饮宴,依序坐在应坐的位置上,以联结彼此的亲情。住低矮简陋的居室,穿俭朴无华的衣服,车辆不加雕饰,器具不刻镂花纹,饮食不讲究滋味,内心没有过分的欲望,和百姓同享利益。以前的贤明君主就是这样讲礼节的。"

鲁哀公问:"现在的君主为什么没有人这样做了呢?"

孔子回答说:"现在的君主贪婪爱财没有满足的时候,放纵自己的行为不感到厌倦,放荡懒散而又态度傲慢,固执地搜刮人民的资财。为满足自己的欲望,不顾招致百姓的怨恨,违背众人的意志,去侵犯政治清明的国家。只求个人欲望得到满足而不择手段,残暴地对待人民而肆意刑杀,不设法使国家得到治理。以前的君主统治民众是用前面说的办法,现在的君主统治民众是用后面说的办法。这说明现在的君主不能修明礼教。"

五仪解篇:

1. 哀公问于孔子曰:"寡人欲论鲁国之士,与之为治,敢问如何取之?"

孔子对曰:"生今之世,志古之道;居今之俗,服古之服。舍此而为非者,不亦鲜乎?"

曰:"然则章甫、絇履、绅带、搢笏者,皆贤人也?"

孔子曰:"不必然也。丘之所言,非此之谓也。夫端衣玄裳,冕而乘轩者,则志不在于食焄;斩衰菅菲,杖而歠粥者,则志不在于酒肉。生今之世,志古之道;居今之俗,服古之服,谓此类也。"

公曰:"善哉!尽此而已乎?"

孔子曰:"人有五仪,有庸人,有士人,有君子,有贤人,有圣人。审此五者,则治道毕矣。"

公曰:"敢问何如,斯可谓之庸人?"

孔子曰:"所谓庸人者,心不存慎终之规,口不吐训格之言,不择贤以托其身，不力行以自定。见小暗大，而不知所务；从物如流，不知其所执。此则庸人也。"

公曰："何谓士人？"

孔子曰："所谓士人者，心有所定，计有所守，虽不能尽道术之本，必有率也；虽不能备百善之美，必有处也。是故知不务多，必审其所知；言不务多，必审其所谓；行不务多，必审其所由。智既知之，言既道之，行既由之，则若性命之形骸之不可易也。富贵不足以益，贫贱不足以损。此则士人也。"

公曰："何谓君子？"

孔子曰："所谓君子者，言必忠信而心不怨，仁义在身而色无伐，思虑通明而辞不专。笃行信道，自强不息。油然若将可越，而终不可及者。此则君子也。"

公曰："何谓贤人？"

孔子曰："所谓贤人者，德不逾闲，行中规绳。言足以法于天下而不伤于身，道足以化于百姓而不伤于本。富则天下无宛财，施则天下不病贫。此则贤者也。"

公曰："何谓圣人？"

孔子曰："所谓圣人者，德合于天地，变通无方。穷万事之终始，协庶品之自然，敷其大道而遂成情性。明并日月，化行若神。下民不知其德，睹者不识其邻。此谓圣人也。"

公曰："善哉！非子之贤，则寡人不得闻此言也。虽然，寡人生于深宫之内，长于妇人之手，未尝知哀，未尝知忧，未尝知劳，未尝知惧，未尝知危，恐不足以行五仪之教。若何？"

孔子对曰："如君之言，已知之矣，则丘亦无所闻焉。"

公曰："非吾子，寡人无以启其心。吾子言也。"

孔子曰："君入庙，如右，登自阼阶，仰视榱桷，俯察机筵，其器皆存，而不睹其人。君以此思哀，则哀可知矣。昧爽夙兴，正其衣冠；平旦视朝，虑其危难。一物失理，乱亡之端。君以此思忧，则忧可知矣。日出听政，至于中冥，诸侯子孙，往来为宾，行礼揖让，慎其威仪。君以此思劳，则劳亦可知矣。缅然长思，出于四门，周章远望，睹亡国之墟，必将有数焉。君以此思惧，则惧可知矣。夫君者，舟也；庶人者，水也。水所以载舟，亦所以覆舟。君以此思危，则危可知矣。君既明此五者,又少留意于五仪之事,则于政治何有失矣!"

【译文】

鲁哀公向孔子问道:"我想评论一下鲁国的人才,和他们一起治理国家,请问怎么选拔人才呢?"

孔子回答说:"生活在当今的时代,倾慕古代的道德礼仪;依现今的习俗而生活,穿着古代的儒服。有这样的行为而为非作歹的人,不是很少见吗?"

哀公问:"那么戴着殷代的帽子,穿着鞋头上有装饰的鞋子,腰上系着大带子并把笏板插在带子里的人,都是贤人吗?"

孔子说:"那倒不一定。我刚才说的话,并不是这个意思。那些穿着礼服,戴着礼帽,乘着车子去行祭祀礼的人,他们的志向不在于食荤;穿着用粗麻布做的丧服,穿着草鞋,挂着丧杖喝粥来行丧礼的人,他们的志向不在于酒肉。生活在当今的时代,却倾慕古代的道德礼仪;依现代的习俗生活,却穿着古代的儒服,我说的是这一类人。"

哀公说:"你说得很好!就仅仅是这些吗?"

孔子回答道:"人分五个等级,有庸人,有士人,有君子,有贤人,有圣人。分清这五类人,那治世的方法就都具备了。"

哀公问道:"请问什么样的人叫作庸人?"

孔子回答说:"所谓庸人,他们心中没有谨慎行事、善始善终的原则,口中说不出有道理的话,不选择贤人善士作为自己的依靠,不努力行事使自己得到安定的生活。他们往往小事明白大事糊涂,不知自己在忙些什么;凡事随大流,不知自己所追求的是什么。这样的人就是庸人。"

哀公问道:"请问什么是士人?"

孔子回答说:"所谓士人,他们心中有确定的原则,有明确的计划,即使不能尽到行道义治国家的本分,也一定有遵循的法则;即使不能集百善于一身,也一定有自己的操守。因此他们的知识不一定非常广博,但一定要审查自己具有的知识是否正确;话不一定说得很多,但一定要审查说得是否确当;路不一定走得很多,但一定要明白所走的路是不是正道。知道自己具有的知识是正确的,说出的话是确当的,走的路是正道,那么这些正确的原则就像性命对于形骸一样不可改变了。富贵不能对自己有所补益,贫贱不能对自己有所损害。这样的人就是士人。"

哀公问："什么样的人是君子呢？"

孔子回答说："所谓君子，说出的话一定忠信而内心没有怨恨，身有仁义的美德而没有自夸的表情，考虑问题明智通达而话语委婉。遵循仁义之道努力实现自己的理想，自强不息。他那从容的样子好像很容易超越，但终不能达到他那样的境界。这样的人就是君子。"

哀公问："什么样的人称得上是贤人呢？"

孔子回答说："所谓贤人，他们的品德不逾越常规，行为符合礼法。他们的言论可以让天下人效法而不会招来灾祸，道德足以感化百姓而不会给自己带来伤害。他虽富有，天下人不会怨恨；他一施恩，天下人都不贫穷。这样的人就是贤人。"

哀公又问："什么样的人称得上是圣人呢？"

孔子回答说："所谓圣人，他们的品德符合天地之道，变通自如，能探究万事万物的终始，使万事万物符合自然法则，依照万事万物的自然规律来成就它们。光明如日月，教化如神灵。下面的民众不知道他的德行，看到他的人也不知道他就在身边。这样的人就是圣人。"

哀公说："好啊！不是先生贤明，我就听不到这些言论了。虽然如此，但我从小生在深宫之内，由妇人抚养长大，不知道悲哀，不知道忧愁，不知道劳苦，不知道惧怕，不知道危险，恐不足以实行五仪之教。怎么办呢？"

孔子回答说："从您的话中可以听出，您已经明白这些道理了，我也就没什么可对您说的了。"

哀公说："要不是您，我的心智就得不到启发。您还是再说说吧！"

孔子说："您到庙中行祭祀之礼，从右边台阶走上去，抬头看到屋椽，低头看到筵席，亲人使用的器物都在，却看不到他们的身影。您因此感到哀伤，这样就知道哀伤是什么了。天还没亮就起床，衣帽穿戴整齐，清晨到朝堂听政，考虑国家是否会有危难。一件事处理不当，往往会成为国家混乱灭亡的开端。国君以此来忧虑国事，什么是忧愁也就知道了。太阳出来就处理国家大事，直至午后，接待各国诸侯及子孙，还有宾客往来，行礼揖让，谨慎地按照礼法显示自己的威严仪态。国君因此思考什么是辛劳，那么什么是辛劳也就知道了。缅怀远古，走出都门，周游浏览，向远眺望，看到那些亡国的废墟，可见灭亡之国不止一个。国君因此感到惧怕，那什么是惧怕也就知道了。国君是舟，百姓就是水。水可以载舟，也可以覆舟。国君由此想到危险，那么什么是危险也就知道了。国君明白这五个方面，又稍稍留意国家中的五种人，那么治理国家还会有什么失误呢？"

2. 哀公问于孔子曰："夫国家之存亡祸福，信有天命，非唯人也？"

孔子对曰："存亡祸福，皆己而已，天灾地妖，不能加也。"

公曰："善！吾子言之，岂有其事乎？"

孔子曰："昔者殷王帝辛之世，有雀生大鸟于城隅焉，占之者曰：'凡以小生大，则国家必王，而名必昌。'于是帝辛介雀之德，不修国政，亢暴无极，朝臣莫救，外寇乃至，殷国以亡。此即以己逆天时，诡福反为祸者也。又其先世殷王太戊之时，道缺法圮，以致夭蘖，桑谷于朝，七日大拱，占之者曰：'桑谷野木而不合生朝，意者国亡乎？'太戊恐骇，侧身修行，思先王之政，明养民之道，三年之后，远方慕义，重译至者，十有六国。此即以己逆天时，得祸为福者也。故天灾地妖，所以儆人主者也。寤梦征怪，所以儆人臣者也。灾妖不胜善政，寤梦不胜善行。能知此者，至治之极也，唯明王达此。"

公曰："寡人不鄙固此，亦不得闻君子之教也。"

【译文】

鲁哀公问孔子："国家的存亡祸福，的确是由天命决定的，不是人力所能左右的吗？"

孔子回答说："国家的存亡祸福都是由人自己决定的，天灾地祸都不能改变国家的命运。"

哀公说："好！您说的话，有什么事实根据吗？"

孔子说："从前，殷纣王时代，在国都的城墙边，有一只小鸟生出一只大鸟，占卜者说：'凡是以小生大，国家必将成为霸主，名声必将大振。'于是，商纣王凭借小鸟生大鸟的好兆头，不好好治理国家，残暴至极，朝中大臣也无法挽救，外敌攻入，殷国因此灭亡。这就是以自己的肆意妄为违背天时，奇异的福兆反而变成灾祸的事例。纣王的先祖殷王太戊时代，社会道德败坏，国家法纪紊乱，以致出现反常的树木，朝堂上长出桑谷，七天就长得两手合抱之粗。占卜者说：'桑谷野木不应共同生长在朝堂上，难道国家要灭亡吗？'太戊非常恐惧，小心地修养自己的德行，学习先王治国的方法，探究养民的措施，三年之后,远方的国家思慕殷国的道义,偏远之国的使者经过多重翻译来朝见的,有十六国之多。这就是以自己的谨身修治改变天时,祸兆反变为福的事例。所以说,天灾地祸是上天来警告国君的,梦见怪异是上天来警告臣子的。灾祸胜不过良好的政治,梦兆也胜不过善良的行为。能明白这个道理,就是治国的最高境界,只有贤明的国君才能做到。"

鲁哀公说:"我如果不是如此浅陋,也就不能听到您这样的教诲了。"

好生篇:

1. 鲁哀公问于孔子曰:"昔者舜冠何冠乎?"孔子不对。公曰:"寡人有问于子,而子无言,何也?"对曰:"以君之问不先其大者,故方思所以为对。"公曰:"其大何乎?"

孔子曰:"舜之为君也,其政好生而恶杀,其任授贤而替不肖。德若天地而静虚,化若四时而变物。是以四海承风,畅于异类,凤翔麟至,鸟兽驯德。无他,好生故也。君舍此道而冠冕是问,是以缓对。"

【译文】

鲁哀公向孔子问道:"从前舜戴的是什么帽子啊?"孔子不回答。鲁哀公说:"我有问题问你,你却不说话,这是为什么呢?"孔子回答说:"因为您问问题不先问重要的,所以我正在思考怎样回答。"鲁哀公说:"重要的问题是什么呢?"

孔子说:"舜作为君主,他的政治是爱惜生命而厌恶杀戮,他用人的原则是以有才能的人替换无才能的人。他的仁德像天地一样广大而又清净无欲,他的教化像四季一样使万物变化。所以,四海之内都接受了他的教化,甚至遍及动植物之类,凤凰飞来,麒麟跑来,鸟兽都被他的仁德感化。这没有别的原因,就是因为他爱惜生命。您不问这些治国之道而问戴什么帽子,所以我才迟迟不回答。"

2. 虞、芮二国争田而讼,连年不决,乃相谓曰:"西伯,仁人也,盍往质之。"

入其境,则耕者让畔,行者让路。入其邑,男女异路,斑白不提挈。入其朝,士让为大夫,大夫让为卿。虞、芮之君曰:"嘻!吾侪小人也,不可以入君子之朝。"遂自相与而退,咸以所争之田为闲田矣。

孔子曰:"以此观之,文王之道,其不可加焉。不令而从,不教而听,至矣哉!"

【译文】

虞国和芮国为了争田而打官司,打了几年也没结果,他们就相互说:"西伯是一位仁人,我们何不到他那里让他给评判呢?"

他们进入西伯的领地后,看到耕田的人互相谦让田地的边界,走路的人互相让路。进入城邑后,看到男女分道而行,老年人没有提着重东西的。进入西伯的朝廷后,士谦让着让他人做大夫,大夫谦让着让他人做卿。虞国和芮国的国君说:"唉!我们真是小人啊!是不可以进入西伯这样的君子之国的。"于是,他们就一起远远地退让,都把所争的田作为闲田。

孔子说:"从这件事看来,文王的治国之道,不可再超越了。不下命令大家就听从,不用教导大家就听从,这是达到最高境界了。"

贤君篇:

1. 哀公问于孔子曰:"当今之君,孰为最贤?"孔子对曰:"丘未之见也,抑有卫灵公乎?"公曰:"吾闻其闺门之内无别,而子次之贤,何也?"孔子曰:"臣语其朝廷行事,不论其私家之际也。"公曰:"其事何如?"孔子对曰:"灵公之弟曰公子渠牟,其智足以治千乘,其信足以守之,灵公爱而任之。又有士曰林国者,见贤必进之,而退与分其禄,是以灵公无游放之士,灵公贤而尊之。又有士曰庆足者,卫国有大事,则必起而治之;国无事,则退而容贤,灵公悦而敬之。又有大夫史鰌,以道去卫。而灵公郊舍三日,琴瑟不御,必待史鰌之入,而后敢入。臣以此取之,虽次之贤,不亦可乎?"

【译文】

鲁哀公问孔子:"当今的君主,谁最贤明啊?"孔子回答说:"我还没有看到,或许是卫灵公吧?"哀公说:"我听说他家庭之内男女长幼没有分别,而你把他说成贤人,为什么呢?"孔子说:"我是说他在朝廷所做的事,而不论他家庭内部的事情。"哀公问:"朝廷中的事怎么样呢?"孔子说:"卫灵公的弟弟公子渠牟,他的智慧足以治理拥有千辆兵车的大国,他的诚信足以守卫这个国家,灵公喜欢他而任用他。又有个叫林国的士人,发现贤能的人必定推荐,如果那人被罢了官,林国还要把自己的俸禄分给他,因此,在灵公的国家没有不被任用的士人,灵公认为林国很贤明因而很尊敬他。又有个叫庆足的士人,卫国有大事,就必定出来帮助治理;国家无事,就辞去官职而让其他的贤人被容纳,卫灵公喜欢而且尊敬他。还有个大夫叫史䲡,因为道不能实行而离开卫国。卫灵公在郊外住了三天,不弹奏琴瑟,一定要等到史䲡回国,而后他才敢回去。我拿这些事来选取他,即使把他放在贤人的地位,不也可以吗?"

2. 齐景公来适鲁,舍于公馆,使晏婴迎孔子。孔子至,景公问政焉。孔子答曰:"政在节财。"公悦。又问曰:"秦穆公国小处僻而霸,何也?"孔子曰:"其国虽小,其志大;处虽僻,而其政中。其举也果,其谋也和,法无私而令不偷。首拔五羖,爵之大夫,与语三日而授之以政。此取之,虽王可,其霸少矣。"景公曰:"善哉!"

【译文】

齐景公来到鲁国,住在公馆里,让晏婴把孔子迎接来。孔子到了公馆,齐景公向他询问如何治理国家。孔子回答说:"治理国家就在于节省财物。"景公很高兴。又问道:"秦穆公的国家很小,处于偏僻之地却能称霸,这是为什么呢?"孔子说:"他的国家虽说很小,他的志向却很大;虽处偏僻之地,政治却恰到好处。他的举措果断,谋略适当,执法没有偏私,政令不随便凑合。首先提拔百里奚,授给他大夫的爵位,和他谈了三天就把政事交给他处理。采取这些办法,即使称王也是可以的,称霸还不算什么呢。"齐景公说:"说得好呵!"

3. 哀公问政于孔子。孔子对曰:"政之急者,莫大乎使民富且寿也。"公曰:"为之奈何?"孔子曰:"省力役,薄赋税,则民富矣;敦礼教,远罪疾,则民寿矣。"公曰:"寡人欲行夫子之言,恐吾国贫矣。"孔子曰:"《诗》云:'恺悌君子,民之父母。'未有子富而父母贫者也。"

【译文】

鲁哀公向孔子询问治理国家的事。孔子回答说:"治理国家最急迫的事,没有比让民众富裕和长寿更重要的了。"鲁哀公说:"怎么能做到呢?"孔子说:"减少劳役,减轻赋税,民众就会富裕;敦行礼仪教化,远离罪恶疾病,民众就会长寿。"鲁哀公说:"我想按您的话去做,又担心我的国家会贫穷啊!"孔子说:"《诗经》上说:'平易近人的君子,是民众的父母。'没有儿女富裕而父母却贫穷的。"

辩政篇:

1. 子贡问于孔子曰:"昔者齐君问政于夫子,夫子曰政在节财。鲁君问政于夫子,子曰政在谕臣。叶公问政于夫子,夫子曰政在悦近而来远。三者之问一也,而夫子应之不同,然政在异端乎?"

孔子曰:"各因其事也。齐君为国,奢乎台榭,淫于苑囿,五官伎乐,不解于时,一旦而赐人以千乘之家者三,故曰政在节财。鲁君有臣三人,内比周以愚其君,外距诸侯之宾,以蔽其明,故曰政在谕臣。夫荆之地广而都狭,民有离心,莫安其居,故曰政在悦近而来远。此三者所以为政殊矣。《诗》云:'丧乱蔑资,曾不惠我师。'此伤奢侈不节以为乱者也。又曰:'匪其止共,惟王之邛。'此伤奸臣蔽主以为乱也。又曰:'乱离瘼矣,奚其适归?'此伤离散以为乱者也。察此三者,政之所欲,岂同乎哉!"

【译文】

子贡问孔子:"从前齐国国君向您询问如何治理国家,您说治理国家在于节省财力。鲁国国君向您询问如何治理国家,您说治理国家在于了解大臣。叶公向您询问如何治理国家,您说治理国家在于使近处的人高兴,使远处的人前来依附。三个人的问题是一样的,而您的回答却不同,治国有不同的方法吗?"

孔子说:"按照各国不同的情况来治理。齐国君主治理国家,建造很多楼台水榭,修筑很多园林宫殿,声色享乐,无时无刻,有时一天就赏赐三个家族各一千辆战车,所以说为政在于节财。鲁国国君有三个大臣,在朝廷内相互勾结愚弄国君,在朝廷外排斥诸侯国的宾客,遮盖他们明察的目光,所以说为政在于了解大臣。楚国国土广阔而都城狭小,民众想离开那里,不安心在此居住,所以说为政在于让近处的人高兴,让远方的人来依附。这三个国家的情况不同,所以施政方针也不同。《诗经》上说:'国家混乱国库空,从不救济我百姓。'这是哀叹奢侈浪费不节约资财而导致国家动乱啊。又说:'臣子不忠于职守,使国君担忧。'这是哀叹奸臣蒙蔽国君而导致国家动乱啊。又说:

'兵荒马乱心忧苦,何处才是我归宿?'这是哀叹民众四处离散而导致国家动乱啊。考察这三种情况,根据政治的需要,方法难道能相同吗?"

2. 孔子曰:"忠臣之谏君,有五义焉:一曰谲谏,二曰戆谏,三曰降谏,四曰直谏,五曰风谏。唯度主而行之,吾从其风谏乎。"

【译文】

孔子说:"忠臣规劝君主,有五种方法:一是委婉而郑重地规劝,二是刚直地规劝,三是低声下气地规劝,四是直截痛快地规劝,五是用婉言隐语来规劝。这些方法需要揣度君主的心意来采用,我愿意采用婉言隐语的方法来规劝啊。"

3. 孔子谓宓子贱曰:"子治单父,众悦。子何施而得之也?子语丘所以为之者。"

对曰:"不齐之治也,父恤其子,其子恤诸孤,而哀丧纪。"

孔子曰:"善!小节也,小民附矣,犹未足也。"

曰:"不齐所父事者三人,所兄事者五人,所友事者十一人。"

孔子曰:"父事三人,可以教孝矣;兄事五人,可以教悌矣;友事十一人,可以举善矣。中节也,中人附矣,犹未足也。"

曰:"此地民有贤于不齐者五人,不齐事之而禀度焉,皆教不齐之道。"

孔子叹曰:"其大者乃于此乎有矣。昔尧舜听天下,务求贤以自辅。夫贤者,百福之宗也,神明之主也,惜乎不齐之以所治者小也。"

【译文】

孔子对宓子贱说:"你治理单父这个地方,民众很高兴。你采用什么方法而做到的呢?你告诉我都采用了什么办法。"

宓子贱回答说:"我治理的办法是,像父亲那样体恤百姓的儿子,像顾惜自己儿子那样照顾孤儿,而且以哀痛的心情办好丧事。"

孔子说:"好!这只是小节,小民就依附了,恐怕还不止这些吧。"

宓子贱说:"我像对待父亲那样侍奉的有三个人,像兄长那样侍奉的有五个人,像朋友那样交往的有十一个人。"

孔子说:"像父亲那样侍奉这三个人,可以教民众孝道;像兄长那样侍奉五个人,可以教民众敬爱兄长;像朋友那样交往十一个人,可以提倡友善。这只是中等的礼节,中等的人就会依附了,恐怕还不止这些吧。"

宓子贱说:"在单父这个地方,比我贤能的有五个人,我都尊敬地和他们交往并向他们请教,他们都教我治理之道。"

孔子感叹地说:"治理好单父的大道理就在这里了。从前尧舜治理天下,一定要访求贤人来辅助自己。那些贤人,是百福的来源,是神明的主宰啊。可惜你治理的地方太小了。"

4. 子贡为信阳宰,将行,辞于孔子。孔子曰:"勤之慎之,奉天之时,无夺无伐,无暴无盗。"子贡曰:"赐也少而事君子,岂以盗为累哉?"

孔子曰:"汝未之详也。夫以贤代贤,是谓之夺;为不肖代贤,是谓之伐;缓令急诛,是谓之暴;取善自与,是谓之盗。盗非窃财之谓也。吾闻之,知为吏者,奉法以利民;不知为吏者,枉法以侵民。此怨之所由也。治官莫若平,临财莫如廉。廉平之守,不可改也。匿人之善,斯谓蔽贤;扬人之恶,斯为小人。内不相训,而外相谤,非亲睦也。言人之善,若己有之;言人之恶,若己受之。故君子无所不慎焉。"

【译文】

子贡要去当信阳宰,临行时,向孔子辞行。孔子说:"要勤勉谨慎,要顺应天时,不要夺不要伐,不要暴不要偷。"子贡说:"我从年轻时就侍奉您,难道还担心我会有偷盗的行为吗?"

孔子说:"你没弄清我的意思。以贤人代替贤人,这叫作夺;以不贤者代替贤者,这叫作伐;法令下达缓慢,惩罚却很急,这叫作暴;把好处都归于自己,这叫作盗。盗不是窃取财物的意思。我听说,懂得为官之道的人,依法行事来为民造福;不懂得为官之道的人,歪曲法律来侵害人民。这就是百姓怨恨官吏的原因。作为官吏最重要的是公正,面对财物最重要的是廉洁。廉洁公正的操守是不能改变的。隐匿别人的优点,这叫蔽贤;宣扬别人的缺点,这是小人。当面不互相告诫,背后却相互诽谤,不会友好和睦。谈到别人的优点,如同自己有这些优点;谈到别人的缺点,如同自己有这些缺点。所以君子对任何事都要谨慎。"

六本篇：

孔子曰："良药苦于口而利于病,忠言逆于耳而利于行。汤武以谔谔而昌,桀纣以唯唯而亡。君无争臣,父无争子,兄无争弟,士无争友,无其过者,未之有也。故曰:'君失之,臣得之;父失之,子得之;兄失之,弟得之;己失之,友得之。'是以国无危亡之兆,家无悖乱之恶,父子兄弟无失,而交友无绝也。"

【译文】

孔子说:"良药苦口利于病,忠言逆耳利于行。商汤和周武王因为能听取进谏之言而使国家昌盛,夏桀和商纣因为只听随声附和的话而国破身亡。国君没有直言敢谏的大臣,父亲没有直言敢谏的儿子,兄长没有直言敢谏的弟弟,士人没有直言敢谏的朋友,要想不犯错误是不可能的。所以说:'国君有失误,臣子来补救;父亲有失误,儿子来补救;哥哥有失误,弟弟来补救;自己有失误,朋友来补救。'这样,国家就没有灭亡的危险,家庭就没有悖逆的坏事,父子兄弟之间不会失和,朋友也不会断绝来往。"

哀公问政篇：

哀公问政于孔子。

孔子对曰:"文武之政,布在方策。其人存则其政举,其人亡则其政息。天道敏生,人道敏政,地道敏树。夫政者,犹蒲卢也,待化以成,故为政在于得人。取人以身,修道以仁。仁者,人也,亲亲为大;义者,宜也,尊贤为大。亲亲之杀,尊贤之等,礼所以生也。礼者,政之本也,是以君子不可以不修身。思修身,不可以不事亲;思事亲,不可以不知人;思知人,不可以不知天。天下之达道有五,其所以行之者三。曰君臣也,父子也,夫妇也,昆弟也,朋友也,五者,天下之达道。智仁勇三者,天下之达德也。所以行之者,一也。或生而知之,或学而知之,或困而知之,及其知之,一也。或安而行之,或利而行之,或勉强而行之,及其成功,一也。"

公曰:"子之言美矣,至矣!寡人实固,不足以成之也。"

孔子曰:"好学近乎智,力行近乎仁,知耻近乎勇。知斯三者,则知所以修身;知所以修身,则知所以治人;知所以治人,则能成天下国家者矣。"

公曰:"政其尽此而已乎?"

孔子曰:"凡为天下国家有九经,曰修身也,尊贤也,亲亲也,敬大臣也,体群臣也,子庶民也,来百工也,柔远人也,怀诸侯也。夫修身则道立,尊贤则不惑,亲亲则诸父兄弟不怨,敬大臣则不眩,体群臣则士之报礼重,子庶民则百姓劝,来百工则财用足,柔远人则四方归之,怀诸侯则天下畏之。"

公曰:"为之奈何?"

孔子曰:"齐洁盛服,非礼不动,所以修身也。去谗远色,贱财而贵德,所以尊贤也。爵其能,重其禄,同其好恶,所以笃亲亲也。官盛任使,所以敬大臣也。忠信重禄,所以劝士也。时使薄敛,所以子百姓也。日省月考,既廪称事,所以来百工也。送往迎来,嘉善而矜不能,所以绥远人也。继绝世,举废邦,治乱持危,朝聘以时,厚往而薄来,所以怀诸侯也。治天下国家有九经,其所以行之者,一也。凡事豫则立,不豫则废。言前定则不跲,事前定则不困,行前定则不疚,道前定则不穷。在下位不获于上,民弗可得而治矣。获于上有道,不信于友,不获于上矣。信于友有道,不顺于亲,不信于友矣。顺于亲有道,反诸身不诚,不顺于亲矣。诚身有道,不明于善,不诚于身矣。诚者,天之至道也。诚之者,人之道也。夫诚,弗勉而中,不思而得,从容中道,圣人之所以体定也;诚之者,择善而固执之者也。"

公曰:"子之教寡人备矣,敢问行之所始?"

孔子曰:"立爱自亲始,教民睦也;立敬自长始,教民顺也。教之慈睦,而民贵有亲;教以敬,而民贵用命。民既孝于亲,又顺以听命,措诸天下无所不可。"

公曰:"寡人既得闻此言也,惧不能果行而获罪咎。"

【译文】

鲁哀公向孔子询问治国之道。

孔子回答说:"周文王、周武王的治国方略,记载在简册上。这样的贤人在世,他们的治国措施就能施行;他们去世,他们的治国措施就不能施行了。天之道就是勤勉地化生万物,人之道就是勤勉地处理政事,地之道就是迅速地让树木生长。政治,就像土蜂取螟蛉之子化为自己的儿子一样快速,得到教化就能很快成功,所以治理国家最重要的是得到人才。选取人才在于修养自身,修养道德要以仁为本。仁,就是具有爱人之心,爱亲人是最大的仁;义,就是事事做得适宜,尊重贤人是最大的义。爱亲人要分亲疏,尊重贤人要有等级,这就产生了礼。礼,这是政治的根本,因此君子不可以不修身。想要修身,不能不侍奉父母;要侍奉父母,不能不了解人;要了解人,不能不知天。天下共通的人伦大道有五条,用来实行这五条人伦大道的德行有三种。君臣之道,父子之道,夫妇之道,兄弟之道,朋友之道,这五条是天下共通的大道。智、仁、勇三种品德,是天下共通的道德。实行这些的目标都是一致的。有的人天生就知道,有的人通过学习才知道,有的人经历了困苦才知道,最终都知道了,这是一样的。有的人心安理得地去做,有的人为了名利去做,有的人被迫勉强去做,最终成功了,都是一样的。"

哀公说:"您说得太好了,达到极点了,但我实在鄙陋,不足以成就这些。"

孔子说:"喜欢学习近于有智慧,努力实行近于有仁心,知道耻辱近于有勇气。知道了这三者,就知道了如何修身;知道如何修身,就知道如何治理人;知道如何治理人,就能完成治理国家的事情了。"

哀公问:"治理国家的事到此就完了吗?"

孔子说:"治理国家有九条原则,那就是:修养自身,尊重贤人,亲爱族人,敬重大臣,体恤群臣,爱民如子,招纳工匠,优待远客,安抚诸侯。修养自身就能确立正道,尊重贤人就不会困惑,亲爱族人叔伯兄弟就不会怨恨,敬重大臣遇事就不会迷惑,体恤群臣士人的回报就会更加厚重,爱民如子百姓就会努力工作,招纳百工财物就会充足,优待远客四方之人就会归顺,安抚诸侯天下人就会敬畏。"

哀公问:"怎么做呢?"

孔子说:"像斋戒那样穿着庄重的服装静心虔诚,不符合礼仪的事坚决不做,这就是修养自身的原则。驱除小人,疏远女色,看轻财物而重视德行,这就是尊重贤人的原则。给有才能的人加官晋爵,给以丰厚的俸禄,与他们爱憎一致,这就是让亲人更加亲爱的原则。官员众多足供任使,这就是劝勉大臣的原则。真心诚意地任用,给以丰厚的俸禄,这就是奖劝士人的原则。劳役不误农时,减少赋税,这就是爱民如子的原则。每天省察,每月考核,付给的工钱粮米与工作业绩相称,这就是奖劝百工的原则。来时欢迎,去时欢送,嘉奖有善行的人而怜惜能力差的人,这就是优待远客的原则。延续绝嗣的家族,复兴废亡的小国,治理祸乱,扶持危弱,按时接受诸侯朝见聘问,赠送丰厚,纳贡菲薄,这就是安抚诸侯的原则。治理国家有九条原则,实行这些原则的方法只有一个。任何事情,事先有准备就会成功,无准备就会失败。说话先有准备,语言就会顺畅;做事先有准备,就不会出现困窘;行动先有准备,就不会愧疲;道路预先选定,就不会阻碍不通。在下位的人得不到在上位的人的信任,就不可能治理好民众。得到在上位的人的信任是有规则的,得不到朋友的信任,就得不到在上位的人的信任。得到朋友的信任是有规则的,不能让父母顺心,就得不到朋友的信任。让父母顺心是有规则的,反省自己不真诚,就不能让父母顺心。使自己真诚是有规则的,不明白什么是善,就不能使自己真诚。真诚,是上天的原则。追求真诚,是做人的原则。如果有诚心,不用勉强就能做到,不用思考就能拥有,从从容容就能符合中庸之道,这是圣人表现出来的形象。真诚的人,就是选择好善的目标执着追求的人。"

哀公说:"您教给我的方法已经很完备了,请问从什么地方开始实施呢?"

孔子说:"树立仁爱从爱父母开始,可以教民众和睦;树立恭敬从尊敬长辈开始,可以教民众顺从。教人慈爱和睦,民众就会认为亲人是最宝贵的;教人恭敬,民众就会认为服从命令是最重要的。民众既能孝顺父母,又能听从命令,让他们做天下的任何事情,没有不行的。"

鲁哀公说:"我既已听到了这些话,很害怕不能果断地实行而犯错误。"

入官篇:

子张问入官于孔子。孔子曰:"安身取誉为难。"子张曰:"为之如何?"

孔子曰:"己有善勿专,教不能勿急,已过勿发,失言勿掎,不善勿遂,行事勿留。君子入官,有此六者,则身安誉至而政从矣。

"且夫忿数者,官狱所由生也;拒谏者,虑之所以塞也;慢易者,礼之所以失也;急惰者,时之所以后也;奢侈者,财之所以不足也;专独者,事之所以不成也。君子入官,除此六者,则身安誉至而政从矣。

"故君子南面临官,大域之中而公治之,精智而略行之,合是忠信,考是大伦,存是美恶,进是利而除是害,无求其报焉,而民之情可得也。夫临之无抗民之恶,胜之无犯民之言,量之无佼民之辞,养之无扰于其时,爱之无宽于刑法。若此,则身安誉至而民得也。

"君子以临官,所见则迩,故明不可蔽也。所求于迩,故不劳而得也。所以治者约,故不用众而誉立。凡法象在内,故法不远而源泉不竭,是以天下积而本不寡。短长得其量,人志治而不乱政。德贯乎心,藏乎志,形乎色,发乎声,若此而身安誉至民咸自治矣。

"是故临官不治则乱,乱生则争之者至。争之至,又于乱。明君必宽裕以容其民,慈爱优柔之,而民自得矣。行者,政之始也;说者,情之导也。善政行易而民不怨,言调说和则民不变。法在身则民象之,明在己则民显之。若乃供己而不节,则财利之生者微矣;贪以不得,则善政必简矣。苟以乱之,则善言必不听也;详以纳之,则规谏日至。言之善者,在所日闻;行之善者,在所能为。故君上者,民之仪也;有司执政者,民之表也;迩臣便僻者,群仆之伦也。故仪不正则民失,表不端则百姓乱,迩臣便僻,则群臣污矣。是以人主不可不敬乎三伦。

"君子修身反道,察理言而服之,则身安誉至,终始在焉。故夫女子必自择丝麻,良工必自择貌材,贤君必自择左右。劳于取人,佚于治事。君子欲誉,则必谨其左右。为上者,譬如缘木焉,务高而畏下滋甚。六马之乖离,必于四达之交衢;万民之叛道,必于君上之失政。上者尊严而危,民者卑贱而神。爱之则存,恶之则亡。长民者必明此之要。故南面临官,贵而不骄,富而能供,有本而能图末,修事而能建业,久居而不滞,情近而畅乎远,察一物而贯乎多。治一物而万物不能乱者,以身为本者也。

"君子莅民,不可以不知民之性而达诸民之情。既知其性,又习其情,然后民乃从命矣。故世举则民亲之,政均则民无怨。故君子莅民,不临以高,不导以远,不责民之所不为,不强民之所不能。廓之以明王之功,不因其情,则民严而不迎。笃之以累年之业,不因其力,则民引而不从。若责民所不为,强民所不能,则民疾,疾则僻矣。古者圣主冕而前旒,所以蔽明也;絋纩充耳,所以掩聪也。水至清则无鱼,人至察则无徒。枉而直之,使自得之;优而柔之,使自求之;揆而度之,使自索之。民有小罪,必求其善以赦其过;民有大罪,必原其故以仁辅化。如有死罪,其使之生,则善也。是以上下亲而不离,道化流而不蕴。故德者,政之始也。

"政不和,则民不从其教矣。不从教,则民不习。不习,则不可得而使也。君子欲言之见信也,莫善乎先虚其内;欲政之速行也,莫善乎以身先之;欲民之速服也,莫善乎以道御之。不以道御之,故虽服必强。自非忠信,则无可以取亲于百姓者矣。内外不相应,则无已取信于庶民者矣。此治民之至道矣,入官之大统矣。"

子张既闻孔子斯言,遂退而记之。

【译文】

子张向孔子询问做官的事。孔子说:"做到官位稳固又能有好的名声很难。"子张说:"那该怎么办呢?"

孔子说:"自己有长处不要独自拥有,教别人学习不要懈怠,已出现的过错不要再次发生,说错了话不要为之辩护,不好的事不要继续做下去,正在做的事不要拖延。君子做官能做到这六点,就可以使地位稳固声誉好,政事也会顺利。

"况且,怨恨多了,牢狱之灾就会发生;拒绝劝谏,思虑就会受到阻塞;行为不庄重谨慎,就会失礼;做事松懈懒惰,就会丧失时机;办事奢侈,财物就不充足;专断独权,事情就办不成。君子做官,去掉这六种毛病,就可以使地位稳固声誉好,政事也会顺利。

"因此君子一旦做了官,治理广大的区域,就要以公心来治理,精心地思考而简要地推行,再加上以上所讲的六点忠信品德,考虑哪些是伦理道德的最高准则,把好事和坏事合并考察,推广有利的,除去有害的,不追求别人的报答,这样就可以得到民情了。治理民众没有逆天虐民的恶行,自己有理也不说冒犯民众的话,处理政事没有欺骗百姓的狡诈之词,为了百姓安居乐业劳役不要违背农时,爱护百姓不能比刑法更宽。如果能做到这样,就可以使地位稳固声誉好,政事也会顺利。

"君子做官,身边的事看得清楚,就会心明眼亮不受蒙蔽。先从近处寻找自己需要的东西,这样不用费很大力气就可以得到。治理国家抓住了主要问题,不用兴师动众就可以获得好名声。凡内心存在准则、榜样,那么准则、榜样离自己不远,就如同源泉不会枯竭一样,因此天下人才汇聚而不会缺乏。根据才能的不同都得到任用,人才各得其用,政治就不会混乱。良好的德行贯穿于内心,藏在心志之中,显露在表情上,发表于言谈上,这样,官位就会稳固,好名声随之而至,民众自然就会得到治理。

"由此看来,身居官位不善于治理就会发生混乱,混乱发生竞争的人就会出现。竞争的局面发生,政治会更加混乱。英明的君主必须宽容地对待百姓,用慈爱之心去安抚他们,自然就会得到民众的拥护。身体力行,是执好政的前提;让百姓高兴,他们的情绪就可以得到疏导。良好的政治措施易于执行而民众也不会有怨言,言论说法符合民心,民众就不会有二心。自己以身作则遵守法律,民众就会以你为榜样;自己正大光明,民众则会颂扬你。如果自己贪图享受而不节俭,那么生产财富的人就不努力生产了;贪图财物又胡乱花费,那么好的政治措施也简约不用了。假如政治出现了混乱,那么好的意见必然听不进去;如果仔细审慎地采纳别人的建议,那么天天都会有人进谏。能说出美好的语言,在于每天能听取别人的意见;能有美好的行为,在于能亲身去做。所以说统治民众的君王,是民众的榜样;各级政府的官员,是民众的表率;君王身边的侍御大臣,是臣仆们的样板。所以说榜样不正,百姓就失去了方向;表率不正,百姓就会混乱;侍御大臣不正,群臣就会变坏。因此治国的君主不可不谨慎地遵守各种伦理道德。

"君子遵循道来修身,仔细辨别哪些是正确的道理来行事,地位就可巩固,名望也随之而至,终生受用无穷。所以女子织布一定要亲自挑选丝麻,优秀的工匠一定要亲自挑选材料,贤明的君主一定要亲自挑选身边的大臣。选拔人才辛苦一些,治理政事时就轻松一些。君子要想得到美誉,也要谨慎选择交往的人。在上位的人,就好像爬树一样,爬得越高越害怕掉下来。拉车的六匹马分散乱跑,一定是在四通八达的交叉路口;百姓造反,必定是因为君王政治措施的错误。在上者虽然尊严却是有危险的,民众虽然卑贱却是有神力的。民众热爱你,你就能存在;民众厌恶你,你就要灭亡。治理民众的人必须要明了这个道理的重要性。因此在上为官,地位虽然高贵也不要骄横,富有了也要谨慎恭敬,有了根本还要考虑细枝末节,做好了事还要建功立业,有了长时间的安定局面仍然要不停地努力,近处的感情沟通了还要畅达到远方,观察一件事物要能联想多种事物。治理一件事而万事都能不乱,是因为能够以身作则。

"君子统治民众,不可不了解民众的性情,进而了解民众的感情。既已知道了民性,而又熟悉了民情,然后民众才能服从你的管理。因此国家安定民众就会爱戴国君,政策公平合理民众就无怨言。所以君子治国,不能只是高高在上,不能做远不可及的事,不责备民众做不愿做的事,不强求民众做不能完成的事。为了扩大贤明君王那样的功业,不顾民情,那么民众表面恭敬实际却不愿迎合。为了增加已有的业绩,不顾民力,那么民众就会逃避而不服从。如果强迫民众做他们不愿做的事,强迫他们做不能完成的事,民众就会痛恨,痛恨就会做出一些不当的事。古代的圣明君主戴着前面悬垂着玉的帽子,是用来遮蔽亮光的;垂于冠冕两边悬填的带子挡住耳朵,是用来遮蔽听觉的。水太清就没有鱼了,人极其明察就没有追随者了。百姓做错了事需要改正,要使百姓自己有所认识;宽厚柔和地对待百姓,让他们自己去发现错误;度量百姓的情况来教育他们,让他们自己明白对错。百姓犯了小罪,一定要找出他们的长处,赦免他们的过错;百姓犯了大罪,一定要找出犯罪的原因,用仁爱的思想教育他们,使他们改过从善;如果犯了死罪,惩治后使他们得到新生,那就更好了。这样君臣百姓上下亲和而不离心离德,治理国家的措施就能够推行而不阻塞。所以说执政者的道德,是政治好坏的前提。

"政令不切合实际,民众就不会服从教导。不服从教导,民众就不习惯遵守法令法规。不习惯遵守法令法规,就不能很好地役使和统治他们了。君子要想使自己的话被别人相信,最好的办法是虚心听取意见;要想政治措施迅速推行,最好的办法是身体力行;要想使民众迅速服从,最好的办法是以正确之道来治理国家。不以正确之道治理,民众即使服从也是勉强的。不依靠忠信,就不可能取得百姓的亲近和信任。朝廷和民众不能相互了解沟通,就不能取信于平民百姓。这是治理民众最重要的原则,也是入仕做官者最重要的纲领。"

子张听了孔子这番话,就回去记录了下来。

五帝德篇:

宰我问于孔子曰:"昔者吾闻诸荣伊曰'黄帝三百年'。请问黄帝者,人也?抑非人也?何以能至三百年乎?"

孔子曰:"禹汤文武周公,不可胜以观也。而上世黄帝之问,将谓先生难言之故乎!"

宰我曰:"上世之传,隐微之说,卒采之辩,暗忽之意,非君子之道者,则予之问也固矣。"

孔子曰:"可也,吾略闻其说。黄帝者,少昊之子,曰轩辕。生而神灵,弱而能言。幼齐睿庄,敦敏诚信。长聪明,治五气,设五量,抚万民,度四方。服牛乘马,扰驯猛兽。以与炎帝战于阪泉之野,三战而后克之。始垂衣裳,作为黼黻。治民以顺天地之纪,知幽明之故,达生死存亡之说。播时百谷,尝味草木,仁厚及于鸟兽昆虫。考日月星辰,劳耳目,勤心力,用水火财物以生民。民赖其利,百年而死;民畏其神,百年而亡;民用其教,百年而移。故曰黄帝三百年。"

【译文】

宰我问孔子:"以前我听荣伊说过'黄帝统治了三百年',请问黄帝是人抑或不是人?其统治的时间怎么能达到三百年呢?"

孔子说:"大禹、汤、周文王、周武王、周公,尚且无法说得尽、道得清,而你关于上古之世的黄帝的问题,是老前辈也难以说得清的问题吧!"

宰我说:"先代的传言,隐晦的说法,已经过去的事还争论,晦涩飘忽的含义,这些都是君子不谮或不为的,所以我一定要问个清楚明白。"

孔子说:"好吧,我略略听过一些说法。黄帝是少昊的儿子,名叫轩辕,出生时就非常神奇、灵动,很小就能说话。童年的时候,他伶俐、机敏、诚实、厚道。长大成人时,就更加聪明,能治理五行之气,设置了五种量器,而且还游历全国各地,安抚民众。他骑着牛坐着马,驯服了猛兽,跟炎帝在阪泉之野大战,三战后打败了炎帝。从此,天下民众个个穿着绣有花纹的礼服,天下太平,无为而治。他遵循天地的纲纪统治着人民,既明白昼夜阴阳之道,又通晓生死存亡之理。按季节播种百谷,亲尝各种草木药材,他的仁德遍及鸟兽昆虫。他观察日月星辰,耳目疲劳,心力费尽,用水火财物养育百姓。他活着的时候,人民受其恩惠利益一百年;他死了以后,人民敬服他的神灵一百年;之后,人民还运用他的教导一百年。所以说黄帝统治了三百年。"

执辔篇:

闵子骞为费宰,问政于孔子。

子曰:"以德以法。夫德法者,御民之具,犹御马之有衔勒也。君者,人也;吏者,辔也;刑者,策也。夫人君之政,执其辔策而已。"

子骞曰:"敢问古之为政?"

孔子曰:"古者天子以内史为左右手,以德法为衔勒,以百官为辔,以刑罚为策,以万民为马,故御天下数百年而不失。善御马者,正衔勒,齐辔策,均马力,和马心。故口无声而马应辔,策不举而极千里。善御民者,壹其德法,正其百官,以均齐民力,和安民心。故令不再而民顺从,刑不用而天下治。是以天地德之，而兆民怀之。夫天地之所德，兆民之所怀，其政美，其民而众称之。今人言五帝三王者，其盛无偶，威察若存，其故何也？其法盛，其德厚，故思其德，必称其人，朝夕祝之。升闻于天，上帝俱歆，用永厥世，而丰其年。

"不能御民者，弃其德法，专用刑辟，譬犹御马，弃其衔勒，而专用棰策，其不制也，可必矣。夫无衔勒而用棰策，马必伤，车必败。无德法而用刑，民必流，国必亡。治国而无德法，则民无修；民无修，则迷惑失道。如此，上帝必以其为乱天道也。苟乱天道，则刑罚暴，上下相谀，莫知念忠，俱无道故也。今人言恶者，必比之于桀纣，其故何也？其法不听，其德不厚。故民恶其残虐，莫不吁嗟，朝夕祝之。升闻于天，上帝不蠲，降之以祸罚，灾害并生，用殄厥世。故曰德法者御民之本。

"古之御天下者，以六官总治焉。冢宰之官以成道，司徒之官以成德，宗伯之官以成仁，司马之官以成圣，司寇之官以成义，司空之官以成礼。六官在手以为辔，司会均仁以为纳。故曰御四马者执六辔，御天下者正六官。是故善御马者，正身以总辔，均马力，齐马心，回旋曲折，唯其所之。故可以取长道，可赴急疾。此圣人所以御天地与人事之法则也。天子以内史为左右手，以六官为辔，已而与三公为执六官，均五教，齐五法。故亦唯其所引，无不如志。以之道则国治，以之德则国安，以之仁则国和，以之圣则国平，以之礼则国定，以之义则国义，此御政之术。

"过失，人之情，莫不有焉。过而改之，是为不过。故官属不理，分职不明，法政不一，百事失纪，曰乱。乱则饬冢宰。地而不殖，财物不蕃，万民饥寒，教训不行，风俗淫僻，人民流散，曰危。危则饬司徒。父子不亲，长幼失序，君臣上下，乖离异志，曰不和。不和则饬宗伯。贤能而失官爵，功劳而失赏禄，士卒疾怨，兵弱不用，曰不平。不平则饬司马。刑罚暴乱，奸邪不胜，曰不义。不义则饬司寇。度量不审，举事失理，都鄙不修，财物失所，曰贫。贫则饬司空。故御者同是车马，或以取千里，或不及数百里，其所谓进退缓急异也。夫治者同是官法，或以致平，或以致乱者，亦其所以为进退缓急异也。

"古者天子常以季冬考德正法，以观治乱。德盛者治也，德薄者乱也。故天子考德，则天下之治乱可坐庙堂之上而知之。夫德盛则法修，德不盛则饬，法与政咸德而不衰。故曰王者又以孟春论之德及功能，能德法者为有德，能行德法者为有行，能成德法者为有功，能治德法者为有智。故天子论吏，而德法行,事治而功成。夫季冬正法,孟春论吏,治国之要。"

【译文】

闵子骞任费地长官时,问孔子治理民众的方法。

孔子说:"用德政和法制。德政和法制是治理民众的工具,就好像驾驭马用勒口和缰绳一样。国君好比驾马的人,官吏好比勒口和缰绳,刑罚好比马鞭。君王执政,只要掌握好缰绳和马鞭就可以了。"

闵子骞说:"请问古人是怎样执政的呢?"

孔子说:"古代的天子把内史作为帮助自己执政的左右手,把德政和法制当作马的勒口,把百官当作缰绳,把刑罚当作马鞭,把万民当作马,所以统治天下数百年而没有失误。善于驾驭马,就要安正马勒口,备齐缰绳马鞭,均衡使用马力,让马齐心合力。这样不用吆喝马就应和缰绳的松紧前进,不用扬鞭就可以跑千里之路。善于统治民众,就得统一道德和法制,端正百官,均衡地使用民力,使民心安定和谐。所以法令不用重复申告民众就会服从,刑罚不用再次施行天下就会得到治理。因此天地也认为他有德,万民也乐于服从。天地之所以认为他有德,万民之所以乐于服从,因为各种政令美好,民众就会交口称赞。现在人说起五帝、三王,他们的盛德无人能比,他们的威严和明察好像至今还存在,这是什么缘故呢?他们的法制完备,他们的德政深厚,所以一想起他们的德政,必然会称赞他们个人,朝夕为他们祝祷。上天听到了这些声音,天帝知道了都很高兴,因此让他们国运长久而年成丰收。

"不善于治理民众的人,他们丢弃了德政和法制,专用刑罚,这就好比驾驭马,丢弃了勒口和缰绳,而专用棍棒和马鞭,事情做不好是必然的。驾驭马没有勒口和缰绳,而用棍棒和马鞭,马必然会受伤,车必然会毁坏。没有德政和法制而用刑罚,民众必然会流亡,国家必然会灭亡。治理国家而没有德政和法制,民众就没有修养;民众没有修养,就会迷惑不走正道。这样,天帝必然认为这是扰乱了天道。如果天道混乱,就会刑罚残暴,上下相互奉承讨好,没人再考虑忠诚信义,这都是没有遵循道的缘故。现在人们说到恶人,必定会把他比作夏桀、商纣,这是为什么呢?因为他们制定的法令不能治理国家,他们的德政不厚。所以民众厌恶他们的残暴,没有不叹息的,会朝夕诅咒他们。上天听到了这些声音,天帝不会免除他们的罪过,降下灾祸来惩罚他们,灾难祸害一起发生,因此灭绝了他们的朝代。所以说德政和法制是治理民众的根本方法。

"古代统治天下的帝王,用六官来总理国家。冢宰之类的官来成就道,司徒之类的官来成就德,宗伯之类的官来成就仁,司马之类的官来成就圣,司寇之类的官来成就义,司空之类的官来成就礼。六官控制在手就如同有了缰绳,司会使仁义均齐就如同有了内侧缰绳。所以说:驾驭四马的人要控制好六条缰绳,治理天下的人要掌握好六官。因此,善于驾驭马的人,端正身体揽好缰绳,使马均匀用力,让马齐心一致,即使走曲折婉转之路,到何处都随心所欲。所以可以走长道,可以赴急难。这是圣人用来掌握天地和治理民众的法则。天子把内史作为左右手,把六官作为缰绳,然后和三公一起来控制六官,使五教均齐,使五法齐备,只要你有所指引,没有不如愿的。遵从道,国家就能治理;遵从德,国家就能安定;遵从仁,国家就能和平;遵从圣贤,国家就能平安;遵从礼,国家就能长治久安;遵从义,国家就会有信义。这就是施政的方法。

"过错和失误,是人之常情,人不可能没有过失。有了过错而能改正,就不为过。因此,官属不理清,职责不分明,法律政策不统一,百事失去纲纪,这叫作混乱。混乱就整饬冢宰。田地没有种好,财物没有增加,万民饥寒,教令不行,风俗淫乱邪僻,人民流离失散,这叫作危险。危险就整饬司徒。父子不亲,长幼失序,君臣上下离心离德,各有其志,这叫作不和。不和就整饬宗伯。贤能的人失去官爵,有功劳失去奖赏利禄,士卒心怀怨恨,兵力虚弱不堪使用,这叫作不平。不平就整饬司马。刑罚暴乱,奸邪不能被制伏,这叫作不义。不义就整饬司寇。度量不详审,举事失去条理章法,城邑不修,财物流散,这叫作贫穷。贫穷就整饬司空。所以驾驭着同样的车马,有的可以行千里,有的走不到数百里,这就是所谓进退缓急不同啊。各级官员执行的是同样的官法,有的人治理得很好,有的人却导致了混乱,这也是因为进退缓急不同造成的。

"古时候天子常在冬末考察德政,调整法令,用以观察治乱。德政深厚,世道就安定;德政浅薄,世道就混乱。所以天子只要考察德政,那么天下的治乱,坐在朝堂之上就可以知道了。德政深厚,法令就会得到修治,德政不深厚就要整饬,法令和政治都合乎德就不会衰败。所以天子又在春季的第一个月评论官吏的德行及功劳才能。能够遵守德政和法制的为有德行,能够施行德政和法制的为有才干,施行德政和法制有成效的为有功劳,能运用德政和法制来管理政事的为有智谋。因此天子评定官吏,而德政和法制得到推行,政事得到治理而大功告成。冬末调整法律,初春评定官吏,这是治国的关键。"

五刑解篇:

冉有问于孔子曰:"古者三皇五帝不用五刑,信乎?"

孔子曰:"圣人之设防,贵其不犯也。制五刑而不用,所以为至治也。凡夫之为奸邪窃盗靡法妄行者,生于不足。不足生于无度,无度则小者偷盗,大者侈靡,各不知节。是以上有制度,则民知所止;民知所止,则不犯。故虽有奸邪贼盗靡法妄行之狱,而无陷刑之民。不孝者生于不仁,不仁者生于丧祭之无礼。明丧祭之礼,所以教仁爱也。能教仁爱,则服丧思慕,祭祀不解人子馈养之道。丧祭之礼明,则民孝矣。故虽有不孝之狱,而无陷刑之民。弑上者生于不义,义所以别贵贱、明尊卑也。贵贱有别,尊卑有序,则民莫不尊上而敬长。朝聘之礼者,所以明义也。义必明则民不犯,故虽有弑上之狱,而无陷刑之民。斗变者生于相陵,相陵者生于长幼无序而遗敬让。乡饮酒之礼者,所以明长幼之序而崇敬让也。长幼必序,民怀敬让,故虽有斗变之狱,而无陷刑之民。淫乱者生于男女无别,男女无别则夫妇失义。婚礼聘享者,所以别男女、明夫妇之义也。男女既别,夫妇既明,故虽有淫乱之狱,而无陷刑之民。此五者,刑罚之所以生,各有源焉。不豫塞其源,而辄绳之以刑,是谓为民设阱而陷之。"

【译文】

冉有向孔子问道:"古代的三皇五帝不用五刑,这是真的吗?"

孔子说:"圣人设置防卫措施,贵在让人不触犯。制定五刑而不用,是为了做到最好的治理。凡是有奸诈邪恶抢劫盗窃违法妄行不法行为的人,产生于心中的不满足。不满足又产生于没有限度。没有限度,小的就会盗窃,大的则奢侈浪费,都是不知节制。因此君王制定了制度,民众就知道了什么不能做;知道了什么不能做,就不会犯法。所以虽然制定了奸诈邪恶抢劫盗窃违法妄行的罪状,却没有陷入刑罚的民众。不孝的行为产生于不仁,不仁又产生于没有丧祭之礼。所以明确规定丧祭之礼,是为了使人知道仁爱。能教人懂得仁爱,为父母服丧就会思念爱慕他们,举行祭礼表示人子还在不懈地赡养父母。丧祭之礼明确了,民众就会遵守孝道了。所以虽然制定了不孝的罪状,而没有陷入刑罚的民众。以下杀上的行为产生于不义,义是用来区别贵贱、表明尊卑的。贵贱有别,尊卑有序,那么民众没有不尊敬上级和长辈的。诸侯定期朝见天子的朝聘之礼,是用来显明义的。义显明了,那么民众就不会犯上。所以虽然制定了弑上的罪状,而没有陷入刑罚的民众。争斗变乱的行为产生于相互欺压,欺压的行为产生于长幼无序而忘记了尊敬和谦让。乡饮酒之礼,就是用来显明长幼之序和尊崇敬让的。长幼有序,民众怀着敬让之心,即使设立了争斗变乱的罪状,也没有陷入刑罚的民众。淫乱的行为产生于男女无别,男女无别夫妇间就失去了情义。婚礼和聘礼享礼,就是用来区别男女和显明夫妇情义的。男女既已有别,夫妇情义既明,即使制定了有关淫乱的罪状,而民众也没有陷入刑罚的。这五种情况,是刑罚产生的原因,是各有根源的。不预先堵住其根源,而动辄使用刑罚,这叫作给民众设下陷阱来陷害他们。"

刑政篇:

1. 仲弓问于孔子曰:"雍闻至刑无所用政,至政无所用刑。至刑无所用政,桀纣之世是也;至政无所用刑,成康之世是也。信乎?"

孔子曰:"圣人之治化也,必刑政相参焉。太上以德教民,而以礼齐之,其次以政焉。导民以刑,禁之刑,不刑也。化之弗变,导之弗从,伤义以败俗,于是乎用刑矣。颛五刑必即天伦,行刑罚则轻无赦。刑,侀也;侀,成也。壹成而不可更,故君子尽心焉。"

【译文】

仲弓问孔子:"我听说有严酷的刑罚就不需要用政令了,有完善的政令就不需要用刑罚了。有严酷的刑罚不用政令,夏桀、商汤的时代就是这样;有完善的政令不用刑罚,周朝成王、康王的时代就是这样。这是真的吗?"

孔子说:"圣人治理教化民众,必须是刑罚和政令相互配合使用。最好的办法是用道德来教化民众,并用礼来统一思想,其次是用政令。用刑罚来教导民众,用刑罚来禁止他们,是为了不用刑罚。对经过教化还不改变,经过教导又不听从,损害义理又败坏风俗的人,只好用刑罚来惩处。制作五刑来治理民众也必须符合天道,执行刑罚对罪行轻的也不能赦免。刑,就是侀;侀,就是已成事实不可改变。一旦定刑就不可改变,所以官员要尽心地审理案件。"

2. 仲弓曰:"古之听讼,尤罚丽于事,不以其心,可得闻乎?"

孔子曰:"凡听五刑之讼,必原父子之情,立君臣之义以权之。意论轻重之序,慎测浅深之量以别之。悉其聪明,正其忠爱以尽之。大司寇正刑明辟以察狱,狱必三讯焉。有指无简,则不听也。附从轻,赦从重。疑狱则泛与众共之,疑则赦之。皆以小大之比成也。是故爵人必于朝,与众共之也;刑人必于市,与众弃之也。古者公家不畜刑人,大夫弗养也。士遇之涂,以弗与之言。屏诸四方,唯其所之,不及与政,弗欲生之也。"

仲弓曰:"听狱,狱之成,成何官?"

孔子曰:"成狱成于吏,吏以狱成告于正。正既听之,乃告大司寇。大司寇听之,乃奉于王。王命三公卿士参听棘木之下,然后乃以狱之成疑于王。王三宥之以听命,而制刑焉。所以重之也。"

仲弓曰:"其禁何禁?"

孔子曰:"巧言破律,遁名改作,执左道与乱政者,杀。作淫声,造异服,设伎奇器以荡上心者,杀。行伪而坚,言诈而辩,学非而博,顺非而泽,以惑众者,杀。假于鬼神,时日卜筮,以疑众者,杀。此四诛者不以听。"

仲弓曰:"其禁尽于此而已?"

孔子曰:"此其急者。其余禁者十有四焉:命服命车不粥于市,圭璋璧琮不粥于市,宗庙之器不粥于市,兵车旐旗不粥于市,牺牲秬鬯不粥于市,戎器兵甲不粥于市,用器不中度不粥于市,布帛精粗不中数、广狭不中量不粥于市,奸色乱正色不粥于市,文锦珠玉之器雕饰靡丽不粥于市,衣服饮食不粥于市,果实不时不粥于市,五木不中伐不粥于市,鸟兽鱼鳖不中杀不粥于市。凡执此禁以齐众者,不赦过也。"

【译文】

仲弓说:"古代审理案件,对过错的处罚根据事实,不依据内心动机,对这点可以讲给我听听吗?"

孔子说:"凡是审理五种罪行的案子,必须要推究其父子之情,按照君臣之义来衡量,目的是论证犯罪情节的轻重,谨慎地衡量罪过的深浅,以便分别对待。尽量运用自己的聪明才智，极力发挥自己的忠爱之心来探明案情。大司寇的职责是正定刑法、辨明法令来审理案件，审案时必须听取群臣、群吏和万民的意见。有指证而核实不了犯罪事实的，就不治罪。量刑可重可轻的就从轻，赦免时，原判重了的则先赦。疑案则要广泛地向大众征求意见共同解决，如果还有疑问无法裁决，就赦免他。一切案件一定要根据罪行大小比照法律条文来定案。所以赐予爵位一定要在朝廷上，让众人共同见证；行刑一定要在闹市上，让众人共同唾弃他。古时诸侯不收容犯罪的人，大夫也不供养犯罪的人。读书人在路上遇到犯罪的人，不和他交谈。把罪犯放逐到四境，任凭他到什么地方，也不让他参与政事，表示不想让他活在世上。"

仲弓问："审理案件时，定案的事，是由什么官来完成的？"

孔子说："案件首先由狱官来审定，然后狱官把审理情况报告给狱官之长。狱官之长审理之后，再报告大司寇。大司寇审理之后，再报告君王。君王又命三公和卿士在种有酸枣树的审理处会审，然后把审理结果和可疑之处回呈给君王。君王根据三种可以宽宥的情况决定是否减免刑罚，最后根据审判结果来定刑。审定的程序是很慎重的。"

仲弓又问："在法律禁令的规定中都有哪些条款呢？"

孔子说："凡是用巧言曲解法律，变乱名义擅改法度，利用邪道扰乱国政者，杀。凡是制作淫声浪调，制作奇装异服，设计奇巧怪异器物来扰乱君心的，杀。凡行为诡诈又顽固，言辞虚伪又能诡辩，学非正学又广博多知，顺从坏事又曲加粉饰，用以蛊惑民众者，杀。凡利用鬼神、时日、卜筮，用以惑乱民众者，杀。犯此四类该杀罪行的都不需详加审理。"

仲弓又问："法令禁止的就到此为止了吗？"

孔子说："这是其中最紧要的。其余应禁的还有十四项：天子赐予的命服、命车不准在集市上出卖，圭璋璧琮等礼玉不准在集市上出卖，宗庙祭祀用的礼器不准在集市上出卖，兵车旌旗不准在集市上出卖，祭祀用的牲畜和酒不准在集市上出卖，作战用的兵器铠甲不准在集市上出卖，家用器具不合规矩不准在集市上出卖，麻布丝绸精粗不合乎规定、宽窄不合规定的不准在集市上出卖，染色不正的不准在集市上出卖，锦缎珠玉等器物雕刻巧饰特别华丽的不准在集市上出卖，衣服饮食不准在集市上出卖，果实还未成熟不准在集市上出卖，树木不成材不准在集市上出卖，幼小的鸟兽鱼鳖不准在集市上出卖。凡执行这些禁令都是为了治理民众,犯禁者不赦。"

礼运篇:

大道之行,天下为公,选贤与能,讲信修睦。故人不独亲其亲,不独子其子。老有所终,壮有所用,矜寡孤疾皆有所养。货恶其弃于地,不必藏于己;力恶其不出于身,不必为人。是以奸谋闭而不兴,盗窃乱贼不作。故外户而不闭,谓之大同。

【译文】

大道通行的时代,天下为大家所公有,选举贤能的人,讲求诚信,致力友爱。所以人们不只敬爱自己的双亲,不只疼爱自己的子女。社会上的老人都能安度终生,壮年人都能发挥自己的才能,鳏夫、寡妇、孤儿和残疾人都能得到供养。人们厌恶财物浪费不用,但不必收藏到自己家里;人们担心自己的智力体力不能得到发挥,但不是为了个人的利益。因此奸诈阴谋的事不会发生,盗窃财物扰乱社会的事情不会出现。所以家里的大门不必紧锁,这就叫作大同社会。

第五节　子路治理思想的研究

子路与孔子

万洪瑞

孔子是我国古代伟大的思想家、教育家、政治活动家。他的伟大,不仅体现于他那广博的学问、深邃的思想、持恒的政治活动,更体现在他能打破"学在官府"的旧传统而肇创私学,开创"有教无类"的平民教育思想。孔子一生的政治追求是拨当时"礼崩乐坏"的社会政治之乱,而反之于其所理想的文、武、周公治世之正。孔子思想的核心是"仁",他自己说"克己复礼为仁"(《论语·颜渊》),可见,孔子的思想仍是为他的政治主张服务的。

孔子深知,单靠一己之力,他的政治主张是绝难广布而推行的,所以他广招门徒以教,并周游列国,向各国当权者推荐门徒做官从政。

孔子一生门徒众多,或云有弟子三千,这大抵包括躬诲与再传。不过据孔子自己所说,在他的学生中,"受业身通者七十有七人"(《史记·仲尼弟子列传》),后世留名者实七十二人。子路是其中颇为著名的一位。

子路与孔子的关系最有意思。自年龄而论,子路较孔子仅小九岁,大概是孔子弟子中年龄最长的一个。据现有资料记载,在孔子弟子中,唯一敢于面刺孔子的,是子路。子路性格率真,激烈粗暴。在投师孔子之前,"好勇力,志伉直,冠雄鸡,佩猳豚"(《史记·仲尼弟子列传》),颇有古武士之风。从师之后,虽改儒服,但仍对武士之风有所怀恋,时时问孔子:"君子尚勇乎?"孔子深知子路的心思,便回答说:"君子义以为上,君子有勇而无义为乱,小人有勇而无义为盗。"(《论语·阳货》)他生怕子路走上乱、盗的邪路。对于子路的尚勇,孔子认为应该正确诱导,用之于"义",不然,不论对社会,还是对子路本人,都会造成悲剧。在子路与孔子的对话中,讨论最多的,恐怕是军旅之事。子路问:"老师如果统率三军,那找谁共事?"孔子说:"赤手空拳与老虎搏斗,蹚水渡河而不乘船,这样死了也不后悔的人,我是不会和他共事的。我所找的共事者,一定是临事小心谨慎,认真谋划而能成功的人。"(参见《论语·述而》)这实际上是对子路那种"暴虎冯河,死而无悔"的行为的批判。一次孔子说:"我的政治思想如果推行不了,就乘上木筏,漂流海上,在这种窘困的情形下,跟随我的怕只有仲由吧?"子路听了很高兴。孔子却又批评说:"仲由这个人太好勇了,好勇的精神远远超过了我,这就没有可取的了。"孔子夸赞子路的忠勇是在别人面前,而当他听说子路因此沾沾自喜,唯恐他不知自抑,所以又对他的"好勇"提出批评。孔子深知子路的缺点,所以说:"仲由好勇过人,所以我得约束他一下。"(参见《论语·公冶长》)孔子对于子路的"勇"之所以抑而不扬,最关键者出于对子路个人身家性命的考虑。孔子曾说:"像仲由这人呀,恐怕得不到好死啊!"(参见《论语·先进》)这话果然不幸为孔子言中——子路以后真的死于他的"好勇"上。

子路的耿直,表现在他敢于对孔子常常提出批评责难。在孔子面前,对自己心中不满于老师的事,绝不掩饰。比如《论语·子路》记载子路在卫从政时,询问孔子:"如果卫君等着您去治理国政,您将从何做起?"孔子认为卫国国君辄与父亲蒯聩争国是不正当的行为,认为有父亲在,国君应该父亲做,子与父争,名义上不正,就回答说:"首先必须正名吧。"而子路则认为无论谁当国君是无所谓的事,就批评孔子在这件事上太迂腐,说:"有是哉,子之迂也!奚其正?"孔子对此有自己坚定而充分的理由,他认为子路不知"正名"就是不知礼,于是反责子路说:"野哉,由也!君子于其所不知,盖阙如也。名不正,则言不顺;言不顺,则事不成;事不成,则礼乐不兴;礼乐不兴,则刑罚不中;刑罚不中,则民无所错手足。故君子名之必可言也,言之必可行也。君子于其言,无所苟而已矣。"不过,有时孔子认为子路的责难是对的,或者是可以理解的。如《论语·阳货》记载孔子曾想应公山弗扰和佛肸的征召,子路认为他们都是背叛国家之人,不应该去依附他们。孔子只是申述了自己的主张,对子路未加反责。《论语·雍也》记载孔子在卫国私见卫灵公宠夫人南子,子路认为这个女人有淫乱的坏名声,孔子拜见她有失体统,弄得孔子很窘迫,最后,孔子不得不向子路发誓说:"如果我做了不正当的事,让天厌弃我,让天厌弃我!"像这种有理有据的批评,常常逼得孔子没法解释。虽然如此,子路对老师的责难,或出于关心爱戴,或出于诚心得到真理,或出于劝谏、导人向善,总之是善意的,恶意绝无。对此,孔子也深知不疑。作为伟大的思想家、教育家,孔子从善如流。所以他对子路虽然批评甚严,但对子路的肯定是发自内心的。他对子路的"野""喭""好勇"痛加批评,而对子路"善政""爱民"的优点则倍加褒奖。而子路对孔子,也是由衷地尊重的。可以说,言或龃龉,而内心莫逆的师生关系,要比言听计顺、无所改度的师生关系更深沉、更坚固、更高尚。孔子曾说:"回也非助我者也,于吾言无所不说。"(《论语·先进》)他认为,像颜回那样对于老师言听计从的学生,对老师是没有帮助的。不言而喻,对老师的言行思想时时提出疑义或责难如子路者,才能促使老师深思、进取。总之,互相磨砺,共同向善,孔子与子路,为师徒,为知己,为同志,为诤友,亘古而今,可为典型。

(摘自仲伟帅主编《仲子历史文化研究》,有改动)

勇而善政的子路

王培勤

子路(前542—前480年),姓仲,名由,一字季路,春秋鲁国卞邑(今山东省泗水县东)人。幼至孝,百里负米养亲,是历史上二十四孝子之一。后为孔子高徒,性豪爽勇敢,喜闻过,有政才。孔子任鲁国司寇时,子路为季氏宰,执行"堕三都"(拆毁季、叔、孟三家私邑费、郈、郕的任务)。后因齐人离间、逸人进陷,鲁定公忠佞不分,刑赏不立,子路于公元前498年随孔子周游列国。先后到卫、宋、陈、蔡、楚等国,历经十余年,风餐露宿,备受艰辛。公元前485年,被卫国聘为蒲邑宰。

子路治蒲三年,勤政爱民,兴水利,重农耕,以粟馈众,与民同苦,很受蒲人爱戴。孔子过蒲,三称其善。蒲邑在子路的治理下,社会安定,经济繁荣,文化昌盛,民风朴实,成为卫国名邑,各国不敢窥伺。《荀子·大略》有"晋人欲伐卫,畏子路,不敢过蒲"之说。这大概与传说"半千子路,五百金刚,人人有举鼎威风,个个负拔山气概"有关。

后来子路又为卫大夫孔悝家臣,在公元前480年死难于贵族内讧。当时,卫灵公娶宋女南子为妻,南子貌美淫荡,在娘家时便与公子朝私通。嫁与灵公后,仍藕断丝连,不时还召朝来卫私会,秽声远播。其子蒯聩不堪其羞,便与家臣戏阳速共谋去南子,不果。南子觉,告灵公,灵公怒,蒯聩奔宋,复转晋。卫人在灵公死后,立蒯聩之子辄为君,是为出公,蒯聩在晋三年,借晋之助率众入国。出公闻之,发兵击,蒯聩不得入,遂袭戚城(又名宿)而据之,在此住了十三年,以待夺取王位。

蒯聩有姊名孔姬,嫁于大夫孔圉,生子孔悝。孔圉卒,孔悝嗣为大夫,执卫政。孔氏有家臣浑良夫,孔姬宠之,使其往戚问候其弟蒯聩,蒯聩握其手曰:"你能使我入国为君,我便使你服冠冕、乘轩车、免三死。"并许事成之后以悝母为妻。昏夜,良夫与蒯聩著妇人衣,以巾蒙面,诈称婢妾,混入城中,匿于悝母之室。时孔悝正饮酒于宫中,悝母便指使两勇士披甲怀剑以待悝归。少许,孔悝带醉而回,被劫于厕,见蒯聩于台上,强歃血为盟,遂命家族袭公宫。出公闻乱,急收拾珍宝玉器,驾轻车奔鲁。

子路为孔悝家将,时在城外,闻孔悝被劫,入城来救。途遇同窗好友子羔(高柴)劝阻,弗听,曰:"食焉,不辟其难。"疾趋城门,门已闭,后乘有出者而入。至台下,大呼孔悝,孔悝不敢应。子路取火焚台,蒉聩惧,使力士石乞、盂黡持戈下台来战子路,子路身被刺伤数处,其冠缨也被砍断,将死,曰:"君子死,冠不免。"乃整结其缨而死。孔子闻卫乱,料到高柴必来,子路必死。痛哭由不得其死,遂命弟子厚葬之。(参见《左传·哀公十五年》)

　　今濮阳子路坟,就是仲由的尸骨遗冢。楹联曰:"昆吾台下千秋浩气壮山河,桑间濮上万古悲风恸地天。"以赞其志。

(摘自仲伟帅主编《仲子历史文化研究》,有改动)

孔门弟子仲由

骆承烈

中华民族文化光辉灿烂，我们的祖先千百年来为后世留下许多宝贵的文化遗产。文化巨人孔子的思想之所以能经得住历史的考验，就是因为它有一些体现出一种超越时代、阶级，被列宁称作"永恒的范畴"的思想。诸如重视生产，爱护人民，主张社会协调、仁德治国，提倡个人修养、奋发有为，重文行教，尊师重道，等等。直到现在，人们仍不可否认这是一笔丰富的精神财富。

一部《论语》，记载下孔子的事迹与言行，人们发现孔子的许多言论与行为多是在与其弟子交往、交谈中体现出来的，因此对孔门弟子的研究，便成为孔学研究必不可少的一部分。孔子的许多弟子各有特点，其中有一位与孔子朝夕相处，与孔子关系最亲密，对孔子尊崇备至的弟子，就是仲由（子路）。

许许多多孔门弟子的言行，多反映孔子的思想。仲由的一些言行，更是孔子思想的折射。孔子主张仁德治国、勤政爱民、礼敬国君、崇拜先贤，仲由紧步孔子之后，其一生中的许多事迹体现了孔子的思想。

孔子认为孝悌乃"仁之本"，孝敬父母是每个子女应尽的责任。《说苑·建本》记载："家贫亲老者，不择禄而仕。昔者，由（仲由）事二亲之时，常食藜藿之实，而为亲负米百里之外。"古墟汀（今泗水县）东门外，过去曾立"仲子负米息肩处"石碑，体现出仲由之"孝"。

古籍中记载仲由此人不但能诵诗襄礼、弹琴鼓瑟，还会驾车射箭、治军牧政，可谓多才多艺、文武双全。季康子向孔子问到仲由能否治理政事时，孔子不假思索地脱口而出："由也果，于从政乎何有？"（《论语·雍也》）夸奖他做事果断，能把政事治理好。另一处说："片言可以折狱者，其由也与？"（《论语·颜渊》）更夸奖他说话、办事从来果敢决断、干净利索，充分体现出他的"智""能"。

孔子在从政治国上从来讲德，在处理人际关系上从来讲仁。仲由在治蒲三年中，充分体现出他重视生产、爱护人民的心情和主张。百姓最根本的利益是生产、生活，《孔子家语·辩政》记载，仲由治蒲，使"田畴尽易，草莱甚辟……墙屋完固，树木甚茂"，使"其民尽力"，孔子过之，三次称善。体现出仲由之"德""仁"。

在孔门弟子中,仲由是最勇武的一个。《礼记·射义》中描述了他指挥演习射的才能。"沂滨言志"时他提出以军事卫国。孔子周游列国将要到楚国时,楚人令尹子西对楚王说"王之将率有如子路者乎?"(《史记·孔子世家》),可知仲由远播国外之名乃因其"勇"。

礼,是孔子始终强调的一件大事。仲由直爽、勇武,甚至鲁莽,但却很懂礼。当他最初与孔子见面时,虽只讲勇武,"陵暴孔子",但当孔子向他讲明道理后,马上一改旧行,心悦诚服,一生紧跟孔子,成为与孔子关系最密切的一个弟子。

其他又如勤学好问、尊师重道、崇尚信义、闻过则喜等优点,均很突出。

胸怀坦荡的仲由对孔子无话不说,有错就改,孔子对他也特别信任,两者关系特别密切。以至孔子对别人说因为收了仲由这个弟子,"恶言不入于耳"(《孔子家语·七十二弟子解》);甚至发牢骚说如果别人不理解自己,"道不行,乘桴浮于海"(《论语·公冶长》)时,能够跟随他的也只有仲由一人。

在那社会大动荡、大变革的春秋末年,在各地应时而生出一些服务于各国政治变革的文士、武士。出谋划策、治国抚民的文士和执干戈、卫社稷的武士,各有特点,各有优势。而仲由却是集文士、武士于一身的体表,是孔门弟子中一位特殊的优秀人物。

人们研究古人、往事,为了今天,即"古为今用",将仲由这一历史人物的思想、事迹全面展现出来,供人们吸取、借鉴,显然是件必要的好事。这本系统、全面研究仲子的著作,不是某些文士学者之作,而是仲由家乡的两位行政领导写出来的,更令人击节赞扬。韩继谦、梁士奎二同志,长期做行政领导工作。他们早就意识到建设社会主义,除发展经济、改善人民生活外,还要提高国民素质。两千多年前的仲由生于卞邑(今泗水县境内),此人的言行有许多可取之处。因此,他们多处查阅古籍,寻师访友,调查、考察、搜求资料,终于完成此书的写作。在此书即将付梓之时,嘱我写序。本人对此知之不多,只是怀着崇敬圣贤的心情发抒了一些议论,但言犹未尽,还想续说几句:

乘桴浮海唯子路,恶言不入师赞许。

雉冠豭豚英武貌,夫子道高心悦服。

忠孝智勇人称善,坦荡爽直侃侃如。

去粕存精为今用,卞邑贤才冉冉出。

(摘自仲伟帅主编《仲子历史文化研究》,有改动)

难得的具臣仲由

骆承烈

在丰厚的中华传统文化中,以孔子为代表的儒家思想是其重要内容之一。红花还要绿叶衬,在博大精深的孔子思想这朵大红花周围,有许多艳丽的绿叶,衬得它更加美丽。孔门弟子的言行,正是这些艳丽的绿叶。与孔子最亲近的弟子仲由(子路)就是其中最突出的一位。如果说孔子一些主要弟子各有特点的话,仲由应是最有特点、最引人注目的一位。他刚毅勇敢,好学善思,忠于职守,文武双全,是孔门弟子中难得的一个人才。时过两千多年,我们再回头看看仲子,发现他至少有以下几个突出的特点:

一、能文又能武:在我国奴隶制度即将没落的春秋末年,社会出现了一种士阶层。他们"文"能出谋划策、安邦定国,"武"能保家卫国、开拓疆土。孔子教习弟子的"六艺"中就有"射"这一项,即以射箭为代表的军事体育活动。在后人绘的孔子像中,孔子从来都佩着剑,说明孔子习武、能武,也教武。有关孔门弟子的记载中,与武有关系的,如冉求、樊迟,曾率鲁军败齐师;仲由则是更典型的一位,《史记·仲尼弟子列传》记载他"志伉直,冠雄鸡,佩猳豚",最初与孔子见面时,"陵暴孔子"。当时有武而缺道德修养,但经孔子一番教育后,性耿直又"闻过则喜"的仲由马上改变看法,心悦诚服地拜孔子为师,并牢记孔子的教导:"君子有勇而无义为乱,小人有勇而无义为盗。"(《论语·阳货》)日后一直跟随孔子,形影不离。在武勇上充当孔子卫士的角色,在反对邪说侵犯、捍卫孔子思想上竭尽卫道之职。他时时记着孔子"义以为上"的教导。要做到义,首先对人要有仁心,办事要有决心,做事要有忠心。在他一生的许多事迹中对此都有充分体现。

二、难得的具臣:在孔门"四科"中"德行""言语""文学"皆有具体所指,人们不难理解。唯有"政事"不好理解。"德行"是培养治国才干,"政事"是否与其重复呢?其实不然。"政事"科是培养具体处理政务的人才。大处说,相当于后世国家的六部尚书、各部部长,小处说是一个单位的秘书长、秘书。这种人被孔子称作"具臣",即做具体工作的人员。仲由和冉求就是这样的人。冉求为季氏宰(家臣),帮助季氏干了很多事。仲由也当过季氏宰,又在卫国当孔悝的蒲邑宰。他在任上干什么都很出色,如带领工匠修城墙、兴水利,治理蒲地,政绩卓著。孔子来后,三次称赞。因为他为民做了不少好事,在其死后,当地百姓对他怀念,除在其葬地修筑坟墓以外,也为其衣冠修墓,为其活动之地造冢。直到若干年后,仍对其赞扬不绝,祭祀不断。在治国中,有掌握全局的大臣,更需要做具体工作的具臣。人们往往愿当大官,不愿当具臣。但事情是否办好,国家是否治理好,在很大程度上取决于办事的人,即具臣。仲由这种具臣作为、具臣精神,对后世人继承传统文化显然有着积极的作用。

三、有创新精神:孔子最得意的弟子是颜回。颜回有许多别人不及的优点,但却有一点令孔子不满意的地方,即对孔子完全听从,亦步亦趋,缺乏创新精神。仲由却与其相反。他善于独立思考,有话就说,不通就问,发问时从不瞻前顾后。当然在许多问题上,他提出的不同意见,往往是"知其然",孔子再说出个"所以然"来,说明孔子想的、做的比他高出一筹,但也有不少意见可供孔子参考,或者是对孔子提示,令其少犯或不犯错误。难怪孔子说,有了仲由,"恶言不入于耳"(《孔子家语·七十二弟子解》)。即由于仲由不断地对自己提出不同意见,使自己在一些言、行上做得更好。在仲由的不断提示下,能更好地教育、团结弟子,别人说不出自己的坏话来。孔子教育弟子时,因材施教,"闻斯行诸"的例子中,孔子说过"由也兼人"的话。(参见《论语·先进》)"兼人"二字,有人解为"胜人",有人释为"勇为",都说明仲由耿直、爽朗,敢说敢干,敢作敢当,不随意屈从别人的意见(或者老师的主张、长官的意志),而是开动脑筋、独立思考。这是一种很好的精神,不但孔子对其赞扬,对后世,对今日,更有其实际意义与现实价值。

我在孔子家乡研究孔子五十多年,宣讲孔子,足迹遍及国内十五个省、市及东南亚,已出版孔、儒的书七八十本。最初入门也都与仲子有关。在日寇统治的1941年,我上小学时受日寇的奴化教育,日寇借孔子之名叫嚷"中日亲善"。我的老师,仲子七十一代孙仲玉甫(肇谨)告诉我:"孔子是我们中国最有学问的人,与日本人无关。"我便设法把一张印有孔子像的宣传品留了下来,一直保留到今天。仲老师敢于在日寇统治、汉奸高压下,对学生说出这番话来,正是仲子耿直、仁义精神的体现。因此,我应玉甫老师的族孙伟帅之邀慨然为此书作序,并望仲子敢说敢干、不拒绝细小工作的具臣精神,在新时期发扬光大。

(摘自仲伟帅主编《仲子历史文化研究》,有改动)

论仲由之"忠"

骆承烈

仲由(子路)是孔门"四科"十大弟子之一。他自投入孔子门下以后,经常跟随孔子,护卫孔子。孔子自从得到子路后,"恶言不闻于耳"(《史记·仲尼弟子列传》),可以说子路在簇拥孔子、团结其他弟子中起到过重要作用。他正直豪爽,经常向孔子诘疑问难,与孔子关系最为密切。以前我曾分析到他有三大长处:一、文武兼备;二、直率勇武;三、"具臣"风格。对这几项优点仔细分析,更发现他对"忠"这一优秀品德执行得最好。

"忠",从字面上看,把心放到正当中。古人解释为"竭诚也"。《逸周书·谥法》谓"危身奉上曰忠"。后者主要指对君主而言,其实以"竭诚"解释最好。忠即忠于职守,竭尽全力把自己该做的事做好。一个人由忠于自己的事业,推而广之,到忠于自己的家庭,忠于自己的朋友,忠于自己的国家、民族。其基础是忠于自己的信念及由此而产生的理想,而从事的工作,忠诚地面对自己的工作。仲由正是如此,可从下述几方面看到:

一、心服孔子

《史记·仲尼弟子列传》记载:"子路性鄙,好勇力,志伉直,冠雄鸡,佩豭豚,陵暴孔子。孔子设礼稍诱子路,子路后儒服委质,因门人请为弟子。"子路为什么先对孔子不礼貌,后来心服了孔子呢?《孔子家语·子路初见》记载,孔子问子路喜欢什么,子路答:"好长剑。"孔子说:"我不是问的这个。凭你的能耐,再加上学习,不是更好吗?"子路不解地问:"学有什么好处?"孔子说:"夫人君而无谏臣则失正,士而无教友则失听……人受谏则圣。受学重问,孰不顺成?"如果一个人"毁仁恶士,必近于刑",所以一个君子不可不学。子路以南山的竹子为例,说砍下来修饰以后,便可做利箭,还要学吗?孔子说:"打磨箭头,增加后面的羽毛,能使箭射得更远,更加锋利,这不就是学的过程吗?"子路听后,觉得很有道理,再拜曰:"敬而受教。"因为对孔子心悦诚服,一生忠于孔子,实际上是忠于孔子倡导的仁政德治思想及谋求"天下有道"的理想。一部《论语》,多处记载了子路忠于孔子的言行。"(孔)子疾病,子路请祷。"(《论语·述而》)"(孔)子疾病,子路使门人为臣。"(《论语·子罕》)孔子周游列国遭遇陈蔡绝粮之厄时,子路向孔子提的问题最多;路上遇长沮、桀溺、荷蓧丈人时,都是子路应对(参见《论语·微子》)。孔子见南子时,子路对此事最关切(参见《论语·雍也》),甚至孔子说"道不行,乘桴浮于海"时,也只能有子路跟从(参见《论语·公冶长》)。因为他们师生关系十分密切,以致孔子听到子路死的消息后,做好的肉酱也让人倒掉。

孔子主张重民爱民,以仁德治国。子路忠于孔子,他要发挥自己的长项,帮助孔子实现其理想。《韩诗外传》(卷七第二十五章)记孔子游于景山之上,子路、子贡、颜渊随从,孔子叫他们各自说出自己的志向时,子路首先说:"由愿奋长戟,荡三军,乳虎在后,仇敌在前,蠡跃蛟奋,进救两国之患。"孔子曰:"勇士哉!"又一处(卷九第十五章)记孔子与子路、子贡、颜渊游于戎山之上,孔子叫弟子们"各言尔志"时,子路说"得白羽如月,赤羽如日,击钟鼓者,上闻于天,旌旗翩飞,下蟠于地,使将而攻之,惟由为能。"孔子立即赞扬他:"勇士哉!"

《论语·公冶长》记载"颜渊季路侍。子曰:'盍各言尔志?'子路曰:'愿车马衣轻裘与朋友共敝之而无憾。'"都体现出孔子的仁德思想。《论语·先进》记子路言志:"千乘之国,摄乎大国之间,加之以师旅,因之以饥馑;由也为之,比及三年,可使有勇,且知方也。"也是要用自己的努力,来实现孔子的理想,都体现出对孔子学说与思想的一片忠心。

二、忠于职守

作为孔门"四科"中位居"政事"之首的子路,是一位能办事的干才,《论语》等书中记载他许多勤于政事与忠于职守的例子,如:孟武伯问子路仁乎?子曰:"不知也。"又问。子曰:"由也,千乘之国,可使治其赋也,不知其仁也。"(《论语·公冶长》)

季子然问:"仲由、冉求可谓大臣与?"子曰:"吾以子为异之问,曾由与求之问。所谓大臣者,以道事君,不可则止。今由与求也,可谓具臣矣。"(《论语·先进》)子曰:"片言可以折狱者,其由也与?"(《论语·颜渊》)季康子问孔子曰:"冉求仁乎?"曰:"千室之邑,百乘之家,求也可使治其赋。仁则吾不知也。"复问:"子路仁乎?"孔子对曰:"如求。"(《史记·仲尼弟子列传》)昭王将

以书社地七百里封孔子,楚令尹子西曰:"……王之将率有如子路者乎?"曰:"无有。"(《史记·孔子世家》)

在如何处理政事的问题上,子路向孔子发问,孔子回答"先之劳之",再进一步问时,孔子回答"无倦"。(参见《论语·子路》)教育子路勤恳无倦地工作,这正是"忠"。

古籍中还有几则子路忠于职守的例子。一是孔子任大司寇时,设计出"堕三都"的军事行动,子路虽为季氏宰,仍然服从孔子的命令,奉命参加。《左传·定公十二年》做了详细的记载。二是子路奉命修长沟的事。为了按时完成任务,他把自己的"私秩粟"拿出来,做成"浆饭"给挖沟的人吃。(参见《韩非子·外储说右上》)尽管这种做法易于培植私人威信,不利于鲁君,遭到孔子的批评,但为了完成任务,子路不计个人得失,忠于职守的精神却是值得肯定的。三是鲁国季孙氏祭祀时,白天未完,延续到晚上,参加祭祀的人日夜劳累,"皆倦怠矣"。过了几天,为季氏宰的子路,却把祭祀活动安排得井井有条,天不黑就已祭祀完毕,孔子听说后感慨地说:谁说仲由不知礼!(参见《礼记·礼器》)这正是他忠于职守的表现。

三、治蒲三善

作为"政事"之首的子路,在其政治生涯中,最典型的例子是治理蒲地的政绩。子路到卫国蒲地为官,治理了三年以后,孔子来到这里,进入其境便极力称赞:"善哉!由也,恭敬以信矣。"进入其邑称赞:"善哉!由也,忠信以宽矣。"进入其庭院中,再次称赞:"善哉!由也,明察以断矣。"孔子对子路的几次赞扬,使赶车的子贡不解,他执着辔向孔子发问:"您还没有和子路见面,就再三地对他称赞,为什么呢?可以告诉我吗?"孔子说:"入其境,田畴尽易,草莱甚辟,沟洫深治,此其恭敬以信,故其民尽力也;入其邑,墙屋完固,树木甚茂,此其忠信以宽,故其民不偷也;至其庭,庭甚清闲,诸下用命,此其言明察以断,故其政不扰也。"(《孔子家语·辩政》)

子路治蒲的政绩,为什么得到孔子的高度称赞?它可从三个方面体现出来。第一是重视发展生产。当时主要是农业生产。"田畴尽易,草莱甚辟",是让劳动者开垦出土地来,在田地上整整齐齐地治好田畴,才能按时播种、加强管理,使农业生产丰收。第二是以人为本。发展生产,让百姓经济状况变好是一方面,还让百姓盖起整齐的房屋,种植各种树木,使百姓安居乐业,而不"偷"。"偷"字不只是偷盗之意,也有苟且之意,即百姓们能努力生产,不苟安偷生。调动起人民生产、生活上的积极性,正是为百姓办好事的重民思想的表现。第三是使当时的社会和谐。百姓既有了经济基础,则安居乐业。人们不吵不闹,庭院甚清闲,因为政不扰民。"不扰"就是社会安定。当政者以恭敬、忠信待民,社会上形成恭敬、忠信之风,自然会出现社会安定、和谐的局面。而这一切成绩的获得,都是子路兢兢业业,忠于职守,贯彻一种"忠"的精神所致。

四、结缨赴难

《史记·仲尼弟子列传》《史记·卫康叔世家》及《孔子家语·曲礼子夏问》等古籍对子路结缨赴难之事均记之甚详。当时的情况是这样的:卫灵公当政时,其子蒯聩得罪了其宠姬南子,逃亡在外,灵公立其孙郢为出公。十二年后,蒯聩又来夺取王位。这时,子路在卫国一个贵族孔悝那里当官。孔悝是蒯聩的外甥,但是不赞成蒯聩回来。孔悝的母亲却盼着蒯聩来争位。原因是孔悝的父亲死后,他母亲和一个叫浑良夫的人私通,蒯聩支持他们的那种关系,所以孔悝的母亲及浑良夫做了蒯聩的内应。

蒯聩潜回卫国,住在孔悝家的菜园里,他和孔悝的母亲从厕所里把孔悝拉出来,来不及宰牛歃血为盟,却拉上了一头猪,逼着孔悝登上一个台子立盟约。有人告诉子路以后,子路急忙赶进城去要救孔悝。子路赶到后,先劝蒯聩不要逼孔悝,蒯聩不听。子路准备在台下放一把火,把蒯聩吓跑。蒯聩见了火果然离开了,却派出两员勇将和子路斗了起来。子路受了重伤,帽缨也断了。子路说:"君子死而冠不免。"(《史记·仲尼弟子列传》)就在他重系帽缨、端正帽子时,被砍伤致死,并且被剁成了肉酱。

子路临危不惧,忠于自己的主人孔悝,历代传为佳话。这种做法对不对呢?先看看蒯聩夺权对不对。蒯聩是卫灵公的儿子不假,但在外十二年,卫灵公正式下诏,否定了此不肖之子,正式传位给孙子卫出公,这符合当时的礼制。《论语·子路》中有一段子路与孔子的对话:"子路曰:'卫君待子而为政,子将奚先?'子曰:'必也正名乎!'……"孔子接着向子路讲出"名正,言顺,事成,礼乐兴,刑罚中"的一连串说法。此处"正名",就是指卫国立君而言。卫灵公传给卫出公"名正言顺"。蒯聩回来向他儿子争君位,不是"名正言顺",因此,子路支持孔悝、反对蒯聩应该是对的。

许多文献记载子路入城时,正遇上孔子的另一弟子子羔出城,二人有一番对话。子羔说城内有乱,应避开,子路说"食其食者不避其难"(《史记·仲尼弟子列传》)。意思是在人处供职,食着人家的俸禄,就应给人家做事,有祸事也不要避开,这正是"忠"的具体体现。子羔因为不是孔悝的家臣,遇到祸事避开也有道理。当孔子听到卫国内乱后,说:"嗟乎,由死矣!"(《史记·仲尼弟子列传》)孔子最了解自己的弟子,他知道子路在此次祸乱中,一定忠于主人,死难的事不可避免。也是以子路对自己忠的态度来估价其在卫国必然尽忠。

《韩诗外传》(卷二第二十五章)记载着子路这样一段话:"士不能勤苦,不能轻死亡,不能恬贫穷,而曰我能行义,吾不信也。"接着举出申包胥勤奋,比干、伯夷、叔齐轻死亡,曾参不恬贫穷的具体实例,说明一个人要行义,必须做到勤苦、不怕贫穷,甚至不惜牺牲自己的生命,这正是一种君子风格。这番议论,说明他在卫国死难是与比干一样为正义而死。

子路是孔门"四科"之"政事"的代表人物。"政事"就是具体从事政治活动的人,要做好从事政事的活动,首先要忠于职守,忠于事业,忠于领导自己走正确道路的上级。子路的行为给人们做出了榜样。古往今来,要想干出一番事业来,不但要有主持者、带头人,还要有具体办事的"具臣",而这种"具臣"最主要的品格就是"忠信""无倦"地工作,把每一项具体事情做好,许多好事加起来就是一件大事。今天我们研究子路,正是要继承这一优秀传统,并加以弘扬和落实。

(摘自五志民主编《齐鲁文化研究》2009年总第8辑,有改动)

至忠至孝的子路

万士峰

仲子,名由,字子路,春秋鲁国卞(今山东泗水)人,虽生于鲁国,但一生的大部分时间是在卫国(今濮阳地区)度过的。孔子周游列国十四年,十年居卫,子路始终相伴随。子路早年就具有远大的抱负。在一次师徒侍坐言志中,他慷慨陈词:"千乘之国,摄乎大国之间,加之以师旅,因之以饥馑;由也为之,以及三年,可使有勇,且知方也。"(《论语·先进》)而在民间,人们了解更多的是他的"至孝"。《孔子家语·致思》记载子路"常食藜藿之实,为亲负米百里之外"。他的孝行一直是家喻户晓的,所以被列为中国传统"二十四孝"之一。

子路孝行记载不多,而他的品行和业绩却载诸史册。文献记述给人印象最深的是他为追求真理而"当仁不让于师"的可贵品质,以及为正义而义无反顾的献身精神。子路做学问与孔子的其他弟子是不同的。他不拘泥于书本和师教,认为实践更为重要:"有民人焉,有社稷焉,何必读书,然后为学?"(《论语·先进》)春秋时代,礼崩乐坏,越礼和篡弑事件层出不穷。孔子认为,治理一个国家,应该先从"正名"开始,子路当面批评老师的迂腐:"有是哉,子之迂也!奚其正?"(《论语·子路》)孔子对他咄咄逼人的语气很不赞成,认为应该以理服人,保持君子风度,但对他的观点和坦率却深表赞赏。子路做蒲邑(今河南长垣)宰,勤政爱民,兴修水利,发展农业,重视教化,深受蒲人的爱戴。三年后,孔子来到蒲地,看到民风淳朴,百姓安居乐业,三称其善——"恭敬以信""忠信以宽""明察以断",并称赞他"千乘之国,可使治其赋也"(《论语·公冶长》),可备大臣之数。子路的政治实践对孔子"仁政""德治"的儒家学说的形成是有着重大贡献的。

子路勇武过人。当老师受到无端攻击和责难的时候,常挺身而出。孔子曾感激地说:"自吾得由,恶言不闻于耳。"(《史记·仲尼弟子列传》)"道不行,乘桴浮于海。从我者,其由与?"(《论语·公冶长》)子路遵从士人的信条——"食其食者不避其难"(《史记·仲尼弟子列传》),最终在卫国的一场宫廷政变中为救主人而遇难,临死结缨正冠,保持了君子无所畏惧的风度。孔子称赞子路的学问和品德曰"正大高明"。诚哉斯言。

学习先贤,弘扬中华民族的传统美德是历史赋予我们的责任,也是建设有中国特色的社会主义先进文化的重要途径。山东仲氏后裔伟帅同志整理先祖子路的事迹和言行成书,其意义也在于此。今携其书稿示余,并嘱为其作序,故片言为序以贺。

（摘自仲伟帅主编《仲子历史文化研究》,有改动）

仲子儒家思想初探

仲肇覃

孔子是伟大的教育家、思想家,是我国封建文化集大成的圣人,是儒家思想的奠基人。他的思想博大精深,纵横捭阖,不仅在我国两千多年的封建社会中闪耀着熠熠光辉,就是在社会主义改革开放的今天,有许多思想仍是我们需要继承和发扬的。尤其是他的"诲人不倦""学而不厌""有教无类"的教育思想,"己所不欲,勿施于人""先难后获,守死善道"的仁德思想,"至于是邦,必闻其政,用之则行,使于四方"的积极用世思想,等等,仍具有现实教育意义。

儒家思想的核心是"仁","仁"的核心内容是"忠恕"二字。曾子云:"夫子之道,忠恕而已矣。"(《论语·里仁》)作为杏坛高足的仲子,自从弃却鸡冠豭佩从师孔子后,便一直在孔子的教诲下,时刻以"忠恕"二字规范自己的言行。他忠于孔子,随其周游列国,传播儒家思想,车马劳顿,危难饥馑,从无怨言。他事君以忠,慨然赴出公之难,结缨致死;由于受孔子"君子正其衣冠"(《论语·尧曰》)的影响,临死仍须扶正帽盔。他孝敬父母,为之百里负米。他热爱朋友,曾说:"愿车马衣轻裘与朋友共敝之而无憾。"(《论语·公冶长》)所用的车子,所穿的轻暖皮衣,即使被朋友用坏了,也无怨言,也不遗憾。其仁德思想何其煌煌;他闻过则喜,闻善则拜;见危必拯,见溺必救;衣敝缊袍,立狐貉而不耻;不忮不求(不嫉妒、不贪求),见名利而不慕,其品质何其高尚。这些优秀品德,都是儒家"仁德"思想的具体表现。他胸怀雄韬,力主学而致用,安邦定国。他说:"千乘之国,摄乎大国之间,加之以师旅,因之以饥馑;由也为之,比及三年,可使有勇,且知方也。"(《论语·先进》)一个有千辆兵车的国家,处在两个大国之间,外受兵旅之侵,内有饥馑之患,他只要治理三年,就能够树立起该国人民的勇敢精神和道义行为,这又是何等宽广的治国胸怀啊!孔子赞扬说:"由也果,于从政乎何有?"(《论语·雍也》。今译:仲由果断,让他从政有什么不可呢?)"千乘之国,可使治其赋也。"(《论语·公冶长》。今译:一个有千辆兵车的国家,可以叫他主持军政。)在这种积极用世思想的支持下,仲子四十一岁为季氏宰,六十一岁为卫蒲邑宰,六十三岁死于卫难。在做季氏宰时,为维持新兴的封建秩序,亲自"堕三都",铲除了分裂割据的隐患,维护了国家的统一。在为蒲邑宰时,因治理有方,得到孔子"三称其善"的美誉。

  由此看出,仲子的思想深得儒家思想的真谛,尤其是在仁德宽恕的方面,更和孔子相辅相成。孔子曾不无感慨地说:"道不行,乘桴浮于海,从我者,其由与?"(《论语·公冶长》)孔子认为,他的道理如果行不通,就乘一只木筏飘流到海上,跟随他的,大概只有仲由了。但这位老夫子为怕仲子过刚,又揶揄说:"由也好勇过我,无所取材。"(《论语·公冶长》)孔子后面的这个判断是不正确的;如其正确,他对仲子"三善治蒲"的赞誉又当如何解释呢?

  毋庸置疑,孔子是伟大的思想家,但他也和我国乃至世界上所有伟大人物一样,是人而不是神,其思想有辉煌灿烂的一面,也有有局限性的一面。他的"兴灭国,继绝世,举逸民"(《论语·尧曰》)的思想就是违背历史潮流的。其周游列国许多年,一直不为所用,根源就在于这种背时而动的错误思想。不过,孔老夫子至死也没悟出其中的道理,他痛切地哀叹:"凤鸟不至,河不出图,吾已矣夫!"(《论语·子罕》)仲子对老师这种逆历史潮流而动的行为,随着周游列国的行程,渐有察觉,所以他对孔子的思想既有继承,也有批判(这一点,也是本文所要论述的核心内容)。他问孔子:"卫君待子而为政,子将奚先?"(卫国国君等待夫子您去帮助他治理国家,您将先从哪里做起呢?)孔子答:"必也正名乎!"(我一定先正名分!)仲子说:"有是哉,子之迂也!奚其正?"(有这个道理吗?夫子您也够迂腐了,何必先正名分呢?)这种对孔子直言不讳的批评,激起了孔子的愤怒,老夫子呵斥道:"野哉,由也!"(粗野呀,仲由!)(参见《论语·子路》)

  在子路推荐具有新兴封建思想的子羔为费邑宰时,孔子也执意不肯,他说:"贼夫人之子。"(这是害了人家的儿子啊。)仲子反驳道:"有民人焉,有社稷焉,何必读书,然后为学?"(费邑有人民等待治理,有社稷鬼神可以奉祀,何必定要读书然后才去实践呢?意为边读书边实践一样可以做学问。)孔子最后仍以他夺词强辩给予呵斥。(参见《论语·先进》)尤其是对待奴隶主阶级叛乱方面,仲子和孔子的态度也迥然不同:为维护新兴的封建领主阶级的统治,仲子力主以实力平叛,孔子则力主以恢复周礼予以说服教育。"公山弗扰以费畔,召,子欲往。子路不说,曰:'末之也,已,何必公山氏之之也?'(公山弗扰在费邑叛乱,召孔子,孔子想去。子路不高兴地说:"不要去了吧,何必到公山氏那个地方去呢?")孔子说:"夫召我者,而岂徒哉?如有用我者,吾其为东周乎?"(来请我的人,难道能叫我白跑一趟吗?如有能用我的人,我难道不能使周礼在东方复兴吗?)(参见《论语·阳货》)在对待佛肸在中牟叛乱上,师徒二人的态度也截然不同。孔子仍欲往,仲子则告诫说:"亲于其身为不善者,君子不入也。"(那种本身就不善良的人,君子就不该参与他的活动。)(参见《论语·阳货》)

仲子对孔子"克己复礼"以治天下的道理持否定态度,其原因有二:一是在他的几次政治实践中,认识到新兴的封建领主阶级必将代表旧的奴隶主阶级,其历史潮流不可逆转;二是在陪同孔子周游列国时,他们师徒背时而动的行为多次受到人民群众的批评。在止宿石门时,开启城门的小吏就尖锐地批评孔子:"是知其不可而为之者与?"(是那个明明知道不可能却偏要去做的人吗?)(参见《论语·宪问》)孔子自楚回蔡,使子路向在田间耕作的长沮、桀溺询问过河渡口时,桀溺更加直接地批评孔子以恢复周礼治理天下的错误思想,他对仲子说:"滔滔者天下皆是也,而谁以易之?"(如今天下大乱,如滔滔洪水,哪一个能改变过来呢?)(参见《论语·微子》)在遇到荷蓧丈人时,这位以拐杖挑着竹筐的老者,更耻笑他们师徒是"四体不勤,五谷不分"的闲逸人,几乎不予理睬,植其杖而芸耕。后见仲子拱手敬立,态度诚恳,才止宿留客,杀鸡备黍而为食。(参见《论语·微子》)这些事例,充分说明了:孔子以周礼安天下的思想是行不通的,仲子在这方面予以否定也是正确的。仲子的这种坚持真理,坚持正义,直言敢谏,不谋苟合的品质,曾得到清康熙年间户部尚书戴明说的赞赏。戴在康熙五年(1666年)之秋为重修仲庙撰写的碑文中说:(孔子)生平弟子中,其受教不违,问答如响莫如颜子,其次莫如端木子贡……仲氏则不然,心有所疑,境有所滞,则怫然于辞色,而敢以圣人为非,是犯颜强项而不肯面从。于国为诤臣,其刚心猛气,有理无欲,于疑是危微之介,勇以断之而已矣!

综上所述,仲子的儒家思想,一部分师承孔子,一部分否定孔子,他是孔子思想的批判师承者。

本人所论,乃个人管见,为一家之言,敬请各方有识之士,阅后予以批评指正。本文关于仲子和孔子事迹及言论的引文见《论语》二十篇。

(摘自济宁市政协文史资料委员会编《仲子及仲氏文化拾贝》,有改动。

作者仲肇覃系仲子七十一代孙)

仲子儒家思想再探

仲肇覃

　　仲子自从弃鸡冠豭佩从师孔子后,在孔子的言传身教下,师承了孔子的仁德思想。在实践中,他处处以"仁"的标准要求自己,拯溺救危,见义勇为,恪守诺言,忠于职守。鲁《春秋》载:鲁有溺者(落水人),子路拯之,其人拜之以牛(以一头牛的代价相酬谢),子路不受。《孔丛子》载:颜仇由善事亲,子路义之,后仇由以非罪执于卫(颜仇由并没有罪,反被卫国囚禁),将厄(义同危),子路请以金赎焉。人将许之,既而,二三子纳金于子路,以入卫,终将仇由救出。《史记·仲尼弟子列传》载:田常欲作乱于齐,惮(害怕)高、国、鲍、晏,故移其兵欲以伐鲁。孔子闻之,谓门弟子曰:"夫鲁,坟墓所处,父母之国,国危如此,二三子何为莫出?"(你们这几个人为什么不敢挺身而出救国难呢?)子路请出,孔子止之。在国难当头之际,应孔老夫子的号召,仲子甘愿挺身赴国难,但老夫子反而禁止,岂不令人费解?他担心这位刚烈的弟子一旦有去无回,身边则会失去一位忠诚的卫士。《孔子家语·相鲁》载:孔子言于定公曰:"家不藏甲(兵器),邑无百雉之城(长三百尺,高十尺的城墙),古之制也。今三家(指孟孙、季孙、叔孙三家)过制(超过规定标准),请皆损之。"乃使季氏宰仲由隳三都(废除三家超过标准的城邑)。仲子帮助定公铲除了国家的隐患,维护了国家的统一,表现了忠贞果敢的精神。此后,在孔子忠孝节义思想的不断熏陶下,在大势已去、极端危险的情况下,他竟然只身赴出公之难,以致结缨而死。以上史实均说明仲子师承孔子的仁德忠孝思想是矢志不贰的。

　　仲子捍卫儒家思想,是忠贞不渝的,是举世公认的。但在某些问题上又和孔子意见相左,有时甚至持批判和否定的态度。因此,我在《仲子儒家思想初探》一文中得出结论:仲子是孔子儒家思想的批判师承者。尤其在周游列国的旅途中,由于孔子以恢复周礼安天下的思想不断受到各诸侯王国的抵制,作为游说车队第一线的仲子,因为经常寻路问津,首先接触人民群众,在不断听到人们对他们师徒背时而动的错误言行的批评后,更加深了对其师政治主张的怀疑。他时而谦虚地向老师提出质疑,时而坦率地发表自己的见解,在大是大非面前,他甚至冒着不敬师的忤逆风险,尖锐地对孔子提出批评

(如《论语·子路》所记,卫灵公准备起用孔子辅政时,仲子和孔子之间一段尖锐的对话)。像"止宿石门""问津沮溺""路遇荷蓧丈人"等史实,我在《仲子儒家思想初探》一文中已经论及,下面再略举几例,加以充实。

《孔子家语·在厄》载:楚昭王聘孔子,孔子往拜礼焉,路出于陈、蔡。陈、蔡大夫恐孔子之主张有危于陈、蔡,相互以兵拒焉。孔子不得行,绝粮七日,外无所通,藜羹不充(野菜汤也喝不上),从者皆病。孔子愈慷慨讲诵,弦歌不衰。乃召子路而问焉,曰:"《诗》云:'匪兕匪虎,率彼旷野。'吾道非乎,奚为至于此?"(孔子说:"《诗经》说:'那个不像犀牛不像虎的东西,在旷野上纵横驰骋。'难道我的道理就像那个不伦不类的动物吗?否则,为什么到达这种地步呢?")子路愠,作色对曰:"君子无所困。意者夫子未仁与?人之弗吾信也;意者夫子未智与?人之弗吾行也。且由也,昔者闻诸夫子:'为善者天报之以福,为不善者天报之以祸。'今夫子积德怀义,行之久矣,奚居之穷也?"(君子是不会被什么东西困扰的。老师您未行仁义吗?为什么人家不信任我们呢?想一想,老师您没有智慧吗?为什么人家不赞成我们的行动呢?而且从前就听老师讲过:'做善事的人上天会降福于他,做坏事的人上天会降祸于他。'如今老师您积累德行心怀仁义,推行您的主张已经很久了,为什么到达这种穷困境地呢?)仲子和其师的这段对话,足可以证明仲子对孔子仅以积德怀义、恢复周礼治天下的思想所持的怀疑和否定态度。

对于孔子不顾客观实际,一味忠君的思想,仲子也是持否定态度的。周敬王三十七年(鲁哀公十二年,即前483年),时届花甲之年的仲子当上了蒲邑宰得以发挥他"治赋其才"的主政能力。果不负孔子师徒之所望,蒲邑经过他三年的治理,其境"田畴尽易,草莱甚辟,沟洫深治"(《孔子家语·辩政》),社会安定,人民康乐。孔子路过此处,顺便看一看其弟子的政绩,刚入其境,即称"善哉!",后入其城邑,登其城堂,又两次称善。因此,在孔子的赞誉下,仲子"三善治蒲"的美名已流芳千载。就是这样一位被其师誉为有"三善"典型政绩的仲子在为蒲邑兴修水利工程时,也和老师发生了一场激烈的争论。《孔子家语·致思》中有这样一段记载:子路为蒲宰,为水备,与其民修沟渎。以民之劳烦苦也,人与之一箪食,一壶浆。孔子闻之,使子贡止之。子路忿不悦,往见孔子,曰:"由也以暴雨将至,恐有水灾,故与民修沟洫以备之。而民多匮饿者,是以箪食壶浆而与之。夫子使赐(端木子贡)止之,是夫子止由之行仁也。夫子以仁教而禁其行，由不受也。"孔子曰："汝以民为饿也，何不白于君，发仓廪以赈之？而私以尔食馈（赠送）之，是汝明君之无惠，而见己之德美矣。汝速已则可，不则汝之见罪必矣。"为兴修水利工程，采取应急措施，救济饥馑之民，本是无可非议之事，但孔子为显扬君德，反而劝仲子立即结束这种行动，而应先告诉国王，让其开仓济民，这实在是迂腐之见，遭到仲子的严厉驳斥，实属必然。另一方面，也证明了孔子仁德思想的局限性——先为君，后为民。

在道德修养方面，《孔子家语·始诛》记载了这样一件事，反映了仲子直言不讳的性格：孔子为鲁司寇，摄行相事，有喜色。仲子问曰："由闻君子祸至不惧，福至不喜，今夫子得位而喜，何也？"孔子曰："然，有是言也。不曰'乐以贵下人'乎？"孔子这种实属勉强的答复，怎么能掩盖住他得官窃喜的内心世界呢？另外，《孔丛子》中还记载了这样一件事：公父文伯死（公父是姓），室人（指妻妾）有从死者，其母怒而不哭，相室谏之。其母曰："孔子，天下之贤人也，不用于鲁，退而去，是子素宗之而不能随（是你这个孩子向来推崇孔子但不能跟随他去）。今死，而内人从死者二人焉。若此，于长者薄，于妇人厚也。"既而，夫子闻之曰："季氏之妇（指公父文伯之母）尚贤哉！"仲子愀然对曰："夫子亦好人之誉已乎？夫子死而不哭，是不慈也，何善尔？"（老师您也喜欢人家赞誉自己吗？像那个老妇人，他的儿子死了而不哭，是不慈祥的表现，又怎么谈得上善良呢？）孔子曰："怒其子之不能随贤，所以为尚贤者，吾何有焉，其亦善此而已矣！"孔子的这种辩解也是苍白无力的。

综上所述，仲子的儒家思想除了和孔子一脉相承外，在许多方面和孔子的思想又不完全一致，说他是孔子思想的批判师承者，也是不乏史实根据的。

（摘自济宁市政协文史资料委员会编《仲子及仲氏文化拾贝》，有改动。

作者仲肇覃系仲子七十一代孙）

仲子儒家地位浅析

仲汉祥

孔子是儒家思想的创始人,也是两千多年来中华民族所公认的圣人。孔子在春秋战国的诸子百家中,无论是当时或后世,在国内或国外,都是影响最深最广的人物,是一个学识渊博、品质高尚的伟大思想家、教育家。他集以往文化思想之大成,开后世儒家学说之先声。他的思想学说,经过两千年的潜移默化,有的已成为中华民族的道德意识、精神生活和传统的风俗习惯准则,构成了有别于西方国家的中国式的社会习俗和家庭生活的风范,而且在一定程度上也影响了东方国家,远及欧美,在世界文明史上占有重要地位,成为我们民族的骄傲。研究孔子,必须涉及仲子,而研究仲子,又离不开孔子。在孔子的三千弟子之七十二贤人中,颜渊是孔子最喜欢的学生,被后人称为复圣。今天让我们用"实事求是"的观点来认识圣贤,评论圣贤,进一步了解圣贤,就史书所载谈几点对仲子的看法:

一、仲子是孔子最了解、最喜欢的学生之一。孔子对仲子是最信任的。孔子说:"道不行,乘桴浮于海。从我者,其由与?"(《论语·公冶长》。今译:我的主张行不通,想坐个木排向海外漂去,跟随我的恐怕只有仲由吧?)由此可见,仲子是孔子最虔诚的信徒,最得意的门生。他比孔子小九岁,与孔子有共同语言。他为人耿直,有能力和才艺,一生忠于孔子。他性情粗犷,经常批评孔子,孔子也经常批评他。他一生追随孔子布道,帮孔子立教,树孔子威信,这一切均非其他贤者所能。应该说,孔子与仲子除师生关系外,还存在着朋友关系和战友关系。

二、仲子对孔子的贡献是其他弟子无法比拟的。孔子说:"自吾得由,恶言不闻于耳。"(《史记·仲尼弟子列传》)自仲由成了孔子的学生之后,中伤孔子的坏话听不到了。从这句话的内容看当时的状况,可以分析,在仲子未入孔门之前,很多人是瞧不起孔子的。就先贤"冠雄鸡,佩猳豚,陵暴孔子"之例,则能窥其一斑。正因为仲子性格耿直,爱憎分明,当他认定孔子之道是正确的,乃儒服委质,因门人请为弟子。在他的带动和影响下,儒家教育事业得以兴旺发展,孔子的威信也因之提高。仲子的助师之力、卫道之功,诚非诸子所配。假若同学们皆唯命是从,亦步亦趋,恐夫子之墙早被毁矣,亦焉有今日之声望哉。

三、仲子在真理面前,不让其师的精神是可贵的。仲子敢于以圣人为非,犯颜强项而不肯面从。刚心猛气、有理无欲是仲子最大的特点。《孔子家语·致思》载:子路为蒲宰,为水备,与其民修沟渎。以民之劳烦苦也,人与之一箪食,一壶浆。孔子闻之,使子贡止之。子路忿不悦,往见孔子,曰:"由也以暴雨将至,恐有水灾,故与民修沟洫以备之。而民多匮饿者,是以箪食壶浆而与之。夫子使赐止之,是夫子止由之行仁也。夫子以仁教而禁其行,由不受也。"这个故事说明:仲子爱民之所爱,急民之所急,帮民之所需,有过于孔子,为政关心百姓,卫国不顾个人安危,苟后人皆能效之,则民何以不富,国何以不强?尤其是人类进化到今天,世界竞争之激烈,国家要富强,民族要振兴,更应继承仲子坚持真理、一心为民的精神。

孔子曾经说过"由也兼人,故退之"(《论语·先进》),孔子有时也批评仲子,盖因为仲子备兼人之才,故责之也。而后世不与分析,皆以为颜子是孔子最得意的门生,可我却不以为然。用唯物辩证法的原理,重新认识历史人物,那么事实便是证据。因此,便大胆提出这一论点,供各同人参考。

(摘自济宁市政协文史资料委员会编《仲子及仲氏文化拾贝》,有改动。作者仲汉祥系仲子七十三代孙,湖北省武汉市资深诗词学者)

子路被推荐到卫国的蒲邑做了蒲邑宰,历经三年,把蒲邑变成了政治清明、民富粮丰、繁荣昌盛的"三善之地"。这看起来是一个偶然事件,其实蒲邑成为"三善之地"是一种必然的事情。凡是有偶然性的地方,其背后总是隐藏着必然性。因为任何事物的发展过程中都既包含着必然性的趋势,又包含着偶然性的情形。这种矛盾现象的产生,是由客观事物的发展过程本身存在的普遍联系的客观世界中的复杂性所决定的。事物发展的必然趋势主要是由它的内在因素所决定的,然而这种必然趋势能否实现而成为现实,又取决于这一事物与其他事物的许多偶然的联系。当了解了先秦时期长垣的地理、历史、人文等情况之后,就会明白蒲邑成为"三善之地"的内在原因。

——编者题记

第三章 "三善之地"产生的历史渊源

第一节 先秦时期长垣的兴替沿革

长垣,早先时为古匡。境内很早就有人类在此繁衍生息,浮邱店(今丁栾镇东)是豫北地区少有的仰韶文化遗址,苏坟、青冈、宜邱、大堽、小岗、学堂岗等龙山文化遗址遍及全域。

当时,长垣四野平旷,境内没有高山大川,其西北紧靠太行山,冈峦连绵起伏,大部分地区沃野黄沙,百里平畴,农业茂盛,人口众多,济水、濮渠水穿境而过,南部受黄河支流影响,自然形成一些小河,秋季时常漫溢,影响农耕生产。

很早的时候,长垣位于冀州、豫州和兖州交界之地,应属于黄帝、炎帝管辖的区域。相传城南司坡村(今南蒲街道南)为玄帝之故里,村南有井,俗称玄帝之花园井。尧舜禹时期,仍属于冀州、兖州、豫州的辖区。具体的区划也有变化,长垣地处三地交界,或曰豫州,或曰冀州,或曰兖州,虽然记述不一,总的应以豫州为多,是华夏文明的重要发祥地。

出土的匡城碑

据明嘉靖《长垣县志》记载,舜帝崩于鸣条(今常村镇西南)。明代前七子之一王廷相记述:"舜观治于鸣条之野,其生群群,其风熙熙,虽荒耇之岁,而民免于冻饿,操瓢囊为沟中之瘠。舜问其故,民曰:条封人哉!条封人哉!夫垣民固侥福于封人也与!"可见长垣当时生态良好,虽大灾之年百姓仍能保持温饱。

许慎的《说文解字》称:"古者少康初作箕、帚、秫酒。少康,杜康也,葬长垣。"少康被视为夏王朝中有作为的一位君王,自幼历尽苦难,复国后勤于政事,讲究信用,天下安定,文化大盛,受到各部落拥戴,夏朝再度兴盛,史称"少康中兴"。夏代末年,夏桀王荒淫无道,天怒人怨。夏大夫关龙逢作为发、桀两代夏王相,因为向夏桀王忠言进谏而被杀,是中国历史上第一位以死谏君的忠臣。东方朔曰:"昔龙逢,谏于桀,而王子比干直言于纣,此二臣者,将以为君之荣除主之祸也。"其故里在龙相村(今恼里镇西北),古时此地称龙城。此地原有一座大墓,墓前有祠,就是关龙逢的陵墓。陵前松柏遮阴,庄严肃穆。可惜后来连年战乱,加上黄河发水淤积,到清末竟荡然无存。不久之后,在商灭夏的战争中,商汤率领商部落士兵与夏军在鸣条展开决战,夏桀王仓促率兵应战,结果夏朝军队大败,史称鸣条之战。这场战争成为夏王朝灭亡的转折点,导致夏王朝灭亡,商汤建立了中国的第二个王朝——商朝。

关于夏商时长垣的隶属关系,尚无史料佐证,周代始有记载。据明嘉靖《长垣县志》载,长垣为周文王之子、周武王之弟康叔的封地。周武王时作为康叔的封地,共计传位十三代,属于卫国管辖。周成王即位后,发生三监之乱,康叔参与平定叛乱,因功改封于殷商故都朝歌,建立卫国,成为卫国第一任国君。康叔赴任时,其兄周公旦作《康诰》《酒诰》《梓材》,作为康叔治国法则。并告诫康叔,务必明德宽刑、爱护百姓,向殷商故地贤豪长者询问殷商兴亡之道。康叔统治有方,很快使卫国经济繁荣、社会稳定、百姓安居,成为卫国和卫姓的始祖。而卫国也成为生存时间最长的诸侯国之一,立国前后共计907年,在众多曾经声名赫赫的诸侯国纷纷被灭国的春秋战国时代,卫国奇迹般地躲过无数次灾难,生存至秦统一中国后,到秦二世时才灭亡。

长垣在春秋时属卫国,建有蒲邑、匡邑,还有祭城,概因东周封祭仲于祭邑而显名,此外还有龙城、鹤城、漆城、訾娄城、平丘、宛濮、机城等。战国时期魏国设首垣邑,秦统一后置长垣县。

第二节　先秦时期长垣的社会阶级

上古时,黄河流经长垣西部,济水穿境而过。当时,黄河流域是古代文明的中心。这里气候冷暖适中,土地腴瘠有度,适合人类劳动和生活,而且地域广袤,易于统治。尤其是黄河的中下游地区,是黄帝、尧舜禹和夏商周兴盛之地,这个地区即是古代所谓的中原之地。上古时期以渔猎居多,夏代农业开始兴起,一般认为黄河流域是农业的源头。夏代时人们比较迷信,生活条件低下,风气质朴尚俭。商代虽已从事农业,却仍保留着渔猎的传统。安阳是商代的最后一座都城,当地考古发现许多兽骨。殷商时期物质文明有所进展,手工业较为发达,青铜器铸造有了很高的水平,风气较为质朴。周代开始建立封建制度,对农业更加重视,在全国推行"井田制",明确公田和私田,调动了老百姓的积极性,巩固了封建统治。西周时,国力渐渐强盛,延续了夏商时代的风气,发政施仁,修订礼制,在东方的势力逐渐巩固,遂有小康之治。

从夏商周到春秋战国,一直是农耕社会,但社会结构经历了很多的变迁,发生了根本变化。尧舜禹时期之前,社会阶级还没有出现,每一个部落内部的人们大都是很平等的,鸡犬之声相闻,民各甘其食,美其服,安其俗,乐其业,基本上是原始共产主义社会,即孔子所说的大同时代。随着部落的扩张,由武力的强弱而产生阶级,后受政治、经济等因素的影响,社会阶层不断变化,阶级制度也随之改变,由武力形成的贵贱关系向贫富关系进化。古代的工业多是手工业,由国家专营,制造器具供老百姓使用。农业也得到大的发展,出现酎等奢侈品,《礼记·月令》有"(孟夏之月)天子饮酎,用礼乐"之说。据考证,张三寨镇大堽村的酎酒即源于此。后来商业逐渐兴起,到东周时期,则有"用贫求富,农不如工,工不如商"之说,剥削的现象自然而然出现。

西周时期,周天子保持着天下共主的威权。周平王东迁洛阳之后,开始了东周时代,周王室日渐衰微,只保有天下共主的名义,而无实际的控制能力。中原诸国也因社会经济条件不同,大国间争夺霸主的局面出现了,各国的兼并与争霸促成了各个地区的统一。因此,东周时期的社会大动荡,为全国性的统一准备了条件。

春秋战国时期,是中国历史上的一段大分裂时期,也是百家争鸣、人才辈出、学术风气活跃的时代。

春秋时,长垣长期属卫国。卫国作为诸侯国中的一个小国,一直在夹缝中生存。但由于卫地自古多君子,秉持以德治国理念,百姓安居乐业,国家地位日盛。吴王之弟季札曾经周游列国,以其远见卓识闻名天下,他在卫国得出的结论是"卫多君子,未有患也"(《左传·襄公二十九年》)。

战国时期魏国设首垣邑,秦推行郡县制时设置长垣县。

当时,长垣地理位置重要,水草丰茂,物阜民丰,经济繁荣,曾铸造钱币,是兵家必争之地,也是诸子百家文化滥觞之所。

第三节　先秦时期长垣的军事战争

古时长垣多兵事战乱。

夏桀王末年,商部落逐渐兴起,夏桀王派兵与商汤大战于鸣条,兵败后不久覆亡。

鲁桓公三年(前709年),齐侯、卫侯应约在蒲地相见,从此卫侯与诸侯会见不再请示东周王朝。

鲁闵公二年(前660年)十二月,狄人伐卫。卫懿公喜爱鹤,鹤有按品级乘坐轿子的。即将开战时,士兵都说,让鹤去打仗吧,鹤有禄位。卫国遂短暂灭国。

卫文公十一年(前649年),与晋国郤缺在长垣的承匡城会见。

鲁僖公十五年(前645年),与齐侯、宋公、陈侯、卫侯、郑伯、许男、曹伯在牧丘会盟。孟穆伯率领本国以及诸侯国部队救援徐国,后部队集结于匡地,准备救助解围。

鲁僖公二十八年(前632年),卫侯郑从楚国又回归到卫国。同年春,晋文公准备讨伐曹国,想借道卫国,卫国人不同意,因而获罪于晋国。后大夫宁武子与卫国人在宛濮(今长垣西南一带)会盟,统一思想,化解了危机。

卫成公九年(前626年)春,会见晋侯、齐侯、宋公、卫侯、郑伯、曹伯、莒子、杞伯,同盟于蒲地。晋国日益强大,诸侯纷纷遣使朝拜,唯独卫成公没有派人。晋文公遂使孔达率军入侵郑国,进而讨伐绵、訾,祸及匡地。

鲁襄公二十九年(前544年),吴国公子季札到卫国,游说蘧瑗、史狗、史鳅、公子荆、公叔发、公子朝,说:"卫多君子,未有患也。"

卫献公三年(前544年),吴延陵季子使过卫,见蘧伯玉、史鳅,说:"卫多君子,其国无故。"

鲁昭公十三年(前529年)秋,在平丘会见刘子、晋侯、齐侯、宋公、卫侯、郑伯、曹伯、莒子、邾子、滕子、薛伯、杞伯、小邾子。诸侯结为同盟,而鲁昭公未与之结盟。

鲁定公十三年（前497年），在蒲地举行大阅兵。

鲁哀公三年（前492年），齐国夏、卫石曼姑率领军队围攻戚城（也作漆城）。后与晋侯、卫侯、郑伯、曹伯、宋世于成、齐国佐邾人在戚城结为同盟。

孔子到宋国，匡人简子率领甲士包围了孔子。子路大怒，挥舞着戟要和他们战斗，孔子制止了他，让子路演奏，曲终，匡人解甲而罢。孔子离开卫国要到陈国，路过匡地。颜刻为随从，用鞭指着说："当初我到此地，是从那边打开缺口进去的。"匡人听到以为是鲁国的阳货。阳货曾经虐待匡人，匡人于是围困了孔子。孔子去即过蒲，月余反乎卫，住在蘧伯玉家。孔子离开陈国路过蒲地，在蒲畔会见公叔氏，蒲人围困孔子。公良孺与他们打斗，蒲人害怕了，与孔子达成和解，然后到了卫国。卫灵公听说孔子来，很高兴，在郊外迎接。问曰："蒲地可以征伐吗？"孔子对曰："可以。"灵公说："国内大臣认为不可以。今蒲地是卫国抵制晋、楚的屏障，以卫伐之，哪能可以呢？"孔子曰："其男子有死之志，妇人有保西河之志。我所以为能讨伐的，不过四五人而已。"灵公曰："好啊！"然后不再讨伐蒲地。

子路担任蒲宰，为水备，率领百姓兴修沟洫。

晋人想要讨伐卫国，但是畏惧子路，不敢过蒲地。

梁惠成王十一年（前359年），郑厘侯派许息为使节，出使平丘、户牖、首垣诸邑。

秦昭王元年（前306年），樗里子将征伐蒲地，蒲地官员很恐慌，请求胡衍帮助。胡衍受蒲地之托，对樗里子晓以利害，最终使其放弃对蒲地的进攻离开了。

卫灵公死后葬在陈墙村（今满村镇东南），时人感念其是一代明君，建庙祀之，至今仍有卫王城（也称卫王坟）的记载。

公元前354年，赵国进攻魏国的盟国卫国，夺取了漆（今常村镇境内）及富丘（今长垣市境内）两地，此举招致了魏国的干涉，魏国派庞涓包围赵国首都邯郸。赵国派使者向齐、楚两国求救。齐国的孙膑设计围点打援，大败庞涓于桂陵（今张三寨镇大堽村），演绎出围魏救赵的奇谋，史称桂陵之战。

战国末期，齐王田儋与秦国交战，兵败战死于匡地，龙相村有齐王墓。

第四节　先秦时期长垣的民风民俗

春秋战国时，长垣风气民俗受诸子百家影响很大。

据《史记》等载，长垣风俗民情接近梁、鲁，诸多文化酝酿发端于此，同时受地缘文化影响较大，其中以儒家和道家等思想教化最多。长垣人大多微重矜节，刚武朴茂，先人后己，务崇礼让，古朴无文，遇大难守义而不变。孔子对卫灵公说："其男子有死之志，妇人有保西河之志。"《长垣县志》载："邑有龙逢比干祠，邑之人感有忠义心；有蘧伯玉祠，邑之人感有君子心；有子路祠，邑之人感有刚直心；有妇姑祠，邑之妇女笃于孝敬。"可见，长垣风土人情自古如此，迄今风气源于春秋时期。

春秋时，诸子百家纷纷在长垣传经布道，推广自家学说。孔子周游列国期间，在长垣前前后后生活过九年，著书立说，开坛讲学，广施教化。诸多弟子也在长垣广为活动，留下许多史话，比较有名的有子畏于匡、杏坛施教、四子言志等。其中尤以子路三善治蒲最为有名，开辟了长垣三善文化的先河，也最为长垣人所尊崇。

柳下惠是中国古代思想家、政治家、教育家，曾任鲁国士师，掌管刑罚狱讼之事。作为遵守中国传统道德的典范，其"坐怀不乱"的故事广为传颂。孔子以之为"被遗落的贤人"，孟子尊为"和圣"。柳下惠死后，长垣人建造衣冠冢，以示纪念，现在苗寨镇还有柳冢村。

孔子周游列国十四年，其中在卫国长达十年，也就是因为这里有很多和他性味相投的君子，最有名的就是他和卫国大夫蘧伯玉的"蘧孔之交"。除了诸子百家在长垣的教化之外，最有名的长垣人当属蘧伯玉。他是孔子尊为君子的第一人，外宽内正，知非寡过，直己不直人，主张以德治国，即执政者以自己的行为影响人民、体恤人民，是无为而治的开创者。长垣自古以来被称为君子之乡，肇始于蘧伯玉。

当时，民间受其影响，也出现很多孝行义举。刘向《列女传·节义传·鲁义姑姊》载，春秋时齐国攻打鲁国，行至长垣苗寨镇鲁义姑村时，见一妇人抱子携侄而行,齐军即将追上,妇人弃子抱侄而走,齐军感动,遂不追赶,被视为义举。南蒲街道司坡村为古代妇姑城旧址,是为纪念春秋时孝敬老人的妇姑而建,长垣因而也被称为妇姑城。城中建有妇姑祠,旌表当时妇姑双节,只是她们的姓氏名字都遗失了。

当然,长垣也有一些其他方面的记述。长垣一度称为鹤丘,是卫懿公养鹤的地方。卫懿公荒淫逸乐,骄奢侈靡,而且尤其喜欢养鹤,还按品质、体姿将鹤封为不同官阶,享受相应俸禄;卫懿公出游,这些鹤也分班侍从,各依品第,乘载于华丽车中。卫懿公好鹤荒政、卫国人心离散的消息传到北狄,北狄王率兵突袭卫国。卫懿公九年(前660年)十二月,赤狄攻打卫国,卫懿公准备派兵抵抗,士兵公开背叛。他们说:"国君爱养鹤,鹤有俸禄官位,让鹤去抵御狄人吧,我们哪里能打仗!"卫国遂亡。

扁鹊在宋国行医时,得罪了宋国国君,出逃到长垣一带。扁鹊到一病危患者家中看病,病人之父推辞说,儿子的病很重,不是他能治得了的,并用巫师祈福保命,最终儿子死去。这件事说明求远失近、广藏狭弃,终难如愿。同时也反映当时长垣先民相信神灵,不信医学的事实,从一个侧面说明殷商尊崇神灵的习气影响到战国时期。

第五节　先秦时期长垣的文化艺术

在大约六千年前,长垣就有人类生存。浮邱店仰韶文化遗址和苏坟、小岗、大堽、宜邱等龙山文化遗址,均出土有红陶、黑陶、石器、蚌壳等大量新石器时代的文物。

夏代以前的文化大多出自文字记载,其中《山海经》记述齐备,包含了上古时期的山川、道里、民族、物产、药物、祭祀、巫医等,以及包括夸父逐日、女娲补天、精卫填海、大禹治水等不少脍炙人口的远古神话传说和寓言故事,其中不少都发生在长垣周边地区。

殷商时文化较为丰富,殷墟出土的甲骨文零星地反映了商人好酒、贵族妇女享有相当自由、国家编订历法等等,特别是甲骨文的书法,更是与中华文化一脉相传。

周代则把文化推进一步,创始了国家初期各种制度,编制了《周礼》,将封建制度和宗法结为一体,维系了国家大局的稳定。周代的礼仪影响了以后的诸子百家,尤其是儒家思想,进而影响中国数千年。

夏商周时期,长垣大多淹没在历史长河之中,只留下一些文化遗址、传说和只言片语的史料。除了前文中提到的之外,还有蒲西耿村遗址附近的烂柯台等。

春秋时期,长垣文化气息浓厚。孔子曾在长垣修订增删包括《诗经》在内的五经等著作,并述而作催生了后来的《论语》。

《诗经》是我国最早的具有浓郁的现实主义风格的诗歌总集,较为全面地记述反映了春秋时期人们劳动、生活、爱情等方面的景象。《诗经·卫风》共十首,而直接发生在长垣或与长垣有密切关系的就有六首,分别是《考槃》《硕人》《芄兰》《河广》《伯兮》《木瓜》,记述了当时长垣的政治、经济、军事、文化及风土人情,全面反映了包括长垣在内的卫地先民的经济活动、感情世界和生活场景。其中《硕人》四章,即是长垣女诗人傅姆所作。据考证,傅姆也是我国第一个女诗人。《列女传》记载,庄姜幼时禀赋异常,在傅姆的教化下,成为当时贤淑之女,后嫁给卫庄公,却不受宠爱。傅姆因而作四章《硕人》,非但讽刺卫庄公昏庸,亦是暗中慰抚庄姜受伤之心。《国风》的文学价值极高,而《硕人》作为其中的名篇,在《诗经》中也有很高的文学地位,对于后世现实主义诗歌的发展有着积极深远的意义。

《论语》《左传》《战国策》中关于长垣的记述更多。如《论语》中的《四子侍坐》《子畏于匡》等,《左传》中的《卫献公复位》《子路赴死》《卫灵公争位》《卫献公之死》《卫国之变》《卫国之乱》《闵公二年》等,《战国策》中的《智伯欲伐卫》《智伯欲袭卫》《秦攻卫之蒲》《卫使客事魏》《卫嗣君病》《卫嗣君时》《卫人迎新妇》等,都如实反映了春秋战国时期长垣经济、政治、文化、军事、社会风貌。

第六节 先秦时期长垣的历史人物与事件

关龙逄

一、关龙逄之一

大纪曰:桀,穷其宗族,耻其勋旧,轻其贤良,弃义听谗。诸侯危其位,大夫隐其道,举事戾于天,发令逆其时,谏者皆杀之。关龙逄进谏曰:"人君谦恭敬信,节用爱人,故天下安而社稷宗庙固。今王侈靡嗜杀,民惟恐君之后亡矣,人心已去,天命不祐,盍少悛乎!"不听。龙逄立而不去,桀怒,遂杀之。

(摘自金履祥《御批资治通鉴纲目前编》)

二、关龙逄之二

关龙逄(生卒年不详),夏朝末年中国历史上第一位以死谏君的忠臣,故里在今长垣市恼里镇龙相村。龙相村古时称龙城,原有一座大墓,墓前有祠,松柏遮阴,庄严肃穆,即是关龙逄的陵墓。可惜后来连年战乱,加上黄河淤积,至清末墓祠已荡然无存。

夏王朝公元前21世纪建国,至公元前16世纪,到了最后一个君王夏桀。夏桀荒淫暴虐,凶残无道,诸侯有不朝者即伐之。伐有施氏,有施氏进献一美女,名叫妹喜。夏桀很是喜爱,妹喜得宠,说话皆言听计从。他竭尽民财,修琼宫饰瑶台。将肉砌于糟堤,将脯悬于林间。酒池可以行船,糟堤可望十里。将宫女千人,尽去其衣,一会儿击鼓,头倒池上饮酒,一会儿又击鼓,就林中一足踏树上食脯,如此往来,纷纷忙乱。夏桀与妹喜边喝酒边观看,大笑取乐,有谏者皆杀之。又张灯夜饮,使男女裸体杂处,观之交接之势,夏桀与妹喜大以为乐,从此更加不理朝政。

夏桀的所作所为,遭到民众的强烈反对,老百姓对他恨之入骨。夏桀却不以为然,还十分狂妄地把自己比作永远不落的太阳。老百姓看他如此厚颜无耻,就咒骂说:"你这个太阳还不快点完蛋!我们愿意和你同归于尽。"

古代有善养龙者,称豢龙氏,关龙逄为豢龙氏的后代,也称豢龙。对于夏桀的暴行,作为夏朝的大夫、贤臣,关龙逄实在看不下去,多次向夏桀进谏,要他关心百姓疾苦和国家安危,说:"作为人君,你要谦恭待人,对人臣要敬信,要爱护人才。只有这样天下才能安定,社稷宗庙才会稳固。像你这样,赶走自己的宗族,辱没自己的旧臣,轻其贤良,丢弃礼义,用财无度,杀人无数,老百姓都想让你早点灭亡。人心已去,老天也不会保佑你,这样很快会亡国的。"但夏桀根本听不进去。

经过长期思考,关龙逄决定献"黄图",进行死谏。"黄图"是一种关于地舆、陵庙、宫观、明堂等事的图画,借此说明当前有亡国的可能,形势甚是危急。他到夏桀居住的王宫,夏桀正不知廉耻地和妹喜寻欢作乐,准备作长夜之饮。关龙逄献了"黄图",说明来意,故意立而不去。夏桀看到关龙逄的样子,不耐烦地说:"你又在这里妖言惑众,快下去吧!"关龙逄怒目而视,站着一动不动。夏桀早就对这个絮絮叨叨、净说不中听话的关龙逄厌烦极了,便什么也不说就拿起"黄图"把它烧毁了。接着喊来兵士把关龙逄囚禁起来,不久就把他杀了。

夏桀杀害了关龙逄,更加肆无忌惮,再也没人敢犯颜进谏了。这时居住在东方的商族日益兴盛起来,首领商汤在谋臣伊尹的辅佐下,率师讨伐夏桀。夏桀的军队不堪一击,在鸣条(今长垣市西南境)一战便彻底溃败了。夏桀逃奔安徽南巢,死于亭山,夏就此灭亡了。

夏朝灭亡以后,后人把关龙逄的尸骨安葬于家乡龙城。因关龙逄官居相位,后改龙城为龙相。明代龙相人掘地得一石碑,长约三尺,宽一尺六寸,字径六寸,碑中有四个古篆字曰"一片忠肝",不知为何代所刻。明朝时期,人们十分敬仰这位有史以来第一位因进谏而遭屠戮的忠臣,便将他和商末因进谏被商纣王剖心杀害的比干一同纪念,在长垣城南关修建"双忠祠"。明代中期著名文学家、号称"明代十才子"之一的李梦阳,撰写了碑文。李梦阳在碑中对夏商两代以死谏君的两位忠臣表现了无限的哀思和敬仰。因为李梦阳文章写得好,字又写得好,双忠祠碑堪称一绝,再加上两位忠臣品德高尚,故人们合称此碑为长垣"三绝碑"。

到清代,双忠祠经多次重修,规模宏大,香火旺盛,再加上祠内有高耸入云的兴文古塔,实为长垣一盛景。人们又将"一片忠肝"石刻移于神座前,整天香烟缭绕,游人不断。号称"江北七才子"之一的邑人郜焕元,曾赋诗赞颂。诗曰:"劲草堂前古柏垂,双忠遗留使人悲。欲知直节匡前代,更读中原三绝碑。"译成现代汉语就是:劲草堂前的古柏哀思低垂,两位忠臣的事迹又使人感到可悲。要想用率直的行为匡正前代更需要读一读屹立在中原的三绝碑。

双忠祠

关龙逢的墓祠及双忠祠虽然不存在了,但关龙逢爱国家、爱人民、不怕死的忠直精神和高尚情操,却永远激励鼓舞着一代又一代后人。

(摘自宋广民、王文举主编《长垣君子文化志》,有改动)

"逄"之考究

陈文圣

最早与"逄"有缘,是看毛主席秘书逄先知先生的文章。因不识作者之姓,就查了字典:逄,同逢,páng音,阳平,姓。从此便牢记心中。

缘分总是冥冥注定。一次偶然的机遇,我到黄河岸边一个叫龙相的村子驻村工作。未到之时,就知道这村子颇有来历。乍一到村,淳厚热情的人们纷纷向我介绍村子的历史和渊源。通过介绍才知道,龙相村竟与华夏第一梗臣关龙逄有关,因其生于此地且官拜相位(其实当时为大夫,并不称相,称之为相是后人表达敬意的一种尊称)而得名。怪不得有一种很悠远、很俯仰又很敬肃的感觉,原来到了先贤荫佑之地。以后,便有了了解感知关龙逄的念想。

于此以下,是搜索抄搬到的关龙逄的大概的印记。

一、关于关龙逄其人

夏王朝是我国历史上第一个奴隶制王朝,始于禹而亡于桀。夏桀是历史上有名的暴君,在其统治末期,出了一位彪炳史册的诤臣,这就是被誉为"死谏开先第一人"的关龙逄。

关龙逄也称豢龙,是古代豢龙部族的后代,出生在一个奴隶主家庭,自幼受到良好的教育。但由于他生性善良,深明大义,对奴隶富有同情心。幼年时正值夏朝明君发在位,内部纷争停止,将士英勇善战,边界得以巩固。关龙逄也被选为大夫。但是,桀弑父继位后,施行暴政,残杀忠臣良将,蹂躏黎民百姓,竭尽民力,修筑王宫,又常常强迫人民打仗,天怒人怨。桀生活奢侈,荒淫无道。据史载,当时有施族部落败,有施氏向桀王献一美女,名叫妹喜(又叫未喜或妹嬉)。桀很是宠爱,昼夜与其饮乐,对妹喜言听计从,常常为此不理朝政,朝政日衰。桀的暴虐无道,百姓十分怨怒。桀却不以为然,还十分狂妄地把自己比作永远不落的太阳。百姓咒骂他说:"时日曷丧,予及汝皆亡!"也就是说:"你这个太阳什么时候完蛋!我们愿意和你同归于尽!"

关龙逄为了减轻人民负担,常常直言犯谏,劝桀收敛自己的行为,体恤百姓的苦难。桀初为君王时,曾让人用黄色丝帛画出历代先王励精图治的画像,用以自勉,束之高阁,当时人称"黄图"。后桀见天下太平,便渐渐不理朝事,开始寻欢作乐。关龙逄看到自己辅佐的君王如此荒淫无度,十分痛心。一次,他向桀呈上了"黄图",声泪俱下,净言直谏。然而,桀不仅不幡然悔悟,反而恼怒异常,骂他一派胡言,下令烧了"黄图"。久而久之,关龙逄渐渐引起了好大喜功的桀的厌恶和反感,这也为这位千古梗臣之死埋下了伏笔。

二、关于关龙逄之死

史传关龙逄之死有三种说法。

其一是关龙逄献了"黄图",故意立而不去。桀看到关龙逄的样子,心里很不耐烦,就说:"你还有什么惑众的妖言要说?"关龙逄怒目而视。桀早就对这个絮絮叨叨、净说难听话的关龙逄厌恶极了,什么也不问便把"黄图"烧毁,接着喊来兵士把关龙逄囚禁起来,不久就杀掉了。

其二是据《韩诗外传》记载,桀时,建造的酒池可以运船,堆起的酒糟足有十里长,池中之酒可供牛饮者三千人。关龙逄向桀进谏说:古代的君王,讲究仁义,爱民节财,因此国家久安长治。如今您如此挥霍财物,杀人无度,您若不改变,上天会降下灾祸,那时定会有不测的结果。他恳请桀改变这种情况。说毕,立于朝廷不肯离去。桀大怒,命人把他囚而杀之。

其三,桀统治时期发明了一种极其残酷的刑罚——"炮烙之刑",即将铜柱用炭烧烫,然后令犯人在上面行走,犯人站立不稳,跌至柱上,人体便渐被烙化,最后人油满地。对此,关龙逄曾进谏说:"人君谦恭敬信,节用爱人,固天下安而社稷宗庙固。今王侈靡嗜杀,民唯恐君之后亡矣!"桀听不进忠言,拂袖而去。桀便让关龙逄陪他在瑶台观看炮烙之刑。桀问:"观看这种刑罚快乐吗?"关龙逄答:"快乐!"桀反问:"观看酷刑为何不悲伤?"关龙逄答:"天下人认为最苦的恰恰是君认为最乐的,我是君的臣,为何不高兴呢?"桀说:"现在我听你说,说得对我就改正,说得不对我就对你施加酷刑。"关龙逄说:"我看君头上悬着危石,脚下踏着春冰,头顶危石无不被石覆压,脚踏春冰无不下陷。"桀笑道:"你是说国家灭亡,我要同国家一起灭亡。你只知我要灭亡,却不知你现在就要灭亡吗?"桀对关龙逄施以炮烙之刑,关龙逄劝君不醒,义愤填膺,赴火而死,葬在今灵宝孟村西。

不管关龙逄被杀原因如何,有一点是肯定的,即桀杀了关龙逄后,更加肆无忌惮,且关龙逄因忠谏被杀,在夏王朝内外引起很大不满,很多人都不敢直言进谏,只想远远离去。而商民族日益兴盛起来,经过鸣条之战,一举灭了夏朝,桀和妹喜一同逃奔到安徽南巢(今安徽巢湖),死于亭山。

三、关于关龙逄的纪念

关龙逄虽惨遭不幸,但由于他敢为民请命,勇于犯上死谏,千百年来一直为人们所拥戴。在长垣东南10公里处的恼里镇龙相村,原有一座大墓,据传是关龙逄的陵墓,现已因黄河发水而淹没。家乡人十分怀念有史以来第一位因进谏而遭杀戮的忠臣,将他和被纣王剖心而死的比干一同纪念,便在家乡修建了"双忠祠"。到了明代中期,著名文学家、号称"明代十才子"之一的李梦阳,撰写了碑文。李梦阳在碑文中对这两位以死谏君的忠臣表现了无限的哀思和深深的敬仰。因为李梦阳文章写得好,字又写得好,双忠祠碑堪称一绝。再加上两位忠臣品德高尚,故人们称此碑为长垣"三绝碑"。直到清代还有人赋诗赞颂,诗曰:"劲草堂前古柏垂,双忠遗留使人悲。欲知直节匡前代,更读中原三绝碑。"

在陕州关龙逄的埋葬地,人们也十分敬重他。唐朝时人们感念关龙逄,特在他的埋葬之处(一说是长垣)为其树碑,碑上铭刻"夏直谏臣关公之墓"。清代诗人许鹏扶在陕州(一说是长垣)逗留期间,特意到关龙逄墓地凭吊,并写诗赞颂:"肝胆空披死谏君,黄河曲里有孤坟。未绵夏祚终余恨,但殒微躯岂足云。吊古三杯田横酒,谏芳一部屈原文。慎无说坏天王圣,知是忠魂不忍闻。"民国诗人初元方亦写下《关龙逄墓》一首,诗云:"死谏开先第一人,千秋从此解批鳞。空言盛世能旌善,坯土何曾表直臣。"

四、关于关龙逄的争议

现在对关龙逄的争议主要集中在出生地上,也即是哪里人氏。据网上资料,大多显示是陕州即今灵宝人,主要因其出身属豢龙族。一种主流说法是长垣人。另一种说法是生在陕州,长在长垣,葬在长垣。还有一种说法是长垣人,死后葬于陕州。大多数长垣人较为赞成第二种观点,我觉得这应该成为今后的主流观点,即关龙逄应该是生活、封地在长垣,葬在长垣。龙相村(今恼里镇西北)古时有一座大墓,即是关龙逄的陵墓,明代时有人挖掘出一个石碑,碑文为"一片忠肝"。新中国成立前长垣县城南关还有"双忠祠",里面供奉的就是关龙逄、比干。因为我们没有在这方面下功夫、做文章,所以就出现了"关龙逄"以墓葬的地方为原籍了。但到目前,还没有一种权威说法认证这种观点。

五、关于关龙逄的民间猜想

无论如何,关龙逄与长垣有着深远悠长的渊源,他应该和春秋先贤蘧伯玉一样,是长垣一个气势恢宏、振聋发聩的历史名片。他应该而且早已应该成为长垣人的自豪和骄傲。不管是在厚重的史书堆中,还是漫步在已经极具现代文明的龙相村中,我的心灵深深地为之震撼了。关龙逄留给我们的不仅仅是一种精神、一些争议,他早已深深扎根在草根层了。

称其为龙相,是既纪念关龙逄,又讳其姓讳其名,以其出身豢龙族,且官拜大夫而名之。现在,龙相一带沿黄河的人把脑袋一根筋、不知变通的人还善意地称为"páng",甚至叫"傻páng"。到底是哪个字,谁也说不清,但一说出这个字,谁都知道是啥意思。我专门查了查字典,没有一个发"páng"音的字表达的是这个意思。于是我就想,这个字应该是"逄"。尽管历史已过去了千百年,但生生不息的龙相人一代一代地秉承老祖先的血脉和底蕴,关龙逄其人其事早已烙进故乡人的一点一滴。关龙逄的乡人一定以之为荣,把其作为学习效仿的楷模。凡是正直纯正之士,必以关龙逄之事激之,冠之"关龙逄"等,再简称为"逄",以为褒奖。这大概是"逄"之始。但为什么到现在却成了一根筋、不知变通的贬义词了呢?想必是在后来的传承中走样变形了,以至于成了今天这种说法。但不管怎么说,时间冲走了很多东西,"逄"字却由此永恒了。

作为有史记载以死相谏的第一人,关龙逄的影响在巍巍华夏无疑是深远的。而后人对关龙逄的研究却是很浅的,特别是现在的文献记载多停留在清朝时,最近的也远在民国期间,远不及其他名人。作为关龙逄的一个遥远的所谓的乡人,我冒着做"逄"之虞,搜集整理些许文字,以期有志之士重视我们这位高高巨巨的老乡,为之咏,为之歌。真如此,便做"逄"也心甘。

柳下惠

柳下惠（前720—前621年），姬姓，展氏，名获，字季禽（展氏族谱记载），又有字子禽一说，鲁国柳下邑（今孝直镇）人。中国古代思想家、政治家、教育家。曾任鲁国士师，掌管刑罚狱讼之事。作为遵守中国传统道德的典范，其"坐怀不乱"的故事广为传颂。孔子以为"被遗落的贤人"，孟子尊为"和圣"。

周襄王三十一年（前621年），卒于鲁地故赵村，享年一百岁，谥号为惠。因其封地在柳下，后人尊称其为"柳下惠"，是百家姓"展"姓和"柳"姓的得姓始祖。

主要活动年代在鲁国庄、闵、僖、文四朝之间。孔子称其为"逸民"，又以其德行视其为儒家心目中的贤人："臧文仲其窃位者与！知柳下惠之贤而不与立也。"（《论语·卫灵公》）曾做过法官，坚持"以直道事人"，被多次撤职（参见《论语·微子》）。因处于"降志辱身"的逸民地位，故在思想上与道家有一定联系，表现出雌雄如一、随遇而安、与世无争的人生态度："不羞污君，不卑小官。"（《孟子·公孙丑上》）即不以侍奉坏君为可耻，不以自己官职小为卑下。对个人的处境无怨无艾，也无所求："遗佚而不怨，厄穷而不悯。"（《孟子·公孙丑上》）即自己被遗弃，也不怨恨；自己穷困，也不忧愁。认为去处行止都不必认真计较："援而止之而止。援而止之而止者，是亦不屑去已。"（《孟子·公孙丑上》）意即牵住他，叫他留住，他就留住。叫他留住就留住，是因为他感到并没有必要离开某个地方。柳下惠在各诸侯国都有相当大的影响。"昔者秦攻齐，令曰：'有敢去柳下季垄五十步而樵采者，死不赦。'"（《战国策·齐策四》）秦攻齐，中间要经过鲁国。秦军下令切实保护柳下惠在鲁国的墓地，并规定在柳下惠墓地五十步以内砍柴的人要处以死刑。柳下惠在各诸侯国的影响由此可见一斑。

另据《长垣县志》万历康熙本记载，据传，春秋时期柳下惠死后葬于长垣县东北四十里，修有大墓冢，故称柳冢，村民世代为柳下惠守墓，村名延续至今。

蘧伯玉

宋广民　王文举

蘧公,讳瑗,字伯玉,春秋卫国贤大夫,蒲邑蘧人(今长垣市孟岗镇伯玉村人)。庄子赞其曰:"蘧伯玉行年六十而六十化。"(《庄子·则阳》)刘安赞曰:"蘧伯玉年五十而知四十九年非。"(《淮南子·原道训》)《孔子家语·弟子行》云:"外宽而内正,自极于隐括之中,直己而不直人,汲汲于仁,以善自终,盖蘧伯玉之行也。"《后汉书·蔡邕列传》曰:"蘧瑗保生。"孔子赞曰:"君子哉蘧伯玉!邦有道,则仕;邦无道,则可卷而怀之。"(《论语·卫灵公》)

卫献公十八年(前559年),孙林父以师曹歌诗,故惧曰:"君忌我矣,弗先,必死。"并帑于戚,而入见蘧伯玉。献公戒孙文子、甯惠子食。文子语蘧伯玉。伯玉曰:"臣不知也。"遂攻出献公。(参见《左传·襄公十四年》《史记·卫康叔世家》)

卫献公三年(前544年),吴国季札适卫,见瑗,与语之曰:"卫多君子,未有患也。"(参见《左传·襄公二十九年》)

季札见蘧伯玉、史鰌,曰:"卫多君子,其国无故。"过宿,孙林父为击磬,曰:"不乐,音大悲,使卫乱乃此矣。"(参见《史记·卫康叔世家》)

鲁襄公十四年(前559年),孙文子入见伯玉曰:"君子暴虐,子所知也。大惧社稷之倾覆,将若之何?"伯玉对曰:"君制其国,臣敢奸之?虽奸之,庸知愈乎?"遂行,从近关出。既而复之。(参见《左传·襄公十四年》)

公使子蟜、子伯、子皮与孙子盟于丘宫,孙子皆杀之。四月,公出奔齐。卫人立公孙剽,孙林父、甯殖相之。(参见《左传·襄公十四年》)

鲁襄公二十六年(前547年),子鲜不获命于敬姒,以公命与甯喜言曰:"苟反,政由甯氏,祭则寡人。"甯喜以父命欲纳献公,告伯玉。伯玉曰:"瑗不得闻君之出,敢闻其入?"又从近关出。(参见《左传·襄公二十六年》)

鲁襄公二十九年(前544年),吴公子札适卫,说蘧瑗、史狗、史鰌、公子荆、公叔发、公子朝。(参见《左传·襄公二十九年》)

"蘧伯玉得罪于卫君,走而之晋。晋大夫有木门子高者,蘧伯玉舍其家。居二年,卫君赦其罪而反之。木门子高使其子送之至于境。蘧伯玉曰:'鄙夫之,子反矣。'木门子高后得罪于晋君,归蘧伯玉。伯玉言之卫君曰:'晋之贤

大夫木门子高得罪于晋君,愿君礼之。'于是卫君郊迎之,竟以为卿。"(《说苑·复恩》)

灵公立,尝与夫人南子夜坐,闻车声"至阙而止,过阙复有声。公问夫人曰:'知此谓谁?'夫人曰:'此必蘧伯玉也!'公曰:'何以知之?'夫人曰:'妾闻礼:下公门式路马,所以广敬也。夫忠臣与孝子,不为昭昭信节,不为冥冥堕行,蘧伯玉卫之贤大夫也,仁而有智,敬于事上,此其人必不以暗昧废礼,是以知之。'公使视之,果伯玉也"(《列女传·仁智传·卫灵夫人》)。

"是时,伯玉贤行孚于国,公亦知之,以嬖于弥子瑕,故而不能用。史鰌亟言于公,公不听。鰌将死,命其子曰:'吾在朝,不能进蘧伯玉,退弥子瑕,是吾生不能正君,死无以成礼。我死,汝置户牖下,于我毕矣!'其子从之。公往吊,怪而问焉,其子以告。公愕然失容曰:'是寡人之过也!'于是,命殡之客位,乃退弥子瑕,而用伯玉。"(《长垣县志》)

"颜阖将傅卫灵公太子,而问于蘧伯玉曰:'有人于此,其德天杀。与之为无方,则危吾国;与之为有方,则危吾身。其知适足以知人之过,而不知其所以过。若然者,吾奈之何?'蘧伯玉曰:'善哉问乎!戒之,慎之,正女身也哉!形莫若就,心莫若和。虽然,之二者有患。就不欲入,和不欲出。形就而入,且为颠为灭,为崩为蹶。心和而出,且为声为名,为妖为孽。彼且为婴儿,亦与之为婴儿;彼且为无町畦,亦与之为无町畦;彼且为无崖,亦与之为无崖。达之,入于无疵。汝不知夫螳螂乎?怒其臂以当车辙,不知其不胜任也,是其才之美者也。戒之,慎之!积伐而美者以犯之,几矣。汝不知夫养虎者乎?不敢以生物与之,为其杀之之怒也;不敢以全物与之,为其决之之怒也;时其饥饱,达其怒心。虎之与人异类而媚养己者,顺也;故其杀者,逆也。夫爱马者,以筐盛矢,以蜄盛溺。适有蚊虻仆缘,而拊之不时,则缺衔毁首碎胸。意有所至而爱有所亡,可不慎邪!'"(《庄子·人间世》)

他日,伯玉与公叔文子升于瑕丘。文子曰:"乐哉斯丘也!死则我欲葬焉。"伯玉曰:"吾子乐之,则瑗请前。"伯玉尝使楚,逢公子皙于濮上,伯玉为轼车。子皙曰:"吾闻上士讬色,其次讬辞,其下讬财。三者固可得而讬耶?"伯玉曰:"谨受命。"既致使,王因以问士,伯玉曰:"楚多士而不能用。"王曰:"何也?"伯玉曰:"子胥生于楚,逃之吴,吴受而相之,发兵攻楚,堕平王之墓,是吴善用之。鼢黄生于楚,走之晋,其治七十二县,道不拾遗,民不妄得,城郭不

闭，国无盗贼，是晋善用也。今臣之来，逢子晳于濮上，又将行矣！"于是，楚王追子晳而还之。（参见《长垣县志》）

鲁定公十四年（前496年），孔子（56岁）遂适卫。将适陈。过匡。孔子状类阳虎，匡人以甲士围孔子，子路怒，奋戟将与战。孔子止之，曰："恶有修仁义而不免世俗之恶者乎？夫诗书之不讲，礼乐之不习，是丘之过也。若以述先王好古法而为咎者，则非丘之罪也。命夫，歌，予和汝。"子路弹琴而歌，孔子和之，曲三终，匡人解甲而罢。五日遂去匡，即过蒲，月余反乎卫，主蘧伯玉家。（参见《春秋战国异辞》卷十二）

孔子居卫，常主于其家，既而反鲁，故伯玉使人来也。（《论语通》卷七）

蘧伯玉使人于孔子。孔子与之坐而问焉，曰："夫子何为？"对曰："夫子欲寡其过而未能也。"使者出。子曰："使乎！使乎！"（《论语·宪问》）

卫灵公三十八年（前497年），孔子来，禄之如鲁。后有隙，孔子去。后复来。（参见《史记·卫康叔世家》）

于是孔子自楚反乎卫。是岁也，孔子年六十三，而鲁哀公六年也。（《史记·孔子世家》）

孔子既不得用于卫，将西见（晋）赵简子，至于河而闻窦鸣犊、舜华之死也，临河而叹曰："美哉水，洋洋乎！丘之不济此，命也夫！"（《史记·孔子世家》）

卫灵公四十二年（前493年），孔子既不得用卫，将西见赵简子，至河而反，又主蘧伯玉家。（参见《论语·序说》《史记·孔子世家》）

卫庄公二年（前479年），鲁孔丘卒。

伯玉笃行慎德，老而不倦。

孔子于当时所与善者，于齐则晏婴，于郑则子产，于卫则伯玉，数人而已。贤可知矣。其言曰："君子之人达，故观其器，而知其工之巧；观其发，而知其人之知。故君子慎其所以与人者，则记礼者，深有取焉。"（《长垣县志》）

历代封赠：唐开元二十七年（739年）赠蘧子为卫伯，从祀孔子。宋咸平三年（1000

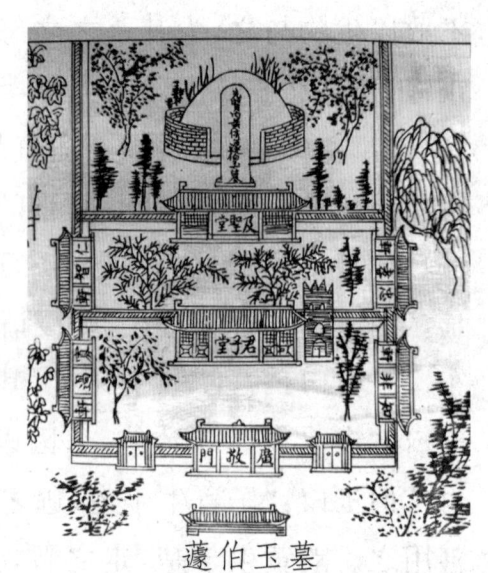

蘧伯玉墓

年)追封内黄候。明弘治初,以蘧子非孔门之士,议罢从祀。至明嘉靖九年(1530年)始果行之。清雍正二年(1724年),复祀位,列东庑之首,又祀邑乡贤祠。

长垣县有蘧伯乡……有蘧亭、伯玉祠、伯玉冢。(《陈留风俗传》)

长垣有长罗泽,即吴季英牧猪处也。又有长罗冈、蘧伯玉冈。(《水经注·济水》)

长垣祭城有蘧伯玉墓。(参见《陈留志》)

蘧氏在城之东南兮,民亦尚其丘坟。唯令德为不朽兮,身既没而名存。(《东征赋》)

伯玉冢在长垣县城南十里,有祠,祠内前后堂,两翼各有厢房。正统、天顺、嘉靖、隆庆、万历等年间皆重修。

蘧伯玉为蘧姓得姓始祖,衍变姓氏有璩、琚、渠、瞿、魏等。

(摘自宋广民、王文举主编《长垣君子文化志》,有改动)

妇姑祠记

崔尚义

妇姑者,春秋时人,长垣号为妇姑城,以此。先是正德乙亥二月上戊,邑大夫南山张子携予过城南八里庄,祭蘧伯玉墓。既毕,因感物候,游览胜概。过司家坡佛寺之西,风景殊绝,大可人意,旁有高阜地一区,基址半在,瓦石参差,皆古朴不类今。张子乃嘱其耆老问之,曰:"前为妇姑祠,乃春秋时妇姑双节,今失其姓氏。"因出宋名贤李迪、陈尧佐洎范讽诸公题咏数首刻之卧石者,曾于地下得之,少载显迹。尝读卫庄姜诗,因考古《列女传》,庄姜幼而心异,傅姆教之,遂成贤女。及归于庄公,宜于见答,而终不亲。傅姆作《硕人》四章,非徒刺庄公昏惑,亦暗慰庄姜之心。庄姜者,齐之女。傅姆者,蒲之人。说者谓"庄姜之贤,傅姆之教;傅姆之贤,妇姑之风化也"。即此。从可见妇姑之非常人矣。张子慨,于城内毁尼寺以作祠,规模狭小,不能并庄姜而兼祠之,内庵王太宰欲祠而未果。嘉靖庚寅春,予读书南关龙逄、比干庙,耆老杜君德辈相携酒饮,予道及妇姑祠事。诸君感慨,欲为重修,量地势,鸠材木,共成厥事;乃竖前门三间,妇姑祠三间,庄姜祠三间,傅姆附焉,兼旧祠变置者也。邑之向义者,或助以粟,或助以金,或助以力,各自致用,诸君无干预焉,避嫌也。落成之日,索予为记。于戏!风声气节之足以感人助物也:邑有龙逄比干祠,邑之人感有忠义心;有蘧伯玉祠,邑之人感有君子心;有子路祠,邑之人感有刚直心;有妇姑祠,邑之妇女笃于孝敬,为夫守节者未可指数。祠之重修,其亦有补风化乎!

(作者崔尚义系明代长垣人)

鲁义姑说

王邦彦

当隆庆年修志,予与焉,知邑城东有鲁义姑村云。义姑遇兵,弃己子,抱兄子,与邓伯道事相类,卓哉,真贤妇也!

然义姑遇兵,因齐攻鲁,原在鲁郊。鲁去蒲不下三五百里,何与于蒲,而蒲人取以名村乎?大抵兵戈扰攘,扶携逃窜,或者齐将义而释之,之后避乱至垣,固未可知。事经千载,名著古村,宜入前《列女志》中。

又五女村,或亦贤女,询之父老不得矣。呜呼!士之不附青云而名湮没者,曷可胜道哉!感而为之说。

(作者王邦彦系明代长垣人)

孔子在长垣

陈文圣

孔子在中国历史上的贡献和影响是显而易见的,而儒家学说的肇始、形成、发展无疑是和其周游列国分不开的。孔子周游列国十四年,到过很多地方,其中旅居时间最长的地方就是长垣。据记载,孔子先后在长垣待了九年之多,这在其周游列国的过程中是不多见的。可以说,周游列国十四载是孔子一生中最重要、最耀眼的时期之一,他的许多重要思想、论述、著作就萌生或发端于这个时期。而作为其生活、工作、学习时间最长的地方,孔子在此增删修订《五经》、述而作催生《论语》,丰富儒家学说,长垣也自然而然地成为儒家思想的生发地之一。

一、长垣称谓的由来

长垣地处中原,历史悠久,文化底蕴深厚,自古以来就是人杰地灵、人文渊薮。长垣古属兖州,春秋设蒲、匡二邑,秦时设立长垣县,以后名称、区划多次变革,以长垣名之居多,尤其是2019年首设长垣市,开启了新时代。

关于长垣名称的由来,主要有两种说法。

一种是"防垣"说。北魏郦道元《水经注·济水》载:"县有防垣,故县氏之。"防垣,顾名思义,是用于防御的城墙。古时城墙大多有两种功能:一是防兵。古代战乱频仍,兵祸联结,百姓常常流离失所,孤苦无依,城墙可防火防盗,使百姓免于战乱。二是防火。古时荒草遍野,野火多发,造成生灵涂炭,民不聊生,城墙可有效阻断野火,保护百姓。而长垣的防垣还有一种功能,即防水。当时长垣境内水草丰美,黄河、济水穿境而过,但十年九涝,洪水易发,城墙可以有效地抵御洪灾。由于长垣的防垣高大绵长、巍峨坚固,其作用绝类长城,在当时城垣中首屈一指,曾为"首垣邑",秦代实行郡县制时,遂名"长垣"。

另一种是星宿说。古代把天空分为若干区域,称为三垣四象二十八宿。三垣是将北极周围的天空星象分为紫微垣、太微垣和天市垣三个区域。太微垣中有一个星宿叫长垣(位于现在的狮子星座),长垣星宿共有四颗星。古人认为长垣星从天上映照蒲、匡二邑的区域,此地钟灵毓秀,卓尔不凡,是天上的城垣,故称为长垣。

上述两种说法,一个是显性表述,从城市的形状上归纳概括,说明长垣城市建设自古以来一直走在时代的前列;一个是隐性表达,通过对长垣图腾膜拜,赋予其神圣的元素和传统文化的基因。总的来说,人们认可"防垣"说的较多,但无论哪一种说法,都饱含了对长垣的祝福和热爱。正是由于长垣的人杰地灵,独特优势,才演绎出了春秋先贤和历代俊彦的优美传说故事。孔子旅居长垣九年就是其中最靓丽的不朽篇章。

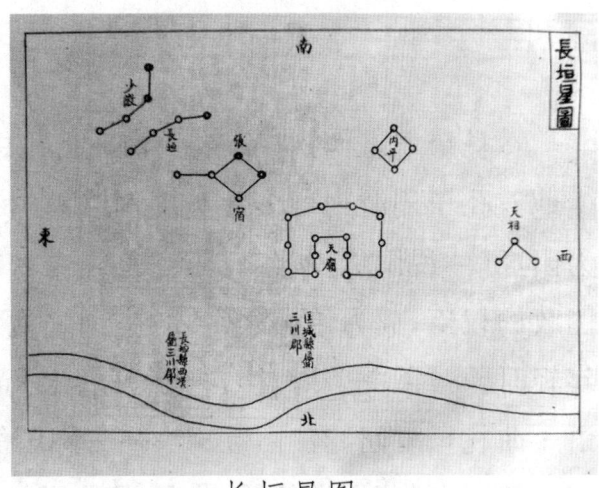

长垣星图

二、长垣之东:"习礼王"的传说

黄河蜿蜒数千公里,在豫鲁之交的长垣境内折向东北入海,完成了最后一个华丽转身。就在黄河之滨、长垣东部滩区坐落着一个普普通通的村庄,这个村庄却有一个诗意的名字——习礼王,相传是孔子带领弟子演习周礼的地方,后以王姓在此居住而得名。孔子在周游列国时,四处碰壁,经常被人误解甚至围攻,最著名的就是发生在长垣的"匡人围孔"事件,《论语·子罕》有"子畏于匡"的说法。为此,孔子感慨很多,常常为礼崩乐坏而痛心疾首。他被围在匡地时说:"天之未丧斯文也,匡人其如予何?"(《论语·子罕》)意思是说天不灭曹(指周礼),那么匡人将能把我怎么样?孔子最大的特点就是百折不回、敢于实践,于是就利用执掌鲁国和周游列国的机会,不遗余力地恢复、弘扬和推广周代礼乐。《论语·子罕》记载孔子说:"吾自卫反鲁,然后乐正,《雅》《颂》各得其所。"他从卫国返回鲁国以后,才系统地整理《乐经》,对《雅》和《颂》给予了正确定位。可见,孔子不断地修订完善《乐经》,为恢复周代礼乐做出了极大努力和贡献。他带领弟子们在长垣境内经过的地方,演习周礼,传经布道,克己复礼,弘扬正统,或偏远村落中如习礼王,或参天大树下如参木村,留下了"习礼王""参木"的千古佳话,至今长垣犹有上古遗风,崇尚礼仪,重义大气,被赞誉为"长垣人好"品牌。

三、长垣之南：匡人之围

在长垣老城西南，原有一个叫北孔庄的地方，相传就是"匡人围孔"的发生地。孔子周游列国多次被围，其中在长垣就被围困数次。这次被围其实是为阳虎（一说阳货）所累。阳虎也是春秋时一代枭雄，以家臣之身逆袭为执掌国政的权臣，成为治国之奇才、丧国之诡才，堪称春秋历史上的大反派。孔子年轻时曾被阳虎羞辱过，《列子》（卷七）记载："（孔子）见辱于阳虎。"《孔子家语·曲礼子夏问》有"阳虎曰：……季氏飨士，不及子也"之说，对孔子说了"请客也轮不上你"之类的话，侮辱了孔子。匡人围孔事件实际上是因为孔子长得像阳虎，而阳虎曾经侵害过匡地，民愤极大。当孔子到陈国路过匡地时，弟子颜高驾车。颜高是一名勇士，曾经投奔过阳虎，为人行事高调，他用鞭子指着匡城说："当年我和阳虎就是从这个缺口打过去的。"匡人认为路过的孔子是阳虎，"胡汉三又回来了"，故而围之。被围五天后，双方弄清了缘由，匡人之围遂解。孔子当时非常狼狈，累累如丧家之犬，在此发出了"天丧斯文"的感慨，可见当时传经布道的艰难，但也更坚定了其恢复周礼、以德治国的决心和思想。

四、长垣之西：黄河边的思考

春秋时期，黄河自西向东流经卫国，大概在现在的长垣西边、延津县境内的地方，由晋国地界流到了卫国。在周游列国时，孔子想取道卫国西去晋国，但由于晋国内乱，时局动荡，加之交通条件有限，经长垣西南、卫懿公养鹤的宛濮走到黄河边，难以渡河，大发感慨："美哉水，洋洋乎！丘之不济此，命也夫！"（《史记·孔子世家》）认为不过河是为命中注定，最终也没渡过黄河，西行之路就此而止，遂折头径直返回山东老家。《论语·子罕》载："子在川上，曰：'逝者如斯夫！不舍昼夜。'"孔子这一句哲思名言广为流传。这是孔子拜见老子时在黄河边说的一句话。但后来关于说这句话的地点却众说纷纭、莫衷一是，产生分歧。第一种说法是在泗水河畔，主要是这条河流位于孔子出生地附近，又流经曲阜，孔子生于斯长于斯，"川上"自然而然就是泗水河畔了。第二种说法就是济水边，济水作为古代"四渎"之一，也是名川大河，在这里发出千年之叹也是有可能的。第三种说法也是肯定最多的，即黄河边。黄河作为中华民族的母亲河,在历代统治者和名人高士心中可谓高高巨巨,无可替代,历来是颂歌咏叹的对象。唯有到黄河边,才能发出旷世感叹。而且从周游列国的路线图来看,孔子多次渡过济水来到黄河边,可以说在黄河边说这一名言是经得起推敲的。

五、长垣之北:学堂岗言志

在长垣城北约五里处,有一个古时名胜,这就是闻名遐迩的学堂岗。这里是儒家记述的孔子圣驾停骖处,也是长垣古时"四致"之首的"北学岗"。历史上鼎鼎有名的"杏坛讲学""四子言志"就发生在这里。如今的学堂岗已远没有过去的恢宏肃穆,不大的空间里,八卦亭里的"杏坛"碑孑然而立,伴以孔子讲学石像和数通或立或卧的古碑,兼有几棵虬枝苍叶的桧柏,仿佛还在讲述着逝去的繁华。《论语·先进》记载了子路、曾皙、冉有、公西华侍坐的故事。两千多年前,"丧家"游说的孔子来到蒲邑城北的一个高岗上讲学,在课间歇息、百无聊赖之际,遂与随行的四个弟子畅谈理想志向。于是,史上著名的"四子言志"华章就此展开。子路率直急躁,直抒胸臆,直言自己有能力化解内忧外患,治理好一个中等国家;冉有谦和谨慎,张弛有度,愿意去经营一个小国家,三年内使其富足起来;公西华委婉曲致,彬彬有礼,表示愿为司仪官,往来于庙堂,张罗宗庙祭祀之事;曾皙高雅洒脱,志在山水,追求自由自在的生活,希望在春暖花开之时,携三五好友,踏青郊游,游山玩水,载歌载舞,兴尽而归。孔子听完曾皙说后,喟然叹曰:我也向往这样的生活啊!这个故事应该是文字记述最早的励志课堂,千百年来一直激励着无数仁人志士努力去实现"修身齐家治国平天下"的理想。因而此后,长垣学堂岗也成了闻名遐迩的儒家圣地。

六、长垣:"子路治蒲"与"三善之地"

子路姓仲名由,是"孔门十哲""二十四孝""七十二贤"之一,也是长垣有文字记载最早的地方行政长官。他与孔子年龄相差九岁,由"辱"到"敬",拜师孔门后始终跟随孔子,陪伴相处时间最长,交心争论最多,可谓亦师亦友、形同家人,以至于子路罹难一年后,孔子也郁郁而终,感情之深可见一斑。子路一生颇具传奇,善于政事,成就了斐然的业绩,其中最负盛名的就是治理蒲邑。

公元前487年,子路为卫国大夫孔悝家臣时,被任命为蒲邑宰。宰即春秋时卿大夫的家臣或采邑的长官。据《孔子家语·辩政》记载,子路治蒲三年,水利兴盛,田畴沃野,城垣高大,百姓富足,治安有序,政绩卓著,孔子到蒲地视察,颇为慰藉,称赞说"善哉!由也",认为子路实现了侍坐时所说的志向和理想,做到了恭敬以信、忠信以宽、明察以断,因而三称其善,史称"蒲邑三善",故此后来都把长垣称为"三善之地"。民国时期,曾在长垣县城短暂设立三善镇。至今,子路当年带领开挖的文明渠仍具君子之泽,连水通河,滋润着长垣西北部数万亩良田。

子路素以忠勇伉直闻名于世。公元前480年,卫国内乱,子路冒死救援故主,被无道的卫庄公蒯聩派人击杀,打落冠缨,子路说"君子死,冠不免"(《左传·哀公十五年》),认为在危难之时也不能有失君子风度,遂结缨而死,被砍为肉酱。孔子闻其死,伤心流泪,痛哭欲绝,直到去世前尚有覆醢之举,至死不吃肉酱。长垣人感念子路仁义忠勇和治蒲之恩,在城东北二里处建有其衣冠冢,并配建子路祠,俗称"子路坟",春秋享祭。现在的罗镇屯村原叫作"落阵屯",就是纪念子路被击杀落马败阵一事,而且周边村庄以前在每年三月三即子路忌日不吃肉馅饺子,多吃素馅扁食,绝类楚地端午节吃粽子纪念屈原,可见子路在民间影响之大。

七、长垣:"蘧孔之交"与"君子之乡"

蘧伯玉,名瑗,长垣伯玉村人,春秋时卫国大夫,谥号成子。以"年五十而知四十九年非"(《淮南子·原道训》)著称于世,主张"弗治之治""仁德治国",是道家"无为而治"的创立者,古时君子的先行者。蘧伯玉"以其仁宁卫;而天下莫能危也"(《淮南子·泰族训》),以一人之力而使卫国自立于强国之林。

孔子与蘧伯玉年龄相差约三十岁,但却相知甚笃,既是忘年之交,又是挚友至交;既是生活中的好友,也是志趣上的同道。孔子周游列国旨在遍访大儒高贤,推广其施政理念。第一站便来到卫国,拜会蘧伯玉及卫灵公、南子等人,开始了与蘧伯玉的密切交往,而且在长垣基本都居住在蘧伯玉家中。尤其是孔子在64至68岁时再次到卫国,待了将近五年。其间,常住蘧伯玉家中,设帐授徒。孔子对蘧伯玉非常尊敬,《史记·仲尼弟子列传》载"孔子之所严事：……于卫，蘧伯玉"，以师长之礼待之。春秋时期是古代文化迸发的高峰期，诸子百家，竞放异彩，名人辈出，大家迭出，百家争鸣，百花齐放，可谓史上思想最活跃、自由程度最高的时期之一。孔子和蘧伯玉作为当时的人杰翘楚，二者思想相近但各有不同，都主张"德治""仁治"，但路径不一。特别是在实践层面，孔子在鲁国广施仁政而处处碰壁，蘧伯玉却能"以仁宁卫"而国虽小不亡，这是孔子极为推崇和艳羡的。蘧伯玉的"知非""寡过""弗治之治"等理念，对孔子思想影响都是巨大的，正是二者思想的交融交汇甚至是交锋，使孔子从中汲取有益的精神养分，求大同存小异，充实丰富了儒家学说，成就了理论上的飞跃。

蘧伯玉以仁立世，行为世范，史称"君子"。卫地多君子，蘧伯玉则为君子中的典范。《论语·卫灵公》载孔子语"君子哉蘧伯玉！"，称赞蘧伯玉是真正的君子。据查证，这应该是"君子"最早见诸文字的记载。《孔子家语·弟子行》记载："外宽而内正，自极于隐括之中，直己而不直人，汲汲于仁，以善自终，盖蘧伯玉之行也。"对蘧伯玉严于律己、宽以待人、表里如一、善始善终的操行给予高度概括和评价。蘧伯玉还提出"耻独为君子"，极力倡导君子之风，以正风气。迄今长垣仍有君子遗风，被称作"君子之乡"。著名文化学者余秋雨专门莅长讲学，题写"君子故里"，宣扬君子文化。蘧伯玉还给后人留下了"不欺暗室""宫门蘧车""史鱼尸谏"等成语，可谓泽被后世。

后世对蘧伯玉非常尊崇，历代修建祠堂，给予褒扬纪念。据《长垣县志》载：城南有蘧公祠，有"先贤内黄侯蘧公之墓"碑刻。汉代"曹大家"班昭《东征赋》等古代名人作品对此多有记述。长垣"四致"之一的"南蘧公"即指此处。长垣老城内东南坑塘俗称"书院坑"，即是蘧伯玉"寡过书院"遗址。现孟岗镇伯玉村西建有蘧公故里纪念园，有蘧伯玉造像、牌坊和宋明碑刻数通，蔚为壮观，每年正月间全国各地蘧姓后人在此祭祖。

总之，孔子为实现理想而周游列国，长垣因孔子设坛讲学而闻名。孔子于匡蒲，匡蒲于孔子，神交久矣。千百年来，儒家思想迭代影响后人，已经成为国学国粹。人们对儒家学说耳熟能详、津津乐道，但对其中艰难困苦则多简而言之、语焉不详。孔子在长垣的生活经历，恰能窥见一斑，展现孔子当年传经布道的困与惑、苦与乐，使后来者知其然且知其所以然，从而坚定自信、敬终如始，功不唐捐、玉汝于成。而长垣作为生发儒道慧根之地，多年来不求闻达,坚忍不拔,龙腾豹变,卓然自立,加之国运昌达,文化自信,发掘、总结、弘扬长垣传统文化正逢其时。长垣向来不缺乏才俊,相信今后会有更多的仁人志士关心、关注、关爱长垣传统文化,致力发掘、提升、弘扬长垣文化,这也是作者不揣固陋、抛砖引玉归结这一段文字的目的所在。

孔子的困与惑

陈文圣

孔子名丘,字仲尼,春秋时鲁国陬邑(今山东曲阜东南)人。生于公元前551年,卒于公元前479年,是儒家学派的创始人,伟大的思想家和教育家,其思想影响传承了数千年,而且还在继续深入和发扬,特别是其言行品格为世人立下了榜样和标杆。但在孔子的一生中,也留下了两件事,令后人论辩述说不已。这就是匡人困孔和子见南子事件,姑妄称之孔子之困与孔子之惑。长垣自古以来就是君子之乡,也是孔子周游列国讲经布道时间最长的地方之一。这两件事都与长垣有直接或间接的关系,作为发生地或与发生地相关地方的后人,有责任和义务把两个事件搬录出来,公开述评,以正视听。

一、匡人困孔

春秋时期,长垣属卫国,设有匡邑和蒲邑,匡人困孔事件即发生在当时的长垣县境内。现在有些书籍上对这件事述焉不清,导致记述混乱,甚至出现争执。其实,孔子之困不止一次,在长垣县有记载的最少有四次,《史记》《孔子家语》等史料都叙述得很清晰。

第一次困孔事件见诸司马迁《史记·孔子世家》。鲁定公十四年(前496年),孔子56岁时离开陈国去卫国,经过蒲邑(今长垣市满村镇陈墙附近)时,正遇上公叔氏在蒲邑叛乱,蒲人拦住孔子。孔子弟子中有个叫公良孺的,自己带了五辆车跟从孔子。这个人身材高大,贤能且有勇力,他对孔子说:"我以前跟从您在匡城遭遇劫难,现又在这里遇到劫难,这就是命吧。我和您在一起一再遭难,宁愿战斗到死。"双方激战猛烈。后来,蒲人害怕了,对孔子说:"如果你们不去卫国,我们就让你们走。"双方订下盟约,蒲人让孔子从东门出去。但是,孔子脱险后还是到卫国去了。子贡问:"订好的盟约又背叛好吗?"孔子说:"在要挟下签订的盟约,神灵是不管的。"卫灵公听说孔子来了,大喜,亲自到郊外迎接他,并问:"蒲邑可以讨伐吗?"孔子回答:"可以。"灵公说:"我的大夫们认为不可。现在蒲邑是卫国防备晋国和楚国的屏障,卫国去讨伐,不是太好吧?"孔子说:"蒲邑男子有誓死卫国之气,妇人亦有保西河之志。所以我们需要讨伐的只是领头的那四五个人而已。"灵公说:"很好。"然而卫国终究还是没有讨伐蒲邑叛乱。

第二次困孔事件见诸司马迁《史记·孔子世家》。鲁哀公元年（前494年），孔子在58岁那一年到陈国去，弟子颜刻（也称颜高）替他驾车，经过匡邑（今长垣市南蒲办事处南孔庄附近）时，颜刻用马鞭子指着说："从前我进入过这个城，就是由那缺口进去的。"匡人听说后，误以为是鲁国的阳虎来了。阳虎曾经残害过匡人，孔子的模样很像阳虎，于是匡人就围住孔子，孔子被困在那里整整五天。颜渊后来赶到，孔子说："我还以为你死了。"颜渊说："老师您活着，我怎么敢死！"后来，匡人围攻孔子越来越急，弟子们都很害怕。孔子说："周文王虽然已经死去，周代的礼乐制度不还在我们这里吗？上天如果要毁灭这些礼乐制度的话，就不会让我们这些后死的人承担起维护它的责任。上天并没有要毁灭周代的这些礼仪，匡人又能把我怎么样呢！"后来，孔子派了一个跟从他的人到宁武子那里称臣，这才得以离开匡地。

第三次困孔事件见诸《孔子家语·困誓》，记作"匡人解甲"，一说发生在现在商丘境内。鲁哀公三年（前492年），孔子时年60岁。孔子到宋国去，路过匡城，一个叫简子的人率领带甲武士围攻他。子路很恼怒，舞着长矛要和他们战斗。孔子制止他说："哪有修行仁义之人，改变不了世俗的凶暴呢？现在不讲授诗书，不学习礼乐，那是我的过错啊。如果把阐述先王之道，喜欢古代典章制度作为过失，那就不是我的过错了，是命运安排啊。来，你来唱，我来和。"子路听了便拿出琴开始弹唱起来，孔子于是和着音乐吟诵起来。弹唱了三遍之后，匡人知道是圣人，于是脱去战甲，离开了。

第四次困孔事件见诸孔子第一次被围时其弟子的话语。第一次被围时，弟子公良孺对孔子说："我以前跟从先生在匡城遇劫难，现又在此遇劫难……"可见以前在匡城已经被围困过，只是没有详细记录。

关于孔子之困，即在长垣遇险，大概就这么多了。因为孔子在长垣多次遇险，所谓"累累如丧家之犬"，故史书上记载有"子畏于匡"的说法。其中有争议的，一是发生的地点，现在有记载说"匡"地是商丘市上蔡县的一个地方，但从考证的孔子周游列国的线路来看，"匡"地应是在长垣县境内，是当时的匡邑。二是记述的口吻。同样是孔子之困，权威史料记录的内容却有不同。《孔子家语》从卫道的角度述说，说的是以理服人，用礼仪感化愚昧。《史记》则是从人性化的角度，还原历史的本来面目。现在长垣流传和记载着很多与孔子有关的故事，像孔子讲学的学堂岗、弟子子路治蒲、孔子与春秋先贤蘧伯玉的友谊等等，大都是颂扬孔子仁义贤德的，但为何匡人困孔这件事能流传下来呢？我想首先是说明长垣是孔子游学时经常传经布道的地方，因为那时黄河在长垣的西边，长垣处于卫国和鲁国的交界处，有地利的优势。再是说明创业的艰难。在孔子多年周游列国、讲学释道的过程中，遇到的艰难险阻远不止这些，有时是秀才遇见兵、有理说不清，有时是政治纷争，等等，个中滋味也许只有孔子和他的弟子们知道了。圣人也是凡人，孔子虽贵为千古人师，但作为凡人的圣人有时也很无奈呀。可见干事创业之难，孔子也不例外。

二、子见南子

南子，即卫国国君卫灵公的夫人，宋国人，生得十分俏丽，富有风情。传说南子早年在宋国时即与人有染，卫国曾为她发生过争斗，可谓倾城倾国。子见南子事件发生在鲁定公十五年（前495年），孔子57岁时。当时，孔子遍访群贤，有子见老子的记载，还多次约见春秋先贤、卫国大夫长垣人蘧伯玉，子见蘧子史料也不乏记载，而其轰动效应远不如子见南子。子见南子一事见诸诸多史料，有代表性的是《论语》《史记》《论衡》。

一是《论语·雍也》之记载。孔子去见了南子，子路很不高兴。孔子发誓说："我要是做了不正当的事，让上天谴责我吧！让上天谴责我吧！"

二是《史记·孔子世家》之记载。卫灵公的夫人南子，派人对孔子说："承蒙四方君子看得起，愿和我们国君为兄弟的，必然也来看看我们夫人。我们夫人愿意见见先生。"孔子本想推辞谢绝，但没办法只好去见南子。夫人在葛布帷帐中等孔子，孔子进门，朝北叩头行礼。夫人在帷帐中拜了两拜回礼，环佩玉器声响叮咚。孔子后来说："我本来就不愿见她，见了也是以礼相回。"但子路不高兴。孔子因此咒誓："我若行事不正当，让上天谴责我！让上天谴责我！"

三是《论衡·问孔》之记载。南子，是卫灵公的夫人，约见孔子。子路不高兴了，说孔子搞淫乱。孔子解释说："我如果做了卑鄙丑陋的事，让上天厌杀我！"

尽管故事轮廓大体相同，后人的理解却相去甚远。从记载看，对子见南子事件，历来有两种截然不同的理解。一种认为是编造绯闻炒作。南子不良,孔子却去见了她,引起了弟子子路的怀疑,以为他经不起诱惑,和她有什么见不得人的勾当,最少算作思想出轨。所以孔子不得不自我表白:我如果做了错事,老天会惩罚我的!老天会惩罚我的!这表明孔子不是那种假道学,不装腔作势。一种理解是替南子抱不平。孔子认为:人们对南子的看法都不对,我所否定的人是那种不可救药的人,一定是罪大恶极的,不但人讨厌他,天也讨厌他,那种人我是不会与他来往的,可是南子不是这样的人。这种理解就给后人留下了许多想象的空间。

实际上,子见南子应该是一件极其平常的事情。其一是人之常情。春秋战国时期,男女相见是很自然的事情,作为名流,孔子到了卫国,拜会一下国君夫人是基本礼仪。其二是实现政治抱负的需要。孔子想在卫国推行其思想,必定要争得各方面的理解和支持。想得到"好德如好色"的卫灵公的相助,南子无疑是很重要的角色。其三是受人之邀,礼尚往来,即使心里不情愿,也要去应酬一下。以已过天命之年的孔子之修养和品格,见一次就经不起诱惑,做出出格之事,想必谁都不会相信。孔子周游列国,遍访诸子百家,与多方人士进行思想学术交流,南子作为当时名副其实的女权主义者,两者进行交流未尝不可,大可不必为圣人邂逅一次美女就大惊小怪。现在看来,子见南子并无故事,只是由于南子的名声不是太好,而孔子又是伟岸君子,两者相见好像水火不容,容易被离经叛道者炒作成焦点、热点事件。我想,这应该是子见南子事件几千年来为人所津津乐道的原因之一吧。

逝者长已矣。作为千古圣人,孔子给我们留下的不只是传说和印记,更是深邃博大的思想和亘古不变的影响。孔子之所以成为孔子,就是因为其经历诸多困难与诱惑而身心不乱,矢志不改,最终成就大业。而孔子波澜壮阔的一生,也因为这两件事的点缀显得更加丰满。但愿后人能以历史和辩证的态度正确地看待这两件事,拂去浮华,拨云见日,从中悟出一些东西来,这也是笔者冒昧写这篇文章的本意。

樗里子传

司马迁

（秦）昭王元年（前306年），樗里子将伐蒲。蒲守恐，请胡衍。胡衍为蒲谓樗里子曰："公之攻蒲，为秦乎？为魏乎？为魏则善矣，为秦则不为赖矣。夫卫之所以为卫者，以蒲也。今伐蒲入于魏，卫必折而从之。魏亡西河之外而无以取者，兵弱也。今并卫于魏，魏必强。魏强之日，西河之外必危矣。且秦王将观公之事，害秦而利魏，王必罪公。"樗里子曰："奈何？"胡衍曰："公释蒲勿攻，臣试为公入言之，以德卫君。"樗里子曰："善。"胡衍入蒲，谓其守曰："樗里子知蒲之病矣，其言曰必拔蒲。衍能令释蒲勿攻。"蒲守恐，因再拜曰："愿以请。"因效金三百斤，曰："秦兵苟退，请必言子于卫君，使子为南面。"故胡衍受金于蒲以自贵于卫。于是遂解蒲而去。

（摘自司马迁《史记·樗里子甘茂列传》）

学堂岗

昔孔子聘列国,与弟子弦诵于此,故曰学堂岗。

岗极高耸,与小岗南北相望,上有孔子庙,建自何代言者不一。元遭兵火,残废无存。明天顺三年(1459年)重建,嗣后屡经修葺。庙门内为大成门,再内为大成殿,内塑孔子与子路、曾皙、冉有、公西华四贤言志像。殿左右两门为"春风""化雨"。后有杏坛,坛后二亭,左为"问志",右为"咏归"。后院堂曰"深造",东西有"成德""达材"二斋。庙貌宽广,形势巍峨,碑碣林立。唯大成殿前二碑光璧如鉴,古柏参天,大可数围。每值春际,白云缭绕,绿荫相映,远道望之,俨如山庄,允称名胜之地。

又明旧志云:工匠陈海、崔旺等,夜闻琴瑟之声,清越盈耳,众惊起,异之。

又云:常闻夫子琴声,故庙东南隅有关夫子勒马听琴处,足证当时灵胜。

(摘自民国《长垣县志·名胜志》)

长垣踞华夏腹地，在春秋时为卫国蒲邑，宣圣弟子子路，承圣人之教，来宰是邦，以三善称。长垣旧有寺、庙、宫、祠数百座，以碑碣为载体的寺庙宫祠文化，是旧文化的一种重要的表现形式。这些碑碣不仅反映了古代长垣儒、释、道文化的源流脉络，记载了子路治蒲的圣轨贤辙，也记载了蒲地之民千百年来对子路俎豆莘莘、思之如父母、祀之如神明的拳拳之忱，是不可多得的真实而珍贵的历史文化史料。

——编者题记

第四章 "三善之地"的文史典籍

子路治蒲三年,施惠政于民,展才华于蒲,师孔子之慧,树功德于世。蒲人自古有豪侠仗义的传统和感恩戴德的习俗,两千多年来子路永远活在蒲人的心中,为他建祠勒石,俎豆莘莘,敦风厉俗,永资世范,时光无痕,岁月无阻。

——编者题记

第一节 长垣金石记载的"三善"与子路
(以时间为序)

重建二贤祠碑

该碑明清时期在长垣县城内东南隅二贤祠内。嘉靖三十二年(1553年)立。长垣知县刘文玉撰文,记述重修二贤祠之事。石今不存。碑正文无从查考。清嘉庆《长垣县志》对该碑有所记述。

二贤,即蘧伯玉与子路。二贤祠,明嘉靖时期在长垣县城内东南隅。原为子路祠,专祀子路;后将蘧伯玉供奉其中,改名二贤祠。之后又在长垣县城北街西侧建祠将子路牌位移置于内,二贤祠又专祀蘧伯玉,改名蘧子祠。清末民国时期再改蘧子祠为寡过书院。

清嘉庆《长垣县志》载:碑在城东南隅蘧子祠堂东壁。正书。末书:嘉靖癸丑。知县、太仓刘文玉,县丞、武安王琚、聊城孙善述,主簿、石州张九经,典史、蒲城张世严,教谕、象山黄泮,训导、平定吕宿、太原孟显宗。

仲子墓享殿楹联

该联明清时期在长垣县城东北隅子路墓享殿大门(石柱)之上。

联文:

正气著千秋剩有衣冠留古墓,
治功慕三善惟将酒醴奠空祠。

新建河内公书院碑

该碑明清时期在长垣县城北街。嘉靖八年(1529年)立。胡锭撰文,记述长垣知县王懋创建河内公书院之事。石今不存。文录自明嘉靖《长垣县志》。

胡锭,字希曾,长垣人,生于成化十六年(1480年)前后,卒于嘉靖十四年(1535年)五月。胡睿之季子。官至户部右侍郎。

碑正文:

新建河内公书院记

皇上圣学敬一,御极中兴,倚毗图治,期致雍熙,爰慎遴守,令作新文,化而海内,翕然向风矣。时大名守乐公护、开守夏侯国孝、长垣令王君懋,皆以贤绩屡登荐剡。而王之忠谞风节素箸于官,大行内台比谪而进今职,茂宿雄俊,敦循近民,志周神行,政畅化敷,肆暵螽缘界,而垣独两获岁,实和且异矣。然尤笃兴学考业,乃慨近乏科第,而号房湫隘难群,藏修亟慕。学以北僻陬,临泽水,得步广一十有五,深八十有六。曰:学,故贵夫静也。会督学柱史周公易、陈公讲,各行建社学,立文会。曰:居,故贵夫专也。遂扩其制,庀财而不费,鸠工而不劳,牒符主簿智及训科李尚义、董其役周筑崇墉,中构层堂,巍敞各六楹,列厢静密各十三楹,严关四楹,外屏内坊,院培嘉植,而堂之后假土为山,旁结小亭,四窗轩豁。山之后又列屋十余楹。仍录邑进士若干人为题名碑,及悉举人附碑阴,竖于坊之右,始以嘉靖七年十一月,落以次年十二月。于是率寅协黄丞、世杰周丞鸥、谐谋郭教谕三仁,芮训导诰、李训导彬集、庠士孙志、王汉等,而约之曰:微曹之《东征》云止。今邑,盖复仲由三善之蒲之旧也,阅二千载而不改治,人不改慕,固有不以食禄而显结缨而泯者,而顾无半亩之宫乎?因题门颜为"河内公书院";而坊表"育贤堂";匾前"丽泽",后"静修"。曰:是不愈私精舍而傲丈室者乎?夫流千载而相兴者,风昭万古而相淑者,道旷百世而相感者,心心以契,道道以抱风尔。其栖厢潜修,登堂会义,朝绎宵肆,力探孔门,堂室以究其用,居则无为俗儒,出则无为俗吏,尚矢不沦草木朽,不亦有益斯院乎?否则,操觚艺筌焉耳。恶贵乎学。然世惟崇甲科,而间有举至名卿相者,特并勒之,不亦警励,以效必捷,而曲有成,毋致虚左乎!

仰止进篑之余,则游息亭,洞胸洗心,以与澄虚同度,不亦涵养性真乎?无择其人,俾训蒙童于后屋,曰:养,宜端其唯谨。诸生谢而遵焉。嗣是公,暇辄涖课,授文印义指,而程督之周敦,汉辈德其迥益,谒予识以文,予辞弗获。君关内名士,登丁丑进士,淹历盘错,渊宠蕴施,兹举允副,圣皇道化,众臣谋猷而永淑无党,故书以念来毋坠云。

重修河内公书院碑

该碑明清时期在长垣县城北街。嘉靖十年（1531年）立。时任长垣教谕郭三仁撰文，记述长垣知县刘体元重修河内公书院之事。石今不存。文录自明嘉靖《长垣县志》。

碑正文：

重修河内公书院碑记

河内公季路书院，在嘉靖乙丑关中王公所创。以长垣古蒲季路尝用以治且祠墓俱存，故建立之，是能景重先贤而风示世教以正者也，厥功懋矣！第绩未底就，乃有池州之擢，佥以未见大成为惜。逮庚寅南海刘公继尹于斯，下车初，辄登览，徘徊慨然，欲完美，属新政方投而弗果。明年辛卯，事治民安，可展力矣。特任莲幕杨君主是役，君尽心所事，惶惶惟恐不胜，凡所未备者，以次缮之，于时梁栋尚朴素也，饬以髹彩，堂壁尚涂泥也，镘以垩垩，覆门亭以兽瓦，砌堦基以砖石。若志道据德依仁，游艺之号为诸生肄业者，悉间以壁而大题其额。仍多植嘉木，森森成列，规制焕然，是耸一邑之大观也。夫为其事而有功者，虽小亦当传之，矧此用以养贤育材，为国家治理之资，其功之大，宁有过者也。顾成之者非一人，攻之者非一日，固已昭在人耳目，容可泯耶？予领教蒲庠，适睹胜迹工竣，未尝不为斯文庆，而诸公得政化之大体，从可观矣。于是乎书。

修子路书院并祠碑

该碑明清时期在长垣县城北街西侧仲子祠（子路祠）内。隆庆三年（1569年）立。赐同进士出身、河南道监察御史侍经筵、长垣仰蘧郜永春撰文，赐同进士出身、文林郎、长垣知县孙鯮书丹并篆额，记述长垣县丞郑钦（字午溪）重修子路书院并祠之事。石今不存。清嘉庆《长垣县志》录有该碑正文并对其有所记述。

碑正文：

修子路书院并祠记

吾邑治西北，旧有河内公季路书院。左有祠，祠前系民居堵塞，兼以岁久倾圮，神罔攸庇，士罔攸居，积弊相沿，莫与整饬。岁之丁卯，午溪郑公以户科给事谪丞吾邑，顾瞻书院，慨焉兴嗟。命典史劳君铭钟督理，仍捐资易民居地基若干间。前通大街建仲子祠门一座，与书院并列，大都撒旧为新，易圮以整，百年之废，一旦遽举。斯役也，君子谓其崇儒造士，厥功匪细云。或有问于予曰："夫子路圣门之高弟子也，其为人之贤，不言可知也。然庙祀崇于阙里，配食通于天下，兹邑仍专祀之者何居？"曰："吾邑蒲邑也，子路曾大夫蒲邑者也。记云治蒲三善，夫子称之，蒲人德之矣。今去其人千百载，而所谓'入其境，恭敬以信；入其邑，忠信以宽；至其庭，明察以断'者，固可想而见也。而民之饮食而尸祝之，岁时而香火之，疾苦而号呼之，亦千百载如一日也。夫祀法有功于民则祀之，蒲岂善忘人功者乎？恶得而不祀！"曰："圣门高弟如颜、如闵、如曾、如冉者尚彬彬蔚也，而未闻有专祀之者何也？"曰："祀起于有功，功原于有所试，有所试，故子路之祀至今不废，无所试，故贤如颜闵诸子而亦未有专祀之者，易所谓潜龙勿用是也。"曰："求之艺，由之果，夫子均与之从政矣，而求之仕季氏，不免为聚敛臣何也？"曰："此则刚与柔之别也。艺近于柔，柔常不能自植，而莫可表见；果近于刚，刚常至于过激，而易以立功。故夫子评曰：'由也兼人，求也退。'即此绎之，二子之优劣见矣。而今未有专祀聚敛之冉求者，孰谓人心可诬也乎？"曰："由之死悝，至今人无慊志，岂固可以无死者耶？"曰："子路仕于悝，悝执政于辄，悝之难，辄之难也。悝可不死，辄亦可以不死乎？子路亦自靖自献焉尔矣，庸恤其他？然其所可惜者，吾不谓其在于死悝,而在于仕卫也。卫在春秋,抑何如国乎?父不父,子不子,其政散,其民流。当是时也,即使康叔复出,周召为辅,尚无所挽其势,由果何为,而欲自试于危弱不可救药之敝国乎?夫既仕于其国则食焉,避难吾知其不为矣。故子路之治蒲,不若闵子之在汶;闵子之在汶,不若颜子之在陋巷,此贤者亚圣之大较也。"曰:"夫子之辙环不止又何也?"曰:"夫子所谓无可无不可者也,诸子则有可有不可也。子路无所取裁,其得不决裂于斯?然吾犹幸一死之可自表也。"曰:"子之言子路,而及于死卫也,何歟?"曰:"人之德人也,无不欲其永之也。欲其永之,则欲不惜其死不可得也。夫子路之有功于吾人,及吾人之德子路,虽使至今存可也。而卒死于卫,谓之何哉?此予所以酸鼻涕泗而不能自已也。今书院新矣,嗣是大夫学士凡遊息于斯者,既知子路之为可法,又知其所以当惜,则于出处,死生之意思过半矣。"郑公修是祠既完,未几即转知鄞县于其别也。余心诺以为记未遑也。越三载,始克成之。

清嘉庆《长垣县志》载:碑在城内北街仲子祠。正书。撰文、书、篆、衔、名、年月与蘧伯玉祠碑同。

仲子祠义塾碑

该碑清末至民国时期在长垣县城北街求仁书院内。长垣郭维翰撰文,记述长垣学后街牛日华父子捐地资学于旧求仁书院设立义学之事。石今不存。文录自民国《长垣县志》。

碑正文:

仲子祠义塾碑

古者家有塾,党有庠,州有序,国有学,教育之地广矣,备矣。自后世庠序之名不立,而义塾于是兴焉。盖亦推行教化之一助也。吾垣城西北隅,旧有蘧、仲两夫子祠,向为求仁书院。自前县尊赵公迁蘧公于东南隅改为寡过书院,而求仁书院遂荒废无存。所有仲夫子祠,惟值春秋上丁次日,恭设牲醴,以备享祀之义而已。外此,则门户扃锁,蛛网尘封,萧条景况殊令人睹目心伤也。适学后街牛日华同次子武生孝堂,议于其中设立义学。因将已祖业小谷堆村田地捐出四十一亩有奇,以每年子粒之入,作香火修膏之费。延赵君印保者在此教读。俾附近贫家子弟,皆得就以肆业。虽未能复当年求仁之旧,而崇先贤以培后进,庶于城东南隅蘧大夫祠侧之书院遥相辉映焉。诸同仁具其事禀明县尊。县尊嘉其义举,给"乐善好施"匾额以表其门。特恐事久废弛,故勒石以纪,并将其地亩之纵横,尺寸之长短,条列于后,以传永远。后之君子倘能继续芳踪扩大基地,是尤余之厚望也夫。

长垣县令题名碑

该碑明清时期在长垣县署大堂东侧。今在长垣市文物管理所院内碑廊，已断为两截。万历二年（1574年）立。乾隆五十七年（1792年）续题。碑高192厘米，宽83厘米。2019年5月10日拓印并考识。

碑上下正书五层：上层书碑记；下四层书县令姓氏、籍贯、任事年月，共六十六人，自杨允文讫胡宥者四十三人为原刻，边有猷至屠祖赉二十三人，乃后人续入者。末书：万历甲戌孟春吉旦。赐进士出身、文林郎、长垣知县、新安胡宥撰文，县丞杨文魁、主簿任永芳、典史束崇禄。又大堂西偏，有横碑嵌壁中。宽40厘米，长83厘米。首书碑记云：邑旧有题名碑，而自屠君后均未续书，爰为稽其名氏、邑里，第其任事年月而记之。昔明道程子晋城县令书名记谓其义尚为近古，是盖不可阙也。来者请书其次。乾隆壬子仲冬元和戴书培勒石。后书：荷绶讫戴书培凡九人。

碑正文：

长垣县令题名记

我国朝稽古建官，所需师帅方偶，子惠元元者曰：县令。县今长垣在春秋为蒲邑，先贤仲大夫尝治此。仲敬信明断，优于治；当是时，有乡君子伯玉公，与咨谋，故德化沦洽，深且饫，夫子盖三称其善，令名于今为烈云。以故国初设建，来令修其业，业称其官，恩田畴易，务课农桑，思墉屋增，务严保障，思庭甚清闲，务简讼清刑，人人以治，行着大都有三善风。

余奉命来视邑，篆陟三善堂，窃欲踵先令遗芳，修牧事顷，天子下诏久任，余益惴惴然。偕僚属杨君文魁、任君永芳、束君崇禄，相与为摹前善后，图顾前令龟鉴。是邑向乏砻石题名垂久远，余亦安所指顾迪于轨。于是稽之历牒，谋勒姓氏，自洪武七年杨公允文，下讫孙公琮，得四十有三人。夫丘陵在望，奚翅为高；典刑在阅，奚翅为治。余嗣是。觏名论世，可籍为指南。而垣士大夫暨嗣莅斯土者，一属目皆知某也垣循令，某也垣良令，前令亦籍是为不朽矣。昔二传沈刘相继宰山阴，各有声称；丘仲孚由其政不变，声称愈懋。盖前召父后杜母，彼诚有所鉴而然也。凡我同寅，念前令功德，无忘型范，庶斯刻不徒为文具也夫；庶斯刻不徒为文具也夫。

时万历甲戌孟春吉旦。

河内公祠堂碑

　　该碑元、明、清时期在长垣县城东子路墓祠内。初为元代杜仁杰撰文并立石,后石毁。至弘治八年(1496年),时任长垣知县杜启依原文重立。石今不存。明嘉靖《长垣县志》录有该碑正文,清嘉庆《长垣县志》对该碑有所记述。

　　杜仁杰(1201—1282年),原名之元,又名征,字仲梁,号善夫,又号止轩,济南长清人,元代著名诗人、散曲家。杜启,字子开,著名画家杜琼之子,明苏州吴县人。杜启于弘治年间任长垣知县,政绩卓著,声名远播,时人称为"杜长垣"。河内公,即仲由(前542—前480年),字子路,又字季路,鲁国卞人,"孔门十哲"之一,受儒家祭祀。仲由以政事见称,为人伉直,好勇力,跟随孔子周游列国,是孔门七十二贤之一。春秋时曾任卫国蒲邑宰。周敬王四十年(鲁哀公十五年,即前480年),卫乱,父子争位,子路结缨遇难,葬于长垣。其墓在今长垣老县城东三里罗镇屯村。

　　碑正文:

河内公祠堂记

　　在昔春秋时,卫于周为迹属;蒲于卫为紧县。故卫之君臣庭议,以谓非贤且勇,长于政事者,不能宰是邑。以吾先师季路来莅之,不期岁,吏慑其威,民服其化。自公结缨之后,蒲之民时而思之父母之祠,而祀之神明之者,有年矣。逮秦汉魏晋而下,六朝隋唐之间,天下不知其几凌迟,而几板荡。夫蒲固旧蒲,今代何代,而民谁民哉?盖祠之兴废,亦系乎世之治否而已。况壬辰之祸,古今无是惨,河朔萧然者,盖五十余年于兹矣。我国朝开创以来,至圣上甫五业,始以文教作治具。是以前贤祠冢,好事者往往葺而守之,从上所好而然也。丧乱后,独此祠仅存。然上雨旁风,丹青绘塑,剥落亦无几。比年,祠旁之民,稍稍坌集成市,虽有香火,巫、觋等立以禳被疾疠,祈祷孙息为事。呜呼!礼乐崩坏至此,亦极矣!良可痛悼。邑人有薛君者,幼隶军籍,晚慕黄老为道士,能舍己之术,乐我之义,慨然以兴起为己任。于是岁涓月除,朝经暮构,至于一草、一芥、一瓦、一砾,皆手所自掇。而又执契券,以明公私,按图志以敫侵冒,虽尺寸之地不得匿。若夫门三其首,榱栋已陈,庑两其傍,阶陛随筑，骎骎乎！见落成之渐。予适道出于蒲，友人太医侯君仲安，以记祝甚恳。予辞以不能且不敢也。予谓公亲受教于孔子，其格言，其盛德，志诸左氏传与夫家语论语等编，载之甚详，使少赞一词，是誉天地之大，褒日月之明，赘孰甚焉。祀典有之，自天子之都，达于郡县，二丁之祭，虽万世不能废。公处十哲之列，而配享血食，吾恐在彼而犹在此也。且公之神，在天则为河汉，为列星；在地则为川渎，为乔岳；散之于气，为雷霆，为风雨；栖之于物，为金、为锡、为器车；钟之于人，为圣、为贤，安往而不在，岂独于蒲若是其专哉？或曰："子可谓知其一而遗其二者也。且独不见子游之于武成，宓子贱之于单父，鲁恭之于中牟，元德秀之于鲁山。斯皆有惠政遗爱于民，美则美矣，此特去留之暂耳。未若公仕于卫，祠于蒲，墓于蒲，其始终之节，灼然见于后世者。盖如是，虽庸人孺子，亦知公之不屑去蒲也，审矣。"予闻之，不觉敛衽，退而言曰："予昏，不能进是，请书或者之言，以为记。"仍系以诗，俾歌以祀之。诗曰：

"公乎！公乎！无舍而蒲。

生于民，而其惠有孚；死于位，而其节不渝。

已乎！已乎！后之来祀者，其无替乎！其无替乎！"

清嘉庆《长垣县志》载：碑在城东三里仲子墓。高六尺，宽二尺七寸。正书。字径寸许。首书：元济南杜仁杰撰。末书：大明弘治八年，岁次乙卯，春二月既望，知县杜启等重立石。

正德十二年河内公祠堂碑

该碑明代早期在长垣县城内东南隅子路祠(明后期将子路祠迁于县城北街西侧,将此祠改为蘧子祠,清末至民国时期再改为寡过书院)内。正德十二年(1517年)立。赐进士第、文林郎、长垣知县、关西张治道撰文、书丹并篆额,记述建子路祠之事。石今不存。明嘉靖《长垣县志》录有该碑正文,清嘉庆《长垣县志》对其有所记述。

碑正文:

河内公祠堂记

按,长垣古属卫,为蒲先贤仲由致治之区。旧有祠,自春秋暨今千有余年,其间兵燹凡几经,且统隶无常,祠遂废而弗存,城东三里只见其墓。城中大南关者,相传为蒲堂东有寺,即今祠也。正德丁丑,余来知县事,乃叹曰:"仲由,孔门高士也,蒲为治邑,至今妇人女子无弗知蒲为公之治邑,且诵其泽未斩也,乌可无祠?"乃遂锄其寺,立去其佛,设像于内而祀焉。祠成,父老谓是似弗谬于举,且有关风教,咸谓余记之。余曰:"余尝读《史记》及《家语》,见子路治蒲,而孔子三善之,未尝不叹政治之难,而尤叹夫识治之难也。"且由,孔门士也,其治若有卓绝之道,而圣人以其田畴易、草莱辟、沟洫治,其墙完而树茂,其庭清肃而诸下用,遂称为三善,自今观之若未足称者。呜呼!以是论之,此今所以无善治,而古之治不可复也。此三者,乃道德之见于治,曰恭、曰敬、曰信、曰宽、曰明察、曰断,若所谓仁义之治也。而圣人固弗取欤?后之道异于是,为治者,曰苛察、曰残酷、曰掊克、曰强辩、曰矫、曰谲,非此不足以为治也。识治者,曰奔走、曰承顺、曰谄、曰谀、曰贿、曰便佞,非此不足以与治。若所谓草木田野者,固弗称也。呜呼!以是而为治、识治,此古之治不可复,而识治者之尤难也。曰为政者,道德刑法而已矣。道德之中未尝无刑法,刑法亦若是也。合而为一,以相佐助,其为治,为仁义、为恭敬、为忠信、为宽、为断,若由之治而圣人所取尔也。歧而为二,以相背戾,为苛察、为残酷、为掊克、为强辩、为矫、为谲,而惟于奔走、承顺、谄谀、贿赂、便佞之用心焉,以取媚于时,今之识治者之所取也。此古之治不可复,而后世终无善治者,其以此与?是祠也,殿宇以间记三,门宇以重记二,木大小以根记则用八百有奇,砖以个记则用一十二万有奇,余以琐细弗记,皆得之富民之好义者。督工则责之县丞张嚣,兴工以五月六日,以次月十二日完。既毕,刻石以纪岁月,且以告后之执政者。

清嘉庆《长垣县志》载:碑在城东南隅蘧子祠内。正书。末书:正德十二年岁次丁丑,夏六月吉旦。赐进士第、文林郎、知长垣县事、关西张治道撰并书、篆。碑阴上层镌祠堂图;下层书县丞高唐、殷宗信、赵城、张嚣,主簿平陆纪庆,定远霍桐,教谕丰城汪澛,训导濮阳吕端、凤翔杜鸾,大岗司巡检崔锡。案旧志蘧子祠旧为子路祠,明正德间知县张治道建,有记。

重修仲子祠石刻

　　该碑明清时期在长垣县城北街仲子祠(子路祠)内。天启四年(1624年)立。长垣知县仇梦台撰文。石今不存。碑正文无从查考。清嘉庆《长垣县志》对该碑有所记述。

　　清嘉庆《长垣县志》载：石刻在城内北街仲子祠。末书：天启四年仲春既望。知长垣县事、新安仇梦台纪事，署儒学教谕、潞河罗永春书石，主簿、吴门长洲周安国督修。

河内公仲夫子赞碑

该碑清代在长垣县城北街子路祠内。清康熙年间立。崔九围撰文。石今不存。文录自清嘉庆《长垣县志》。

河内公仲夫子，即子路。崔九围，原籍新安（今河北安新）人，后迁居长垣，入长垣籍。顺治初年赴浚县教谕署中任职。顺治七年（1650年），流寇强匪洗劫，持刀挟其母。九围痛哭力救，头触壁，身中三刀，发断指落，其母得以免难，而其妻却惨遭杀害。顺治八年（1651年），九围乡试中举，授东明县教谕，后升陕西白水县知县，封翰林院侍读学士，乾隆二年（1737年）旌表孝子。其子崔蔚林，为名宦。

碑正文：

河内公仲夫子赞

呜呼！

宣圣之道，赖公之勇而后行；

大国之盟，得公之信而后成。

公之孝，生事尽力，死事尽思；

公之忠，既食其禄，不避其危，诺无留宿，咸钦公之诚。决过则喜闻，更服公之英哲。

管大夫一崖天下之烈心，愧公之仁；曾先子万人必往之直，敬畏公之神。

公其贤哉！公其贤哉！

片言折狱于当下，三善流嫩于方来。

遗爱在兹，历终古其不忘兮，建祠肖像于城之隈。

春秋俎豆，几何年世兮，壁歆栋侧，邑人每翘首而兴哀。

值我明府宗侯，倡众鼎新兮，意在师法而取裁。

矧我子衿人士，私淑芳踪兮，能不景仰而徘徊！

重修仲子祠碑

该碑清末至民国时期在长垣县城北街子路祠内。道光二十六年（1846年）立。长垣知县王兰广撰文，记述重修子路祠之事。石今不存。文录自清同治《长垣县志》。

碑正文：

重修仲子祠记

长垣于春秋为古蒲城。记谓，其邑多壮士，最号难治。而我子路夫子，承圣人之教，来宰是邦，以三善称。广在束发时，即读其书，钦其治，因以思其人，而欲跻其庭也，非一日矣。乙巳仲冬，广由曲阳调摄兹土，捧檄之日，大帅谆谆以择人见委。盖昔之蒲，属于卫，去国都百里而近；今之垣，隶于直，去省会千里而遥，且界邻豫东，四无屏障，其难治，有不啻昔日者。余虽乐亲贤之遗范，而当此吃紧之寄，又未尝不惴惴于怀也。莅任之后，饬保甲，巡边疆，理簿书，清案牍。月余以来，幸告无罪，谨于元旦之辰，肃将祀事于我仲夫子之堂。乃未入其门先见其楣，墙垣之委于荆榛者，虚无有也；未登厥庭，已窥厥室，檐桷之摧为薪木者，盖仅存也；及拜瞻遗像，而虫篆、鼠迹蜿蜒于俎豆、几案之间。询之守祠，则一蓬首鳖面者，伛偻其前，职洒扫之役焉。余不禁喟然叹，愀然悲，恧然惭，惕然警。以为我子路之功之德，何至颓唐、剥落、尘封于荒烟蔓草中，曾无一人过问，伊谁之责哉？乃延诸绅以商之，而崔君薰、李君兆箋、张生铨等，力任其事，于是酾金、庀材、相工、兴作，朽者易之，卧者立之，颓者振之，故者新之；复于祠之东偏，构屋二间；以为守祠者居之。不三阅月，而诸绅以迄工来告。余惟后人之报德也，畏神更深于服教；而吾人之取法也，履实不在于崇文。子路之治蒲也，以养以教，书缺有间矣。第即所称三善者，以追维往昔，则今日之锄雨犁云，孰非当年之赤子；操铅握椠，谁非尔日之青衿，食德服畴，云礽罔替，以故祠宇之成，倡于一言。斯固三代直道之犹存，而非我子路之遗泽，实能入人心而振懦起衰，曷克致此。顾地，犹是地也。民，犹是民也。即为治者之倡道率教，亦无异术也。然入乎其境，果田畴尽易，草莱尽辟，沟洫之尽深治乎？则必吾人之恭敬以信，未及于民矣。入乎其邑，果墉屋之尽完，树木之尽茂乎？则必吾人之忠信以宽，未孚于众矣。过乎其庭，果能庭事清闲,诸下用命乎？则必吾人之明察以断,未修于已矣。缅曩哲而循省,抚卑躬以自惕,吾知登斯堂也,不仅樽醢之是荐,将所谓民尽力,民不偷,政不扰者,必汲汲焉先贤之是师,务期与前光相辉映,讵惟是读其书,钦其治,思其人,而跻其庭已哉！则广虽不敏,敢不自励欤！是为记。

仲子墓碣

　　该石碣明清时期在长垣县城东子路墓前。成化五年(1469年),钦差大理寺左正刘瀚、巡按监察御史俞荩同立。石今不存。清嘉庆《长垣县志》对该石碣有所记述。

　　仲子墓,即子路墓。长垣子路墓在今县城东。明嘉靖《长垣县志》载:子路墓"在城东北三里,墓前有祠。正统间重修,济南杜仁杰记。天顺间知县刘弘增修。弘治八年(1495年),知县白思诚悉撤其旧新之"。明万历《长垣县志》载:子路墓"在东关外,有祠,正堂两厢俨然森列。嘉靖三十五年(1556年),知县钟崇武置祭田六亩。隆庆六年(1572年),知县胡宥重修,置祭田五十亩。万历三十年(1602年),知县张文炫重修"。清康熙《长垣县志》载:"康熙十八年(1679年),知县宗琮、教谕刘汉裔修建大堂、前堂、大门、墙垣、塑像,焕然一新,有碑记。"清嘉庆《长垣县志》载:"乾隆十九年(1754年),知县屠祖赉、邑人贡生杨钟恒重修。二十七年(1762年),知县吴刚重修。"并载:"子路治蒲,蒲人多思之,死难后葬蒲。"据史可知:长垣子路墓千百年里经过多次修建,规模宏大,气象俨然。每至傍晚时分,青烟云气蒸腾缭绕于殿宇墓冢之上,盘桓于苍柏青松之间,一幅神秘灵异之态势,一派圣伟庄肃之境况。子路一生与长垣可谓形神交深。当年孔子周游列国至匡地,被匡人"围而拘之",是子路不顾个人安危挺身救下孔子性命。后来子路为蒲邑"县令",大干三年,被孔子"三称其善"之事妇孺皆知。及至因内乱子路战死,蒲人深怀感恩戴德之心葬其圣骨于长垣热土。

　　碑正文:

　　　　大贤河内公子路墓。

　　清嘉庆《长垣县志》载:墓碣书"大贤河内公子路墓"。书款与蘧子墓碣同。

重修学冈孔庙碑

该碑今在长垣市城北学堂岗圣庙内。嘉靖十九年(1540年)立。赐进士、通议大夫、都察院右副都御史、敕抚河南、赐免前翰林院检讨、国史官、天水胡缵宗撰文,赐进士出身、大中大夫、辽东苑马寺卿、致仕前河南等处提刑按察司副使、开州端溪子王崇庆书丹,赐进士出身、文林郎、山东道监察御史、长垣邢第篆额,记述长垣知县杜纬重修学堂岗圣庙之事。碑高230厘米,宽85厘米。2019年5月20日拓印并考识。

胡缵宗(1480—1560年):字孝思,又字世甫。号可泉,又别号鸟鼠山人。明巩昌府秦州秦安(今甘肃秦安)人。正德三年(1508年)中进士,任翰林院检讨。正德五年(1510年)后,历经嘉定州判官,安庆、苏州知府,山东、河南巡抚,足迹遍及江南、中原。胡缵宗为官爱民礼士,抚绥安辑,廉洁辩治,著称大江南北。嘉靖十三年(1534年)罢官归里,遂开阁著书,有《鸟鼠山人集》《安庆府志》《苏州府志》《秦州志》等14部著作传世。胡缵宗还是一位书法家,现存江苏镇江有"海不扬波",曲阜孔庙有"金声玉振",天水伏羲庙有"与天地准"牌匾。

碑正文:

重修学冈孔庙记

赐进士通议大夫、都察院右副都御史、敕抚河南、赐免前翰林院检讨、国史官、天水胡缵宗记。

赐进士出身、大中大夫、辽东苑马寺卿、致仕前河南等处提刑按察司副使、开州端溪子王崇庆书。

赐进士出身、文林郎、山东道监察御史、邑人邢第篆。

蒲之北十里,故有崇冈,冈故有孔庙。冈岿然,庙郁然也。记有之,孔子适卫止蒲,季路、曾点、冉有、公西赤,言志焉。庙故有言志亭,亭屹然也。自昔至今,人咸称为学冈,志学也;有司特创以庙,志道也;立以亭,志教也。而孔子之化,自昔至今,显显赫赫,岂于野外有间哉!天顺癸未,庙重建于刘尹弘;正德辛未,庙增修于卢尹煦。而又有田曰百亩,备粢盛焉,勒之石,志祀也。自辛未至于今廿年,庙就废,学侵圮矣。嘉靖己亥,杜尹纬莅任之初,陟冈谒庙而有慨焉。曰：卫去鲁虽远，然蘧伯玉得洙泗之化，而其学列于孔门；季仲由得洙泗之教，而其政出于孔门；四子者，从游夫子，而其所志书之孔门。古不虚若冈，今其冈可不治乎？古特创若庙，今其庙可不葺乎？乃咨之父老，商之寮佐，鸠工汇材，彻而新之。于是岿然者翩然，郁然者械然，屹然者灿然矣。既讫工，杜尹属予记。予惟三千、七十孰不学也，闾闾行行孰无志也。观其志，知其人矣。由也，吾知其侃侃于其国也；有也，吾知其兢兢于其邦也；赤也，吾知其雍雍于其礼也；点也，吾知浩浩于其上下也。然皆孔子之教也。辟诸四时之于元气，寒寒暑暑，各得其一焉。夫夫子之教，何教也？其内圣学，其外王道也。四子之志不同，同服孔子之教者也。而孔子之道合七十子，历万世而无间矣。然蘧伯玉耻独为君子，而卫有其教矣；季仲由之政有三善，而卫有其政矣；四子之志言于当时，传之后世。夫子坐，四子侍，世不忘学冈而卫有其化矣。蒲有司，谨孔子之教而申之以书院，衍其化也。则学宫之教，七十子之服孔子也；学冈之教，四子之服孔子也。地不同而学同，时不同而道同，皆所以为孔子也。吾闻夫子之志矣，老安也，友信也，少怀也；吾闻夫子之教矣，文行也，忠信也；吾闻夫子之政矣，行夏时也，乘殷辂也，服周冕也，乐韶舞也。蒲士子不学孔子则已，如学孔子焉，由诸子而上，则夫子之志，如天之教，如时雨之政，如二帝三王，斯人人而四子，世世而七十子矣。其在学冈，犹七十子之在杏坛也；其在书院，犹四子之在学冈也，而其庙与学不虚矣。否则，学宫为士肆，学冈为旅舍，岂所以为孔子哉？岂所以为学哉？书院前为庙，后为学；庙有殿，上肖夫子，傍肖四子，而横瑟于点前；左右有门，曰"春风"，曰"化雨"；东西有亭，曰"鼓瑟"，曰"鸣琴"；亭中有杏一，曰"杏坛"；坛后有宋元之柏三，其柏昂霄，而庙焕然也；学有堂曰"深造"，东西有斋曰"成德"，曰"达才"；堂悬以钟鼓，斋奠以凡席，而学秩然也。经始于嘉靖己亥，落成于嘉靖庚子，而费皆出于杜尹，不烦之官与民也，然亦不外于官与民也。尹之善政不一，而鼎新学冈其一也，可以观政与教矣。故为之记。

嘉靖十有九年庚子秋七月望。

蘧公里在厢里优免碑

该碑今在长垣市文物管理所。乾隆五十六年(1791年)立。长垣知县方其昀撰文,记述免除蘧公里、在厢里税赋用以修葺子路墓祠之事。碑额"敬贤爱民"。碑高179厘米,宽67厘米。2019年5月19日拓印并考识。

方其昀,安徽桐城人,监生,乾隆五十五年(1790年)任长垣知县,五十九年(1794年)十一月再任,升同知,历保定府知府,署清河道。

碑正文:

蘧公里在厢里优免碑记

仲夫子以圣门高弟为垣邑宰,不特道德艺行学者仰如山斗,即三善吏治,亦足沾溉后人流传奕世。城东北隅三里许有墓巍焉,为仲子蒿葬处,跨蘧公、在厢两里,地基历千余年来,庙祀不穷。所谓思其人,爱其树,固后人山高水长之思,亦□贤□韵入人之深而及人者远也。辛亥岁,余来署县事,逢春秋祭享,处而登焉。见苍松古柏郁郁葱葱,当日正大高明严毅气象,□目肃然,起仰止心。有两里绅士具禀,求照前优免。予唯任其劳者,享其逸,勤其功者,食其报。询谋舆论,稔知向来庙貌之倾□,高其闬闳,修其垣墉者,唯两里是问;祭祀之必诚,所谓牲牷腯肥,享祀丰洁者,唯两里是赖,倘非分别勤惰,特示优异,奚以使人趋事赴功,鼓舞于无穷欤?嗣后修补祭奠,两里任之,其余一切概行优免,永为定规。匪唯为两里士人庇,亦以为敬礼,其永远计也。虽然予与诸绅士有厚望焉,语云:绘西施之面,美而不可悦;画孟贲之目,大而不足畏。何者?失其真也。当思士子立能矩步,方行脂韦,不行如当日治蒲善政,古道照人者乎?商农立心,果能务本力业,牵车服贾,如当日宿诺,不留有无怀葛天者乎?诗云:"高山仰止,景行行止。"书云:"监于成宪,其永无愆。"舍康庄而入荆棘,求免蹑颠、不可得矣。然则斯举也,劝也。亦规也。爰镵之于石。

署长垣县正堂加三级纪录五次方其昀
特授长垣县儒学正堂加三级陈瑞麟
特授长垣县儒学副堂加三级王应旭
首事:武生郭越万、武生梁廷栋、武生吕殿魁、廪膳生孙廷兰、生员焦璿、

增广生王云锦、武生陈兰、监生张含珠、生员赵烈、武生张飞虎、生员樊自厚

册总：魏国旺、田培桂、李节

地方：张治国、李成功、张魁元、宋立业、仝建立

乾隆五十六年九月初九日

蘧公里照旧免差碑

该碑今在长垣市蒲东街道罗镇屯村。道光二年(1822年)立。记述免除蘧公里赋役用于重修先贤仲子墓祠之事。碑左上角已残掉。碑高93厘米,宽93厘米。2019年4月28日拓印并考识。

碑正文:

蘧公里照旧免差碑

道光二年正月二十四日

郡侯福札饬邑侯黄公批催併翰博仲公面谕,重修先贤仲子墓前祠,施赀开列于后:

王德麟、崔兰森、理问顿夔龙、监生陈文燦、监生李兴业、监生张国良、教谕李棠、廪生张福霖、贡生常淑浩,监生许曾、监生郑鸣、照历顿立德、生员尚志、监生梁俊魁、监生梁俊杰、监生单家修……

……年岁次壬午秋七月既望仝立

诗言志，歌咏言。中国是诗歌的国度，而长垣又是中华诗歌之乡，从《诗经》中的傅姆始，两千多年来，诗歌就是长垣人抒情言志的文学体裁。"三善之地"是长垣人历史上的闪光点和骄傲，歌颂"三善"和先贤子路的内容，自古就是长垣诗歌的主题之一。

——编者题记

第二节　长垣歌颂"三善"的古诗词

汉安帝永初七年（113年），班昭之子曹成任职陈留郡长垣长（相当于后来的长垣县令）。正月，班昭随其子曹成赴长垣任职。他们乘车从都城洛阳出发，经过偃师、巩义、荥阳、卷城（今原阳县），在原武（今原阳县原武镇）稍事停留后，夜间在阳武之桑间住下。第二天，经平丘（今封丘县黄陵镇）进入匡城（今长垣市西南境），随之进入长垣境。在长垣居住期间，班昭想起先贤们在这里的故事，如"匡人围孔""子路结缨""公门蓬车"等，特别是当她看到长垣境内的田园、村舍、城墟、农夫之际，触景生情，浮想联翩，有感而发，遂将一路上的见闻与感受吟诵成赋，并依照其父班彪在北征战乱时写成的《北征赋》，而将其赋定名为《东征赋》。由于《东征赋》是班昭在长垣居住生活期间吟诵而成且属光耀中华文坛的不朽诗作，故两千多年来长垣人民一直把《东征赋》视为才女班昭播撒在长垣大地上的诗的种子而倍加珍惜和自豪。

东征赋①

班　昭

惟永初之有七兮，余随子乎东征。②
时孟春之吉日兮，撰良辰而将行。
乃举趾而升舆兮，夕予宿乎偃师。
遂去故而就新兮，志怆悢而怀悲！③
明发曙而不寐兮，心迟迟而有违。
酌樽酒以弛念兮，喟抑情而自非。
谅不登樔而椓蠡兮，得不陈力而相追。④
且从众而就列兮，听天命之所归。
遵通衢之大道兮，求捷径欲从谁。⑤
乃遂往而徂逝兮，聊游目而遨魂。⑥
历七邑而观览兮，遭巩县之多艰。
望河洛之交流兮，看成皋之旋门。
既免脱于峻崄兮，历荥阳而过卷。
食原武之息足，宿阳武之桑间。⑦
涉封丘而践路兮，慕京师而窃叹。
小人性之怀土兮，自书传而有焉。⑧
遂进道而少前兮，得平丘之北边。
入匡郭而追远兮，念夫子之厄勤。⑨
彼衰乱之无道兮，乃困畏乎圣人。
怅容与而久驻兮，忘日夕而将昏。⑩
到长垣之境界，察农野之居民。
睹蒲城之丘墟兮，生荆棘之榛榛。⑪
惕觉寤而顾问兮，想子路之威神。⑫
卫人嘉其勇义兮，讫于今而称云。
蘧氏在城之东南兮，民亦尚其丘坟。⑬
唯令德为不朽兮，身既没而名存。
惟经典之所美兮，贵道德与仁贤。

吴札称多君子兮,其言信而有征。⑭
后衰微而遭患兮,遂陵迟而不兴。⑮
知性命之在天,由力行而近仁。
勉仰高而蹈景兮,尽忠恕而与人。⑯
好正直而不回兮,精诚通于明神。
庶灵祇之鉴照兮,祐贞良而辅信。⑰

乱曰:

君子之思,必成文兮。
盍各言志,慕古人兮。
先君行止,则有作兮。
虽其不敏,敢不法兮。
贵贱贫富,不可求兮。
正身履道,以俟时兮。⑱
修短之运,愚智同兮。
靖恭委命,唯吉凶兮。⑲
敬慎无怠,思谦约兮。⑳
清静少欲,师公绰兮。㉑

注:

①本赋最早见于南朝·梁昭明太子《文选》。现载于明清《长垣县志》。

②永初:107—113年,东汉皇帝汉安帝刘祜的第一个年号。汉朝使用这个年号时间共计七年。东征:东行。

③怆恨:悲伤。

④登橡:指远古人的居住方式。栎蠡(zhuó luó):谓砸开螺壳,生食其肉。蠡,通"蠃"。

⑤通衢:四通八达的道路。

⑥徂逝:消逝。遨魂:遨游灵魂。

⑦息足:歇脚休息。

⑧小人性之怀土兮:地位低下的人难免思念故土啊。

⑨匡郭:匡地的城郭。匡城,古卫国属地,在今长垣市境内。夫子之厄勤:孔夫子的艰困劳苦。

⑩怅容：惆怅徘徊。

⑪丘墟：古迹废墟。

⑫子路之威神：子路当年的威望和神灵。

⑬蘧氏在城之东南：蒲城东南是贤能的蘧瑗的家乡。蘧氏，即蘧瑗，字伯玉，今长垣市孟岗镇伯玉村人，春秋卫国大夫，被孔子及后人称为君子。

⑭吴札称多君子：吴国公子季札说过："卫多君子，未有患也。"（《左传·襄公二十九年》）

⑮陵迟：衰败。

⑯仰高：仰慕高尚的德行。蹈景：践行高尚的言行。忠恕：应尽忠孝，善于宽恕。

⑰灵祇：神灵。贞良：真诚善良。

⑱俟时：等待时机。

⑲靖恭委命：安心等待命运的安排。

⑳敬慎无怠：敬业慎行不敢懈怠。谦：谦虚。约：时刻反省。

㉑师：效仿。公绰：即孟公绰，鲁国大夫，是孔子非常敬重的人。孔子在教育弟子时常引孟公绰的德行。

《东征赋》译文：

在汉安帝永初七年的这一年，我随赴长垣任职的儿子曹成一起从京师洛阳迁往东边的陈留郡长垣县。时值孟春的阳春季节，选择了良辰吉日启程。早晨匆匆登车上路，傍晚时在偃师夜宿。告别了久居的京城，寄身于陌生的新地。

心里充满了悲伤的情怀，天亮时仍然无法入眠。情知是内心徘徊不前，又无法与命运抗争。手捧着酒杯思绪万千啊！感叹压抑的心情无法排遣。遗憾没出生在橧居击鼟的上古时代啊！只怕是再没有机会贡献自己的才力。姑且顺其自然、随同大流的趋势吧，听天由命等待命运的归宿。遵循崎岖的治国之道吧，想寻求捷径又能够听从于谁呢？就这样悄悄地从京师消逝吧，暂且让高傲的魂灵四处漫游。

一路上历经七个城邑，又遭遇了巩县的道路艰险。眺望了黄河与洛水交汇的景象，见识了成皋县著名的旋门壮观。翻越了一座座险峻的山岗，跨越了赫赫有名的荥阳城。在原武县匆匆歇脚用过午餐，当晚露宿在阳武县的桑林之间。渡过了封丘河水马不停蹄地赶路，暗自感叹着思恋的故乡越走越远。地位低下的人难免思念故土啊，自书的叙传里有详细的记载。

继续沿路前进走不了多久，就到了平丘县的北城边。不久即进入名胜的匡郭之地（今长垣市境），忍不住思绪遥远：当年孔夫子遭受围困的情景（指匡人围孔）如在眼前。

那是个怎样衰乱的世道啊！难怪会有圣人被围困的事件。我久久地站在那里惆怅徘徊，直到暮色降临而忘记返回。到了长垣县的地界，顺道察访居住在郊外的农民。目睹了长垣城的古迹废墟，那里早已是荆棘丛生、灌木迷漫。我忧伤地向身边的人请教再三，思慕着子路当年的威望和神灵。卫国人都传颂他的勇敢和义气，到如今还无不称道颂赞。长垣县城东南是贤能的蘧伯玉的故里，那里的老百姓尊重并守护着他的墓地。人世间只有美德永垂不朽啊！身躯埋葬了还有名望长存。典范的著作里对蘧伯玉赞美不绝啊，人们敬重他的美德和仁贤。吴国公子季札说过："卫国君子多而无患。"他的话不但可信而且还很灵验。后来的衰落导致了患难不断，于是那里衰败，再也没有兴盛。我懂得上天主宰着人的命运，从此就身体力行接近仁贤。勉励自己践行高尚的言行，对人应尽忠孝，善于宽恕。亲善正直而无怨无悔，让神明知道我的精诚。愿神灵审查并监察我的言行，保佑我真诚善良的辅佐之心。

进一步展开来说：君子思考的问题，必定是称道的礼制。为何不各言其志，追慕古人呢？先父所到之处就会有佳作产生，虽然我才思不够敏捷，怎能不效法笔端？人世间的贫贱富贵是不能强求的啊！洁身自好，坚持正道，以此等待时来运转。长寿和短命在于天道，愚钝和聪慧来源相同。安心等待命运的安排吧，不管它是吉还是凶。时常提醒自己敬业慎行不敢懈怠，牢记谦虚时刻反省。清心寡欲甘于平静地生活，以孟公绰为效仿的楷模。

作者简介：

班昭，又名姬，字惠班，扶风安陵（今陕西咸阳东北）人。东汉女史学家、文学家，史学家班彪之女、班固之妹，十四岁嫁同郡曹世叔为妻，故后世亦称"曹大家"。

班昭博学高才，其兄班固著《汉书》，未竟而卒，班昭奉旨入东观藏书阁，续写《汉书》。其后汉和帝多次召班昭入宫，并让皇后和贵人们视为老师，号"大家"。邓太后临朝后，曾参与政事。

班昭作品存世七篇，《东征赋》和《女诫》等对后世有很大影响。

过古蒲怀仲子四首①

张九成

一

行道嗟吾已矣夫,仲由从我去乘桴。②
果然子路闻之喜,好勇如由亦自无。

二

子路何尝肯不情,从人姑尔事虚名。③
所行唯恐复闻耳,既已闻之且力行。

三

若于君子能修敬,敬外无缘复有余。④
子路不思三致问,病犹尧舜果何如。⑤

四

于时穷达何须较,在我行藏未易论。⑥
子路不知方愠见,更疑力学到师门。⑦

注:

①仲子:即子路,姓仲,名由,字子路,尊称仲子。春秋时期任卫国蒲邑宰。

②乘桴:乘坐竹木小筏。

③姑尔:姑且。

④修敬:表示恭敬,致敬。

⑤子路不思三致问:子路没有仔细思考孔子的三个问题。病犹尧舜:尧舜这样道德高尚的圣人都会感到有所不及。

⑥行藏:指出处或行止。

⑦子路不知方愠见:子路非常恼怒,去见(孔子)说。力学:努力学习。

作者简介：

张九成(1092—1159年)，字子韶，号无垢，其先开封人，后迁海宁盐官(今浙江海宁)。南宋著名政治家、理学家、文学家。

南宋绍兴二年(1132年)殿试为状元。授镇东军签判，因与上司意见不合，弃官归乡讲学。后应召为太常博士，历任宗正少卿、侍讲、权礼部侍郎兼刑部侍郎。他为官不附权贵，主张抗金，反对议和，为秦桧所忌，谪守邵州，不久又革职，复以"谤讪朝政"罪名，谪居南安军十四年。秦桧死，重新起用，出知温州。因直言上疏，不纳，辞官归故里，不久病卒。后追赠太师，封崇国公，谥文忠。

张九成创建海宁第一所书院——张文忠公书院，讲授经史。张九成研思经学，多有训解，由于喜与佛者交游，为时论所不容。著有《横浦集》二十卷、《四库总目》及《孟子传》，并传于世，其学派被称为"横浦学派"。

谒河内公①

胡 俨

结缨不负升堂日,厚禄何如负米时。②
自古人生皆有死,一抔黄壤令名垂。③

注：

①河内公:即子路。子路死后唐玄宗尊之为"卫侯",宋真宗加封为"河内侯",明嘉靖帝又改称"先贤仲子"。此诗刊载于明清《长垣县志》。

②结缨:系好帽带,这里指子路结缨而死的故事,后用来表示从容就义。负米:背米,这里指子路百里负米侍奉双亲的故事。

③一抔黄壤:指子路墓丘。

作者简介：

胡俨(1361—1443年),字若思,江西南昌人,洪武二十年(1387年)乡试第二,曾任职长垣县教谕(掌管文庙祭祀,负责全县教育、训导)。在长垣任职期间,胡俨修建文庙、杏坛、伯玉及子路祠堂,大开教育训化之风,并著诗文数百首(篇),一时全县文气鼎沸,诗词酬唱之风盛行。后胡俨赴京任国子监祭酒(掌全国大学之法与教育考试)、馆阁宿儒,朝廷大作多出其手,参与编制《永乐大典》。为中国历史上卓著的教育家、史学家及著名诗人、画家。

明成祖即位后,胡俨得到解缙的推荐,授翰林检讨,与解缙等俱直入文渊阁,迁侍讲,进左庶子,加入内阁。之后父丧回省,后再次起用。永乐二年(1404年)九月,拜为国子监祭酒,不再参与机务。当时用法严峻,国子监生托事告归者均得连坐戍边,胡俨到任后请奏去除该法。

永乐七年(1409年),明成祖北巡到北京(今沈阳),召胡俨一同赴行。第二年朱棣北征,任命胡俨为祭酒兼侍讲,掌翰林院事,辅皇太孙朱瞻基留守北京。永乐十九年(1421年),改任北京国子监祭酒。作为馆阁宿儒,他重修《明太祖实录》《永乐大典》《天下图志》,并皆担任总裁官。主持国学二十余年,以身率教,动有师法。

洪熙元年(1425年),以疾病奏请告老还乡,明仁宗赐敕奖劳,进太子宾客,仍兼祭酒。明宣宗即位后,以礼部侍郎召,胡俨辞归。家居二十年,方岳重臣咸待以师礼。胡俨与他们交往,从不言及私利。淡泊名利,生活简朴刚够温饱。正统八年(1443年)八月卒,年八十三岁。

谒仲子墓①

刘 弘

作邑于斯遗政在,黎民难忘结缨时。
一抔疑是衣冠葬,千古徒增节义悲。②
疏雨淡烟穿狡兔,落花啼鸟卧残碑。
磋予承乏浑无似,薄奠蘋蘩慰所思。③

注:
①仲子墓:即子路墓。
②抔:用手捧,此处指子路墓。
③磋予:叹词。承乏:古代暂任某官职时的谦称,表示职位暂缺,由自己代理。

作者简介:
刘弘,字超远,无锡人,举人,景泰五年(1454年)任长垣知县。勤政爱民,废坠修举,升东平府知州。

谒河内公墓

吕 端

寸草春晖游楚日，千寻浩气结缨时。
我来奠罢情何极，旋拂尘埃读断碑。

作者简介：
吕端，濮阳人，明成化长垣训导（儒学辅助之职。明代县设教谕一人，训导二人）。

谒仲子墓

赵 祜

霢霂清明雨,堂堂季路坟。①
云容低欲堕,树色迥难分。
百世师还在,斯人过不闻。
结缨成往古,徒此挹清芬。②

注：
①霢霂：小雨。
②挹：舀，把液体盛出来。

作者简介：

赵祜(1479—1528年)，字汝承，号鹤亭，长垣人。弘治十四年(1501年)，乡试中辛酉科举人。弘治十五年(1502年)，殿试高中壬戌科联捷进士，名列二甲第七十四名。初授吏部验封司主事，又转文选司署员外郎。因以政事忤中官(即太监)，谪为平凉府通判。因政绩显著，升陕西西安府知府，又转任登州府知府。屡迁山西提学副使、山西按察司副使、陕西苑马寺卿等职。卒于任上，年五十岁。

赵祜在任上以振刷马政有功，有御史向皇上上疏，请赠赵祜为中大夫。过去朝中有定例，地方官卒后不赠官。自赵祜始有之，后遂成定例。赵祜为官无所异政，唯能忠于职守，不避劳怨，素以清廉闻名。家中仅有破屋数间，诗文数卷。

赠杜长垣[①]

马 理

杜尹来何暮,星垣草木鲜。[②]
两岐占异政,三善继前贤。[③]
周颂康年什,汉家良吏篇。
异时霜翮健,云表看腾骞。[④]

注:

①杜长垣:即杜启。杜启,字子开,明苏州吴县人,进士,弘治三年(1490年)授长垣知县,治河有功,筑太行堤,修河堰、铺舍,与诸生讲易学,人士皆宗之,后升监察御史。时人以"杜长垣"称之。此诗刊载于清嘉庆《长垣县志》。

②来何暮:典故名,典出《后汉书·廉范传》。后用"来何暮"作为称颂地方官吏施行善政之词。星垣:古天文星区名,这里指长垣。

③两岐:称颂地方官吏改善农业有方,民乐年丰。

④翮健:指鸟的翅膀很健壮。腾骞:升腾之意,借指仕途得意,职位高升。

作者简介:

马理(1474—1556年),字伯循,号谿田,陕西三原人。著名政治家、史学家。正德九年(1514年),马理以二甲第二名中进士,被任命为吏部稽勋司主事。不久调任文选司主事。

嘉靖三年(1524年),马理又被荐为吏部稽勋司员外郎。当时,朝中一直为世宗朱厚熜生父的尊号进行激烈的争论(史称"大礼议之争")。是年七月,世宗决定追尊生父兴献王为皇考。群臣伏阙痛哭力争,世宗大怒,下令逮员外郎马理等一百九十人入狱,随之又施以廷杖,并削夺了俸禄。所逮一百九十人,以马理名列其首,足见马理当时在朝中威望之重。后累迁稽勋司考功郎中。

嘉靖五年(1526年)考核地方官吏,大学士贾咏、吏部尚书廖纪因私人恩怨打算免去广东提学副使魏校、河南提学副使萧鸣凤及陕西提学副使唐龙的职务,马理据理力争,贾、廖二人只得作罢。接着考核京官,罢免了张璁、桂萼的同党吏部郎中彭泽。人皆称其公允,号为"真考功"。

嘉靖五年(1526年)会试时,马理参与校阅试卷,所录取的皆海内名士,人都服其品藻和鉴别人才的才能。

嘉靖六年(1527年),马理因考核京官得罪了张璁、桂萼等权势人物,被排挤出朝,改任南京通政司右通政。

嘉靖十年(1531年)起为光禄寺卿,刚刚一年又请假归里。此次家居十年,复起为南京光禄寺卿。到任不久,随即以年老致仕。

嘉靖二十二年(1543年),马理七十岁时归隐商山书院。此后山巾野服,以教授为生。

嘉靖三十四年(1555年)十二月十一日夜间,关中发生大地震,马理在地震中遇难。穆宗即位后赠右副都御史。天启元年(1621年)谥"忠宪"。

马理平生著有《四书注疏》《周易赞义》《尚书疏义》《诗经删义》《周礼注解》《春秋修义》《陕西通志》与诗文集若干卷,惜多散佚。现存有李锡龄校刊的《溪田文集》十二卷及补遗、续补遗等若干篇以及《陕西通志》四十卷。

题学堂岗①

张懋贤

三善蒲城辔缓驱,雍雍衿珮计抠趋。②
假饶此脱匡人难,何不相传颜子俱。③
侯国展施真礼乐,舞雩风咏即唐虞。④
我来瞻拜情何极,趺坐弦琴貌恐殊。

注:

①此诗为张懋贤任职开州府(今濮阳)时游长垣学堂岗所作。时长垣归开州府管辖。

②辔:马缰绳。缓驱:慢慢地行走。雍雍:声音和谐。衿珮:代指青年学子。抠趋:抠衣趋拜。

③匡人难:指春秋时代"匡人围孔"的故事。

④唐虞:唐尧与虞舜的并称。亦指尧舜时代,古人以为的太平盛世。

作者简介:

张懋贤,字覃湖,明代鄞县人。正德九年(1514年)进士,先后任开州、德庆府知府,后调任益州府长史。著有《覃湖小稿》《诗源撮要》。

三善堂铭①

伍余福

桓桓蒲城,厥惟卫国。②
右滑左开,势若羽翼。
地志冀州,天文东壁。③
既徙既封,水平复域。
孰开琴堂,春秋始张。
道统攸属,肄学有冈。④
昔也一邑,今也六乡。
难治者易,由也则强。
孔子过之,维匡斯惕。
始入其境,次察其邑。
终抵其庭,循名责实。
其实维何,宽而能栗。
济信以断,弗扰弗偷。
田畴沟洫,一皋毕收。
情与名称,善哉其由。
总曰三善,谁克与俦。
我怀若人,后千余祀。
愿为执鞭,高山仰止。
徙恭罔信,莠草蔓延。
蔓则难治,十亩九芊。
为豕迎虎,民心孔煎。
累善者大,吏岂曰贤。
静言思之,忧心如炙。
复善何由,正己格物。⑤
昨宴曲江,宫花满色。
过不自揆,报赐以力。⑥
直道而行,古今一理。

受兹孔训,衔治以试。⑦
载观天下,各事其事。
鸾凤鹰鹯,厥类则二。
人乖觳饮,世隔胥庭。
破敦为薄,鲜有典刑。
猷肝折券,雀角争衡。
匪明匪断,百室靡宁。
猛而不宽,坏我墙屋。
东墅一嗟,泰山一哭。
根本既伤,空尔碌碌。
力不能尽,誓天作盟。
戒石在目,匪辱则荣。
为龙为蛾,同事异情。
渐鸿有劳,羔羊有节。
不素餐兮,庶几合辙。⑧
跻彼公堂,山节藻棁。
凡我同寅,请力相协。⑨

注:
①明代长垣子路墓祠内建有三善堂。伍余福任长垣知县时,为"三善堂"作此铭。
②桓桓:本意为威武的样子,引申为宽广、坦然。厥惟:厥,语气助词。惟,只有、唯一的意思。
③冀州:古九州之一,春秋卫国属冀州区域。东壁:星宿名,因在天门之东称东壁。
④道统攸属:儒家传道的脉络和系统的处所。
⑤格物:探究事物真理,纠正人的行为。
⑥报赐:报答恩赐。
⑦衔治以试:按照预订的计划连续治理。
⑧庶几合辙:庶几,几乎、差不多。合辙,基本一致。
⑨同寅:同僚,旧称在一个部门当官的人。

作者简介：

伍余福，字畴中，明苏州吴县人，进士，正德十三年（1518年）任长垣知县。负才名，留心教养，修建双忠祠，让未第举人读书祠中，拨给养田，长垣文风蔚起。政事之暇，多所著述，尤工草书，历升兵部郎中。

谒仲夫子墓
李符清

食禄焉逃难,高贤此结缨,
一抔坟在蒲,千载气为城。
古郁松楸色,非凉鸟雀声,
我司俎豆事,瞻拜敬心生。

登古蒲城作
李符清

落日催归骑,停鞭上蒲城。
此时犹雉堞,当日最乃兵。
外围盖茅藜,高台感结缨。
我因城邑志,访古动遥情。

作者简介:

李符清,嘉靖八年(1529年)知州。

吊伯玉子路二墓

陈东光

蘧公秉龙蛇,中德长霭霭。①
寒食悲仲君,至今覆人醢。②

注:
①秉龙蛇:秉,掌握、主持。龙蛇,指非常重要的人物。
②仲君:即仲由,字子路。长垣市城东北三里处有子路墓。覆人醢:倒去肉酱。《礼记·檀弓上》记载:"孔子哭子路于中庭,有人吊者,而夫子拜之。既哭,进使者而问故。使者曰:'醢之矣。'遂命覆醢。"谓孔子痛子路被醢于卫,不忍食其相似之物,故命弃之。后用以表示师生间深厚的情谊。

作者简介:
陈东光,明代钧州(今禹州)人,性好古,擅长书法。每到一处,人多付重金求他的墨迹。嘉靖十三年(1534年)中举,连登进士,在选庶吉士(隶属翰林院,选拔进士中擅长文学及书法的人充任)时,大学士考评陈东光所作《原政论》《读五伦书有感诗》皆为第一。由此名声大显,受到当时人的推崇。初任翰林院检讨(史官,位次于编修),嘉靖二十四年(1545年)任长垣县县丞,后调任江西瑞州知府,官终四川右布政使。卒于官。

退思铭

胡 宥

仲子喜闻,蘧公欲寡。①
懿范孔彰,慎修匪假。②
千载此心,昭昭不昧。
直道犹存,神明鉴在。③
垣本古蒲,先贤旧御。④
遗迹难追,殚婴厥虑。⑤
出务勤民,入求省己。
早见预图,令终如始。

注：
①喜闻：即乐于听取别人的意见。蘧公欲寡：蘧公,即蘧伯玉。欲寡,即欲望少。
②懿范：美好的道德风范。慎修：谨慎修行。
③直道：正道。
④旧御：原来的御下之地,指曾经主宰之地。
⑤殚婴厥虑：竭尽全力,用尽心思去思考做事。

作者简介：

胡宥,字子仁,号金峰,明徽州休宁人。隆庆五年(1571年)进士,任长垣知县。

胡宥任职长垣期间,居官廉洁,自奉俭约,治狱公正,政绩卓著。特别重视教育,奖掖人才。经常在公务之余,与学生精研《易经》,给家庭贫苦的学生补贴伙食,鼓励他们安心学习。与时任长垣教谕吴钦协力修葺子路祠、伯玉祠、学堂岗圣庙和文庙。自此长垣文风大兴,人才辈出。胡宥与吴钦先后奉召进京擢用。胡宥后升福建道御史,又补河南道外转按察司佥事。

胡宥离任之前,有感于长垣为古蒲城,文化积淀丰厚,自己有幸继踵而仕,唯恐有负先贤盛诠,时以高明戒鉴,作《退思铭》一文,书写刻石,为座右铭以自警。该碑曾立于明清时期长垣县衙,对于后来历任县令起到了鞭策、自警的教育作用。

子路负米

李化龙

跋涉长途强自支,人生几许奉亲时。
南游漫说千钟享,洒泪空原不尽思。
坐魏懋忠草堂,壁间四绝,率尔和之,遣日云尔,诗云乎哉?

作者简介:

李化龙(1554—1611年),字于田,号霖寰,明代大名路开州府长垣县老李庄人,后迁居县城东街。李化龙是万历二年(1574年)进士,累居嵩县知县、南京工部主事、河南按察司提学佥事、山东按察司提学副使、河南布政司左参政、太仆寺少卿、通政司右通政使、都察院右佥都御史兼辽东巡抚、兵部右侍郎、总督湖广川贵军务兼四川巡抚、工部右侍郎、兵部尚书、柱国光禄大夫、少傅兼太子太保。

李化龙为县令时,恩泽一方;兴办文教时,文人向风;统军抚辽时,边境安然;征讨杨应龙时,开疆辟地;治理河漕时,江河安澜。

李化龙文风超然,成就斐然,堪称明代晚期文坛大家。著有《场居策》二卷、《田居稿》一卷、《河上稿》一卷、《平播全书》、《治河奏疏》,都被《四库总目》收录而流传下来,成为历代典范。

崇祯元年(1628年),朝廷以治理洳河有功而在长垣县东街建造专祠,春秋享祀,以表彰李化龙的卓越功勋和不朽业绩。祠前牌坊上书"文治武功",牌坊后有对联:"春秋血食诗书帅,钟鼎名流社稷臣。"正殿内有神龛一座,龛两侧有楹联:"掀天揭地功业,长江大河文章。"李化龙塑像端坐其中,神态庄严,令人肃然起敬。1958年"大跃进"时期,这些祠堂牌坊被损毁,实在令人叹惜。

李化龙年少时天资聪颖,卓尔不凡。李化龙的曾祖当过盱眙县丞。李化龙在十九岁乡试时考中举人,次年春考中进士,八月任嵩县知县,从此踏上了为官从政之路。李化龙不到四十岁就担当高官,不到五十岁就成为重臣,曾任明代后期刑部尚书、工部尚书,两度出任兵部尚书,晚年力辞吏部尚书而不就。万历三十九年(1611年)卒于任上,谥号襄毅,后追赠少师,加赠太师。

余有事长垣

徐光前

长途泥泞断肠时,不堪重过仲由祠。
青冢漫同三善久,白杨犹诉双亲思。
荒原断碑愁云锁,落日秋风石马嘶。
却将当年闻喜事,高风千古足吾师。

作者简介:

徐光前(1573—1613年),字裕伯,号匪莪,明新泰县西周村人。明代著名循吏。万历二十八年(1600年)进士,初任交河县令。河北一带旱灾严重,民众饥寒交迫,背乡逃亡。他多方赈恤,交河境内民众安居,道无饿殍,交河人民视其为救命恩人。县民两建徐光前生祠,寄托感激和怀念之情。万历三十八年(1610年),调任密云县令。徐光前治密云三年,政绩卓异,当地军民先后五次向上级推荐,万历四十一年(1613年)进京铨叙,徐光前以莅密云不久,要求留任。朝廷一时又找不到合适人选接替,便令暂还密云。就在他重返密云两个月后,万历四十一年五月病卒于白檀官舍。徐光前卒后,密云县民无比悲痛,"父老巷哭相闻,荷锄拾穗,樵夫牧儿,皆为陨涕"。翰林院编修公鼐撰写碑文,御史宋焘撰墓志,墓碑和墓志均由礼部主事秦士文书丹。墓志今存新泰市博物馆。

癸巳秋谒仲子庙

沈 荃

野庙杉松老,巍祠丹雘新。
泗流无日夜,岱色有嶙峋。
剑珮千秋肃,蒸尝此地亲。
停桡一瞻拜,怀古漫逡巡。

假满北上重谒仲子庙

沈 荃

仰止先贤世泽长,多君慷慨擅文章。
横经黼座师儒贵,执瓒壅宫禴祀光。
旧族衣冠如太古,天家恩宠自辉煌。
却怜杯酒殷勤话,风雪扁舟意不忘。

乙巳重谒仲夫子庙

沈 荃

十年三度来过此,喜见先贤庙貌新。
奕世衣冠知泽远,故交宾主剧情亲。
高云翠嶂邾城暮,短楫青枫泗水滨。
何日天涯重把臂,还将溪藻肃明禋。

作者简介：

沈荃(1624—1684年)，字贞蕤，号绎堂，别号充斋，江苏华亭人。顺治九年(1652年)探花，曾任河南大梁道副使，授编修，累官詹事府詹事、翰林院侍读学士、礼部侍郎。卒谥文恪。工书法，宗法米芾、董其昌，康熙年间以书名动天下。

谒蒲城仲夫子祠[①]

岳宏誉

圣门高弟三千士,独立刚强第一人。
率意敢言师不让,直情求义气常伸。[②]
治蒲略见平生学,仕卫终成志士仁。[③]
说到结缨千古恨,祠前凭吊一沾巾。

注:
①蒲城:今长垣,西周时属卫国。春秋时期,卫国于长垣之地同时置蒲邑、匡邑。
②率意敢言师不让:性格直率,敢于直言,一点儿都不逊色于他的老师。
③治蒲:治理蒲邑。春秋时子路曾为蒲邑宰。仕卫:在卫国做官。

作者简介:
岳宏誉,进士。其生平事迹不详。

谒蒲城仲夫子祠

周 盘

古木寒鸦咽夕阳,先贤祠庙委榛荒。
蒲城不改千年旧,卫国空余一水长。①
洙泗声华原奕奕,乾坤英气自行行。
哲人已去遗风在,仰止思升三善堂。②

注：

①卫国：中国周朝分封的一个姬姓诸侯国，第一代国君为周文王嫡九子康叔。春秋时长垣隶属卫国。

②三善堂：孔子的弟子子路治理蒲邑，孔子称赞他有三善：恭敬、忠信、明察。典出《孔子家语·辩政》。堂，旧时指官吏审案办事的地方。

作者简介：

周盘，山西泽州人，进士，万历十年（1582年）补长垣知县。其执行有方，平盐价、轻徭役，让民休养生息。后升河南道御史，任顺天府丞。

谒仲子墓

傅常山

剑佩雄姿想象存,衣冠遗爱此招魂。
知方有勇风犹古,入室升堂道乃尊。
折狱当年无夏楚,蠲徭今日尚春温。[①]
桐乡一样神明宰,封树谁当表墓门。

注:
①蠲徭:免除徭役赋税。

作者简介:
傅常山,长垣人,官至布政司理问。其子傅景文,任行唐县教谕。

赠秦明府①

郜焕元

邑古称三善，官循似二京。②
有怀前令尹，重与赋东征。③
海燕衔新雨，山花放远晴。
向闻歌雅化，弦诵满尧城。④

子路坟

郜焕元

结缨千载一坟孤，剑佩堂堂俨昔趋。⑤
最是深情蒲父老，至今风雨泣楸梧。

注：

①秦明府：即秦毓琦，清奉天铁岭人，康熙二十年（1681年）任长垣知县。后任宣化府知府。

②二京：京师（北京）和盛京（沈阳）。

③令尹：官名。春秋时楚国设置，为最高官职，掌军政大权。战国时楚国沿置，相当于相国。此处应指东汉长垣长曹成。赋东征：班昭《东征赋》，作于汉安帝永初七年（前113年），斯年班昭随儿子曹成去长垣赴任。本赋主要是书写沿途的所见所感。

④尧城：意为太平盛景之地，此处指长垣城。

⑤俨昔趋：庄重整齐的样子俨然和以往相同。

作者简介：

郜焕元，字凌玉，号雪岚，明吏部主事郜献珂之子，长垣县城南街人，和郜炳元为堂兄弟。官至湖广提学道按察司佥事。明末清初著名诗人。

郜焕元自幼聪慧颖敏，十岁能读解文章，十五岁补博士弟子员，十七岁乡试中崇祯十二年（1639年）举人，顺治三年（1646年）中丙戌科进士，名列三甲第八十一名。初授山西太原知县。

郗焕元任职太原期间,勤政爱民,修葺太原城垣,以防不测。不久,有姜姓逆贼造反,声势浩大,所到之处皆被攻陷。郗焕元召集部下歃血誓守城池。贼众来攻,他率领所属竭力防御,身不解甲七昼夜。后大兵来到,歼贼寇于晋祠内。以功升刑部主事,未几又擢升为湖广提学道按察司佥事。上任后,规正文体,杜绝请托,所选拔生员大都成名士。顺治十一年(1654年)甲午乡试,自元魁以下得中者九十三人,一时传为盛事。

郗焕元后请求告归,年仅三十余岁。归家后闲居奉亲,栽花莳竹,间游秦晋、大梁、齐鲁、吴越间。所留诗词古文甚多,与邓州彭而述、益都赵进美、莱阳宋琬、遵化周体观、永年申涵光、阳武赵宾,被世人称为"江北七才子"。著有《漪园存笥稿》数十卷传诸后世。

子路坟

宗 琮

古庙荒村外,停车拜昔贤。
千年遗像在,三善治功传。
道照松楸色,德馨俎豆筵。①
时来修伏腊,仰止动流连。②

注:
①俎豆:供奉的祭品。
②伏腊:伏祭和腊祭。

作者简介:

宗琮,陕西泾阳人,字侣璜,顺治十八年(1661年)进士。康熙九年(1670年)授长垣知县。康熙十三年(1674年)丁母忧,奉文留任,第二年四月得他人代职而离任,回老家服丧丁忧。康熙十六年(1677年)服丧丁忧期满后,再度任长垣知县。

长垣自明末以来,战乱频仍,徭役繁重,城郭颓败,人口流失。宗琮任职长垣后,修城垣,严保甲,建尊经阁、魁星楼,办学校,使人心日趋稳定,风俗大为改观。于是流落外地的乡民相继返乡归里,县内人口日益增多,耕地面积日趋扩大,一时形成了昌盛之局面。县民感念其德,立祠以祀。

九日同人游学堂岗

赵国麟

黄炎事已杳,中天治聿新。
道一昭三统,元会值佳辰。
辘轲尼山老,梦寐在姬文。①
一车并两马,仆仆数问津。
击磬心难果,叹庶感经纶。
知而发长喟,与点契素心。②
遥遥千载间,兹义晦隐沦。③
卑者耽爵禄,高者谋洁身。
遂使叔季后,不见唐虞民。
余昔慕狂士,读书汶水滨。
言志偕童冠,富贵等浮云。④
一朝辞蓬荜,偶作束带人。
筮仕三善地,先贤难继尘。⑤
入境访遗迹,事邈费讨论。
间阎羡土满,不异古所云。⑥
熙熙复攘攘,营营各有因。
富者日宜富,贫者日宜贫。
讼庭罗案牍,对之潜酸辛。
操刀烹小鲜,戴月惜寸阴。
宁蹈催科拙,敢望抚字勤。
兹晨逢重九,高兴动邱岑。⑦
同人瞻古像,恍闻鼓瑟音。
列坐杏坛上,畴与爱物仁。
安得季冉子,再使风俗淳。⑧

注:

①尼山:孔子出生地,这里指孔子。姬文:指周文王。

②长唶:长叹。素心:本心,素愿。

③隐沦:隐居。

④童冠:少年与成年。

⑤筮仕:问卜吉凶,初仕做官。

⑥闾阎:古代里巷内外之门。后泛指平民百姓。

⑦兹晨:这个早晨。

⑧季冉子:孔子的学生,即季路、冉有二人。此诗为赵国麟任职长垣期间与友人游县内学堂岗圣庙所作。

作者简介:

赵国麟,字仁圃,山东泰安人,康熙四十八年(1709年)进士。康熙五十八年(1719年),授直隶长垣知县。雍正二年(1724年)擢永平知府。三迁至福建布政使,调河南。雍正八年(1730年)升任福建巡抚。后调安徽。乾隆三年(1738年),国麟升任刑部尚书,调礼部,兼领国子监。乾隆四年(1739年)授文华殿大学士,兼礼部尚书。乾隆六年(1741年)请求引退,被乾隆帝挽留。不久被弹劾,降职为礼部侍郎。乾隆七年(1742年)又升尚书。国麟又欲引退,未被允许;数月后,再次申请,乾隆帝不悦,夺其官职,改在咸安宫效力。直到乾隆八年(1743年)方被准许返回故里。乾隆十五年(1750年)到京师为乾隆帝祝寿,赐礼部尚书头衔。次年卒。

赵国麟为清代著名藏书家。为官廉洁清正,死后身无长物,留给子孙者,有古书一屋。其藏书多善本,《四库全书》中著录的《孙明复小集》一书,即是赵氏所藏。创办青岩义社,后易名青岩书院。其子赵起鲁,字道轩,能守父书。藏书印有"文渊阁大学士""闽南开府所得藏书""泰山赵氏藏书""太山赵氏拙庵图书"等。著有《拙庵近稿》《学庸困勉录》《云月砚古体诗稿》《调皖纪行草》《塞外吟》《近游草》《大学困知录》《文统类编》等。

谒仲子墓

张同堂

浩气行行镇蒲城,墓门展拜尚如生。
千秋俎豆临周道,万古琴书晋卫兵。①
俗美仍留蒲邑化,碑残莫考汉家评。②
苍松翠柏凌风雨,犹作当年剑佩声。
举火焚台战戚城,但凭忠勇报主公。
君子纵死冠不免,留得结缨豪气雄。

注:
①千秋俎豆:指后人永远祭祀供奉。万古琴书:歌唱万年。琴书,古代说唱的一种形式。晋:演说之意。
②汉家:这里代指国人。

作者简介:
张同堂,字允升,号汉溪,湖南人,咸丰元年(1851年)入泮,光绪十五年(1889年)己丑科钦赐举人。

九日祭古蒲仲子墓二首

王景源

一

握符专阃沐猴冠,谁挽狂横既倒澜。①
一局残棋无胜著,半有隙地有吟坛。
云烟蘸墨弥天远,松柏垂青耐岁寒。
河内贤公遗墓在,重来展拜几盘桓。②

二

剑佩雄冠尚俨然,英姿飒爽想名贤。
堂前三善足千古,客里重阳又一年。
太息斯文全扫地,长留劲节自参天。③
满城风雨荒祠外,独立苍茫怅晚烟。

登长垣祝庄玉帝阁偶题

王景源

百尺登临豁远眸,无边风露入高秋。
千林木叶黄堆径,万井来牟绿满畴。
仲子祠前烟淡荡,蘧公墓上草夷犹。④
荒城坐困无聊赖,直上青云暂出头。

注:

①握符:即帝位。符,指帝王受命于天的符命。专阃:专主京城以外的权事。沐猴冠:比喻装扮得像个人物,喻徒有其表、目光短浅之人。

②河内贤公:指河内公子路。

③太息：叹息，叹气。斯文全扫地：指文化或文人不受尊重或文人自甘堕落。
④夷犹：从容之意。

作者简介：

王景源，字仙洲，号仲浦，故城人，举人。光绪二十三年（1897年）任长垣县教谕。忠实诚笃，博学广闻，待士以宽，取予以廉，举动谨慎，不轻言笑，一时从游者甚众，士习以因之丕变。光绪三十年（1904年）科举停废，知县朱佑保奉令设立学校，多所赞襄。并就学署西偏设学内小学一处，提出吴公祠祭田若干亩，以作经费。旋又担任高小学经学教员，讲授详明，学生感服。民国改元，教职裁撤，遂于次年三月解职旋里。在任计十七年。回籍后，闭门著书，足不履城市者垂三十年。民国二十七年（1938年）正月卒，年七十五。子二：庆遄，字筱洲，民国三年（1914年）任长垣警务长；庆达，字筱浦，民国三十二年（1943年）任长垣县公署财政科科长。均廉洁自持，颇有父风。

第三节　先贤仲子祠祭祀

每岁春秋仲月上戊日祭。春祭于墓，秋祭于祠。

仪注：祭日备器神位前：陈帛二、羊一、豕一、铏一、簠二、簋二、笾四、豆四、爵六、炉一、镫二。主祭官公服诣祠内赞引，行一跪三叩首礼，兴，行献礼，诸神位前，跪连三献爵，叩首，兴，复位，行一跪三叩首礼，毕。

四配　东哲

哲位，宋前皆称爵，嘉靖九年（1530年）改为先贤某子。

先贤闵子，名损，字子骞，少孔子十五岁。

先贤冉子，名雍，字仲弓，鲁人。

先贤端木子，名赐，字子贡，或作赣卫人，少孔子三十一岁。

先贤仲子，名由，字子路，一字季路，卞人，少孔子九岁。

以上四贤均于唐开元八年（720年）从祀。

忠义孝悌、节孝、名宦、乡贤等祠群祀：

《礼部则例》凡直省府、州、县文庙左右建忠义孝悌祠，以祀本地忠臣、义士、孝子、悌弟、顺孙；建节孝祠，以祀节孝、妇女；名宦祠以祀于其土有功者；乡贤祠以祀本地德行著闻人士。地方官岁以春秋致祭。

仪注：每岁春秋释奠礼，毕，教谕一员，公服诣祠致祭。是日，清晨扫庙户，启祠门，拂拭神案，执事者陈羊一、豕个、笾四、豆四、炉一、镫二，陈祝文于案左。陈壶一、爵三、帛一、香盘一于案右。引、赞二人引主祭官人诣案前，北面立，礼生自右奉香盘，主祭官三上香，讫。引赞赞："跪、叩、兴。"主祭官三叩，兴。礼生自右授帛，主祭官授帛，拱举，仍授礼生，献于案上。礼生酌酒实爵，自右跪，授爵，拱举，仍授礼生，兴，献于正中。读祝者奉祝文跪案左，引赞赞:"跪。"主祭官跪,读祝,毕,以祝文复于案,退。主祭官俯伏,兴。执事者酌酒献于左,又酌酒献于右,退。引赞赞:"跪、叩、兴。"主祭官三叩,兴。执事者以祝帛送燎。引赞引主祭官出,执事者退。

子路治蒲三年,施惠政于民,展才华于蒲,师孔子之慧,树功德于世。蒲邑大地是君子之乡,蒲人自古就有豪侠仗义的传统和感恩戴德的习俗,两千多年来为子路建祠勒石,俎豆莘莘,敦风厉俗,永资世范,时光无痕,岁月无阻。祠堂墓志虽屡建屡毁,屡毁屡建,但子路形象在蒲人心中是永远的丰碑。

——编者题记

第五章 "三善之地"的历史遗存与传承

第一节 纪念子路的古迹遗址

子路墓

孔子弟子子路,与长垣关系密切,在其与孔子周游列国时,曾多次在长垣停留。在匡地孔子被围,在学堂岗四子论志等,都有子路的身影。特别是子路在六十岁时任蒲邑宰,三年治蒲,留下了"三善之地"的美名,被千古传颂。

子路离开长垣一年后结缨遇难,长垣人为了纪念子路,自发立了子路墓。子路墓建于何时,并没有准确的记载。文献中最早提到长垣县子路墓的是东汉班昭的《东征赋》:"到长垣之境界,察农野之居民。睹蒲城之丘墟兮,生荆棘之榛榛。惕觉寤而顾问兮,想子路之威神。卫人嘉其勇义兮,讫于今而称云。蘧氏在城之东南兮,民亦尚其丘坟。""亦尚其丘坟",一个"亦"字,揭示了当时仲子路、蘧伯玉的"丘坟"在长垣并存的史实。班昭写此赋时距子路去世将近五百年,从此赋中可以看出,那时的子路墓地已有些年限了,长垣人都还在传颂着子路的勇敢和义气,对子路无不怀念和赞颂。

子路遇难后,其墓葬所有的记载都是三墓之说,一在开州(今濮阳),埋葬的是子路的头颅;一在长垣,长垣的子路坟有的说是衣冠冢,有的说是子路的肢体(关于这个问题,子路的后人仲聿修曾做过专门的探讨,此文附后);一在清丰,葬的是衣冠,曰招魂墓。

长垣的子路坟在城东三里外的岳庄村北一百米处,墓前有祠。子路坟最早起源于春秋时期,原有墓有祠,历经明清数次修建,面貌大为改观,前有山门,过山门为子路祠前堂,门上方有"河内公祠"四个大字。进入祠内,主殿为"正大高明"大堂,左右有东西廊房。过大堂为子路衣冠冢,墓冢高大。祠内碑刻林立,庄严肃穆。每至傍晚时分,青烟云气蒸腾缭绕于殿宇墓冢之上,盘桓于苍柏青松之间,一幅神秘灵异之态势,一派圣伟庄肃之境况,至明代成长垣县的四至八景之一。每年重阳节为祭祀仲由日,戏台高架,商贾云集,一直延续至今。

长垣子路墓大约在北宋时期已经闻名天下了,这可以从他的名字"河内公墓"看出端倪来。大中祥符年间子路被追封为河内公,南宋的时候改封卫国公。而长垣县子路墓一直被称为河内公墓,入元明两朝也一直称为河内公墓,崇祯年间的《仲子三墓志》也是这样称呼。

其墓在几千年的岁月风雨中,常毁常修。据县志记载,大明正统年间,知县萧翼重修子路墓;天顺年间,知县刘弘增修子路墓;弘治十八年(1505年),知县白思诚悉撤其旧,新之;嘉靖三十五年(1556年),知县钟崇武置祭田六亩;隆庆六年(1572年),知县胡宥重修,置祭田五十亩;万历三十年(1602年),知县张文炫重修;成化五年(1469年),钦差大理寺左寺正刘瀚书写"大贤河内公子路墓"数字,巡按监察御史俞荩摹写树碑,立于子路墓前;康熙十八年(1679年),知县宗琮、教谕刘汉裔修建大堂、前堂、大门、墙垣、塑像,焕然一新;乾隆十九年(1754年),知县屠祖赉、邑人贡生杨钟恒重修;乾隆二十七年(1762年),知县吴刚重修;乾隆五十六年(1791年)所立石碑记载,每年九月九日重阳节,在子路墓前举行敬贤大会,公布子路墓附近村民的优免事项。每年九月九日子路坟前的祭祀会,也成了远近闻名的商贸会,一直延续到现在。

《长垣县志》记载,长垣子路墓祠的祀典是:"每岁春秋仲月上戊日祭。春祭于墓,秋祭于祠。祭日备器神位前:陈帛二、羊一、豕一、铏一、簠二、簋二、笾四、豆四、爵六、炉一、镫二。主祭官公服诣祠内赞引,行一跪三叩首礼,兴,行献礼,诣神位前,跪连三献爵,叩首,兴,复位,行一跪三叩首礼,毕。"可见不管是墓祭,还是祠祭,在长垣都是很隆重的大事。

有了子路墓,随后就有了墓祠,有了墓祠,就有了祭田和被官方认定的奉祀生员，一般都是由仲氏后人担当。万历四十三年（1615年），大名府知府陈所行批准泗水仲氏六十代宗子仲铨之子仲则达、仲则威分守长垣、开州、清丰三墓。

后来就有为了争夺奉祀生员引起的诉讼：泰昌元年（1620年），董象恒来任开州知州，开州人仲师孔对仲则达、仲则威发起诉讼，称自己的祖上早在嘉靖年间就被官方认定为奉祀生员。在御史周万镒和开州知州董象恒的支持下，仲师孔被立为奉祀生员，管理开州、长垣、清丰三处子路墓的祭祀。之后，仲则达、仲则威一度重回泗水原籍，时间长达十二年之久。

崇祯五年（1632年），仲则达、仲则威向大名兵备道卢象升提出世承墓祀的请求。崇祯六年（1633年），仲则达、仲则威再次获得官方批准，成了奉祀生员，管理开州、长垣、清丰三处子路墓的祭祀。而仲师孔则被褫夺奉祀地位。

崇祯六年（1633年）十月十六，吏部尚书长垣县人王永光撰《崇祯六年复先贤子路墓田碑记》立碑于仲子墓，记载仲子六十代孙仲则达、仲则威重新守墓、接管祀田的缘由。

自春秋时期子路墓及墓祠修建始，两千多年来，它不仅是长垣重要的景观之一，而且是长垣人怀念、敬仰子路的精神场所。蒲之民有功于则祀之，蒲岂善忘之功者乎？历代时而思之父母之祠，而祀之神明之者，有年矣。它彰显着先贤仲由厥功懋德在长垣至高无上的存在和传承，也表达了古蒲人对当地官员遵循子路的希冀和渴望，逐步形成了一种儒教文化的风尚。岁月的风雨使墓及墓祠时毁时建，但两千多年的薪火不灭，就是20世纪30年代黄河泛滥，子路墓祠均被冲垮，还有墓冢在，可在"文化大革命"中，一场红色的激流使这些荡然无存了，如今连坟头都没了。在岳庄村还有一户人家偷偷地保存着一些石柱残碑。这是长垣人一种精神上的失落，一种心中彻骨的疼。但长垣人对子路的敬仰和怀念是任何人也阻止不了的，墓冢和墓祠没有了，但每年的重阳节，在原址的附近，纪念子路的活动会照样自发地举行。

随着改革开放的春风，长垣经济不断兴起，对新时代社会主义价值观的教育也提上了日程，各级领导对优秀的传统文化逐渐重视起来，对民众的呼声也有了积极的响应。最近听说长垣县将重修子路墓和子路祠，在子路墓附近规划广场，要大兴土木，希望能乘此东风，让千年古墓和古祠早日再现，庶几可以告慰先贤。

附：长垣县子路墓是真墓还是假墓

仲聿修

（学术界的"百家争鸣"和文物考古方面的探究与质疑历来是史学界中最吸引人关注的事情，同时也是最值得提倡的事情。因为对于历史上的所有存疑，只能通过抽丝剥茧式的据实考证，最后才能去伪存真，知其原貌。长垣、濮阳、清丰三处子路墓葬的真伪考证亦是如此。在这方面，作为仲氏后裔的本文作者仲聿修先生引经据典、史海钩沉，做了大量且有价值的细考译评，为揭晓子路三处墓葬之真伪起到了"仙人指路"的作用，实可谓仁孝之善举。）

先贤仲子路，在谱牒事实的层面上，算是天下仲氏的第一世祖，《（道光）济宁直隶州》称其后裔为仲子世家，则此子路墓，便可以称作是仲子世家始祖墓。目前全国的子路墓已知的有七处。最重要的要数长垣、清丰、濮阳的三座子路墓。明朝末年仲氏族内刻有《仲子三墓志》一书，保留了大量三墓文献。

长垣县子路墓是真墓还是假墓？

由于宋代以前印刷术不发达，文献记载很少。检点如今现存的文献，最早提到长垣县子路墓的是东汉班昭的《东征赋》："到长垣之境界，察农野之居民。睹蒲城之丘墟兮，生荆棘之榛榛。惕觉寤而顾问兮，想子路之威神。卫人嘉其勇义兮，讫于今而称云。蘧氏在城之东南兮，民亦尚其丘坟。""亦尚其丘坟"，一个"亦"字，揭示了当时仲子路、蘧伯玉的"丘坟"在长垣并存的史实。虽说当时的"丘坟"已然"生荆棘之榛榛"，近乎"丘墟"，但却挡不住班昭发思古之幽情。

历史车轮滚滚向前，晋朝的《陈留志》记载"蒲城有子路祠"。到了魏晋南北朝的北魏，此祠仍存，《魏书·地形志》也记载"蒲城有子路祠"。可见长垣蒲城的百姓对仲子路的敬重。

其实，虽然文献记载极少，但长垣子路墓大约在北宋时期已经闻名天下了，这可以从他的名字"河内公墓"看出端倪来。大中祥符年间子路被追封为河内公，南宋的时候改封卫国公。而长垣县子路墓一直被称为河内公墓，入元明两朝也一直称为河内公墓，崇祯年间的《仲子三墓志》也是这样称呼。这不同于濮阳和清丰，因为濮阳子路墓祠新建于明朝初年，此时子路沿用南宋时期获得的卫国公的封号，故而称"卫国公墓"，俗称仲由墓。而清丰县子路墓重新大修于嘉靖年间的知县李汝宽之手，并新建有祠堂，此时子路已经被追称为先贤仲子，故而清丰子路墓称仲子墓。

至于长垣县仲子墓是否是先贤仲子的真墓，随着历史的演变有不同说法。最早的说法是"分尸而葬"。明朝正统年间的文献记载"盖子路死卫孔悝之难，分其尸，故清丰县与开州、长垣俱有墓以葬"。而正德年间负责修建开州（濮阳）子路墓祠的唐锦也说："清丰县仲由墓，在赵让村，仲由宰蒲时，死孔悝难，分其尸葬，此故开州、长垣亦有公墓。"正统年间，开州子路墓祠文献也称濮阳子路墓葬的是子路的头颅："故老相传：子路死分其尸，转其首于此葬焉。"到了明朝嘉靖年间，此说仍继续。开州知州王崇庆就说："子路冢，在州北王合里，戚城之东。相传子路孔悝之难，澶得其首葬焉。理或然与？"

到了明朝万历年间，黄县范联芳作《仲子三墓志跋》称："先贤卫公仲子路，山东卞人，仕卫之蒲而殉难。民之不能忘也，或葬其元首，或葬其肢体，至有请其衣冠葬之者，以故有三墓云。一在开州、一在长垣、一在清丰。长垣，古蒲地。而开而清，与被乎三善者也。卫公之入人深矣。"

可见，这分得更清楚：濮阳子路墓葬的是子路的头颅，长垣葬的是躯体，清丰葬的是衣冠。

这种说法，在清代仍得到继续。与子路嫡长孙同居吴江县盛泽镇的计东就说："子路墓亦有三，俱在大名。一在清丰，祠墓俱废；一在长垣，谓昔子路治蒲有惠政，蒲人乞其骸骼葬之；一在开州，谓孔悝支裂之，而澶人葬其首，今祠墓尚并存。"（改亭诗文集·冉伯牛墓考辨）

但对于长垣的百姓和官员来讲，这还不够，他们要论定，此墓是真墓。据崇祯《仲子三墓志》转引万历年间的《长垣县志》记载："《垣志》载：子路治蒲而死难于卫都，则葬蒲为是。清丰、开州古戚地，因蒯聩居戚，后人误以戚为子路死所处耳。《檀弓》记'子路醢之矣'，《澶志》谓'澶得其首'，凡此皆未可信也。"啥意思呢？也就是说，子路殉难地点是在卫国的都城，而不是蒯聩所居住的戚城（即濮阳子路墓所在地），戚城怎么会有子路墓呢？有也应该在卫国都城和子路为官的地方啊，只有一个可能，戚城那个子路墓是假的，甚至都没埋子路头颅，我长垣的，才是真的。

万历年间，长垣百姓和官员的怀疑，似乎也有道理，据《濮阳县文物志》记

第五章 "三善之地"的历史遗存与传承

载:"文化大革命"期间,红卫兵挖开濮阳县戚城子路墓,发现是一个汉朝修建的古墓。考古人员从已露出的墓室中挖出铁剑一件(残)和多件陶器,其中有陶壶(口残)、釜形陶鼎、陶锤各一件。从断层可看到墓穴填土和墓上堆土均经夯打,夯层清晰可见。墓室系小砖券砌,小砖长30厘米,宽14厘米,厚6厘米,两面着粗绳纹。从墓葬结构和随葬物看,此墓最早建于东汉初。虽说戚城子路墓最早被文献记载,南北朝《水经注》就已经记载了,但毕竟南北朝距春秋时期时间也老长了,靠不靠谱,还真两说。至于长垣县子路墓究竟是不是子路真墓呢?这个除了考古发掘之外,恐怕神仙也不知道。

但是仲氏后裔却在谱牒里称濮阳子路墓是真的。济宁仲氏在明朝崇祯年间修的家志中就说:"仲子坟墓,传闻不同。考之一统等志,质之仲氏家乘。其子孙祭墓岁一赴开,则在开州者,其遗骸也。盖开州古为澶渊。鲁僖公三十一年(前629年),卫成公徙于帝丘,为今濮阳之墟,在开州治西南,则开州固卫之都会地,今考开州地里,墓在州北七里。西南二里许为戚城,蒯聩所由入卫者也。东北三里许为蒯聩台,其即蒯聩劫孔悝而登者乎?然则台下正其死所,而长垣固古蒲邑,三善之惠在人,结缨之后,衣冠在焉,人不忍见,封土志思,世传为衣冠之葬。清丰,即古顿丘地,于澶为近,当日亦蒲境,先贤德化所及,结缨之后,人不忍忘招其魂魄而藏之,情则然耳,世传为招魂之葬。"但其实仲氏家志的编纂者,也忽略了"子路其实是死在卫国都城,而不是戚城"的这一个历史事实,仅仅靠明朝期间一座叫"蒯聩台"的土台子,就说子路死在那下面,简直鬼扯。何况仲氏世系宋代以前完全是几十代单传,一条孤线,完全不合情理,正史和地方志所记载的仲氏名人,没有一人能在谱上找到,相反,仲氏世系却附会了大量名人作为自己的祖先,但若以正史和地方志对那些名人的生活年代和子嗣情况的记载对照一下,则大多牛头不对马嘴,甚至,某代和某代的生活年代都相冲突,可见现存仲氏世系是后世伪造的,大约伪造于宋代。限于篇幅,此处就不展开了,详见《仲氏世系辨伪》。

虽说仲氏谱牒不靠谱,但很多人还是迷信了仲氏谱牒关于"开州戚城子路墓是真墓,葬骸骨;长垣子路墓葬衣冠;清丰子路墓啥玩意没有,招魂"的新三分法。比如被《仲子三墓志》征稿的嘉善人曹宗郑就写了一首诗,题《子路守蒲因孔悝之难而死有葬元葬衣冠葬招魂三墓故名》,很多被征诗者也都受到了这个的影响,以至于《仲子三墓志》里出现了长垣子路墓是骸骨墓(从明朝初年传承有序的说法)和衣冠墓(仲氏后裔编造的说法)两种说法,两种说法并存,可见,古人也闹不清楚。

还是吴江盛泽人计东说得好:"先贤祠墓故迹不必考其所从来及真赝虚实,但系之以先贤,则当起敬起爱修葺之,使勿坏。善乎!苏文忠之为韩文公潮州庙碑也。曰:'公之神在天下,若水在地中,无往不在,今凿井出泉,必辨其水性,曰此非某泉某源也不可汲,噫,过矣。'"啥意思呢?也就是说,只要历史上曾出现过的圣贤墓祠,后人辩论谁真谁伪,纯粹是吃饱了撑的,毫无意义,有意义的事情是:只要历史上曾出现过的圣贤墓祠,后人都要责无旁贷地修缮好维护好祭祀好,别净整没用的。

但如今,长垣县子路墓,在经过民国年间的黄河泛滥和新中国的"文化大革命"之后,连坟头都没了,整个子路墓都被夷为了平地,就别说祠堂了。作为仲氏后裔,天天自诩自己是子路后裔、圣贤苗裔、丝毫不考虑为重建长垣县子路墓子路祠堂出一丁点力,光顾咧着大嘴说:"那个是衣冠墓,不是真的,家谱里都记载了,坏了没关系。"于心何忍?何况,长垣县子路墓,其实比濮阳子路墓更有是真墓的可能性。眼睁睁看着祖宗的真墓从此消失无踪,作为子孙,除了"数典忘祖",恐怕没有别的词能形容了。

据《长垣县志》记载,长垣子路墓祠的祀典是:"每岁春秋仲月上戊日祭。春祭于墓,秋祭于祠。祭日备器神位前:陈帛二、羊一、豕一、铏一、簠二、簋二、笾四、豆四、爵六、炉一、镫二。主祭官公服诣祠内赞引,行一跪三叩首礼,兴,行献礼,诣神位前,跪连三献爵,叩首,兴,复位,行一跪三叩首礼,毕。"

可见不管是城外的墓祭,还是城内的祠祭,都是很隆重的大事。

清朝以前城内仲子祠和河内公书院的规模为:城内祠堂大门上匾"河内公祠",后改为"先贤仲子祠"匾。进门为影壁墙,影壁墙左右各有庑一排。影壁墙后为大殿。

西侧河内公书院规模尤其宏大。大门前为影壁墙,影壁墙左右侧为石兽二,大门上悬"河内公书院"。门内凹,门内左右各有碑,大殿三进,头进上书"强圣门",左右各有庑。进强圣门后为正大高明殿,殿左右各有庑一排。正大高明殿后为后院,后院左右各有庑一排,正中有殿,额曰"精微之室"。

城内的仲子祠,直到雍正四年(1726年)才被知县梁苣重修。

道光二十六年(1846年),知县王兰广再次重修。"谨于元旦之辰,肃将祀事于我仲夫子之堂。乃未入其门先见其楹,墙垣之委于荆榛者,虚无有也;未登厥庭,已窥厥室,檐桷之摧为薪木者,盖仅存也;及拜瞻遗像,而虫篆、鼠迹蜿蜒于俎豆、几案之间。询之守祠,则一蓬首鳖面者,伛偻其前,职洒扫之役焉",感慨之下决定重修,"朽者易之,卧者立之,颓者振之,故者新之;复于祠之东偏,构屋二间;以为守祠者居之。不三阅月,而诸绅以讫工来告"。同治十一年(1872年)知县观祜再次重修。

可惜,不管是长垣县城北街的子路书院,还是旁边的子路祠,还是当年正德年间创建于南街的子路旧祠,都早已荡然无存了,甚至,子路墓也被淤泥淤到了地下,民国期间已经仅仅露出部分坟头和碑头,"文化大革命"期间再次遭到破坏,坟头碑头全无。

子路祠

　　长垣最早的子路祠(也就是墓祠)建于何时,没有具体的文字记载。在长垣有一通墓碑上有这样的记载:"正德丁丑年间,陕西人张治道来任长垣县知县,他写道:'旧有祠,自春秋暨今千有余年,其间兵燹凡几经,且统隶无常,祠遂废而弗存,城东三里只见其墓。'"这说明在春秋时期墓祠就存在了,而且是在子路墓前。

　　晋朝的《陈留志》记载"蒲城有子路祠"。到了魏晋南北朝的北魏,此祠仍存,《魏书·地形志》也记载"蒲城有子路祠"。可见长垣蒲城的百姓对仲子路的敬重。

　　《陈留志》和《魏书》的记载,揭示了长垣县子路祠独到的文化价值,即长垣县子路祠是现存文献所记载的最早的子路祠,濮阳子路祠到宋代才被文献记载,济宁子路祠到元代才被文献记载,泗水子路祠、清丰子路祠到明代才被文献记载。由此可见,长垣县子路祠的文化价值是不可替代的。

　　到了宋代,此祠堂仍存,当时的《太平寰宇记》也记载了"蒲城内有子路祠"。到了元代,虽然战乱频仍,此祠却神奇地保留了下来。当时的文献记载:"自公结缨之后,蒲之民时而思之,父母祠而祀之,神明之者,有年矣。逮秦汉魏晋而下,六朝隋唐之间,天下不知其几陵迟,而几版荡。……丧乱后,独此祠仅存。"

　　元朝至元八年(1271年),监察御史王恽[①]路过长垣蒲城,拜谒祠堂之后,撰写了《重修河内公庙化缘疏》,呼吁重修这座千年子路祠,邑人薛某响应:"岁涓月除,朝经暮构,至于一草、一芥、一瓦、一砾,皆手所自掇,而又执契券以明公私,按图志以杜侵冒。虽尺寸之地不得匿。若夫门三,其首榱栋已陈;庑两,其旁阶陛随筑,骎骎乎见落成之渐。"济南杜仁杰[②]有记,立有石碑。

　　到了至元十八年(1281年),燕南河北道提刑按察副使贾汝霖"以清酌庶羞之奠,致祭于河内公之神",来拜祭长垣蒲城子路祠。贾汝霖的拜祭,也从侧面证明了长垣县子路墓祠的文化价值。

　　虽说之前蒲城一直建有祠堂,但因为蒲城并不是长垣县城所在地,故而重视程度仍显不够。明洪武二年(1369年),因为水灾,长垣县城搬到了古蒲城附近，这为明清两代长垣县子路墓祠的屡次重修扩建埋下了伏笔。

然而由于元末战乱，千年子路祠也受到了牵连，就连杜仁杰立的石碑也残损不已，《长垣金石志》记载："大明弘治八年（1495年）岁次乙卯春二月既望，知县杜启等重立石于城东三里仲子墓前，高六尺，宽二尺七寸，正书字径寸许。"

杜仁杰石碑树立的位置，再次证实长垣蒲城千年子路祠和子路墓的关联。即从魏晋南北朝就被文献记载的长垣蒲城子路祠，其实就在长垣子路墓前，换句话说，长垣蒲城子路祠是墓祠。蒲城，在洪武二年（1369年）之前，几千年来都没有做过县城，故而荒废成各个独立的村庄。而长垣县城虽然搬到了古蒲城，但毕竟几千年的山陵变迁，很难做到长垣县城和古蒲城旧址疆域完全重合。

而正统年间、嘉靖年间的地方志资料都记载："（长垣县）河内公墓，在县东北三里，地名兰堽。"兰堽，也叫兰堽里，是从古蒲城分划出去的一个小村庄，这个村，现在叫岳庄村，位于现在的长垣县城东北，子路墓距离该村有100米。

明代，子路墓祠内建有"三善堂"，明代伍余福任长垣知县时，曾作《三善堂铭》。

正德十二年（1517年），长垣县知县陕西人张治道打算重修长垣县的千年仲子路古祠，但旧祠荡然无存，为了不加重长垣县百姓的经济负担，他想出了一个妙招。他看中了城内南街的一座佛寺，"锄其寺，立去其佛"，设子路像于内，悬河内公祠匾额。河内公是仲子路的封号，如此这般，以极低的成本重现了子路祠，规模如下："是祠也，殿宇以间记三，门宇以重记二，木大小以根记则用八百有奇，砖以个记则用一十二万有奇。"该工程，兴工于五月六日，次月十二日完工。结束后，张治道立碑以记。

这座子路祠不是子路墓前的墓祠，而是在县城内的另一座子路祠。

注：

① 王恽：字仲谋，号秋涧，卫州路汲县（今河南卫辉）人，元朝著名学者、诗人兼政治家。曾祖官至敦武校尉。父仕至户部主事。曾任山东西道提刑按察副使、少中大夫、福建闽海道提刑按察使等职。他虽身居高位，却直言敢谏，黜官吏贪污不法者凡数十

人。主张礼下庶人，刑上大夫，却能够体察下情，同情人民疾苦，是当时不可多得的好官。1304年7月23日，王恽在汲县去世，终年78岁。朝廷的钦差大臣在汲县看到他的故居依然是茅屋陋室，清贫如民。其儿孙们田园生涯，耕稼自给，便如实奏明圣上。皇上赐钞万贯，赠翰林学士承旨、资善大夫，追封太原郡公，谥号文定。子孙荫封受禄。

②杜仁杰：1201—1282年，原名之元，又名征，字仲梁，号善夫，又号止轩，济南长清人，元代散曲家。杜仁杰自幼受到良好的家庭教育，祖、父对其文学传教熏陶，使他在诗、词、曲、文诸方面具有良好的素养。杜仁杰一生未仕，淡泊于功名，不求仕进，他认为世人只看官禄，不辨贤愚；只认金玉，不识亲疏。对昏暗腐败的政治现实，他无力改变也不想去改变，只好洁身自好，保持住自己的一点节操。大部分岁月流连于山水之间。元初，屡被征召不出。性善谑，才学宏博。平生与元好问相契，有诗文相酬。元好问曾两次向耶律楚材推荐，但他都"表谢不起"，没有出仕。其子杜元素，任福建闽海道廉访使，由于子贵，他死后得赠翰林承旨、资善大夫，谥号文穆。

子路书院

嘉靖七年(1528年),长垣知县王懋建河内公书院于县北街,"以北僻陬,临泽水,得步广一十有五,深八十有六。曰:学,故贵夫静也。会督学柱史周公易、陈公讲,各行建社学,立文会。曰:居,贵夫专也。遂扩其制,庀财而不费,鸠工而不劳,牒符主簿智及训科李尚义、董其役周筑崇墉,中构层堂,巍敞各六楹,列厢静密各十三楹,严关四楹,外屏内坊,院培嘉植,而堂之后假土为山,旁结小亭,四窗轩豁。山之后又列屋十余楹。仍录邑进士若干人为题名碑,及悉举人附碑阴,竖于坊之右,始以嘉靖七年十一月,落以次年十二月……因题门颜为'河内公书院';而坊表'育贤堂';扁前'丽泽',后'静修'"。

这意味着,城内不仅有子路祠,还有子路书院。不仅如此,子路书院一直在扩建:嘉靖八年(1529年)河内公书院创建之后,九年(1530年),南海刘公想修未能修。嘉靖十年(1531年),南海刘公增修,邑教谕郭三仁撰碑。

二贤祠

二贤祠是长垣人祭祀先贤蘧伯玉和子路的祠堂，该祠堂在长垣县城内东南隅（现书院坑）。原为子路祠，专祀子路的，后将蘧伯玉供奉其中，改名二贤祠。之后又在长垣县城北街西侧建祠，将子路牌位移置于内，二贤祠又专祀蘧伯玉，改名蘧子祠。清末民国时期再改蘧子祠为寡过书院。

明嘉靖时期，城外有子路墓和墓祠，城内不仅有子路祠，还有子路书院。子路享此殊荣，不禁让有些长垣县政要想起了相比而言受冷落的蘧伯玉来了。

蘧伯玉是长垣县人，春秋时期的大贤，蘧伯玉与孔子一生为挚友。孔子在周游列国的十四年中，有十年在卫国，其中两次住在蘧伯玉家，前后达九年。尤其是孔子第二次从外地回到卫国，蘧伯玉已年高隐退，孔子再次在其家设帐授徒，二人更是无事不谈，充分交流思想。蘧伯玉的政治主张、言行、情操对儒家学说的形成产生了重大影响，他的言行合乎儒家学说的基本观点，为以后儒家学派的最终确立奠定了坚实基础。因为蘧伯玉人贤德而闻名于诸侯，是孔子尊敬和称颂的君子，在孔庙祭祀列东庑第一人。

嘉靖二十六年（1547年），长垣县知县白大用在河内公祠内加塑蘧伯玉塑像，改城南街河内公祠为二贤祠。这让有些继任者感觉不妥，嘉靖三十五年（1556年），新任长垣县知县钟崇武重修长垣县南街的二贤祠（原子路祠），慨然叹曰："是岂可以妥先哲之灵乎。夫蘧伯玉蒲人也，仲子蒲宰也。蘧伯玉孔子友也，仲子孔子弟子也。以分言，则蒲民不可与蒲宰并。以礼言，则弟子不可以与师之友并。使二公有知，其心必有蹙蹙尔矣。是岂可以妥先哲之灵矣乎。"乃移仲子塑像于河内公书院之正堂东，侈地一区，为堂三楹，饰以金碧，缭以墙垣。参今时制，革去河内旧匾，匾以先贤仲子。

就这样，嘉靖三十五年（1556年），知县钟崇武改长垣县南街河内公祠为蘧伯玉祠，另创建仲子祠于长垣县北街，以祠子路。新建的长垣县北街子路祠，西边就是河内公书院。钟崇武还认为河内公是宋代封号，于理不合，于是改河内公书院为求仁书院，以表彰仲子路杀身成仁的大德，后又改回河内公书院。户部郎中邑人张愉撰碑记录此事。

民国二十二年（1933年），黄河发大水，二贤祠被毁。

名宦祠

《旧志》：明天顺年间，知县刘宏建于学内。隆庆六年（1572年）改建，即今祠也。凡修葺学宫，俱重修。

名宦祠三间，在大成门左，西向。

祠祀先贤仲子，汉蒲亭长仇览，长垣长、历官齐相、封关内侯曹成，宋知长垣县、历集贤校理苏舜钦，明长垣教谕、历太子宾客、直文渊阁、国子监祭酒胡俨，训导张时，知县焦昉，知县、升河南道御史贡安甫，县丞、升山东邱县知县高崇明，知县、历河南怀庆府知府王懋，教谕、升国子监助教吴钦，大名府知府、大名兵备参政、历官保定总督、兵部尚书、赠太子少师、谥忠烈卢象升，清总督三省李荫祖，总督三省、谥勤慜朱昌祚，巡抚直隶、升两江总督、谥清端于成龙，巡抚直隶、升湖广总督郭世隆，巡抚直隶、升河道总督、谥襄勤俞成龙，巡抚直隶沈朝聘，（管理钱谷守道）历官闽浙总督朱宏祚，巡抚直隶加总督衔赵安（宏）燮，管理钱谷守道、升江南学政邵嗣尧，总理刑名、驿传巡道、历官湖广总督李成龙，直隶总督、谥敏恪方观承，大名府知府吴允谟。

（摘自民国《长垣县志》坛庙一章）

学堂岗圣庙

学堂岗圣庙位于城东北5公里的蒲东办事处学堂岗村东。据《一统志》载："在长垣县北十里，平广突兀，近岗土皆赤色，相传孔子曾过此讲学，今有庙……"《名胜志》载："昔孔子游列国与弟子弦颂于此，故曰学堂岗。"

根据县志记载，春秋时孔子和他的四弟子子路、曾皙、冉有、公西华周游列国，一次路过蒲城，刚到城北小岗村一带，忽然下起了大雨，于是不得已到一农户家避雨，后来雨越下越大，师徒五人暂住下来，并在此讲学七天。闲暇时，便与四弟子言谈各人的志向。子路在任蒲宰时曾于此建草堂。圣庙始建于汉，唐宋渐盛。后将圣庙移建于学堂岗村东高岗上，村亦因学堂而得名。经明、清多次重修，逐渐成为豫北规模宏大的古建筑群，俗称"北杏坛"。为长垣四致八景第一景。

圣庙坐北面南，面积12000平方米。圣庙是古代建筑的缩影，共分四个庭院，贯穿在一条南北中轴线上，其左右布局基本上作对称式排列。头道门为三间三级台阶的山门，也叫戟门，门上有一横匾曰"传心要地"。过山门即是第一庭院，院内有一座木石相间的牌坊，又叫棂星门，矗立在庭院的中央，穿过第一道腰门——六道门，进入第二个庭院，这是圣庙的主体建筑。甬道两旁，有四通盘龙贯顶、乌龟驾驭的石碑，名曰"透影碑"，高5米，各有碑楼护卫，顶天而立。中间的大殿叫圣殿，又叫大成殿，便是圣庙的主体建筑大成殿了，当中匾额阔大，上书正楷金字"大成殿"，两侧悬挂"千秋景仰奉先师，万世尊崇称至圣"的颂联，字体端庄豪放，大气磅礴，与大殿浑然一体。大成殿为面阔5间宫殿式建筑，重脊飞檐，黄瓦盖顶，群盖相依，形象各异。廊下"金钟"、木铎分悬两侧，加之红墙花窗，光彩夺目。步入殿内，令人肃然起敬，雕梁画栋，金屋溢彩。正面置一雕樱金的巨龛，孔子塑像，粉金饰玉，盘膝抚琴，安坐其中，素有"圣人琴自己鸣，关夫子勒马听琴声"的美妙传说。圣庙东南隅有一关圣人庙，庙内有关夫子勒马侧耳聆听琴声的塑像。神龛前香案上置一木牌，上书"大成至圣先师孔夫子之位"。神龛左右有子路、曾皙、冉有、公西华四大弟子塑像相陪，这叫侍坐，也叫四配。每年的三月十一日，四面八方的学生、信徒，云集在这里，举行盛大的祭孔仪式，整个大殿里，鼓乐齐鸣，香烟缭绕,呈现一派尊孔、崇孔的热烈气氛,可见当时孔教的尊严。至今三月十一日,仍大会三天,搭台唱戏,热闹非凡。走出大殿,环视四周,碑橱如林,古柏遮阴,芳草铺地,花香四溢。大成殿两旁有二门,曰春风、化雨。从二门步入第三庭院,首先看到的是木结构杏坛碑亭,亭内有明嘉靖年间长垣县令张道所书楷书"杏坛"碑。碑亭后有一长方形高台基,长11.3米,宽9.3米,高1.2米,清砖垒砌。中间有一正方形亭子,俗称"八卦亭",今曰"杏坛亭"。亭高6米,宽6.4米,格扇门,外有回廊,角柱4根,檐柱8根。亭顶为飞檐式四角钻尖,无斗拱,前后檐檩和额,枋上皆有彩绘。该亭始建于明天顺三年(1459年),清代重修,为砖木结构建筑。亭造型古朴大方,坚固雄伟,为今长垣少有的古建筑。关于杏坛的由来众说纷纭。山东曲阜讲学处曾亲手植过两株杏树,后人为纪念之,凡是孔子讲学处都曰"杏坛"。杏坛亭左右各有一个响亭曰问志、诵归,正德九年(1514年)改曰展才、鸣琴,乃是祭孔时击鼓奏乐的地方。过杏坛亭有一个小门,过小门即第四个庭院。正面有一座明三暗五的建筑,叫后讲堂,又叫深造堂,是后代人在这里办学讲课的学堂。深造堂两侧又有二斋,曰成德、达材。堂内四壁排列数十块大小不一的碑刻,大都是历代名贤雅士、墨人骚客们游览瞻仰时留下的感叹诗篇。

学堂岗圣庙是豫北远近闻名的名胜古迹,可惜毁于一旦,20世纪50年代前后,大殿被拆毁,碑刻被拉倒,古柏被砍伐,可谓一场浩劫。1981年前后,其流散碑刻相继运回庙内,1984年将"长垣县重修学堂岗记"碑重立于杏坛亭西侧。该碑因明亮如鉴而著称于世,俗称"透影碑"。该碑碑身高大,为长垣碑刻之最。碑身高3.3米,宽1.03米,厚0.4米,楷书。明万历三年(1575年)立。由广东按察司副使东明穆文熙撰文,河南道监察御史魏博郑国仕书丹,邑人明兵部尚书李化龙篆额。该碑建有碑楼。

篆书"杏坛"碑,高1.9米,宽0.77米。篆书"杏坛"二字居中,径45厘米。款云:"承安戊午(公元1198年)五十一世孙元措立、门生党怀英篆书。"万历三年(1575年)春,后学知县事休宁胡宥重修。该碑与山东曲阜孔庙"杏坛"碑相同。党怀英系金代大书法家,内阁大学士。该碑现砌于杏坛亭内北墙中。

"重修学堂岗文庙记"碑,碑身高3.1米,宽0.9米,行书,万历二十五年(1597年)立。由邑人明兵部尚书李化龙撰文,邑人山西按察使都永春书丹,邑人明吏部尚书崔景荣篆额。该碑首、身、跌皆完整无损，文章、书法俱佳，有很高的历史、艺术价值。于2002年4月重立于杏坛亭西侧。

第二节　当代纪念子路的建筑

三善园是我市建成区面积最大的综合性公园，项目总投资2亿元，占地780亩，其中水域面积400亩，于2012年3月开工建设，2013年5月1日正式开园。三善园整个水面轮廓由两个长垣行政区域图组成，宛如一只翩翩起舞的蝴蝶。后来在此基础上改建为三善·恭敬园。

三善园

三善·明察园西起德邻大道，东至三善·恭敬园，总长1.558千米，总占地面积1168.5亩，为南区区域内主要调蓄湖。宽度500米，设计水深3.5米，蓄水量约88.2万立方米，形成水面面积519亩，绿化种植

三善·明察园

面积539亩。公园设计从城市整体规划出发，衔接南城健康新城的文体中心，以及北城商业服务带。以三善·明察园为大型城市湖景中心，向东西两侧展开，塑造"泽、岛、湖、湾、洲"多重水域空间，完善城市山水格局。

三善·忠信园西起桂陵大道，东至巨人大道，总长1.57千米，占地面积558.7亩，水面面积110.6亩，蓄水量18.8万立方米，绿地面积286亩，于2020年5月22日建成开园。

上善公园占地面积100余亩，总投资2000万元，由富美建设集团捐建。上善取

三善·忠信园

自老子《道德经》："上善若水，水善利万物而不争……居善地，心善渊，与善仁，言善信，政善治，事善能，动善时。"原址为近80亩鱼塘，通过合理的利用

上善公园

鱼塘优势，经过景观再塑，将其打造为集水上活动、水上休闲、滨水观景、有氧运动、儿童娱乐为一身的开放式综合亲水公园。上善公园以中央近百亩湖面为核心，辅以假山、草滩、廊桥、长堤、坡地、跌水等精致景观，既有北方园林的雄浑气魄，又具南方园林的秀丽娇美。

子路园（原论语公园），位于景荣路与景贤大道西南角，占地面积104.7亩，总投资5609万元。公园设计秉承儒家文化精神，依托子路治蒲的思想理念，以"智者乐水，仁者乐山"为设计理念，以"儒学"为切入点，借助"亭、廊、石、水、绿"五大元素，营造天人合一、崇尚自然的中式山水园。全园分为文化展示区、生态景观鉴赏

子路园

区、溪水游憩区、植物群落鉴赏区等五大功能区，使人们在休闲游憩的同时深受儒家文化的熏陶。

三善坊，位于蒲东街道金源农贸市场北口，建成于2019年，高10米，宽13米，为"不出头"式、"三间四柱"水泥牌坊，牌坊顶层正中镶嵌着匾额"三善坊"。

聚善苑、惠善苑、怡善苑、向善苑、上善苑2018年竣工交付使用。五个小区均为每套建筑面积不大于60平方米的小户型住宅楼，在设计建设方面注重融入三善文化元素，遵循住宅建筑演变规律和整体性原则，实现了保留历史建筑和建造创新型民居的有机统一。

三善坊

聚善苑

惠善苑

怡善苑　　　　　　　向善苑　　　　　　　上善苑

九龙湿地公园，北至太行堤，南至文岩渠封丘交界处，东至辛庄村，西至大车南桥，规划面积约 3000 亩，其中核心水景区投资 2300 万元，建设面积 286 亩，水面面积 208 亩。公园集文化、休闲、娱乐、健身为一体，是群众亲近自然、享受水景、休闲游憩、领略儒家文化的极佳场所。

九龙湿地公园

子路像（一）落成于 2010 年，总高 8 米，基座高 2.8 米，由汉白玉雕刻而成，位于蒲西街道亿隆大道与山海大道交会处东。子路雕像左手持剑，右手擎卷，周边绿茵掩映，草木葱茏，已成为长垣市一处标志性建筑。

子路像（二）落成于 2001 年 12 月，总高 5.6 米，基座高 2.2 米，由汉白玉雕刻而成，位于蒲东街道龙山商业街北口。子路雕像左手微扬，右手擎卷，衣袂飘飘，眼神刚毅，尽显先哲浩然之势、君子飘逸之风。

子路像(一)

子路像(二)

子路是有文字记载以来长垣的第一个县令,他在执政期间励志竭精,创立了"三善之地"的吏治高峰,成为才高德盛的县令楷模,立下了吏治为民的丰碑。此后,凡是到长垣当县令的,无不对子路高山仰止、惶恐慎修,为不负先贤之懿范,而鞭策自警、高明戒鉴、殚精竭虑,在长垣这方土地上,演绎了一出出善治善政的活剧。

——编者题记

第六章 "三善之地"的善政善治

　　中国优秀的传统文化,博大精深,源远流长,是华夏民族一笔巨大的精神财富;三善文化对于九十万长垣人民亦如是。历代的长垣儿女,两千多年来不断用新的东西来激活它的基因,并注入了丰厚强劲的正能量,创造出各个时代的成就与辉煌。

——编者题记

第一节　子路之后长垣的有为县令

(以任职长垣时间为序)

曹　成

　　曹成,扶风安陵(今陕西咸阳)人,曾封为长垣县令。父亲曹世叔(早亡),母亲班昭(约49—约120年),东汉时期著名的史学家、文学家,是史学家班彪之女、班固之妹。曾替班固续写旷世巨著《汉书》。

第六章 "三善之地"的善政善治

永初七年(113年)正月,班昭随其子曹成从洛阳赴陈留长垣任职,以途中的见闻与感受,仿照其父班彪创作的《北征赋》而创作了光耀中华的不朽诗作《东征赋》。此赋是作者为告诫儿子曹成做官应具的品德和应做的事情而创作的,同时也对长垣的风土人情、先贤遗事做了详细的描写,是记录长垣汉代风情不可多得的文字资料。

《东征赋》摘录:

入匡郭而追远兮,念夫子之厄勤。彼衰乱之无道兮,乃困畏乎圣人。怅容与而久驻兮,忘日夕而将昏。到长垣之境界,察农野之居民。睹蒲城之丘墟兮,生荆棘之榛榛。惕觉寤而顾问兮,想子路之威神。卫人嘉其勇义兮,讫于今而称云。蘧氏在城之东南兮,民亦尚其丘坟。唯令德为不朽兮,身既没而名存。

【译文】

进入名胜的匡郭之地忍不住思绪遥远,当年孔夫子遭受围困的情景如在眼前。那是个怎样衰乱的世道啊!难怪会有圣人被围困的事件。我久久地站在那里惆怅徘徊,直到暮色降临而忘记回返。到了长垣县的地界,顺道察访居住在郊外的农民。目睹了蒲城县的古迹废墟,那里早已是荆棘丛生、灌木迷漫。我忧伤地向身边的人请教再三,思慕着子路当年的威望和神灵。卫国人都传颂他的勇敢和义气,到如今还无不称道颂赞。蒲城东南是贤能的蘧瑗的家乡,那里的老百姓也尊重他的坟地。人世间只有美德永垂不朽啊!身躯埋葬了还有名望长存。

仇　览

仇览，字季智，一名香，是东汉时期陈留县考城人。他年轻做书生时纯朴寡言，乡里没有人了解他。40岁时，县里征召他补任官吏，选拔他当长垣亭长（负责防御、治安）。他鼓励人们发展生产，为百姓制定法令条文，农事完毕之后，就让子弟们住在一起，回到学校学习。对那些剽悍轻浮放荡不羁的人，全都用耕田桑蚕之事役使他们，严格制定惩罚条文。他亲自帮助有困难的人办丧事，救助抚慰贫困孤寡的人。一年以后人们称赞当地得到了深远的教化。当时的县令王涣，为政崇尚严厉，听到仇览用道德感化人，就委任仇览当主簿，并拿出一个月的俸禄作为资助，举荐他进入太学读书，勉励他最终成就崇高的品德。仇览学习完毕回到乡里，州郡请他做官，他都用生病推辞。虽然在家闲居，他也用礼法严格要求自己。每当妻子儿女有过失，他就脱帽自责。仇览三个儿子都有文史之才，小儿子仇玄最为有名。

后来他被征召为方正，不久就生病去世了。

杨灵崱

杨灵崱,弘农华阴(今陕西华阴)人,系华阴杨氏族人①,高祖曾任兵部尚书。公幼而好学,易直子谅之心,德行孝悌,温良博爱。故宗族称其仁,朋友称其信,乡党称其敬,盖君子之道欤。

公履职匡城县令以来,以宽服人,官刑不行,职事益办。及与之邑,亦克用义,和气充塞于百里,颂声洋洋乎至今,其良吏之政欤。赤绂②在股,下大夫事,知止足之分,有终焉之志。悬车告老③,饰巾待期④,浮云身世,脱屣轩冕⑤。唐天宝十四年(755年)十二月十日,寝疾于匡城县归休之私第,春秋七十有三。

注:

①华阴杨氏族人:天下杨姓第一望族——华阴杨氏的策源地,华阴杨氏在天下杨姓族人的心目中是最崇高、最受人尊敬的家族。

②赤绂:古代红色系官印的丝绳,指官职的代人称。

③悬车告老:指告老引退,辞官家居。

④饰巾待期:指不冠带,等待寿终。

⑤脱屣轩冕:脱屣,指轻弃而无所顾虑。轩冕,指古代卿大夫以上官员的车乘与官服。

苏舜钦

苏舜钦(1008—1048年),字子美,祖籍梓州铜山县(今四川省中江县)人,出生于开封。北宋时期大臣、参知政事苏易简孙子。少慷慨有大志,状貌怪伟,好为古文歌诗,一时豪俊多从之游。

宋景祐元年(1034年),考中进士,出任蒙山县令、长垣县令。因有政绩,任大理评事。范仲淹①荐其才,召试为集贤殿校理。进奏院,数上书,论朝廷事。后因支持范仲淹推行的庆历革新,遭到御史中丞王拱辰劾奏,罢职闲居苏州,修建沧浪亭,自号"沧浪翁",闭门深居,啸傲放达。庆历八年(1048年),担任湖州长史,未及赴任,因病去世,时年41岁。

苏舜钦是一位充满豪杰气质的人物,他才分极高,甚为欧阳修②所重。他提倡古文运动,善于诗词,与宋诗开山祖师梅尧臣③合称"苏梅",著有《苏学士文集》、《苏舜钦集》、《四部丛刊》影清康熙刊本,今存《苏舜钦集》。他书法极佳,他的草书之风甚至在一段时间内影响过北宋的书风。他与其弟苏舜元,当时被称为草圣。著名书法家怀素《自叙帖》的前六行至宋代时已因残缺失,苏舜钦为之补全,以致"纸色少异,然亦莫辨其为补书",与六行之后真迹浑然一体,千年来被世人叹为观止。

注:
①范仲淹:北宋著名的政治家、思想家、军事家和文学家。
②欧阳修:北宋政治家、文学家,官至翰林学士、枢密副使、参知政事。
③梅尧臣:北宋官吏、诗人。赐进士出身,授国子监直讲,累迁都官员外郎,预修《唐书》。工诗,与苏舜卿齐名。

葛书举

葛书举(1038—1091年),字规叔,常州江阴(今属江苏省无锡市)人。出身于宋代"盛名江左"的文化氏族——青阳葛氏。儒学名家,五世登科第,一门出了36个进士,占宋时江阴籍进士总数227人的六分之一;著有艺文542卷,占邑人著作总数704卷的七分之五。葛书举为葛氏第六代。

宋熙宁三年(1070年)中进士,初调余杭任主簿,再任真阳知县,又改任左宣德郎(文散官、文官第十九经正七品),后任开封府长垣知县。

葛书举勤政果断,办事认真,从不拖案刁民,为政明决。宋元祐六年(1091年)六月十六日葛书举卒于长垣官舍,年54岁。其子张仲、牧仲、子仲皆中进士。

钱方群

钱方群,生卒、籍贯不详。

据明清《长垣县志》记载:宋本县知县钱方群公诗序:夫观国风而不知讽,与无观同;览雅而不知政,与无览同;听颂而不知美,与无听同。故君子观风以知讽,览雅以知政,听颂以知美。达此三者,则可与言诗矣。圣宋相国李公布衣时尝游是邑,题妇姑庙,太尉陈公泊、待制范公登寺楼皆留雅什。此三公之诗者,可谓美教化,明风俗。题于粉壁,久历岁华,笔字寝灭,因政之暇,命工勒于翠琰,用记盛事,不废粹美,自凝嘉绩,俾令嗣者以享氏号而不泯矣。群贤谓:范讽、陈尧佐、李迪也。

刘彦昭

刘彦昭,籍贯无考,洪武元年(1368年)任长垣县丞。洪武二年(1369年),长垣县城在苗寨镇柳冢一带,因黄河泛滥改道,将县城冲毁。刘彦昭举全县之力,率百官军民,将县城从今苗寨镇柳冢迁至蒲城镇,即现今的长垣县城。迁建过程中,他逐步建起县衙、文庙、城隍庙、城墙,开挖了护城河。他重视教育,在文庙内设明伦堂、尊经阁,让县内弟子读书明理。

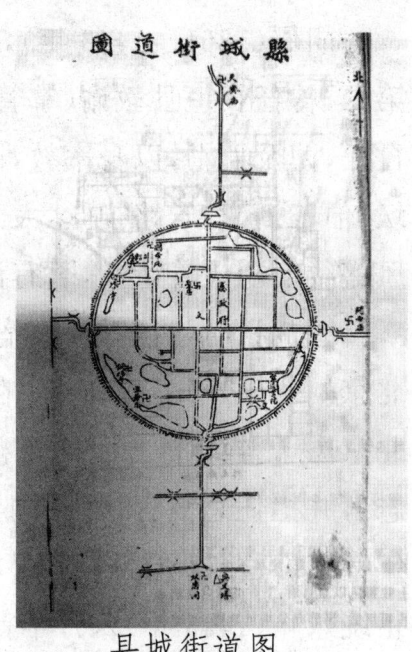

县城街道图

新县城建成后,刘彦昭将县城迁建动土的那天即古历二月十九日定为长垣县城迁建纪念日,兴集会,唱大戏,全县共庆。从此,长垣县城迁建纪念日即古历二月十九日兴会兴盛不绝,八百年里扎根于长垣文脉,成为长垣人民心灵中的"狂欢节",是长垣历史文化的重要组成部分。

胡俨

胡俨(1361—1443年),字若思,江西南昌人,洪武二十年(1387年)乡试第二,曾任长垣县教谕(掌管文庙祭祀,负责全县教育、训导之职),他以师道自任,博及群书,以身率教,诸生很快从化。在长垣任职期间,他修建文庙、杏坛、伯玉祠堂、子路祠堂,大开教育训化之风,一时全县文气鼎沸,诗词酬唱之风盛行。胡俨善诗文,著有诗文集多部行世。

明成祖时,因解缙①推荐直入文渊阁。永乐七年(1409年)随明成祖北巡北京。永乐八年(1410年)在北京辅皇太子朱瞻②。永乐十九年(1421年)任北京国子监祭酒。后任馆阁宿儒,重修《明太祖实录》《永乐大典》《天下图志》,并担任总裁官,是我国历史上卓著的教育家、史学家、诗人、画家。1426年宣宗即位,以礼部侍郎召,辞归,家居二十年,自行淡泊,各地重臣以师礼。正统八年(1443年)八月卒,年八十三岁。

注:

①解缙:明代大臣,文学家,进士。永乐年间官至内阁首辅、右春坊大学士,参与机要事务。

②朱瞻:明仁宗朱高炽庶八子,受封滕王。

焦 昉

焦昉(1350—1433年),字孟升,保定定兴人。永乐元年(1403年)任满城主簿,后任长垣知县。永乐九年(1411年)进升裕州知州,仍理长垣县事。

焦昉任职长垣多年,廉洁勤政,视百姓如父母,大行善举,使全县民风良善,仁行义事不断。他躬节俭,陈礼让,清白做官,其子孙无余产。其在长垣九年,本届满要调离,长垣百姓赴部状君之德,恳求留任。

宣德八年(1433年)焦昉卒,其妻治丧将归原籍,长垣百姓感其恩,请求留下,后葬于县城内东南隅蘧子祠(原子路祠)东侧,墓前建祠。因君之治蒲,有惠政,志载之,其亦无愧于子路矣。焦昉为长垣历史上口碑极佳的县令,名入官祠,世代供奉祭祀。百姓盖房子令其妻、子居住,遂焦昉后代为长垣人。

胡 敏

胡敏，字好学，山东即墨人，举人。明宣德年间任长垣训导。

胡敏育民教化有方，政绩卓著，擢升广东道御史，不久又复位任长垣训导。胡敏父胡震，举人，任职河南杞县教谕。胡敏建荣养堂，迎父母就养，父母卒后，俱葬长垣，遂入长垣籍。

胡敏弟胡睿，进士，官至工部左侍郎。胡睿子胡键、胡锭，俱为进士。胡键为弘治九年（1496年）进士，官至陕西布政司参政。胡锭为弘治十二年（1499年）进士，官至户部右侍郎。胡氏一门五人为官，家族可谓显赫。

杨 韬

杨韬,陕西咸宁人,监生。正统十一年(1446年)任长垣知县。他到任后,认为蒲邑乃先贤仲由所治之地,俗化之尚应优于其他郡邑,曰:"俗化之所,倾圮弗作,是孰之任耶?"乃大修学堂宏而大之,庙貌、两庑间皆三之益为五,明伦堂东西二斋,悉因故址斥而大之,使逾于昔。神库、厨、戟门、膳堂、棂星门及诸生藏修之时,悉加更理,环以危墙,植以佳木。自夫子而下四配十二哲像俱创之。事既落成,学之师儒与夫门下士类,意气欣然,举得以朝夕发愤乎是,而有日新又新之验,境内人情亦莫不悦,称颂之声弗间乎远迩。后人专为此立碑为纪。

萧　翼

　　萧翼，字体全，江西永新人，进士。明正统年间任长垣知县，拓城垣，建四门。正统十四年（1449年），黄河决口，萧翼多方安抚，协调筹措，使民无失业者。萧翼在任期间非常重视长垣的教育，说政务之急，莫先于此。为鼓励学子求学上进，亲自撰写"登科题名碑"立于文庙内。后升任顺德府知府。

王 辅

　　王辅，字良弼，陕西同州（今陕西大荔）人。成化八年（1472年）进士，九年（1473年）授长垣知县。

　　初到长垣他即遇到一大难题，即朝廷的税赋三年没有收齐。一面是催办令急若湍火，一面是老百姓十分贫困，民不聊生。王辅下乡做了认真的调查，发现一些土豪劣绅占有大量土地，而岁赋分摊很少，许多贫苦的百姓岁赋则很高。他采用计田亩均其税粮之法，将欠交的朝廷税赋分摊到大户们头上，这样很快解决了难题，使老百姓不知劳而税集。

　　县东北部地势低洼，常年积水。王辅动员百姓兴修水利，开挖沟渠，使积水注入河道，从而恢复耕种，化泽国为膏腴。邑有旧城，岁久颓败，盗贼横行。王辅带领百姓重新修建，并严设禁令，公于赏罚，而盗贼日息，民得安处。尔后又把修葺学校作为政务之急，择材庀工，弘而新之。他为长垣人办了很多好事，平徭役、通水利、息盗贼、禁渔猎、兴学校，循天理以临民，民亦循天理以应之。呜呼！民岂私于王侯乎？诗云：

　　　　猗与王侯，惟国之良。

　　　　六事克举，百弛以张。

　　　　民之崇之，夷山苍苍。

　　　　民之思之，卫水茫茫。

　　　　民于君奈何乎，去堂堂！

畅 亨

畅亨，字文通，山西河津人。成化十四年（1478年）进士，授长垣知县。他以诚治民，戒恶劝善，革里正之侵夺，培学舍之俊彦。成化十五年（1479年），邑之东南患水，他率民筑堤以御之，水势渐杀，民得粒食，使民安然，人皆戴德。他使恶相戒而善相劝，患相救而贫相恤，则人心勃勃然，而风俗化美矣。后畅亨要调离长垣，长垣男女老幼皆垂涕泣以留之。知其不可留也，远求予言，刻于珉以垂永久。之后升监察御史，巡按浙江。

杜 启

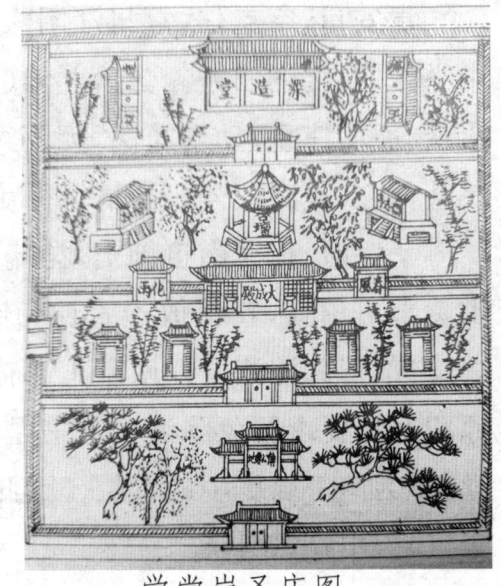

学堂岗圣庙图

杜启,字子开,明苏州吴县人,著名画家杜琼①之子,进士。弘治三年(1490年)授长垣知县,治河有功,筑太行堤,修河堰、增坝堰铺舍。杜启承办大修学堂岗一事。启承命不敢缓,乃发公帑,得钱若干缗,以为可行。即俱材物,召工匠,于弘治四年(1491年)九月兴工,越月而毕。若殿、若戟门、若讲堂、若杏坛、若问志及咏归二亭,以次完美。以其余力,复建两斋及棂星门。其寝殿,旧设孔子像,而以子路、曾皙、冉有、公西华侍坐,谓四贤于此问志。庙成,以其地幽僻,学者宜居,因聚里中子弟,延致仕教谕陕人袁祐教之,于是兹岗之胜殆与古书院等。明代吴宽撰写《重修学岗孔子庙记》记述长垣知县杜启重修学堂岗圣庙之事。还有碑刻记述杜启创建长垣二忠祠之过程。杜启暇时与诸生讲易学,人士皆宗之,他政绩卓著,声名远播,长垣人以"杜长垣"称之。后升监察御史。

明代著名政治家、史学家马理曾以二甲第二名中进士,任命为吏部稽勋司主事、文选司主事。他曾写诗《赠杜长垣》(见本书第四章第二节)。

注:
①杜琼,明代画家。字用嘉,人称东原先生,家居吴城(今苏州)。自幼勤奋好学,能自刻厉,少年时期性格孤静,但凡事认真,颇具毅力。好为诗文,旁及翰墨,书画皆精。终身不仕,一生醉心于谈诗论画之隐居生活,明经博学,书画翰墨皆精。开吴门派之先河。亦工人物。好作诗,其评画诗尤为精到。著有《东原集》《耕馀杂录》等。

贡安甫

贡安甫，字克仁，常州江阴人。明弘治年间，江阴贡斌、贡安甫父子同科中举，一时传诵四方。弘治九年（1496年）中进士，授长垣知县。贡安甫才干出众、廉明庄重，动遵礼法，无不可为世范，以实心行实惠，时以为循吏之首，民甚德之，是勤政爱民的清官循吏。

孝宗时，擢河南道御史，尝疏劾寿宁侯张鹤龄。正德初，考功郎杨子器以山陵事下诏狱，安甫敢于直谏、疏力救。兵部尚书刘大夏为中官所扼，谢病去，户部侍郎陈清升任南京工部尚书，安甫率众御史上疏请皇帝官复刘大夏原职并且要求罢免陈清。公书是安甫写的，刘瑾知道这件事后，把他列入奸党，作为南都御史中的首位。因此家居十年，终岁不入城市。后起山东佥事，甫三月，引疾归。

贡安甫在上书中曾写道："陛下广殿细旃①，岂知小民穷檐蔀②屋风雨之不庇；锦衣玉食，岂知小民祁寒暑雨冻馁③之弗堪；驰骋宴乐，岂知小民疾首蹙頞④赴诉之无路。昨日雷震郊坛，彗出紫微，夏秋亢旱，江南米价腾贵，京城盗贼横行。可恣情纵欲，不一顾念乎？阁部大臣受顾命之寄，宜随事匡救⑤，弘济艰难，言之不听，必伏阙死谏⑥，必悟圣意⑦。"由此可见贡安甫体恤下情、为民请命、忧国忧民、赤胆忠心的高洁情怀。曾入长垣县四贤祠。

注：

①广殿细旃：宽广的宫殿，精细的毛毡。
②蔀：为蔽日所搭的席棚。
③冻馁：不温不饱。
④疾首蹙頞：忧愁的样子。
⑤匡救：匡正挽救过失。
⑥伏阙死谏：冒死进谏。
⑦悟圣意：使圣意醒悟。

卢 煦

卢煦，字子春，浙江东阳人，进士。正德六年（1511年）任长垣知县。政尚宽易。山东寇起，民不聊生，他率众加固城池，教民演武，故城中小子皆精行武。寇至城下，他告急于都统来援，并率劲骑袭其后，从容指挥，恬无惧色，后寇退民乐。正德九年（1514年），台臣上其绩于朝，召为刑部主事，长垣之民竟莫能留，攀卧悲号，如失怙恃①，乃谋树碑，以永所思。后卢煦有悍御功，升刑部主事。

注：
①怙恃：古代为父母的代称。

殷宗信

殷宗信,山东高唐人,岁贡生。正德九年(1514年)任长垣县丞。他宽厚诚实,办事干练,尤其是不滥施刑法,深受百姓喜爱,长垣人皆感其恩。

张治道

张治道(1487—1556年),字时济,别号南山,陕西长安人,学博才充,正德九年(1514年)登甲戌榜进士,正德十年(1515年)出任长垣令。下车之初,先正民风,共相自责,继而转告当途,使知民疾苦,而无名之征自减,于在昔赋役之来诚不得已,日夜图维①,就中求省便之计。修理河道,不但罢民,且岁费不赀②。有不逞之徒③,

明代长垣县城南门——承薰门图

结党剽掠,或潜伏击刺,以报私恨,先擒首恶,余党改历,更不追其既往也。推重气节,敦厚风俗,教诲诸生,先德行而后文学。三年间士风丕④振,范围所及,僚佐⑤率励清白之操,吏胥亦无敢舞弄文墨;减货税以来商贾,抑势家以杜请托;时振恤以安流亡,常禄之外,秋毫不染;百里邑君,自奉一书生耳。历政三年,百度攸举,誉勃勃贯人耳。渥宠⑥征黄⑦,以事忤权贵,授刑部主事,时论称屈。远近居民,乐业安生,食其土之所入,终岁饱暖,夜户虽关,吠犬无声,不闻来卒叫嚣,与府檄之,不次追征。如此者三年,乐其乐,不知所以乐者,侯之力也。

张治道刚明果断,锄强梗,扶善良,才有余而志不屈。凡上官之令,有利于民者即为举行,有妨于民者力请去之。张治道在任期间,举力加筑城垣,增设四门瓮城、四座石桥、二座敌台、四处辅舍。张治道又修整学校,大兴教化之风,民怀其德。其曾入长垣县四贤祠。后升任刑部主事,告归。

注:

①图维:谋划考虑。
②赀:计算。
③不逞之徒:心怀不满、捣乱闹事的人。
④丕:大。
⑤僚佐:旧时官署中协助办事的官吏。

⑥渥宠:厚爱。
⑦征黄:地方官员有治绩,必将被朝廷征召,升任京官。

伍余福

伍余福,字畴中,明苏州吴县人,明代中期笔记小说[①]家、诗人、书法家。诗格雅丽,与崔桐、蒋焘时称"三凤"。正德十二年(1517年)进士,正德十三年(1518年)任长垣知县,堂名三善,大治称名宦。负才名,留心教养,在长垣任职期间修建双忠祠,让未第举人读书祠中,拨给养田,长垣文风蔚起。

政事之暇,多所著述,著有《北驰录》《虔行录》《西山探梅集》《三吴水利论》《苹野纂闻》等。尤工草书,历刑部员外郎,兵部车驾、职方二司,升武库司郎中,官至贵州镇远知府。

注:

① 笔记小说是一种笔记式的短篇故事,特点是篇幅短小、内容繁杂。笔记小说于魏晋时期开始出现,广义上泛指一切用文言写的志怪、传奇、杂录、琐闻、传记、随笔之类的著作,内容广泛驳杂,比如天文地理、朝章典制、草木虫鱼、风俗民情、学术考证、鬼怪神仙、艳情传奇、笑话奇谈、逸事琐闻等。

王三省

王三省,陕西朝邑人,进士。初授大名知县,嘉靖四年(1525年)以才能调长垣。王三省在长垣深用悯恻,乃条陈四策,达之当路者:一曰完先哲以振民风,二曰省银差以宽民力,三曰革滥役以生重困,四曰处大户以均贫富。数四抗言竟得俞允①,其忠信明决类如此,厘正时弊民赖以安宁。王三省离任之时,长垣父老追随,道途络绎,计其大较奚翅②数千人,相与搅道留靴③,用存遗爱。侯辞谢甚恳,众请益坚,曳裾悲号,若赤子之失慈母,士大夫亦相顾嘘唏,何感人之深乃尔。后任吏部主事,历户部员外郎中、彰德知府。

注:

①俞允:允诺。

②奚翅:何止。

③留靴:是一种民俗,据说过去主政的长官离任后,如果是清官,士绅百姓就在城的门楼里挂一只官靴,写上其姓名,祝愿其官运通达;如果是赃官,就挂一顶官帽,也写上其姓名,盼望其早日丢了乌纱帽。

王 懋

王懋,字昭大,陕西咸宁人,进士。授御史,因以言事被谪典史。嘉靖七年(1528年)升长垣知县,他行事廉明,对人慈惠。后历升河南怀庆知府。祀名宦。

刘体元

刘体元,字乾夫,广东南海人,进士。嘉靖十年(1531年)补长垣知县。他品德正直,左右无偏私,省刑惜费,凡事从容毕举①。曾重修河内公书院。后升为滦州知州,离任之时,行李简陋,可见在任时的廉洁清白,擢升为刑部郎中。后入长垣四贤祠。

注:
①毕举:完全办好。

马 聪

马聪,字舜达,号西垄,山西太平人,嘉靖进士。嘉靖十二年(1533年)任长垣知县。他廉以律己,严以御吏,以宽厚临民,而以至诚待士。凡公出往返,迎接上官,皆取自己的腰包,而一钱不扰于百姓。原长垣城女墙①旧以土坯筑之,震风凌雨,屡修屡覆,民不胜其劳。侯皆易之砖石,不越月而城成,暂费而长久之用,民到于今颂他修城垣之功。且课士②有方,而弥盗③有术,其临政亲民,务归于安静弗扰焉。而已当道者,嘉其廉明,屡登荐稿④,遂擢邓州知州、临洮知府。然吾垣之民悲其去而望其来,追而思之者,如失怙恃,盖以侯之爱民,出于至诚而民之思之亦本于诚故也,民日思之,予日望之,而因系之以诗：

节彼太行,君子之乡。⑤
濯彼大河,侯泽弥长。⑥
岂第是锡,溥我春阳。⑦
其来何暮,而去堂堂。
维桥维梓,为龙为光。⑧
永言思之,德音孔良!

注：
①女墙:是指建在城墙顶部内外沿上的薄型挡墙,也称垛墙。女墙用于城顶防护和御敌屏障,是古代城墙必备的传统防御建筑。
②课士:考核士子的学业。
③弥盗:消除盗窃。
④荐稿:推荐文章或稿件。
⑤节:高峻的样子。
⑥濯:大。
⑦锡:通"赐"。溥:广大。春阳:一指阳春,二指春天的阳光,三指帝王的恩泽。
⑧维桥维梓:桥通"乔",指高大的树木;梓指矮小而细软的小树,代指父子关系。
为龙为光:恩宠而荣光。

李 汪

　　李汪，山西太平人，国子监生，嘉靖十三年（1534年）任长垣县丞。管马政，革除常例钱，不受理词讼，曲尽民情，人颂其德。后升陕西同州州判。

杜　纬

杜纬,山西蒲州人,举人。嘉靖十八年(1539年)任长垣知县。洁己而严,胥吏不敢售奸,敷教化,裕积贮,使善者兴;理繁剧①而秩如②,裕荒歉③而咸济;犹存谦慎,思厥有终。作亭于公门之左,曰"拜善";作室于右,曰"达过"。曰:"吾不敢訑訑④于声色以自蔽也,吾庶乎戒大自小,以免咎也。凡与我者,无问其人,善则从之,失则改之。"知县杜纬重修学堂岗圣庙之事经始于嘉靖十八年(1539年),落成于嘉靖十九年(1540年),而费皆出于杜尹,不烦之官与民也,然亦不外于官与民也。鼎新学岗其一也,可以观政与教矣。他说:"长垣古蒲邑,仲由之所莅治也。三善风高,礼莫大备。然世远人非,其间有不尽然者矣。夫礼莫大于祭,祭莫先于器。"杜纬修双忠祠,建射圃亭,修城隍庙,在学堂岗圣庙院内建瑞麦亭等。民众皆悦,后升太仆寺丞。

注:

①理繁剧:处理繁杂的事务。
②秩如:条理井然貌。
③荒歉:荒年歉收。
④訑訑:自满自足。

郝良臣

郝良臣，山西襄垣人，进士。嘉靖二十一年（1542年）任长垣知县。郝良臣任职长垣期间，奉旨修建大冈、版邱、南岳、樊相四堡，又按堡设义仓以储谷粮。当时诸州邑储谷粮尚少，独长垣积万石，县人德之，升吏部主事，后升官布政使。

陈东光

　　陈东光,河南钧州(今禹州)人,性好古,擅长书法。每到一处,人多付重金求他的墨迹。嘉靖十三年(1534年)中举,连登进士,在选庶吉士(隶属翰林院,选拔进士中擅长文学及书法的人充任)时,大学士考评陈东光所作《原政论》《读五伦书有感诗》皆占第一。由此名声大显,受到当时人的推崇。初任翰林院检讨(史官,位次于编修),嘉靖二十四年(1545年)任长垣县丞,在长垣兴学校、正文风,关注诸生学问之道,人皆感化。后调任江西瑞州知府,官终四川右布政使。卒于官。

钟崇武

钟崇武,江西南昌人,进士。嘉靖三十五年(1556年)任长垣知县。修学劝士,治尚宁静。在任期间,重修"四贤祠",创建十三层"兴文宝塔",始于早秋,讫于冷露,此为长垣著名景点。有文赞曰:"丘陵亘被,阶磴奁延。天地以为炉锤,日月以为户牖。渣滓委于诸子,注脚本于六经。金声玉振,其铃铎也;夕露朝霞,其丹臒也。为层一十有三,峃然焕然,表大观矣。落成之日,侯率僚吏师儒,遂眺览焉:蘧祠南望,知君子之如在;学岗北拱,恍童冠之咏归;三善不泯,仲墓峨峨于东郊;一局既收,樵斧丁丁于西阜。曰文其有兴乎!"

后升刑部主事。

黄　纪

黄纪，字子陈，号梁山，江西临川人，进士。嘉靖三十七年（1558年）授长垣知县。他刚直不阿，严保甲以除盗，罢酒税，修河堤。县内多处遭水患，西南部积水遍地，百姓流亡大半，许多田地荒芜。黄纪乃下令宽其赋役，并给以牲畜、家具、种子使百姓恢复生产。县内民俗健讼。他决断如流，判明是非，并教导民众：好好耕织，不要惹是生非、妨碍别人。他严惩了当地恶霸蔡溱和李济辈，使民事纠纷渐渐平息。民皆感服，士风日振。后擢升河南道御史，终河南按察司佥事。

黄国华

　　黄国华,字良实,号朴庵,江西丰城人,进士。嘉靖三十八年(1559年)任长垣知县,当时正值嘉靖己未夏秋大雨,城中洪水泛滥,无道可疏,外则环城汪洋,行人渡舟,城之居民惶惶然矣。黄公以名进士奉命来莅是邑。阖邑士民望其拯于水也。黄公果不负民望,他忠诚肃慎,务持大体,常对人说:"吾无他长,惟厚风教①,急民瘼②,慎隐微③,绝远烦苛④,与民安静而已。"他还说:"兹此古之三善之地,号称富庶者,保障之责,非我而谁?"他率众洩环城之水于田间故道,而城中水亦以次引之无留焉。为加固城垣,乃计其工役,督勿驰勿亟勿苟,工始于嘉靖三十九年(1560年)二月初五日,告成于本年三月中,卑者崇,盈者深,隘者阔,若门楼、铺舍、垛口之类,坚固倍昔,巍然焕然,成金汤之险。举城欢欣鼓舞,其持肉载酒以犒之者,接踵于道。防垣备矣,其永逸矣。三年,歌颂载途,后因此事立碑于北门瓮城之内,记黄国华修城事。后擢刑部主事,历淮安、龙安知府。卒之京邸,长垣民皆哭之。

注:
①风教:风俗教化。
②民瘼:民众疾苦。
③慎隐微:在无人知晓、无人监督时,依然保持道德情操,谨小慎微。
④烦苛:繁杂苛细,多指法令。

赵 焞

赵焞，山东平原人，进士。嘉靖四十四年（1565年）授长垣知县。他性情耿介严明，明察秋毫，人不敢欺，亦不能欺。在长垣三年来，赋平政理，民皆乐业。后擢升河南道御史、陕西布政参政。

郑　钦

郑钦，字午溪，明朝南直泾县人，进士。隆庆元年（1567年）以户科给事中谪长垣县丞。留心民隐，遇冤抑①即罹上法②，务与申释③。尤好振作人文，丁卯之试，荐增应试额五人，其中式士即所力荐也。重修子路书院并祠，又修蘧伯玉祠。作小室其隅，额曰"仰止"，习静其中。后署知县事，士民戴德。升浙江鄞县知县，历官应天府尹。

注：
①冤抑：冤枉、冤屈。
②上法：崇尚法令。
③申释：说明解释。

孙　鋐

孙鋐(1534—1592年),字文秉,号鹤峰,浙江余姚人。祖父孙燧,弘治元年(1488年)中进士,为江西巡抚、右副都御史,赠礼部尚书;父孙陞,嘉靖十四年(1535年)殿试一甲第二名,官至南京礼部尚书。孙鋐弟兄五人,除一人早亡,其他四人:孙鑨,嘉靖三十五年(1556年)进士,官至吏部尚书;孙铤,嘉靖三十二年(1553年)进士,官至礼部右侍郎;孙鑛,万历二年(1574年)会试第一,官至南京兵种尚书;孙鋐,隆庆二年(1568年)进士,曾任长垣知县、江西按察使、河南右布政使、太仆寺正卿。其家族更是历代显赫,民间有"横河孙家境,纱帽八百顶"之说,家境中著述达二百多种,数千卷。家族中的妇女普遍具有良好的文化素养,都有能力对子女进行教育,所以其家族不仅是簪缨世家,也是忠孝世家、文化世家。

孙鋐在任长垣知县后,清理马厂余地,让土地回归百姓。又触动大户余金,整修文庙,选拔人才,均瑶役,惩奸诈,县人感颂之。隆庆三年(1569年)秋,洪水直逼城下时,孙鋐亲自督战,雨中指挥,三日三夜疏通城北小河,使县城赖以平安。翌年春加筑城垣,并疏通排水渠道,以利久远。后升为河南道御史。

马自勉

马自勉(1510—1597年),字伯懋,陕西同州(今陕西大荔)人。其家庭是一个典型的士商一体的明清时期同州府的望族。其弟马自强,是明嘉靖时进士,官至文渊阁大学士、宰相。隆庆三年(1569年)任长垣训导。他秉承了好善轻财的家训,博学好施。他教导学生仕以立品为先,为文悉以先辈风矩,士人咸奉以程式。后升国子监助教,顺天府通判。

吴 钦

吴钦,字宗高,江苏武进人。明朝举人。隆庆五年(1571年)任长垣教谕。学行品节俱优,当时很受推崇。时人尊称他为昆麓先生。

初莅任时,看到长垣学子聪颖,可惜无良师指导,便安排全县的学生分批定期会考。对学生的文章,一月一次,必亲自批改。他严谨治学,因材施教,学以致用,将一代学风带到长垣。他最早发现了幼年时期的李化龙非同一般。曾说:"此异日能勾当①天下事者。"于是,对李化龙特别关注,除应授课外,更教以经世实用之学。他爱生如子,一有空闲便与学生读古论今,漫话历代有作为的名人的德业成就。学生在不知不觉中深受影响,他们个个锐意精进,奋勉争先。因吴钦教学有方,大名知府王叔亲自聘他,主持元城书院。吴嵌带领长垣优秀学生同往。在吴钦呕心沥血的指导下,大名府会考中,学生的成绩在八郡中名列第一。从此,吴钦被升为国子监助教。以前,长垣的学堂比较狭窄,吴教谕呈请知县胡宥,据理力争,使学堂得以扩建。

万历二年(1574年),李化龙中进士。自此长垣文风大振。吴钦的学生崔景荣、王永光、王家桢、许宗礼等,相继考中进士,入阁为官,为明朝建树功业,显赫一时。长垣人十分爱戴吴钦,建祠于学宫内明伦堂东北,春秋享祭,并以祀名宦祠。

注:

① 勾当:主管,料理。

胡 宥

胡宥,字子仁,号金峰,明徽州休宁人。隆庆五年(1571年)进士,任长垣知县。在任期间,居官廉洁,自奉俭约,治狱公正,政绩卓著。特别重视教育、奖掖人才。经常在公务之余与学生精研《易经》,给家庭贫苦的学生补贴伙食,鼓励他们安心学习。与教谕吴嶔协力修葺子路祠、伯玉祠、学堂岗圣庙、文庙。自此长垣文风大兴,人才辈出。胡宥与吴嶔先后奉召进京擢用。胡宥离任之前,有感于长垣为古蒲城,文化积淀丰厚,自己有幸继踵而仕,唯恐有负先贤真诠,时以高明戒鉴,作《退思铭》一文,书写刻石,为座右铭以自警。该碑对于后来历任县令起到了鞭策、自警的教育作用。

胡宥《退思铭》:

　　仲子喜闻,蘧公欲寡。懿范孔彰,慎修匪假。
　　千载此心,昭昭不昧。直道犹存,神明鉴在。
　　垣本古蒲,先贤旧御。遗迹难追,殚婴厥虑。
　　出务勤民,入求省己。早见预图,令终如始。

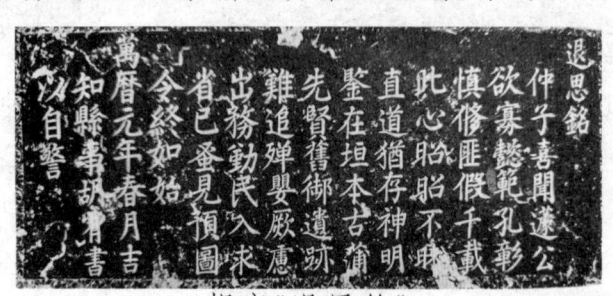

胡宥《退思铭》

边有猷

边有猷，字南亭，河南封丘人，进士。万历四年（1576年）任长垣知县。他到任后简讼省刑，植良除暴，以爱养民。后升为常州同知，擢河南道御史，历顺天府丞。

周 盘

周盘，山西泽州人，进士。万历十年(1582年)补长垣知县，他在任时调度有法，平盐估，公马价，停不急之工并偏累之徭。后擢河南道御史，历顺天府丞。

刘学曾

刘学曾，河南光山人，进士。万历十三年（1585年）任长垣知县。时连年旱灾加蝗灾，又逢黄河发大水，田地颗粒无收，百姓苦不堪言。他以宽厚仁爱为本，对灾民抚养爱护，上书求免除赋税，施赈于民，又修筑堤防，凡利民之事无不率先垂范，由此政声大著。后擢吏部主事，历文选郎中。

袁 和

袁和,河南安阳人,进士。万历二十一年(1593年)任长垣知县。长垣屡遭水旱灾,民庶流离。袁和莅任,减缓赋税,申请赈恤,民渐复业。又遍历四乡,问民疾苦,民戴德焉,绘《抚民图》以颂。后擢户部浙江司主事。

王　洽

王洽，字和仲，山东临邑沙河村人。万历十九年（1591年）中举，万历三十二年（1604年）进士。历知东光、任丘县事。服阕，补长垣知县。王洽仪表颀伟，危坐堂上，吏民望之若神明。其廉能为一方之最。

天启三年（1623年），时任右佥都御史的王洽奉旨巡抚浙江，免税赈灾。王洽到浙后，认真调查灾情，决定开启官仓，赈济灾民，并为灾民免去赋役。王洽回京复命时，浙江百姓十里跪送。因王洽浙江赈灾时开启官仓属先斩后奏，故而受魏忠贤陷害，辞官归里。

崇祯皇帝登基以后，诛杀魏忠贤及余党。崇祯元年（1628年），王洽复职，任工部右侍郎。崇祯皇帝召见众臣，惊奇王洽仪表颀伟，相貌不凡，当即擢升任兵部尚书，负责管理全国的军事和武备。王洽上疏陈述军政十件大事，严责帅、修武备、核实兵、衡将才、核欺蔽、惩睃削、勤训练、厘积蠹、举异才、弭盗贼，皇帝都褒奖他并接纳。崇祯二年（1629年）十月，大清军队由大安口攻入，都城戒备森严。王洽急调四方军队入京护卫，督师袁崇焕、巡抚解经传、总兵官祖大寿等人先后到达，却不能抵挡敌军，大清军队于是深入。兵部侍郎周延儒、检讨项煜乘机诬陷王洽入狱。崇祯三年（1630年）四月，王洽病死狱中。

王洽为人清廉正直，在当时很有声望，但应变不是他所擅长的。突然遭遇大的变故时，就会因困难而做不好事情，很多人为王洽感到可惜。

王洽著有《奏疏》多卷、《瑞露馆文集》、《吾鼎斋尺牍》等，对书法最大的贡献是镌刻了《来禽馆真迹》，成翰墨林中一段奇事。

王虚白

　　王虚白,万历四十九年(1621年)进士,任长垣知县。长垣县治自洪武二年(1369年)由柳冢迁于古蒲城,城池数次扩建修整,至万历、崇祯时期达于鼎盛。史志载:"崇祯十年(1637年)冬,知县王虚白修砌砖城,高三丈五尺,根阔四丈五尺,顶宽二丈三尺,以砖砌二层漫顶,四门瓮城内外通用砖包,门楼比旧各高四尺,城头窝铺六十四座,外垒垛口多留炮眼,城内砖砌马道四条,砖砌流水沟一百二十条,遇惊登城捷便,全城周围焕然改观,可垂永久。"并载:"东门曰'景晖',南门曰'承熏',西门曰'义正',北门曰'迎恩'。"城中主要建筑有县衙、城隍庙、文庙、奎星楼、铜塔寺、白塔寺、白衣阁、蘧子祠、子路祠、郜家大院、牌坊街肆等历史景点。筑砖城增高加厚,并加高四门楼,新窝铺十四座。明末皇皇长垣古城,尽显人间绚丽繁华。回想当年,春暮夏初,天朗气清,攀城登楼,凭栏望远,熏风徐来,绿红盈野,先民们心中定是一派快意。诗赞曰:暮春时节登蒲城,熏风徐来汗衣轻。楼头承熏容颜暖,城堞迎翠气色清。俯瞰屋衢竟繁华,放眼田畴争绿红。高墙逶迤三百丈,正可端坐说大明。他履职勤勉,民皆爱之。后升户部主事。

谢傅显

谢傅显，山西人，举人。授曲阳知县，转南京兵马司指挥。有能名，崇祯元年（1628年）迁大名府同知，署长垣县事。他刚毅勤敏，吏不敢欺。有狂妄男子，诈称皇帝所派的使者，潜行县境，不少官员伏地尊拜，傅显独具慧眼，立破其奸，问如律，众惊服以为神。后擢南阳知府，卒年八十有五。

王臣直

　　王臣直,字复凡,明朝山西绛州人。工诗赋,举人。崇祯七年(1634年)任开州知州,署长垣县事。廉洁有守,以慈惠称。公暇与邑士大夫饮酒赋诗,书法精妙,朝廷遣中使来索书,一时传为盛事。以直道见忤,被谪,士论惜焉。

董秉忠

　　董秉忠，清朝奉天人，副榜，任大名府通判。顺治十七年（1660年）摄长垣县事。时河水涨溢，水退后民多困乏。爱恤抚字，人皆感之。升保定府同知，官至直隶通省钱谷守道。

　　在康熙二十年（1681年）于成龙被康熙皇帝召见时，上（皇帝）问"属吏亦有清廉者否"（《清史列传》），于成龙就适时向康熙皇帝举荐了直隶守道董秉忠。

宗 琮

宗琮，字侣黄，陕西泾阳人。顺治十八年(1661年)进士。康熙九年(1670年)授长垣知县。

他留心吏治，问民疾苦，有不利于民的地方立即改掉。长垣自明朝以来战乱频仍，徭役繁重，城郭颓败，人口流失。虽然朝廷屡次减除税赋，但一些人开荒田隐瞒不报，一些人躲藏起来逃避税赋。宗琮上任后力清其弊，使瞒报的田地上了税赋，使正经的百姓无杂税，并且免收邦贴诸弊。他的一系列利民举措，使县民大悦。他修城垣、严保甲、办学校、建尊经阁和魁星楼。聚生儒课以道艺，武者较其骑射，复取古今忠孝廉节事之最易解者，诠注成册，令乡老日夜耕读，使人心日趋稳定，风俗大为改观。流落外地的乡民开始返乡归里，人口日益增多，耕地面积日趋扩大。长垣一时形成了昌盛之局面，民至今感之，立祠以祀。

康熙十六年(1677年)，宗琮两度任长垣知县。雍正二年(1724年)擢永平知府，历官文渊阁大学士。

秦毓琦

秦毓琦,辽宁铁岭人,例贡生。康熙二十年(1681年)任长垣知县。他在任期间修城垣、学校,建他山书院以课士,靖盗贼以安善良,勤于吏事,留意教养,有贤能称。后升宣化知府。

孙子昶

孙子昶，山西闻喜人，号主一。幼年丧父，事母笃孝。康熙十八年（1679年）考取进士，康熙二十七年（1688年）二月任河南长垣县令。因其廉洁自持，县民称他"白菜孙公"。自书一联于县衙："居心似水，若受赂贪财，使一个抱屈者，神诛鬼灭；执法如山，倘通情畏势，有一事不公者，男盗女娼。"表达了孙子昶清正为官、不受贿赂、不徇私情、不畏权势、公平办事、依法办案的精神节操。这副楹联像誓词，又像今日的承诺书，公之于众，接受大家的监督和评判。任职期间，孙子昶力除积弊，为民办事，一生践行着"清清白白做人，踏踏实实做事，坦坦荡荡为官"的家训。

赵国麟

赵国麟(1673—1751年),字任圃,山东泰安人。康熙三十八年(1699年)中举,康熙四十八年(1709年)进士。康熙五十八年(1719年)任长垣知县。

赵国麟初到官,问民疾苦,革除积弊。遇到诉讼者各自陈辞,然后平情断理,使双方无不悦怀。他组织力量修建伯玉祠,建学校,择生童而教之。辛丑七月,黄河在武陟决口,直冲长垣,冲坏王家堤,城墙几没,漂民田舍。赵国麟率领官吏名士日夜堵筑,将城外受灾百姓用木筏运至城下,再用大绳系入城内,计口安排食宿,灾民免于水患。次年,黄河又决口,赵国麟捐俸筑堤护城,又修筑太行大堤百余里,开支河数道疏流。赵国麟勤吏事,为政宽厚,为世所称。

雍正二年(1724年)升永平府(河北卢龙)知府。雍正五年(1727年)升福建布政使。雍正七年(1729年)任河南布政使。雍正八年(1730年)升福建巡抚。雍正十二年(1734年)调任安徽巡抚。乾隆三年(1738年)升任刑部尚书,不久调礼部尚书,寻兼国子监事。乾隆四年(1739年)拜文渊阁大学士。乾隆七年(1742年)被革职回原籍泰安。乾隆十五年(1750年)八月赴京祝乾隆寿诞,复原衔回籍。是年十一月,病故于"岱阳精舍",葬泰城西天平山。

黄志弼

黄志弼,字彦伯,号澹园。康熙三十八年(1699年)举人,任东明知县。雍正二年(1724年)署任长垣知县。兴利除害,招抚流亡。遇到灾害亲自散赈,百姓得到实惠。振兴学校,设立研究院。过去的旧案,全部判决,远近的人都很敬佩他。晚年归故里修养。

周 嵩

周嵩,大名知县。雍正四年(1726年)进士。雍正五年(1727年)署任长垣知县。朴实无华,亲民辛勤工作,在乡村,自己带干粮,分食胥役,不让扰民。有时骑马出去,没有随从,和田夫野老说话像家人,询问他们的疾苦,慰劳派遣,人们看见他不知道他是做官的。奉行节俭,清正廉洁。凡在任九年,百姓思念他。

胡承麟

胡承麟，字璞园，清朝江南泾县人，进士，例贡生。雍正六年（1728年）任长垣知县。著《续志稿》四卷，又以孝义贞节事著《开来集》一卷。在长垣任职期间，因多水患，他带领群众修筑黄月堤九百六十丈。改建常平仓于县署东。因勤于政事，成就卓异，后升为沅江知府。

万申祺

万申祺,江苏宜兴人,雍正年间任长垣知县。雍正八年(1730年)秋大雨,大名郡①属被水潦②,而长垣尤甚,庄稼全被淹。他立即将其事飞章入奏。自秋及冬,两命使③至长垣简阅④,被灾之户给之粟与钱。在赈之命未下之前,申祺积极筹画⑤煮赈⑥,率先捐谷百石⑦。在他的影响下,长垣官吏、商人、富户、乡绅等纷纷解囊,齐心协力,半月时间共捐米九百一十八石五斗,谷二千九百八十石,银四百八十五两,共赈过大小一百五十九万六千四百七十二人次。其捐赈监赈者各姓氏均一一在册。邑之人扶老携幼就仓爱粟者万有余户,无不欢欣鼓舞,颂帝德于无疆也。

注:

①大名郡:清朝时期的直隶省,领一州十县,一州是濮阳,长垣是十县之一。

②水潦:因雨水过多而积在田地里的水或流于地面的水。

③命使:朝廷的使臣。

④简阅:考察。

⑤筹画:筹划。

⑥煮赈:清代是中国古代荒政发展的鼎盛阶段,救荒措施集历代之大成,最为完备。煮赈是荒政救助措施之一种,清代的煮赈分为官赈、民赈、官督绅赈三种形式。官赈粥厂又分为常设粥厂和应急粥厂,施粥主要用来弥补其他赈济之不足,尤其是在未赈之先与大赈之后殊为重要,可以说煮赈是花最小的代价达到最大赈济效果的救济方法,也是赈济措施中不可或缺的一个手段,故而有其独特价值。

⑦石:过去的计量单位。一石等于十斗,约一百二十斤。

朱懋德

朱懋德，江苏靖江人，监生。雍正十一年（1733年）任长垣知县，他遇事则随到随理，案无留牍。他浚渠以兴水利，尤能培养民生，节财爱物，人有"赵父朱母"之称。

严遂成

严遂成(1694—?),字海珊,浙江乌程(今浙江湖州)人。雍正二年(1724年)进士。曾任山西临县知县,后补直隶阜城知县、云南嵩明州知府等。乾隆十五年(1750年)调任长垣知县。

严遂成博学能文,听断明敏。暇则集诸生课以文艺,随其才质而指授焉。乾隆十六年(1751年)黄河水冲破大堤,翌年,他组织民工改筑新月堤,使其自堤西村西接滑县堤工,东接太行堤,长达十五里。并修筑河坝四座,建朱家道口涵洞,以备河水外泄。他又建常村等义仓四处,筹捐留养经费,以备后用,老百姓皆感其德。后升云南嵩明州知府。

严遂成诗文雄奇俊丽,工于咏物,著有多卷诗集,均入《清史列传》并行于世。与厉鹗、钱载、王又曾、袁枚、吴锡麟并列,称为"浙西六家"。

屠祖赍

屠祖赍,湖北孝感人,进士。乾隆十九年(1754年)任长垣知县。他任职以后,廉静爱民,重浚城北旧城等河渠,以利排水。田赋按方定里,丈量亩界,设滚单①,令民自输,时以为便。改筑河道占用民地者,豁免租税。损义谷,建留养局四处。多举措为民所赞,政声大振。后升为江南安庆府通判。

注:

①滚单:清康熙年间田赋催科的一种单据,规定每五户或十户为一单位,将每户田亩、银米应定数开列其上,发给甲首,令自封投拒。

吴 钢

吴钢,字晓蒙,安徽桐城人,监生。乾隆十九年(1754年)任长垣县丞,负责河防之事。他开挖旧城河、黄家集渠、甘家堂渠。因成绩突出,升为长垣知县。

乾隆二十六年(1761年),黄河泛滥,冲坏县内朱家口堤坝,淹没民舍良田。吴钢抚绥有方,立刻申请朝廷救济,百姓十分感动。水退后,将所余钱粮及自捐银子九百二十两以工代赈,修筑朱家口、王堤、小岸、纸坊等处防堤数百丈。竣工后,又重修护城堤,开挖文明渠,重筑城垣,修葺学校、坛庙、仓库,百废俱兴。乾隆二十七年(1762年)又再次重修子路墓祠。他能勤恤民隐,培植生儒。后升为永定河南岸同知。

荷 绥

荷绥，清满洲镶白旗人，举人。乾隆二十二年(1757年)任长垣知县。

上任时，洪水刚过，满目疮痍，民不聊生。他随即放粮赈灾，并号召绅士捐粮款。在城乡多处设灶煮粥，向贫苦人施以饭食。又向上申请减免赋税，局势渐趋安稳。

翌年，又奉檄办理军需马匹，他坚持不扰民，动员有力量的富户办理。他自俸俭约，事母孝。

乾隆二十六年(1761年)病归，百姓送之，无不泣下。

张光会

　　张光会，江苏常州人。初任宛平县丞，历署良乡、固安诸县事，升栾城知县。约乾隆四十年(1775年)调任长垣知县。

　　他下车伊始就严饬胥吏，严格要求下属不得私赋民财自肥。遇有讼狱，立刻传讯，不留遗案。乾隆四十三年(1778年)长垣大旱，因饥饿死者众多，他立即绘图上报，并号召富户放粮赈恤。

　　这年秋天黄河决口，上边向长垣派河工，他以老百姓还没有恢复生息为由，多次上书反对增加百姓负担，却没有得到批准。由于劳累过度，张光会死于任上。全县百姓闻之，无不泣下。

　　张光会在长苀任三载，廉明果断，恩威并行，百姓思其德政，附祀于吴公祠。

刘世治

刘世治，浙江山阴（今浙江绍兴）人，监生。嘉庆九年（1804 年）任长垣典史。嘉庆十八年（1813 年）教匪倡乱，县令赵君纶死事苇园，君闻变急召集绅民，闭城坚守。久之，署令迁延不至，而外无救兵，风鹤屡警，人人自危。时直隶总督那文毅公驻师滑县，相去不及百里，君仓促不暇，缮写禀呈草书一牍，飞骑投之。大意谓县宰被戕，某以微员，暂为监印，既防牢狱，兼守孤城，何能支柱。公近在咫尺，绝不遣一卒救援，岂长垣独非国家疆土，可以度外置之耶！闻者皆为君悚惧[①]，而那公谅其诚朴[②]，不置罪也。

注：
① 悚惧：害怕，惊惧不安。
② 诚朴：诚实质朴。

李于垣

　　李于垣，山东安丘人。乾隆四十八年（1783年）举人。嘉庆十二年（1807年）二月任长垣知县。官奉直大夫、孺林郎、翰林院编修，著有《胭斋诗文集》。

　　从康熙十九年（1680年）到嘉庆十三年（1808年），一百二十多年间，长垣没有修志。县内各界人士纷纷要求续修县志。刚刚从曲阳县调任长垣知县的李于垣顺应民意，立即成立了专门的修志机构，并亲任总编。为了高质量续修县志，李于垣广揽人才，聘请江南名士杨元锡为总纂修，历时九个月完成初稿。随后又赴江南，上京城，遍访名流高士征求意见，终成十六卷本县志，史称"嘉庆本"或"李于垣本"《长垣县志》，是长垣旧志中最好的版本。它资料翔实，文笔流畅，差错较少，在中国地方旧志中属上乘版本，受到历代专家好评。

赵 纶

赵纶,字表圃,浙江钱塘(今浙江杭州)人。少孤贫,性情耿直,事亲至孝而闻名。乾隆二十四年(1759年)举顺天副榜贡生,就职州判,补直隶霸州州判,擢曲阳知县。嘉庆十六年(1811年)调任长垣。

赵纶作风严峻,然宽于贫弱,顺应民情。凡百姓事火急为政,办理大案难案数起,公之所断有神明之称。嘉庆十八年(1813年)九月,有滑县匪徒潜来纠合,公闻之亲往,在苇园村惨遭匪徒杀害。他至死骂不绝口,贼愤甚,碎其尸。后事闻得旨,赠公同知衔,荫袭云骑尉世职。长垣民众感之忠烈,一年四季以祀之。

王殿杰

王殿杰,字五峰,陕西泾阳人,举人。嘉庆十九年(1814年)任长垣县事时,甫经乱后,继以凶荒,流离载道。君加意抚循①,设法赈济,民赖以安。暇则宣讲圣谕,修葺书院,又增膏火②之费,使寒士得肄业其中。后以卓荐擢磁州知州,迁东路同知。长垣人思其德政,附祀于寡过书院。

注:
①抚循:安抚,慰问。
②膏火:膏,灯油;火,饮食。代指维持书院等运行的费用。

王宗敬

　　王宗敬，字礼思，山东济宁人。举孝廉方正，庚申科中式。道光三年（1823年）署长垣县事，勤于考核士子的学业，面别优劣，有贫不能赴试者，资给之。治民本于慈惠，尝作《勤戒歌》十章，教民为善，至今人多怀之。

纪烸敞

纪烸敞,字蕴亭,直隶献县(今河北献县)人,举人。道光七年(1827年)为长垣教谕,襟怀洒落,仪容修整。与士子相处,讲学论文,终日不倦。在任九年,多所成就,后擢湖北远安知县。

王兰广

王兰广(1806—1874年),字耕心,号香畐,别号静涵,河南修武人。早年曾就读于南阳、河朔两书院。学习注重哲理,挈纲提要,讲究实用,不尚虚浮。曾把历代名臣良吏可做榜样者,汇集成册,悉心研讨,吸取经验教训。这对他后来漫长的官吏生涯起了重要作用。王兰广为官清正廉明,勤政爱民,秉公执法,刚正不阿,是个有民族气节和爱国思想的基层官吏。

同治四年(1865年),王兰广任长垣知县。当时长垣县屡遭黄河水害,全县一千八百余村,罹害者八百有余,百姓荡析离后,不堪言状。王兰广一到任,就立即不避危险,驱车南下,迭次查勘,组织率领民工,用了两个多月时间,修筑了底宽六丈、高一丈、顶宽三丈多、长六十多里的大堤,并对原有单薄的旧堤,择要加修。复虑修防无人,难以持久,乃于紧要工段,搭盖土房十三处,派驻专人,随时防修。这对防范长垣水患起了重要作用。王兰广还留下了"长垣创修土埝碑""长垣看守埝工碑"等碑文,对研究治黄历史具有重要意义。

同治九年(1870年),王兰广奉调"赴津审理夷案"。所谓"夷案",就是当时震动中外的"天津教案"。当时清廷任命曾国藩为直隶总督统督此案,他竟说"百姓小忿,不足肇边衅",百般替帝国主义侵略者粉饰开脱,竟拟接受法人无理要求。在此情况下,共同参与审理此案的大小官吏,一个个均噤若寒蝉,不敢发一语。而王兰广独侃侃力争,他敢于违抗上命,为七名被诬告者,均予平反释放。这不仅表现了王兰广大义凛然的民族气节,也表现了他严谨负责的办案精神。但他的正义主张与行动却受到一贼的申斥,王兰广情不可忍,致伤肝气,左腋遂生一疸,乃愤而辞职以示。

王兰广在三十余年的官吏生涯中,对内勤于职守,勇于任事,救民防险,除暴安良,深受人民爱戴;对外反对投降,抗拒侵略,力主正义,为民申冤,伸张民族正义,做了不少维护民族尊严、保护人民利益的好事。

王兰广善诗文,著有《静涵书屋诗存》《王香畐先生年谱》《静涵书屋文集》。有些具有一定的史料价值。

王景源

　　王景源，字仙洲，号仲浦，河北故城人，举人。光绪二十三年(1897年)任长垣县教谕。他忠实诚笃，博学广闻，待士以宽，取予以廉，举动谨慎，不轻言笑，一时从游者甚众，士习以因之大变。光绪三十年(1904年)科举停废，知县朱佑保奉令设立学校，多所赞襄。并就学署西偏设学内小学一处，提出吴公祠祭田若干亩，以作经费。旋又担任高小学经学教员，讲授详明，学生感服。民国改元，教职裁撤，遂于次年三月解职旋里。在任计十七年，回籍后，闭门著书，足不履城市者垂三十年。民国二十七年(1938年)正月卒，年七十五。

　　子二：庆逵，字筱洲，民国三年(1914年)任长垣警务长；庆达，字筱浦，民国三十二年(1943年)任长垣县公署财政科科长。均廉洁自持，颇有父风。

白云生

白云生,字岫峰,直隶大名(今河北大名)人。生而魁梧,且娴武略。少时常慕汉霍骠姚①之为人,即入天津警学,卒业,任长垣警察所所长。当时长垣地处偏远,在豫鲁交界之地,伏莽②遍地,相窜骚扰。一日,侦得北部外有匪逆盘踞,白云生率警往剿,该匪北逃,他连夜追击,该匪越聚越众,夜黑警与匪莫能辨认,竟遇害。垣民惜之,将其血衣葬于城内东南隅,筑墓建石,永作纪念。

注:
①霍骠姚:即霍去病(前140—前117年),汉族,河东平阳(今山西临汾西南)人,西汉名将,杰出的军事家,爱国将领,民族英雄,官至大司马骠骑将军,封冠军侯。
②伏莽:原指军队埋伏于草莽之中,后指潜藏的盗匪。

仵 墉

仵墉,字崇如,陕西蒲城人。宣统二年(1910年)进士,任长垣知县。下车伊始,首先创设自治局,以开民智,而培根本。为访贫问苦,常出现在阡陌之间,于农叟村妪话桑麻。他赋性耿直,工诗善书,凡是弊政,竭力去之。他公正严明,吏不敢欺,劣绅不敢近,百姓得以安居乐业。民国十二年(1923年),以邑人请,复宰长垣,旧地重来,感旧情深,慈善益挚。他当官言官,体恤百姓,减吏役、绝情拖、储师资、兴女学,为政一如昔时,使长垣立即恢复了昔日的繁荣,直声震河北。由于遭到劣绅的忌恨,遭罢官。去之日,民皆涕泣,哭不成声。后仵墉被调任到察哈尔,任民政厅厅长,摄主席事。

他政绩卓然,有恩于长垣百姓,1983年在县北街发现了颂扬仵墉的纪念牌,爰为之颂,曰:"伯玉故里,子路治民;贾郁再到①,咸与维新;劳不表异,廉不绝尘;吏畏如日,民爱如春;愿神君久留而不去兮,庶击壤②野老,鼓腹含哺③,不羡羲皇④以上之人!"

注:

①贾郁再到:五代时贾郁在一个县当县官,调任的时候,他的一个下属借着酒醉骂他。贾郁很气愤,说:"假如以后我再来这个县当县令,一定要惩办你。"那个下级说:"公若再来,犹铁船渡海。"意思是说你根本没机会再来这里为官了。谁知不久贾郁真的被调派到这个县做官,那个撒酒疯的下属由于盗窃库钱遭到了惩办。

②击壤:古代的一种游戏。把一块鞋子状的木片侧放地上,在三四十步处用另一块木片去投掷它,击中的就算得胜。《艺文类聚》卷十一引晋皇甫谧《帝王世纪》:"〔帝尧之世〕天下大和,百姓无事,有五十老人击壤于道。"后因以"击壤"为颂太平盛世的典故。

③鼓腹含哺:口含食物,手拍肚子。形容太平时代无忧无虑的生活。出自《庄子·马蹄》。④羲皇:指伏羲氏。古人想象羲皇之世其民皆恬静闲适,故隐逸之士自称羲皇上人。晋陶潜《与子俨等疏》:"常言:五六月中,北窗下卧,遇凉风暂至,自谓是羲皇上人。"

步恒勖

步恒勖,字勉之,河北枣强人。民国十七年(1928年)任长垣县县长。他短小精悍,果断任侠,望之有威。其为政似猛而实宽,尤留心于教育,长垣中等教育之勃兴,实由恒勖惨淡经营促成之。民国二十二年(1933年)再宰长垣,时黄河泛滥,决口未塞,办理救灾、筑堤事,每多当上宪意,其劳勋不逊于张庆录,民甚德之。

张庆录

张庆录，字瑞三，辽宁铁岭人。民国二十三年（1934年）任长垣县长。性介直，不善辞令。初至人不异之，及施于为政，实事求是，刚毅果敏，井井有条，吏不能欺。民国二十四年（1935年）夏，黄河水涨，一于堤齐。时太夫人病笃，一息奄奄，转侧床褥间，庆录实不可须臾离。太夫人曰："汝为官亟应勾当公事，勿以我为念也。"挥之使去。庆录心中如焚，忍泪出城，夜走至堤，细雨蒙蒙，北风微起，夜深黑，伸掌不能自见。庆录至则督民夫，具畚锸，徒步风雨中，指挥抢护，足无停趾。已而，雨益暴，风益急，水势益猛，拍堤岸激起如撒网状，溅其衣。衣尽湿，不稍动夜之间，堤凡数决，庆录屡塞之，虽手足胼胝不少休，堤防卒赖以安，其功固不在长垣一县已也。报最，调繁隆平，长垣人至今思之。

三善文化是生命力顽强的精神基因,在长垣已有两千多年的传承和发展。三善文化所蕴含的人文精神、道德观点、教化思想、世界观理念,渗透在一代代长垣人的国民性格和人生态度中。从春秋到民国,不管社会经历了怎样的跌宕起伏,爱国主义的浩然正气、追求完美人格及和谐社会的美好理想,一直是社会精神意识的主流,这样的人物俊杰代表在长垣灿如繁星……

——编者题记

第二节　子路之后长垣籍的有为名士

（以出生时间为序）

吴　恢

吴恢,东汉末年长垣人。曾为南海（今广州市）太守,是食禄二千石的最高地方官（正省级）。他为官清廉,一生没有什么积蓄,死后没给儿女留下任何遗产,以至于他的儿子因生活困难,去给富户人家放猪。可吴恢对儿女的教育却很严格,儿女后来都学有所成,他的儿子吴祐在京官至光禄四行（掌管皇室膳食、帐幕、器物等）。迁外任为胶东侯相（胶东侯的副官）。吴祐的长子吴凤官至乐浪（今朝鲜平壤市）太守,小儿子吴恺为新息（今河南息县）令,孙子吴冯官至鲖阳（今安徽临泉县西鲖城）侯。一家四代五官,皆以贤名,称颂后世。

吴　祐

吴祐，字季英，陈留长垣人。吴祐十二岁时跟随父亲吴恢到广州任所生活。后父亲去世，因父亲一生清廉，运棺回到家乡后，吴祐已身无分文，虽然生活十分贫困，却不接受别人的馈赠。他去给一家富户放猪，但不忘读书诵经。县里的父老乡亲及士绅，公推举他为孝廉。后吴祐要到外地当官，县长为他设宴送行，但他却不去赴宴，而是到学宫与老师告别。吴祐后来升为胶东侯相。他为政力求仁慈清简，以身作则。百姓有到官府打官司的，他总是先闭门自责，然后再审断诉讼，用道理开导他们。或亲自到百姓居住的地方调解，使双方和解。

吴祐在胶东九年，深得民心，口碑极好。当时权倾朝野的大将军梁冀[①]，便把吴祐调到身边做长史（即大将军府的诸吏之长，权力很大，也是俸禄千石的大官）。这位跋扈将军，药死汉冲帝之后，深忌"为政天下第一"的忠臣太尉（三公之一）李固[②]。便诬李固"与贼交通"，命大教育家、世之通儒、大文学家马融[③]起草奏章。吴祐知道后，遂与梁冀争论，极言李固之冤，梁冀不听。当时马融正在起草诬李奏章。吴祐对马融说："李公之罪，成于公手，李公被诛，你有何面目见天下人。"马融无话可说。梁冀大怒，突然起身，径直入内。吴祐也拂袖而去。第二天即逐吴祐出京，命为河间相。吴祐不上任，回到老家长垣县，种地、教书直到九十八岁去世。

注：

①梁冀：东汉时期外戚、奸臣，大将军梁商之子，顺烈皇后兄长。出身世家大族，起家黄门侍郎，累迁至执金吾。永和元年（136年），梁冀拜河南尹。永和六年（141年），其父梁商病死，梁冀接任大将军，袭爵乘氏侯。汉顺帝去世后，梁冀拥立汉冲帝，汉冲帝驾崩，拥立汉质帝。涉嫌毒杀汉质帝，另立汉桓帝刘志。专擅朝政，结党营私，任人唯亲，大肆将官爵给予亲族。梁冀把持朝政二十年。在他掌权期间，立三帝，毒一帝。延熹二年（159年），早对梁冀专权乱政不满的汉桓帝，联合宦官等力量杀死梁冀，并将之灭族。

②李固：94—147年，东汉中期名臣，司徒李郃之子。年轻时便博览古今、学识渊博，后被大将军梁商任命为从事中郎，后任荆州刺史、太山太守。之后对朝廷屡有谏

言，颇有裨益。但受到梁冀的忌恨。质帝驾崩后，与梁冀争辩，不肯立刘志（即汉桓帝）为帝，最后遭梁冀诬告杀害。

③马融：东汉时期著名经学家，东汉名将马援的从孙。汉安帝时，马融入仕大将军邓骘幕府，历任校书郎、郡功曹、议郎、大将军从事中郎及武都、南郡太守等职，后因得罪大将军梁冀而被剃发流放，途中自杀未遂，得以免罪召还。再任议郎，又在东观校勘儒学典籍，后因病离职。延熹九年（166年）马融去世，年八十八。

毛 玠

毛玠(？—216年)，字孝先，东汉末陈留郡长垣人。著名的谋略家和政治家。

年少时为县吏，以清廉公正著称。因战乱而打算到荆州避乱，但中途知道刘表政令不严明，因而改往鲁阳。后来投靠曹操，为治中从事。他提出"奉天子以令不臣，修耕植，畜军资"的战略规划，得到曹操的欣赏，曹操采纳了他的意见，转任他为幕府功曹。曹操任司空、丞相时，毛玠曾与崔琰①一起主持选举，他所推荐任用的都是清廉正直的人士，那些在当时有盛名而行为虚浮、不务根本的人，始终没有得到引荐任用。他力求以俭朴作风为人表率，因此全国士人无不以廉洁的操守自我勉励，即使是宠臣，车马服饰也不敢超越制度。曹操感叹说："用人能做到这样，使天下人自己治理自己，我还有什么可做的呢！"初，曹操平柳城，从所获器物中，特以素屏风素凭几赐玠，曰：君有古人之风，故赐君古人之服。毛玠身居显位，常布衣蔬食，抚育孤兄子甚笃。将钱物资助穷人，家无所余。

曹丕作五官中郎将时，亲自去见毛玠，托他任用自己的亲属。毛玠答复说："我因为能够恪守职责，才幸而得以免于获罪。现在您所提到的人不合升迁的次第，因此我不敢奉行您的命令。"

曹操获封魏公后，毛玠改任尚书仆射。中尉崔琰是毛玠的挚友。建安十八年(213年)，有与崔琰不和的人，上告崔琰"性情孤傲，目空一切，心怀怨愤，诽谤朝廷"。曹操很气愤，下令把崔琰逮捕入狱，处以剃光头发服苦役的刑罚。那个告发崔琰的人又说："崔琰虽作苦役，仍然吹胡子瞪眼对着宾客，似乎心怀不满。"曹操因此命令崔琰自杀。毛玠对崔琰无辜而死很伤感，心中闷闷不乐。丁仪②告发毛玠怨愤诽谤，曹操下令将毛玠也逮捕入狱。侍中桓阶③，和玄佐(详情见后)都为他辩解，说："以毛玠多年受到您的宠爱和信任，为人正直公正，忠心耿耿，被很多人忌惮，不应做出违法的事。然而人的思维难免会发生变化，还应该详细审查，再次把事实搞清楚。"曹操终于不再追究，毛玠被放了出来，后来在家中去世。曹操赐给棺木、祭器、钱和绢帛，授给他的儿子毛机郎中的官职。

注：

①崔琰：东汉末年名士，司空崔林从兄，丞相曹操谋士。初随袁绍，拜骑都尉。曹操平定河北，以为别驾从事，十分敬畏，迁东曹掾。曹操晋封魏公，以为魏国尚书，迁中尉。建安二十一年（216年），通信杨训，写道"时乎时乎，会当有变时"，被曹操认为有不逊之意。坐罪下狱，为曹操所赐死。

②丁仪：？—220年，三国时魏国文学家，建安中期被曹操聘任为西曹掾。丁仪兄弟与曹植交好，拥护曹植为曹操的太子。曹丕成为太子之后丁仪转任右刺奸掾。曹丕自立为帝之后，丁仪被满门抄斩。

③桓阶：三国时期曹魏大臣。建安十三年（208年），曹操平定荆州之后，就征聘他做丞相掾主簿，在丞相府典领文书，参与机要。后又调任赵郡太守。魏国建立之初，桓阶任虎贲中郎将侍中。大臣毛玠、徐奕因为刚直忠正，不纳私党，被西曹掾丁仪视为眼中钉，丁仪就多次在曹操面前说他俩的坏话，全仗着桓阶在一旁劝解、周全。桓阶在曹操面前夸奖顺时应世之臣，助成事情成功，匡救忠良，大都如此。桓阶以后又升任尚书，协助曹操处理军政要事，还主管着选拔人才的事务。

李嗣真

李嗣真(？—696年)，字承胄，滑州匡城(今长垣)人。唐代著名诗、书、画理论家，评论家。中国书论史上"逸品"理论的创立者。

进士及第，候补许州司功参军。弱冠明经，举补许州司功参军。永昌中，拜御史中丞、知大夫事。博学晓音律，兼善阴阳推算之术，迁弘文馆学士、司礼丞，参与《五礼》仪注，授中散大夫、常山县子，出任潞州刺史。永昌年间，拜右御史中丞，为酷吏来俊臣所陷，流放于岭南。

万岁通天元年(696年)，征还，卒于桂阳，谥号为昭。为人多才多艺，对诗词、书画理论造诣颇深，以善画佛道鬼神名世。著述有《诗品》《书品》《画品》，皆可称旷代绝作也。

李嗣真《书后品》：

> 书家分品首王愔，僧虔袁昂步后尘。①
> 肩吾更划三九等，嗣真等上列逸品。②
> 全书述录八十一，李斯当列品外人。③
> 评人论书一代风，归纳尚欠逻辑文。

注：

①王愔：(南朝·宋)魏平北将军之子，善草书。袁昂：本名千里，后为齐武帝赐名昂，南北朝时期南齐至南梁名臣、书法理论家、画家。

②肩吾：旧说皆为有道之人，实是庄子为表达的需要而虚构的人物，传说中的神名。

③李斯：秦朝著名政治家、文学家和书法家。少为郡吏，曾从荀卿学。战国末年入秦国，初为秦相吕不韦舍人，被任命为郎。旋任长史，拜客卿。为秦并六国谋划，再逐一消灭各诸侯国，完成统一大业。秦朝建立以后，李斯升任丞相。他继续辅佐秦始皇，在巩固秦朝政权、维护国家统一、促进经济和文化的发展等方面做出了卓越的贡献。始皇帝死后，被赵高诬为谋反，具五刑，腰斩于咸阳市，夷三族。李斯的文学和文字的造诣令后人追捧。他的文章论证严密，气势贯通，洋洋洒洒，如江河奔流，鲁迅曾经大力称赞李斯。李斯被后世称为"书法鼻祖"。

刘玄佐

刘玄佐(734—792年),原名刘洽,德宗赐名玄佐,滑州匡城(今长垣)人。唐朝中期藩镇将领。曾任职宣武军节度使、检察司空、同平章事(宰相级)等。是"长垣中唐六节度"(其余为韩弘、刘士宁、李万荣、韩公武、韩充)之一。他忠于朝廷,拥兵十万,维护着朝廷的权威,起到了"王室藩屏"的作用。当时因南方相对稳定,朝廷大部分赋税来自南方,主要粮食物资均由运河至汴河,再经黄河、渭河到长安,所以宣武军领地内之汴河,实际成了唐王朝的生命线。刘玄佐的宣武节度使成为唐王朝命运的保护者。六位长垣籍节度使为唐朝的巩固和发展建立了不可磨灭的功勋。

刘玄佐从小习文练武,早年任县捕盗吏,后亡命从军。因他武艺高强,作战勇敢,仗义疏财,在军中威望甚高,唐代宗时,为永平军牙将。因袭取宋州有功,获授宋州刺史(一州最高长官,同太守)。建中二年(781年),升任宣武军节度使,建号宣武军。同年,率军大破平卢叛军,疏通江淮漕运。淮西节度使李希烈叛乱后,刘玄佐与其多次交战。后累封怀德郡王。刘玄佐轻财重义,严而有谋,忠于朝廷。

德宗兴元元年(784年)加刘玄佐为汴、滑、宋、亳都统副使,知都统事,部下为十万人,为一大藩镇。后下诏加宣武军节度使刘玄佐为检校左仆射,同平章事(宰相级的虚衔)。德宗皇帝赐名玄佐,以表示尊崇。玄佐拥重兵一方,德宗心疑,玄佐便称病不起,使者回复,便不用玄佐。

贞元八年(792年),刘玄佐去世,德宗为其辍朝三日,追赠太傅,谥号"壮武"。其子刘士宁继任。

韩 弘

韩弘（764—822年），滑州匡城（长垣）人，曹魏司徒韩暨之后。先后任职宣武军节度使、上柱国、司徒中书令、宰相。

韩弘早年举明经科不中，遂弃文从武。后受舅父、宣武节度使刘玄佐提拔，历任大理评事、都知兵马使等职。贞元十五年（799年）被拥立为节度留后，并获朝廷承认。他为人精明，勤于政事。任内诛杀骄兵三百人，又忠于朝廷。累授检校司徒、同平章事等职。淮西之乱时，韩弘为淮西诸军行营都统，担任主帅。他企图阻挠对淮西的讨伐，养寇自重。淮西平定后，加授侍中，封许国公。平卢节度使李师道伏诛后，韩弘大为惊恐，遂奉表入朝。受唐宪宗、穆宗宠遇，官终司徒、中书令。

韩弘入朝后，朝廷以原吏部尚书张弘靖兼平章事代韩弘镇宣武军。宪宗死后，以韩弘代理宰相。时间不长，元和十五年（820年）六月，又以本官兼河中尹、河中晋绛（山西省）节度观察等使。当时韩弘弟韩充为郑滑节度使，儿子韩公武为鄜坊（陕西富县、黄陵一带）节度使。父子、兄弟三人同时掌兵，人臣之宠，冠绝一时。

韩弘处中唐藩镇割据之时，尚能忠顺朝廷；治汴州二十余年，卓有成效；汴、宋、亳、颍四州二十七县，人口一百三十多万，入朝时除所献之物外，汴州库存还有钱百万贯，粮三百万斗，马七千匹，兵械不可数，可见之富强。韩弘峻法树威，庄重寡言，沉谋勇断，四邻封地如吴少诚、李师道等尽管非常跋扈，但都惧怕韩弘。入朝后，宪、穆二宗待韩弘宠待有加。韩弘以名位始终，可见其才智非常人可比。

唐穆宗长庆二年（822年），韩弘去世。获赠太尉，谥号"隐"。他死时儿子公武已死。其孙韩绍宗嗣。

生前撰有《圣朝万岁乐谱》，今已佚。

韩弘去世后，唐宋八大家之首韩愈曾为其撰写碑文。韩弘和韩愈同朝为官，交往颇深，韩愈曾为韩弘写过诗，题目是《次潼关上都统相公（韩弘）诗》，内容是："暂辞堂印执兵权，尽管诸军破贼年。冠盖相望催入相，待除功德格夏天。"

韩愈为韩弘撰写的碑文，历史价值极高，全文如下：

韩，姬姓，以国氏。其先有自颍川徙阳夏者，其地于今为陈之太康。太康之韩，其称盖久。然自公始大著。公讳弘，公之父曰海，为人魁伟沈塞，以武勇游仕许、汴之间，寡言自可，不与人交；众推以为巨人长者。官至游击将军，赠太师，娶乡邑刘氏女，生公，是为齐国太夫人。夫人之兄曰司徒玄佐，有功建中、贞元之间，为宣武军帅。有汴、宋、亳、颍四州之地，兵士十万人。

公少依舅氏，读书习骑射，事亲孝谨，侃侃自将，不纵为子弟华靡遨放事。出入恭敬，军中皆目之。尝一抵京师，就明经试，退曰："此不足发名成业。"复去从舅氏学，将兵数百人，悉识其材鄙怯勇，指付必堪其事。司徒叹奇之。士卒属心，诸老将皆自以为不及。司徒卒，去为宋南城将。比六七岁，汴军连乱不定。贞元十五年，刘逸淮死，军中皆曰："此军司徒所树，必择其骨肉为士卒所慕赖者付之。今见在人，莫如韩甥，且其功最大，而材又俊。"即柄授之。而请命于天子，天子以为然，遂自大理评事拜工部尚书，代逸淮为宣武军节度使。悉有其舅司徒之兵与地。众果大悦便之。

当此时，陈许帅曲环死，而吴少诚反，自将围许，求援于逸淮。唉之以陈归汴，使数辈在馆。公悉驱出斩之，选卒三千人会诸军击少诚许下，少诚失势以走，河南无事。

公曰："自吾舅殁，五乱于汴者，吾苗薅而发栉之几尽，然不一揃刘，不足令震骇。命刘锷以其卒三百人待命于门，数之以数与于乱，自以为功，并斩之以徇，血流波道。自是讫公之朝京师，廿有一年，莫敢有欢咳叫号于城郭者。"

李师古作言起事，屯兵于曹，以哧滑师，且告假道。公使谓曰："汝能越吾界而为盗邪？有以相待，无为空言。"滑师告急，公使谓曰："吾在此，公无恐！"或告曰："蒭棘夷道，兵且至矣，请备之。"公曰："兵来不除道也。"不为应。师古诈穷变索，迁延旋军。少诚以牛皮鞋材遗师古，师古以盐资少诚潜过公界。觉，皆留。输之库曰："此于法不得以私相馈。"

田弘正之开魏博，李师道使来告曰："我代与田氏约相保援，今弘正非其族，又首变两河事，亦公之所恶，我将与成德合军讨之，敢告。"公谓其使曰："我不知利害，知奉诏行事耳。若兵北过河，我即东兵以取曹。"师道惧，不敢动。弘正以济。

诛吴元济也。命公都统诸军，曰："无自行以遏北寇。"公请使子公武以兵万三千人会讨蔡下，归财与粮，以济诸军，卒擒蔡奸。于是以公为侍中，而以公武为鄜坊丹延节度使。

师道之诛,公以兵东下,进围考城,克之。遂进迫曹,曹寇乞降。郓部既平,公曰:"吾无事于此,其朝京师。"天子曰:"大臣不可以暑行,其秋之待。"公曰:"君为仁,臣为恭,可矣。"遂行。既至,献马三千匹,绢五十万,他锦纨绮纈又三万,金银器千。而汴之库厩钱以贯数者,尚余百万,绢亦合百余万匹,马七千,粮三百万斛,兵械多至不可数。初公有汴,承五乱之后,掠赏之余,且敛且给,恒无宿储。至是公私充塞,至于露积不垣。

册拜司徒兼中书令,进见上殿,拜跪给扶。赞元经体不治细微,天子敬之。元和十五年,今天子即位,公为冢宰,又除河中节度使。在镇三年,以疾乞归,复拜司徒中书令。病不能朝,以长庆二年十二月三日薨于永崇里第,年五十八。天子为之罢朝三日,赠太尉,赐布粟。其葬物有司官给之,京兆尹监护。明年七月某日葬于万年县少陵,原京城东南三十里。楚国夫人翟氏祔。子男二人,长曰肃元,某官;次曰公武,某官。肃元早死,公之将薨,公武暴病先卒。公哀伤之。月余,遂薨。无子,以公武子孙绍宗为主后。

汴之南则蔡,北则郓,二寇患公居间,为己不利,卑身佞辞,求与公好;荐女请婚,使日月至;既不可得,则飞谋钓谤,以间染我;公先事侯情,坏其机牙,奸不得发。王诛以成,最功定次,孰与高下?

公子公武,与公一时俱授弓钺,处藩为将,疆土相望。公武以母忧去镇,公母弟充,自金吾代将渭北,公以司徒中书令治蒲。于时弟充,自郑滑节度平宣武之乱,以司空居汴。自唐以来,莫与为比。

公之为治,严不为烦,止除害本,不多教条;与人必信,吏得其职,赋入无所漏失,人安乐之,在所以富。公与人有畛域,不为戏狎;人得一笑语,重于金帛之赐。其罪杀人,不发声色;问法何如,不自为轻重,故无敢犯者。铭曰:在贞元世,汴兵五狸。将得其人,众乃一愒。其人为谁?韩姓许公。磔其枭狼,养以雨风。桑谷奋张,厥壤大丰。贞元元孙,命正我宇。公为臣宗,处得地所。河流两堰,盗连为群。雄倡雌和,首尾一身。公居其间,为帝督奸。察其嚬呻,与其睆晌。左顾失视,右顾而跛。蔡先郓鉏,三年而墟。槁干四呼,终莫敢濡。常山幽都,孰陪孰扶?天施不留,其讨不逋。许公预焉,其责何如?悠悠四方,既广既长。无有外事,朝廷之治。许公来朝,车马干戈。相乎将乎,威仪之多。将则是已,相则三公。释师十万,归居庙堂。上之宅忧,公让太宰。养安蒲坂,万邦绝等。有弟有子,提兵守藩。一时三侯,人莫敢攀。生莫与荣,殁莫与令。刻文此碑,以鸿厥庆。

韩 充

韩充(769—824年),本名瓘。曾任职宣武军节度使、御史大夫、右金吾卫大将军、检校尚书、检校司空等职。赠司徒。

韩充为刘玄佐外甥,韩弘弟,小韩弘五岁。少丧父母,玄佐养大。初从河阳(今孟州市)节度使李元为牙将,后以功受封御史大夫(掌监察执法)。韩弘治军民以严,而韩充待众人非常谦恭并按礼行事,未尝懈怠,由是遍得人心。自己也因亲贵权重,常谨慎行事。元和六年(811年)入长安,擢升为右金吾卫将军。十二月,转为大将军。上任后斥责不听令并茂虚名之军士七百余名。不久升少府监(总百工技巧之政,即小手工业)。元和十五年(820年)代其侄公武为鄜坊节度使,加封检校工部尚书之荣衔。

长庆四年(824年)八月,依例应由司空升司徒,诏书未至汴州而韩充得暴疾病死,时年五十五岁。赠司徒,谥曰肃。

韩充虽出身将家而性节俭,素不事豪侈,常以俭约自持。又善将兵,临机决策无余悔,世推为善将。

韩公武

韩公武（？—822年），字从偃，滑州匡城人，宣武节度使韩弘之子，曾任职节度使执金吾将军、右骁卫大将军。

韩公武从小与父亲习文练武，早年曾任卫尉主簿（卫尉司下的小官）、宣武军马步都虞侯等职。淮西之乱时，率军三千参与平乱。此后因功升任检校右散骑常侍（尊贵的散官，无实权，正三品），后任鄜州（今陕西富县）刺史，遂又升迁鄜坊节度使。元和十四年（819年）其父入朝，公武也上表请罢节度使。入朝后任执金吾将军（皇上宿卫）。时过不久，其父又出镇河中（今山西永济），其叔也移镇宣武。公武感叹道："二父联居重镇，吾以孺子当执金吾，家门虽盛，吾独不得志。"乃坚决辞去执金吾之职。皇上改封为右骁卫上将军。

公武性颇恭逊，不以富贵自居。

长庆二年（822年），韩公武无疾暴卒，赠户部尚书，谥号"恭"。

王 猎

王猎（996—1076年），字得之，长垣人。多年任天章阁侍讲，为一代帝王师。官至工部侍郎。

王猎少年时聪明颖悟，但考场失利，数考进士而不中，弃学从商，不几年积钱巨万。可王猎并不高兴，看着那么多的钱叹道："此败吾志也！"于是将钱皆分给亲族及贫弱，自己出外游学。此时恰逢西夏内侵，仁宗命韩琦、范仲淹出兵抵御，皇上下诏求贤，范仲淹举荐王猎，仁宗任王猎为永兴蓝田主簿（地方政府的事务官）。可到任不久又命王猎掌教谕。有学生犯法，王猎非常自责，以为教育不到，将该生开除命其自省。可永兴军主帅以为王猎护短行私，将该生捉捕入狱。王猎找到主帅说："此生年少，不懂事，是我教育不到，除名自省可以，不能一棍打死，逮捕入狱，处分太过，不能起到治病救人的作用，相反使学生产生对抗情绪。"主帅悟而喜曰："我错了，没有考虑后果。"当即释放，交给王猎。从此主帅对王猎非常尊敬。

时过不久，王猎升迁为林虑（今河南林州）令。此地为山区，老百姓多靠打猎为生，不知学文化。王猎建孔子庙，选择聪明优秀的青年入学读书，亲自任教。东汉良臣杜乔是林虑人，墓在境内，王猎常去祭奠杜乔，并建祠堂于墓旁，以教育百姓。他在林虑居官，可谓丝毫不染，勤于民事，"吏民爱信，共目为清长官"。

后又调入汴京为吴王、潭王（二王皆为宋室宗亲）宫教授，在睦亲广亲宅［仁宗建睦亲宅，让宗室住，以和睦宗亲。英宗在治平元年（1064年）又建睦亲广亲宅，并自居睦亲宅］讲书，为诸王侍讲。他在京城诸王府讲课凡十二年。皇上宗室无论尊卑少长，待王猎皆如亲人。英宗在未登极之前，对王猎就非常尊敬，以礼相待，人为皇子即拜王猎为说书。及即位，则提升他为天章阁（仁宗为其父真宗建的档案馆）待制（副馆长）并兼侍讲。因英宗不是仁宗的亲生，登极后，想称自己的亲生父亲濮王为皇考，这是违背宗法的事，所以有很多大臣反对，英宗无奈就问王猎，王猎也说不可。英宗说："王侍讲忠厚诚实，也说不可呀？"王猎说："我受皇上厚恩，不敢以非礼之名号加于皇上，这也是报皇上之恩呀。"英宗省悟，知道舍仁宗而尊亲父是祖宗法度不允许的，不复议此事。此后王猎以病求去,英宗不许,病好后去宫中见英宗。英宗说:"侍讲仍欲舍朕去乎?"

神宗继位后,晋封王猎为龙图阁(太宗档案馆)直学士(龙图阁二把手),王猎要求外任到襄州(今湖北襄樊)做知州,未上任,又改知滑州,回京后任工部郎中,升工部侍郎(副部长级)致仕(退休),神宗破格发给他全俸。后八年卒,神宗下诏赐给绢千匹,又让他两个孙子做官,再赐给家人冠帔,以示恩宠。

贡祖文

贡祖文（1102—1189年），字仁德，谥文宪，长垣城北人。南宋抗金将领，授武德大夫都总军将使。岳飞挚友。

贡祖文年幼时就聪颖过人，先攻诗书，性情豪爽，年仅二十就驰名乡里。据《中国人名大辞典》载："贡祖文，大名长垣人，字仁德。靖康中授武德大夫都总军将使。扈从南渡，居宣城。与岳飞友善，协志恢复。及秦桧当国，废于家。岳飞受祸，祖文潜匿其裔于别墅。"

金兵南侵，国土沦陷，贡祖文为报国弃文从武，改习兵法剑术。闻徽、钦二帝被掳，曾纠集豪壮之士救护截击，一度为金兵所俘。后康王招募义勇，贡祖文与岳飞等结伴从军，先战于边防，后为康王行营守卫。南渡杭州时，辗转护驾，忠勤异常，又以军功升为武德大夫都总军将使，带兵镇守秣陵。他和岳飞常饮酒赋诗，谈古论今，慷慨激昂，互以忠义相勉励，二人志同道合，形似兄弟，誓同生共死。他曾多次上书皇上赵构，恳请发兵收复中原，但终未如愿。

秦桧为相，将岳飞父子以"莫须有"的罪名逮捕入狱，未及保救，即被残酷杀害。贡祖文曾悲恸大哭不止，饮食俱废。闻岳氏眷属发配云南，恐奸相把岳氏后裔斩草除根。友人之子，忠良之后，朝不保夕，怎能不救。于是贡祖文强忍悲痛，改装潜行，救出岳飞三子岳霖，藏于秣陵衙署之内。秦桧为此事，连日搜查不止，但终无线索，又迫于行期，只好作罢。

祖文抚养幼童岳霖，如面对岳公，饮食起居，都亲自办理，日夜操劳，很是辛苦。此事虽十分隐秘，但又恐军中耳目繁多，万一事泄，自死不足惜，实愧见岳公于九泉。为此事祖文日夜焦虑，寝食俱废，为安全计，连上数表，请求归隐。

弃官后，先到安徽宣城，在乡下筑室安居，藏岳霖于家中，并为其改名换姓。后又在村外南湖之中，另建别墅，让霖居住。数年后，血吸虫病猖獗为灾，贡祖文又携家迁于江苏丹阳。在丹阳城南穷僻处，买地建屋，种柳养鱼，抛弃了富贵荣华，甘心于粗衣淡食。祖文与霖，形同父子，亲如骨肉，教以诗书，传授武艺，并以忠义相勉。数年后孝宗即位，为岳飞昭雪，并遍求岳飞后裔。祖文知后欣喜若狂，设酒祭天，上表陈述详情，又亲送岳霖上朝受封。从此为友救嗣之名,与程婴争辉,四海流传。贡祖文后病殁于家,年八十七岁,谥文宪,祀长垣乡贤祠。

岳霖后封为续忠侯,念祖文二十年含辛茹苦再生之德,在岳氏家祠中,供贡祖文木牌位,与岳飞共享血食。岳霖之子为丹阳令,在贡祖文墓侧建报本祠,内塑祖文金像,春秋享祀。《岳氏宗谱》中有贡祖文传记,以志大德,永世不忘。

后贡氏子孙,在江南繁衍昌盛,成为大族。至元朝,祖文六世孙贡奎,字仲章,从小天性颖敏,十岁能读各种文章。年长益博经史,仕元,为齐山书院山长。每逢朝廷行郊祀大礼,大臣都举荐贡奎,授太常奉礼郎兼检讨。贡奎上疏建议,朝廷多采纳其说。元延祐、至治年间,为集贤直学士,卒谥文靖。所著书籍甚多,有《云林小稿》《听雪斋记》《青山漫吟》《倦游录》《豫章稿》《上元新录》《南州纪行》,凡一百二十卷问世。

贡祖文七世孙贡师泰(1298—1362年),贡奎之子,字泰甫。元至正十五年(1355年),官至礼部尚书,至正甫。累官翰林学士,兼国史院编修。时修宋、辽、金三史,总裁脱脱欲以辽、金为正统,师泰争之,以此忤于时,出补嘉兴路总管府治中。

至明代,有裔孙贡钦明,成化年间进士。弘治年间由文选郎中左迁大名府同知。明万历二年(1574年)宣城进士贡靖国,曾与长垣人作同乡之会。贡氏子孙,虽定居江南,仍知来自北国。另外还有贡性之、贡汝成、贡镛等为官,皆有治声。

许昭先

许昭先,元代人,今长垣芦岗乡三青观村人。其曾祖名许源,为金州刺史。祖父名谅金,为新州刺史。其父因遭乱世不仕。许昭先本良家子弟,后被征兵,以武功升为千户,署开州(今濮阳),后升为武节将军管军元帅,镇守邳州。后以年老致仕。子许璋,袭职为千户。

据明万历《长垣县志》载:"许元帅墓,在县东十里邱村,有断碑。"据调查得知,许元帅墓位于城东郭寨村东部,邱村西北部。明朝万历年间,许氏后裔从北京郭家胡同请来弟兄两位石匠,为许昭先修建坟墓,雕刻石牌坊、石像生等石器。后来二位石匠在长垣郭寨安家,并娶妻生子,此二位石匠成为郭寨始祖,遂成为长垣人。据郭寨知情人讲,许元帅墓前石牌坊、石像生被淤埋于地下五尺深,保存完好。

许元帅墓断碑碑文:

(该碑文)□□□□编修蔡文渊撰

□□□□□夫许,世□□□□可数。猗□开州职字□,以德化民民乐胥,报施冥冥默有主,稍微更炽势莫御。□□□□咸失所,耕□□□□按堵。武节操戈起行伍,战功日多策盟府。承信桓桓踵前武,重□两朝孰我侮。□□□□乌足取,眼中□□□稚乳。金符龙篆绾华组,下与士卒齐甘苦。翦除不轨混疆宇,修明□□息金鼓。屯耕沃壤富仓庾,徼卫周庐肃貔虎。芝兰玉树照□□,浩浩庆源来父祖。□□铭诗非漫语,传家□□诚有序。惟裴之原即别墅,岁时奉尝冠盖聚。若曾若□受□□,琬□深镌诏千古。

——时至大四年十二月立

李 凤

　　李凤(1254—1317年),字翔卿,一字舜仪,号西林。大德十年(1306年)任国子助教。元代大名路开州东明县(东明县于明洪武初年至弘治四年即1491年因被洪水淹没,县废,将其县境北部分隶开州,南部分隶长垣。此时李凤故里在分隶长垣境内,因此李凤一度为长垣人。故本书将李凤收录于内)人,工诗赋,有文集行世。死后入长垣乡贤祠。其子李好文为元代重臣,著名政治家、史学家、文学家。

　　幼嗜学,休沐不废①。李凤曾跟从乡先生孙曼庆学诗。李凤学诗取法盛唐,为诗兴寄高远,托诸讽议②,不为空言,欲有补于世教③。后来孙曼庆发现李凤才智过人,诗作甚佳,即对李凤说:"诗,吾无以加子矣,其为义理之学乎?"于是李凤遂"屏绝金末律赋旧习,而究伊洛之遗书④,寒暑不懈。尝煮粥未熟而临卷有得,不知釜之焦也",足见其治学之勤奋。在担任大名、广平郡(今属河北)文学十余年后,元大德末年,李凤至京师大都(今北京),出任国子助教(协理全国教育)。七年后,病还,"远近学者从之,常以百数"。以子好文贵,卒后赠从仕郎、郊祀署丞,加赠奉议大夫、太常礼仪院判官、骁骑尉。李凤卒后,其子李好文邀请元代大文豪虞集⑤为其父撰写墓碑,现存于《道园类稿》中。李凤的卒年,据虞集为之所撰墓碑记载,乃"延祐丁巳八月己酉,终于家,年六十有四"。即卒年是仁宗延祐四年,由此其生卒年当是1254—1317年。王德毅、李荣村、潘柏澄编《元人传记资料索引》所注李凤的生卒年即同此。李凤所著甚多,惜元时即有亡佚,流传有诗数百篇,辑为《西林集》,今亦佚。西林是李凤的居所。李凤死后,李好文将其父《西林集》刻梓传世,曾请苏天爵⑥为《西林集》写序。苏天爵于(后)至元五年(1339年)撰《西林李先生诗集序》,现存《滋溪文稿》中。《元诗选》癸集录有李凤的诗仅三首,分别是七律《睢阳怀古》《吕梁洪》和七绝《沛县过歌风台》。另据苏天爵"序",李凤所著诗还有《蚕灾谣》("有忧世恤民之志")、《修乡校诗》等。

　　李凤《凤沟》:

　　　　水边半掩白茅屋,沙上人归红杏冈。
　　　　风雨蒲城寒食过,凤沟流水落花香。

注：

①休沐不废：休息、沐浴时也不停止。

②讽议：婉转地发表议论。

③有补于世教：对世上教化有益。

④伊洛之遗书：北宋时二程所创的理学学派，因二程常在伊洛河畔讲学，所以也称伊洛之学。

⑤虞集：曾任元代国子助、博士等，是元代著名的学者、诗人，是元诗四大家之一。

⑥苏天爵：元代文学家、史学家、理学家，元代后期著名的儒臣代表人物。

赵景文

赵景文，元代大名路开州府长垣县人，官奉直大夫、广西道肃政廉访副使。诗人。清《钦定四库全书·御选元诗姓名爵里》载："赵景文，长垣人。"《广西通志》卷五十二载："赵景文，元代大名路开州府长垣县人，元仁宗延祐二年（1315年）以奉直大夫任广西道肃政廉访副使。"《钦定四库全书·御选元诗》收录赵景文《蛾眉亭》一诗。《钦定四库全书·东庵集》录有元代定州人滕安上[①]《答赵景文》一诗。

赵景文《蛾眉亭》：

> 万顷秋波浸碧云，豁然心地共宽平。
> 我来不学温开府，寄语冯夷且莫惊。

滕安上《答赵景文》：

> 学书少真积，头角闯不完。
> 真积岁云久，尚恐桔蛇蟠。
> 一旦洒然悟，飞动倾毫端。
> 非读万卷书，索悟良独难。
> 玉溪翰墨禅，妙出畦迳间。
> 蹙踏元气开，豁落万化闲。
> 我虽不解书，鬼眼不受谩。
> 水落见秋岸，云静开晴山。
> 二赵仿坡谷，三变柳与颜。
> 君得此中趣，高价后会看。
> 相寄擘素笺，萧萧风雨寒。

注：
①滕安上：字仲礼，原籍定州。元朝诗人。曾被推荐为中山府教授，历任禹城主簿、国子博士、太常丞、监察御史等职。

王 刚

　　王刚,合阳里(今长垣魏庄街道王了村)人。洪武十八年(1385年),王刚参军,属荥阳侯部下军隶,为大宁前卫右所之执勤卫兵。后调卫队士兵随军,出征获捷,每战屡建功勋,历升太原前卫右所副千户,不幸阵亡于山西大同。阵亡后其子王贵袭其职,贵年老,其子王斌替职。王斌出征有功,升为正千户,又不幸阵亡。子王宇袭职正千户。成化初年,以人才选秀为王府仪卫正,又改为锦衣卫,任南镇抚司正千户。王宇子王钺袭父职。王钺长子王洧袭父职;次子王潺,由锦衣卫籍登嘉靖二十九年(1550年)进士,历官河东盐运使。王洧弟王沂循例袭副千户。王沂子王允和替职,复正千户,在亲军所掌印。允和孙王邦圻又袭亲军正千户。王刚和其孙王斌为国家的统一相继阵亡,为大明开国立下了汗马功劳。所以,皇上下诏王氏后裔世袭正千户之职,共计世袭十一世之多。

　　今王了村有王刚祠堂,大门上方悬挂巨匾,上有"武德将军王刚祠"几个镏金大字。每逢重大节日,大殿内悬挂王氏祖先明、清官员影像,展示明、清时期的封增圣旨。院内鞭炮齐鸣,香烟缭绕,游客如云。院内还有青松翠柏,碑刻林立,一幅庄严肃穆、沉默哀思的祭祖景象。王刚墓和祠于1986年6月公布为县级文物保护单位。今墓、祠保护完好。

韩　兴

韩兴,长垣南满村人。外祖袁僧系营州卫所军,洪武三十二年(1399年)阵亡。后以功升本所小旗试百户、睢阳卫右所副千户。永乐八年(1410年),题复韩姓,世袭。子礼袭职。礼子镛袭。镛弟福袭。福子昂袭。昂子鉴袭职,调选永清右卫中所。嘉靖十四年(1535年)武会试中式,升署指挥佥事,调选永清左卫神策卫掌印,历宣府守备大宁都司。鉴孙正晓,隆庆元年(1567年)优给,侯袭永清左卫副千户,万历八年(1580年)武会试中式,授义勇右卫指挥佥事,历京营参将。

邢 枢

邢枢,字九成,长垣人。幼年勤奋好学,品学俱优,受人敬慕。洪武初,举明经,授行人。

永乐元年(1403年),为加强对东北的经营,邢枢先后三次奉命出使奴儿干,对当地各族人民宣谕抚慰,功绩卓著。奴儿干城在今俄罗斯境内,黑龙江口附近,早在唐朝就在这里建立了较为完善的政权机构,此后一直是我国封建王朝的管辖之地。邢枢肩负着这一历史使命,在奴儿干奔走各地,向居住在这里的吉列迷、女真、苔夷等族人民宣讲明朝政府对东北各族人民的友好政策和态度。他不以威慑人,以诚心服人,受到当地人民的拥护和爱戴,为东北边疆的巩固统一和民族团结做出了突出的贡献。

邢枢曾三次奉旨出使奴儿干,勤于政事,具官清廉,严于律己,尊重当地各族习俗,得吉列迷、海西女真、建州女真、野人女真等部首领的信赖,他们悉率众归附,入京来朝。永乐九年(1411年),邢枢再次前往,赐当地各级首领以官爵、印信、官衣、布钞,帮助他们建立了奴儿干都司,以及都司以下的卫所机构。辖境包括今西起鄂毕河、东至库页岛、南濒日本海、北抵兴安岭的广大地区。又赐各族男女衣服、器具、谷米、酒食。上述事件在当时林北寺塑佛所立碑中皆有记述,碑文即出于邢枢之手。

后病卒于任上。为表彰他勤政安边的功绩,邑人奉祀他于长垣乡贤祠。邢枢所著《祀引录》是重要的历史资料。

董 兴

董兴,长垣人。初为燕山右卫指挥使,累迁署都指挥同知。

正统中,新建伯李玉等举荐他任署都指挥使,掌管京营操练。后又擢署都督佥事,充右参将。跟从宁阳侯陈懋征讨邓茂七,破除了邓的余党于建宁,就任都督同知。

南海贼寇黄萧养围困广州,安乡伯张安及都指挥王清战死。贼寇攻城益急,广州城岌岌可危。皇帝下诏拜董兴为左副总兵,调江西、两广军征讨贼寇。

景泰元年(1450年)二月,董兴带领大军到达广州。贼舟千余艘,势甚炽。他任用马轼,并听从其计策,集中优势兵力,攻退贼寇。萧养中流矢死,函首以献,俘其父与子,余党皆伏诛。论功,董兴任右都督,留镇广东。给事中黄士元弹劾董兴宽纵贼寇,被朝廷降官,第二年又复原职,分督京营。

后与曹吉祥结姻,封为海宁伯。充总兵管,镇辽东,予世券①。朝廷商议要革除"夺门"者的爵位,董兴因防守边陲而得以幸免。曹吉祥被诛杀后,朝廷才剥夺董兴的爵,仍任右都督,发配广西立功。由于锦衣卫官员李贵的推荐,董兴恢复爵位,统领宣府军队,并再次被授予世袭诰券。明宪宗继位后,董兴被免职返京。不久,又被取消世袭资格。居家十余年后去世。

注:
① 世券:犹铁券,形如瓦,明代赐予功臣,使其世代享有特权的凭证。

李 岳

李岳,字世瞻,长垣人。景泰元年(1450年)乡试中庚午科举人。景泰五年(1454年)殿试中甲戌科进士,名列三甲第一百五十八名。与同乡李溥为明代长垣最早的第一、二名进士。授户部主事,又转礼部员外郎,升山西参议。以御寇功擢升山西按察使,累迁山西左、右布政使,巡抚宣府都御史。

李岳为人严峻,刚直不阿,一身正气,勤于政事,秉公执法。在山西为官三十余年,掌山西财、政、司法大权,人人不敢于其有私,所到之处,皆立石颂功戴德。

成化十九年(1483年),李岳时任山西布政使,其弟李岩中癸卯科举人,他亲来山西探亲并报其中举喜事。李岳下属知道后纷纷前来祝贺,并集千金给其弟作为贺礼。李岳知道后,将贺礼一一退掉,并催促其弟即日返里。

他任都察院左副都御史期间,因朝政之事得罪宦官刘瑾,弃官归里。卒,祀府乡贤祠。李岳是长垣人在明朝地方上任职最早、职务最高的官员。其弟李岩任安陆州判。

胡 睿

胡睿，字好问，生于正统元年（1436年）前后，卒于成化十九年（1483年）四月，官至工部左侍郎。

明朝初年，胡睿随其兄胡敏来长垣，其祖居山东即墨。其兄胡敏任长垣儒学训导。胡氏兄弟从此在长垣定居。

胡睿博学多闻，才华横溢，史称"通敏有才干，居官无废事"。

景泰七年（1456年）中丙子科举人。天顺元年（1457年）中丁丑科联捷进士。天顺四年（1460年）授刑部主事。胡睿思辨力强，做事果断，刑部"有疑狱不能决者，他概立决之"。在刑部六年，胡睿获得了极佳的声誉，有"疑狱找好问"之说。

成化二年（1466年），胡睿升平阳知府。他兢兢业业，埋头苦干，辛勤治理，政绩斐然。在平阳任知府九年，跑遍了平阳府的所有州县，平阳老百姓都知道有个胡知府。离开平阳府时，"万人空巷，民皆送之"。邑人崔景荣在万历十一年（1583年）任平阳府推官时，时隔一百余年，还时常听到胡睿治理平阳府的一些典故。崔景荣对胡公十分敬佩。

成化十年（1474年）八月，胡睿升江西布政司左参政。当时，江西遭受巨大水灾，胡睿上任后，立刻投入赈灾中，他跑遍了整个灾区，检查各地的救灾工作。在江西三年，他有一半时间在各州县。

成化十三年（1477年）八月，胡睿擢为顺天府尹，为一府的行政长官。当时京畿地区一次又一次发生饥荒，胡睿奏请开仓放粮，经户部批准放赈济杂粮和种子三万三千九百余石，并且又奏请朝廷要求免除所属州县所欠仓粮，以解民困。成化十四年（1478年）九月，顺天府又遭大暴雨，所辖州县房屋倒塌，百姓流离失所。胡睿上疏"乞发太仓银二三万两赈济或官为买米给散事下"。朝廷免去了顺天府所属州县并涿鹿等四卫秋粮共七万一千四百五十余石。户部覆奏皇上，经恩准以京通二仓余粮及太仓银俟来春支给，丰收之时仍令还官从之。

胡睿关心孤寡老人，仅大兴、宛平，每年发给孤老有七千四百九十余人的粮米，且赡养的粮食共有二万六千九百余石。充分体现了皇恩浩荡。他的做法受到了宪宗皇帝的赞许。但是在粮食发放的过程中,监督其事的官员日肆侵夺,来京告状的百姓很多。胡睿按照户部的指示,及时派出人员,查处惩治了不法的官员,并且坚持每月下去巡视两次,发现问题,及时解决,使惠泽下流百姓,不要有负朝廷关怀民间疾苦的深情厚谊。胡睿的做法,又受到明宪宗的首肯,他敕谕:天下有关部门应该尽心抚恤,所在地区的巡按御史,查访到懈怠的官吏,奏请逮捕治罪。

　　成化十五年(1479年)十二月,胡睿升工部右侍郎。成化十六年(1480年)七月,又转工部左侍郎,提督修理京通二仓。修理京通二仓,朝廷十分重视,并选派工部侍郎专门督办此事。此次京通二仓的修理,历时两年有余。胡睿从施工到验收,每每亲临一线,严把质量关。同时重点严审各项工程开支,并明察暗访打击中饱私囊者,从而大大缩减了工程开支,加快了工程进度。工程结束后,宪宗皇帝专门听取了工部的汇报,对胡睿的工作予以高度评价。工部将此次京通二仓的整修当作"样板工程",将胡睿的做法下发各地参照执行。由于胡睿常年辛勤劳作,历年亲赴现场(基层),身先士卒,他的身体状况渐渐恶化。成化十九年(1483年)四月,胡睿因劳累过度,病逝京城南下马社,赐葬于长垣县胡庄,祀乡贤祠。

王 玺

　　王玺，字大用，长垣人。父时佐，岁贡，长沙府推官。玺举景泰元年(1450年)乡试，天顺四年(1460年)成进士。授户部主事，寻改吏部，仕至陕西苑马寺卿。性颖敏，能文，尤工辞赋，著有《恒斋稿》三卷。弟璇，成化十七年(1481年)进士，授嵩县知县，升太仆寺丞；琎，成化十三年(1477年)举人，河南通许县训导。

王遵古

　　王遵古，父聪，长垣人。弘治年岁贡，即墨县丞。遵古少好读书，天性温厚，淹贯古今，精通易理，成化二年（1466年）举人。历宝丰、泰兴知县，两邑皆有政声，清慎廉静，民皆德之。解组归，诚信孚于乡里，人称长者。弟通古，有学行，少与兄齐名，正德年间乡贡，官金县知县。

尚 员

尚员,字文知,长垣人。景泰元年(1450年)举人,授屯留知县。廉介绝俗,上官微示不怿,即辞官,策蹇归,既使人追慰之,竟去不顾。安贫乐道,杜门不出者十五年,卒。祀乡贤祠。

毛 鸂

毛鸂,字廷瑞,长垣大寨集(今苗寨镇大寨村)人。天顺八年(1464年)甲申科进士。授浙江新昌知县,擢升山西道御史,巡按四川,转浙江按察使,调陕西苑马寺卿。以疾辞归,遂又起为佥都御史,巡抚延、绥,刚接命令,病逝于家。

毛鸂少年有大志,鲠介不群。宰新昌时,诛除不法者数人。豪强皆隐藏不敢出头露面。离任后,新昌人修爱竹亭,立碑思念他。为御史时,弹劾当权太监。后从蜀地归来,中贵(当权官宦们)想整治他,搜其行李。行李内唯有图书,别无他物。

毛鸂在四川任主考官,秉公取士,为时人称颂。死后入乡贤祠。

李好文

　　李好文，字惟中，李凤的独子，元代大名路开州东明县（东明县于明洪武初年至弘治四年即 1491 年因被洪水淹没，县废，将其县境北部分隶开州，南部分隶长垣。此时李好文故里在分隶长垣境内，因此李好文一度为长垣人。故本书将李好文收录于内）人。元至治元年（1321 年）进士及第，授为大名路浚州判官。后入朝为翰林国史院编修官，国子监助教。泰定四年（1327 年），任太常博士。后任监察御史、礼部尚书、光禄大夫，以翰林学士一品禄终其身。著名政治家、史学家、文学家。

　　李好文一生著述丰富，除了教授太子时编撰的著作《历代帝王宝鉴》《端本堂经训要义》《大宝录》《大宝龟鉴》之外，李好文还参与编修了《金史》《辽史》和《宋史》。

　　李好文还编纂有《太常集礼稿》一书。该书共五十一卷，《元史》题作五十卷，其中郊祀九卷，社稷三卷，宗庙二十一卷，舆服二卷，乐七卷，诸神祀三卷，诸臣请谥，及官制因革、典籍录六卷，"事核文直，汇杂出而易见，盖太常之实录也"。该书的编纂，是因为元朝在文宗之前，礼仪制度不够完备，诏令编纂的礼制汇编也一直没有编成，"百年以来，事皆属之有司，寄诸简牍，岁月既久，不无散佚。故由之者或不知其本，论之者或失于其初，阔略庚舛，颇违于旧"。（参见苏天爵编《元文类》下）鉴于此，李好文率领僚属数人，花了两年多时间，编成《太常集礼稿》一书。定书名为《稿》，是"固将有所待焉"，李好文希望"他日鸿儒硕笔承诏讨论，成一代之大典，则亦未必无取"。《太常集礼稿》为完备元朝的礼仪制度无疑起到了很大作用。此外，李好文在陕西做官时，编绘有《长安志图》三卷。

　　李好文主要活动于元朝中后期，历仕元英宗、泰定帝、文宗、明宗、宁宗、顺帝六朝，不但仕途显赫，而且著述丰富，是元朝中后期著名文人之一，但目前学界尚无专文对其进行研究。

　　李好文《题王子晋祠》：

　　　　黄屋非心敞屣然，玉笙吹断鹤升天。

　　　　载瞻今日丛祠地，讵数当时定鼎年。

琬琬真书文半剥,尘埃旧壁画犹鲜。
归涂却顾荒山上,万柏森森销暮烟。

张 冕

张冕,字服周,长垣人,张璁之仲子。成化十四年(1478年)进士。授商水县知县,后为四川道御史,安庆知府。性格刚果,疾恶如仇,乐于从善。器服朴素,清操自持。后升为江西参使。因病辞官,杜门萧居。死时,仅存薪炭一篓。安庆人语云:"前守如水,纸积满库。"久而不忘。入安庆名宦。弟昶,字孟明,成化十七年(1481年)进士,兵部武选司主事,出为西安府同知,有政声。

胡 键

胡键,字希准,胡睿之仲子。胡键从小聪明不凡,又得到父亲胡睿的亲切教导,精于诗词。弘治五年(1492年)乡试中壬子科举人。弘治九年(1496年)登丙辰科进士,名列二甲第五十名。初授户部主事,办事清正廉洁,升户部员外郎、郎中。接着任河南知府,时值兵荒,公多方抵挡,民赖以安宁。升陕西布政司参政,因不顺从权贵,遂急流勇退,致仕回归故里。

胡氏父子三人,生活在明朝中早期。在此时期,是长垣人在朝中任职最早、最多、最高的人家,并皆有清正廉明之声,其政绩卓著,为后世官宦之楷模,为世人所推崇。因而仅在县城西街就立有少司空坊、世科坊、大参坊、司徒坊、父子侍郎坊等九座牌坊,可见当时胡氏之兴盛。今后裔繁盛,多生活在县城西街、胡庄等处。

胡 锭

胡锭,字希曾,生于成化十六年(1480年)前后,卒于嘉靖十四年(1535年)五月。胡睿之季子。官至户部右侍郎。

胡锭少时勤奋好学,精于《易经》,取为经魁。得顺天府乡荐,明弘治十一年(1498年)乡试中戊午科举人。弘治十二年(1499年)中己未科联捷进士,名列二甲第十二名。初授南京刑部主事,由于执法公正严明,随后升郎中,后迁南京兵部武选司郎中。胡锭在刑部、兵部,以清正谨慎而闻名。他不苟合于官场失意的老官僚,而是低调做事,不言不语,只管做事,很快就得到了人们的信任和赞许,史称"表里透彻,强悍有为"。弘治十六年(1503年),胡锭出任湖广黄州知府。该府治所在今湖北黄冈。时年庄稼歉收,盗贼四起,饥民无数,胡锭发库粮赈济,救百姓于水火,并努力安排生产自救,向朝廷奏请免除部分杂税,向百姓发放种子,因此,黄州的百姓十分感恩戴德。

正德六年(1511年)十一月,胡锭升为江西按察副使。时江西姚源盗贼头目王浩八等聚集一万余人,劫掠婺源、休宁等县。胡锭到任后,遂被委派剿匪之事。胡锭带湖州知府黄衷、李隆、伍文定和佥事储珊讨贼。胡锭因平定盗贼有功而擢为山西按察使。随后又转浙江按察使。

胡锭在浙拨乱反正,惩恶扬善,使浙江风纪大振。因在浙政绩显著,嘉靖元年(1522年)二月,胡锭被升为都察院右副都御史,提督雁门关等关兼山西巡抚。胡锭上任后巡视了六个兵备道,在巡视时发现所辖六府三州一些地方,多年不交朝廷粮款,地方官员寻找许多理由,施政软弱无力,他果断罢免不称职官吏若干人,收补交税粮八十万石,岁得税银二十万两。

为了加强边防,他在靠近边塞、地势平坦、无险司守的关键部位,立八角守御千户所,修筑隘口十八个,同时迁徙守军去戍守,使之成为牢固的屏障。他又操练兵将,修造兵器,起造亭障,敌数年不敢犯。

嘉靖二年(1523年)八月,胡锭改任漕运总督,兼凤阳诸郡巡抚。

嘉靖三年(1524年)五月,胡锭以右副都御使协同管理南京都察院院事。嘉靖四年(1525年)八月,胡锭任南京户部右侍郎。

胡锭任南京户部之际,正逢朝廷"大礼议"之争[①]轰轰烈烈之时。在这场政治斗争中,胡锭站在首辅杨廷和②一边,代表南京户部和张璁③、桂萼④进行了激烈论战,并屡次上疏嘉靖皇帝,反对随意改变祖宗之规矩。这场斗争最终以杨廷和的辞职,张璁和桂萼的胜利而结束。张璁、桂萼入主政务,他们同时记住了政敌胡锭的名字。此后就找机会铲除。在嘉靖八年(1529年)胡锭因婚事(按《大明律》,地方官员不能娶下级官员以及有公事来往的人员为家人。胡锭在担任凤阳巡抚时,娶了凤阳府教官之女为妻)遭弹劾,被罢免了南京户部右侍郎的职务。从此,胡锭离开了南京,回到了家乡长垣。嘉靖十四年(1535年)五月,胡锭卒于长垣,葬于胡庄。

胡锭有很高的文学修养,有不少诗词歌赋传世。

注:

①"大礼议"之争:"大礼议"是指发生在正德十六年(1521年)到嘉靖三年(1524年)间的一场皇统问题上的政治争论,原因是明世宗以地方藩王入主皇位,为其改换父母的问题所引起,是明朝历史第二次小宗入大宗的事件。"大礼议"的核心是明世宗能否改换父母的重大争论,即对明武宗遗诏如何诠释的问题,是明代历史上的重大事件。

②杨廷和:明代著名政治改革家,历仕宪宗、孝宗、武宗、世宗四朝。杨廷和年少成名,12岁时乡试中举,19岁时中进士,授翰林检讨。明孝宗时为皇太子朱厚照讲读。正德二年(1507年)入阁,拜东阁大学士,专典诰敕。刘瑾诛后拜少傅兼太子太傅、谨身殿大学士。正德七年(1512年)出任首辅。嘉靖三年(1524年)因"大礼议"事件与世宗意不合,罢归故里。嘉靖七年(1528年)被削职为民。嘉靖八年(1529年)卒于新都,年七十一。明穆宗隆庆初复官,赠太保,谥号文忠。

③张璁:正德十六年(1521年)进士,在明世宗初年三度位居首辅,明朝中期重臣,"大礼议"事件中的重要人物。官至少师兼太子太师、吏部尚书、华盖殿大学士。病逝后获赠为太师,谥文忠。

④桂萼:正德六年(1511年)中辛未科进士。历任丹徒、武康、成安等县知县、南京刑部福建司主事,累迁翰林院学士、詹事府兼学士、礼部侍郎,官拜礼部尚书、吏部尚书、太子少保兼武英殿大学士。桂萼和张璁在"大礼议"中密切合作,取得了对杨廷和集团斗争的胜利。

崔尚义

　　崔尚义,长垣人,其父璟为弘治年间岁贡。崔尚义为正德二年(1507年)举人,授江宁县知县,后升甘肃阶州府知州,临洮府同知。年少时与其兄尚仁齐名,有治世之才,不畏强权,历官十五年,颇著清节。及告归故里长垣,仅有陋室蔽风雨而居。平生好古文辞,学问渊博,谈论古今史事条理清晰,为学士文生敬重之。明嘉靖《长垣县志》录有其《姑妇祠记》。

李 体

　　李体,字仲全,长垣荆岗镇人。父埙,正德元年(1506年)岁贡,历城训导,性宽厚,未尝见疾言厉色。体负性慷慨直爽,究心当世之务,议论动出人意表。登嘉靖二十九年(1550年)进士,授行人,迁户部主事,未几卒,人皆惜之。长子从宜,字宗贤,嘉靖三十二年(1553年)进士,授历城知县,升户部主事。次子从众,官彰德府检校,有能名。

翟 唐

　　翟唐，字尧佐，长垣人。弘治八年(1495年)乡试中乙卯科举人。弘治十二年(1499年)殿试高中己未科三甲第一百七十四名进士。历任山东寿光知县、御史、宁波知府。时有朝中宦官名崔瑶者，以办理皇家贡物为由，四处扰民，为翟唐所察，给予制止，并对其进行制裁，杖其同党王臣，不料王臣寻病突死。崔瑶抓住这个机会上奏翟唐阻截贡物，打杀贡使。皇帝闻听大怒，下诏逮翟唐下狱。在翟唐被捕之日，宁波军民扶老携幼遮道涕泣，请求皇上给予宽恕谅解，无罪还任。但皇帝不听，谪翟唐为云南嵩明知州，再迁陕西副使，后卒于任上。

赵祐

赵祐，字汝承，号鹤亭，长垣人。弘治十四年（1501年）乡试中辛酉科举人。弘治十五年（1502年）殿试高中壬戌科联捷进士，名列二甲第七十四名。授吏部验封司主事，又转文选司署员外郎。因以政事忤中官（即太监），谪为平凉府通判。政绩显著，升陕西西安府知府，又转任登州府知府。屡迁山西提学副使、山西按察司副使、陕西苑马寺卿等职。卒于任上，年五十岁。

赵祐在任上以振刷马政有功，有御史向皇上上疏，请赠赵祐为中大夫。皇上应允，开有史赠官定例。赵祐为官忠于职守，不避劳怨，素以清廉闻名。家中仅有破屋数间，诗文数卷。

侯　秩

　　侯秩，字季常，别号平丘，长垣人。正德十二年（1517年）丁丑科进士，性情深沈而刚毅有大节，选曲沃知县。曲沃县有当权太监之家，非常霸道。侯秩上任后，以礼说服其家人，裁抑其霸道行为。擢升江西道御史后，因弹劾辅臣与礼官私交，得罪权贵，被贬富顺县丞。遂升陕西蒲城知县，又迁扬州知府。他省费恤民，人皆称其德。迁升甘肃副史后，弹劾罢免贪虐之将，军民皆拥护他。打胜仗，报捷功，皇上特赐金帛。升陕西布政司参政（副省级）。后因病归里，以孝父母，友兄弟，表正乡里，卒祀乡贤祠。

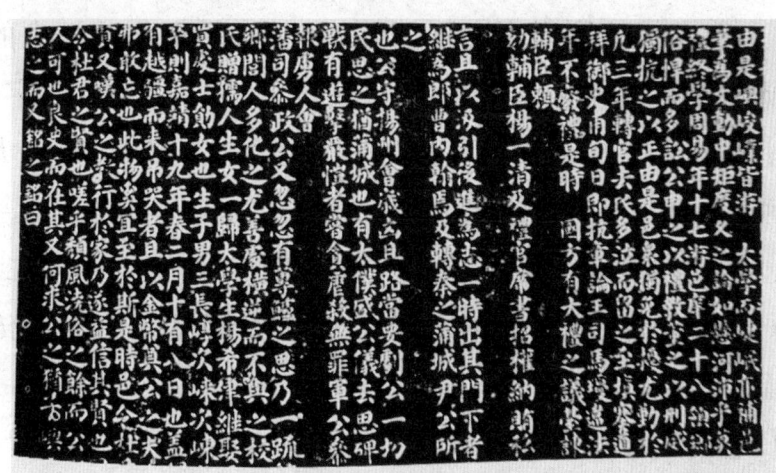

侯秩墓志铭

毛 率

毛率，字格物，表字麟征，人称"毛怪物"，长垣县城西街人。生于明正德年间。因其形骸放浪，行事乖张，且性格怪异，卓尔不群，故人送外号"毛怪物"。

毛率天资聪颖，时人誉之"神童"。年方弱冠，即懂天文、晓地理、善书画、通音律，但其生性怪异，不羡仕途，一生以诗酒为伴，浪迹民间，亦书亦画，留下了不少逸闻趣事和奇妙传说。

明万历年间，朝廷下旨为当朝兵部尚书李化龙在其原籍长垣东街修造跨街牌坊，要求上方横额的题词内容既简练，又能概括李化龙一生的德能功绩。一时间词无所出。有人提议设计引诱毛率说出"文治武功"四字。李化龙亲邀当时名镇京师的大书法家董其昌挥笔题写了"文治武功"四个大字，按预留尺寸制成匾额，送回老家，镶在了牌坊上方。

关于"毛怪物"的故事与传说还有"吕祖赠笔""陪嫁纸伞""二狗打架""滑县写匾"……几百年来这些美妙的故事一直在长垣民间广为流传，表明人们对这一民间怪才的认可和爱戴。

"毛怪物"还精通岐黄之术。他自制"黑虎丸"济世活人并留传于世。新中国成立后，"黑虎丸"一度为长垣制药厂主打产品。2012年，该药被列入河南省非物质文化遗产保护名录。

徐大壮

徐大壮(1515—1566年),字子贞,长垣魏庄街道大车村人。嘉靖二十八年(1549年)考中己酉科举人。嘉靖三十二年(1553年)殿试中癸丑科三甲第一百九十九名进士。授淮安府推官,又擢南京监察御史。在此期间,巡查下江有平海寇之功,被皇帝赐予白金和绸缎若干。不久,补河南道,巡按湖广。

嘉靖四十四年(1565年),又命徐大壮巡按山东,此时大壮已身患疾病,可他接到任命后毅然受命上路,辛勤巡查,四个月内连上九道奏章,对所巡查之州府的不良行为提出兴利除弊的各种意见。第二年十二月,当巡查至山东东昌县时,病情突然加重,终因辛劳过度而卒于任上,时年五十二岁。卒后入县乡贤祠,春秋祭祀。其墓位于魏庄镇大车村东,2002年公布为县级文物保护单位。古代县城南街有专为徐大壮修建的"进士坊"和"代天巡狩坊"两座。

徐大壮一生勤苦好学,著有《校正春秋肯綮》《广舆图叙谱》传世。

秦峥

秦峥(1516—1587年),字思谦,长垣秦楼村人。嘉靖四十一年(1562年)年进士,授河南鄢陵知县,以才能调苏州吴县,长刑部主事。任事敢言,中所忌,谪灵宝知县。稍迁平定知州,复为忌者所中,罢归。

赵莘

赵莘(1522—1582年),字师尹,号任斋,又号拙叟,长垣人,苑马寺卿赵祐之子。赵莘7岁即丧父,18岁补邑庠生,25岁在北京举顺天乡试中举。嘉靖三十八年(1559年),38岁的赵莘殿试中己未科三甲第一百五十一名进士,授河南临颍知县。他上任后积极兴办学校,除暴安良,修城治河,做事秩秩有序,深得民众爱戴。三年后调任湖北郧阳府上津县,又二年升太仆寺丞。因母病告家养归。母殁后被诏刑部郎中,又转贵州布政司参议。赵莘天性喜爱书籍,生平手不释卷。隆庆五年(1571年)七月,赵莘自己主持编纂了明代第四部《长垣县志》。卒后祀乡贤祠及临颍名宦祠。

赵莘有子赵浩,万历三十一年(1603年)己卯科举人,授河南襄城县知县,长信阳知州,加四品服。同年,子承父业,奉命主编了明代第五部《长垣县志》。

王 潏

王潏,字公沛,为王刚第五世孙。祖父王宇,父名王铖,俱为锦衣卫正千户。嘉靖二十九年(1550年),王潏由锦衣卫籍殿试中庚戌科进士,名列三甲第九十名。授建昌府推官。他不徇私情,秉公办案,升南京工部主事,又迁巩昌知府,擢河东盐运使。

王潏为政清廉,年老告归,居住京师,囊无长物。长垣家中旧产,全部让与兄长。对长垣本宗及乡亲,礼遇有加。卒,祀乡贤祠。

郜永春

郜永春（1531—1609年），字子元，号仰蘧。官至阳和兵备道、山西按察使等职。

郜永春

郜永春祖居山西长治，祖父郜果来长垣，看到此处为蘧伯玉故里，心中非常高兴地说："君子乡也。"遂定居于此。其父名郜壬，字蘧邱。永春二岁时，父亲不幸早亡，其兄永年才八岁，全靠母亲邵氏含辛茹苦抚养长大，生活极其艰苦。永春自幼勤奋好学，且性情耿直，并自认以理学为专长，弱冠补弟子员，食饩。

嘉靖三十七年（1558年）乡试中顺天戊午科举人。嘉靖四十一年（1562年）中壬戌科进士，名列三甲第一百一十八名，初授南陵知县。上任后，看到此处地当要冲，且没有城墙防护，倭寇常至此焚烧掠夺。永春说："无城是无民也。"毅然率民众修筑了城墙。在南陵三年，辛勤治理，被评为治县功当第一。由于政绩卓著，擢升为河南道御史。

永春是个孝子，刚上任几个月，即请求辞官还乡。同事皆惊讶问之，永春落泪说："我从小丧父，全靠母亲以纺织维持生计，今母亲年事已高，勤苦了一辈子。我若久居官场，虽能得到封升有所建树，则母亲膝前无人侍奉，我何日才能报答母亲养育之恩呢？"遂奉母回归故里。一年后，其母得到皇帝旌表①，永春官复原职。

隆庆年间，御史詹仰庇②、给事石星上疏弹劾太监冯保③等四人乱政干政，皆遭廷杖削职为民。永春上疏说："御史詹仰庇等人忠心为国，反遭迫害，冯保等人阻塞言路，陷害忠良，若不早日将其除掉，对国家社稷必成大患。"不久，出巡河东盐务，经过巡查，奏请将某些盐池收归国有，将某些盐行实行招募法，得到皇上许可，大胆地进行盐政改革。又指出河东盐法之坏，主要是某些朝臣家属在盐行势力庞大，欺行霸市，大商专利。并弹劾庞尚鹏④行事乖巧违法，盐政混乱。吏部尚书杨博⑤上疏想保庞尚鹏官位，帝大怒一并罢其官。又指出朝中在盐行势要为吏部侍郎张四维、总督王崇古等。四维父、崇古弟为盐行大商。其矛头直指朝中重臣。永春正直敢谏不畏权贵的行动震动朝野,但也得罪了不少朝中大臣。后来张四维入阁,杨博又掌吏部大权,永春以有病为由辞官告归,在县城南邵寨村隐居十六年。

万历十五年(1587年),给事陈与郊⑥推荐国内贤臣,起用永春为关内道参议,未及上任,又擢怀隆兵备转南阳参政,升阳和兵备道、山西按察使。上任后,订立七事,杜绝贿请,清除弊政,大修战具,并以身作则,事必亲自过问。被荐为国内兵备第一。后有好心人指出,不能像以前巡盐时那样,忧国忧民,大胆革新,得罪权贵,否则势必得罪某些势利小人。不久,引疾辞官家居,建怡萱楼在家专事侍奉母亲。永春入仕不过十二年,在家闲居达四十年。万历三十七年(1609年)卒,享年七十八岁。著有《问学指南》《论孟大义》《三儒言行录》等书行世。祀乡贤祠,列为南陵、河东名宦。县南街古有牌坊一座,上写四个大字曰"天朝柱史"。可见郜永春在当时的社会地位影响极大,被誉为国家栋梁。

郜永春墓位于县城南乔堤村南地,墓前有巨碑,可惜毁于1958年挖墓取宝之风。其后裔繁衍昌盛,其孙献珂,曾孙焕元、炳元皆入仕,并有政绩盛名。现南街重修有郜氏祠堂,为仿古式建筑,祠内每年春节、元宵节悬挂郜氏明、清影像十余轴,供大家瞻仰。

郜永春纪念馆坐落于乔堤湿地公园内,占地面积1万多平方米,目前大殿是长垣规模最大的仿古建筑。该馆是长垣地下出土文物最多、规格最高的纪念馆,建成后将出土文物面向社会免费参观。

注:

①旌表:古代统治者提倡封建德行的一种方式。自秦、汉以来,历代王朝对所谓义夫、节妇、孝子、贤人、隐逸以及累世同居等大加推崇,往往由地方官申报朝廷,获准后则赐以匾额,或由官府为造石坊,以彰显其名声气节。

②詹仰庇:安溪人。嘉靖四十四年(1565年)进士。由南海知县征授御史。明末赋役烦苛,人民被迫纷纷起义,仰庇极力推行"一条鞭法",民间称便。隆庆元年(1567年),凭借卓异的功勋被征召进入都城任职,授予文林郎的职位。他直节敢言,多次上书朝廷,曾引起中官切齿之恨,被穆宗问罪。后又被神宗起用。去世后朝廷追赠刑部

尚书,赐祭葬,准许他祠于学宫。

③冯保:明代著名太监,历史上一个有争议的人物。他是一名出色的政治家,万历新政的一等大功臣,同时也是一名奸诈弄权的大贪官。

④庞尚鹏:明代大臣。素以善于理财而著称。初任江西乐平知县。累升至监察御史。庞尚鹏权力很大,又很为自己经世济民之才自负,慷慨任事。河东巡盐郜永春弹劾庞尚鹏处事乖违,吏部尚书杨博建议让他留任。隆庆三年(1569年)十二月,皇帝发怒,将杨博罢官,庞尚鹏去职。第二年又因为巡按浙江时检验进宫的钱币不合规格,被贬为平民。

⑤杨博:进士,明朝名臣,任右佥都御史,累官至兵部尚书、太子少保。其后调任蓟辽总督,回朝任兵部尚书、少保。深受明世宗倚重,视为左右手。又改任吏部尚书。

⑥陈与郊:万历二年(1574年)进士,累官至太常寺少卿。万历二十四年(1596年),上疏乞归乡里,隐居盐官隅园,埋头著述。

成 宰

成宰,字以赞,号忠山,长垣米屯村人。嘉靖三十四年(1555年)举人,任安邑(今山西夏县)教谕。

成宰任职安邑教谕期间,继母亡,回家丁忧。服满,补兰阳教谕,又升陈留知县。任职陈留期间,成宰一心一意为民,对势家豪强则以法绳之,无所顾忌,在陈留五年后迁升睢州知州,治行如在陈留。

成宰居官办事忠直,为人直率。不肯俯仰权贵。后罢官归里,以经学教子。著有《适和堂诗集》。

其子成莲,字惟清,号我虚,积学多所论著。御史表扬莲为笃行君子。其孙伯龙、仲龙俱中进士。其孙少龙年十九,万历三十七年(1609年)乡试举人,著有《鵁鹩园集》。

成宰一门在长垣可谓科第称盛。

苏民望

苏民望,字子惠,长垣苏吕村人。明永安知县,嘉靖年间任甸州知府、巡按御史。隆庆二年(1568年)进士。从科举进士出任苏州等地都察院,授命为都察御史兼顺天巡抚都察院,后又授命陕西按察司提京内授为转本御史。后又授刑部主事,以望改贵州道御史,巡按河南。谨持大体,人不干于私,又迁陕苏御史。修《永安县志》,有诗数首遗存。少林寺五乳峰上有一天然石洞,为当年达摩祖师面壁处,称为达摩洞。洞内东壁题有"本来原目"四字;洞外西边石壁上有苏民望题刻七绝诗一首:"西来大意谁能穷,五乳峰头九载功。若道真诠尘内了,达摩应自欠圆通。"

苏民望墓

原县城北街和苏吕村建有牌坊和碑碣。现长垣蒲西苏坟村有苏御史墓冢及家族墓园,葬有苏民望及其父苏勤等苏氏族人。

成 逊

　　成逊,字惟谦,长垣蒲西米屯村人。隆庆五年(1571年)进士,授南阳知县,有实政。擢升吏部主事,历山东参议、永平(今河北卢龙)兵备副使(省军区副司令员),进按察使(为一省司法长官)。出镇辽、蓟佥都御史(正四品),又授巡抚顺天(河北保定一带)未上任,时值西宁兵变,三屯营骄卒乘势呼吁充实补饷,命成逊前往抚谕平定。平定后因病回乡。

　　成逊在家乡礼让乡亲,事继母极为孝顺,教两个弟弟勤学上进,乡村士人争相效仿。卒祀乡贤词,并称南阳名宦。

　　弟弟成道为万历七年(1579年)举人。成逊之侄成其业,万历元年(1573年)举人,任职庆云县知县。其兄成其杰为万历三十二年(1604年)武举,后中进士,任天津参将、龙虎将军,诰授荣禄大夫一品。又兄成其行为万历三十四年(1606年)举人,任武邑县知县。

李 聘

　　李聘，字萃起，号伊庵，长垣人，明开封知府犹龙之孙。幼聪慧，多智谋，15岁补博士弟子，为学使熊伯龙赏识，旋食廪饩（即官府供给优秀学生粮食）。康熙十一年（1672年）领乡荐（即官府报送越一级进京应试），十五年（1676年）中进士，任江西宁都知县。宁都为林谷之地，山民聚众抗租积十年不服管理。李聘到任后单独进山，开诚抚谕，并报请上级革除多项苛捐杂税，以减轻百姓负担，山民感其诚，输租如故。李聘还经常下乡劝农、讲学、赋诗、论文，循循教育，以儒术易风俗，深得民心，地方安定。江西督抚写奏疏上报嘉奖李聘。

　　当地郡守忌其能，栽赃陷害，上不察将其解聘。不久真相大白，罢去郡守，复李聘官，转任广东陵水知县。陵水三面环海，多瘴毒，辖峒三十余所，乃亲临其所，杀牛犒劳，申明法令，有不便民者详革之，自是与黎峒民相悦。

　　雍正七年（1729年），李聘告老还乡，卒，七十六岁。著有《伊庵诗集》传世。

夏 潜

夏潜,字孔昭,长垣司坡村人。隆庆五年(1571年)进士,与成逊同科。授户部主事。历视管象房草场及湖广监兑(掌管盐茶酒税的地方官),所到的地方以廉政谨慎著称,卒于任上。

夏潜生平醇厚高雅好学。非常孝顺,初登进士,闻父得病,立即驰归。从游弟子多有所成就,他待人无少长,贫富一以礼,乡人皆服其德,卒祀乡贤词。

余应璧

余应璧,生员,长垣人。性醇厚,忍让不与人争,虽横逆勿校。入庠,五十年足不履公门,好施与,邑每有兴作,辄输赀助工。万历元年(1573年),于西关外出赀修广济桥,以济行人。庚午年荒,施谷施衣,全活甚众,病殁者施棺木,至八百有余。又雇人于郊外掩埋枯骨无数,积债二千余金,悉焚券不索,虽被德者踵门称谢,退逊不任德也。晚年至以捐施破产,而好善之心始终无怠。学校公举德行者三,乡饮者二。寿七十有七,邑人称纯德焉。

知县宗琮曰:"斯人之行,余所耳而目之者,可为庠序重,可为世俗风矣。武城得人乃曰澹台,余之所得其在斯乎?呜呼!安得尽如余生而兄事之,尚跂予以望。"

李化龙

李化龙(1554—1611年),字于田,号霖寰,谥号襄毅,长垣老李庄人。明代杰出的军事家、政治家,著名诗人。

李化龙从小聪明过人,过目成诵,并勤学好问。可家境贫寒,在祖母的坚持下送私塾读书,后在举人殷炼、教谕吴钦、知县苏民望等有识之士的教诲和帮助下,19岁中举,20岁中进士,初受嵩县知县。嵩县是豫西一偏远山区小县,是闭塞落后的荒蛮之地,历任知县没有干过三年的。可李化龙一干就是六年,他勇惩恶霸、带头廉政、整修河道、兴办教育,六年来政绩卓著,超越历任县令。离任之时,民皆哭之,人感颂之。后升南京工部屯田司主事、工部营善司郎中,一步步走向大明王朝的高层。

李化龙

万历十四年(1586年)调河南按察司提学佥事、河南布政司左参议;万历十八年(1590年)调山东按察司提学副使;万历二十年(1592年)升河南布政司右参政,调京太仆寺少卿;万历二十二年(1594年)升通政司右通政,后升都察院右佥都御史巡抚辽东地方兼理军务;李化龙与总兵董一元①定下计策先击败把兔儿②、伯言儿,捣毁敌人巢穴,立下了战功,把兔儿负重伤后死去,边塞由是安宁,李化龙因此升为兵部右侍郎。

万历二十七年(1599年)以兵部右侍郎、都察院右佥都御史总督四川、湖广、贵州军务,平定播州杨应龙③叛乱。李化龙有勇有谋,置生死于度外,用将得当,节节胜利,杨应龙走投无路,与二妾自杀身亡。次日早晨,明军进入城内,杨应龙的七个儿子都被抓到。明神宗下诏将杨应龙的尸体和他儿子杨朝栋在市中肢解。从出兵到灭贼,共一百一十四天,斩敌两万余人,俘获百余人,以杨应龙的彻底失败而告终。其间李化龙父亲去世,但因军务需要为国忘私,到这时乞求回家居丧。后因平播有功升兵部尚书加少保,荫一子世锦衣指挥史。

万历三十一年(1603年)以工部右侍郎总理河道,与淮、扬巡抚李三才奏开淤河,由直河入泇口抵夏镇二百六十里,避黄河吕梁之险。

万历三十五年(1607年)为戎政尚书。万历三十六年(1608年)为兵部尚书。万历三十九年(1611年)八月,加封柱国、光禄大夫少傅兼太子太保;十二月卒于任上。谥襄毅,赠少师,加赠太师。他为我国统一的多民族国家的巩固和发展做出了巨大贡献。

李化龙不但是伟大的军事家、政治家,还是著名的文学家。他一生笔耕不辍,留下了大量奏疏和诗文。最能体现李化龙文学才华的当属《李于田诗集》。1986年,李化龙被中国广播电视出版社评为"明代爱国名臣"。并被选入《中州杰出人物百家》。

《平播全书》(李化龙编著)

李化龙,少年得志,成就之大,功名之盛,在明一代少见。崇祯元年(1628年),朝廷以李化龙治理泇河有功而在长垣县东街建造专祠,春秋享祀,以表彰李化龙的卓越功勋和不朽业绩。祠前牌坊上书"文治武功"。牌坊后有对联:"春秋血食诗书帅,钟鼎名流社稷臣。"正殿内有神龛一座,龛两侧有楹联:"掀天揭地功业,长江大河文章。"李化龙塑像端坐其中,神态庄严。1958年,祠堂牌坊被损毁,用于烧制石灰、大炼钢铁。

注:

① 董一元:明朝宣府前卫(今张家口宣化)人,大同参将董旸之子,明将董一奎弟,

明朝将领。嘉靖四十三年(1564年)正月,抗击蒙古部落有功升石门寨参将。隆庆元年(1567年)九月,再破贼兵,升任副总兵。万历十九年(1591年)十二月改任延绥总兵官。万历二十二年(1594年)十月,董一元代替尤继担任统帅,雪夜突袭大败把兔儿部,震慑各部。万历二十五年(1597年)参加第二次抗倭援朝战争,万历二十七年(1599年)三月班师回朝。很久之后,董一元去世。

②把兔儿:明朝时期蒙古泰宁部落首长,速把亥次子。万历二十二年(1594年),把兔儿企图在正月侵略辽阳、沈阳东西一带。董一元和李化龙率兵行军四百里,三天三夜后才抵达敌人的老巢。斩首一百二十级,缴获牛马及兵器不计其数,部队完整地回来了。把兔儿因在镇武受重伤不久就死了,从此边疆安定。

③杨应龙:1551—1600年,明代贵州播州世袭土司,杨业(杨家将)后代,杨氏地方政权第二十九代统治者。杨氏历代统治播州,势力盘根错节,早有不臣之心,他认为四川官军弱不经战,非常轻视,久欲占据整个四川,独霸一方,他的居所雕龙饰凤,又擅用阉宦,俨然是一个土皇帝。杨应龙为人狡诈多疑,好以诛杀立威,结怨甚深,所辖五司七姓不堪其虐。万历二十七年(1599年),杨应龙起兵造反,明朝派兵对海龙屯多日激战。战役前后历时一百一十四天,斩杀杨应龙的部队两万余人。万历二十八年(1600年)十二月,李化龙班师回朝,并将杨朝栋等六十九人押解到京师,磔于闹市。至此,平播一战以完胜结束。

崔景荣

崔景荣(1556—1631年),字自强,长垣官路西村人,万历十一年(1583年)进士。官至兵部尚书、吏部尚书,赠太子太保,加太子太傅、光禄大夫。明代杰出的政治家、军事家。

崔景荣自幼接受良好的教育和道德熏陶,他聪明伶俐,才智超群,而且少年老成,落落大方。每参加童试,总是名冠诸生,是吴嶔最得意的门生之一。

万历十年(1582年),崔景荣二十六岁,中壬午科举人。万历十一年(1583年)中癸未科进士,名列三甲第二十二名。中进士后授平阳府推官,

崔景荣

后擢御使。又巡按甘肃、湖广、河南、四川,积台资十八年。杨应龙播州叛乱后,崔景荣被朝廷任命为总监军,监督总兵刘綎、吴广、陈璘等将领是否尽力听命,晋太仆寺少卿。后擢宁夏巡抚,当地游牧部落银定素来骄横,年年入侵长城内寇掠边民。崔景荣到任后亲自统兵督战,大破银定,趁兵威裁革游牧各部的岁赏,各部恐惧,请求与银定绝交(以示忠于大明)。后升右佥都御史。因宁夏六羊河口地方斩获之功,升兵部右侍郎兼管京师戎政。万历四十五年(1617年)代理兵部尚书。万历四十七年(1619年)任宣大总督兼理山西等处军务粮饷。泰昌元年(1620年)任兵部尚书。天启四年(1624年)被特命为吏部尚书。当时魏忠贤①专权,朝廷小人争相依附他。吏部尚书赵南星②因是东林党领袖而遭到排挤。魏忠贤把家居为民的崔景荣诏征为吏部尚书,想拉拢崔景荣助力自己巩固权力。等到崔景荣上任,魏忠贤特意装修好一座豪华大宅邸等着崔景荣居住,崔景荣不去;又派心腹锦衣卫首领田尔耕③来拜访,崔景荣不见;皇帝要视察太学,魏忠贤想提前一天听祭酒讲习,裁撤与会大臣的礼仪,减少考核招录官员的名额,淘汰各衙门等候委用的官员,崔景荣都坚决不去,一点点逐步违逆魏忠贤的意思,因与阉党进行斗争,被罢官回乡。崇祯帝即位后,又官复原职。崇祯四年(1631年),崔景荣去世于任上,葬于长

垣县城北。

崔氏祠堂

崔氏祠堂牌坊

崔景荣才华横溢,刚正不阿,为官清廉,政绩卓著。他因才高而闻名乡里,因刚正而声振朝野,因卓著而蜚声京城,因德厚而泽惠桑梓,因能文能武而风流千古。

注：

①魏忠贤:1568年—1627年12月11日,汉族,明朝末期宦官。自宫后改姓名叫李进忠,出任秉笔太监后,改回原姓,皇帝赐名为魏忠贤。明熹宗时期,出任司礼秉笔太监,极受宠信,被称为"九千九百岁",排除异己,专断国政,以致人们"只知有忠贤,而不知有皇上"。朱由检继位后,打击惩治阉党,治魏忠贤十大罪,命逮捕法办,自缢而亡,其余党亦被肃清。

②赵南星:明代后期政治家、文学家,东林党的首领之一。明神宗万历二年(1574年),赵南星登进士第。历任汝宁推官、户部主事、吏部考功郎中、吏部文选员外郎等职。万历二十一年(1593年),触动在朝者利益,被罢黜。此后在家闲居长达二十余年。明熹宗天启三年(1623年),赵南星被重新启用,任吏部尚书。为政期间,革新吏治,整肃朝纲,风气为之一新。但随着东林党人与阉党斗争的失败,赵南星被革去官职,削籍戍代州。明思宗即位之初,即清查魏忠贤案,为其平反。天启七年(1627年),赵南星去世,追赠太子太保,谥号"忠毅",世称赵忠毅公。

③田尔耕:兵部尚书田乐之孙,以祖荫积官至左都督。为人狡黠阴毒,依附魏忠贤。天启四年(1624年),掌锦衣卫事。他广布候卒,罗织成罪,酷法拷讯,入狱者率不得出,时人称"大儿田尔耕"。忠贤败,言者交章弹劾。崇祯元年(1628年),以阉党被逮处死。

王永光

王永光(1561—1638年),字有孚,号射斗。嘉靖四十年(1561年)七月七日生,长垣西油坊村人。官至户部尚书、吏部尚书,加光禄大夫、柱国少保兼太子太傅。明末杰出的政治家。

王永光的曾祖父以农为本,兼营油坊,其父继承祖业以打油卖油为生。王家油坊以诚信为本,在方圆百里有很高的信誉。王永光自幼与众不同,他聪慧,有胆识,有抱负,是同伴中的"首领",人称他"吏部三"。起初王永光在西油坊村上私塾,后其父听说县城来了一位名师吴嵚,就将王永光送到吴嵚处,其学业进步很快。

万历二十年(1592年)进士,历官中书舍人、吏部主事、工部左侍郎、工部尚书、户部尚书、南京兵部尚书、吏部尚书等职。

万历二十六年(1597年)升为吏部主事,历员外郎中,主管人事,政绩突出,万历三十年(1602年)升为通政司参议。四年后为右通政、右佥都御使、浙江巡抚。万历四十二年(1614年)转为南大理卿。光宗即位,为工部左侍郎,署部事。后又为右都御使,仍管左侍郎事。不久升为工部尚书。天启三年(1623年)改任户部尚书,总督仓场,调掌南京都察院。天启五年(1625年)加太子太保。天启六年(1626年)转任南京兵部尚书。崇祯元年(1628年)又任户部尚书,后改任吏部尚书,掌管朝廷人事,坚决肃贪。

王永光廉洁勤政,忠厚正直,敢于直谏,深得皇上重用。皇上每有事相商,不叫其名,呼官称"王尚书",恩赐世袭少保。

王永光历任万历、泰昌、天启、崇祯四朝,在政坛上五起四落。面对凶险的江湖,面对"如伴虎"的皇上,他得以能躲过一次又一次的急流险滩,以致最后平安降落,靠的是诚实在胸,所以一切都会化险为夷。王永光称得上是一个恪尽职守、忧国忧民的好官。

辞官归乡的王永光反思数十年的宦海浮沉,感慨之余,作《自赞》一文。文曰:"皤然一叟,强直自遂;忠能结主,憨辄招议。彼何人哉?是为痴绝。樱鳞册储,天威偶霁;铨省得谴,事缘起废。匪才匪杰,为帝喉舌;南北扬历,独成一意。抗疏纠奸,违血玉碎;圣主赐还,由农而吏。敷陈偶当,天语奖籍;

'有臣如此，何忧不治。'臣因感激，尽谢干谒；雅志甄别，逢时则拙。被言求退，帝曰：'何害？朕为作主，胡此畏忌？'荷兹殊恩，衾影无愧；乘传归来，何怨何悔！彼何人哉？是为痴绝。"

崇祯十一年（1638年）戊寅七月初六申时，王永光在家中无疾而终，奉谕归葬木掀店村东王氏祖坟。

王永光墓　　　　　　　王永光及其夫人墓志铭

王永光的后人也多有建树：其孙王鹏沖，字文荪，以其祖荫，授锦衣卫指挥同知。清初任都督同知銮仪使及州、县的一般官职，他的品行和文功受到世人赞许。王鹏沖死后同其祖父王永光、父王鏷葬于长垣故里。

王永光之孙王行沖，字文之，号勉斋，康熙五年（1666年）举人。王行沖事母尽孝，乐善好施，常设义学，开药局，施钱米济贫穷，人皆感之。王行沖性聪慧好学，凡天文、地理、壬奇（即六壬与奇门遁的并称）、太乙（道家之术）、医术皆能明其奥旨。工书法，擅绘画。年八十仍进京应试，卒于京邸。

王永光之孙王还沖，广灵知县王鏷之二子。明末流寇乱，李自成部将刘方亮入长垣城追饷不从，劫县缙绅西去。还沖扶掖父母至陕西汧阳，每日上山打柴以养双亲。贼平，奉亲归里，后以官生父荫授丐阳知县。三年后上书乞田奉养双亲，亲殁，泣之见血。卒于贵池知县（安徽省）。王还沖工诗赋，著有《意草》二卷。

成伯龙

成伯龙,字为苍,号生洲,长垣米屯村人,成宰之孙,成莲之子。官至按察司副使。

伯龙从小聪明好学,有文名,弱冠得志。万历二十二年(1594年)乡试中甲午科举人。万历二十三年(1595年)中乙未科联捷进士,名列三甲第一百五十四名。初授山东曹县知县,到任后勤政爱民,倡导文化,使曹县井然有序,民众称其为得人。十年后,擢南京吏部主事,又改为户部主事。调入北京,历郎中。又迁山西岢岚道按察司佥事。建议开市,睦边利国。晋按察司副使,举动卓异,后以疾告归。

伯龙平生喜爱读书,其文章轰动一时。所为古文、辞碑、传记、尺牍,洋洋洒洒。吏部官员称其与邑人李化龙、南乐魏仲子齐名。著有《一笑斋集》。卒,墓在长垣樊相集西,墓前原有高大的石牌坊、石像生群。祀乡贤祠。

赵承芳

赵承芳，字芬塘，长垣人。万历十年(1582年)举乡试第七。孝友慈良无长幼，咸推为长者。万历三十四年(1606年)，巡按御史孔贞一特疏奏荐，略云："臣廉得举人赵承芳，卓持清节，雅富宏修，非公不至公门，谊高今俗，为亲，两庐亲墓，孝逼古人。信道力行，欲翼圣经于操履；考心问业，期明正学于末流。望允重于儒林，誉实合乎乡曲。所当荐扬，以励士风。"报可，赐匾表其宅曰"仁贤"。万历三十八年(1610年)，巡按御史傅振商①奏荐如前，帝复赐匾曰"真孝廉"。

注：

①傅振商：万历三十五年(1607年)进士。选庶吉士，改江西道御史，出按畿南，注意整饬学政，建恒阳、国士、天雄三所书院。后任大理寺丞、大理寺右少卿，迁太常卿。升任南都兵部右侍郎，崇祯三年(1630年)，赴南京，力饬军政。升兵部参政、机务尚书。

杨文昌

　　杨文昌(1573—1631年),字六星,号阶平,长垣人。祖上世有德行。文昌自幼性敏好学,尚书李化龙见其文章奇佳,遂收门下,悉心培养。万历三十四年(1606年)乡试中顺天丙午科举人。万历四十七年(1619年)中己未科进士,名列三甲第五十一名,授河南汝阳知县。

　　天启四年(1624年)擢升为兵科给事中。崇祯元年(1628年)补文昌户科右给事中。崇祯三年(1630年)以病乞归。崇祯四年(1631年)卒。

　　杨文昌是忠臣,亦是孝子,对母亲备极关心,细心赡养,其母94岁始卒。所著有《心得录》《琐闻纪事》。祀乡贤祠,其墓位于县城南樊屯东地,有石牌坊、石像生群,毁于1958年。

成仲龙

成仲龙(1581—1654年),字为霖,号环洲。官至陕西右布政使。

成仲龙为成伯龙弟。七岁丧母,年长善书文,为大司马李襄毅公所喜爱。万历四十六年(1618年)中戊午科举人。

崇祯四年(1631年)中辛未科进士,名列三甲第二百零六名。授夏邑知县,关心民众疾苦,革除弊政,打击地方豪强,将不义之财归还贫民。中丞上奏其功,调任永城知县。崇祯十五年(1642年)迁陕西关内道参政。

顺治二年(1645年),皇帝下诏推荐前朝旧臣,公以治理浙江台绍得以首荐,补山西岢岚道参政。其治理岢岚,如治理台绍一样深得民心。再迁陕西右布政使,而此时公已年老多病,遂致仕归故里。

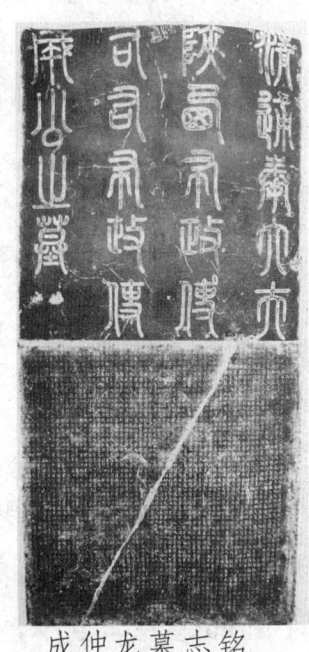

成仲龙墓志铭

公有三子:长子象琰,崇德四年(1639年)举人,娶吏部尚书王永光孙女;次子象瑝,娶河南布政使柴寅宾女;三子象珵,顺治八年(1651年)举人。孙成儒,象瑝之子,康熙二十四年上(1685年)进士,大冶知县。公晚年善好诗文,著有《东璧楼集》。

公卒于顺治十一年(1654年)二月十四日,祀乡贤祠,并河南、山西名宦。葬于城北留村西南。其后裔繁衍昌盛,分布于常村镇东部及蒲西街道米屯村一带。

王家桢

王家桢（1581—1644年），字正之，别号轩篆。长垣樊相邢固屯村人。官至户部左侍郎、兵部左侍郎，曾代理户部尚书职。明末军事家、政治家，烈臣。

王家桢天分极高，一点就通，历年书院小考，他都名列前茅，在内黄府科考试中，争得第一。他从小喜欢兵书，十多岁就会背诵《孙子兵法》《鬼谷子》等军事著作。王家桢身材伟岸，仪表堂堂，口才极佳，知识渊博，滔滔不绝，被邑人称为"王铁嘴"。

万历三十一年（1603年），王家桢中癸卯科举人。万历三十五年（1607年），王家桢中丁未科进士，名列二甲第四十七名。万历三十六年（1608年），王家桢任刑部主事，为正七品。当时初授官职，他豪情满怀，只要是报到刑部的案件，他必定要问个水落石出。

万历三十九年（1611年），王家桢升为户部郎中。万历四十二年（1614年），王家桢擢德安知府。他上任之初德安正闹饥荒，百姓流离失所，死人遍地，王家桢制定了行救灾荒十七策，救活难民数万人。其事上报朝廷，被称为十五部之冠。至今，安陆地区的地方志中对此还有详细记载。

万历四十四年（1616年），王家桢升湖北布政使司副使，分守荆西。天启三年（1623年），王家桢以陕西布政使司参政，分巡山西冀北道。天启四年（1624年），王家桢升左佥都御史，巡抚甘肃。他上任后，将剿灭西海贼残余势力作为军事斗争的重点，取得了地方的安宁。

天启六年（1626年），王家桢升为户部添设右侍郎，又转为左侍郎。崇祯元年（1628年），由于户部尚书缺位，王家桢摄部事。

崇祯九年（1636年），朝廷念起王家桢巡抚甘肃之功，起用王家桢为兵部左侍郎兼右佥都御史，巡抚河南，总理直隶、川、湖、山、陕等七省军务。

此时，明朝已经到了晚期，外有内蒙古、女真族紧逼，内有李自成、张献忠的农民起义，各地的农民地方武装纷纷揭竿而起，土匪遍地，民不聊生。王家桢临危受命，他义无反顾，慨然上任。他任七省总理，各地索要兵马粮饷者剧增，各省部文书需要批阅堆满案几，王家桢常彻夜不眠，可许多言官争相弹劾他，罢免回家闲住。崇祯十七年（1644年）三月，李自成攻下北京，崇祯皇帝自缢于煤山,王家桢面北哭泣数日,不进粒米。

不久,李自成的大将刘芳亮率领大军攻下长垣县城,大顺军新县令李伯元走马上任。王家桢遂命长子元玠与邑进士杨希震等谋杀李伯元,不幸事情泄露,元玠与杨希震被杀。王家桢知道无力回天,遂投环自杀,享年六十三岁。

王家桢一生十分悲壮,他在官场两起两落,为大明江山呕心沥血,南征北战,戎马一生。他从小立志效忠朝廷,成一代伟业,终因大明王朝气数已尽,以一己之力不能如愿,真乃可悲可叹。

王家桢死后葬于樊相镇邢固屯村西北三百米处。此墓于1985年被该村王氏后裔毁坏。另出土青石墓志铭一合,现存村内。该墓志铭1978年9月被公布为县级文物保护单位。

王家桢墓志铭

其子王元烜,字用恒,号似轩。幼时聪慧,记忆力强,尤喜读书。康熙五年(1666年)中举人,授江南武进知县。元烜精于听断,无滞留案事,民皆德之。著有《惜三斋诗稿》。

其孙王维坤,字幼舆,号鹅知。生而聪慧,日记数千言,未成年补县学生。顺治十七年(1660年)、十八年(1661年)联捷中进士,授四川梓潼知县。康熙四年(1665年),云南土司王耀祖反清,率妻子家人躲进山谷,辗转迁徙至遵义蛮寨中,与少数民族杂居,备极流离。清廷荡平王耀祖后,始得归里。遂隐居城西青岗,率小儿子躬耕薄田,自称"青岗农父"。王维坤生平最好读书,有《搜弃集》十二卷,《渐细斋诗文集》若干卷。

王子柔

王子柔，字子行，李化龙妻弟。李化龙抚辽时，王子柔以诸生之身份为幕府（即参谋）。在军旅数年，以功选授职方主事。化龙因疾回乡，子柔随归。万历二十五年（1597年），杨应龙反播州，川黔震动，皇上命李化龙平播，王子柔督饷，驻重庆。平播以后，化龙回长垣丁忧，郭子章善后，子柔出谋划策。在播州五年，论平播功，授子柔为后军都督府指挥使（掌管地方军政、民政、弄狱）与按察使、布政使，合称三司使。李化龙为兵部尚书时，仍请子柔往，子柔以老病辞，不就。

崇祯初，流寇群起，子柔率妻子移居东明刘官营。

杜廷琏

杜廷琏,字彝仲,号崐阳,长垣人。天性孝友。万历四十年(1612年)举于乡,崇祯元年(1628年)成进士。授大理寺左评事,用法平允。擢浙江道御史。时值荒旱,屡疏请赈,巡视两关,内外肃清,贪污屏迹。历台省。家无余蓄,人称为清白吏云。

黄中色

黄中色，字美中，长垣人，李化龙表弟。乡贡进士，参与平播。李化龙弹劾刘綎，再用刘綎，激童元镇以使之效力，谋多出于中色。事定论功，授赞画主事。

万历三十四年（1606年），李化龙总理河道，中色为之谋划，主张用永乐时工部尚书宋礼治河方略，遂成洳河，以避吕梁之险，漕政大赖之。后李化龙祠多以中色配享。天启年间卒，后家居东明。

许宗礼

许宗礼,字立台,生于万历十五年(1587年)前后,卒于清朝顺治年间。长垣芦岗乡三青观村人。官至吏部左侍郎。

许宗礼出身于官宦世家,书香门第。许氏从一世祖许源始,世居长垣县城。从五世祖许璋起,迁居于芦岗乡三青观村。到许宗礼已是第十五世。

许宗礼自小就受家庭熏陶,胸有大志,言谈中无不露出为国家建功立业的想法。他最崇拜四世祖许昭先文武双全,功业辉煌。每逢清明节,他都要随大人给许元帅扫墓。致仕回乡后,几十年从不间断,直至辞世。

万历四十三年(1615年)乡试中乙卯科举人;万历四十四年(1616年)殿试中三甲第二百一十三名进士;万历四十四年授孝义县知县;万历四十七年(1619年)任榆次县知县;天启元年(1621年)擢户科给事中;天启三年(1623年)十一月改礼科右给事中;天启四年(1624年)升吏科都给事中;天启五年(1625年)四月任太常寺少卿;天启六年(1626年)十二月任都察院左佥都御史;天启七年(1627年)四月任都察院左副都御史(正二品),协理院事;天启七年(1627年)十一月任吏部左侍郎;崇祯二年(1629年)三月,因崇祯清除阉党扩大化,株连许宗礼,于是纳赎为民,罢官还乡。

靳圣居

靳圣居，字淑孔，长垣满村镇大杨楼村人。官至刑部主事。明末烈臣。

靳圣居于万历四十三年（1615年）乡试中乙卯科举人。崇祯元年（1628年）殿试中戊辰科三甲第二百一十一名进士。授河南济源县知县，又调莱阳，素以廉洁有能而著称。后转潞安府推官。

靳圣居为国为民敢于越职上疏朝廷，不畏降职和生死，直声振动天下，令在朝大臣汗颜。

崇祯十四年（1641年），补靳圣居为庆阳府推官。崇祯十五年（1642年），升任为刑部主事。因守庆阳与李自成农民起义军决战，城陷被俘，胁之下跪，骂不绝口而死。庆阳人建双烈祠（与另一位守将段复兴者，誓与靳公共守庆阳而死），春秋祭祀。

死后入名宦、乡贤祠。靳圣居墓位于大杨楼南地两百米处。

魏鸣世

魏鸣世，字景德，事亲以孝闻。举德行，有文名，由万历四十四年（1616年）岁贡，授延庆州永宁县训导。永宁边陲地，素乏弦诵声。至，即以起衰为己任，日夜劝课，从此屡有掇科者，皆化导力也。居五载，升山西寿阳知县，莅邑仅二年，有宽徭役、决疑狱、修学宫、缮营房、除虎盗之害诸善政。以亲老，陈情乞养，上官数留。鸣世曰："知足不辱，知止不殆，吾志决矣。"遂致仕归。居乡十六年，三为乡饮正宾，恬静淡泊。著有《古柏山房集》。寿八十有六。

崔胤宏

崔胤宏,字兴我,尚书景荣季子。风姿俊朗,试辄前茅。天启七年(1627年)乡试中丁卯科举人。顺治三年(1646年)进士,名列三甲第四十八名。和侄子崔崶同时同榜进士,是长垣清朝科举的头两进士。初授监察御史,他高风亮节,多所建树。不久巡按浙江,又起巡两淮盐政。他兴利除弊,两袖清风,节约白银四千两,全部交给朝廷。出为安庐兵备道,杜绝馈遗,清裁冒占,严保甲以靖盗贼,禁加派以苏民困。终三年,属邑无一盗窃者,人称其异。

后以病归里,日与生徒劘切文义。并手辑偏方,岁施药饵,治病救人,活人无算。年饥捐积谷千石为赈,人皆德之。

其兄崔胤茂,为尚书景荣长子,从小好学,工诗文,精书法。以父荫袭锦衣卫千户,署理历事。为官清正敢为,深得民心,著有《巢乌轩诗集》传世。县北关东隅崔氏墓园有胤茂、胤宏的纪念碑。

崔胤茂　　　　　　崔胤宏

张宏道

张宏道,字抱一,长垣人。少年时非常聪敏,博学强记。崇祯二年(1629年)戊辰科登进士。初任山东寿光知县。时正值白莲教造反,百姓多煽惑作乱,宏道用计多方面施恩使其解散,本县安定。父去世,回家丁忧。起补河南南阳知县,在南阳创建县城,多施善政。擢升刑部主事,历升郎中。

已故都督戚继光子嗣宗有战功,后因故放弃守城,上司论罪当死,宏道上章极力申雪言其无罪。调升职方郎中(在兵部掌舆图、军制等事)。出任河北兵备副使,升河北参政。李自成围开封,宏道上疏请去支援,又献计策,不准其请,下诏调回京城为太仆寺少卿(属兵部,掌管马政)。后退休回乡,捐金赈本乡饥民。百姓为其立"恤士"和"惠里"二碑以作纪念。著有《获我斋稿》一书,祀名宦、四贤祠。儿子掘英,孙子元美、元嘉,曾孙允执,俱登乡举(举人)。其家世代显贵。

张宏道与王铎①交好,惠里碑碑文为王铎所撰。

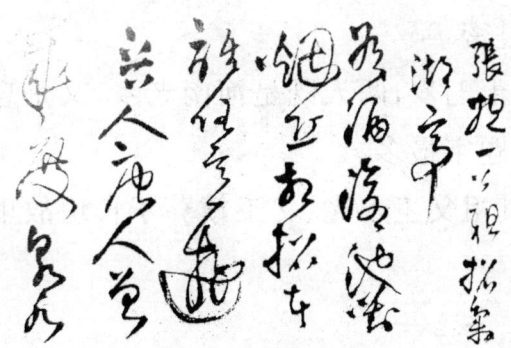

王铎书写的张抱一墓词

注:

① 王铎:1592—1652年,平阳府洪洞县(今山西省洪洞县)人。明末清初大臣、书画家,王本仁的儿子。正如李志敏所评价:"王铎的草书纵逸,放而不流,纵横郁勃,骨气深厚。"天启二年(1622年),考中进士,入选庶吉士,历任太子左谕德、太子右庶子、太子詹事、南京礼部尚书。弘光政权建立,出任东阁大学士。顺治元年(1644年),跟随钱谦益投降清朝,授礼部尚书、弘文院学士、太子少保。顺治九年(1652年),病逝,享年六十一岁,安葬于河南巩义县洛河边,谥号文安。善于书法,与董其昌齐名,有"南董北王"之称。书法作品有《拟山园帖》和《琅华馆帖》等。绘画作品有《雪景竹石图》等。

王鹏冲

王鹏冲（1609—?），字文逊，是明吏部尚书王永光之孙，长垣人。以其祖荫，授锦衣卫指挥同知，清初任都督同知銮仪使及州、县的一般官职。王鹏冲与他人曾为顺治皇帝的登基大典张罗一切礼仪，曾受到顺治、康熙的赏识，被授予都督同知銮仪使，掌管宫中礼仪。他在顺治元年（1644年）八月十日所上的奏请设卤簿①仪仗，成为恭迎圣驾的启本。王鹏冲还是我国历史上最重要的书画鉴藏家，是中华文化的重要传承者，他收藏的书画如今都是国宝级的作品，大多收藏在国家著名的博物馆及美国、日本等国的博物馆内。王鹏冲对待所藏书画的行为品格受到后人的敬仰，被称为王长垣。王鹏冲和当时的大文化人王铎、孙承泽、张学曾、龚鼎孳、曹溶、王鉴等都是好朋友，交往过密。

长垣本《华山碑拓》

王鹏冲比王铎小十七岁，两人既是河南老乡，又是忘年交的好朋友，王鹏冲收藏的书画上王铎题字最多。

王鹏冲死后，同其祖父王永光、父王鏌葬于长垣故里，其墓志铭由大书画家梁清标②撰写。

注：

①卤簿：中国古代封建统治阶级用以体现其尊贵地位，以及防护需要而建立起来的一种礼仪制度。

②梁清标：1620—1691年，明末清初著名藏书家、文学家，名列"贰臣传"。直隶真定（今河北省正定县）人，明崇祯十六年（1643年）进士，清顺治元年（1644年）补翰林院庶吉士，授编修，历任宏文院编修、国史院侍讲学、詹事府詹事、礼部左侍郎、吏部右侍郎、吏部左侍郎、兵部尚书、礼部尚书、刑部尚书、户部尚书、保和殿大学士等职。著有《蕉林诗集》《棠村词》等。

郜献珂

郜献珂,字德章,号潜庵。郜永春之孙。父和母早殁,母崔氏为少保吏部尚书崔景荣爱女,夫亡殉节,以烈妇受到旌表。献珂从小就读于外祖父家,崔吏部对他倍加疼爱,并对他期望很大,一心把他培养成国家栋梁之材。

崇祯六年(1633年)中癸酉科举人。崇祯十三年(1640年)中庚辰科进士,名列三甲第一百一十八名,与祖父永春排名一样。授山西寿阳知县,上任后勤政爱民,打击豪强奸猾,政声大起。调山东曹县,到任后积极擒拿盗魁,革除漕运弊政,劝课农桑,积贮苞谷,百姓得以安居乐业。三年后被荐为县吏第一,擢兵部职方司主事。崇祯十七年(1644年)补吏部验封司主事。

郜献珂

清朝定鼎,归隐乡里,屡召不出。生平喜爱读书,无所不读。晚年善于研究心理学,年八十七岁卒。祀乡贤祠并为曹县名宦。

崔 奇

崔奇,字天柱,号绿墟,明吏部尚书崔景荣之孙。崇祯十五年(1642年)乡试中壬午科举人。顺治三年(1646年)中丙戌科三甲第一百八十五名进士。他是明朝长垣县最后一名举人,清朝长垣县第一名进士,初授山东蒙阴知县。

当时有一部反清复明的地方武装,攻打蒙阴县城,崔奇率领部属坚守城池,并在城头架起土炮向下轰击,贼兵攻城不下,便发怒强攻,崔兵少将寡,求救兵不至,县城遂陷。当时部下劝崔奇躲避一时,崔奇曰:"守土之臣,城亡与亡。家世忠孝义,不当受贼辱也。"遂抱印投于县衙厅事前井中,以身殉职,年仅二十八岁。贼蜂拥至,掘地搜金不见,唯有书数卷,俸米数斗,可见其廉政矣。巡按大臣上奏朝廷,对其人其事进行表彰抚恤。

崔奇

崔奇有《苎萝诗》一卷问世。

崔奇墓位于长垣北关东隅,与吏部尚书崔景荣墓同时公布为县级文物保护单位。现墓高大,立有墓碑和保护标志牌。

张成福

张成福,号天益,凤岗里大黄集(当时属长垣)人。

张成福高大魁梧,性格沉稳刚毅,多智略。明末海上诸寇窃发,郡邑相继失守。成福起自行武,能带兵打仗,他召集曹县、鄄城一带壮士数千人,鼓行而东先解登州、莱芜之围,复黄县。崇祯五年(1632年)擒获九营十八寨盗首秦老章、张三胖等。及流寇李文成起义军攻陷开封、归德后,窥渡黄河甚急,成福借汛期,沿河设防,修筑工事,多树旗帜,以为凝兵,贼不敢渡。又将河南岸士民移河北,安置居所。

崇祯十三年(1640年)岁大饥,河南人相食,饥民造反,地方残破。成福率壮勇千余人,破贼数万于纸坊集。贼复合众十五万,进屯孟大夫集。成福乘夜偷袭进兵,斩其渠魁陈德等,擒斩万余人,余党解散。以功升曹营游击,进升参将,守曹县、鄄城。崇祯十七年(1644年)进升副总兵。

李自成攻克北京,诸军皆望风而降,成福定河朔,招旧部曲建义旗,擒伪将军等,尽俘山东诸伪官,收其印信,拓地千里。又升后府右都督,授剿河北、山东总兵官,加右柱国。

清朝入正蓝旗汉军籍,柱国都督如故,又授正白旗汉军都统,世袭骑都尉。年四十有七卒于官。赐祭营,葬有加。

红娘子

红娘子,姓邢,大名府长垣人,即今河南长垣人,红娘子乃其艺名。红娘子幼年丧母。其父邢公乃濮阳杂技班艺人,丧妻后带领女儿闯荡江湖。先是让女儿拜师习武,后习马术。崇祯九年(1636年),邢公招揽艺人,组建马戏杂技团,取名"邢家班"。

崇祯十二年(1639年),十八岁的红娘子替父掌班,成为班主,并将"邢家班"改为"红艺班"。因其本人平时大红披肩、红装素裹,故江湖人称红娘子。她聪明勇敢、勤奋好学,练就了一身好武艺,在流动卖艺的过程中,她耳闻目睹了当时的种种黑暗现象,受尽了官府、地痞的侮辱、蹂躏和迫害,这形成了她倔强反抗的性格。在这艰难困苦的环境里,她敢于跟黑暗的统治势力进行斗争,处处帮助受苦的人们,成为明末一位行侠仗义的女子。

崇祯十三年(1640年)八月,红娘子带领"红艺班"来到豫东杞县卖艺被侮辱,恰遇杞县文武双举人李岩散粮赈灾济贫,得到救助。红娘子率众起义,攻破县衙,与李岩成婚。崇祯末年,她团结和组织了一批杂技艺人与贫苦农民,在河南信阳鸡公山起义。诛杀贪官污吏、地主豪绅,焚毁官府,破狱放囚,打开粮仓,赈济饥民,深受贫苦百姓的拥护,史书记载有"绳技红娘子乱河南""红娘子贼起""中州时讨红娘子贼"等史实。说明红娘子确实是有一大批群众拥护的一支起义军的首领。后投靠李自成,被闯王收为义女,并随其南征北战,屡立战功。

杜 芳

杜芳,字实夫,号月湖,长垣人。颖悟绝伦,少以复见天心论,受知于学使左光斗①。名重一时,久踬场屋,晚登崇祯十六年(1643年)进士。见时不可为,归隐乡里。清朝定鼎,征授翰林院庶吉士,与大名成克巩②、宛平王崇简③齐名。丙戌分校礼闱,得人最盛;大学士柏乡魏公裔介,其房首也。已,念母年高,请急归,舟行,恨不即至膝下,遂遘疾,道卒。著有《菊有斋集》。祀乡贤祠。

注:

①左光斗:明末东林党的重要成员,累官至左佥都御史,万历"六君子"之一。左光斗自小勤奋好学,万历三十五年(1607年)成进士,授中书舍人。万历四十七年(1619年)被举任为浙江道监察御史。是史可法的座师。为挽救明王朝做出了许多努力。还主持了西北水利空间范围内的京东、畿辅的水利屯田实践。因对抗大宦官魏忠贤而含冤下狱,被捕时家乡父老头顶明镜,手端清水,拥马首号哭,"缇骑亦为之涕零"。不久在狱中折磨而死,享年五十一岁。南明弘光时平反,谥为忠毅。左光斗为官清正、磊落刚直,被誉为"铁面御史",是一位敢于同邪恶做斗争的政治家,而且在治水兴利方面也有独到的见解,取得了明显成效。

②成克巩:崇祯十六年(1643年)进士,授翰林院庶吉士。入清后,在顺治朝历任国史院检讨、秘书院侍读学士、宏文院学士、吏部侍郎、吏部尚书、秘书院大学士、太子太保、左都御史、少保、保和殿大学士兼户部尚书、少傅兼太子太傅等职。顺治十八年(1661年),圣祖即位,复为国史院大学士。康熙元年(1662年)调秘书院大学士。康熙二年(1663年)乞休回籍。康熙三十年(1691年)卒。

③王崇简:顺天府宛平(今北京市)人。崇祯十六年(1643年)中进士。顺治三年(1646年)授内翰林国史院庶吉士,历任秘书院检讨、国子监祭酒、弘文院侍读学士、詹事府少詹事、吏部侍郎、礼部尚书、太子太保等职。

吕补衮

吕补衮,字翰公,顺治六年(1649年)进士,长垣人。授日照知县,以治行荐升礼部员外郎。幼遵太母训,读书于先贤蘧公祠。乙丑捷南宫,初授日照知县。在日照,他设义学、立义仓,除乡总力差种种实政,昭然在人耳目间。抚按经治行第一,交章荐闻,升礼部仪制司员外。去之日,士民夹道阻截,攀卧涕泣,不忍舍去。后为之建祠立碑,至今祝颂不衰。

先生存心仁厚孝友,好善乐施,自服官以及居乡终始无间。年六十三卒于家,家无余赀,唯萧然琴,书当我卷而已。

先生始为正士,终为纯臣,出有功于生民,处造福于乡党,可谓贤矣。

徐谓弟

徐谓弟，字子逊，号青岳，顺治九年（1652年）进士，长垣人。授安丘知县，此县欠税严重，前令皆以去官，徐谓弟上任后搜剔利弊，催科不扰，四境始安。政暇，修学宫、教士子，弦诵声不绝，报最，擢户部员外，转郎中，榷淮安关，以廉干称。

归里，捐资修尊经阁、仲子祠、立社仓，卒，祀乡贤祠。

子端，字恭御，怀柔训导；子范，字敬一，康熙十七年（1678年）举人。

郜焕元

郜焕元，字凌玉，号雪岚，明吏部主事郜献珂之子，县城南街人，和郜炳元为堂兄弟。官至湖广提学道按察司佥事。

焕元自幼聪慧颖敏，十五岁补博士弟子员，十七岁乡试中崇祯十二年（1639年）举人。顺治三年（1646年）中丙戌科进士，名列三甲第八十一名，授山西太原知县。

他上任后勤政爱民，修葺太原城垣，以防不测。不久，有姜姓的逆贼造反。郜焕元召集部下歃血誓守城池。贼众来攻，他率领所属竭力防御，身不解甲七昼夜。后大兵来到，歼贼寇于晋祠内。以功升刑部主事，又擢为湖广提学道按察司佥事。上任后，规正文体，杜绝请托，所选拔生员大部成名士。顺治十一年（1654年）甲午乡试，自元魁以下凡得中者九十三人，一时传为盛事。

郜焕元

后请求告归，年仅三十余岁。回家后闲居奉亲，栽花莳竹，间游秦晋、大梁、齐鲁、吴越间。所留诗词古文甚多，与邓州彭而述、益都赵进美、莱阳宋琬、遵化周体观、永年申涵光、阳武赵宾，称为"江北七才子"。所著有《猗园存笥稿》数十卷，藏于家。

郜炳元

郜炳元,字虎振,号飞虹,长垣南街人。顺治二年(1645年)乙酉科乡试第一名举人。顺治三年(1646年)又中丙戌科联捷进士,名列三甲第二百一十四名,授湖广孝感知县。

时楚地有乱兵,有贼号称红旗者久攻不下,誓不归顺朝廷。郜炳元单骑入山,开诚布公,晓以大义,解下身上佩刀和贼共同剧饮,酒醉即卧于贼垒中。贼大感其诚,心悦诚服,出降归顺。

其后,有一县吏侵吞库金若干,郜炳元发现治之。该县吏怀恨在心,存心报复,去贼中行反间计。贼中计即发兵来攻县城,时城内无守城工具和兵将,城遂陷。炳元叹曰:"我受国恩,将以图报,不幸为鼠辈所害,乃命也!"遂为国捐躯,其妻也骂贼而死。

崔蔚林

崔蔚林(1634—1687年),字夏章,号定斋,又号玉阶。原籍新安(今河北安新)人。随父崔九围入籍长垣。崔蔚林好读书,顺治十五年(1658年)中进士,选庶吉士。升弘文院侍读,晋侍读学士,转翰林院侍读学士。崔蔚林好王守仁之学,康熙十八年(1679年)十月十六日,呈上讲章《大学格物诚意辨》,对朱熹有微词。崔蔚林与康熙帝有过激烈争论,为圣祖所不悦,斥其"本无知识,文义荒谬,岸然自负为儒者,真可鄙也"。晚年中风,手脚俱瘫,于是请求退休。公历事两朝,三十年来远权势、杜请拖,严气正性,直方不阿。至公居乡,专以兴除地方利弊为念,且嘉惠后学,公而益广者矣。康熙二十六年(1687年)十二月十三日病卒。著有《四书讲义》《易经讲义》《解易》等书。

杜宸辅

杜宸辅,字道宜,庶吉士杜芳子也,长垣人。少有至性,痛父殁,事母极孝,奋志读书,早为学使者所拔识。顺治十一年(1654年)举于乡,十二年(1655年)联捷成进士。授户部主事,转员外郎中,理通仓粮储及榷税浒墅关,厘剔积弊,人皆便之。迁关内兵备道,摄臬司篆,平反甚多。后以失,出镌级。归,怡如也。复起,为陕西洮岷道佥事,未几,卒于官。生平慷慨,不治生产,与人无竞,仕宦二十余年,家无赢粮,人重清德。

崔徵璧

崔徵璧(1639—1714年),字方崖,号文宿。明吏部尚书景荣曾孙。祖父胤茂荫袭锦衣卫正千户,任锦衣卫指挥同知。徵璧从小聪颖过人,读书过目不忘,文才出众。康熙八年(1669年)中己酉科举人。康熙九年(1670年)殿试高中庚戌科联捷皇榜进士,名列三甲第三十五名。初授内阁中书舍人,转授中翰兼《充实录》纂修,《一统志》收掌官。

康熙二十三年(1684年)主管湖广典试。康熙二十八年(1689年)转登州府同知摄宁海州篆卓翼。擢江南松江知府。不久,任调河南怀庆知府,任职期间开归道、除陋规、清讼狱,吏民皆感恩戴德。崔徵璧在所任各职中克勤克俭,忠于职守,深得康熙皇帝喜爱,为表彰其功绩,特御制匾以褒奖之。又命陪皇上宴游皇家内苑。康熙帝西巡回渡孟津,命徵璧随至沁河赋诗讲易,与徵璧亲密无间,无话不谈。

康熙四十八年(1709年)升通政司参议历太仆少卿左佥都御史,累官副宪晋少司空。万寿潭恩晋资政大夫工部右侍郎,管宝源局,此官为清代长垣人任职最高官职,诰赠三世考妣和真官名号一样。

崔徵璧生性喜爱读书,闲暇时与同僚、门生谈古论今。著有《西清初学编》《诗韵鹄》《东海集》《金台》《怀庆游梁诸集》《岳渎陪祀记》《存仁录》等书行世。

崔徵璧卒于康熙五十三年(1714年),享年七十六岁,墓葬城北西邓岗村,后移城北关东隅崔氏园,重立崔徵璧纪念碑。

有子崔玠任光禄寺中宪大夫、云南永北府知府,子崔玲擢湖南岳州知府、光州直隶知州。

成象斑

　　成象斑，字宸御，布政使仲龙子，长垣人。崇祯十二年（1639年）举人。幼颖慧，五岁善属对，少长能文，援笔立就。天性至孝，八岁时，继母患心疾，昼夜侍，目不交睫。叔少龙抚其额曰："此儿殆今日之曾闵①矣。"随父宦浙东，遍游天台、雁荡诸胜，与倪元璐②、王季重③交最善。每一诗成，前辈皆为击节。文正尝曰："宸御嶔崎磊落人也。"洎随父归，明年甲申，流寇陷长垣，劫缙绅而西。象斑冒锋刃，脱父于厄。顺治初，象斑父起参政，进布政使。病归，躬侍汤药，三年父殁，水浆不入口者五日。生平见义必为，于兄弟孝友无间言。卒年四十有八，著有《永言集》《还岫草》。弟象珵，字青螺，顺治八年（1651年）举人。子霈，字缦章，贡生，有诗名，著有《可适斋集》。

注：

①曾闵：曾参与闵损（闵子骞）的并称。皆孔子弟子，以有孝行著称。

②倪元璐：明末官员、书法家。天启二年（1622年）中进士，以庶吉士授编修。崇祯八年（1635年）任国子祭酒。崇祯十五年（1642年）起用为兵部右侍郎兼侍讲学士，次年拜户部尚书兼翰林院学士，不久又兼摄吏部。倪元璐书法灵秀神妙，行草尤极超逸，最得王右军、颜鲁公和苏东坡三人翰墨之助，与黄道周、王铎鼎足而立，并称"明末书坛三株树"，成为明末书风的代表。

③王季重：字思任。万历四十七年（1619年）进士，历任兴平、当涂、清浦知县，袁州推官，江西佥事。为礼部右侍郎兼詹事，进尚书。诗重自然，才情烂漫，惜放纵太甚。有《王季重十种》传世。

王元燝

　　王元燝，字承轩，号乐庵，侍郎家桢子，长垣樊相人。博览群书，弱冠补县学生，旋食饩。甲申寇乱，父兄俱死难。元燝被执①而西，远置沔阳。顺治元年（1644年），寇平乃得归。奉母教子，家虽贫怡如也。子维坤，顺治十八年（1661年）进士，授四川梓潼知县。迎养②，人或以为远者，元燝则欣然往，历云栈剑阁之险，著《蜀道论》。未几归，益延师教诸子，以文学世其家。

注：
①被执：被俘或被押解。
②迎养：谓迎接尊亲同居一起，以便孝养。

王元烜

王元烜,字用恒,号似轩,明兵部侍郎王家桢之子,长垣樊相人。

王元烜幼时聪慧,记忆力强,喜读书,康熙五年(1666年)中举人。授江南武进知县。武进是常州附郭,本地差繁赋重,讼狱繁多,号称"难治"。元烜精于听断,无滞留案事。民皆德之。陈椒峰①、王瑊赠序云:"凡利于民者莫不兴,妨于民者莫可去。"

武进缙绅②如尚书赵申乔③、侍郎周清源④、部曹徐永宣⑤、清门邵长蘅⑥等二百余人赠诗称颂王元烜,编为《赠言集》。

王元烜著有《惜三斋诗稿》。

注:

①陈椒峰:名陈玉璂,字赓明,号椒峰。康熙六年(1667年)进士,官中书舍人,《今世说》称:玉璂每读书至夜分,两眸欲合如线,辄用艾灼臂,久之成痂。盖亦苦学之士。又称其所为诗文,旬日之间,动至盈尺,见者逊其俊才。著有《学文堂集》四十三卷,及史论数百卷。

②缙绅:旧时官宦的装束,转用为官宦的代称。

③赵申乔:字松伍,又字慎旃,号白云旧人,江南武进(今江苏常州)人。清朝大臣。授刑部主事、浙江布政使,迁浙江巡抚。后拜左都御史,迁户部尚书。

④周清源:康熙九年(1670年)中进士。授商丘知县,颇有惠政。卒于任,时年七十七,谥号恭毅。雍正元年(1723年)加赠太子太保,入祀贤良祠。

⑤徐永宣:清文学家、诗人,徐元琪子。康熙三十九年(1700年)进士。授户部主事,不赴任,辞官家居十年,致力于诗古文辞。著有《茶坪诗钞》10卷、《茶坪诗续钞》6卷、《云溪草堂诗草》3卷、《徐永宣诗选》1卷、《毗陵唱和集》、《醉吟雅集编》,辑《清晖赠言》10卷。

⑥邵长蘅:一名衡,字子湘,号青门山人,诸生。因子除名,后入太学,罢归乡里,再未求仕,以布衣终。其诗具有浑脱苍凉、流畅自然的特点,著有《青门全集》。

王维坤

王维坤，字幼舆，号鹅知，明兵部侍郎七省总理王家桢孙，长垣樊相人。王维坤生而聪慧，日记数千言。家桢抚其顶曰："此吾家千里驹也。"王维坤未成年补县学生。顺治十七年（1660年）、十八年（1661年）联捷中进士，授四川梓潼知县。康熙四年（1665年）云南土司王耀祖反清，维坤引退未归，四川失陷，率妻子家人窜山谷中，辗转迁徙至遵义地方蛮寨中，与少数民族杂居，备极流离。清廷荡平王耀祖后，始得归里。遂隐居城西青岗，率小儿子躬耕薄田，以供家用，自称"青岗农父"。

王维坤生平最好读书，尤爱山水，故好旅游，所历山川风土皆记以诗。有《搜弃集》十二卷，《渐细斋诗文集》若干卷。

李振世

　　李振世,字章六,号卧衡,长垣南蒲街道雨淋头村人。康熙五年(1666年)乡试中丙午科举人。康熙九年(1670年)殿试中庚戌科三甲第三十六名进士,初选获嘉知县。不久,补江西永丰知县。后又擢理藩院判,次年升户部河南司员外郎。康熙二十六年(1687年),典试江西,因各项事物办得圆满,被称为得人。又迁刑部江南司郎中。

　　是时楚地因裁兵发生兵变,朝中大臣保举贤能,擢湖广驿盐道按察司佥事。因功又迁陕西凉庄道布政使参政。

　　后以疾乞归乡里,著有《退食稿》。卒,祀乡贤祠。

　　其墓位于雨淋头村东南地,古有石牌坊、石马、石人等石像生群,皆毁于1958年前后。

　　李振世教子有方,为城南官宦世家。其子名凤藻,任知县。季子仞千,康熙三十五年(1696年)乡试中丙子科举人;康熙四十二年(1703年)癸未科进士,名列三甲第一百零九名。曾孙李云啸,雍正七年(1729年)荣登己酉科举人,雍正八年(1730年)殿试中庚戌科三甲第八十九名进士,曾任四川眉州知州、河北直隶知州等职。曾孙李云骥,任广西藤县白石镇巡检。

吕非虎

吕非虎,字君辅,号立斋,长垣人。康熙二年(1663年)举京兆,授临朐县知县。

临朐为古城,大姓望族较多,常恃家世而横行乡里,邻里相视莫敢奈何。吕非虎上任后加以严惩,使其有所收敛。又严保甲,厉赌禁,以清盗源,使该县风俗大变。吕非虎用自己的俸禄捐建奎阁,以考试选拔人才,使临朐士风大变。

吕非虎治理临朐六年,被荐为户部主事监中南仓。后因积劳成疾,卒于任上,年五十七岁。朐人思公不忘,纂公政为《令朐治要》一书。

黄运开

黄运开,字浡然,长垣人。生而魁伟,好读书,补郡学生。事亲孝,居丧哀毁尽礼,尝结茅讲业河干,从游者户外屦满,有诎于赀者,出衣食赡之,弗靳。生平重然诺,好施与,人有不能娶、不能葬者,求无不应。尝勖家人曰:"彼范氏义田之设,麦舟之赠,独非人情乎哉!"族有遗孤遗女,抚之若己出。乡里皆慕其德,或有过,辄相戒曰:"毋为黄公所知。"其为人敬惮如此。季子图昌,康熙十五年(1676年)进士。诫之曰:"读书立志,当为第一等人,弗以科名自喜也。"家近陶北河,引水开莲塘数十亩,觞咏其间。年八十有六卒。

杨绿绶

杨绿绶,字公垂,号易轩,长垣人。杨文昌之曾孙。官至按察司副使。

绿绶自幼英姿敏捷,勤奋好学,读书一目数行。康熙二十年(1681年)中辛酉科举。康熙二十四年(1685年)乙丑科殿试中进士,名列三甲第二十六名,授山东定陶知县。上任后注重教育事业,认为"为人当以教养为先"。此县四十年未有生员考中进士,乃建文书院,聚邑生童读书学中,并亲自教授。康熙三十二年(1693年)、三十五年(1696年)有三人参加殿试,皆中进士,从此该县文风大振。康熙三十四年(1695年)北征噶尔丹,所派军需车辆,预办立付,而不扰民。由于政绩突出,钦命赴京任职,士民相送者堵塞路途。

康熙三十八年(1699年)授刑部山西司主事,旋升刑部员外郎。他办案细致谨慎,尚书王士正说:"杨君慈祥,和乐简易,是人才也。"又转户部云南司郎中。

康熙四十七年(1708年)擢任湖广安陆知府。此地爱打官司,告状者甚多。绿绶以情与礼义感动之,告状诉讼者渐少。由于政绩突出,遂进按察司副使。未及上任,因病告归,卒于家。著有《玩易轩诗集》。

子杨越梓,康熙四十七年(1708年)举人,考授内阁中书以例候选员外郎。生平好善乐施,能拯人危急,设义田、立杜学,灾年首捐银米,行年六十卒于家。孙钟恒,字来峰,官任丘、蠡县训导,能培植寒畯,两学弟子员多登科者。居乡周恤亲族,修学宫两庑及名宦乡贤祠、先贤仲子祠,卒年五十六。孙钟麟,字宾初,任湖南沅州府通判署茶陵州知州。灾年倡建粥厂以赈,有父风,卒年七十有四。

李 璠

　　李璠，字鲁玉，号辉岩，长垣人，少孤力学。康熙二十年（1681年）举于乡，三十三年（1694年）成进士。授山东诸城知县。康熙三十八年（1699年）为乡试同考官，精于鉴别，大学士泰安赵公国麟出其门。丁母忧，服阕，补山西清源知县，调马邑，俱有政声。子：坤，雍正元年（1723年）副榜；坊，拔贡生。

李允秀

李允秀，字俊卿，长垣人。康熙二十七年（1688年）进士，授桐城知县。

他决疑狱，雪沉冤，正风俗，敦教化，政声大起。后因得罪上司，任浙江衢州府经历。他不计较迁谪，常游于山水之间，与友人登临赋诗。

当地居民因水利纠纷而数年争斗，历届官府毫无办法。李允秀亲临考察，划分流域，解决了多年不决的民事纠纷，使数百顷农田得以灌溉，当地百姓齐颂其德。

李允秀年六十九卒于官。著有《纳凉集》《春秋左传论文》《续志稿》等。

史帝臣

　　史帝臣,字简公,号任庵,长垣人,天性孝友。康熙三十二年(1693年)举人,丁亥授四川宜宾知县。莅任月余,结数十年未结之案,判断明敏,县民颂之曰"铁面冰心"。居数年,招徕二千余户,垦田六百余顷。后复补荣昌知县,大足并入荣昌,地广事繁,值西陲用兵,军需孔亟,应手立办,皆以为能。又立义学,课诸生,是科获中者二人,邑从来未有也。蜀中共推为循吏云。

崔 玠

　　崔玠,顺治十七年(1660年)出生于长垣丁栾镇西邓岗村,崔徽璧之子。康熙四十年(1701年)任云南永北知府。雍正年间升为光禄寺中宪大夫。崔玠有四子,其中长子崔汝城,任云南省永北知府,中书舍人;次子崔汝庸为贡生。

崔 珨

崔珨,字季协,号青岩,崔徵璧之子,以荫生①拣选仓场监督,食员外郎②俸,后调海运仓。康熙四十九年(1710年)升户部湖广司郎中,擢岳州知府。为政果毅明决,三载,因公罣③、吏议④,乾隆年间送部引见⑤,发往河南永城办水灾赈恤。事竣,授河南上蔡知县。举卓异,复调南阳,升光州直隶知州。告归,在河南永城浑河集二里处遂卜居之⑥,取名崔楼。

注:
① 荫生:古代凭先代有功而取得的监生资格。
② 员外郎:正额以外的郎官,相当于各司的次官。
③ 公罣:因过失或牵连而受到处分。
④ 吏议:为官吏议事。司法官员关于处分定罪的拟议。
⑤ 送部引见:对犯错误的官员赴吏部引见,以作降职或调用。
⑥ 遂卜居之:通过占卜,择地居之。

吕兆琳

　　吕兆琳,字敬之,长垣人。乐善好施,修夹堤桥,葺杏坛东庑,复蘧子祠旧址。常施棉衣、棺木。康熙四十七年(1708年)旱灾,减价粜粮,本府给匾旌之曰"惠济惟桑"。子:好谦,州同;宗谦,国子监生,孝友,能承父志,力行义举。宗谦又修留养局,知县屠祖赉曾表其门。孙:烈、照,监生;燕,贡生。共捐夹堤村肥田二百七十亩为义田,以赡亲族贫乏。曾孙:越垣、越坊、越环,监生;越圩、越圻、越塈,业儒。嘉庆八年(1803年),河决衡家楼,黄水直注县城,垣、坊兄弟首倡义举,出赀财,备物料,筑堤捍御,襄事者共二十四村,垣族兄生员元弼与焉。自九月望日至岁底,加筑昼夜不息,城西一带得免水患。大名道徐、署知县林煜堂俱加旌奖。越垣兄弟以功让元弼。督院入奏,元弼加训导衔。

项德俊

项德俊,字新峰,长垣人。少颖悟,经史百家,莫不掇其精蕴。弱冠入邑庠,嗣后,屡困场屋,藉授徒以自给。凡经其指授,多蜚声庠序间。尝游大伾,登绝顶,坐古松下,啜①苦茗,俯仰长啸,意气自得。数往来僧舍,与释方贵善。工书法,能自成家。狂草颇怪伟,尤善绘事,得之者争藏弆②以为重。喜饮酒,至醉不乱,醉后墨渖③淋漓,亦不甚爱惜。性质直激拘,遇贵显者,恒避之若浼④焉。以故贵显人欲求书画者,反从贫士、山僧购得之。德俊故庶出,娶吉氏,合卺夕,误触其讳,德俊以为慢,遂终身不御。后亦稍悔,卒无子。而传其书画法于郭新科。新科滑县人,亦早卒。

注:

①啜:饮。
②弆:藏。
③渖:汁。
④浼:污染、玷污。

张 楷

张楷,字瞻式,号嵩亭,长垣人,曾祖张成福任右都督。按初隶正蓝旗汉军籍,由旗籍中康熙四十一年(1702年)举人,四十六年(1707年)授东阿知县。官至户部尚书。

张楷处理事情非常果断,有诉讼者当场决断,没有一例积案。卓异,升朔州知州,擢安庆知府。

皖口居七省要冲,桥梁毁坏常有溺水者。他选了新址重建,让开了江水湍急的地方。城西南张家港,怪石林立,舟触辄碎,给航运带来严重困难。他察看路线,组织力量开挖了内河数十里,避开险恶之处。他执政十年,政绩显著。

雍正元年(1723年)擢江西饶九南道,改浙江督粮道,升江苏按察使,转任江浙布政使。所至有声,三年后,擢江苏巡抚,又任礼部侍郎。补湖北巡抚,旋调抚陕西。他认为陕西为边陲重地,必须屯粮草,以备战事,于是储粮二百八十万石,又贮兵粮二十余万,受到朝廷嘉奖。

后又调抚安徽安庆。老百姓万人空巷,夹道欢迎,声动城郭。乾隆八年(1743年)召补内阁学士,迁仓场总督,户部右侍郎。乾隆九年(1744年)正月晋户部尚书,未莅任而卒,终年七十五岁。

子书升,候选知州;孙勤修,福清知县;曾孙敏政,乾隆三十年(1765年)举人,衡水训导。

崔 镛

崔镛,字大钟,詹事崔蔚林之孙。从曾祖父崔九围起侨居长垣,遂为长垣人。

康熙五十二年(1713年),崔镛中癸巳恩科举人,初授山西阳高知县。阳高为边地,边民不善于耕作,生活穷苦不堪。崔镛教边民种植树木、耕地,边民生活逐渐富裕。又设义塾,使边民子弟懂教化、知礼仪。两年后,此地民歌曰:"食我八口,吾崔父母。"意思是说:"我家八口人有吃有穿,全靠我们的父母官崔镛的大恩大德。"后辞官归里,闲居在家。

乾隆二十一年(1756年),县民遭受饥荒,崔镛率领诸绅士建粥厂,救饥民。又劝各界多施捐助,救活饥民无数,民皆感其恩德。

杨 任

　　杨任,字志伊,安陆知府杨绿绶曾孙。父钟恒,蠡县训导,母王氏列《孝妇传》。任补诸生,试辄冠军。乾隆十八年(1753年)膺选拔,授知县,分发山东,署乐安邹平县事。乾隆二十一年(1756年)四月,署莒州知州。是秋补蒙阴知县。丁父忧,服阕,补广东和平知县。除积弊,惩不法,政声大起。调潮阳,擒盗首嵩羔新置于法,内株连良民二十余人,悉请于上台释之。乾隆四十六年(1781年)内升太常寺博士,乞假归,卒。

王　森

王森,字荣六,长垣人。康熙五十三年(1714年)举人。任四川南江知县。

该县地处偏僻,风俗简陋,处于未开化状态,男不事诗书,女不知纺织,酱醋食物,俱需之他邑。王森上任后兴办学校,择生童教育之,并教民纺织,制酱造醋。短短两年,南江县户有弦诵声,布鬻于市,食物粮备。

南江处于山区,虎豹成为大患,人们往往谈虎色变,白天不敢出门,晚间不敢出户。王森挑选了六十个彪形大汉,组成了专业打虎队,打到老虎者重赏,从此虎患逐渐消除。

王森在南江居官九年,为老百姓办了许多好事,当地老百姓对其感恩戴德,世代怀念。

顿　权

顿权，字右衡，长垣人。雍正十一年（1733年）进士。授云南保山知县。

保山属深山区，民食缺盐，顿权申请上级拨发安丰井盐十五万，以供保山民食。保山澜沧江险恶难渡，他自捐俸银，修建澜沧江铁索桥，使山民生产生活两便。顿权重视农业，率民众修复武侯堤堰，灌溉川内耕田，一时稼禾丰茂，民食自足。顿权重视教育，引导山民子弟读书，建永保书院以储人才，官民皆爱戴之。

后顿权升缅宁厅（今临沧县）通判。其间为政率从宽大，请建城垣、鼓楼，兴义学，设施井。随后以病告归。

崔　钥

崔钥，字丽水，号坦园，詹事崔蔚林之孙、崔镛之弟也。崔钥从小聪颖慧敏，未成年就成为县学生。雍正七年（1729年）乡试中举。乾隆二年（1737年）丁巳恩科会试中式后，突闻母病驰归。乾隆四年（1739年）己未殿试中进士，名列三甲第四十二名。崔钥是清朝科举中长垣县最后一名进士。

乾隆八年（1743年），崔钥被选拔为陕西山阳知县。他修学宫，办义学，使文教大兴。不久，调陕西省洛南县，因他为官清廉，到哪里只喝一杯水，所以就有"但饮一杯水"之颂。后又改任四川石泉知县。乾隆十六年（1751年）调四川保县。乾隆二十年（1755年）升杂谷厅理番同知。乾隆三十一年（1766年）升任直隶茂州知州。

乾隆三十四年（1769年）积劳成疾，卒于官。四川保县县民为其建祠，以示纪念。

李 骏

　　李骏,字冀超,号肖石,世居徐州铜山县。其父李松年,官河南,下北河同知,侨居长垣。李骏遂入籍为长垣人。乾隆二十一年(1756年)乡试,李骏中举,历官内阁中书翰林院起居注主事。李骏少时受业于钱塘桑弘甫,学有渊源,经义宗汉儒,明训诂,所为诗文雄浑流丽,文风最近苏轼[①]。李骏生性至孝,其父松年常称之。其弟李骃,字成夫,授甘肃令。李骏有三子:受曾、受叙举孝廉,友曾候补县丞。受曾出仕甘肃,守甘凉诸郡,颇有政声。

注:

①苏轼:1037—1101年,字子瞻,又字和仲,号"东坡居士",因此也称"苏东坡",南宋高宗朝,赠太师,是北宋著名文学家、书画家、散文家、美食家和诗人。

吕原惠

吕原惠,字尔聪,号俊民,长垣人。岁贡生,就职训导。吕原惠平素专心研究《史记》《汉书》,兼好韬略。

嘉庆十四年(1809年),县令李重修县志,吕原惠参与校刊,他杜绝请客托人情,校正讹误,附证新志后,出版以传后世。

嘉庆十八年(1813年),滑县李文成造反,滋扰长垣,吕原惠当时在滑县大寨授徒,倡义团勇练。吕原惠居中调度,前后十三战,使长垣西北一带村庄,贼不能犯。

县令以"报国爱民"之名报朝廷奖誉之,命其到滑县乡勇营效力。后归隐里巷,口不言功,时称高人。

张治忠

张治忠,字景岳,长垣人。廪生(即秀才)。

七世祖张成福为河南、河北镇总兵官,高祖张楷为户部尚书,祖父张勤修为福建福清知县。

张治忠生而聪慧,无世俗之好,沉毅正直,使人望知非常人。他博学不倦,喜为诗歌,名其集曰《焚余》。

嘉庆十八年(1813年),滑县李文成起义,张治忠与贼战于大黄集以东,杀敌二百余人,生擒三人,获马二匹,器械无算。终因森林遇伏,马蹶跌落被杀。

崔清彪

崔清彪,字京武,长垣丁栾人。武秀才。

其先世以诗书传家。清彪有"投笔从戎、立功封侯"之志。平时慷慨,尚节义,为百姓解纷排难,乡党依以为重。

嘉庆十八年(1813年)秋,滑县李文成起义,清彪与弟清夔倡议拒敌,以丁栾村乡勇组织设防,以丁栾为县北屏障,使李文成部不能侵犯长垣。

崔清彪与李文成交战数次,每战皆胜,破贼巢数处。后贼兵大至,四面合围,村人有通贼者,导贼入村。团兵战不利,多死伤,清彪提剑与巷战,力穷被捉,骂贼不屈而死。弟清夔率子侄及家丁冲围出栾,然敌百余人,生擒敌首数人,退守滑县。后随官兵攻城。

事后,人奏得旨,清彪入忠义祠。其子武生崔周以千总叙用,弟清夔分发陕西以九品试用。

郭有成

郭有成,长垣常村镇小郭集人。少时性豪迈,不拘束,有侠气。姿貌雄伟,自负不羁,轻捷健步,走如奔马。

嘉庆十八年(1813年),滑县李文成起义,长垣苇园王士元响应,县长赵纶及滑县强公先后遇害。南北百余里,贼众充斥,所过掳掠一空,民甚苦之。

当时邑人吕原惠授徒于滑县之大寨村,与村人王廷栋谋聚乡勇以拒敌,有成往投之,战皆胜,威名大振。后被清廷将官杨遇春招致麾下,数立战功。贼平,有成被任以千总,随杨西去,荐升都司。及杨公退休,有成郁郁不得志,亦引疾归。

贾云露

贾云露,又名长志,字平西,法号光明。生卒不详,约为清嘉庆年间人,长垣杜胜集(今东明县马头镇贾庄村)人,少林佛汉拳公开传艺的第一代祖师。

据山东东明高村《佛汉拳续谱纪念碑》记载:清道光十二年(1832年),少林寺武僧释普净(俗名徐修文)法师云游至长垣杜胜集一带,该地武风颇盛,民众多习洪拳,时有马头贾庄贾云露、安本屯田魁皂者,皆好武,颇有名,与法师较技不敌,遂共拜为师,学艺少林寺暗藏门佛汉拳械。约清咸丰年间,贾云露广开宗风,传徒立派,长垣魏庄街道大王庄、县城西街所练佛汉拳皆由其弟子从山东直接传授。尊立徐修文为祖,并编排二十字"内(普净法师)、初(贾云露)、山、寺、团、同、胜、国、少、年、好、者、思、理、多、君、猷、民、则、安"为续辈传灯家谱,享誉武林。

暮年,贾云露隐身于河北省大名县东关附近,传拳授艺,从者甚众,影响较大,被尊为一代宗师。

吕兰昌

吕兰昌，字馨洲，长垣樊屯村人。道光十一年（1831年）恩科武举，由军功加蓝翎，候选卫千总。

吕兰昌素性豪迈，英伟过人，且娴武略，纵有子弟之能念书者，亦令练习技勇。咸丰年间，豫东捻军相继窜扰，烽烟满地。咸丰十一年（1861年）十二月初三，捻军由封丘窜入县境，兰昌亲率子弟与张鉴廷等带人行至张寨，遇敌截击，毙敌无数，捻军向东逃去。兰昌等连夜追击，初四日黎明追至王家堤。弥天大雾中捻军拥至，全军遭围，勇丁们因感兰昌忠义，无不誓同死战，后同兰昌血战阵亡。

兰昌子吕经、吕凯等志报父仇，誓不生还，俱皆战死。其弟兰亭带兵往救，在张家寨遇敌血战捐躯。同治元年（1862年）四月二十日皇帝下旨照例抚恤，为吕兰昌等建祠，以慰忠魂。

李尔昌

李尔昌,字裕堂,长垣谷家寨人。道光二十九年(1849年)科拔贡(同举人),以教谕候选。胞弟李卜昌,字兆堂,道光三十七年(1857年)科拔贡,就职州判候选。二人幼均好学,慷慨助人,乡人皆钦敬之。

咸丰十一年(1861年),豫东白莲教、捻军相继起事,扰及京城以南。长垣县与豫东北地相接,风鹤频惊。尔昌等首先捐资响应县令刘公劝谕,于本村倡立寨堡,并会邀武生薛占鳌等练集乡勇数千人。是年十月初五,适东匪由滑县窜入县境,尔昌兄弟会同堂兄附贡生李蕃昌,堂弟武生李际昌、运昌,邀集薛占鳌等督率团勇迎击,战贼于鱼寨,大胜。捻军挟被击之仇,于十二日辰刻突至,四面围攻。尔昌弟兄五人等奋激勇丁,不力被害。

后县以上官员将此役奏明皇上,于同治元年(1862年)四月二十日下旨议恤,准本地建立专祠以慰忠魂。

侯维屏

侯维屏,字翰之,道光十一年(1831年)生,长垣高店村人。他生而谨厚,事亲孝,虽穷居寒素,而读书忘卷,昼夜不少息,弱冠后补博士弟子员,由增广生食廪饩①,光绪十二年(1886年)贡生。因家贫,设学乡里,生徒咸去从焉,他口讲指授,谆谆无倦容,凡经其启牖②者,率多成名以去。中年疾生于眦,右目看不清,然求学者仍不断,他仍教之诲之,数十年如一日。他卒于光绪二十五年(1899年),寿六十九岁。一生以教书为业,为一时长垣名儒。其同门诸生将君之素行付诸贞珉③,以志不忘。

注:
① 食廪饩:指科举时代由公家发给在学生员的膳食津贴。
② 启牖:启发诱导。
③ 贞珉:石刻碑铭的美称。

冯 遴

冯遴,字朝选,由行武入长垣营食守粮。咸丰五年(1855年)随正定总镇朱进剿捻匪,时贼众蚁聚雉河老巢,势甚张,攻破之,以功给五品蓝翎。又以解亳州围功,晋署小滩把总。不及。家居日与弟设学授徒,成就甚多,武试县首多出其门,群以"教泽维新"匾额其间。卒之日,民皆巷哭,不期而会吊者数百人。

王汝赓

王汝赓，字赞廷，长垣王辛庄人，生于清同治十三年（1874年），卒于民国二十五年秋（1936年），享年六十二岁。

其少年入学宫，中秀才。戊戌变法后，复毕业于北洋师范学校。与李建勋、陈笃之为友。宣统二年（1910年）三十六岁任大名府教育会会长，同时任临时省议会议员。民国三年（1914年）任长垣劝学所所长。在他的努力下，长垣增设小学百余处，高级小学六处，长垣民国时期教育的兴盛从此开始。

后来又调任大名府中学校校长，与当时势力很大的天主教堂争校地，这一正义之举，受人敬佩。后被选为河北省议会议员，连任一、二、三届。又以长垣沿河滩地不堪耕种，提请豁粮改租，凡七次，始免粮租三年。因得罪当权者，被调为河北无极县县长。

任无极县县长期间，兴教化，劝农桑，勤畜牧，不数月民俗大变。遇有案件，明察暗访，公决明断，案无留牍。昼夜辛勤劳顿，无极县人皆可与知。

民国十五年（1926年）解官回老家王辛庄，日益致力于学。奖掖后进，唯恐不及。有《日记录》传世。

单 琳

单琳,清长垣治岗里人,精枪法。时值刘之谐之乱,河南候补县丞林览纠众讨贼,琳赴之,至庐氏猝遇贼党张汉朝,率众数万人至,览以七百人当之,琳奋勇直前,所向披靡,自辰至酉,贼大溃,斩获甚众。后在均州老河口剿灭余贼,屡立战功。事平,以亲老辞览,归。后传其技者数十人,皆有声。

麻清奇

麻清奇，清长垣后刘口村人。生于道光十九年（1839年），兄弟六人。同治元年（1862年）武庠生，三年（1864年）武举人，七年（1868年）武进士。初任御前侍卫。期满，任湖北荆门营游击，加参将衔，授武义都尉，赏戴花翎。光绪十七年（1891年）十二月卒，年五十三岁。

李华祝

李华祝，字献三。长垣人，邑之望族也。生而岐嶷，聪颖过人。弱冠食饩，蜚声庠序间。咸丰十一年（1861年）捻匪跳梁，人人危惧。华祝乃练乡勇，捍卫地方，匪无能肆。河决筑堤，董其事，人利赖焉。历署满城、任丘教谕训导。所至以培养人才为归。一时知名之士多出其门。华祝为学，以宋学为体，汉学为用，究以力行为先，士林宗之。

刘云会

刘云会(1844—1924年),字际臣,长垣苗寨镇田寨村人。性诙谐,温文尔雅。幼年时,适逢太平天国起义,云会弃文习武。同治九年(1870年)中武举。同治十三年(1874年)中甲戌科进士,殿试一甲第三名,同治皇帝钦点探花及第,任御前花翎侍卫。

刘云会负责把守后宰门(今故宫后门)。后上书要求外任,调他为山东济南守城营参将(大军区的第三把手),继而升迁署理沂州营副将(次于总兵,等于现在的军区副司令员)。光绪十八年(1892年)调补抚院中军参将;二十三年(1897年)皇上派他入贡院总查考场事务,并赏换二品顶戴;二十七年(1901年)仍署理沂州协镇(副将);二十九年(1903年)复回参将任。宣统元年(1909年)任山东临清协镇,三年(1911年)仍留抚院总理营务。清朝灭亡,告归(六十七岁)。

他在山东三十余年,熟谙军务,任事详真,所致人民爱戴。年过古稀,犹能骑射。县人欲任其为全县警董,他以老辞;民国五年(1916年),大总统黎元洪特授其为将军府际威将军,亦以老辞。

民国十三年(1924年)染泻疫卒,年八十岁。

张清源

张清源,从九品衔,长垣张庄村人。同治七年(1868年),捻匪自山西窜入直境,先期蒙前县刘谕令团练,至本年三月初十日,马贼猝至,清源同胞叔张鎮、堂弟张清江率领本里丁勇二百余人堵御,及与贼遇,开施枪炮,杀贼十余人。清源奋臂大呼,争先赴敌,左突右冲,手刃悍贼,刺毙数名。奈贼势麇集,寡不敌众,同胞叔张鎮,堂弟张清江,族人张宝林、张桂林、张之义、张玉堂、张二法,团丁刘法禹、杨二林、李惠,同时力竭阵亡。有司以清源兄弟叔侄,一门义勇,同时死难情形上闻。同治九年(1870年)二月初六日,奉谕:从九品张清源义勇杀贼,力尽阵亡,忠义可嘉,交部照四品以下官议给云骑尉,世职袭次,完时给予恩骑尉,世袭罔替。

阴鹭叙

阴鹭叙，长垣西街人，咸丰三年（1853年）生。光绪秀才。他人品高尚，治学严谨，审时度势，不墨守章法。是长垣第一个留学生。

光绪二十四年（1898年），他和徐漪文、杨永福等三人东游日本，学习明治维新经验。听孙中山演讲后，眼界大开，毅然剪掉辫子。归国时带来许多进步书籍和教学仪器。

清代末叶，学制变更。知县耿守恩奉命设立学校，具体由劝学总董阴鹭叙主办。光绪三十一年（1905年），在寡过书院旧址创设高等小学堂，自任校长。为提倡新学，鼓励学生，膳、宿、学费全由学校供给，办学示范作用影响很大，使长垣新学得到发展。

王世栋

　　王世栋，字济材，长垣人。光绪十一年（1885年）科拔贡，候选直隶州州判，曾充长垣县义仓仓正。成立县座谈会，修寡过书院，众赞之。又创设森林、桑园、织布工厂，开长垣实业之端倪。光绪三十二年（1906年）任榷运局局长。宣统元年（1909年）为开封中州中学教员。次年，转省署教育科科长。民国元年（1912年）任湖北襄阳道公署秘书，后为张家湾警佐。

郭维翰

郭维翰,字西园,别号拙斋,长垣城内东街人。性颖悟寡言,幼读书目下数行,初写文章就思如泉涌。家居,教授讲经史,谈文艺,循循善诱,弟子数十人,都有高中科举的希望。壮,补博士弟子员,科岁试,列为同辈之首。光绪十一年(1885年)领顺天乡荐。光绪二十四年(1898年)大挑一等,指分河南,试用知县。

年七十五卒于家。子丙第,中光绪二十八年(1902年)乡试。

孙庭瑞

孙庭瑞(1869—1938年),字芝畦,光绪二十八年(1902年)举人,后升为拔贡,任直隶州州同,署理河南禹州州判,有政声。

孙庭瑞弟兄六人,排行老大,天资聪颖,出类拔萃,一目十行,县城里的文人都很器重他。无奈家道中落,没有能力供他上学,他也想弃学谋生,同乡名士孔孚万先生听到这件事后对人说,这个学生气度非凡,并不是一般人,我不收他的学费也要教他。于是就在孚万先生的学堂继续学习,数年间,常识大增。不长时间,便享誉长垣学界,后在忠义祠任教,一时间学生云集。老师教学有方,学生学而有成者不少。家庭经济条件有所改善,他可以安心钻研学问。光绪二十三年(1897年)获得选拔,后于光绪二十八年(1902年)经州县举荐复试,虽未得进士、入翰林院,然而比较榜上有名的官宦子弟,他毫不愧疚。此后,声名大震,家境富裕。不久,在京都求官入仕,结识孙、陆、牛、赵等大官名士,因情投意合,结为好友。利用时机,考取候补州官副职,进入河道署,充任统计一职。当其在禹州任职时,土匪猖獗,集合商界人士、成立团练,指挥若定,土匪摄于其威,不敢造次,禹州得以安宁。民国时期,政治面貌大为改观,承蒙全国经界局蔡督办举荐任科员三年,后因省财政局王局长相约,到省财政局任科员十年之久。因工作认真勤劳,日夜操作,以至于手不能握笔,只好请病假回到老家休养。民国二十二年(1933年)六月,黄河发大水,城周围村庄全部被淹,波浪滔天,城墙几乎不保,庭瑞立即召集城内的官员、绅士、商户,采取堵塞的办法,致使洪水未能进城;又组织水灾救济委员会,务船筏以拯灾民,请赈款以设粥厂,长垣灾黎以全活者甚众。虽居家不仕,但续写《长垣县志》,组织县立图书馆,凡所以维持风化、嘉惠后学者,莫不首倡而成之。因其学问渊博、德高望重,自动投师门下者众。开封著名书法家牛光甫就是孙庭瑞的学生,当牛光甫一百岁时,长垣宣传部、长垣书协到他家看望,当说到他老师孙庭瑞时,牛老激动不已,回忆起老师的音容笑貌、言谈举止历历在目,对老师的崇拜和敬仰溢于言表。

孙庭瑞卒于1936年农历十月十六日,享年六十九岁。其长子尔庸,先任省财政所书记,后任税务局局长;二儿子尔康,就学于河南商务学校,毕业后在省财政所任科员。

>　　中国共产党一经诞生,就把为中国人民谋幸福、为中华民族谋复兴,确立为自己的初心使命。中国共产党以马列主义为纲领,以中国优秀的传统文化为底蕴,继承先贤气象,延续文化血脉,弘扬家国情怀,开辟辉煌未来。
>
> ——编者题记

第三节　新中国成立前后长垣的党政人物

县（市）委书记简介

范文山

范文山,河南省修武县人,1909年7月出生,高中文化程度,1937年8月加入中国共产党。1948年3月后历任长垣县民主政府县长、中共长垣县委书记。1949年3月,范文山任长垣县委书记。其间他带领全县人民积极贯彻《中国土地法大纲》,在解放区掀起轰轰烈烈的土地改革运动和青年参军的热潮。为支援淮海、新乡等战役,他亲任县战勤指挥部政委,发动民工运粮、运草、支援前线,为夺取新民主主义革命的最后胜利做出了一定的贡献。新中国成立以后,他又领导了全县新解放区的土改工作,并取得较好的成绩。

1950年12月，范文山离开长垣。

此后，范文山调到中共平原省委统战部任科长，不久任中共华北局统战部办公室副主任，1956年7月任煤炭部抚顺安装公司经理，1960年8月任山西矿业学院院长，后任党委书记，1983年离职休养。

胡通三

胡通三,原名胡光华,河南省南乐县留固店人,1899年12月出生,南乐县立师范毕业,1926年加入中国共产党。

1940年3月至1948年8月先后任南乐县抗日民主政府行政科科长兼县西办事处主任、县政府秘书、县长、县委书记等职务。1948年9月任濮阳县民主政府县长。1949年2月任中共濮阳县委书记。1950年12月,中共濮阳地委任命胡通三为长垣县委书记。其间,他注重农业生产,致力于长垣县国民经济的恢复和发展。1951年他领导了长垣县的镇压反革命运动、抗美援朝保家卫国运动,并动员全县47000多民工参加国家兴办的滞黄工程溢洪堰建设。1952年又领导开展了"三反""五反"运动,从而巩固了各级政权,同时,整顿农村党组织,提高了各级党组织的战斗力。1953年6月调濮阳专署任检查处副处长,1954年8月任中共濮阳地委统战部副部长,1955年4月后历任中共安阳地委统战部部长、中共新乡地委统战部部长,1961年12月又任中共安阳地委统战部部长。

陶鲁政

陶鲁政(1915—1976年),河南省南乐县赫庄村人,1915年出生,师范毕业,1938年加入中国共产党,1946年10月任中共长垣县委组织部部长,1947年7月任县委副书记兼组织部部长,1953年5月任中共长垣县委书记。

任组织部部长期间,积极协助县委搞好组织建设,从基层选拔培养大批优秀干部参加解放区土地改革,为长垣县的解放和战后的恢复工作奠定了干部基础。他致力于国民经济的恢复和发展,带领全县人民积极贯彻党在过渡时期的总路线,参与和主持领导了全县的"三反"运动与抗美援朝运动。

1954年6月离开长垣,调中央组织部工作,任财贸处干事。1956年8月任中央财贸部粮食处二级巡视员。1957年2月调河北省大名县工作,先后任县委书记、第三书记、书记处书记、县委副书记等职。1976年6月13日病逝。

段美敏

段美敏,河南省濮阳市人,1920年4月出生,初中文化程度,1939年加入中国共产党。1940年脱产参加革命工作,先后任濮阳县地下情报站站长、区抗日联合会主任,封丘县留光区委书记,中共封丘县委组织部部长、县委副书记。1954—1961年任中共长垣县委书记。

在任期间,他致力于长垣县经济的恢复和发展,积极贯彻党在过渡时期的总路线,带领群众走社会主义集体化道路,完成了对生产资料的社会主义三大改造。他主持召开了中共长垣县第一次代表大会,主持制定了"长垣县1958—1967年发展国民经济计划"。他注重党员干部的培训,广泛开展社会主义思想教育,提倡增产节约,反对铺张浪费。

1961年底,段美敏离开长垣,先后任鹤壁市委常委、农工部部长,鹤壁市副市长,鹤壁市人大常委会副主任等职务。1983年离职休养。

安玉书

安玉书，山西省武乡县韩家垴村人，1923年10月7日出生，高中文化程度，1939年5月参加革命工作，同年加入中国共产党。

1945年7月先后任太行五地委新辉县一区区委委员、公安助理员、区委副书记。1947年3月任中共安阳县委组织部干事、县委委员。1949年5月任中共安阳地委组织部副科长，11月任中共浚县工作委员会组织部副部长。1951年2月后历任中共安阳地委组织部审干办公室主任、组织科长、秘书、副部长。1954年8月任中共安阳地委农村工作部副部长。1958年2月，中共长垣县第一届代表大会第二次会议选举安玉书为中共长垣县委第一书记。

他任长垣县委第一书记后，带领全县人民大力开展农田水利基本建设，推广科学种田新技术，开辟工业生产新项目，为长垣县经济的发展做出了一定的贡献。

侯志安

侯志安,河南省清丰县人,1919年出生,初中文化程度,1937年11月加入中国共产党。

1945年任高陵县区委书记。1947—1949年先后任冀鲁豫军区十二团营教导员、三五六团营教导员和团政治部副主任、二团政治部主任、四分区党委委员等职。1955—1960年先后任新乡地委财贸部副部长、部长、地委委员。1960年任中共长垣县委书记。

任长垣县委书记期间,他注重实际,认真落实党的政策,扭转"左倾"错误偏向,解散了群众大伙食堂。在农业生产方面,他主持制定和推行"三包一奖""四固定""超产奖励"的办法,调动了农民的生产积极性。在他的主持下,对反"右倾"与民主补课运动中错斗、错批、错误处理的3057名干部进行了平反。他面对较严重的自然灾害,允许农民借种集体土地种植红薯、萝卜,弥补了灾后食品的严重不足。

1962年7月离开长垣并调到河南省交电公司任党委书记兼经理,1965—1973年先后任中共周口地委委员、财贸部部长、组织部部长,1973年后任中共安阳地委委员、组织部部长,1983年离休。

张立木

张立木,河北省南宫市葛柏庄人,1925年10月出生,初中文化程度,1940年2月加入中国共产党。

1943年后在南宫县先后任区委宣传委员、区委书记,中共冀南二地委党校科长、民运部干事。1946年后任中共冀南四地委党校秘书及新河县区委书记、团县委书记等职务。1949年后任中共常德县委宣传部部长、县委副书记、县长、县委书记,中共常德地委委员。1955年调到河南省建筑工程部洛阳工程局工作,先后任技术处长、副经理,后来该工程局改称河南省第三建筑工程公司,张立木任经理。

1962年7月,张立木调到中共长垣县委任第一书记。当时全县有64万亩农田被淹,灾区27万群众的生命和生活受到严重威胁。他为解救饥饿群众的困苦,一方面组织干部南下广东、福建求得支援,运回代食品(带鱼、白薯干、大米粉等)300多万斤;一方面制定合理的经济政策,采用农业损失副业补的办法,领导群众积极开展生产自救。在任期间,他提倡艰苦朴素、勤俭办事的优良传统和作风,机关干部令必行、禁必止,在全县群众中树立了很好的形象。

1973年调范县任县委书记,1977年任中共安阳地委书记,1978年调石油部石化总公司洛阳炼油厂任党委书记,1987年离职休养。

薛文生

薛文生，河北省承德县下板城镇人，1927年9月生，1947年参加工作，1948年加入中国共产党。

1954年11月在河南省军区原阳县兵役局任科长，1955年4月调新乡军分区参谋科任公安参谋，1959年8月回河南省军区参谋科任参谋，1962年调安阳军分区参谋科任作战参谋，1964年6月调南乐县人武部任副政委，1968年9月调滑县人武部任副政委，1970年8月调安阳军分区后勤部任政委，1971年4月调长垣县人武部任政委兼县革委会主任。在长垣县第三届党代会上，被选为县委委员、常委、书记。

在长垣县工作期间，他领导了全县的整党建党工作，大抓工农业生产，注重水利建设和科学种田，提出了"两红一白"（高粱、红薯、棉花）的种植模式，在全县的不同地质进行推广，促进了农业生产的发展。他反对派性，加强各级领导班子的建设。他深入基层，联系群众，布衣素食，不搞特殊。他反腐倡廉，保持和发扬了光荣的优良传统，受到广大干部和群众的拥戴。

1975年7月调商丘军分区民权县人武部任政委、党委书记，1982年调安阳地委政法办任副主任，1983年任濮阳市委政法办公室副主任，1985年4月离职休养。

郑玉纯

郑玉纯，河南省滑县桑村乡人，1923年12月出生，1939年3月加入中国共产党。

1953年10月任长垣县人民政府县长后，他领导了长垣县部分地区的土地改革，完成了长垣县生产资料所有制的社会主义改造，领导了长垣县的镇压反革命运动、抗美援朝保家卫国运动，为长垣县国民经济的恢复和发展发挥了重要作用。

1957年10月离开长垣县，先后历任濮阳高中党支部书记、安阳第一师范学校党支部书记、安阳专署农业局局长、安阳专署办公室主任、中共南乐县委副书记、南乐县革命委员会副主任。

1973年3月，中共安阳地委任命他为长垣县委第一书记兼长垣县革命委员会主任。他推广麦垄套种，大搞农田水利基本建设，在临黄区引黄种稻改良盐碱地等，均收到好的增产效果。

1978年7月调滑县任县委第一书记兼县革委会主任。此后，相继任中共安阳地委委员、安阳专署副专员、濮阳市人大常委会副主任。1989年4月退居二线，1990年6月离职休养。

刘 声

刘声,曾用名刘清濯,山东省鄄城县芝麻刘庄人,1925年2月出生,高中文化程度,1943年春加入中国共产党,之后历任鄄城县抗日民主政府六区青年救国会主任、抗日联合会主任、区长。

1951年任中共长垣县委宣传部部长,1953年任中共长垣县委副书记,1956年调到河南省委党校任理论教员,1961年任中共商丘地委党校副校长,1965年任中共周口地委宣传部副部长,1973年任中共周口地委党校校长,1974年任扶沟县革命委员会副主任。1975年,刘声再次调到长垣县工作,任中共长垣县委常委。1978年8月任县委第一书记。他努力扭转"文革"遗留的"左倾"偏向,妥善处理了"文革"期间突击入党、突击提干的问题。先后为在历次政治运动中受到错误处理的同志平反昭雪。他注重农业生产,大抓农田水利基本建设,积极在全县农村推广家庭联产承包责任制,调动了农民群众的生产积极性。

1981年6月调中共河南省委统战部任办公室主任,1985年任河南省政府参事室主任,1987年2月15日逝世。

韩鸿俭

韩鸿俭,河南省滑县人,1927年7月出生,1946年8月加入中国共产党。

1949年7月后先后在长垣县司法科和五区区公所工作。1951年9月任长垣县人民法院副院长、院长。1958年5月任长垣县人民委员会副县长。1966年5月,中共安阳地委任命韩鸿俭为长垣县人民委员会县长(代理)。1968年2月任长垣县革命委员会副主任。1975年7月任安阳地区黄河修防处革命委员会副主任。1977年10月任安阳北金堤滞洪处主任。1979年3月任中共长垣县委书记。1981年3月兼任长垣县人民政府县长。

韩鸿俭对工作兢兢业业,任劳任怨,模范执行党的各项方针政策。作风正派,廉洁清正,在群众中享有很高的威望。他致力于农村经济改革,完善农业生产责任制,使农业生产得到迅速发展。

1983年8月调到安阳地区工作,1984年4月任濮阳市农村发展研究中心主任,1986年3月调回长垣并任长垣县人大常委会副主任,1987年退居二线,1990年离职休养。

樊宝仁

樊宝仁,河南省滑县牛屯镇尚刘庄人,1936年出生,1951年参加革命工作,1959年3月加入中国共产党。

樊宝仁出身贫苦,要过饭,读过私塾。1949年在本村加入中国新民主主义青年团,任团支部书记。1951年被选拔到滑县十区(焦虎)工作。1971年在封丘县党代会上被选为县委委员,后任县委办公室主任。1983年7月省委批准就任长垣县委书记。

任长垣县委书记后,他以经济建设为中心,制订发展经济振兴长垣的五年规划并组织实施。他深入滩区指导抢险救灾,帮助解决群众生活实际问题和全县干部的各项补助问题。他廉洁自律,率先垂范。他敢于打破情面,大刹利用公款请客送礼、大吃大喝歪风,制止腐败现象蔓延,很受广大党员干部的拥护。

1984年5月调濮阳县任县委书记,1986年8月调任濮阳市直机关党委常务副书记,1987年2月调任安阳市委政策研究室副主任,1989年8月调任安阳市环保局党委书记、局长,1992年12月退居二线(任环保局调研员)。

李柏拴

　　李柏拴,河南省林县人,1947年2月出生,1970年毕业于北京大学,1972年1月加入中国共产党。

　　在任期间,他主抓组织人事工作。他协助县委书记制定了长垣县机构改革方案,进行了县乡两级的机构改革,按照"妥当安置老干部,大胆使用新干部"的指导思想,顺利地完成了新老干部的交替工作。1984年5月接任县委书记后,大力发展乡镇企业,鼓励全民、集体、股份、私营、个体等不同经济成分同时发展,使全县经济有了较快发展,农业总产值连创历史最高水平。

　　他平易近人,不摆架子,工作中深入实际,调查研究,注重为人民办实事。他领导建成了县自来水厂,解决了县城饮水含氟量高的问题。他积极筹建长垣县电视差转台、标准较高的县人民医院、知识分子住宿楼和县委、人大、法院的办公楼房。完成了旧县城南、西两条大街的拓宽改造工程。还扩建了县发电厂,救活了县造纸厂。他组织新荷铁路沿线的乡村干部群众支援新荷铁路建设,按时完成了征地和土石方工程,保证了新荷铁路长垣段和长东铁路大桥的胜利竣工。

王富均

　　王富均,河南省滑县桑村乡人,1945年7月出生,大学毕业,1970年8月参加工作,1980年8月加入中国共产党。在长垣县第七届人民代表大会第一次会议上当选为长垣县人民政府县长,在中共长垣县第五次代表大会一次会议上当选为中共长垣县委书记。

　　任县长、县委书记期间,他全心致力于长垣县经济的振兴和发展。他注重调查研究,具有开拓精神,脚踏实地地开展工作。他集资1528万元,改善了全县的办学条件。新建了长垣县电视差转台和标准较高的县人民医院,新增建县中医院和妇幼保健院。计划生育工作抓得紧,措施得力,全县人口自然增长率控制在千分之十以下。他注重农田水利建设,修建了大车闸、贾庄闸、杨桥提灌站。他充分发挥防腐、建筑两大优势。他扩建了县造纸厂,建起了毛纺厂、起重机厂。新建了县自来水厂,建成知识分子住宿大楼,动员全县各乡办起敬老院。修建了长常(村)公路、长了(墙)公路、滞洪公路、恼(里)了公路。投资370万元,架设了长垣至延津的高压线路,扩建了县电厂,增设6000千瓦的发电机组,促进了长垣县工农业生产的发展。

　　1990年初离开长垣后,历任中共新乡市委常委、中共新乡市纪律检查委员会书记、市委副书记、常务副市长、市长、市人大常委会主任等职。

赵继祥

赵继祥,河南省台前县清水河乡柳园村人,1949年10月出生,大专文化程度,1970年3月参加工作,1975年3月加入中国共产党。

1970年3月至1972年4月先后在台前县岳楼、后秦联中任教。历任台前县侯庙公社行政秘书、党委秘书、公社党委副书记、党委书记。

1990年1月任中共长垣县委书记后,他以经济建设为中心,坚定不移地贯彻执行改革开放政策。工作卓有成效:1990年和1991年全县粮食产量连续创历史最高纪录,1993年夏粮总产比历史最高水平增长10%以上,分别受到国务院和省政府的表彰;乡镇企业异军突起,利税逐年提高,已成为发展长垣经济的重要力量;公路建设成绩斐然,4年新修县乡柏油路面114公里,基本实现了县乡、乡乡公路联网;邮电通信事业有了较快发展,通信大楼竣工并投入使用,继1992年增加2000门自动电话后,1993年又新增5000门,并增设了国内直拨和移动电话;能源建设逐年加强,完成了电厂扩建工程,建成东关、樊相变电站,扩建了魏庄变电站;新建了长垣县汽车站,拓宽了站前路面;开通无线电调频广播,开播电视台第二套节目;完成了石头庄灌区的配套工程,开挖了禅房引黄渠和大功河;注重文化教育工作,全县中小学实现"六配套",新建了实验中学、二中、顿庄中学、县直幼儿园等,缓解了入学难的矛盾;新建县中医院病房楼,方便了群众就医;旧城改造和新城建设成绩突出,硬化了旧城街巷17条,建设了人民路、建蒲路、建设路、文明路、华垣路、向阳路、红旗路等几条新城大街;市场建设日新月异,魏庄、樊相、丁栾、满村等专业市场已初具规模,在县城规划和建设了东风市场、新眼镜市场、农贸市场、建材市场、站前商业一条街、老县委院专业市场,并建成了新城宾馆,大大改善了长垣的投资环境。

赵予辉

赵予辉,河南省林州市人,硕士研究生,1956年10月出生,1971年10月参加工作,1977年8月入党。

1971年10月参加工作后,历任辉县团委副书记、辉县冀屯乡党委书记、辉县市委政研室主任等职,1990年2月调任获嘉县委常委、办公室主任;1994年5月任新乡市委办公室主任;1995年7月至1998年1月任新乡市委副秘书长;1998年1月任中共长垣县第七、八届委员会书记。

在工作中,他坚持实事求是,把党的各项方针政策与长垣实际结合起来,创造性地开展工作,加快了长垣经济和社会发展步伐。在农业方面,提出了"大力调整农业结构,走农业产业化道路"的思路。在全县形成了以7个骨干企业为龙头,4个生产基地为依托的大农业生产格局,加快了农业产业化发展步伐。在工业经济方面,确定了"深化企业改革,调整产品结构,加快科技进步及重点发展小型企业,积极培育中型企业"的发展思路。县属工业,突出抓好了工业改制,实施了改革、改组、改造,增强了企业活力,提高了企业竞争能力。乡镇企业,抓好了支柱产业的巩固与发展,确保防腐建筑、起重、卫生材料等支柱产业优势更优,为把长垣建成中国防腐之乡、中国起重之乡、中国医用卫生材料之乡、中国烹饪之乡奠定了良好的基础。他大力实施了旨在吸引资金、技术、人才、信息为主要内容的"回归工程"。3年时间,全县新建固定资产投资100万元以上的企业136个,有效壮大了乡镇企业阵容,促进了非公有制经济的长足发展。《河南日报》把长垣县以非公有制经济为主体的欠发达地区发展经济的做法,总结为"长垣现象",在全省进行了推广,新乡市委、市政府号召全市"远学温州,近学长垣"。

他十分重视党的建设、精神文明建设和民主法治建设,促进了两个文明的协调发展。1999年,长垣县被新乡市委授予"基层党组织建设先进县"。2000年,长垣县被新乡市委、市政府命名为"市级治安模范县"。

刘 森

刘森,1961年6月出生,河南省林州市人,研究生学历,1978年12月参加工作,1985年6月加入中国共产党。

1982年5月至1995年2月在中共新乡市委工作,历任办公室机要科副科长、市委机要局局长。1995年3月至1999年3月任中共新乡市委副秘书长。2001年9月调任中共长垣县委副书记、长垣县人民政府代县长。2002年3月当选为县长,同年9月任中共长垣县委书记。

薄学斌

薄学斌,1968年12月出生,河南省商城县人,硕士研究生,1990年9月参加工作,1997年8月加入中国共产党。1990年参加工作后,历任新乡市人民政府法制办公室副主任、中共平原大学党委副书记、中共新乡市委组织部副部长。2009年2月始任长垣县人民政府县长、中共长垣县委书记。

在任期间,为使长垣县在中原经济区建设中率先崛起,他提出了"四个长垣"的建设目标。扎实开展"企业服务年"活动,建成梁庄输变电工程,成功引导新乡矿山、奔宇电机、豫中集团、华东集团、河南矿山等50家企业实行战略重组。实施亿元以上工业转型升级项目60个,同力新型建材等18个亿元以上工业项目建成投产。长垣起重机械上榜2015年中国品牌价值评价信息榜。长垣县被确定为"国家知识产权强县工程",跨入"中国产业发展能力百强县"。

他在产业集聚区建设方面注重实际,科学规划和实施,调整产业结构,转变发展方式,使产业集聚区建设跨上了新台阶。实施集聚区公共基础设施项目157个,建设了宏力大道南延、纬十路西延等一批重点工程。吸引入驻企业和新上项目165个。以长垣县产业集聚区为核心,建成了起重、汽车及零部件、防腐蚀及新材料、木岗高新技术、参木和恼里装备制造六大专业园区,引进项目146个,被评为"河南省十强产业集聚区""河南省最具产业竞争力集聚区""河南省创新型产业集聚区试点""河南省二星产业集聚区""信息化和工业化融合试验区",入选第一批"河南省知名品牌创建示范产业集聚区",先后被命名为"中国产业集群经济示范基地""国家新型工业化产业示范基地"。

2016年10月调任中共新乡市委常委、统战部部长。

武胜军

　　武胜军，1965年5月出生，河南省温县人，大学学历，1986年8月参加工作，1991年5月加入中国共产党。2002年8月后，历任新乡县人民政府副县长，中共辉县市委常委、市人民政府副市长，中共辉县市委常委、市人民政府常务副市长等职。2009年1月后，历任中共长垣县委副书记、县委办公室主任，中共长垣县委副书记、县人民政府党组副书记、常务副县长。2011年4月后，历任中共长垣县委副书记，县人民政府县长、党组书记，县产业集聚区党委书记、管委会主任。2016年9月任中共长垣县委书记。

　　在任期间，牢牢把握发展第一要务，一手抓稳定，一手抓发展。坚持开放招商促发展，改革创新促发展，统筹兼顾促发展，改善民生促发展，转变作风促发展，努力抓好招商引资项目建设、产业集聚区建设，为经济社会发展提供强力支撑。按照城乡一体、产城互动、生态宜居等理念，加快新型城镇化进程。城市建成区面积达39.3平方公里，自来水普及率、燃气管道覆盖率、生活污水处理率大幅提升。建成如意园等47处景观游园，新增公厕及垃圾中转站21座，开通公交线路25条，更新配备城乡公交车121辆。改造棚户区22.7万平方米，完成中水回用工程，建立"数字城管"服务平台，成功创建"国家园林县城""河南省生态县""河南省智慧城市建设试点县"。实施全域生态文明建设，改善城乡居民生活环境，推进美丽乡村建设、生态水系建设、国土绿化行动、城乡人居环境整治和拆旧复垦工作，长垣被评为河南省精细化管理先进城市，被确定为第二批国家新型城镇化综合试点和国家可再生能源建筑应用示范县。重视社会事业和民生工程，建成保障性住房150多万平方米，实施农村青年教师安居工程，解决乡村教师、低收入人群、外来产业工人住房问题。改扩建幼儿园118所、中小学校203所，新建乡镇综合文化站8所。完成城区数字电视整体转换。建成投用县特殊教育学校、残疾人康复中心、综合性社会福利中心、乡镇敬老院等公共服务设施，扩大了社会保障救助覆盖面，基本实现学有所教、老有所养、住有所居。坚持文化自信，发展文化产业，提出"长垣人好"口号，大力弘扬君子文化，创成全国县级文明城市。

　　2018年10月任新乡市人民政府副市长、党组成员。

秦保建

秦保建,1972年9月出生,河南省新乡市人,研究生学历,1992年入党,1992年参加工作。2006年4月后,历任封丘县人民政府副县长,延津县委常委、人民政府常务副县长,新乡市牧野区人民政府区长等职。2017年3月后,历任长垣县委副书记,长垣县人民政府县长,长垣县委副书记,长垣县人民政府县长、党组书记,产业集聚区党委书记等职。2018年11月任长垣县委书记。2019年9月任长垣市委书记。

在任期间,他提出创建县域治理"三起来"示范县、黄河流域生态保护和高质量发展示范县、全国百强县三大目标,以实际行动检验"四个意识""两个维护"。在深入推进土地制度改革方面,累计腾退盘活宅基地和集体建设用地12095亩,收取超占使用费8659.75万元。长垣被评为全国农村人居环境整治成效明显激励县、全国乡村治理体系建设试点县。胡春华副总理专题调研长垣宅基地改革工作,并给予高度评价。在产业转型升级方面,及时谋划实施创新驱动、品牌带动、标准引领、质量提升、企业上市、人才支撑"六大工程",成功培育国家高新技术企业83家、国家专精特新"小巨人"企业12家。2017年以来,长垣纳税超亿元的企业从3家增加到6家,纳税超千万元的企业从53家增加到85家。在生态文明建设方面,按照水网、路网、林网"三网融合"的理念,启动全域绿化工程,领衔推动水生态文明城市建设,全市蓄水能力由0.45亿立方米增至1.01亿立方米,蓄滞能力经受住了特大雨情考验,成功创建全国文明城市、国家节水型城市、省级森林城市,蝉联国家卫生县城。在组织抗疫方面,他连续60多天没有回过家,带领全市4万名党员坚守生产保供、市场稳定、疫情防控三场战役第一线,被授予"河南省抗击新冠肺炎疫情先进个人"称号。

2021年9月调任河南省信阳市委常委,市政府党组成员、副市长。

第六章 "三善之地"的善政善治

范文卿

范文卿，1972年9月出生，河南省封丘县人，大学学历，1996年1月参加工作，1993年11月加入中国共产党。2011年6月后，历任长垣县人民政府副县长，长垣县委常委、宣传部部长，长垣县委常委、县人民政府副县长、党组副书记，新乡市凤泉区委副书记、区人民政府代区长，新乡市凤泉区委副书记、区人民政府区长，中共新乡市凤泉区委书记等职。2021年10月始任长垣市委书记。

2021年10月调任长垣以来，他准确把握河南省第十一次代表大会、新乡市第十二次代表大会会议精神，坚持以党建"第一责任"引领和保障发展"第一要务"，以践行县域治理"三起来"为路径遵循，坚持"项目为王"理念不动摇，明确了围绕中等城市定位，紧扣新乡"一主两翼多点"空间布局，抢抓黄河流域生态保护和高质量发展等重大战略机遇，推动产业发展提档、城市建设提质、乡村振兴提能、民生改善提标、开放协同提速的发展思路。

在工作实践中，坚持把项目建设作为经济工作的主抓手，带头叫响项目建设要"具体抓、深入抓、持续抓、反复抓""有形象、有进度、有计划、有报告"，每周召开项目建设研判推进会，引导全市上下围绕产业布局、城市更新、基础设施建设、城乡融合发展、生态建设、群众所需所盼等领域，全过程谋划、服务、管理、推进项目。坚持对长垣现有建设用地、碳汇指标及政府掌握的项目经营收益等资源进行充分梳理，吸引央企、大型投资集团入场，树立"模式＋平台"理念，在不增加政府债务的前提下，通过多种建设运营模式叠加，实现"项目打包、运营为要、区域平衡、风险防控、实现多赢"。特别是成功与清华大学科研机构达成战略合作，在产业培育、新型城镇化建设、文创文旅等领域，为长垣发展导入了高层级研发、项目、人才资源。坚持发挥长垣市与封丘县地理相接、人脉相通、文化相同、产业相补、生态相连的优势，围绕规划编制同绘、产业发展共建、基础设施共联、生态环境同保、公共服务共享五个方面开展深度合作，推动长垣、封丘一体化协同发展，打造长封融合先行发展示范区，在实现县域治理"三起来"，推动县域经济"成高原"上为全市、全省乃至全国打造样板。

县(市)长简介

郭涤生

郭涤生,1907年出生于河南省博爱县鹿村。1928年考入北平一中,次年加入中国共产党。1929年11月受中共直南特委派遣,任焦作中心县委书记。1942年到冀鲁豫第三区(第四特委)任长垣县县长。1947年被调桐柏区任第三专署副专员、南阳专署专员。1953年任广东省交通厅副厅长等职。1983年底离休。

范文山

范文山,河南省修武县人,1909年7月出生,高中文化程度,1937年8月加入中国共产党。1948年3月后任长垣县民主政府县长。

详见县(市)委书记简介。

孙福臻

孙福臻，字白临，曾用名孟乞，河南省濮阳市人，1921年12月11日出生，初中毕业，1938年11月加入中国共产党。

1943年2月至1945年10月，历任八路军冀鲁豫四分区敌工部驻滑县敌工站副站长、站长，兼中共滑县县委敌工部副部长、部长。1945年10月后历任中共冀鲁豫四地委城市工作部秘书、中共长垣县委城市工作部部长、中共濮阳县委城市工作部部长。1947年5月任中共冀鲁豫四地委社会部外线科科长兼开封站站长。1948年11月后历任中共卫南县委社会部部长兼公安局局长、卫南县民主政府县长。

1949年9月，平原省人民政府任命孙福臻为长垣县人民政府县长。此后，他以"安全社会秩序，恢复发展生产"为中心工作任务，带领全县人民积极医治战争创伤，稳定社会秩序，致力于全县国民经济的恢复和发展。他注重农业生产，教育群众精耕细作，打井灌溉，科学种田。为稳定新中国成立初期的社会秩序，他还兼任县公安局局长，主张从教育着手，对破坏社会安定的坏分子依法严惩，为长垣县国民经济的恢复和发展创造了良好的社会环境。在他的关心和指导下，长垣县文化馆、豫剧团、卫生院、剧院先后建立和落成；率先在全地区创办了县立师范学校，并兼任校长；在县城北街原城隍庙创办了县立完全小学，亲自筹资建设了教学楼和教职工宿舍；另外还创办了县直干部职工业余学校。他工作热情，深入实际，联系群众，在长垣县广大干部和群众中享有很高的威望。

1956年2月以后，先后在安阳党政干校、河南省粮食干部学校安阳分校、河南省安阳粮食中等专科学校、河南省粮食干校和粮食中专学校任副校长、校长、党委书记兼校长。1972年5月任河南省石油煤建公司党委书记。1979年4月后，任河南省商业厅副厅长、顾问。1986年6月离职休养。

郑玉纯

郑玉纯,河南省滑县桑村乡人,1923年12月出生,1939年3月加入中国共产党。1953年10月任长垣县人民政府县长。

详见县(市)委书记简介。

甘广兴

甘广兴,河南省濮阳县甘称湾村人,1925年4月出生,初小毕业,1944年加入中国共产党。

1949年任中国新民主主义青年团长垣县委组织部部长,1950年任中共长垣县委纪律检查委员会秘书,1953年任县委委员、县委纪检会副书记,1954年任县委常委、财贸部部长。1957年1月,长垣县人民委员会召开第二届人民代表大会第一次会议,选举甘广兴为长垣县人民委员会县长。1958年11月,甘广兴为中共长垣县委书记处书记(仍兼任县长)。其间,他致力于全县经济建设,大力推广水稻种植,工农业生产取得一定成绩。

1961年3月调离长垣,任安阳专署交通局副局长。1975年任范县机械厂革委会主任、党总支书记。1979年任范县二轻局局长、党组书记。1981年任范县农委副主任。1984年离职休养。

杨 青

杨青,原名杨沂,字慕曾。1909年5月29日出生在江苏省宝应县一个较富裕的农民家庭。1911年被父亲送到本村的一家私塾读书,1925年9月考入县立第一高等小学。

1962年5月,中共安阳地委任命杨青为长垣县人民委员会代县长,重点领导长垣人民开展抗灾自救工作。同年12月任中共长垣县委委员、常委、书记处书记。

为解救饥饿困扰的灾民,杨青一方面组织人员南下福建、广东等地,从生活物资上求得兄弟省份的援助;一方面立足本地发展生产,制定切合实际的经济政策,调动群众的生产积极性,全力以赴开展抗灾自救。

1963年4月,长垣县人民委员会召开第四届人民代表大会,经过民主选举,杨青继任长垣县人民政府县长。杨青始终保持着艰苦朴素的优良传统和作风。他一贯坚持审阅文件不过夜,当天的问题当天处理。他对同志和蔼可亲,没有架子。他严于律己,宽以待人,乐于助人。

1966年7月,中共安阳地委任命他为安阳专署交通局局长。他在"文化大革命"中受到批斗。1973年3月,担任中共长垣县委常委、县革命委员会副主任。杨青先后负责信访、民政、救灾、政法等工作。此时,他虽已年逾花甲,但工作干劲不减当年。

1979年4月20日17时20分,杨青因病医治无效与世长辞,终年70岁。杨青逝世后,中共长垣县委、县革命委员会在县烈士陵园为杨青召开追悼大会。

李青云

李青云，山东省泰安市人，1924年1月出生，小学毕业，1939年10月加入中国共产党。

1950年之前，先后任区委教育干事、宣传委员，地委宣传干事，区委副书记，泰安县旧县区委书记，泰安县委秘书，鲁中南区党委秘书处秘书，政策研究室副组长等职。1950年4月调北京工作，先后任中共中央国家机关党委秘书、监察处长、宣传处长。

1960年12月李青云调到长垣县工作，任中共长垣县委书记处书记。1962年12月任中共长垣县委第二书记。1965年7月在中共长垣县第二次代表会议上连续被选为县委第二书记。1968年2月，任长垣县革命委员会主任。1969年4月离开长垣。任职期间，他对党的工作忠心耿耿、任劳任怨。他认真执行党的各项方针政策，以自己的模范行动影响周围的同志，生活艰苦朴素，严于律己，宽以待人，廉洁清正，作风正派，在群众中享有崇高的威望。1969年5月至1983年，先后任安阳地区地方铁路局革命委员会副主任、安阳地区交通局副局长、地委科学教育办公室副主任等职。

1983年12月离职休养。

秦太生

秦太生，河南省林州市人，1926年12月出生，小学文化程度，1946年1月加入中国共产党。

秦太生出身贫寒，从小给地主当长工，受尽欺凌。1944年6月参加林县抗日民主政府领导的土地改革工作，先后任本村民兵队长、武委会主任。1946年1月由中共临淇区委组织委员任福才和区农会主席王运山介绍加入中国共产党。1948年7月后，历任临淇区委宣传委员、组织委员，区农会主席。1952年1月任中共林县县委研究室主任，5月任本县茶店区委副书记。1953年6月至1965年4月先后任林县城关区委副书记，中共林县县委农村工作部副部长、部长、县委副书记。1963年6月任中共内黄县委副书记。

1970年5月调长垣县工作，任中共长垣县革命委员会核心小组组长、革命委员会主任，次年4月离开长垣。

1977年调河南省中医学院任党组成员、总务处处长、党委统战部部长。1981年12月因病在郑州逝世。

郭玉轩

郭玉轩，长垣人，1934年10月出生，中师文化程度，1958年加入中国共产党。

1956年初中毕业考入濮阳师范，1958年在濮阳师范由高殿楚、邢可恭介绍加入中国共产党，1959年毕业后从事教育工作。1964年调到安阳专署办公室当机要员，1978年调林县钢铁厂组织科任科长，1979年调中共安阳地委纪委审批科任干事、副科长。1982年调长垣县任县委委员、常委、副书记，县人民政府县长。

在此期间，他集中精力抓长垣县的经济建设，参与制定《长垣县1983年至1988年农村经济发展规划》及实现规划的措施，进一步完善了农村家庭联产承包责任制，推动了农村经济的迅速发展。在县委的统一领导下，1983年实行农村人民公社的体制改革，全县15个人民公社改为乡人民政府。同时，各乡实行党政分设，通过法定程序选举产生各乡政府领导班子，使农村的政治体制改革不断深入发展。

1984年5月，在县级机构改革中，郭玉轩调濮阳市物价局任局长。1988年调任中共濮阳市直党委副书记。

王富均

　　王富均,河南省滑县桑村乡人,1945年7月出生,大学毕业,1970年8月参加工作,1980年8月加入中国共产党。在长垣县第七届人民代表大会第一次会议上当选为长垣县人民政府县长。
　　详见县(市)委书记简介。

逯鸿昌

逯鸿昌,长垣人,1940年出生,师范毕业,1958年4月参加工作,1959年9月加入中国共产党,在长垣县第八、九、十届人民代表大会上连续当选为长垣县人民政府县长。

1960年调长垣县人民银行任干事;1972年4月至1982年10月,先后任长垣县樊相公社党委副书记、武装部部长,县卫生局副局长,县医院党委书记,丁栾公社党委书记等职务;1982年11月任长垣县委常委、县委办公室主任;1986年2月任长垣县委副书记;1986年10月任长垣县人民政府代县长;1987年5月,在长垣县第八届人民代表大会第一次会议上当选为长垣县人民政府县长。

他注重农田水利基本建设,积极调整农业种植结构,走"大科技"振兴"大农业"之路。1990年粮食生产获得国务院、省、市政府的嘉奖,1993年夏粮获得大丰收,再创历史最高水平,受到省政府通报表彰。工业生产高速增长,1992年工业总产值比1986年的9310万元增长了14%。中原震动器厂开发的系列混凝土钻孔机,1991年荣获国家金奖。大力发展乡镇企业,把乡镇企业作为振兴县乡经济的战略重点来抓,1992年全县实现乡镇企业总产值10.38亿元,比1986年增长12%,实现利润1.1亿元,比1986年增长了97%。股份制企业迅猛发展,1992年达504个,实现产值3亿元。防腐、建筑业稳居全国四强之首和八强之一。第一、第二眼镜市场,蒲城商场,东风商场,起重专业市场等十几处专业市场相继建成。加快对外开放步伐,积极吸引外资和先进技术,向加拿大籍华侨吕济才转让土地使用权属全省第一家,城镇建设取得突破性进展,新城建设按照"五统一"依法征用千余亩土地,新城框架基本形成,硬化了旧城大街小巷,县城脏、乱、差的状况明显改变。教育卫生事业进一步发展,多数中小学校基本实现"六配套",建设了县实验中学和县直幼儿园,完成了县医院的搬迁和扩建。广播事业在新乡市率先实现了广播"三化县",修建了电视差转台和教育电视台。社会治安和社会秩序逐步好转,人民群众生活水平明显提高。

邓立章

邓立章,1952年11月出生,河南省封丘县人,河南大学中文系毕业,1968年11月参加工作,1984年7月加入中国共产党,高级经济师,高级政工师。

1968年11月参加工作后,历任中学教师,封丘县教育局干事、副局长,封丘县委办公室副主任,封丘县人民政府办公室主任;1990年1月任中共卫辉市委常委、市委秘书长兼办公室主任;1993年1月任中共封丘县委常委、县委办公室主任兼封丘县工业领导小组组长;1994年11月任中共封丘县委副书记。

1998年1月任中共长垣县委副书记、长垣县人民政府代县长,同年3月在长垣县第十一届人民代表大会第一次会议上当选为长垣县人民政府县长。在长垣工作期间,大力进行农业结构调整,初步形成了"西部瓜菜东部羊,中部花生绿色粮"的农业经济结构模式,绿色农业起步较快,建成绿色大米基地3万亩,绿色小麦基地5万亩,绿色瓜果蔬菜基地3万亩,绿色花生基地2万亩。乡镇企业有了较快发展,1999年,乡镇企业完成总产值34.4亿元,较上年增长23%。其中,非公有制企业完成产值28亿元,较上年增长33%,"回归工程"取得了新进展,"百厂百万"工程大见成效。长垣被市委、市政府评为"发展乡镇企业先进县",被省评为"双基建设、安全生产、推进科技进步先进县"。非公有制经济的发展走在了全市的前列,其经验被《河南日报》以"长垣现象"为题连载刊登,并在全省得以推广。建筑、防腐业在全国继续保持优势地位。全县逐步形成了"北卫材、南起重、东部防腐、西部农,第三产业在县城"的区域特色经济。公路、交通、电业、电信、邮政等基础设施建设步伐加快。大力开展依法治税,强化税收征管,市容市貌明显改观。"科教兴县"战略深入实施,教育教学工作成绩明显。土地利用方式向集约化转变,"一控双达标"治理成效明显,农村初级卫生保健通过省政府验收,有线电视光纤网络建设走在了全市前列,体育、文化、娱乐活动蓬勃开展。

2001年9月调任新乡市审计局局长、党组书记。

孙国富

孙国富,1957年9月出生,河南省温县人,1982年1月参加工作,1985年11月加入中国共产党。

1982年河南省农学院植保系毕业后被分配到新乡市农业局植保站任副站长;1989年10月调任新乡市黄淮海农业开发办公室副主任;1994年8月任新乡市农村工作委员会副主任;1999年3月调任新乡市政府副秘书长,分工协助抓农村经济工作。

2002年8月调任中共长垣县委副书记、县政府代县长。次年2月,在长垣县第十二届人民代表大会第一次会议上当选为县长。他突出工作重点,狠抓工作落实。对国庆节期间及党的十六大前后的信访稳定、安全生产及秸秆禁烧、抗旱种麦、推广优质小麦种植、财政税收、农民减负、水费征收、平坟扩耕、农田水利、计划生育以及救灾、下岗职工再就业、社会保障等重点工作,做到了早安排、早部署,并明确责任,强化督查,使这些工作按照上级要求和县情有条不紊地落实到位。为使全县经济全面提速,他和县委、县政府主要领导组织全县党员干部群众开展加速长垣经济发展大讨论,组织召开长垣籍民营企业家恳谈会、省市工行与县政府经济发展恳谈会等大型活动,广纳谏言,共图发展,在此基础上理出了全县发展的新思路。在整体发展上,提出"工业做强、农业做优、民营做大、三产做活、城市做美"的奋斗目标;在农业上,提出了"以增加农民收入为根本目标,大力调整农业结构,发展绿色农业,培育龙头企业,加快农业产业化进程"的发展思路;在民营经济发展上,确立了"民营经济立县,民营经济强县"的指导思想,组织制定了项目争取实施方案,着力推进"项目带动战略"的实施;在城市建设上,提出了积极实施"经营城市"的发展战略;在精神文明建设上,倡导"科教兴县"及依法治县与以德治县相结合,全面提高全县人民的综合素质。

李　刚

　　李刚,1962年8月出生,河南省原阳县人,硕士研究生,1978年9月参加工作,1984年6月加入中国共产党。

　　1991年4月任原阳县人民政府办公室主任,兼经协办主任;1995年4月调任长垣县人民法院党组书记、院长;1998年1月任长垣县常委、县委办公室主任;2002年9月任长垣县委副书记、常务副县长;2003年1月任长垣县委副书记;2004年8月任长垣县委副书记、县长。在工作中,他实事求是,勇于开拓,积极进取,扎实工作,取得了突出成效,切实为长垣的改革、发展和稳定做出了积极贡献。

　　2004年8月任长垣县委副书记、县长以来,他把招商引资作为加快发展的主战略,坚持以开放增投资、以开放促发展,进一步拓宽引资渠道,创新引资方式,积极组织和参加各类招商活动全力宣传、推介长垣。大力实施"回归工程",充分利用长垣在外的人才、技术、资金等资源优势,吸引在外人员回乡创业,走"以民引外""民外合璧"之路。

　　在民营经济创新发展中,大力实施"民营立县、特色兴县"战略,致力推进科技、制度、管理"三个创新",重点支持外向型、就业型、科技型、农产品加工型"四类企业",不断优化政务、法制、管理、市场、舆论"五个环境",先后培育壮大了七大优势产业,形成了六大经济板块,建成了三大产业集聚区。河南长垣起重工业园区建成面积达5万平方公里,入园企业139家,累计完成固定资产投资34亿元,被命名为河南省民营科技园区。

　　在农业工作中认真落实各项强农惠农政策,不断加大对"三农"的投入。2005年投资1.67亿元,修建县乡公路11条、214.3公里,解决了105个行政村的行路难问题。全县涉农龙头企业发展到78家,绿色农产品基地面积达到60万亩,被命名为国家绿色农业示范区。

　　2009年2月调任中共新乡市凤泉区委书记。

刘 森

　　刘森,1961年6月出生,河南省林州市人,研究生学历,1978年12月参加工作,1985年6月加入中国共产党。

　　1982年5月至1995年2月在中共新乡市委工作,历任办公室机要科副科长、市委机要局局长。1995年3月至1999年3月任中共新乡市委副秘书长。2001年9月调任中共长垣县委副书记、长垣县人民政府代县长。2002年3月当选为县长,同年9月任中共长垣县委书记。

薄学斌

薄学斌,1968年12月出生,河南省商城县人,硕士研究生,1990年9月参加工作,1997年8月加入中国共产党。1990年参加工作后,历任新乡市人民政府法制办公室副主任、中共平原大学党委副书记、中共新乡市委组织部副部长。2009年2月始任长垣县人民政府县长。

详见县(市)委书记简介。

武胜军

　　武胜军,1965年5月出生,河南省温县人,大学学历,1986年8月参加工作,1991年5月加入中国共产党。2002年8月后,历任新乡县人民政府副县长,中共辉县市委常委、市人民政府副市长,中共辉县市委常委、市人民政府常务副市长等职。2009年1月后,历任中共长垣县委副书记、县委办公室主任,中共长垣县委副书记、县人民政府党组副书记、常务副县长。2011年4月后任长垣县人民政府县长。

　　详见县(市)委书记简介。

秦保建

秦保建,1972年9月出生,河南省新乡市人,研究生学历,1992年入党,1992年参加工作。2006年4月后,历任封丘县人民政府副县长,延津县委常委、人民政府常务副县长,新乡市牧野区人民政府区长等职。2017年3月后任长垣县人民政府县长。

详见县(市)委书记简介。

赵军伟

赵军伟,1976年9月出生,河南省辉县市人,研究生学历,1996年加入中国共产党,1997年7月参加工作。

1997年7月参加工作后历任辉县市孟庄镇火电厂生产科干部,辉县市百泉镇政府科员,辉县市百泉镇副镇长,辉县市百泉镇党委委员、武装部部长,辉县市常村镇党委副书记、镇长,辉县市上八里镇党委书记、人大主席。2008年2月,任牧野区委常委、常务副区长。2013年2月任牧野区委常委,新乡电源产业集聚区党委副书记、副主任。2015年12月任封丘县委副书记、办公室主任。2016年7月任凤泉区委副书记、政府区长。2018年11月任长垣县委副书记、县政府县长。2019年9月长垣撤县设市,任长垣市委副书记、市政府市长。

他到长垣任职以来,始终坚持正确的政治立场、政治方向和政治观点,牢固树立"四个意识",坚定"四个自信",坚决做到"两个维护"。工作思路清,担当能力强,组织纪律严,作风表率好,能够从全局性、前瞻性、战略性的高度思考问题、把握方向,注重理论联系实际,能够及时把政策机遇转化为区域发展的优势和动力,有较强的应对复杂局面和解决复杂矛盾的能力。加快推进主导产业转型发展,重点推动了卫华智能起重装备产业园、矿山智能制造产业园、医疗器械产业新城、职业装小镇等重大产业专项建设,强力推进全域水系、全域旅游、菏宝高速、黄河滩区迁建以及智慧城市建设,脱贫攻坚、污染防治、乡村振兴、民生改善等工作扎实开展,县域经济社会发展向高质量迈进。2019年成功实现撤县设市,2018年至2020年连续三年省重点民生实事完成情况排名省直管县(市)第一位,长垣被评选为全省第一批县域治理"三起来"示范县,评价得分排名全省第一位。

2021年7月调任信阳市潢川县委书记。

邓国永

邓国永，1978年1月出生，河南省封丘县人，2004年加入中国共产党。

2001年8月参加工作后，历任新乡市计划委员会干事、科员，新乡市委办公室副主任科员、综合一科副科长。2008年7月任新乡市委办公室综合一科科长。2012年6月任新乡市委办公室常委办主任。2013年6月后，历任延津县委常委、政法委书记，延津县委常委、党办主任。2017年11月后，历任新乡市人民政府副秘书长兼法制办主任，新乡市人民政府副秘书长、三级调研员。2021年8月任长垣市委副书记，市政府党组书记、副市长，代市长。2021年9月至今任长垣市委副书记、市政府市长。

他任长垣市人民政府市长以来，不断加强自身学习，认真学习贯彻习近平新时代中国特色社会主义思想，第一时间开展专项调研，尽快掌握工作实情，推动汛情应对、疫情防控、灾后重建、生态环保等工作高效开展。慎终如始抓好常态化疫情防控工作，抓实抓细各项防控措施，全面提升应急处置能力，坚决筑牢常态化疫情防控坚固防线。牢固树立"项目为王"工作导向，认真研究上级政策，结合长垣实际提出项目建设"四个一批"工作机制，每周二定期召开项目建设、招商引资工作周例会，推动全市上下形成大抓项目、抓大项目、抓好项目的浓厚氛围。坚持"城乡一体"发展理念，对标中等城市建设，推动城乡一体规划、一体建设、一体发展。始终把改革开放作为高质量发展的关键一招，制定《关于进一步优化营商环境加快经济社会高质量发展的意见》《关于创新发展积分管理细则（修订）》《关于推进乡村振兴加快城乡一体化发展实施意见》等政策文件，及时把各项政策机遇转化为经济社会发展的生产力。

第四节　长垣市对三善文化的重视与作为

长垣历届党委、政府高度重视文化建设,把传统文化的传承和弘扬摆到重要位置,加大投入,多措并举,夯实文化底蕴,取得了明显成效。加强党史档案编修,做好县志编纂工作,巩固传统文化成果,相继编纂完成《长垣县志》(1996)、《嘉靖县志》(标注本)、《嘉庆县志》(标注本)、《民国县志》(标注本)等。加强老城区、学堂岗、伯玉村、云寨村、大浪口和烹饪文化博物馆等历史文化名镇名村、历史文化街区和城市特色风貌管理,做好黉学惨案、小渠惨案遗址等传统民居、历史建筑、革命文化纪念地遗产保护工作。加强对外文化交流合作,创新人文交流方式,积极组织推介长垣烹饪、五彩皮影戏、黑虎丸等中华传统文化代表性项目走出去,丰富文化交流内容,不断提高文化交流水平。围绕立德树人根本任务,把中华优秀传统文化全方位融入思想道德教育、文化知识教育、艺术体育教育、社会实践教育各环节,贯穿于教育各领域,创建了全国文明城市。加强文化基础设施建设,制订文化产业发展规划,建设了三善园、君子文化园、子路园等一批文化项目,提升了长垣城市形象。

进入新时代,长垣市对文化建设倍加重视,提出了新的更高的要求。2022年1月30日,市委书记范文卿在中共长垣市委二届三次全会上提出:要依托传统文化资源,实施文旅融合。以落实省文旅文创融合战略为契机,与高校、科研院所合作,深度发掘、提炼、弘扬君子文化、三善文化、治河文化、烹饪文化、创业文化等优秀传统文化,并使之具象化、产业化。要提标建设君子文化产业园,对君子文化进行现代内涵解读和旅游演绎,使之成为君子文化的探源地、契约精神的实证地和诚信朝圣的体验地。要精心打造长垣黄河文化体验带,开展走读黄河文化游、百里河滩研学游、特色食宿品味游、郊野运动休闲游。要发掘滨河县抗日政权等红色文化资源,高标准建设纪念馆、研学基地,培育红色旅游产业。

2021年5月14日,《长垣三善文化志》编纂启动仪式在市人大常委会机关会议室举行。市人大常委会党组书记、主任夏治中,市政协党组副书记宋广民,市人大常委会办公室主任、机关党组书记陈文圣,蒲东街道党工委书记王文举及参与编纂的全体工作人员参加会议。陈文圣同志主持会议。宋广民同志阐述了《长垣三善文化志》编纂的时代背景和深远意义。孙宝全同志汇报了《长垣三善文化志》编纂纲要。王文举、李灿军、季洪林、张威同志在会上做了发言。夏治中同志做了重要讲话,指出编纂《长垣三善文化志》是长垣市打造"三善之地""君子之乡"特色文化品牌的一项重要工作。我们要坚持讲政治、有特色、出精品,使志书充分体现政治性、人民性、规范性、时代性、地域性,努力编写出一部质量上乘的精品佳志,为"三善文化""吏治文化"立言示绩,为长垣市经济社会发展和民主政治建设提供历史借鉴和精神动力,为建党100周年献礼。启动仪式前,夏治中同志带领编纂工作人员到龙山街文化碑廊、铜塔寺、郜胡同、金甗山、学堂岗开展文化调研。

第五节　三善文化对当代长垣的影响和意义

什么是三善文化

打开万能如宝囊般的"百度",输入"三善文化"这个词条,显示出来的不是宋代药膳世家"善孝养家、善食养身、善戏养神"的段家家训,就是"善听、善言、善行"的道家格言,而孔子弟子子路治蒲所引发的孔子的"三称其善",似乎在此还没有被列入"文化"的范畴。

春秋时期,子路任蒲邑宰(长垣的行政长官),治理三年后,孔子来视察,竟三呼其善:"善哉!由也,恭敬以信矣。""善哉!由也,忠信以宽矣。""善哉!由也,明察以断矣。"三称其善后还意犹未尽,足见孔子对子路治蒲功绩的肯定和赞美。

从字面上解释,孔子三称其善的内容是三句话,即恭敬以信、忠信以宽、明察以断,那么凭这三句话十二个字能称其为一种"文化现象"吗?我们先来看一下"文化现象"的定义:"文化现象"指人类文化发展过程中呈现出的某种外部状态和联系,具有个别、具体、可直接观察和经验性等特点。文化现象是文化发展中带有典型和标志作用的事情,它是群众在共同需要、共同心理的基础上所形成的和不断给予陶冶的结果。它往往是思想观念及其物化形式的综合,不但具有外在的特色,而且含有观念的特色。文化现象是人们对现象的感受上升到理性概括的认识产物。

这个定义有点笼统和概括性,可以从多方面去阐述和理解。文化现象基本是指一种精神现象,是一种社会现象。文化作为一种精神力量,能够在人们认识世界、改造世界的过程中转化为物质力量,对社会发展产生深刻影响。这种影响,不仅表现在个人的成长历程中,而且表现在民族和国家的历史中。

根据这种定义来探讨和研究"治蒲三善"是否称得起文化现象,我们应该从两方面来分析和探讨:

一是"子路治蒲"应属于治国理政的范畴。而且是在那种特定的形势下，将一个边远荒蛮难治理的小县，治理成民富国强的典型，这是一种成功的治国理政的典范，对春秋时期各国都有效仿和借鉴的意义。这种成功正是子路根据当时蒲邑具体的情况，践行孔子执政理念的结果。

子路治蒲就是对孔子执政理念的实践，子路治蒲的成功，也是孔子执政理念在实践应用中的成功。子路在蒲邑始终贯彻"以人为本"的治国理念，一切以人的利益和解决与人相关的一切问题为出发点，其核心内容是关心人、培养人、尊重人，关心人的生活和成长，培养人的道德和能力，尊重人的特性和本质，使其成为对社会有贡献的人。在这种理念的指导下，才有了治理水利的成功、城市建设的成功、衙门内部管理的成功。也进一步证明孔子所说的"古之为政，爱人为大"（《礼记·哀公问》）的至理名言。

二是有了治国之策后，必须由官吏来具体实施和落实，才能达到治国的目的，这就对官吏提出了严格的要求。孔子说过，为政以德，以礼节制，加强道德修养，采用正己正人、推己及人，来达到执政为民、完善吏治的目的。作为蒲邑宰的子路，就为历代的执政者树立了德才兼备的标杆和榜样。他在孔子多年的教导和影响下，个人的道德品质和修养是放在第一位的，所以才能做到以身作则，身教重于言教，无私无畏，敢作敢为。"子帅以正，孰敢不正？"（《论语·颜渊》）子路还遵照孔子"先之劳之、无倦"的要求，始终身先士卒，不怕苦累，亲力亲为，真正做到了恭敬以信、忠信以宽、明察以断，把蒲邑打造成"三善之地"，立下了传颂后世的千秋伟业。

仅从以上两点来看，"子路治蒲"不论题材的广度和深度，以及对后世的影响和启示，段家的家训和道家的格言，都是无法并肩比拟的。何况"治蒲三善"的内涵与意义，还在进一步的探讨和挖掘中，现在所了解的也就是冰山的一角。随着时代的推移，相信其所涉及的范围，所蕴含的深意，将会给后世带来更多有益的启示。由此看来，"子路治蒲"作为一种文化现象是实至名归，而据此引发出的三善文化，是儒家文化也是中华优秀传统文化中不可或缺的一页。

三善文化的具体内涵是什么？

三善文化的具体内涵是什么？自古以来还没有一个权威的定论。若只从孔子"三称其善"的字义上讲，是恭敬以信、忠信以宽、明察以断，这是孔子到蒲邑后仅以看到的三个地方所下的定义。它既不包括子路治国理政的全部，也没有从产生这种现象的深层理论上去评说，这就给后人留下了诸多的悬念和深层探讨的空间。

治国理政不论过去还是现在，都是一个大话题。治国理政是依靠官员来实现的，要做一个好的官员，必须先做一个好人。在一个好人的基础上，掌握了治国理政的知识，加上勤奋无私的作为，就能成为一个好官，就能使一方富裕而惠及一方百姓。子路治蒲使其成为"三善之地"，就是依照这个轨迹和模式完成的。三善文化的内涵也就是"如何做好人、如何做好官、如何做好事"这么直白而浅显的内容。

一、做人

子路出生在一个贫困的小山村，受家庭和环境的影响，他从小就具备了善良、勤劳、孝顺、不怕吃苦、乐于助人的品质。自从19岁拜孔子为师后，子路这种善的基因得到了儒家雨露的滋润，而有了质的升华。孔子思想的核心观念和终极价值是"仁"，"仁"是作为人的最高道德原则。"仁"字的字形从人从二，也就是人们要互存、互助、互爱，具体地说就是从孝亲敬老、兴家乐业，走向济世救民、匡扶天下的情怀。孔子强调："入则孝，出则悌，谨而信，泛爱众，而亲仁。"（《论语·学而》）在孔子的教导下，子路在怎样做人方面有了更高的标准和方向。

二、做官

子路从19岁跟着孔子，到做蒲邑宰的时候已经61岁了，这40多年的时间，子路几乎都是在孔子身边度过的。他对孔子由衷地尊重和仰慕，学习时也特别用功，学到的东西也最多，从一个毛头小伙子成长为七十二贤人之一。这既是子路刻苦努力的结果，也是孔子教育成才的出类拔萃的典型。

作为儒家思想的开创者,孔子不仅是一个伟大的思想家、教育家,也是一个积极入世的政治家。当官理政是孔子一生最大的追求,孔子的政治主张就是推行仁道,恢复周礼,建立一个没有战争、仁行天下的大同世界。除了政治主张,还有孔子的道德理想,他要用他的这些伦理道德去教化人民,敦风化俗,建立自己心中的和谐社会。孔子的仕途屡次遭遇挫折后,他就把主要精力放在了做学问上。孔子办学的初衷就是要通过教育,培养德才兼备的人才,培养能够在政治上有所作为的君子,最主要的目的就是四个字——读书做官。孔子从"为政在人"的政治主张出发,提倡统治者礼贤下士、招收人才,使自己的政治主张通过其弟子发扬光大。儒家思想不仅是道德的哲学、教育的哲学、生活的哲学,也是政治的哲学。重要的体现就是"仁政"主张和"民本"思想,主张"轻刑薄税""听政于国人""与民同乐"等。"和"是儒家的重要思想文化的精髓,"和"不仅是一种政治手段,还是一种政治目的。儒家理想中的社会至少是一个和谐、团结、和平的社会。

在治国理政方面,孔子强调的是仁政,强调的是礼仪。"仁"就是爱人,"礼"就是社会的道德秩序,就是用"正名"即道德教化的方法,使社会各阶层的人们对自身社会地位有稳定的道德认可和道德定位。"仁"的作用是使民无造反之必要,"礼"的作用是使民无造反之意识。为政之要在"正人",欲"正人"必先"正己","政者,正也。子帅以正,孰敢不正?"(《论语·颜渊》)。从政者要"尊五美,屏四恶,斯可以从政矣"(《论语·尧曰》)。五美德:一是君子给人恩惠却不需破费,二是役使百姓却不会让百姓心存怨恨,三是有欲望却不贪心,四是安详坦然却不骄傲,五是威严却不凶猛。四恶习:一是事先不进行教育,犯了罪便加杀戮。这叫作虐。二是不提前申诫,马上要出成果。这叫作暴。三是随意下命令却要求限期完成。这叫作贼。四是给人赏赐,当要给时却很吝啬。这叫作小气。民无信不立,得民心者得天下。孔子在为政做官上有诸多具体的思想和做法,深深影响着子路,子路也深得其惠,在治蒲三年的实践中,在如何做官、如何做好官方面,向孔子交了一份优秀的答卷。

三、做事

中庸精神是儒家思想的精华,中庸就是强调按照适宜的方式做事。而按照适宜的方式做事就可以长久,就是善。作为传统文化,中庸精神就是适度把握，按照适中的方式做事，并力求保持在一个合情合理的范围之内。做事要以"和"为贵，这是儒家倡导的为人处世的一个基本原则，但这种"和"是君子之和，要严以待己，宽以待人，而不是小人之和。从子路治蒲的结果上可以看到，吃国家俸禄的臣与士，应以身作则，"其身正，不令而行；其身不正，虽令不从"（《论语·子路》）。还要以自己的行动做表率，先之劳之，而无倦。作为一般的职员，不管有没有人监督，都要做好自己分内的工作。作为一般的老百姓，要奉公守法，勤劳不偷懒，整理好自己的田地和家园。各个阶层的人都自觉做事，无愧于心。子路治理下的蒲邑，基本上就做到了这些，所以就呈现出孔子看到的景象：田地工整，没有杂草，没有荒地；房屋坚固，树木茂盛，人们都自愿地劳动、主动地建设自己的家园；衙门里的人，没人监督而各尽其职，尽心尽责。

以上三点就是三善文化的内涵，就是给后人的有益启示。用简洁的文字总结出来就是：

做人：善为内，礼为外，家孝悌，泛爱人。

做官：以德配位，以才理政，无私无畏，忠国爱民。

做事：己所不欲，勿施于人，上不愧天，下不愧地。

三善文化对长垣经济社会发展的影响和作用

长垣，地处河南、山东两省交界，在黄河的河湾里，偏僻而贫穷，是个默默无闻几乎被世人遗忘的小城。别说是全国，就是河南也有不少人不知道有个长垣，有不少人还把长垣读成长坦或长恒。

改革开放的春风，唤醒了这片被遗忘的地方，长垣比周边的县市更早、更敏锐地察觉到这股春风的温暖及所带来的潜在生机。或许是长垣太贫穷了，太渴望改变现状了，穷则思变嘛，所以长垣人对改革的政策敏感而热心，对改革的措施欣喜而立行，对改革的领导人感恩而戴德。改革让长垣人焕发出的热情和能力是如此惊人，一个个如雄鹰破壳、地火喷涌。

刚开始改革引发的躁动是自发的、盲动的、无序的，他们做毛刷、做棉签、做窗纱、跑合同、焊水箱、修倒链、刷油漆、搞餐饮、做泥瓦匠……这种小打小闹，却似星星之火，迅速传遍全城。他们走过弯路、碰过壁，甚至碰得头破血流。可他们不怕，他们也不会回头，也不会后悔，还有比吃不上饭、穿不上衣、被人鄙视更可怕的吗？

长垣人自古民风慓悍，敢作敢为，敢闯敢干，在改革开放的劲风的吹动下，这种民风竟爆发出无穷的生命力和创造力。这些年在各级党委、政府的重视、引导、扶持、帮助下，在长垣大地上逐渐形成了起重、防腐、卫材、餐饮、建筑等几大特色主导产业。起重、卫材的产品竟占到全国的百分之七十以上，防腐建筑竟有十多万大军走出长垣、走出河南、走出国门。长垣的民营企业如雨后春笋，经济发展蒸蒸日上，长垣人所创造的"长垣现象""长垣模式"引起了全国的关注和赞赏。

经济上去了，物质丰富了，人们富裕了，新形势下也出现一些新的问题：视金钱与权力为终端的世界观，在个别人的脑子里逐渐占了主导地位，比富、炫富现象处处显现；重金钱、轻道德的现象曾时有发生……这种急功近利、目光短浅，背离社会主义核心价值观的现象，一度严重影响了长垣人的形象，影响了长垣经济长久的发展。解决这种问题的方法，就是要用社会主义核心价值观和中华优秀传统文化教育引导广大人民树立正确的世界观和价值观，通过文化传承以文化人、以文育人。不忘本来才能开辟未来，善于继承才能更好地创新和发展。弃传统、丢根本，就等于割断自己的精神命脉。

中华优秀传统文化博大精深、源远流长，创造了历史上灿烂的古代文明，是我国现代化文明的基础。只有把这种优秀传统坐实在发展经济的本根、本体、本位和主体上，才不至于出现左右摇摆、迷离失据的倾向，由此而出现的社会文明才是真正的现代文明。古人说，参天之树，必有其根；怀山之水，必有其源。中国文化历经数千年还能连绵不绝地发展壮大，我们要怀着慎终追远的尊敬去审视我们的文化；我们要用高度的文化自信去对待自己的文化。作为中国人，就是要热爱自己的文化，否则，就失去了中国人的特质。作为中国文化的主流，儒家文化有很多优秀的思想因子，融进了中国人的血液，影响了中国人的思想和行为方式，不管承认与否，中国人的血液里都流淌着儒家思想。

正如习近平所说的："深入挖掘和阐发中华优秀传统文化讲仁爱、重民本、守诚信、崇正义、尚和合、求大同的时代价值，使中华优秀传统文化成为涵养社会主义核心价值观的重要源泉。"

三善文化就是在儒教浸润下的中华优秀传统文化的缩影，它是在长垣大地上诞生的，和长垣有着千丝万缕的联系，对长垣人思想的影响也是根深蒂固的。所以用三善文化来解决长垣目前现存的问题，是最有针对性和本土性的生动教材。这种跨越两千多年时空的双向交流和融合，其民族精神、文化理念和价值追求是一脉相承的。

前文已经提到三善文化的内涵是如何做人、如何做官、如何做事，这三点对照目前长垣的症结可谓是切中肯綮。

一、如何做人

从古至今这都是一个大话题，每个人不管出身、地位、个人条件、生活环境、人脉关系有多么不同，都要注重个人的道德修养。做人的道德标准是一致的，用"正名"即道德教化的方法，使社会各阶层的人们对自身社会地位有稳定的道德认可和道德定位。所谓的修身，就是把个人的行为修正为符合天道规律的行为，把个人的认识修正为符合客观事实的知识，把个人的思想修正为符合天道民心的思想。

首先要有一颗爱心，爱家人、爱他人、爱所有的人。儒家文化中"仁"就是爱人,不仅爱自己的亲人,而且能推广开去,热爱所有的人,尽管在程度上有所不同。爱心是不分阶层、不分贫富的,穷则独善其身,达则兼济天下。"仁"的终极目标是天下为公的社会,老人享其天年,壮年人发挥所长,儿童少年受到良好的教育,鳏寡孤独和残疾人得到社会的关怀和照料。一切都尽如人意,国泰民安。

其次是讲究礼。礼不仅是礼仪形式,在中国古代也是社会的典章制度和道德规范,是社会政治制度的体现。礼作为中国社会的道德规范和生活准则,对中华民族精神素质的修养起着重要作用。随着社会的变革和发展,礼不断被赋予新的内容,不断地进行着改变和调整。在当今社会也包括政策、法规、法律、制度等。谁都想做一个好人,不做坏人,做好人最起码得遵守法律法规。

最后是勤劳善良。勤劳善良是中华民族的传统美德,勤劳必须是在善良的根基上,聪明、能力等也都必须是在善良的基础上,否则,利欲熏心、损人利己、见利忘义、发国难财等,再勤劳、再聪明、再有能力,其结果也必定是南辕北辙。孔子早就说过:"富与贵,是人之所欲也;不以其道得之,不处也。贫与贱,是人之所恶也;不以其道得之,不去也。"(《论语·里仁》)发家致富自古以来都没有错,是人人都想得到的,但君子爱财,必须取之有道。对长垣人加强这种思想教育熏陶,是及时的,是必要的,对增强社会主义的道德观、改善全民道德观念、发展长垣经济都有深刻的现实意义。

二、如何做官

如何做官应是"做人"所包含的内容,在这里把它分离出来,是因为对做官的人应提出来更高的标准、更具体的要求。因为每个当官的人都有行使社会事务的权力,这种特殊的地位赋予他们特殊的身份和特殊的使命,他们身上维系着更大的权力和责任。这一群人有着更广泛的统治力和影响力,对一方地域的社会和谐、经济发展、道德水平和思想教化有着至关重要的意义。在长垣称为"官"的,应是政府机关和有关部门的领导人,以及身居"九品"的村干部,在这里还要加上各个民营企业的负责人。

当官的首先"德要配位"。当官的道德素质的优劣,关系到政令的行止和社会道德风尚的好坏,甚至关系到国家的前途和命运。为政者有德则国兴,无德则国亡。历数中国的王朝更迭可以看出，政治腐败、横征暴敛、民不聊生，往往是王朝更迭的主要原因。得民心者得天下，失民心者失天下，这是颠扑不破的历史真理。为政者更应认识到这一点，敬畏民众，敬畏民众赋予的权力。

对从政者品德的全面发展，孔子曾提出不少具体的要求，从政者要尊重五种美德，去除四种恶习。《论语·尧曰》载："尊五美，屏四恶，斯可以从政矣。……不教而杀谓之虐；不戒视成谓之暴；慢令致期谓之贼；犹之与人也，出纳之吝谓之有司。""尊五美，屏四恶"告诫我们，当官与当老百姓，就是应该有不同的道德标准要求，干部要在各个方面做出好的榜样。要求别人做的，自己首先要做到；禁止别人做的，自己坚决不做；有些事情普通老百姓可以做不到，但为官者必须做到。

习近平强调："实现人民群众的主体地位，拉近领导与群众的距离，就要求领导干部不做'以官压人'的事情，真正克制'官本位'思想，不搞'以官为本''官贵民贱'，树立正确的民生权力观，切实解决好人民群众最现实、最关心、最直接的民生问题。"

目前在一些地方腐败现象屡禁不止，损民事件不断发生，这就是个别为官者德不配位、缺乏民本思想的问题。不正之风和无为现象也成为政令执行和经济发展的瓶颈。在这方面，两千多年前的子路给我们树立了榜样，子路以"爱人"之心推行仁政，使社会成员都享有生存和幸福的权利；他为人恭谨和敬慎又有信用的态度，感化了百姓对官员的畏惧之心，拉近了相互之间的感情；他无私无畏、身先士卒、一心为民的作风，在全县人民面前树立了绝对的权威；得道者多助，得民心者得天下，他把偏僻、贫穷的蒲邑，建设成物阜粮丰的"三善之地"。子路把在其位不谋其政、无作为而得俸禄视为是一种耻辱，当下那些不作为的为官者，面对子路是否感到汗颜？

长垣的民营企业是长垣的经济支柱，在改革初期兴起的第一代企业家，大多已步入老年或已过世，他们建立起来的企业面临着接班和在新形势下如何发展壮大的问题。孔子的仁政理论在现代企业管理中仍不失为一种行之有效的手段，孔子在两千多年以前就把人的管理提到首位，而且主张实行推己及人的人道主义管理方式。在接班的问题上，大多数企业家是要传给自己的子女和亲属的，可如果他们德不配位或者说才不配位的话，是否能像子路那样,突破家庭和族人的藩篱,跳出个人利益的小圈子,选贤任能,让企业正常运转,发挥每个人的积极能动性,共同促进企业和社会的繁荣?如果为官者都像子路这样,何愁当代的"三善之地"的赞歌,不会再次在长垣响起?

三、如何做事

如何才能做好自己的事呢?上文已提到"和为贵"是以孔子为代表的儒家所倡导的为人处世的一个基本原则,是孔子道德思想体系的一个重要内容,也是中国传统文化的核心内容之一。孔子认为,不管是治国理政,还是为人处世,追求和谐的结果,是一个美好的想法。但不是一味地追求和谐,必须懂得用"礼"(即规章制度)来节制。(礼之用,和为贵。先王之道,斯为美;小大由之。有所不行,知和而和,不以礼节之,亦不可行也。——《论语·学而》)也就是说,要通过一定的制度规范,促使人们之间、家庭及家族之间、国家之间,维持相互包容、求同存异、共生共长、和睦融洽的理想状态。换一句话说,讲和谐,不能以牺牲原则来搞和谐,要搞君子的和谐,不要搞小人的和谐。(子曰:"君子和而不同,小人同而不和。"——《论语·子路》)

"君子"是孔子最理想、最高规格的做人标准,在他的言谈中把君子赋予最完美的理想色彩。孔子一生阅人无数,可在他的心目中,只有蘧伯玉才能配得上君子的称谓,蘧伯玉出生在长垣,长垣也被称为君子之乡。因此,做君子之人,行君子之事,以先辈为榜样,把长垣打造成真正的君子之乡,是每个长垣人义不容辞的责任。

如何做一个君子,孔子有很多论述,其中就有君子的"三戒""三友""三乐""三愆""九思"。

"三戒":年轻时警惕沉溺女色,壮年时警惕争强好斗,老年时警惕贪求占有。(孔子曰:"君子有三戒:少之时,血气未定,戒之在色;及其壮也,血气方刚,戒之在斗;及其老也,血气既衰,戒之在得。"——《论语·季氏》)

"三友":君子交朋友要警惕区分三种情况,即有益的朋友有三种,有害的朋友有三种。跟正直的人交朋友,跟诚信的人交朋友,跟博学多闻的人交朋友,就有益处。跟逢迎诌媚的人交朋友,跟阿谀奉承的人交朋友,跟花言巧语的人交朋友,就有害处。(孔子曰:"益者三友,损者三友。友直,友谅,友多闻,益矣。友便辟,友善柔,友便佞,损矣。"——《论语·季氏》)

"三乐"：君子的业余爱好要警惕区分三种情况，即有益的爱好有三种，有害的爱好也有三种。以礼乐节制自己，喜欢在人后称赞别人的好处，喜欢多交贤德的朋友，就有好处。喜欢骄纵作乐，喜欢安逸游乐，喜欢宴饮取乐，就有害处。(孔子曰："益者三乐，损者三乐。乐节礼乐，乐道人之善，乐多贤友，益矣；乐骄乐，乐佚游，乐宴乐，损矣。"——《论语·季氏》)

"三愆"：君子要防止三种过失，即急躁、隐瞒、盲目。话没到说的时候就说，叫作急躁；话到了说的时候却不说，叫作隐瞒；没有察言观色却贸然开口，叫作盲目。(孔子曰："侍于君子有三愆：言未及之而言谓之躁，言及之而不言谓之隐，未见颜色而言谓之瞽。"——《论语·季氏》)

"九思"：孔子认为，君子有九件事要慎重思考，看的时候要明察，听的时候要听清，脸色要温和，态度要恭敬，说话要忠诚，办事要警慎，产生疑惑要询问，生气时要避免惹祸，得到利益时要考虑是否符合道义。(孔子曰："君子有九思：视思明，听思聪，色思温，貌思恭，言思忠，事思敬，疑思问，忿思难，见得思义。"——《论语·季氏》)

孔子没有称自己的学生为君子的，但子路的言行、品德却多次得到孔子的赞扬和夸奖。子路在治蒲期间，在自己的德行影响下，蒲邑的各阶层人士都能在各自的位置上，在没有任何监督的情况下，主动自愿地认真做事，各负其责，才能使蒲邑出现社会稳定、经济发展、丰衣足食的太平盛世。对21世纪的长垣，这也是一个很有益的启示。

四、小结

随着中国经济实力和综合国力的增强，文化和软实力建设逐渐上升为中国的国家战略。党的十七届六中全会专门就我国的文化建设做出部署，明确提出要继承优秀传统文化、建立强大的文化自觉、文化自信和文化自强。儒学，至今已有2500余年的历史了。在这漫长的岁月里，随着社会的发展、历史的演进，儒家学说从内容到形式都得到了不断的丰富与发展，其社会功能也在与时俱进，并逐步形成了自己别具一格的文化内涵。面对全球化文化浪潮的冲击与融汇，对儒家文化的现代价值的探讨与思索也越发激烈和深入。

三善文化是儒家文化中精彩的一页，它诞生于长垣，更是长垣优秀的传统文化之一，这是长垣人的骄傲和自豪，也是长垣人一笔巨大的精神财富。

两千多年来,它一直影响着长垣,影响着长垣人。在 21 世纪的今天,对于在社会上如何做好人、如何做好事、如何做好官,都有着榜样的力量和有益的启示;也为创造长垣的和谐社会、发展长垣的经济、加强全民的素质教育,提供了精神营养和实例参照。学习三善文化,宣传三善文化,扩大三善文化的影响,是每一个长垣人责无旁贷的责任和义务。三善文化也是长垣人践行社会主义核心价值观、打造和谐社会的动力和源泉,是持久地发展长垣经济的根基和保障。

三善文化应是长垣的传家宝,是长垣人的精神富矿,我们要世世代代地传承下去,并且逐步地将其发扬光大。

第六节　当代歌颂三善文化与子路的文学作品

诗　词

暮春登杏坛
宋广民

从来怀古意,今日始登台;
原野生春草,杏坛花自开。

芬芳向明去,紫燕天际来;
心念千秋事,两足多徘徊。

颂歌子路三善
孙宝全

春秋蒲邑地,选吏朝廷急,
此邑多征战,世乱民凋离。
蒲人爱争讼,豪强且叛逆,
无官敢应聘,众人荐仲子。
孔尼贤高足,文韬武略齐,
守信不宿诺,闻过则欣喜,
一腔报国志,满腹忠和义。
慷慨去赴任,首要修水利,
身先第一线,自俸抵民饥,

一心为民忧，须臾不为己。

经年见成效，老师亦惊奇，
连呼由善哉，留下三善地。
四野无草莱，房固树茂密，
衙内无闲人，井然亦有序。
恭敬见其诚，诚信是为基，
明察必心正，史上一名吏，
翌年竟结缨，孔丘覆醢涕。
蒲人念其恩，抢回无头体，
蒲人怀其德，筑墓立祠记，
俎豆数千载，绵绵无绝期。
三善文化颂，唱响长垣地。

暮春过学堂岗遗址感怀

李剑华

一

杏坛生春草，二三紫燕来。
唐柏迥无影，残碑卧荒台。
炊烟下斜日，乌雀鸣声哀。
绿水绕田舍，满眼尽青麦。

二

昔日讲学地，气势何雄哉。
殿宇连嵯峨，山门南向开。
松柏凝翠烟，琴音响天籁。
圣像端坐处，四方顶礼拜。

三

君子何所乐,得育骐骥才。
春风化细雨,丽日开阴霾。
仁政惠天下,至爱盈襟怀。
高山安可仰,大德沐万代。

四

圣化昭千古,杏坛应重生。
殷殷民众意,莘莘学子情。
造化钟灵秀,古蒲留八景。
瑰玮再现日,史册传美名。

仲墓晚霭

李剑华

陇头草木盛,声名汉简香。
侍坐有妙论,治蒲留华章。
魂系鲁邑远,情牵濮水长。
凄恻拜瞻处,千年对斜阳。

临江仙·杏坛怀古

王新法

虽历春风秋雨,依然东傍黄河。
凭栏感慨复吟哦。
两千五百载,万事难消磨。

亿众共圆一梦,蒲城遍地英杰。

与时俱进莫蹉跎。

先贤遗论在,我辈须如何。

学堂岗

李庆云

一

河养风育起杏坛,圣人讲学在长垣。

碑石林立香火旺,千年朝拜祭先贤。

邀朋尊访学堂岗,聚友敬拜大殿前。

三躬谱得尊师风,九叩写就敬贤篇。

二

千年学堂岗,至今飘书香。

校庙为一院,虽谐亦有伤。

文物遗草丛,古碑砌进墙。

遗产怎保护,呼吁出良方。

杏坛怀古

李建新

一

几临圣驾停骖处,谁记四子言志时。

文宗帝师孔夫子,首创停学功第一。

二

曾是苍柏气森森,关帝勒马静听琴。

直待鸡鸣隐身去，千古佳话说到今。

杏坛感怀

冯平安

一

命运始知有前因，果报何须问来人。
明月千古总相照，一坛清风锁暮春。

二

圣贤已逝留余温，先人遗影赋诗文。
吾辈其可一醉休，淡泊滋润宁静心。

三

世事变迁若流云，聚散不定芦花飞。
幸有高台可凭借，一曲清歌唱到今。

孔子讲学处

冯平安

孔师讲学处，仿若闻墨香。
鸟闲知春晓，树摇动日光。
古韵发新枝，老景隐旧荒。
遥想当年月，为谁照四方。

学堂岗村

周运斋

千年古校设杏坛,孔子讲学弟子间。
一枝松柏知辛苦,为遮太阳故意弯。

谒学堂岗杏坛圣迹拟古意

朱何停

一

立夏时节景清朗,八友畅聚学堂岗。
千载圣迹隐阡陌,百代帝师琴声扬。

二

历览先圣游说地,小小匡蒲多驻足。
四子侍坐言鸿志,邑贤后世偕叹息。

三

觅迹寻踪碑廊间,盛事斑驳犹可见。
无语松柏森然立,不尽叹惋遗杏坛。

杏坛感怀

陈文圣

一

学岗何处停圣骖?满目狼藉使人叹。
几通破碑羞自立,数间亭阁强遮颜。

仲尼抚琴早不闻,四子侍坐再难现。
杏坛已随风月去,墙外森森农家槐。

二

学岗杏坛名声隆,每到此处心益恭。
慕者络绎如云朵,香烟袅袅到明清。
精神早著教化里,清誉常伴天籁声。
不见莘莘幼稚子,咿呀读书到五更?

三

后来神往说杏坛,
谁解当时夫子难?
轻易能布天下道,
不作累累丧家犬。

学堂岗吊杏坛

李庆中

凭台设教化愚氓,万载悲心图大同。
我辈空怀报乡志,安得圣意挽西风?

重游孔子教学地感怀

李庆中

道落春秋降仲尼,婆心苦口述修齐。
治平今有新领袖,教世尚需旧典籍。

子路坟 新韵
于建奎

野草黄沙不记年,千秋只幸冢衣冠。
何必勒石说毅勇,单凭闻过可称贤。

蒲西谒子路像
陶保菊

长剑冠缨识卫侯,身名许此数千秋。
蒲城一自称三善,忠信贤明说未休。

过子路墓旧址
陶保菊

沙平墓场古碑残,林木萧萧不计年。
伏草露如夫子泪,至今日日哭忠贤。

过三善园忆季路
陶保菊

木自葳蕤水自清,算公去后几亡兴。
于今为政凭忠信,未负春秋三善名。

题子路

邵彦豪

负米堂前孝,冠缨殿上臣。
肉糜夫子泪,三善更何人。

怀仲由

张彩霞

千年碧水逐东流,世代宜居念仲由。
剽悍穷乡蒙教化,子称三善即追求。

谒子路坟

张彩霞

望里寻常一土丘,先生许此几千秋。
年年黎庶清明日,三善繁荣告卫侯。

题仲由

赵萃真

曾见仲由蒲邑行,也闻政绩体民情。
鸿儒博学生前事,留得千秋万古名。

浣溪沙·蒲西子路塑像
赵萃真

子路雕塑奕奕晖，环周绿圃遣芳菲。雄姿高耸显神威。
为任一方功德颂，治蒲三载懿民碑。丰功伟业古今垂。

题先哲子路 新韵
王 强

为官一任报黎民，三善蒲城享古今。
负米堂前行孝义，仲尼身后只闻君。

怀子路
苗广峰

鲁狂化圣明，政治始英声。
蒲邑多君子，犹承三善行。

追念子路
冯进智

为亲负米不辞远，薄己爱民崇圣贤，
勤政流芳遗三善，后人赓续绘佳篇。

咏子路
杨顺强

冠切天霜尘染浊，长垣自许大河清。
但凭忠勇千金诺，赢得蒲城三善名。

谒长垣子路像　新韵
孙永政

蒲城有幸仰先贤，治邑三年永世传。
遗迹长存三善地，德行日月耀人间。

咏子路
尹　艳

每忆忠贞叹结缨，坟前千载草枯荣。
至今三善繁华地，妇孺沿途道盛名。

怀子路　新韵
秦咏梅

为官一任民称颂，尽力尽思救众生。
水秀木葱三善地，先贤热血铸丰功。

咏子路 新韵
崔相淮

横流沧海显人英,涤垢扬清耿汉星。
勤政明农弘正气,亲民理水款盛情。
励精图治辉煌铸,矢志追求大业兴。
季路功德垂千古,三称其善史留名。

子 路
冯宏强

三年励志治蒲城,夫子称叹三善行。
国难忠心身一死,犹然不忘结冠缨。

咏子路
李亚霏

负米躬亲典孝行,忠正明察惠蒲城。
结缨赴死维君冕,生不逢时憾烈名。

拜谒先贤子路
邵长颂

负米躬亲尽孝行,为官一任惠民生。
蒲城治理无忧患,业绩辉煌史有名。

长垣怀子路

王根启

追贤复礼浴风霜,血染蒲城更慨伤。
荒冢残碑无觅处,空余三善美名扬。

咏子路

雪 峰

治蒲三载善闻名,百姓安居仁义成。
千古朝堂皆废土,先贤遗事播民声。

过子路坟旧址 新韵

李振铭

长垣之地葬英雄,三善明察武与忠。
唯有萧萧坟上草,至今怒发立秋风。

子路 新韵

李宝川

一渠排灌千年益,三善盛嘉治政功。
忠义赤诚身赴死,万民传颂仲由情。

咏子路

张振豪

风雨周游路九千,儒学知易践行难。
杏坛侍坐先言志,遂使英名后世传。

题子路治蒲

张艳利

花木葱茏渠水清,连村稼穑佑民生。
仲由事迹何须记,独冠千年三善名。

电视教学片《演说论语》摘录

骆承烈

一、第六集

孔子看书简,子路赶来。

子路:老师叫我有事?

孔子:由也!女闻六言六蔽矣乎?

子路:未也。老师为什么问我这个?

孔子:我想让你明天给新来的弟子讲一课。

子路:讲什么?

孔子:就讲"六言六蔽"。

子路:我还不懂,怎么给别人讲?

孔子:坐下,我告诉你,一讲你就明白。

二人树下石凳坐。

孔子:这六言六蔽是:好仁不好学,其蔽也愚;好知不好学,其蔽也荡;好信不好学,其蔽也贼;好直不好学,其蔽也绞;好勇不好学,其蔽也乱;好刚不好学,其蔽也狂。

子路:哎呀,我一下听不明白。

孔子:好,一个一个地讲。第一言第一弊,好仁不好学,其蔽也愚。

子路:爱好仁德而不爱好学习,它的弊病是容易受人愚弄。

孔子:对呀。

子路:老师,我不明白,一个人好仁,有什么不对呢?怎么会受人愚弄?

孔子:仁虽然好,但没有足够的学问涵养,是非不分,就难免成为一个滥好人,就会变成傻瓜。有些人本心要做好事,要帮助别人,但思路不对,方法不对,结果事与愿违,反而害了被帮助的人。比如,有人心脏病复发,一个人好心好意把他背走,谁知一动就死了,好心办了坏事。做好人难,就难在这里。善良的人不一定能做好事,好心仁慈的人,学问修养不够,流弊就是愚蠢,有时比坏人做坏事更糟。所以对自己的学问修养要注意加强,做人做事,要有智慧、有学问,这是第一点。

子路：第二是好知不好学，其蔽也荡。

孔子：很好，你记住了。

子路：意思是爱好智慧而不爱好学习，它的弊病是行为放荡。

孔子：好知不好学，其蔽也荡，这是说有了渊博的知识，而不注意加强品德修养，其流弊是好高骛远，放荡任性，有时比没有知识的人更危险。

子路：这么说，"学"并不专指学习知识，而是做事做人的修养。品德修养往往比知识更重要，是吗？

孔子：对，你懂得这一点，下面的好信不好学，其蔽也贼就好理解了。

子路：还有点不明白，好信不好学，怎么就是贼呢？对人言而有信，这还不好？

孔子：这里的"信"，有两层意义：自信和信人。过分的自信，和过分讲究诚信，对坏人也讲诚信。不了解实际情况，不能根据实际因地制宜，及时变通思路方法，也会办坏事；其结果也会害了自己，害了家人。这样的例子不是很多吗？这就是"其蔽也贼"。要避免这个弊病，还是需要加强学习修养。

子路：第四点好直不好学，其蔽也绞，我明白，绞，就是像绳子绞起来一样，太紧了会绷断的。一个人太直了，直到没涵养，脾气躁，说话尖刻，不留余地，其流弊就是会像绞绳一样绷断。坚持正义，反对坏人，不看条件，结果不好。所以个性直的人，要自己反省，如果不在修养上下功夫，就容易坏事。

孔子：第五点好勇不好学，其蔽也乱，这是说光有勇，没有修养，有勇无谋，脾气大，动辄出手，干了再说，杀了再说，就容易出乱子。

子路：第六点我记得：好刚不好学，其蔽也狂。刚，刚直，优点是有话直说，胸襟开阔，刚正不阿，但如果不好学，不加强修养，就容易狂妄自大，目中无人，也是一大弊病，也会给人生事业带来害处。

孔子微笑：由啊，你这不都懂了吗？明天上课，你就替我讲一讲这"六言六蔽"吧。

子路：是。不过让我再回忆一遍：爱好仁德而不爱好学习，它的弊病是容易受人愚弄；爱好智慧而不爱好学习，它的弊病是行为放荡；爱好诚信而不爱好学习，它的弊病是被伤害或危害亲人；爱好直率却不爱好学习，它的弊病是说话尖刻；爱好勇力却不爱好学习，它的弊病是犯上作乱；爱好刚直却不爱好学习，它的弊病是狂妄自大。

二、第二十二集

鲁国大夫孟武伯见孔子。

孟武伯:子路仁乎?

孔子:不知也。

孟武伯:我是问你子路有没有仁德?

孔子:仲由嘛,如果有一千辆兵车的国家,可以叫他负责兵役和军政的工作。至于他有没有仁德,我不知道。

孟武伯:那冉求又怎么样呢?

孔子:冉求嘛,千户人口的私邑,百辆兵车的大夫封地,可以叫他当总管。至于他有没有仁德,我不知道。

孟武伯:公西赤又怎么样呢?

孔子:赤呀,穿着礼服,立于朝廷之中,可以叫他接待外宾,办理交涉。至于他有没有仁德,我不知道。

子贡:老师你刚才和孟武伯的谈话我们都听见了。子路、冉求、公西赤跟随你学习多年,为什么你说他们都不够"仁德"的标准?你能再给我们详细说说吗?

孔子:我以为"仁"是学养的最高境界,是一个人人格的综合体现,与具体的才干、本领不一样,有区别。孟武伯问某某人是否有"仁",确实不好正面回答。凭什么说"有"? 凭什么说"没有"呢? 不是肯定就是否定,考察评价一个人不能这么简单、轻率下结论。

子游:所以老师说"不知也"。

孔子:我说"不知也",也不是说看不出来,而是要从这个人的性格特点入手,才有可能做到客观、准确,不空泛。再说孟武伯作为鲁国的执政官,到我这里可能是为了挑选任职的官员。

子夏:那么,比如说子路,为什么只可以让他负责一千辆兵车的国家的兵役和军政工作呢?

孔子:我是根据他们每个人的性格特点,来说他们每个人的优势和长处的,也就是告诉孟武伯他们每个人的才干,是哪方面的人才,供他挑选。

子游:仲由是军事方面的人才,冉求是做地方官的人才,公西赤是外交人才,子贡精通商贾之道。他们每个人都各有千秋,都有各司其职、独当一面的能力。

子夏:老师的意思是说,弟子中只有各式各类的人才,而几乎没有达到"仁"的道德水准的人啦?

孔子:可以这么说。"仁"是人理想追求的最高目标。

三、第二十七集

子贡:听说最近子路弹起瑟来了?

孔子:由之瑟,奚为于丘之门?

子夏:老师,此话怎讲?

孔子:仲由弹起瑟来,表现傲慢,我为了制止他的骄傲情绪说他不是我教的。

子贡:子路啊,老师在弹瑟上对你进行批评啊!

冉有:别说老师了,我也对这个师兄有这样的看法。

子张:我也是。

子夏:我想尊敬子路,可是尊敬不起来……

孔子:由也升堂矣,未入于室也。

闵子骞:老师这句话的意思是?

孔子:仲由嘛,他虽然有缺点,但你们也不要看不起他,他弹起瑟来已经达到升堂的程度了,只是还没有入室罢了。你们几位"门人不敬子路",未免太早了吧。

子贡、冉有、子张、子夏等面有愧色。

子路:谢谢老师!弟子有过错,老师就指出,让弟子认识到自己的不足,同时又肯定弟子的成绩,让弟子树立起信心,弟子决心加倍努力,争取更大的成绩。

四、第二十九集

子贡等几个人正在窃窃私语,孔子走过来。

孔子:你们几个在说什么呢?

子路:呵呵,老师,子贡正在给我们评论人物,比较他们的短长呢。

孔子：赐也贤乎哉，夫我则不暇。赐啊，你就那么好吗？我却没有闲暇去做这样的事。

子贡：弟子惭愧，确实不应该没事就议论别人。

孔子：能方人，比方人物而较其短长，并不就能说明你能力强。不要总是对别人求全责备，而放任自己，没事多检点一下自己为好。

子贡：弟子明白了。

子路：你看这小河里的水流，生生不息，就好像我们每个人生命中的过客，谁又能够一一把他们挽留加以评说？无论别人是好是坏，他们的言行对于我们来说都像是这流水一般，转瞬即逝，只有多关照我们自己的内心，才能够获取力量啊。

孔子：呵呵，有点道理。不过学再多的知识，也要有德在先。由，知德者鲜矣！子由啊，时代变了，这世间，懂得德的人太少了啊！

子路：弟子记在心里了。

齐景公：寡人听说先生桃李满天下，弟子中能人车载斗量。请问先生的弟子中，善断狱者有哪些？寡人打算不惜重金，请他们来齐国赐教一二。

孔子：片言可以折狱者，其由也与？

齐景公：此话怎讲？

孔子：只听了单方面的供词就可以判决案件的，大概只有仲由吧。

齐景公：仲由就是世人说的子路吧？他为何会这样断案？

孔子：仲由可以以片言而折狱，因为仲由为人忠信，人们都十分信服他，所以有了纠纷在他面前也不讲假话，因而他就可依照人们的陈述明辨是非。这说明子路在刑狱方面是卓有才干的。

齐景公：子路还有别的特点吗？

孔子：子路无宿诺。他许诺没有不兑现的，说话没有不算数的。这一点既是子路最大的优点之一，也是所有为官者应当具备的条件之一。如果为官者说话算数，言而有信，再加上清廉正直，那么他就会树立起自己的威信；相反，为官者如果说话不算数，言而无信，那么他的威信就会荡然无存。在这一点上，子路为所有为官者树立了榜样。

齐景公：子路可敬。

五、第三十集

孔子和弟子散步交谈。

孔子：道不行，乘桴浮于海。从我者，其由与？

子贡：老师是说："我的道如果行不通，就乘木筏到海外去，跟随我的恐怕只有仲由吧？"

子路（很高兴）：我愿随老师去。

子贡：看把你给高兴的。

子路：那当然。别看你们个个年轻气盛，论武功你们谁也不如我呀。我跟老师周游列国十几年，我和老师当然分不开了。

子贡：老师，真是这样吗？子路能当此任吗？

孔子：由也好勇过我，无所取材。

子贡：听听仲由，老师说你什么了。你这个人太好勇敢了，武功和好勇的精神大大超过了老师，但是暴躁也超过了老师，除此之外，就没有什么可取的了！

冉求：不，老师还是信任仲由的。我理解的"无所取材"的意思是：无处去找编木筏的木材。老师并不是真想离开，只是说说而已。

子贡：子有弟你以为老师是在跟子路随便开玩笑呢？夸奖子路不是指他的不足？子路你自己怎么看？

子路：叫你一说，我也不太自信了。老师是告诫我要学会约束自己，不要凭血气之勇做事吧？

子贡：是的。刚才你们误会了老师的意思，在好勇这一点上你胜过老师，但不是你所有方面都比别人强，要论综合才干，可取之处就不多了。

子路：我当然还有许多不足，这不才一直不离老师左右，跟着学习嘛！不过我觉得老师主要还不是批评我的性格缺陷，不够担当重任的资格。道不行，乘桴浮于海。老师的话里或许有开玩笑的意思，但更多的是一种对时事不满的愤懑态度。

子贡：是的，老师以天下为己任，怎奈当今世道纷乱，无法传道，难有作为，但仍矢志不渝，"造次必于是，颠沛必于是"，老师的内心需要怎样的隐忍力，需要怎样坚强的意志啊！

孔子凝重不语。

六、第四十九集

孔子与子路、曾晳、冉有、公西华围坐在草地上。曾晳轻轻弹着瑟,瑟音悠扬。

子路:老师,现在给我们讲点什么呢?

孔子:我想问问你们的志向。为了体现大家的真实思想,希望大家畅所欲言。讲完后有不大明白的地方,再互相解释。

公西华:好,这样很好。

孔子:以吾一日长乎尔,毋吾以也。居则曰:"不吾知也!"如或知尔,则何以哉?

冉有:老师的话可否这样解释:"我年龄比你们大一些,不要因为我年长而不敢说。你们平时总说:'没有人了解我呀!'假如有人了解你们,那你们要怎样去做呢?"

孔子:完全正确。

子路:我先说。千乘之国,摄乎大国之间,加之以师旅,因之以饥馑;由也为之,比及三年,可使有勇,且知方也。我的志愿是:一个拥有一千辆兵车的国家,夹在大国中间,常常受到别的国家侵犯,加上国内又闹饥荒,让我去治理,只要三年,就可以使人们勇敢善战,而且懂得礼仪。

孔子脸上露出讥讽的微笑。

孔子:求,尔何如?

冉有:方六七十,如五六十,求也为之,比及三年,可使足民。如其礼乐,以俟君子。

孔子:冉有的话,你们懂吗?

子路:懂!意思是:"国土有六七十里或五六十里见方的国家,让我去治理,三年以后,就可以使百姓富足。至于这个国家的礼乐教化,就要等君子来施行了。"

孔子:子路解释得很好!

子路:谢谢老师夸奖!

孔子:赤,尔何如?

公西华：非曰能之，愿学焉。宗庙之事，如会同，端章甫，愿为小相焉。

子路：公西华这段话的意思是："我不敢说能做到，但是愿意学习。在宗庙祭祀的活动中，或者在同别国的盟会中，我愿意穿着礼服，戴着礼帽，做一个小小的赞礼人。"

孔子（点点头）：点，尔何如？

这时曾皙弹琴的声音逐渐放慢，接着"铿"的一声，他推开瑟站起来。

曾皙：异乎三子者之撰。

子路：什么意思？

曾皙：我想的和他们三位说的不一样。

孔子：何伤乎？亦各言其志也。

子路：老师说："那有什么关系呢？也就是各人讲自己的志向而已。"

曾皙：莫春者，春服既成，冠者五六人，童子六七人，浴乎沂，风乎舞雩，咏而归。

公西华：曾皙所说的意思是："暮春三月，已经穿上了春天的衣服，我和五六个成年人、六七个少年一起去沂河里洗洗澡，在舞雩台上吹吹风，一路唱着歌走回来。"

孔子（喟然叹道）：吾与点也！

冉有：老师为什么赞赏曾皙的观点呢？

孔子：曾皙所说，是在国家强盛、富足、懂礼的情况下，如此才能"浴乎沂，风乎舞雩"。如果这样，就能达到我比较理想的社会。今天我们的课就是这个内容。你们想休息就自便吧。

子路：好，老师，我们告辞了！

（摘自仲伟帅主编《仲子历史文化研究》。作者骆承烈系电视教育片《演说论语》的"剧本创意、改编兼思想点评"及该片总顾问）

子路是以孔子的弟子和十哲之一的身份而流传后世的,而关于子路的文字除了《论语》《孔子家语》《史记》中略有记述外,很少有记载。随着时间的推移,儒家学说的社会伦理思想和观念,逐渐从皇权转到深入芸芸民众之心,伴之,孔子的弟子也引起了人们的广泛关注,尤其是子路的高尚品德、淳朴个性和思想作为,更是深受人们的喜爱和尊崇。从20世纪末开始,全国各地的仲氏后人及和子路有关的地域相继组织成立了"仲子研究会",某些资深学者和教授也加入其中,对子路的生平、事迹、思想和影响进行了深入的挖掘、整理和研究,为当代人也提供了有益和丰富的资源。本章从中引用数篇,以供大家参考。

——编者题记

第七章　对子路研究的最新成果

浅谈仲子文化研究的现实意义和作用

李　莉

仲由,字子路,又字季路,生于公元前542年,卒于公元前480年。是孔子的得意门生,也是儒家文化的重要继承者。唐玄宗开元二十七年(739年)被追封为卫侯,宋真宗大中祥符二年(1109年)被加封为河内公,宋度宗咸淳二年(1266年)被晋封为卫公,明世宗嘉靖九年(1530年)被追称为先贤仲子。仲子的生前事迹和言行都给后世留下了深远的影响,在注重弘扬和传承优秀历史文化传统的今天,我们开展对仲子文化的研究,必将会对建设有中国特色的社会主义精神文明,推进山东文化强省的建设,促进全民素质的提高产生积极影响,仲子文化必将成为社会主义先进文化的有机组成部分,成为社会主义核心价值体系的有效构成要素。

一、仲子的生平事迹

仲子一生追随孔子,事师卫道,孔子的一生及其学说都是与仲子密不可分的。仲子出生于卞邑(今泗水县泉林镇卞桥村),此地是古代东夷族的聚居地。受地域文化的影响,少年时代的仲子尚武好勇,"冠雄鸡,佩豭豚","好长剑",曾经"陵暴"孔子。孔子"设礼诱之",从仲子尚武好勇的性格特点入手,顺着仲子的话头,用"南山的竹子"作喻,告诉仲子光有勇气和武力是不够的,如果能再加以学习,就会像南山的竹子经过加工,安上羽翎、装上箭镞一样,更加勇武。孔子的话深深打动了仲子,仲子恭敬地拜孔子为师,从此成就了辉煌的一生。

勤学好问,闻过则喜。对于不明白的问题就要向孔子问个明白,对孔子的做法有质疑的地方就要同孔子争辩,面对仲子的求教和质问,孔子总是循循善诱,因势利导,倾尽全力对仲子进行教诲。所谓"爱之深,责之严",孔子就像一位慈祥而严厉的父亲,对仲子的错误是绝不姑息的,对仲子的批评也是非常严厉的。最严厉的一次当属批评仲子弹琴,孔子听仲子弹琴后告诉冉有说:太过分了,仲由真不成器啊!不好好学习治国安邦的音乐,竟然修习这种带有杀伐之气、会导致国家灭亡的音乐,这样还能保住他的性命吗?冉有将孔子的话告诉仲子,仲子非常震惊和后悔,静坐思考,不吃不喝,以至于骨瘦如柴。仲子这种闻过能改,勇于接受批评的精神受到了孔子的赞扬:"过而能改,其进矣乎!"(《孔子家语·辩乐解》)孔子的谆谆教导,让仲子不仅懂得了如何做人、如何处事,而且懂得了站在更高的角度,以更开阔的视野来认识事物、评价历史,最终成为一代大贤。

孝敬父母,尊敬长者。春秋时期,鲁都曲阜城南一带盛产稻米,其米清香可口,后世成为朝廷指定的"贡米"。仲子拜师后,家中父母年老体弱,无人照管,生活相当困难,于是他便经常从曲阜背米回家,以养双亲。由于卞邑和曲阜相距百里,仲子背米回家途中,就在中间一处叫"虚汀"的地方歇息,此处就是现在的泗水城,在老县城的东门外,过去曾立有"仲子负米息肩处"的石碑,以示对仲子的纪念。双亲过世后,仲子随孔子南游于楚国,从车百乘,财物众多,坐着厚厚的垫子,吃着丰盛的菜肴,仲子感慨地对孔子说:我如今想再吃野菜,为双亲背米也不可能了,父母的寿命,就如白驹过隙一样地短暂啊!孔子赞扬仲子说:"由也事亲,可谓生事尽力,死事尽思者也。"(《孔子家语·致思》)"老吾老以及人之老",仲子对父母以外的长者、贤者也是极为尊敬。面对长沮、桀溺、荷蓧三人数落自己的老师,仲子谦恭有礼,有问必答,表现出了极高的道德修养。

义薄云天,忠信明决。对于攻击、责难孔子的言行,仲子总是站出来为其辩护,捍卫老师的学说。春秋末期,晋国上卿赵襄子挑衅地询问孔子:先生带着礼物去谒见各国国君,已见了七十个了,却并不顺利,不知道是这世上没有明君呢,还是先生的主张本来就行不通呢?孔子没有回答。过了几天,赵襄子遇到仲子说:我曾经问先生的主张,先生不回答。知道却不回答,这就是隐瞒吧。隐瞒怎么算得上仁?假若确实不知道,又怎么算得上圣人呢?仲子说:建造天下最大的钟而用小木棒撞击它,怎能使它发出声音呢?您问先生的问题,岂不是像用小木棒撞大钟吗?仲子用形象的比喻有力地回击了赵襄子。孔子在《论语·公冶长》中说道:"道不行,乘桴浮于海。从我者,其由与?"赞扬了仲子的仁义。仲子的义不仅表现在事师卫道上,在《论语·子罕》中孔子这样评价了仲子的义:穿着破旧的丝绵袍,和穿着高贵的狐貉裘袍的人站在一起,而一点不觉得羞耻的,大概只有仲由了吧!赞扬了仲子内心高洁、不慕富贵的品格。正是因为仲子拥有这样崇高的人格魅力,所以能够做到"片言折狱",仅凭只言片语就能明断案件,且能令当事双方信服、接受。

三善治蒲,从政唯优。一生追随孔子的仲子,从政时间很短,最为人称道的是三善治蒲。当时仲子已是六十一岁的老人了,因蒲地为卫国边塞要地,紧邻强大的晋国,民风强悍,豪侠刚武,需要贤能且勇敢并有从政之才的人来治理此地,仲子因而被聘用。仲子治蒲三年后,孔子从此地经过,"三称其善",并对子贡说:我虽然三次称赞他,又岂能说尽他的好处呢?极高地评价了仲子的从政才能。由于仲子从政才能出众,卫国执政孔悝让仲子担任其家宰,在"蒯聩之乱"中,仲子竭力要救孔悝,与石乞、盂黡厮打于高台之下,因年老力衰、寡不敌众,被削断帽带,仲子大喝——君子死,帽子不能不戴,于是停下来系好帽带,被石乞等人趁机杀死。

二、仲子文化研究的现实意义

昔人已去,精神长存。在两千多年后的今天,我们开展仲子文化研究,深入挖掘仲子文化对后世产生的深远影响,探讨仲子文化在建设中国特色社会主义精神文明,构建社会主义和谐社会,建设中华民族共有精神家园中的重要意义和作用,必将会促进国民道德建设,促进我国现代化建设,完善社会主义核心价值体系,使中华民族永远屹立于世界民族之林。

首先,开展仲子文化研究是对我国优秀历史文化的传承。中华民族五千多年的悠久历史,创造了灿烂的中华文明,中华传统文化是我们建设社会主义先进文化的源头活水,仲子文化作为中华传统文化的一脉,也是建设社会主义先进文化不可或缺的组成部分。在改革开放已四十余年的今天,我们不断深化改革,扩大开放,努力与世界融合,在实现了经济迅猛发展的同时,西方的各种思潮也逐渐渗透到我们的思想中,思想领域不再以传统的价值观念为主导,呈现多元化态势。如何处理传统文化同西方文化的关系?是否定我们的历史,接受西方的思想,还是继承我们的历史,创造我们的文化?余光中说:"……对整个民族有几千年的记忆,那些记忆变成典故、变成神话、变成历史,渗透在你的精神里,你走到哪儿会带到哪儿,所谓的秦魂汉魄、宋魂唐魄就在你的身体里。"否定我们的传统历史文化就如同要撕裂我们的身体一样,是我们不能接受的。同时,没有了传统文化的支撑,就没有了民族文化存在的基石,就丧失了民族的身份证,中华民族就会失去在全球的身份。开展仲子文化研究就是要大力弘扬传统历史文化,继承和发展我国历史上的优秀传统,创造先进的社会主义文化。

其次,开展仲子文化研究是深入贯彻落实科学发展观的必然要求。科学发展观的第一要义是发展,核心是以人为本。我们要建设有中国特色的社会主义,实现经济社会全面协调可持续发展,建设惠及十几亿人口的全面小康社会,就要解决发展模式问题,是照搬西方发达国家的发展模式,实行全盘西化,还是在继承中国传统文化基础上的发展和创新?其他国家的发展历程告诉我们,邓小平理论中关于中国特色社会主义道路的理论告诉我们:必须走有中国特色的社会主义道路;必须在传承中国历史文化传统的基础上进行发展和创新;必须坚持以人为本,实现经济社会又好又快发展,在"好"的基础上实现"快";必须进一步解放思想,转变经济发展方式,建设创新型国家;必须统筹兼顾,处理好各方面的利益关系。"知史明志、鉴古知今",要不断探索我们的发展道路,没有现成的模式可以遵循,我们只能向历史"寻宝",向古代圣贤学习,从他们身上汲取营养,从他们的伟大思想中提炼精髓,为我们今天的发展提供借鉴。

再次,开展仲子文化研究是构建社会主义和谐社会的思想道德基础。社会和谐是中国特色社会主义的本质属性,是国家富强、民族振兴、人民幸福的重要保证。目前,我国社会总体上是和谐的。但是,也存在不少影响社会和谐的矛盾和问题:区域发展不平衡,人口与自然、社会资源不平衡,民主法制还不健全,一些社会成员诚信缺失、道德失范,一些领域的腐败现象仍然比较严重,等等。党的十六届六中全会指出:"建设和谐文化……必须坚持马克思主义在意识形态领域的指导地位,牢牢把握社会主义先进文化的前进方向,弘扬民族优秀文化传统,借鉴人类有益文明成果,倡导和谐理念,培育和谐精神,进一步形成全社会共同的理想信念和道德规范,打牢全党全国各族人民团结奋斗的思想道德基础。"开展仲子文化研究就是要弘扬仲子的高尚品德，学习他做人、做事的原则、方法，构建和谐的理念和精神，为社会主义和谐社会的建设提供历史文化基础。

最后，开展仲子文化研究是提高国民思想道德素质的有效途径。国民思想道德素质的高低决定着一个民族的优劣，决定着一个民族的走向。中华民族要实现伟大复兴，始终屹立于世界民族之林，就要大力提高全民族的思想道德素质。仲子代表的是以儒家思想"仁""义"为主要内容的传统历史文化，仲子身上体现出来的"孝亲敬长""闻过则喜""尊师重道""勤学好问""重信尚诺"等美德在今天仍然值得我们学习。开展仲子文化研究，弘扬仲子文化，必将会对国民思想道德产生积极影响，促进全民族素质的提高。

三、仲子文化研究的作用

当今时代，文化越来越成为民族凝聚力和创造力的重要源泉，越来越成为综合国力竞争的重要因素。中华文化是中华民族生生不息、团结奋进的不竭动力。作为中华文化组成部分的仲子文化，也将以其鲜明的文化特征，以其深远的历史影响，成为我们今天发展的推动力量。

第一，开展仲子文化研究，有利于深度挖掘仲子的后世影响，评价其历史地位。仲子生前和死后，均未留下什么著述，他的学生见之史籍的也只有成回一人。他的生平事迹仅散见于《论语》《左传》《孟子》《史记》等典籍中。《史记·仲尼弟子列传》中用了较长的篇幅专门记载了仲子的生平事迹，能够在这样一部被鲁迅评价为"史家之绝唱，无韵之离骚"的史学巨著中占据一席之地，足以说明仲子享有的较高的历史地位。至宋代，程颐评价仲子说："子路，人告之以有过则喜，亦可谓百世之师矣。"(《孟子·公孙丑上》)朱熹在《四书集注》中这样评价仲子：在"仁"的方面，"子路之于仁，盖日月至焉者"；在才艺方面，"子路之学，已造乎正大高明之域"；在信义方面，"子路忠信明决，故言出而人信服之，不待其辞之毕也"，"子路之所以取信于人者，由其养之有素也"。程朱二人以其权威的大学者身份，极高地评价了仲子，奠定了仲子的历史地位。清初，内阁中书顾彩的一副对联极具概括性地评价了仲子的德才和历史地位："治赋其才，升堂其德，七十国追随无倦，长为至圣之干城，先游夏而列贤科，有自来矣；负米是孝，结缨是忠，二千年俎豆常新，允作帝王之师表,并颜曾而膺世爵,不亦宜乎。"成为富有代表性的评价。不止于此,历朝皇帝也极力推崇并高度评价了仲子。今天,仲子故里——山东省泗水县的两位从领导岗位上退下来的老同志韩继谦、梁士奎又亲自执笔编著了《圣门之哲——仲子》一书,全面系统地记述了仲子的生平事迹,并这样评价了仲子:"仲子以其突出的个性,高尚的道德,终身事师和捍卫圣道等,赢得了当时及后世人们的尊敬和爱戴,在历史上一直占有重要的地位。"

第二,开展仲子文化研究,有利于系统探究仲子的思想。仲子在孔子的三千弟子中位列"十贤",其德、才都已达到了很高的水平,开展仲子文化研究,就是要系统探究仲子的思想,形成体系。古籍中记载仲子不但能诵诗襄礼、弹琴鼓瑟,还会驾车射箭、治军牧政,是一个多才多艺、文武双全的人才。其事亲至孝,体现了儒家首孝悌的"仁本"思想。其知方有勇,志存高远,有治赋之才、略地之勇,孔子称赞说:"由也好勇过我。"(《论语·公冶长》)体现了无所畏惧的大无畏精神。其勤学好问,以疑而信,闻过则喜,跻美于禹舜,体现了好学上进的治学精神。其忠信明决,重信尚义,言必信,行必果,体现了儒家文化的"义"。其不忮不求,正大光明,体现了深厚的道德修养。其从政唯优,以德治政,执政为民,体现了极高的从政才能。开展仲子文化研究,必然能够集中体现仲子的思想,并丰富和发展仲子的思想。

第三,开展仲子文化研究,有利于当今社会主义精神文明建设。精神文明是人们在改造客观世界的过程中,在主观世界方面所取得的进步,主要表现在教育、科学、文化知识的发达和人们思想、政治、道德水平的提高。社会主义精神文明是社会主义社会的重要特征,是具有中国特色的社会主义社会不可缺少的一个重要方面。它不但为物质文明建设提供智力支持,而且给物质文明建设以精神动力,并保证其社会主义的方向。在加快推进社会主义现代化建设的新的发展阶段,随着改革的深化、经济的发展,中西文化相互激荡,各种思潮错综复杂。如果只讲物质利益,只讲金钱,不讲理想,不讲道德,人们就会失去共同的奋斗目标,失去行为的正确规范,这就要求全社会要保持良好的秩序和风尚,营造高尚的思想道德基础。仲子文化作为民族优秀传统文化,承载了先人的光辉思想,在当今社会中,必然会在倡树良好社会风尚、强化道德约束、推进思想建设等方面发挥积极作用,促进社会主义精神文明建设。

第四,开展仲子文化研究,有利于服务经济社会发展。发展经济,实现社会进步,归根到底是靠人,是靠有道德、有理想、有社会责任感、有进取事业心的所有人的共同努力。仲子遵从着孔子"弟子,入则孝,出则悌,谨而信,泛爱众,而亲仁。行有余力,则以学文"(《论语·学而》)的教诲,孝敬父母,尊敬师长,友爱兄弟,一诺千金,好学知耻,勤政爱民,德才兼备。司马光在《资治通鉴·周纪一》里分析智伯无德而亡时写道:"才德全尽谓之圣人,才德兼亡谓之愚人;德胜才谓之君子,才胜德谓之小人。"只有像仲子这样德才兼备之人越多,我们的经济社会才能取得长足的发展。开展仲子文化研究,就是要以仲子的思想引领人才的成长,让所有社会主义的建设者在优秀道德的熏染下成为德能正其身、才能称其职的德才兼备的人才,为我国的经济社会发展提供强大的人才支持。

中华文化深厚的历史积淀是镌刻在我们思想深处的、代代相传的痕迹,它抹之不去,如影随形,无论我们经意,还是不经意,它都会出现在我们的思想里,体现在我们的行动中,它对我们的影响,就像生长了几千年的银杏树,早已盘根错节、根深蒂固了,我们似乎从生下来就带有这种历史的烙印,这是祖先留给我们的巨大财富,是中华民族存在的永恒标志,面对像仲子这样优秀的历史文化,我们所能做的只有传承、发展、创新,吸取其精华,拓展其外延,赋予它时代的特征,创造性地发挥它们在当代社会中的作用。

(摘自仲伟帅主编《仲子历史文化研究》。作者李莉系泗水县史志办公室编辑)

孔门弟子——子路(仲由)研究

李启谦

一、家世履历

子路,姓仲,名由,字子路,又字季路。春秋末年人,生于公元前542年(少孔子九岁),死于公元前480年。据《史记·仲尼弟子列传》载:"仲由字子路,卞人也。"古今所有学者对卞邑的考据,一致认为卞邑在今山东省泗水县东五十里之卞桥镇(今又称泉林)。当时为鲁国之地,所以被称为鲁国人。又《荀子·大略》载:"子赣、季路,故鄙人也。"《尸子·劝学》也说:"子路卞之野人。"从这些记载看,子路的出身是微贱的。正因为如此,所以少年时的子路,为了维持家庭生活,就不得不从事各种劳作。就是如此辛勤,其家庭经济也是比较困苦的。《说苑·建本》说:"家贫亲老者,不择禄而仕。昔者,由事二亲之时,常食藜藿之实,而为亲负米百里之外。"可见他生活之贫寒。

子路性情粗野,曾"陵暴孔子",而孔子则以礼仪诱导之。之后子路接受孔子的劝导而"请为弟子",遂成了孔子的早期学生。

由于子路有才能,加之孔子的教育,很快就成了一个善于"政事"的人物。当孔子在鲁国由"中都宰",不断升为"司空""司寇""大司寇"的同时,子路也登上了政治舞台。开始时在季孙氏那里干些小事,后来得到了季氏的信任,而成了"季氏宰",即当了季氏家庭的总管。在此期间他还派孔子的另一个学生高柴,到季氏的费邑去为"费宰"(参见《论语·先进》),可见这时他是掌握了一些权力的。公元前498年鲁国"堕三都"时,他站在孔子的立场上又积极地参加了这一活动。并终于促成"遂堕费"这一历史事件。(参见《左传·定公十二年》)总之,在孔子周游列国之前,子路就开展了不少的社会活动。

在孔子周游列国时,有的学生晚参加,如曾子、子游等;有的学生则早离开,如冉求、子贡等;而子路和颜回等人一样,都是自始至终跟着孔子的。因为子路勇武,在很大程度上是起着保镖的作用的,所以孔子就说:"自吾得由,恶言不闻于耳。"(《史记·仲尼弟子列传》)孔子在卫国的时间最长,尤其是后五年,他们就一直住在那里,孔子虽然没有什么官职,但是"孔子弟子多仕于卫"(《史记·孔子世家》)。大概就在这个时候,子路就在卫国当上了孔悝(卫国的实际掌权者)的蒲邑的"蒲大夫"(参见《史记·仲尼弟子列传》)。

另外,《说苑·建本》记载说,子路的父母死了以后,他"南游于楚,从车百乘,积粟万钟,累茵而坐,列鼎而食"。照此说来,子路也曾招收弟子到处游说,而且还享受着优厚的生活条件,但不知这段材料的可靠程度如何,还需以后仔细考证。

孔子回鲁时,子路也跟着回来,而且也参与了一些鲁国的政治活动,如鲁哀公十四年(前481年),季康子还派子路和邾国人谈政事(参见《左传·哀公十四年》)。不过子路也一直没辞去卫国蒲大夫的职务。所以后来他又到卫国去任职。公元前480年卫国贵族内部发生了争夺权力的斗争,子路在这一事件中被杀,时年六十三岁。

二、子路的为人和性格

孔子几个著名的学生,在性格上各有自己的特点,如曾子谨慎小心,子张就偏激且好说。而子路的特点更突出,查阅一下资料,发现有如下几点:

1. 果敢、直爽。《论语·先进》在总结几位学生的行动特点时说:"闵子侍侧,訚訚如也;子路,行行如也;冉有、子贡,侃侃如也。"历来的注释家在解释"行行"时是一致的,都解为"刚强之貌"。这就是说,闵子骞站在孔子身旁时是恭敬正直的样子,子路就是刚强的样子,冉有、子贡就是快乐的样子,短短几句话,就画出了子路区别于其他弟子的刚强神态。另外,当孔子提出问题叫弟子们回答时,每一次都是他第一个站起来发言,不管回答是否正确,总是先谈出来再说。从以上情况可以看出,他确是一个性格直爽的人。

2. 粗陋鲁莽。《论语·先进》中孔子在概括四个学生的性格时说:"柴也愚,参也鲁,师也辟,由也喭。"这就是说,四人各自的特点是:高柴愚笨,曾子迟钝,子张偏激,子路鲁莽。孔子对四个人的姓名划分,按顺序各自大体合乎心理学上"气质学说"中的性情脆弱、动作迟钝的抑郁质,性情沉静、动作迟缓的黏液质,性情活跃、动作灵敏的多血质,性情急躁、动作迅猛的胆汁质。子路就是最后一种性格的人。另外,孔子还说"由也兼人"(《论语·先进》),也就是说他有勇为好胜的脾气。这种性格的人,有其好的一面,如前面所说的为人直率、办事果敢等。但是也往往出现粗陋鲁莽的现象。孔子说:"片言可以折狱者,其由也与?"(《论语·颜渊》)一方面说明他办事不啰唆不拖拉,但是根据一面之词就判断案件,也说明他办事有粗枝大叶的毛病。孔子还说:"衣敝缊袍,与衣狐貉者立,而不耻者,其由也与?"(《论语·子罕》)子路穿着破旧衣服与那些穿着特别好衣服的人,站在一起,他是不会有愧色的。这一方面说明他性格豁达,完全把衣服如何放在脑后而不加在乎,但另一方面也说明他性子粗鲁,过于不修边幅。所以孔子对他这个穿着破烂衣服也不觉难看的粗鲁脾气,批评说:"是道也,何足以臧?"(《论语·子罕》)

3. 为人勇武。在先秦两汉的很多著作中,都记载了孔子谈论子路勇敢的事。如《论语·公冶长》:"由也好勇过我,无所取材。"《论衡·定贤》也记载:"或问于孔子曰:……'子路何人也?'曰:'勇人也,丘弗如也。'"《列子·仲尼》也说:"由之勇贤于丘也。"本来孔子就是位异常勇敢的人,而孔子还感到不如子路,可见子路勇到什么程度。无怪乎,当孔子问弟子的志向时,每次都是子路先发言,而且多数是谈他自己如何勇敢,如何教别人勇敢,和如何敢于打仗等等,如《说苑·建本》记载:"孔子谓子路曰:'汝何好?'子路曰:'好长剑。'"另外,在卫国的内乱中,本来他可以离开不参与,可是他为了完成职守,临危而进,以至到死。这些都能说明他的勇武性格。

三、子路的思想和作为

儒家的典籍有《诗》《书》《易》《礼》《乐》《春秋》,传授的技艺有礼、乐、射、御、书、数,又分德行、言语、政事、文学等四科进行教育(有时分文、行、忠、信),等等。孔子的学生虽然同属于儒家学派,但是他们在儒家学说的范围内又各有专长和特色。仔细查阅材料,发现子路有如下几个特点:

1. 擅长"政事"。孔子在总结他的优秀学生的学业特长时说:"德行:颜渊,闵子骞,冉伯牛,仲弓。言语:宰我,子贡。政事:冉有,季路。文学:子游,子夏。"(《论语·先进》)子路是长于"政事"的。当有人问子路的情况时,孔子就说:"由也,千乘之国,可使治其赋也。"(《论语·公冶长》)由此可以了解到,子路开始时是特别善于治理军赋的。后来由于经验的增多,独立治邑也能取得不少政绩。如他在卫国当"蒲大夫"时,管理得就不错,并受到了孔子"三称其善"的称赞。《韩诗外传》(卷六第四章)记载说:"子路治蒲三年,孔子过之,入其境而善之,曰:'善哉!由恭敬以信矣。'入其邑,曰:'善哉!由忠信以宽矣。'至其庭,曰:'善哉!由明察以断矣。'"孔子还进一步肯定说:"恭敬以信,故其民尽力……忠信以宽,故其民不偷……明察以断,故其民不扰也。"孔子如此肯定和称赞子路的政绩,可见子路在这方面是有特色的。

2. 信守承诺。子路为人诚实,直来直去。不但不会花言巧语,甚至有时说的话,使别人听了之后还会感到不舒服。但是,办起事来,他说到做到,绝不失信于人,更不玩忽职守。《论语·颜渊》载:"子路无宿诺。"过去对这句话中的"宿"有不同的解释,我感到朱熹的注解比较恰当,他在《四书集注》中说:"宿,留也,犹宿怨之宿。急于践言,不留其诺也。记者因夫子之言而记此,以见子路之所以取信于人者,由其养之有素也。"这就是说,子路对答应要办的事,从来不拖延。因为子路对于应诺了的事一定马上去办,所以他也不轻易承诺事情,怕的是答应了后办不到。《论语·公冶长》所说的"子路有闻,未之能行,唯恐有闻",就是这个意思。

因为子路特别守信用,所以也得到别人的格外信任。《左传·哀公十四年》记载的一段故事,就完全能说明这个问题:"小邾射以句绎来奔,曰:'使季路要我,吾无盟矣。'使子路,子路辞。季康子使冉有谓之曰:'千乘之国,不信其盟,而信子之言,子何辱焉?'对曰:'……彼不臣而济其言,是义之也。由弗能。'"小邾国一位名叫射的人,带领句绎的人来投奔鲁国,专门指名叫子路代表鲁国出来定盟约,而其他人一概不信。可是子路辞退不干,原因是不能鼓励小邾射干背叛国家这种不义之事。从这个故事就可看出,在当时子路就已经是一位以守信用而著称的人物了。

3. 忠于职守。子路还有与信守诺言相一致的忠于职守的品德。这样的例子是很多的,表现也是突出的。当他开始接触孔子时,他曾"陵暴孔子",但是以后,"儒服委质,因门人请为弟子"。(参见《史记·仲尼弟子列传》)"委质"就是"委死之质于君","示必死节于其君也"。君臣如此,师徒也是一样。就是子路愿以死忠于孔子。以后子路的行为果是如此。孔子有病时他为之祈祷;在陈绝粮时,他想办法给孔子做饭;周游列国途中,他处处跟随。孔子自己就说:"自吾得由,恶言不闻于耳。"(《史记·仲尼弟子列传》)孔子还说:"道不行,乘桴浮于海。从我者,其由与?"(《论语·公冶长》)他处处跟随并誓死保护孔子。由这些情况看,子路既信守诺言,又忠于职守。

另外,子路在卫国是孔悝的蒲邑大夫,而孔悝是他的主人,在卫国贵族的内讧中,孔悝被劫持,当此之时,子路临危不惧,冒死冲进城内去救孔悝,最后以死殉职。从这一情况,也可看出他的这一品德。

4. 孝亲,济穷,有福同享。孔子特别提倡孝的道德,在他的学生中以孝悌闻名者,当然要数曾子和闵子骞。不过,子路在奉养双亲方面也是够尽力的了。如他自己曾说:"昔者,由事二亲之时,常食藜藿之实,而为亲负米百里之外。"(《说苑·建本》)孔子也曾肯定子路在这方面的操行,说:"由也事亲,可谓生事尽力,死事尽思者也。"(《孔子家语·致思》)

他还好做救穷济贫的事情,如某年"鲁以五月起众为长沟,当此之为,子路以其私秩粟为浆饭,要作沟者于五父之衢而餐之"(《韩非子·外储说右上》)。他在卫国当蒲大夫时,也做了同样的事情:"子路为蒲令,备水灾,与民春修沟渎,为人烦苦,故予人一箪食,一壶浆。"(《说苑·臣术》)他之所以这样,就是因为他认为"仁义者,与天下共其所有而同其利者也"(《韩非子·外储说右上》)。他有一颗同情穷人、拯救危难者的心,他还有有福同享的思想。当孔子叫颜回和子路谈谈自己的志愿时,子路马上就站起来说:"愿车马衣轻裘与朋友共敝之而无憾。"(《论语·公冶长》)就是把自己的东西拿出来和朋友分享,即使用坏了也不心痛或感到遗憾。

5. 见义勇为。子路曾说:"士不能勤苦,不能轻死亡,不能恬贫穷,而曰我能行义,吾不信也。昔者申包胥立于秦廷七日七夜,哭不绝声,是以存楚。不能勤苦,焉能行此?比干且死,而谏愈忠……不轻死亡,焉能行此?……夫士欲立身行道,无顾难易,然后能行之。"(《韩诗外传》卷二第二十五章)他认为,要想行道,就应有不怕穷困、不怕劳苦和不怕牺牲的精神。他是这样说的,也是这样做的。如,当有人掉入水中时,他认为救人是合乎"义"的,于是就跳下水去,而"拯溺者"于危难之中(参见《吕氏春秋·察微》,又见《淮南子》)。他在卫国之死,更能说明他的这一精神。

《孟子·公孙丑上》记载说:"子路,人告之以有过,则喜。"这样看来他还有"闻过则喜"的品德,这确乎是一般人所没有的。

从子路的思想和性格看,他恰似文学作品中的张飞和李逵式的形象。在他的言行中,粗陋和失礼的地方,应给以否定,但是也有很多惹人喜爱和值得肯定的内容。总起来看,值得学习的成分在他的言行中所占有的比例是更大些。至于哪些具体的内容是可以肯定和肯定到什么程度,还是大家去评判吧。

四、关于子路和孔子意见不一致的问题

在孔子的学生中，不少人曾给孔子提过意见，对孔子的言行表示过不同意的态度，如宰我、冉求、子路等。但是次数最多的是子路，如宰我一次，冉求二次，子路六次。提意见时所用的言辞，最不客气的也是子路，如孔子在谈"正名"时，子路竟说："有是哉，子之迂也！奚其正？"（《论语·子路》）另外，在表现出不同态度后，使孔子受到很大刺激的也是子路，如："子见南子，子路不说。夫子矢之曰：'予所否者，天厌之！天厌之！'"（《论语·雍也》）反过来，孔子对很多学生都进行过批评教育，而批评子路的次数也最多，根据《论语》统计就达十次之多。从以上情况看，他们之间的关系该是不太好吧。不！恰恰相反，他们之间的关系是非常亲密的。这是因为有如下情况：

第一，如前所述，无数事例证明子路是非常尊重孔子，时时跟随孔子，处处维护孔子，格外忠于孔子的大弟子。这一点孔子是非常清楚的。同时，孔子对子路也是非常爱护，精心培养，时常给予帮助和鼓励的。这一点，子路也是明白的。他们之间的感情是深厚的，同时也是相互信任的。因此谈点不同意见，也绝不会影响师生的亲密关系。

第二，有时师徒之间是误会，加以说明后，也就了事，如"子见南子，子路不说"，当孔子急得发誓后，子路也就不再提这个问题了。

第三，当子路的行为不符合儒家的学说，而孔子对他进行教育后，师徒之间反而更加融洽。《说苑·臣术》所载的一段故事，就能说明这一问题："子路为蒲令，备水灾，与民春修沟渎，为人烦苦，故予人一箪食，一壶浆。孔子闻之，使子贡止之，子路忿然不悦，往见夫子曰：'由也以暴雨将至，恐有水灾，故与人修沟渎以备之，而民多匮于食，故与人一箪食，一壶浆，而夫子使赐止之，何也？夫子止由之行仁也，夫子以仁教而禁其行仁也，由也不受！'子曰：'尔以民为饿，何不告于君，发仓廪以给食之，而以尔私馈之？是汝不明君之惠，见汝之德义也。速已则可矣，否则尔之受罪不久矣！'子路心服而退也。""心服而退"就说明他对孔子指教的遵从。

总之，虽然子路向孔子提了很多不同看法，孔子对子路也进行过很多次的批评教育，但是他们之间尊师爱生的关系一直是保持着的，他们在一些重要问题的认识上也基本上是一致的。这从颜回、子路死时，孔子所表现出的

态度和发出的感叹就可以看出。据《公羊传·哀公十四年》记："颜渊死,子曰:'噫!天丧予。'子路死,子曰:'噫!天祝予。'西狩获麟,孔子曰:'吾道穷矣!'"孔子把颜回、子路的死,看成是失去了左右手,看成是失去了志同道合的人,由此可以看出他们之间的感情是多么深厚。

孔子、子路的师生关系,和孔子、颜回的师生关系不一样。颜回对孔子,不论何时何事都是百依百顺,一点意见也不提,而子路不同,他是有意见就提。虽然在颜回身上可以学到不少尊敬师长的品德,但是他这种百依百顺的行为,也不应给予全部肯定,不能把他当成完美的尊师楷模。孔子当时就批评说:"回也非助我者也,于吾言无所不说。"(《论语·先进》)而子路虽然对孔子也提过不少意见,有时态度还不太冷静,但是他这种对老师的态度,以及他和孔子的这样一种关系,也不能全部否定。而应从中总结出一些可以借鉴、继承和值得学习的东西来。至于如何总结,还是另文专门讨论吧!

五、对后世的影响

子路是孔子最亲近的学生之一,因之对后世也有不小的影响。不过和颜回、闵子骞、曾子等人有些不同。颜、闵、曾等弟子,因为仁德孝悌修养突出,同时也未受到过孔子的指责,所以他们不仅受到了各朝政府的尊崇,而且也受到了历代文人的称赞。然而子路等人有些不同,因为他虽受到过孔子的一些肯定,但是也受到过指责,所以后世对他也就有不同的评论。

因为他曾当过季氏的家臣和"为季氏宰",帮助季氏干了不少事,而季氏又是受到历代文人非难的人物,所以子路也就受到一些同样的待遇。《盐铁论·论儒》载:"亲于其身为不善者,君子不入也。……季氏为无道,逐其君,夺其政,而冉求、仲由臣焉。"这就是说子路、冉求帮着季氏办事,都不是"君子"的行为。再,因为他曾受到过孔子的多次批评,所以后来一些人还把他当成了不可救药的人物。如《盐铁论·殊路》说:"至美素璞,物莫能饰也。至贤保真,伪文莫能增也。故金玉不琢,美珠不画。今仲由、冉求无檀、柘之材,隋、和之璞,而强文之,譬若雕朽木而砺铅刀,饰嫫母画土人也。"又说:"性有刚柔,形有好恶,圣人能因而不能改。孔子外变二三子之服,而不能革其心。故子路解长剑,去危冠,屈节于夫子之门,然摄齐师友,行行尔,鄙心犹存。"这些议论,都是把子路说成了无法教育、不可救药的典型。

对他有非难之声，但是也有肯定和称赞的评论，而且后者的内容更丰富。

第一，称赞他善于政事。《盐铁论·殊路》说："七十子躬受圣人之术，有名列于孔子之门，皆诸侯卿相之才，可南面者数人云。政事者冉有、季路……"《汉书·刑法志》也说子路是"治其赋兵教以礼谊"，称赞他治理政事是兵军和教化结合行之。直到南北朝时代，王肃整理《孔子家语》时，更把子路治蒲孔子三称其善的事迹，大加宣扬一番（参见《孔子家语·辩政》）。可见子路这方面影响之大。

第二，肯定他敢作敢为。《汉书·东方朔传》记载了这位滑稽大王和汉武帝的一段谈话，说的是圣君用人一定能把各方面最贤能的人，安排在最恰当的位置上。例如，请周公为丞相，孔子为御史大夫，姜太公为将军……子路为"执金吾"（维护治安之官职）等等。这里他把子路当成了勇于打击犯法行为、敢于维持社会秩序的典型人物。另，东汉初年，太仆（掌车马之政并保卫皇帝）祭肜，随从光武帝东巡过鲁，"坐孔子讲堂，顾指子路室谓左右曰：'此太仆之室。太仆，吾之御侮也。'"（《后汉书》卷二十）。祭肜为刘秀的太仆官，可是他见了子路住室的旧址时，还称子路是真正能御侮的太仆。由上两例可看出他的勇敢作为对后世是有影响的。

第三，赞许他由坏变好。《尸子·劝学》有一段文字，大谈教化的重要性，认为教学不治则智人腐蠹，反之，要是教学不辍则野夫成才。而在举例说明时，第一个就是子路，说："是故子路卞之野人，子贡卫之贾人……孔子教之皆为显士。"《论衡·率性》说得更生动形象："世称子路无恒之庸人，未入孔门时，戴鸡佩豚，勇猛无礼，闻颂读之声，摇鸡奋豚，扬唇吻之音，聒贤圣之耳，恶至甚矣。孔子引而教之……卒能政事，序在四科。斯盖变性使恶为善之明效也。"子路成了通过教育由坏变好的典型。这一事例对认识教育的重要性、加强教学的信心是有影响作用的。

第四，颂扬他有圣贤之德。子路和冉求一样，都是常给孔子提不同意见的人，然而他俩也有明显的不同点。其一，冉求常和孔子进行进一步的争辩，而子路没有；其二，冉求经常违背孔子的意旨行事，而子路虽然也常提出不同的想法，但是提了就完，最后还是按照孔子的意见行事。所以后代文人对子路给了不少肯定，如说"子路至贤"（《后汉书·列女传》），又说子路有"亚圣之德"（《三国志·吴书·诸葛恪》）等等。有的还称赞他"杀身成名，死而不悔"

的精神(参见《后汉书·班固列传》)。子路的姐姐死了后,子路为服丧,过期不除,以表对姐姐的追念。这一点也受到后人的称赞。颜师古就说:"子路厚于骨肉,虽违礼制,是其仁爱。"(《汉书·外戚传上》)总之,子路是受到后人的不少称赞的。

  因为子路在孔门弟子中有重要作用,孔子在很多方面对他也加以肯定和给以称赞,历代文人对子路又给了很多的赞誉,历代封建官府也看到子路的一些思想言行对维护封建秩序有帮助,所以他们在尊孔祭孔时,也没有忘记对子路的祭奠和封赐。《后汉书·显宗孝明帝纪》载,东汉明帝永平十五年(72年)东巡狩,"三月……幸孔子宅,祠仲尼及七十二弟子"。从这以后,孔子弟子——包括子路在内,就不断受到历代官府的祭祀。与此同时,对子路也不断追加谥号。唐朝时追封为"卫侯",宋代改封为"河内公",旋又追封为"卫公"。由上可见,不论文人学士,还是历代帝王,对他是给以很大肯定和推崇的。

(摘自李启谦《孔门弟子研究》,有改动。作者李启谦原系曲阜师范大学教授、曲阜师范大学孔子文化学院院长)

试论仲子精神

李培栋

子路是古代名人,他的生卒年(前542—前480年)明确无误,古代文献中关于他有多处可靠的生动的记载。《论语》里,他出现四十多次,名列第一;《史记·仲尼弟子列传》里他占的篇幅仅次于子贡,《史记·孔子世家》和《史记·卫康叔世家》中又对他做了丰富的补充,司马迁显然对他有深切的同情;更原始的《春秋左传》中,在记载春秋列国的政治事变时,对于子路当时的事迹也保留了珍贵的记录。更不要说,战国诸子、汉魏名家们关于他也各有各的传说逸闻了,至于儒学经典在历代的传授和注解里,给子路的言行加以解说与评价,那就更多了。

然而,在历史上从未有过对仲子的研究组织,而今,我们成立仲子研究会,这可是亘古未有的盛事。其实,仲子身后萧条,汉代尊儒之后,从祀孔子;入于唐宋,封侯封公,始为建庙;明清之时,更屡建屡修。古代尊圣崇贤,不谓不重,然而,却未有专事研究仲子其人者。今天,总结历史的经验与教训,为发扬我中华文化的优良传统,为建设我社会主义之先进文化,国人重新研究孔子,研究孔门弟子,山东同志既已领先做出贡献,今又结社而专门研究仲子,可敬可贺,这必将为乡土增光,有利于创建社会主义和谐社会的伟大事业。

一

那么,我们研究仲子什么呢?长期以来,人们只把仲子作为孔子的学生,使他完全从属于孔子,只在研究孔子、研究儒学时,对他顺便研究一下,不曾把他作为独立的对象研究;直到近年,山东学人开始对仲尼弟子进行专题研究,开始发表关于子路的专题文章,情况才有所改变。然而,这只是一个开始,可以说,对于子路,首先还要做基础性的资料整理。清人冯云鹓编辑《圣门十六子书》,内有《仲子书》,对仲子的事迹、言行、遗迹等辑录汇集,编成六卷;出于崇仰圣贤的信念,冯氏的工作是认真的,但那毕竟是封建观念指导下的产物,还要我们再做清理。济宁市新闻出版局2003年4月出版的《圣门之哲——仲子》是新中国成立以后的第一本关于仲子的文献资料编集,读来令人有面目一新之感,可是这本书还不是正式出版物。因此,基础性的资料工作,应该是刚起步的有待于我们推进研究的任务。

二

进入仲子的实质性研究领域,我想提出一个课题:研究仲子精神。

孔门弟子都是儒学信徒,但他们并不是灰色的一群。他们实在都有鲜明的个性,每个人都是活泼泼的"这一个",越是具体深入地接触他们,这样的感受就会愈深切。仲子尤其如此,所以,有必要研究他的精神。

仲子有鲜明的精神特色。

第一,敢于质疑的学习精神。仲子原本"性鄙,好勇力,志伉直",是一个"冠雄鸡,佩猳豚"的武夫,正由于孔子的诱导,才尽弃所学,否定自己,改而师从孔子。然而,师从孔子,对仲子来说,那是为了追求真理,因此,仲子的疑问最多,在《论语》里,他问学的记录最多。他问强、问勇、问成人、问士、问君子、问政、问事君、问行、问管仲、问仁……他接受老师的亲切教导:"由!诲女知之乎!知之为知之,不知为不知,是知也。"(《论语·为政》)因此,他从不强不知以为知,对老师的言行,凡他不理解的、他反对的、他想不通的,决不盲从,决不含混,都要提出质疑,明朝的李化龙看到这一点,在《创建仲子祠记》中写道:"子路之疑圣人屡矣。之公山则疑,往中牟则疑甚也。绝粮愠之,正名迂之。"万历年间的这位提学官由此清醒地看到:"然而圣人未尝自高也。岂惟不自高,即其徒亦不尽高之也。岂惟不高之,亦且疑之。"是的,当时的孔子师生确实是既"不自高"也"不高之"的,孔子被圣化、神化是后世的事。不过,仲子这种质疑的态度在弟子群中还是很突出的。他的是非观念既鲜明又严格,他对理论的纯洁性与完整性的追求既热烈又执着,这就是仲子的学习精神。

第二,勇于改过的修身精神。孟子作为后学对仲子最推崇这一点,他赞扬仲子道:"子路,人告之以有过,则喜。"(《孟子·公孙丑上》)他甚至以此美德比之于禹、舜。孟子的这一个评价是有道理的。仲子追随着孔子,就是不断改正自己的缺点,修正自己的认识,提高自己的修养,逐步向着老师指引的方向和目标前进。尽管老师对他的评价到最后还是有所保留的,总的来说,就是:"由也升堂矣,未入于室也。"(《论语·先进》)然而,他不断改进的精神确是十分鲜明从未衰减过。最有说服力的是他与隐者两次相遇的事例。第一次他问津于长沮、桀溺,当仲子向孔子报告他们劝自己"岂若从避世之士哉"时,孔子说道:"鸟兽不可与同群,吾非斯人之徒与而谁与?天下有道,丘不与易也。"(《论语·微子》)这段话仲子听进去了,显然深有触动。因此,第二次遇荷蓧丈人后,仲子对这些隐者就做出了独立的批评:"不仕无义。长幼之节,不可废也;君臣之义,如之何其废之?欲洁其身,而乱大伦。君子之仕也,行其义也。道之不行,已知之矣。"(《论语·微子》)仲子这段掷地有声的脏腑之言,一方面彻底划清了他和隐士们的思想界限,另一方面又是仲子长期学习的总结。隐者之遇,在各家孔子年表里都列在鲁哀公六年(前489年)。这段话说明这时他过去对老师的怀疑、质问、顶撞、不理解都已解决了,什么公山之疑、中牟之疑也已冰释了,他体认了老师的教诲并且身体力行到死无悔。这段话可看作他从政的自觉的宣言。这就是仲子勇于改过的修身精神,真是君子之过如日月之食。

第三,锐于践行的献身精神。仲子是个实干的人,他不尚空谈,厌恶虚浮,"子路有闻,未之能行,唯恐有闻"(《论语·公冶长》),他就是这样的热心于"行"。而最大、最高的"行",应该是献身。

仲子之死,是件很值得研究的事。《左传·哀公十五年》有详细记载,《史记·仲尼弟子列传》和《史记·卫康叔世家》二处都有复述,仲尼弟子之见于经典文献而有如此丰满之记录者,可谓仅有。然而细究仲子之死于卫国,则难免令人惶惑。卫国这场宫廷政变其实毫无光彩可言,老太子为了驱除已登王位的儿子,利用他那嫁给世卿孔氏的姐姐和他的姘夫,迫使他姐姐的掌握实权的儿子孔悝支持自己,整个是一场可耻的、肮脏的阴谋。仲子其实可以避免卷入,但他临难不苟。他赶到时,卫国城门已闭,他的同学子羔劝他"子可还矣,毋空受其祸",他说:"食其食者不避其难。"(《史记·仲尼弟子列传》)终于进城。来到事发现场孔府,门又关着,守门人告诉他"毋入为也",他答道:"利其禄,必救其患。"(《史记·卫康叔世家》)进去了,牺牲了。所以,自古以来对于仲子此举颇多疑义。明朝万历年间的贺逢吉所写的《仲子论》的第一句话就是:"或问曰:季氏无君,出公无父,仲子仕之,其义何居?"问题提得尖锐,正是疑义之所在呀。

是的,这是一场肮脏的宫廷政变,老太子的姐姐的姘夫浑良夫追求一己之富贵是肮脏的,老太子的姐姐的儿子孔悝屈从于暴力也是肮脏的,至于发动政变的老太子蒯聩更是肮脏，这位宠爱南子的卫灵公的太子，由于他谋杀南子未成而逃亡在外，因而未得继承君位，他的儿子反而登上宝座，他要赶走儿子，所谓"出公无父"即指此；及至达到目的，儿子出逃，蒯聩得位，他便把曾利用过的浑良夫、孔悝逐个除掉，卫国政治之黑暗由此可见。

然而，在这样黑暗的背景下，仲子的作为却是一抹亮光。这是一个历史大悲剧开始的时代，正在礼崩乐坏，大道既隐，君子各有选择。仲子的选择是"不仕无义"，慨然从政。尽管旧有的传统秩序已乱，在仲子看来，依然是"君臣之义，如之何其废之？"，他要坚持奉行，至死不渝。那么，这样投入会得到什么呢？"道之不行，已知之矣。"因此，仲子对于隐者的批评确实就是他个人庄严的从政宣言。仲子在这场政变里，毫无个人的功利追求，光明磊落，无私无畏。他不是怀疑过老师的正名之论吗，现在，他就把这个"迂"的精神推展到了极致，为之献身。即在他将亡之时，在他的能力范围之内，他还不忘维护礼仪的尊严——"君子死，冠不免"，"结缨而死"。仲子之至诚至勇，在他牺牲的庄严时刻，表现得那样辉煌，投射周围肮脏的环境，他们是那样地猥琐、渺小、卑鄙。这一时刻凸显出个人精神品格的力量可以多么伟大，可以传世而不朽。

所以，两千多年来，仲子感动一代又一代的华夏子孙，不仅因为他是孔门子弟，而且因为他的特立独行，因为他的精神品格。

三

仲子精神可研究的问题当然还有不少，此外，诸如当日列国形势与孔门弟子的关系，孔门弟子活动之渗透于列国之政治、经济、文化教育，近年出土的战国简帛文书，等等，莫不应该就其与仲子有关者一一研究。更不能忽视普及宣传工作，诸如通俗演义、影视音像等等，都应在研究工作的基础上加以开展。

还有一点，我在《曾子三题》一文曾提出"洙泗地区儒学发源地文化资源应作为产业大力统筹开发"，现在，我建议应该写入泗水县仲子遗址。对于这一统筹开发，我相信一定会逐步实现，这应该也是全世界华人的共同愿望。

(摘自仲伟帅主编《仲子历史文化研究》，有改动)

仲由颜回之比较

梁士奎

在孔门弟子中,仲由和颜回是两个不同的、最具代表性的人物。他们各有特点,各有所长,又都是孔子的高徒。但比较起来,孔子最宠爱、最赞赏的还是颜回。实际上他是把颜回作为其第一高徒的,而后世也总把颜回列为孔门首徒,尊为"复圣",位居"四配"之首,地位仅次于孔子。至于仲由,虽也被尊为"先贤",配享孔子,但终究是等而下之的,这很值得我们去思考、研究。这里,且将仲、颜做一比较,以重新认识他们的历史定位。

一、性格方面:仲由率直、刚猛,颜回温顺、阴柔

仲由具有鲜明的性格特点,是孔门弟子中最有个性、最生动活泼的人物。《史记·仲尼弟子列传》说他"性鄙,好勇力,志伉直";《论语·先进》说"由也喭";《孔子家语·七十二弟子解》说他"为人果烈而刚直,性鄙而不达于变通"。身为师长的孔子,自然对仲由有更深的了解,他多次说过"由也果"(《论语·雍也》)、"野哉,由也!"(《论语·子路》)、"由也好勇过我"(《论语·公冶长》)、"由也兼人"(《论语·先进》)、"由之勇贤于丘"(《孔子家语·六本》)之类的话。

从古籍比较详细的记载中,更能直接看到仲由的这些性格特点,如孔子让弟子们各言其志,仲由总是"率尔对曰",心里怎么想就怎么说,毫无掩饰;对于孔子说的"必也正名乎",仲由立即批评说:有你这样的吗?你真是太迂腐了!为什么要去正名呢?(参见《论语·子路》)孔子问仲由、颜回、子贡如何待人,仲由不假思索地说"人善我,我亦善之;人不善我,我不善之",这种回答显然与颜回"人善我,我亦善之;人不善我,我亦善之"(《韩诗外传》卷九第七章)的回答在"仁"的思想上有差距,但其率直的性格是多么坦荡、可爱啊。

与仲由不同,颜回的性格温顺善良,他言行拘谨,不事张扬。《论语》说他"敏于事而慎于言"(《学而》),"讷于言而敏于行"(《里仁》),"不迁怒,不贰过"(《雍也》),表面看来好像愚钝,但内里却很秀慧。他乐天知命,安贫乐道,"用之则行,舍之则藏"(《论语·述而》)。这种性格,使他在与孔子及师兄弟们相处时,总是少言寡语,缺乏交流。孔子就说过:"吾与回言终日,不违,如愚。"

(《论语·为政》)农山言志时,仲由、子贡都畅谈了自己的理想抱负,而颜回却"退而不对",即躲在一边不作声。孔子曰:"回,来!汝奚独无愿乎?"颜回对曰:"文武之事,则二子者既言之矣,回何云焉?"孔子曰:"虽然,各言尔志也,小子言之。"在孔子的再三催促下方才说出自己的志向,并且说得比仲由、子贡更符合孔子的思想主张。(参见《孔子家语·致思》)这就显得不够坦诚、明快了。还有一则史料说:在陈绝粮时,"子路与子贡相与而言曰:'夫子逐于鲁,削迹于卫,伐树于宋,穷于陈、蔡。杀夫子者无罪,藉夫子者不禁。夫子弦歌鼓舞,未尝绝音。盖君子之无所丑也若此乎?'颜回无以对,入以告孔子。孔子憱然推琴,喟然而叹曰:'由与赐,小人也!召,吾语之。'"(《吕氏春秋·孝行览》)。仲由、子贡背后议论老师,是错误的。但颜回不当面批评而私下里"打小报告""告黑状",这就不光是不够坦诚的问题,而是道德品质上的毛病了。因此,比较起来,仲由的性格还是更招人喜爱,因为他透明,让人看得懂,不必费心地去琢磨他、提防他。

二、学习方面:仲由好问,颜回善思

仲由自拜入师门后,即收心敛性,潜心向学,其好学精神突出表现在好向上。《孔子家语·三恕》记载:孔子观于鲁桓公之庙,有欹器焉。夫子问于守庙者曰:"此谓何器?"对曰:"此盖为宥坐之器。"孔子曰:"吾闻宥坐之器,虚则欹,中则正,满则覆。明君以为至诫,故常置之于坐侧。"顾谓弟子曰:"试注水焉。"乃注之水,中则正,满则覆。夫子喟然叹曰:"呜呼!夫物恶有满而不覆者哉?"子路进曰:"敢问持满有道乎?"子曰:"聪明睿智,守之以愚;功被天下,守之以让;勇力振世,守之以怯;富有四海,守之以谦。此所谓损之又损之之道也。"

从这段史料可以看出,子路在学习上是个有心人,他真正做到了孔子所说的"知之为知之,不知为不知",不会就学,不懂就问,而且打破砂锅问到底,务求问个明白。《论语》等古籍记载仲由问难的事比颜回等其他弟子都要多,所问的内容也更广泛,大体可归纳为以下几个方面:一是如何修身、养性、做人,如问强,问勇,问士,问君子,问持满之道,问丈夫处世,问完人、成人以及礼、孝等;二是如何从政做事,如问政、问治军、问事君、问贤君治国等;三是对历史事件、历史人物及当代著名人物和事件的评价,如问管仲、问铜鞮伯华、问中行氏、问臧武仲等。如此之多的问询,正如孔夫子说的"每事问"。《周易》(卷一)上说:"君子学以聚之,问以辨之。"好学才能积累知识,好问才能辨明是非。刘向《说苑》更把询问说成是增长知识的根本,说"讯问者智之本"(《建本》),"君子不羞学,不羞问"(《谈丛》)。而仲由正是这样的人。

然而孔子对仲由的好学好像并不认可,他认为除了颜回,就没有好学的人了。鲁哀公问他的弟子谁最好学,他回答:"有颜回者好学,不迁怒,不贰过。不幸短命死矣。今也则亡,未闻好学者也。"(《论语·雍也》)季康子问他,他也作如上回答。他甚至认为连自己也比不上颜回的好学,真是把颜回捧到了天上。

无可否认,颜回的确好学。如果说仲由好学的特点是好问,颜回好学的特点则是善思。老师讲学,他从不发问,只聚精会神地听,过后再反复思考,探究深理。所以孔子说:"吾与回言终日,不违,如愚。退而省其私,亦足以发,回也不愚。"(《论语·为政》)又说:"语之而不惰者,其回也与!……吾见其进也,未见其止也。"(《论语·子罕》)由于颜回善于思考,因此对孔子的学说领会最深,且能"闻一知十",能够发挥。如农山言志谈自己的志向:"愿得明王圣主辅相之,敷其五教,导之以礼乐,使民城郭不修,沟池不越,铸剑戟以为农器,放牛马于原薮,室家无离旷之思,千岁无战斗之患。"这些话虽带有乌托邦色彩,完全脱离当时的社会现实,但却更符合或者说已高出了孔子"仁"的思想,所以"夫子凛然曰:'美哉!德也。'"。(参见《孔子家语·致思》)

总之,在学习方面,仲、颜都有值得后人效仿的方面。但颜回的学习态度和方法也有不利的方面,其坐而论道、脱离实际、穷思苦想的方法,很容易成为闭门读书、皓首穷经而于世毫无裨益的书呆子。至于其独称好学,也与孔子的极力吹捧有关。《史记·伯夷列传》就指出:"颜渊虽笃学,附骥尾而行益显。"

三、道德方面:仲由重道德行为,勇于实践;颜回重道德学问,慎于持身

孔子的思想核心是"仁",它既是政治主张和伦理道德的最高标准,也是个人修身正己的最高境界。在其弟子中,他认为也只有颜回在"仁"的方面做得最好。有人问孔子:"颜渊何人也?"他回答:"仁人也,丘不如也。"(《论衡·定贤》)又说:"回也,其心三月不违仁,其余则日月至焉而已矣。"(《论语·雍

也》)就是说,颜回能长久地不违背仁的要求,而其他弟子只能做到短时间内不违仁。然而,"仁"的概念毕竟太宽泛,不好把握,它只能体现在具体的伦理道德、个人生活及社会实践中的方方面面。那么,颜回的仁德又表现在哪里呢?

1. 贫而好学,安贫乐道。"一箪食,一瓢饮"(《论语·雍也》),身居陋巷,清贫的生活别人都受不了,但颜回却"不改其乐"(《论语·雍也》),整天读书学习,达到了痴迷的程度。这点前文已经说过,不再赘述。

2. 修身正己,慎言慎行。他不迁怒别人,不犯同样的错误,主张严于律己,宽以待人,认为"身不用礼而望礼于人,身不用德而望德于人"(《孔子家语·颜回》),就会引起混乱。作为士君子,应当有自知之明,要自尊自爱。他在回答孔子"智者若何,仁者若何"的问题时说:"智者自知,仁者自爱。"(《孔子家语·三恕》)表现出很高的道德修养。孔子称赞他有君子之道四:"强于行己,弱于受谏,怵于待禄,慎于持身。"(《说苑·杂言》)

3. 乐天知命,随遇而安。《列子·仲尼》记载:孔子有忧色,子贡不敢问,出告颜回。颜回援琴而歌。孔子问他:你为何独乐?颜回说:您为何独忧?我过去听您说过"乐天知命",所以不忧愁,所以能独乐。颜回没有过多的欲望,他随遇而安,视贫如富,视贱如贵,"知足而无欲"。孔子称赞他:"若回者,其至乎!虽上古圣人亦如此而已。"(《韩诗外传》卷十第十九章)

与对颜回的评价相比,孔子尽管对仲由的德行给予很高的评价,但对仲由之仁却始终不予认可。一次孟武伯问他:"子路仁乎?"孔子说:"不知也。"又问。孔子答:"由也,千乘之国,可使治其赋也,不知其仁也。"(《论语·公冶长》)这种回答可作两种解释:一是孟氏所问不屑于回答;二是尽管仲由能治赋千乘,但不等于仁。有时,孔子则直接批评仲由不仁,说:"甚矣,由之难化也!……不仁之于人也,祸莫大焉,而由独擅之。"(《庄子·渔父》)这种过火的批评,对仲由在当时及以后的历史评价上极为不利。实际上,从各种古籍记载看,仲由之德比颜回更全面,社会影响更广泛。可以说,儒家所提倡的各种美德,在仲由身上都有完美的体现,堪为古今道德之典范。除了前述勤学好问外,再简述如下几点:

1. 闻过则喜,有过即改。《论语》记批评仲由的多达十三处,是孔门弟子中受批评最多的。但仲由总能正确对待,这是很了不起的。一次弹琴遭到孔子批评,仲由痛悔自责,闭门思过,七日不食,以至骨立(参见《说苑·修文》)。后来孟子曾把仲由的"喜闻过"和虞舜相提并论,给予极高的评价。

2. 尚义重诺,不忮不求。《论语》记载"子路无宿诺"(《颜渊》),"子路有闻,未之能行,唯恐有闻"(《公冶长》)。答应了的事,一定去兑现。听到一件行义的事,就急于去践行。他不求荣华富贵,肯与朋友同甘共苦、车马衣裘与共,即使在今天也是难能可贵的。《左传·哀公十四年》记载:小邾国大夫射,欲以句绎为条件换取鲁国的保护,但他不相信鲁国的盟约,而只要求仲由说句同意的话就行。而仲由基于道义,断然拒绝了他的要求。这种尚义重诺,甚至达到了一诺无盟的道德修为以及明辨是非、坚守道义的态度,难道不比颜回要高一层吗?

3. 果烈明决,片言折狱。仲由的突出特点是果烈刚勇,明察善断,因此深得人们的信任。调解矛盾、解决纠纷、判决案情,当事双方皆能心悦诚服。所以孔子赞扬:"片言可以折狱者,其由也与?"(《论语·颜渊》)南宋大儒朱熹在《四书集注》中也说:"子路忠信明决,故言出而人信服之,不待其辞之毕也。""子路之所以取信于人者,由其养之有素也。"

4. 负米结缨,孝忠两全。子路百里负米以养亲的故事,同曾参、闵子骞的孝行,并列为古代孝亲的典范。尤为可贵的是,父母去世后仍念念不忘,以至于孔子也深为感动,说:"由也事亲,可谓生事尽力,死事尽思者也。"(《孔子家语·致思》)孝与忠是分不开的,能尽孝才能为朋友、为国家、为民族尽忠。当卫国发生政变时,仲由本可全身而退,但他认为"食其食者不避其难"(《史记·仲尼弟子列传》),毅然挺身去救孔悝,最后从容结缨而死。这种舍生取义、忠于职守、忠于信念的道德行为,在孔门弟子中是绝无仅有的。

四、从政理念:仲由"不仕无义",宽严相济,注重功利;颜回"用行舍藏",教民化俗,注重和谐

孔子及其学说是主张入仕治世的,孔子不但千方百计想做官,甚至把他从事教育也说成是在做官。入仕做官的目的是要改变当时礼崩乐坏的局面,恢复周礼。因此,其门人自然也抱持这种态度,以天下为己任,积极从政治国。而仲由是最突出的一个,但其从政理念却与孔子及颜回不尽相同,试述如下:

1. 不仕无义。孔子周游列国时,仲由曾遇长沮、桀溺和荷蓧丈人等隐士,虽然对他们礼敬有加,但对他们避世隐居、安身保命的态度并不认同。他说:"不仕无义。长幼之节,不可废也;君臣之义,如之何其废之?欲洁其身,而乱大伦。君子之仕也,行其义也。道之不行,已知之矣。"(《论语·微子》)由此可见:第一,仲由把入仕做官看作是尽君臣之义、人伦大节,隐遁避世就是失了大节,乱了大伦。第二,入仕也是士君子的一种社会责任,是道义要求。第三,在当时社会大动荡、大变革的形势下,仲由已经意识到孔子"克己复礼"的那套学说是不合时宜、难以推行的。但即便如此,也要尽力去做。仲由的这些思想很重要,第一、二点一直是后世儒家之圭臬,第三点则是对孔子学说的清醒认识,可惜被后世尊孔的声音湮没了。

2. 面对现实,富国强军。面对当时大国争霸、弱小国家被欺凌甚至被吞并的局面,各国的当务之急是如何富民强国,而不是什么"克己复礼""己所不欲,勿施于人"的说教。因此,仲由的志向和从政理念是:军政并重,刚柔相济,先保国安民,再图跻身大国行列。在侍坐言志时,他表示:"千乘之国,摄乎大国之间,加之以师旅,因之以饥馑;由也为之,比及三年,可使有勇,且知方也。"有勇,即军民不怯战,能勇敢善战,这必须严格治军牧民;知方,即军民都懂得礼义,这必须经过宽和的教化才行。但这种治国理念却遭到孔子的"哂之"。曾皙问他:"夫子何哂由也?"孔子说:"为国以礼,其言不让,是故哂之。"(参见《论语·先进》)在农山言志时,仲由再一次展现了他的将帅抱负,其气魄真是"横扫千军如卷席"。在当时,从政和治赋是分不开的,而且有时治赋更重于从政。仲由历史上以政事著称,笔者认为其中包括军事。就仲由之能来说,其治赋更优于从政,只不过在孔子的压抑之下,不能真正施展而已。而后来《论语》的作者自然也不敢多记。

3. 修身正已,注重功利。仲由勇于从政,且是孔门中从政最早的弟子之一。在任季氏宰时,协助孔子堕费邑、抑三家。孔子曾说:"季氏僭天子,舞八佾,旅泰山,以《雍》彻,无道甚矣。然而不亡者,以冉有、季路为之宰也。"(《学统·附统》)这一时期仲由从政的情况虽然语焉不详,但从孔子的话中可以推知仲由是做了大量有益的工作的。孔子周游列国,居卫时间最长,其间仲由曾应聘做过孔文子的家臣。大概因为政绩突出,因此在孔文子死后,孔子师徒已经返回鲁国之时,卫国又专程来聘仲由为蒲邑宰。蒲邑多盗,民风强悍,历来难以治理。但仲由毅然应聘，勇挑重担，以花甲之年再次从政。

什么是"政"？孔子解释说："政者，正也。"（《论语·颜渊》）从政者，要正己、正人、正事。正己就要"先之劳之"，以身作则，取信于民。正人、正事就要宽严相济、刚柔并用，特别是治理蒲邑这样的地方，单靠教化恐怕很难奏效。从孔子赞扬仲由的"三善治蒲"来看，也的确如此。比如"恭敬以信"，就是正己以取信于民，故民尽其力；"忠信以宽"，就是公正宽厚、恩威并用，故民不偷；"明察以断"，就是从严治吏、赏罚分明，故政不扰民。这些都说明仲由之从政，是有其独到之处的。

较之仲由，颜回的从政理念与孔子更为一致，更符合孔子的主张。但也比孔子更不切合实际，更带有理想主义的色彩。

1. 颜回对于从政是消极、被动的。《庄子·让王》载：孔子问颜回："家贫居卑，胡不仕乎？"颜回对曰："不愿仕。回有郭外之田五十亩，足以给饘粥；郭内之田十亩，足以为丝麻……回不愿仕。"照此说，颜回也并非"一箪食，一瓢饮"的贫民，但"不愿仕"绝不是因为有饭吃，应该是缺乏仲由的那种社会责任感，说好点也可能只想闭门研究孔子学说。但颜回也并非完全拒绝入仕，而是如孔子那样"待贾而沽"。所以孔子称赞他："用之则行，舍之则藏，惟我与尔有是夫！"（《论语·述而》）

2. 颜回的从政理念是通过教化实行德治，达到和谐。《韩诗外传》（卷七第二十五章）记载：颜渊的志向是："愿得小国而相之，主以道制，臣以德化，君臣同心，外内相应。列国诸侯莫不从义向风，壮者趋而进，老者扶而至。教行乎百姓，德施乎四蛮，……于是君绥于上，臣和于下，垂拱无为，动作中道，从容得礼。言仁义者赏，言战斗者死。"在农山言志时，又进一步阐述了这一思想（见前）。这表明颜回主张的是无为、中庸、和谐的德治思想，这种思想理念虽然美好，但在当时比孔子的思想更脱离现实，只能说是一种乌托邦式的政治幻想。

3. 无从政实践，更无事功。这与仲由是无法比较的。

五、对孔子及其学说的态度：仲由敬仰、爱戴、拥护、质疑，颜回崇拜、迷信、亦步亦趋

如本文开头所述，仲由和颜回都是孔门高弟，对孔子及其学说都热爱、拥护。但热爱、拥护的方式方法又有所不同。比较而言,仲由对待孔子及其学说更理性、更现实一些。这里,我们先从其与孔子的关系入手加以说明:

1. 仲由与孔子的关系:师生、朋友、助手、管家。孔门弟子,都是慕名或经人推荐而来的,唯独仲由是从"陵暴孔子"而始,又经孔子"设礼诱之"而拜入孔门的。这种师生关系从一开始即带有特殊性。加之仲由是孔子最早的弟子之一,从其十八九岁到六十三岁结缨,一直追随孔子左右,不离不弃,忠心耿耿,深得孔子信任。而且其年龄只比孔子小九岁,基本上属同一年龄段。因此在师生关系上又进一步加深为朋友关系。因为孔子的早期弟子如曾点、颜路等离开孔子较早,其他弟子随去随来,且愈益年轻,因此仲由在孔门中的地位、威望无人可比,为"圣门所畏"。其协助孔子处理一些公事、私事、家事,也就成了顺理成章之事,这实际上又起到了孔子助手和管家的作用。《论语·述而》记载:子疾病,子路请祷。子曰:"有诸?"子路对曰:"有之。《诔》曰:'祷尔于上下神祇。'"《论语·子罕》记载:"子疾病,子路使门人为臣。"孔子生病,仲由指使师弟们祈祷;病危了,仲由又指使师弟们扮成孔子的家臣,准备按大夫礼制为孔子办理后事。能在孔门中发号施令,且事先不与孔子商量,除了孔子亲密的朋友或者助手、管家外,谁能担当?

2. 孔子及其学说的捍卫者。仲由以勇武率真著称,对孔子及其学说时时维护,他追随孔子堕三都、游列国,执行孔子的使命,保卫孔子的安全,回击对孔子的污蔑和责难,被后人称为"圣道干城"。刘向《说苑·善说》曾记载:晋国正卿赵襄子曾问孔子:"先生带着礼品去谒见各国国君,如今已见到七十多个,但并不顺利。我不知道这世上是没有贤明的君主呢,还是先生的主张本来就行不通呢?"赵襄子是新兴地主阶级的代表赵简子的儿子,是晋国最强大的"私家"之一,他的话问得巧妙而又富有挑衅性,所以孔子无法回答。后来赵襄子对仲由说:"我曾问过先生的主张,先生不答。知道而不回答就是隐瞒吧,隐瞒怎么称得上仁? 若确实不知,又怎么算得上圣人?"仲由听了很生气,回答得也很巧妙,说:"建造一口天下最大的钟却用小木棒去撞击它,怎么能使它发出声响呢? 你问先生的话,岂不是像用小木棒去撞大钟吗?"有力地回击了赵襄子。孔子后来说:"自吾得由也,恶言不至于门,是非御侮邪?"(《尚书大传》卷二)

3. 孔子及其学说的质疑者。孔门弟子中敢于质疑其师的寥寥无几,而像仲由那直言不讳、当面批评,甚至与孔子相互攻击辩难者,更是绝无仅有。仲由之质疑,可分为两种情形:一是出于对孔子的尊敬爱戴,唯恐其说错话、办错事而损害自己的形象和学说。如反对孔子见南子、反对到公山不狃及佛肸那里做官、批评孔子升任大司寇后"面有喜色"等等。二是对孔子的某些主张不赞同或者怀疑。如关于"正名"问题、生死观问题、孔子之道是否可行的问题等。尤其是在周游列国、屡遭挫折之后,仲由在反思中对孔子之道产生疑问,虽然经过孔子的解释和批评后未再有争论,但至少有两点可以肯定:第一,仲由对孔子及其学说热爱而不迷信,维护而不盲从。第二,仲由的质疑、辩难可以使孔子在言行方面更为谨慎,对自己的主张思考更为缜密和完备。所以后人评论说:"仲子最为有功于孔子。""孔子之道虽大,得仲子而愈尊。"(《仲里志·仲子本传》)明人李化龙说:仲由"视圣人之道,若千金之璧,惟恐其有寸瑕;若九霄之光,惟虞其有纤障。砻之砺之,荡之推之,若对严敌,若履春冰,凛凛乎!其不以一息安也"(《创建仲子祠记》)。对仲子的评价是非常确切的。

关于颜回对孔子及其孔学的态度,我们也先从他们的关系说起:

1. 与孔子的关系:师生、朋友、情同父子。颜回是颜路的儿子,小孔子三十岁,大约是在孔子周游列国前不久拜入孔门的。按孔子与颜路的关系及颜回的年龄,颜回应该是孔子的徒孙了。但由于其聪敏好学,深得孔子喜爱,被视为最好的弟子。不仅如此,孔子还更进一步称之为"友",并自豪地说:"文王得四臣,丘亦得四友焉。自吾得回也,门人加亲,是非胥附邪!"(《尚书大传》卷二)就是说,因为有了颜回,门人们受到其影响,更加亲近孔子了。除师生、朋友关系外,还有一层情同父子的关系。《吕氏春秋·劝学》说:"颜回之于孔子也,犹曾参之事父也。"但孔子对此却明确否认,他说:"回也视予犹父也,予不得视犹子也。"(《论语·先进》)为什么不能把他当儿子?笔者认为,孔子既然视颜回为最好的弟子,必定想让颜回做其传人,如果承认了父子关系,则他对颜回的赞扬及颜回对他的颂扬都会被视为私情而失去公正性、权威性,这对己、对颜回、对自己的学说都不利。比如,他赞扬颜回关于贫富、贱贵、无勇而威的主张时说:"若回者,其至乎!虽上古圣人亦如此而已。"(《韩诗外传》卷十第十九章)这样的话如称赞学生和朋友固无不可,但若称赞自己的亲人,岂不惹人非议?

2. 对孔子及其学说的态度:崇拜、迷信、亦步亦趋。颜回对孔子由敬爱、崇拜到迷信,可以说是个人崇拜的始作俑者。请看几则史料:

子畏于匡,颜渊后。子曰:"吾以女为死矣。"曰:"子在,回何敢死?"——《论语·先进》

颜渊喟然叹曰:"仰之弥高,钻之弥坚。瞻之在前,忽焉在后。夫子循循然善诱人,博我以文,约我以礼,欲罢不能。既竭吾才,如有所立卓尔。虽欲从之,末由也已。"——《论语·子罕》

颜回曰:"夫子之道至大,天下莫能容,虽然,夫子推而行之,世不我用,有国者之丑也。夫子何病焉?不容然后见君子。"——《孔子家语·在厄》

上述史料说明,颜回对孔子及其学说的确是敬仰、热爱、深信不疑的,他的话也是发自肺腑,但毕竟缺乏些理性。如第三则史料所言,恐怕连孔子本人也不会想到。因此孔子听后特别感动:"欣然叹曰:'有是哉,颜氏之子。使尔多财,吾为尔宰。'"(《孔子家语·在厄》)竟然表示愿意当颜回的家臣了。总之,颜回与孔子,相互间都有些过头的赞扬话,虽非有意吹捧,但孔子偏爱颜回、颜回迷信孔子的迹象是再明显不过的。所以司马迁说:"颜渊虽笃学,附骥尾而行益显。"(《史记·伯夷列传》)《庄子·田子方》亦云:"夫子步亦步也,夫子言亦言也,夫子趋亦趋也,夫子辩亦辩也,夫子驰亦驰也。"即后来的"亦步亦趋"和"孔行颜随"之说。但孔子毕竟是伟大的,他也清醒地认识到颜回的这一缺点,说:"回也非助我者也,于吾言无所不说。"(《论语·先进》)

六、仲、颜历史地位不同及其原因

孔子死后,儒学曾分为八家。但至西汉初也仅仅是诸子百家中的几家而已;孔子虽从在世时就被称为"圣人",但与其政治地位并不一致。随着董仲舒"罢黜百家,独尊儒术"主张的推行,孔子及儒学才逐步彰显并最终居于统治地位,孔门弟子们的地位也随之彰显,尤其是颜回,三国时期即配享孔子,为孔门弟子配享之始。唐代,颜回被尊为"先师""太子少师""太子太师""亚圣""亚圣兖国公";南宋度宗咸淳三年(1267年),同曾子、子思、孟子被称为"四配",直至明清,始终为"复圣",高居"四配"之首。而仲由的地位却相去甚远,直到唐玄宗开元八年(720年),才被列为十哲之一配享孔子,而在十哲中也只居第八位。开元二十七年(739年),始封为侯,列十哲第六位。北宋时又回到十哲第八位,南宋时由于颜回升入"四配"之首,仲由才又居十哲第七位,直至清代。上述历史地位表明,仲由、颜回的差别是悬殊的。为什么会这样?笔者认为:

第一,受孔子抑仲扬颜言论的直接影响。孔子为把刚勇伉直的仲由改造为文质彬彬的儒者,极力抑制仲由,经常予以批评,仅《论语》记载批评的话就多达十余处,这在当时就影响了仲由的威信。如孔子批评仲由在其门前弹琴后,"门人不敬子路",孔子只好再出面解释。(参见《论语·先进》)而对颜回除极力赞扬外,见于批评的只有一处,也只是说"回也非助我者也,于吾言无所不说"(《论语·先进》)。这种批评,至少有一半仍为赞扬,这种态度直接影响了后人对仲、颜的评价,而后人的话基本上是重复了孔子对仲、颜的评价。明人张有誉在《仲志序》中说:"孔门师弟,水乳合而针芥投者,莫若颜子,若后世群然尊之。至若夫子与仲子,不以为野,则以为喭,向答之见于载记者,往往深裁而痛抑。故龙门氏之传仲子曰:'暗于道也。'苏右丞之论仲子曰:'志厉而识暗也。'呜呼!是乌足与论仲子哉!"

第二,后世尊孔者往往夸大仲由的缺点,并以此为由"坏"变好的典型,以颂扬孔子教育、教化之功。而反孔者也以仲由为例说明孔子反把仲由改造"坏"了。二者都对仲由说了些不实的话,并妄自演义,抹黑仲由。于是仲由便成了尊孔与反孔的牺牲品。

第三,随着孔子地位的提高和对他的"神化""圣化",后世自然将孔子认为最好的弟子颜回列为首徒,尊其为仅次于孔子的"复圣"。

第四,仲由一生追随孔子,忙于实际工作,因而没有门人,没有著述,在"立言"、传承方面自然不利。而颜回虽无著述却有门人,而且后来儒分八派中就有"颜氏之儒",故能得到传承和宣扬。另外,《论语》作者多是孔子晚年的弟子,对于仲由的经历言行并不清楚,而对于孔子批评仲由和赞扬颜回的言论却比较清楚,故在《论语》中记述孔子抑仲扬颜的话较多。而《论语》又是儒家最主要的经典,流传深广,影响更大,久而久之,便成了仲、颜历史评价和历史地位的固定模式。

第五,颜回与孔子的思想最为一致,其政治主张更符合历代统治者欲长治久安的需要,故能与孔子一样受到尊崇。而仲由的性格特点,对统治者来说不好驾驭,其政治理念与孔、颜又不尽一致,对统治有其不利的一面,故得不到应有的地位。

第六，孔子的学说说到底是治平不治乱的。当新的王朝得到巩固后，需要的是安定、发展。因此需要宣扬儒家学说，特别是教化。另外，教育、教化可以培养和选拔人才，宣扬颜回的安贫乐道、埋头读经，不但可以造就人才，也可以禁锢知识分子，使其安分守己，皓首穷经死读书，逆来顺受乐天命，有利于统治阶级的政权稳定。

对于仲由和颜回历史评价及历史地位的不同，前人就提出过质疑，不过在儒学占绝对统治地位的情况下，一般人是忌惮"离经叛道"的，只能婉转地表示不同意见。如元人杨奂在《东游阙里记》告颜子之文说："夫士君子之学，原于治心，圣门三千徒，孰非学也！曰好之者，独公为然。无事业见于当时，无文章见于后世，考之传记，一再问而止；察之日用，一箪瓢而止。绵亘百世之下，自天子达于庶人，无敢批议者。将从无欲始乎？抑非也？不可得而知也。"而清人顾彩则少一分忌惮，他在《重修仲里志序》中为仲由打抱不平说："先贤（仲子）之德，次宣尼而齐颜曾，其迹著在经传，与日月争曜，与江海同流。后儒不揣，妄加评赞，譬如美日月而誉江海，虽至愚者亦笑为嚼蜡之论矣！"

今天研究孔子及其弟子，已没有前人的禁忌。因此我们应破除历史定式，重新评价仲由和颜回，为求还原历史之真实。要之，在孔门弟子中，仲由生前应为第一高徒；死后数千年，其地位亦应与曾子、子贡、冉有不分伯仲，而颜回则应在四人之后矣。笔者不佞，姑以此论就教于方家。

(摘自仲伟帅主编《仲子历史文化研究》，有改动)

仲子与孔子到底是个什么关系？
——孔子教育集团成员分析

仲大军

一、不能一味神圣化孔子，要还历史原貌

最近看到一些介绍仲子的文章，看后觉得我们现代人的研究总与历史相去甚远。譬如有的文章中有"圣门"之类的用词，就很难描述当时的历史。这是因为，仲子与孔子结为朋友和师生的时候，本不存在"圣"的氛围和环境，所谓的"神"或者"圣"都是后人推崇的产物。其实当年孔子摆摊招生收徒时，也就是30岁的一个年轻人，在那个时代和当时的社会里他还不是多有名气，还没有什么架子可摆，并不像现代人想象的那么尊贵。有人提着两斤干肉前来学习，对孔子来说就是赏脸面了，并不像现代有些作家描述的那样，对录取学生的标准要求有多么高。我曾看过曹尧德等人撰写的历史小说《孔子传》，描述仲子成为孔子门徒时的艰难历程，一共经历了90多天的考验，简直是天方夜谭。这些学者犯的一个主要的错误就是把历史当作今天了，拿后代人的情形去想象和虚构当年的历史。这样做是不对的。孔子既不是豪门贵族，也不是富商人家的子弟，孔子的童年和少年实际上是很艰苦的。父亲早亡，孤儿寡母，生活拮据，还备受社会歧视。孔子19岁时去参加贵族家的活动被拒之门外。在这样一种境遇下，孔子靠着自己的天赋和发奋努力积累起知识，集合了一批志同道合的兄弟，办起了一个类似现在学校式的学习场所。应当说这在当时是十分艰难的，根本不存在"神"或"圣"的背景。在这种情况下，我们可以想象到他和早年一批同伴的关系应该是很质朴的关系，既是师生，又是兄弟和伙伴。

对于孔子来说，办学的一个重要目的是谋生，是开创一个借以吃饱肚子的职业。他这个学校是个什么样子，还不可得知，但有一点是肯定的，那就是在当时还没有今天这样的师道尊严，我们不能用现在的概念去理解当年孔子教育集团的模样和关系。孔子是中国平民教育事业的首创者，也是一个摸索者和奋斗者，他必须结合一批仁人志士，共同创办民间的教育事业。因此，在这一过程中，对于孔子来说，是一个积极探索总结的过程，他的许多思想并不

是他一个人想出来的,而是与广大师生和同事一起切磋研究后形成的,把儒学思想都归孔子一人,似乎不符合历史事实,也容易形成现代人的迷信和盲目崇拜。因此,还历史真面目,有利于今天我国对文化遗产的发掘和利用。

孔子不是天生圣人,孔子说:"三人行,必有我师焉。"(《论语·述而》)因此,孔子与仲子以及众多的弟子们绝不仅仅是单向的学习关系,而是双向的学习关系。孔子一生曾教过3000多学生,其中可称为贤人的有72个。孔子接触到这么多贤良的学生,怎么能不从中获得大量的观察呢?譬如孔子总结的仁与孝、忠与义,就与许多学生有关。闵子骞的故事在我国家喻户晓,小时候继母虐待他,但他以"母在一子寒,母去三子单"为理由,要求爸爸不要休掉继母。闵子骞是孔子最早的学生之一,孔子肯定通过闵子骞的行为和言论丰富了自己的思想。至于仲子、冉伯牛、颜路等人,都对孔子的思想产生了直接的影响。仲子的忠勇和仁孝都曾深深地感动过孔子。有一天在周游列国的路上,仲子感叹说:现在我们这么多人,一出动就上百辆车马,有很多粮食,可当年我家穷,为了让父母吃到一点米,要步行一百多里路到城里去买,现在我的父母活着有多好啊!孔子听后感叹道:仲子不仅在父母生前孝顺,而且死后也以思念的方法孝敬父母,这是真正的孝啊!孔子办学历时40余年,这些年里孔门师徒们的讨论与切磋,是中国儒学发端的源泉。

二、仲子与孔子特殊的关系

仲子,名仲由,祖上曾是地方官,到他父母这一辈,已沦落为平民。少年时期的仲子多半靠种地和打猎谋生,他的家乡卞邑(今山东泗水县泉林镇卞桥村)与孔子所生活的鲁国都城陬邑(今山东曲阜)大约只有八九十里路的距离。青年时期的仲子经常提着猎物到都城去换粮食回家供养父母,后来曲阜地区有仲子"百里负米"的传说。

在孔子教育集团中,仲子与孔子的关系最为特殊。从《论语》的记载中可以看出他俩关系的一斑。仲子要到卫国去当官,临走时问孔子:"卫君待子而为政,子将奚先?"说:"必也正名乎!"仲子听了以后嘲笑孔子说:"有是哉,子之迂也!奚其正?"孔子也火了,骂仲子说:"野哉,由也!君子于其所不知,盖阙如也。名不正,则言不顺;言不顺,则事不成;事不成,则礼乐不兴;礼乐不兴,则刑罚不中;刑罚不中,则民无所错手足。"(参见《论语·子路》)这一段对话发生于他们两个共事至少20多年以后,仲子至卫国做官一共有两次,一次是40岁左右,再一次是晚年快60岁的时候,并且最后63岁时死于卫国之乱。这一段话可以清楚地反映两人之间的关系。仲子与孔子在一起二三十年了,甚至一直到老,两人之间的对话还是这样"童言无忌"。这说明了什么?一是说明了两人之间的深厚感情,二是说明了仲子与孔子共同所有的直率性格,三是说明了二人之间特殊的师徒、朋友和同事关系。仲子和孔子的关系不是一般的关系,仲子与孔子的关系是整个孔子教育集团中最特殊的一对关系。也可以说,仲子与孔子的关系是孔子教育集团中任何人都无法比拟的。只有有了这种关系,才能使二人说起话来口无遮拦。

有两件事情可以反映仲子与孔子的关系,第一件事是鲁国的大夫公山不狃与大贵族季氏不和,于是占据了费邑,搞独立王国,派人来请孔子前去共同治理。孔子当时正处在人生不得志的时期,有人邀请,能施展一下才能,正合心意。但仲子出来阻拦了,在仲子眼里,费邑那是乱臣贼子的地方,他们怎能到那里去。于是孔子只好作罢,并且对仲子辩白说:我到了那里也是为那里做好事。第二件事是晋国大贵族赵简子的家臣佛肸占据中牟,独立为王,也派人来请孔子去治理政务,推行孔子的主张。孔子又想去,但又被仲子拦下。孔子无可奈何地发出"坚硬者磨而不薄,洁白者染而不黑。丘非匏瓜,焉能系而不食"(《孔子传》)的哀叹。这两件事可以看出,仲子是孔子教育集团中唯一能管住孔子的人,并且仲子为人是有主张的:乱臣贼子或者是不正派的地方权贵,我们是不能到那里升官发财的,即使是身处困境,也要耐得住寂寞,不务虚名。从这两件事中可以看出仲子在孔子教育集团中的地位以及人品性格,仲子是孔子身边最正直的人。谈到地位,在后人的理解中,在孔子教育集团中,除了孔子,其他人都是学生,这种看法是不正确的。孔子建立一个学校,必须有老师,有管理者,孔子不能身兼几任,很多学校的事务都需要专人去办理,孔子需要合作者和管理者,仲子其实就是这样的人物,仲子的角色就像今天学校里的教务长一样。并且,仲子不仅是学校的管理者,也是老师、教授,譬如"六艺"中的武艺,就由仲子来教授。到了后期,学校发展到较大规模,比如周游列国时,一出动就是上百辆车子,学生人数至少在几百人,这么多学生仅孔子一个人是教不过来的。因此,早期跟孔子一起办学的那批学生到了后来有的担任了教学任务,仲子等人都分别带学生。

三、孔子结交仲子的历史之谜

孔子正式办学那年，仲子21岁，孔子30岁。但在这之前，仲子就与孔子认识了，他们两个早已是朋友了。有书记载，仲子是在19岁那年认识孔子的。关于仲子与孔子的相识是一个历史之谜。首先，孔子在哪年开始办学？史书没有确切记载。后人有种种揣测，有人认为孔子从27岁就开始办学了，也有人认为孔子是从30岁那年正式办学的。任继愈老先生就是持后一种观点，凭什么这样说呢？就是从孔子自述判断而来。孔子说："吾十有五而志于学，三十而立。"（《论语·为政》）什么是三十而立？这个三十而立不是泛泛而说，而是说自己在30岁那年创办了办学的事业。因此，我们断定孔子办学的时间是在他30岁那年。这一年仲子21岁，已经认识孔子两年了。那么，在办学前的两年里，两人都干了些什么？两人是什么关系？这里面大有研究。搞清楚仲子与孔子的关系，就基本上可以弄清楚孔子教育事业的发展史。俗话说，不打不成交。仲子与孔子的初遇是通过交恶而开始的。也可能是仲子一开始看不惯孔子文绉绉的样子，《史记·仲尼弟子列传》记载仲子初次见孔子时，挥舞着长剑，陵暴孔子。后来成了朋友，可能是相互了解之后。而当初结为朋友时，他们俩也不一定是师徒关系，最有可能的是古代社会常见的做法：结为兄弟。所以，孔子与仲子的关系很可能是从兄弟和朋友关系开始的。

一个事实是大家都知道的，这就是自孔子有了仲子这么个弟子和朋友后，就不再遭受别人的侮辱了，也就是说就没人敢欺侮和谩骂孔子了。从这一事实可以看出仲子武力的威力及其在孔子早期教育事业中的重要性，孔子对仲子的依赖性，以及仲子在孔子眼中的特殊性。也有人认为孔子的力气很大，本不需要仲子的保护。甚至有的历史小说这样描述孔子，当他第一次与仲子交手时，两人力气不分上下，仲子没有占什么便宜，甚至孔子小的时候就能手执牛角制服撒野的黄牛。这些想象可能出于孔子父亲力大无比的原因。孔子的父亲叔梁纥是鲁国军官，在攻打逼阳城的战斗中，双手顶住落下来的城门，掩护士兵撤出有埋伏的城中。正是由于这个原因，孔子也被后人揣测得十分有力。如果按照这种逻辑假设，我们可以想象出，孔子年轻时不仅好学多识，而且武艺超群，他与仲子当年的相识是从较量武艺和力气引起的。两个人都长得十分高大，孔子甚至有绰号叫"长人"，两个大力士比试之后，到底谁输谁赢,按《史记》所说,可能是仲子占了上风。但事情又可能完全相反,孔子或许真的是一个文质彬彬、手无缚鸡之力的书生。像仲子那样的性格,年轻时一定好勇斗狠,争强好胜,如果不是孔子在智慧和知识方面的人格魅力,仲子不会轻易拜孔子为大哥和老师的。他们两人凑到一起完全是优势互补,完全是相生相克的结果,仲子补充了智慧和知识上的不足,孔子补充了武力、性格和道德上的不足。孔子能降服仲子这样一个野性兄弟,充分显示了他的智慧和人格。孔子身边有了仲子便如虎添翼。但是,仲子来到孔子身边,并不是完全为了学习,主要是做事。因为当时仲子还没有条件由家里出钱供养他前来专门学习,仲子还要"百里负米"养家糊口。与孔子一起办学,主要是为了挣钱糊口,所以仲子在学校里,一半是学习,一半是工作。仲子为什么能终生与孔子为伴,成为最亲密的朋友,关键是教育事业的需求将他们连到了一起。办学是孔子人生旅途上和事业上的一个重要转折,放弃原先的"委吏"小官不做,投身于教育事业,这在当时并不是一件容易的事,孔子必须有相当的准备才能完成这场事业的转变,就像今天体制内的人下海一样,没有相当的把握是不敢轻易走市场的,而仲子可能就是孔子办教育的重要因素之一。

孔子办教育应该先从结交朋友开始。由于孔子结交了仲子这么一批朋友,文化和知识上的欠缺,使仲子等人都希望从孔子身上多学点知识,孔子于是成为这帮小兄弟的师长和智者,这帮小兄弟也成为孔子切磋武艺、技艺和知识的对象。久而久之,这种学习逐渐形成规模,孔子与众兄弟们便将教育作为一个安身立命的职业。在这一过程中,仲子应当说是孔子事业的一个促进者。

四、仲子是孔子重要的帮手,是孔子教育集团和武装集团的创业者

仲子是当时鲁国有名的武士,不仅刀剑超群,而且力大搏虎。山东济宁地区至今存留仲子"将虎尾"的地方。孔子结交仲子是有目的的。孔子为什么要与仲子紧密结合在一起?最重要的因素是安全。在那个时事险恶的时代,能保证生存下去是第一要义,而武力和力量是在那个时代不可缺少的基本要素。因此,孔子与仲子的结合首先使孔子的安全有了保障,然后才有能力从事教育事业。团结就是力量!孔子必须在有一定武力为后盾的基础上才能从事办学事业,并且,我们还可以这样理解,在那个时代,所有的集团必须在一定意义上也是武装集团和武力集团。孔子的教育集团事实上就是一个武装集团。这一点在后来的周游列国中表现得特别明显,孔子囚蔡、困陈、险宋时,之所以没有被当地人消灭,完全是因为他们是一伙武装的文化教育工作者,仲子便是为首的将领。他们靠自己的武装实力抵御了来自各国的敌对势力。后来的儒学研究者没有把武学作为孔子的教育内容来研究,没有重视仲子等人的作用,实在是一大缺陷。

  孔子的教育内容是德、智、体、武全面发展,特别是在那个事事诉诸武力的时代,离开武力和暴力是根本难以在社会立足的。所有的从政者,都必须以武力做后盾。孔子这样一个教育家和聪明人怎么能忽视武力的重要性和武艺的教育呢?因此,我们可以看到,在孔子的教育集团中,武者有仲子、冉求、公良孺等,文者有子贡、颜回等。孔子的学校在当时是一个文武双全的教育集团,是当时鲁国一支重要的政治、文化和军事力量,也是各国政治的一个人才储备库。孔子和仲子等所创办的学校源源不断地向各国输送着军政财艺等各种人才。特别是武学和韬略在孔子教育集团已经当作一门学问来研究,行兵布阵和兵法可能都是孔子和仲子研究的内容。著名学者南怀瑾先生经过研究,将仲子称作"军事学的专家"(《论语别裁》上册,复旦大学出版社2002年版,第12页),这一点为许多历史记载所证实。譬如,孔子一行到达楚国后,楚王爱才,想划出一大片地来封给孔子。但令尹出来阻拦,理由是:楚王没有仲子和子贡那样的文才武略人才,一旦孔子占地为王发展起来,就可能危及楚王的安全。结果孔子一行只好退出楚国。遗憾的是,后代人逐渐把孔子教育集团中的武学教育内容淡化了。这是因为,武学是一门实践的科学,需要言传身教,身体力行,而很难用文字记载下来。譬如孔子教学的"六艺"中有"射"这门功课,射箭的技巧是很难用语言描述的,要亲身体验,但"射"这一课的内容在《论语》等著作中一点记载也没有,并没有体现出当时孔子教学的丰富性。孔子教学中的"礼"很少被后人了解,"射"更是被后人遗忘。但看一下十三经中的《仪礼》一书,看一下"乡射礼"和"大射礼",就知道一年一度的射箭运动在当时的社会是多么重要!从这一点可以看出,孔子学校当年的很多教学内容并没有流传。特别是孔子教学中一些诡异之道和玄学,都可能是秘而不宣的,譬如《易经》是孔子深爱之书,孔子对其中的思想深有研究,现在保留下来的《易经》中有好几篇孔子撰写的文章(系辞、说卦、序卦、杂卦)。史书记载,孔子有一个叫商瞿的学生,对《易经》极有兴趣,后来得孔子真传。由此看,以《论语》为主的四书五经记载的仅仅是孔子学问的一小部分,也可以说是后代帝王为了制定道德规范将孔子剪裁成了现在这个模样。演变到后来,特别是经过宋代朱熹等人的归纳整理,孔子成了只传授道德修养的圣人,这实际上并不是完全的孔子。今天我们研究历史,必须还其真实面目。特别是如果用文学作品来表现历史,更要符合真实的历史。

五、仲子是孔子最亲密的伙伴、最得力的助手

文章论述到现在,孔子与仲子到底是什么关系,大家已经一目了然。在孔子的一生中,交往最长、关系最密切的一个人就是仲子。44年的时间,不是短暂的一瞬。当仲子在卫国遇难后,孔子痛哭道:天要绝我啊!不到一年便溘然辞世。此时孔子的儿子孔鲤、学生颜回都已去世,仲子也不在了。如果孔子再继续活下去,那么陪伴他的只有悲伤和怀念了。

仲子不仅是孔子教育集团中最正直的一个人,也是与孔子关系最密切的一个人。为什么这么说?是因为仲子待在孔子身边的时间最长。孔子教学生不可能一教数十年,一般的学生学上几年就毕业了,就告别老师自谋生路了。譬如,与仲子同期的学生闵子骞后来从政当上了费邑宰,冉耕和颜路也都回家了,仲子也去卫国蒲地做过地方官,后来又到鲁国贵族季桓子家做家臣。也就是说,到孔子50多岁在鲁国做大司寇时,身边除了有颜回、子贡几个小弟子,那一帮老弟子基本都各奔东西了,可能还剩下几个留在孔子身边做助教。但孔子的官场失败和政治失意以及后来被迫离开鲁国,是对弟子们的一次重大考验。谁愿意前往陪伴老师?这一点最能看出孔子与学生的关系。仲子这时已经40多岁了,已经拖家带口,并且已经在季氏家混得相当不错,权力很大,收入也颇丰。但看到孔子决意要出国,就二话不说地辞掉了季氏家的职务,担当起周游列国的总指挥官。

这里有两件事可以说明孔子与仲子的亲密关系。第一件,仲子向季氏辞职,季桓子仍然需要家宰,拼命挽留,怎么办?孔子便让冉雍(仲弓)前去接替仲子。冉雍也是孔子的高徒,一个德行高尚的人,孔子对冉雍的评价最高:"雍也可使南面。"(《论语·雍也》)就是说,雍最适合做大官。但是,这样一个

人孔子不留在身边,却去让他把仲子换回来,除了说明仲子的实用性,也说明师徒俩的特殊关系。近年里出土的战国时期的楚国竹书《仲弓》里记载了这一段历史:"……使雍也从于宰夫之后……今汝相夫子,有臣万人道汝,思老其家。"冉雍后来就长时间地在季氏家里工作,十几年后,又把自己的侄子、正在周游列国途中的冉求召了过去接替他。就这样,冉雍替下了仲子,仲子伴随孔子开始了漫长的历时14年的周游列国之路。环顾孔子左右,讲年龄的话除了孔子,再就是仲子了。孔子那年54岁,仲子45岁,其他的一伙全是20多岁的年轻人。譬如,子贡和冉求25岁,颜回那年24岁。就是由这两个长者带着一帮年轻学生开始了艰难的流浪生活。正是由于这样的经历,使孔子后来感叹地说:"道不行,乘桴浮于海。从我者,其由与?"(《论语·公冶长》)因为在那一帮40多岁的大弟子里,只有仲子伴随着他,而仲子在学生们中的地位应当说是师叔和总管,并不是一个普通的学生或大弟子。第二件说明孔子、仲子亲密关系的是出国的去向。孔子一行离开鲁国后,就一头扎到了卫国。为什么孔子不去齐国、不去吴国、不去晋国,偏偏去了卫国?原因也是与仲子有关。出门在外,首先要投亲靠友。孔子有什么亲戚在国外?没在。而仲子有,仲子的妻兄颜浊邹当时在卫国做官,于是孔子出国的第一站就是卫国,第一个落脚地就是颜浊邹家。并且,到了卫国一待就是三年。如果没有这样一个亲戚关系,孔子是不会逃到卫国去的。在孔子那个时代,血缘关系是相当重要的。孔子的母亲是颜征在,颜回的爸爸颜路与颜征在是本家,所以颜回与孔子有亲戚关系。而仲子的妻子也是颜姓。至于仲子为什么娶了颜姓女子为妻,有两种可能:一是据说颜浊邹是当时一个有名的武士,仲子曾经救过他一命,为报救命之恩,颜浊邹将妹妹许给仲子。从后来的经历看,他们之间的关系相当牢固。二是颜浊邹与孔子的母亲颜征在有亲戚关系,仲子从师孔子后,孔子介绍颜浊邹的妹妹给仲子。总之,孔子、仲子、颜回之间的铁三角关系是相当牢固的,这种关系伴随了他们一生。所以,仲子与孔子是天造地设的一对,用现在的话说就是搭档。"由也果"(《论语·雍也》),仲子果断的办事能力在孔子教育集团中是首屈一指的,没有仲子张罗,孔子一生中的很多事可能都办不成。无论是随鲁君逃往齐国避难期间,还是前往周朝都城拜见老子,以及后来的周游列国,仲子都陪伴在孔子左右。仲子曾多少次使孔子化险为夷,史书并无记载,但在这么漫长而动荡艰险的历史过程中,仲子与孔子如果没有一些特殊的经历，两人的关系和感情是不会这样"惊天地而泣鬼神"的。

六、仲子堪称中国第一武圣人

仲子为儒家的创立立下了汗马功劳。所以，我们可以说仲子是孔子教育事业的顶梁柱，是儒学的创始人，仲子的一生都是在用行动和实践书写着儒家文化。如果说中国历史上文有文圣孔子，那么武有武圣仲子。正是有这一文一武，使儒学发扬光大，成为中国重要的源流。至于说仲子在当时的鲁国有多高的威望，举一个事实就可以知道。当时鲁国与南部相邻的一个小国邾国交涉事务，为了确保安全，鲁国需要向邾国有一保证，但这个小国只要求仲子出来说一句保证的话就行。可见仲子当时在鲁国以及周围国家的信誉和威望。另外，在当时孔子的价值观中，从政和政绩是他最高的理想和追求，而他的弟子中只有仲子、冉雍、冉求和子贡等人实现了他的这一心愿。冉求后来官至鲁国的宰相，仲子官至卫国的将军和行政长官。由于仲子在这方面的才能，孔子在评价学生才能时总是把仲子放在第一位：可以治千乘之国的栋梁人才。而在忠勇、道义方面，仲子又以自己的行为证明了儒家的道德价值。仲子为了平息卫国的政变而死，为了职责而死，至死履行了他的责任。仲子是孔子教育集团中最忠勇正义、刚直不阿的人，孔子对仲子会冒死赴义这一点看得很清楚。因此，他说过仲由"不得其死然"（《论语·先进》）的话，后来的事情果然如孔子所预测的那样。在这一点上，仲子与关羽的命运十分相似，都是英雄一世，下场可悲。关羽失败被杀是因为在战斗中胳膊中箭负伤，失去作战能力，而仲子的死是由于年岁已高，只身一人，难敌众多对手。两人所犯的错误都是骄傲轻敌。

仲子的死对孔子是个巨大的打击，特别是仲子死时被敌人剁为肉酱，以致使孔子从此再也不敢看到肉酱。纵观孔子教育集团中的所有人物，唯一可以被刻画、被描写、被可歌可泣地纪念和歌颂的人只有仲子。仲子的故事不亚于三国时期的关羽，只是缺少一部《春秋演义》，才使那一时期的英雄人物黯然失色。

七、仲子和颜回等人的年龄、辈分及地位

以上这些事情仅靠读《论语》是看不出来的。因为《论语》表现的是一个平面：一批学生在听孔子说教。从《论语》中看不出学生年龄的大小，看不出每个人的身份面目。因此，仅靠《论语》去理解孔子教育集团，会离历史事实相去甚远。譬如，今天人们把颜回列为孔子的第一大弟子，把颜回只看成孔子教育集团中头等重要的人物，这在当时看会是十分可笑的。颜回只能说是一个最好的学生，在孔子教育集团中的重要性并不大。颜回是什么人呢？是颜路之子。颜路是什么人呢？是孔子青少年时期的伙伴，是孔子最早办学时的学生之一。想当年，孔子的学校刚开张，前来捧场的只有曾点(晢)、颜路、仲子、冉耕(伯牛)、漆雕开、闵损(子骞)、冉雍等人。从年龄上看，孔子比这些学生也就大七八岁、八九岁、十几岁，譬如说仲子小孔子9岁，颜路小孔子6岁。仲子与颜回的爸爸颜路是一辈的，所以颜回见仲子都要叫叔叔。颜回、冉求这一拨人都是孔子办学20多年以后才出现的一批小学生，更是小字辈的，都差了40多岁。这些身份和辈分的差异在《论语》中是看不出来的。

在孔子教育集团中，有好多人是父子关系，譬如颜路与颜回、曾晢与曾参都是孔子的学生。几代人有时混在一起，在当时儒家那种长幼有序的氛围下，小学生对老学生是以辈分之礼相待的。

由于颜回从孩童时就在孔子身边长大，特别是颜回与孔子是亲戚关系，是孔子母亲家那边的人，因此孔子对颜回有所偏爱。颜回从来不会像仲子那样敢与老师和长辈们顶嘴，颜回是性格最温驯而好学的一个好孩子。但是，要是从事业角度来看颜回，就比仲子、子贡、冉求等人差远了。这是因为颜回英年早逝，30岁出头就去世了。颜回的早亡，不能说不与孔子的过分赞誉有关。颜回已经是一个勤俭好学的孩子了，但孔子还在表扬他的艰苦朴素、刻苦用功，比如"一箪食，一瓢饮，在陋巷，人不堪其忧，回也不改其乐"(《论语·雍也》)。颜回听了这些表扬之后怎么办呢？只有更加刻苦努力和过清贫的生活。正是这种生活方式和工作方式，极大地损伤了颜回的身体，年纪轻轻的头发就白了，"年二十九，发尽白"，这是《史记·仲尼弟子列传》记载的，32岁就死了。由此可以看出孔子的教育并不都是成功的，连他自己最得意的门生弟子都未能照顾好，能说孔子懂得"过犹不及"这个道理吗？也许过犹不及

是孔子在颜回死后总结出来的道理,对任何优点,如果发展过分了,便会带来不好的后果。颜回已经很清贫、很节俭了,你还鼓励和赞扬他,那不是要了他的命吗?特别是孔子对颜回还进行了一些特殊教育,这些教育可能使颜回走火入魔,就像古代的武侠在练功时运错了气,影响了身体健康。这一事实记载在《庄子·人间世》里,颜回对孔子说:"吾无以进矣,敢问其方。"仲尼曰:"斋……"颜回说:"回之家贫,唯不饮酒不茹荤者数月矣。如此,则可以为斋乎?"孔子说:"是祭祀之斋,非心斋也。"(今译:你那是祭祀之斋,并非心斋。)颜回说:"敢问心斋。"仲尼曰:"若一志,无听之以耳而听之以心,无听之以心而听之以气。听止于耳,心止于符。气也者,虚而待物者也。唯道集虚。虚者,心斋也。"(今译:你专心致志,不要用耳朵去听,而要用心去听,不要用心去听,而要用气去听。用耳朵去听只能得到无意义的声音,用心去听只能得到幻灭无常的现象。气是空虚的,却能容纳万物。唯心有道才能集结在空虚之中,因为道本身也是虚的。所以,空明的心境就是心斋。)颜回曰:"回之未始得使,实自回也;得使之也,未始有回也,可谓虚乎?"(今译:我没接受先生的心斋教诲时,实实在在地感觉到颜回的存在,接受了心斋的教诲之后,就觉得不曾有颜回了。这可以成为虚吗?)夫子曰:"尽矣。"(今译:这就对了。)以上记于道家学派的著作《庄子》里,虽然并不真实,但可能透露出孔子教学的一些方法。在战国以前,儒道是不分家的,孔子的思想中有相当多道家的内容。道家讲究玄学,孔子可能要研究一些玄学。颜回可能就是在孔子这样一些教学方法的指引下,过度地消耗了身体,最后导致早亡。今天我们中国搞教育的一定要鉴别好和坏的教学方法,避免再出现悲剧。但是,就是颜回这样一个人,在后代被列为孔子门徒的第一位,这主要是从学习角度看。至于从其他方面看,颜回可能要被势利之人瞧不起了。颜回一是家穷,二是在军功、政治、经济方面没有建树,可以称道的只是道德和学问。当时的孔子教育集团的最高价值除了道德,主要是从政、治国、参与社会事务,学习知识仅仅是为参加社会工作而服务的。孔子念念不忘的是"举废国,继绝世",建立一个周朝早期的理想王国,孔子的政治理念是恢复周朝早期的封建制度,他不仅向社会推行他的理念,更要让弟子们去身体力行。在这方面最值得称道的当属仲子、仲弓、闵子骞,之后是冉求和子贡。仲子是最早从政的,先是在卫国治蒲,自阳货阴谋叛乱失败而出逃鲁国后,孔子被朝廷起用做官,仲子也当上了季氏的家臣。当时的鲁国贵族季氏总揽鲁国军政大权，季氏家臣便相当于当时鲁国的内务部长这么个角色。在这期间，仲子负责国家政治和军事事务，因此，仲子是孔子教育集团中最早担任较高地方政治长官的人。之后，还有冉求，继仲子之后，担任过季氏家臣。而子贡的功劳甚至更大，不要看子贡从未做过官，但他在国家外交上所起的作用比任何人都大。就是凭着一张三寸不烂之舌和精明的头脑，子贡说服了齐国、吴国和晋国，使鲁国在各个大国的夹击下纵横捭阖，游刃有余。如果说中国历史上开始有说客，那么子贡就是春秋时期我国最早的说客。战国时期的苏秦和张仪比起子贡来，都已是小字辈了。到了孔子晚年，孔子教育集团的弟子们在鲁国及周围各国越来越重要，冉求成为炙手可热的鲁国内政大臣，子贡成为游说列国的著名文人雅士和富甲一方的商业大贾，仲子成为卫国的要臣，而年纪轻轻但殚精竭虑的颜回终因积劳成疾，早早地离开了人世。后来，人们把孔子弟子列出七十二贤人，或许只有从贤人的角度看，颜回在人品和道德文章上堪称首屈一指。

八、"门人不敬仲子"造成的后世影响

两千多年来，仲子一直以一介武夫的形象存在于人们的心中，勇敢、粗鲁、直率成了仲子的写照。仲子指挥千军万马"勇堕三都"的英雄时刻很少为人所知，《论语》给人的往往是仲子一些粗鄙可笑的镜头。这主要是由于仲子在孔子晚年离开了孔子，在卫国做官，基本上不参与孔子教育集团的活动，当时的一些学生在整理和编写《论语》时对仲子不是太负责任。看看一些《论语》的注释，很多解释是错误的理解，甚至是对仲子侮辱性的注解。这不能不与孔子晚年时所收的这批年轻弟子有关，他们的记录使《论语》中出现了许多自相矛盾和戏弄仲子的地方。譬如《论语·公冶长》中有这样一段话："子曰：'道不行，乘桴浮于海。从我者，其由与？'子路闻之喜。子曰：'由也好勇过我，无所取材。'"这便是一段自相矛盾的记录，描写仲子闻之喜，便有对仲子不敬的意思，至于说"无所取材"四个字，更导致后人种种错误的理解。杨伯峻把"无所取材"解释为仲由只有勇敢而无才能。而孔子的实际意思是无法找到造船的木材。之所以产生这种自相矛盾的现象，是子夏、子游这些小弟子在记录孔子的话语时加上了带有戏弄性的语言，就使《论语》中出现了一个与历史真实大相径庭的可笑人物。当然，这也与仲子做的一些事情有关。

《论语·先进》中有这样一段记载：仲子在孔子的门口弹瑟，孔子有点反感，于是学生们也跟着厌烦仲子。（子曰："由之瑟，奚为于丘之门？"门人不敬子路。）

仲子另外一些特点也可能影响了他在孔子教育集团中的形象。比如在思想方面，仲子一直讨厌空谈，强调实践能力和在实践中学习，在这一点上他与孔子曾发生过争执。仲子在季氏家当总管时，任命学习还没毕业的子羔为费邑宰，孔子说那是害人子弟，仲子反驳说："有民人焉，有社稷焉，何必读书，然后为学？"（《论语·先进》）仲子认为子羔可以在实践中学习，不一定死读书。从这段话中可以看出，即使仲子与孔子交往这么多年，仲子对孔子也不是言听计从，仲子对知识的获得仍然有自己的看法。《论语·阳货》中还记载了这样一件事，孔子主张父母死后守孝三年，而学生宰予明确反对，并举出理由说君子为了守孝而三年不干活，不演习礼仪，不练音乐，则"礼必坏，乐必崩"。孔子对此也无可奈何。仲子与宰予可能一样，也反感儒家的繁文缛节，因此不免与孔子有所抵触。加上仲子耿直的性格，经常直言不讳地批评孔子（例如批评孔子在卫国见国君夫人南子），这都在一定程度上影响了后代卫道之士对他的评价。尽管这样，孔、仲二人性格和思想上的差异并没有影响他们在事业上的合作以及理想上的共同追求，两个人共同创造的历史足可以写成一部大书。如果有人真实地想象出他们的故事，如果将孔子与仲子以及其他众弟子的故事充分挖掘出来，我国将增添一部历史巨著，春秋时期的一段空白将被填补。这就是我写此文的目的，以此来引起社会的注意：为仲子正名，改变千百年来的一些错误的认识，对孔子教育集团中的各个成员包括孔子有全新的认识。

（摘自仲伟帅主编《仲子历史文化研究》。作者仲大军系仲子第七十五代孙，曾在《中国经济时报》工作，现为北京大军经济观察研究中心主任、研究员，著名经济观察家、社会评论家）

子路与孔子新探
——子路是儒家学派的重要奠基人

仲大军

文章摘要：子路乃黄帝、古公亶父、周公旦之后，文章的重点在于挖掘孔子教育集团第二号人物子路的重要性，论述孔子与子路的特殊关系和思想渊源。作者通过考察发现，子路在孔子教育集团中的作用十分重大，是孔子教育集团的重要奠基人，其身份和地位必须重新认识。儒家思想也并非孔子一人的思想，而是整个孔子教育集团集体的思想结晶。其中，子路在儒家思想的形成过程中起了重要的作用。文章还用了大量篇幅论述了孔子与仲子的出身及思想渊源，找出了微子与孔子的血缘关系，找出了周文王、周公旦与子路的血缘关系。文章通过对西周初期政治大量的研究，给人们描绘了氏族政治的历史背景，使人们清楚地看到了我国思想文化的延续性和传承关系。此文将思想文化的研究深入到人类家族谱系的联系之中，因而使人更清晰地看到了历史人物的思想面貌和历史渊源。这一成果在一定程度上填补了我国史学界以往的学术空白，对于认识先秦历史和儒家人物有着重大意义。

仲子，名仲由，字季路，由于是孔门学堂的老师，故被尊称为子路。子路是我国古代伟大的教育家、政治家，是孔子教育集团的第二号掌门人，是儒家学派的奠基人和实践者。当今我国社会中的许多优秀思想品格都可以在仲子身上找到。仲子思想是我国思想文化史中的一个重要渊源，是儒家思想中的重要成分。

但是，仲子思想品格的源流来自何处？仲子是老师还是一个普通弟子？仲子出身于一个什么样的家庭？这些问题一直无人研究。汉代以来，中国社会独尊儒术，尊崇孔子，但对当年孔子教育集团的重要创始人之一——仲子，没有给予公正的评价和应有的重视。

21世纪的今天，我们必须重新认识历史，认真探索子路当年在孔子教育集团中所发挥的重要作用，还历史一个真相。特别是要探讨孔子和仲子的特殊关系以及他们思想品格的源流，梳理清楚我国思想源流的脉搏。

在过去的认识中，总以为儒家思想是孔子一人所为，很多人把子路看成是一个有勇无谋的鲁莽门徒。通过我这些年新的研究，我认为孔子的思想很多是在与同事和伙伴切磋讨论之后形成的,在这一切磋过程中,孔子教育集团的第二号人物仲子发挥了相当大的作用。而子路是孔子教育集团中重要的人物,他的身份地位根本不是一个普通的弟子,而是孔子教育集团的创办者和经营者。他在儒家发展过程中的作用并不亚于孔子。

一、孔子与子路主要是伙伴与同事关系

在孔子教育集团中,子路与孔子的关系最为特殊。首先看辈分,孔子大子路9岁,子路19岁那年认识的孔子,当时孔子28岁,还没开始办学。按任继愈先生的考证,孔子办学是从30岁开始的。这说明,在正式办学前,子路就是孔子的朋友或小兄弟。孔子在这帮兄弟中又是大哥,又是老师。子路是孔子最早时的第一批学生,如果说在孔子办学的头几年子路与孔子还是师生关系,那么到了后来在长达40多年的时间里,他们俩已变成同事和伙伴关系。用现在的话来说,就是一对合伙人。他俩是儒家事业的共同奠基者。

孔子说过:"自吾得由,恶言不闻于耳。"(《史记·仲尼弟子列传》)这句话说明,从子路跟从孔子的那一天起,他们俩的伙伴关系就建立起来了。子路初入孔子门下并不仅仅是个学生,而是保护孔子和学校安全的人。子路的到来,使孔子的学校得以顺利发展下去。子路对儒学的发展功不可没。

在以后近50年的时间里,他们俩更是同事和伙伴关系。子路是保证孔子事业安全发展的坚强屏障,他们俩是一对志同道合的合伙人,整个孔子教育集团主要是在他们俩一文一武的操办下发展起来的。他们之间的亲密关系一直表现在他们的谈话中。如:子路曰:"卫君待子而为政,子将奚先?"子曰:"必也正名乎!"子路曰:"有是哉,子之迂也!奚其正?"子曰:"野哉,由也!君子于其所不知,盖阙如也。名不正,则言不顺;言不顺,则事不成;事不成,则礼乐不兴;礼乐不兴,则刑罚不中;刑罚不中,则民无所错手足。"(《论语·子路》)孔子到卫国去后,子路问孔子:"如果卫国国君起用你来治理国家,你将先干什么?"孔子说要先正名。子路听了嘲笑地说:"是吗?夫子你也太愚了吧,怎么正?"孔子也火了,开口骂道:"仲由,你这个野蛮的家伙!"

这一段对话发生于他们两个共事20多年后周游列国期间,可以清楚地反映两人之间的关系。子路与孔子在一起20多年了,甚至一直到老,两人之间的对话还是这样随便。这说明了两人关系的非同一般。

二、子路是唯一能管住孔子的人

在实际生活中,子路是孔门的主要当家人,更多的时候孔子是听子路指挥的。看来孔子是子路的老师,但在实际生活中,子路实际上严格地管束着孔子。所以,在子路与孔子之间,谁是真正的老师还很难说。有几件事情可以反映子路与孔子的特殊关系。

第一件事是鲁国贵族季氏的家臣公山不狃在费邑搞独立王国,派人来请孔子前去共同治理。孔子当时正处在人生不得志的时期,有人邀请,能施展一下才能,正合心意,但子路不让去。在子路眼里,费邑那是乱臣贼子所在的地方,他们怎能到那里去。于是孔子只好作罢,并且对子路辩白说:我到了那里也是为那里做好事。

公山弗扰以费畔,召,子欲往。子路不说,曰:"末之也,已,何必公山氏之之也?"子曰:"夫召我者,而岂徒哉?如有用我者,吾其为东周乎?"——《论语·阳货》

第二件事是晋国贵族赵简子的家臣佛肸占据中牟,独立为王,也派人来请孔子去治理政务。孔子又想去,但又被子路拦下。孔子无可奈何地发出"坚硬者磨而不薄,洁白者染而不黑。丘非匏瓜,焉能系而不食"(《孔子传》)的哀叹。

佛肸召,子欲往。子路曰:"昔者由也闻诸夫子曰:'亲于其身为不善者,君子不入也。'佛肸以中牟畔,子之往也,如之何?"子曰:"然,有是言也。不曰坚乎,磨而不磷;不曰白乎,涅而不缁。吾岂匏瓜也哉?焉能系而不食?"——《论语·阳货》

这两件事可以看出,子路是孔子教育集团中唯一能管住孔子的人,子路是孔子教育集团的主要管理者,并不是一个普通的学生。并且子路为人是有主张的,乱臣贼子或者是不正派的地方权贵,他们是不能到那里去升官发财的,即使是身处困境,也要耐得住寂寞,不务虚名。从这两件事中既可以看出子路在孔子教育集团中的地位,又可以看出他堂堂正正的人品性格。

还有一件事,虽然子路没能阻止孔子见南子,但子路的不高兴态度,使孔子很难堪:"子见南子,子路不说。夫子矢之曰:'予所否者,天厌之!天厌之!'"(《论语·雍也》)通过这件事,可以看出孔子被子路管着的关系。

谈到地位，在后人的理解中，在孔子教育集团中，除了孔子，其他人都是学生，这种看法是不正确的。孔子建立一个学校，必须有老师，有管理者和经营者，孔子不能身兼几任，很多学校的事务都需要专人去办理，孔子需要合作者和管理者，子路其实就是这样的人物，子路的角色就像今天学校里的教务长一样，握有经营权。所以，子路能管住孔子。

从子路的名称上看，他可能也是一位先生和老师。孔子教育集团中被称为"子"的有不少人，如子路、子骞、子贡、子夏、子游、子张、子华、子思、子羽、子开、子长等。这些人都可能是孔子在世和去世后的儒门教师。孔子死后，儒分八派，弟子们各自为政，分散到各国设坛讲学。以子夏为例："孔子既没，子夏居西河教授，为魏文侯师。其子死，哭之失明。"（《史记·仲尼弟子列传》）由于《论语》是孔子死后学生们编纂而成的，那些儒家后辈一般把老师尊称为"子"，故有子路、子骞、子贡、子夏之名。

第三件事也可以反映出子路与孔子不寻常的关系。孔子于54岁那年由于仕途不顺、政敌威胁，被迫离开鲁国周游列国。这时，老弟子中陪伴孔子在外颠沛流离了14年的可能只有子路。子路与孔子如此长时间地在一起，他们俩的关系还是师徒关系吗？早已变成同事和伙伴关系了。

第四件事可以看出子路与孔子不一般的关系。孔子68岁回国之后，有一年病得很重，子路看老师恐怕是不行了，便准备对后事进行料理，任命了一个学生充当孔子的家宰。"子疾病，子路使门人为臣。"（《论语·子罕》）

在当时，只有贵族和大夫家里才能有家宰的。后来，孔子病好了，反而责备子路搞虚荣，但通过这件事可以看出孔子家的事都要通过子路来指挥。这件事可以看出子路与孔子是什么样的特殊关系，连后事都要子路来张罗和操办。

三、子路是孔子教育集团第二号掌门人

子路曾是鲁国著名的将军，是执掌鲁国大权的季氏家族的重要家臣。在帮助恢复鲁君权力的过程中，他"勇堕三都"（拆掉三家贵族高大的城墙），威名赫赫。因此，子路是孔子教育集团中被公认的从政资质最高的一个人，也是在政府中做官做到官位最高的一个人。孔子对这一点非常清楚，一提起做官，首先要提到子路。子曰："由也，千乘之国，可使治其赋也。"（《论语·公冶

长》)

在孔子被迫离开鲁国周游列国期间,子路辞官不做,回到孔子身边。在这期间,子路无疑是孔子教育集团第二号掌门人,是孔子教育集团的主要领导者和指挥者。学校发展到较大规模后一出动往往是上百辆车子,学生人数几百人,子路是这个学校的主要管理者和教育者。他不仅是孔子教育集团的创始者、管理者、经营者,也是老师、教授。

从公元前522年孔子办学那一天起,到公元前484年孔子结束在外国的颠沛流浪回到鲁国,在这将近40年的时间里,孔子与子路是最密切的同事、伙伴、朋友、师徒和兄弟。在这期间子路应当说是孔子教育集团的主要领导人,特别是子路在孔子教育集团的安全发展方面,做出了重要贡献。

子路是当时鲁国有名的武士,刀剑超群,力大搏虎,山东济宁地区至今仍存留有子路"捋虎尾"的地方。孔子结交子路的目的就是安全。在那个时事险恶的时代,武力和力量是不可缺少的要素。孔子必须在有一定武力为后盾的基础上才能从事教育事业。因此,在那个时代,所谓的教育集团在一定意义上也是武装集团和武力集团。

这一点在后来的周游列国中表现得特别明显,孔子在围匡、囚蔡、困陈、险宋时,之所以没有被当地人消灭,完全是因为他们是一伙武装的文化教育工作者,子路是为首的将领。他们靠自己的武装实力抵御了来自各国的敌对势力。遗憾的是,后代人逐渐把孔子教育集团中的武学教育内容淡化了。儒学的主要内容只剩下了四书五经。同时也把子路的作用忽视了。

如果没有子路为孔子保驾护航,儒家学说是否能流传下来,儒家学派能否在社会上发生这么大的影响,都是个问题。后来墨子发扬光大了儒家的武学精神,使墨家弟子更像一支具有严密组织纪律的军队。《淮南子·泰族训》中说:"墨子服役百八十人,皆可使赴火蹈刃,死不还踵。"

子路与孔子的关系是整个孔子教育集团中最特殊的一对关系。也可以说,子路与孔子的关系是孔子教育集团中任何人都无法比拟的。而这样一种关系是怎样建立起来的?其中是大有原因的。

四、子路为什么和孔子走到一起?

孔子当初办学时,他的思想在当时并不多么受社会欢迎,很多人认为孔子迂腐可笑,孔子走到哪里,都有人骂到哪里。只是有了子路这个朋友之后,才没有人敢骂孔子了。

"自吾得由,恶言不闻于耳。"(《史记·仲尼弟子列传》)从这句话可以看出孔子当时在社会上有多少反对者和烦感者。那么为什么子路却坚决地拥护他的主张,和他坚定地站到了一起,并且长久地坚持了一生?我认为是共同的政治目标。这一点是研究孔子与子路关系最需要弄清楚的。

大家知道,子路并不是个毫无主张、人云亦云、轻易可被说服的人。子路是孔子教育集团中最刚直不阿、最敢于抗争、最有独立见解和人格的人。他成为孔子积极的支持者,肯定有着和孔子一样的思想观点。尽管在具体的事情上他与孔子经常有分歧,但在大的政治思想方面,譬如克己复礼,维护当时的封建秩序,子路与孔子是完全一致的。恢复周礼,恢复快要丧失了的周初封建统治秩序和封建文化,是儒家最高的政治主张。只有拥护这一主张的人才能聚集到一起。而子路和孔子就是这样的人。尽管当时天下有很多反对嘲笑他们的人,但孔子和子路坚持了下去。

孔子和子路追求的是"兴灭国,继绝世,举逸民"(《论语·尧曰》),但这一主张在当时是遭到许多人嘲笑的。到了春秋末期,周朝的封建等级统治已经世风日下,无论是诸侯统治者还是下层人民都在不断颠覆周初的封建秩序,在这个时候只有孔子等少数人还在极力地维护西周制度,这种做法在当时被许多人视为不明智。下面举几个例子说明。

子路一伙夜宿石门,早晨起来看门人问,你们从哪来?子路说来自孔子。看门人说:"是知其不可而为之者与?"(《论语·宪问》)连一个看门人都知道孔子是一个知其不可而为之的人,可见当时社会上有多少人认为恢复周礼是不可能的。

子路问路时碰到长沮和桀溺在地里干活,他们对子路说:"滔滔者天下皆是也,而谁以易之?"意思是天下已经变成这样,谁能改变啊!并说:你与其跟着孔子这样的"辟人之士",不如跟着我们这样的"辟世之士"。孔子听后怃然曰:"鸟兽不可与同群,吾非斯人之徒与而谁与?天下有道,丘不与易也。"(《论语·微子》)

当时天下无道,礼崩乐坏,很多正直的人看到世风败坏而隐居乡间。更有一个疯疯癫癫的楚狂接舆歌而过孔子曰:"……往者不可谏,来者犹可追。

已而,已而!今之从政者殆而!"(《论语·微子》)

在这一片反对声中,孔子与子路依然故我,高举周政、周礼的大旗,是什么力量和什么原因导致他们走上这样一条道路?这是很值得我们探索的一个疑点。解开这个疑点也并不难,看看孔子与子路的身世,就会真相大白。孔子与子路分别是商周帝王的直系后裔。他们都是商朝和周朝的破落贵族的后裔。身世和家世的影响,使他们走上了一条共同的"克己复礼"的道路。

五、孔子乃微子之后

上溯 500 多年,孔子的先祖是宋国国君,子路的先祖是鲁国国君。两人都有着贵族血统,只不过到了他们这一代家道已经衰落。但是,在一个"慎终追远"的封建时代,血统对人的影响是极其重大的。

我们先来看孔子是何许人也。《史记·孔子世家》开头这样说:"孔子生鲁昌平乡陬邑。其先宋人也,曰孔防叔。防叔生伯夏,伯夏生叔梁纥。纥与颜氏女野合而生孔子,祷于尼丘得孔子。"继之又说:"孔丘,圣人之后,灭于宋。其祖弗父何始有宋而嗣让厉公。"

孔子五代以上的先祖本来是可以继承宋国君位的人,只是因为权力斗争,被迫移居鲁国。即使是到了孔子的父亲叔梁纥,也是鲁国有名的军官和地方长官。

孔子的祖先不仅是宋国的国君,还可以上溯到商代的微子。微子是商纣王同父异母的哥哥,是家里的长子,只是因为母亲出身微贱而未能继承王位。《史记·殷本纪》记载:"帝乙长子曰微子启,启母贱,不得嗣。少子辛,辛母正后,辛为嗣。帝乙崩,子辛立,是为帝辛,天下谓之纣。"

商朝被周灭亡后,为了续殷祭祀,修行盘庚之政,周武王曾封纣王的儿子武庚为诸侯,保留殷人的香火,但武王死后,由于武庚参与了武王两个兄弟发动的叛乱,武庚被周公杀掉,周公又改封微子于宋国,继承殷文化。《史记·殷本纪》记载:"周武王崩,武庚与管叔、蔡叔作乱,成王命周公诛之,而立微子于宋,以续殷后焉。"

当时成王年纪还小,军国大政都是由周公和召公安排的。因此,微子的后人肯定是很感激周公旦这一安排的。周公旦是有恩于孔子的先祖微子的。而周公旦恰恰就是子路的先人。

我们再来看子路的出身。《史记·仲尼弟子列传》中记载："仲由字子路，卞人也。少孔子九岁。子路性鄙，好勇力，志伉直，冠雄鸡，佩豭豚，陵暴孔子。"在这一描述中，子路像一个乡间村野匹夫。的确，19岁的子路，正值年轻力壮，显示出一股雄赳赳的样子，但子路的出身和身世却不一般。子路是周太王古公亶父的子孙，是周朝开国元勋周公旦的后裔，是鲁国开国君主伯禽的子孙。

子路是一个身世比孔子还要有来头的人。仲子的祖先可上溯到黄帝。《仲氏族谱》及清代微山县仲子庙《重修先贤仲子庙》碑刻中只记载了子路以上七世先人的名字：仲咨、仲奂、仲式、仲度、仲肇、仲拱北、仲虿。

仲咨是春秋时期鲁国的卞邑大夫。仲咨以上是什么人，族谱里没有记载。那么仲姓人氏是什么人的后裔呢？历史上其他地方的一些记载给出了考证。在唐代礼部尚书权德舆为仲子陵撰写的墓志铭中有这样的内容："君讳子陵……其先鲁献公仲子曰山甫，入辅于周，食采于樊，其后鲁有季路，卫有叔圉，用儒行政事代为家法。"

唐代人把仲氏先祖上溯到仲山甫，而《种氏族谱序》中也把仲姓的先祖追溯到仲山甫。种姓原来也姓仲，只是秦末为逃避焚书坑儒，"易仲为种"。

正是历史上有着这样一些记载，所以到了唐代，唐太宗在研究了很多族谱之后感叹地说："朕观诸谱，仲氏最古，上至轩辕，下逮子路。於戏，代生圣贤，孰得而左。"唐太宗此句话中的"代生圣贤"，主要是指周文王、周公、仲山甫、仲由这样的人。

六、子路乃周公旦之后

上溯到仲山甫，子路的文化属性便豁然洞开。子路的大约上十代祖先是仲山甫，按照"五世而斩"的规律，到子路这一代，他们已经沦落成家境贫困的庶人，但历史上任何禀赋都是有家传渊源的。子路身上的许多优秀品质，绝不是凭空而来。

先来看仲山甫是何许人。仲山甫乃鲁献公的次子，是鲁国第一代国君伯禽的第六代孙，而伯禽又是周朝开国元老周公旦的儿子，所以仲山甫是周公旦的第七代孙。到了子路这里，子路大约是周公旦的第十七代孙。

《史记·鲁周公世家》里记载："鲁公伯禽卒，子考公酋立。考公四年卒，立弟熙,是谓炀公……六年卒,子幽公宰立。幽公十四年,幽公弟沸杀幽公而自立,是为魏公。魏公五十年卒,子厉公擢立。厉公三十七年卒,鲁人立其弟具,是为献公。献公三十二年卒,子真公濞立。"

这里的真公就是仲山甫的哥哥,鲁献公之后的鲁真公。仲山甫后来为什么能成为中国历史上的名人?主要是周代建国后有一个不成文的规矩,即鲁国和燕国这两个公国的次子都要到周朝都城来辅政。为什么要这两个国家的人来天子身边辅政呢?主要是周朝初年,武王早逝,成王年幼,完全是靠周公和召公二人摄政,才稳固了周朝的政权。

周公分封在鲁国,召公分封在燕国。这两个国家是当时所有诸侯国中地位最高的公国。周初分封时,称为公国的国家只有四五个,其他的都是侯国,因此叫诸侯。由于鲁、燕两国世代派次子到周都辅政,因此这两个国家在周朝开国初期200年的时间里具有极高的地位和影响。这种影响到仲山甫时达到了顶峰。翻开《诗经·大雅·烝民》这一篇,可以看到对仲山甫这样的赞美:"天生烝民,有物有则。民之秉彝,好是懿德。天监有周,昭假于下。保兹天子,生仲山甫。仲山甫之德,柔嘉维则。令仪令色,小心翼翼。古训是式,威仪是力。天子是若,明命使赋。王命仲山甫:式是百辟,缵戎祖考,王躬是保。出纳王命,王之喉舌。赋政于外,四方爰发。肃肃王命,仲山甫将之。邦国若否,仲山甫明之。既明且哲,以保其身。夙夜匪解,以事一人。"

中国古典著作中如此赞扬一位大臣,除了仲山甫再也找不出第二人。那么,是什么事情成就了仲山甫?请看诗中的一句话:"衮职有阙,维仲山甫补之。"原因就是在仲山甫辅政时,周朝都城里发生了一件重大的事情,国人暴乱,赶走了周厉王。周天子犯了错误,仲山甫出来纠正。这就是"衮职有阙,维仲山甫补之"的意思。

在国中无王的情况下,周朝出现了历史上著名的"共和新政",即由周公和召公共同执政,管理国家。《史记·周本纪》中这样记载:"召公、周公二相行政,号曰'共和'。共和十四年,厉王死于彘。太子静长于召公家,二相乃共立之为王,是为宣王。宣王即位,二相辅之,修政,法文、武、成、康之遗风,诸侯复宗周。十二年,鲁武公来朝。"不了解历史的人往往会产生疑惑,召公和周公已经死了200多年了,怎么周厉王的时候又会冒出个"召公、周公二相行政"?这就是因为周朝建国之后始终实行鲁燕两国次子来京都辅政的传统。

周公和召公两大家族把持朝政历时近300年。

《史记·燕召公世家》道出了这个史实："召公奭与周同姓,姓姬氏。周武王之灭纣,封召公于北燕。"司马贞在"索隐"中说："北燕,在今幽州蓟县故城是也。亦以元子就封,而次子留周室代为召公。至宣王时,召穆公虎其后也。"从这里我们可以知道,周厉王被赶走之后,周朝的共和国政主要由周公的后人仲山甫和召公的后人召虎来管理。这就是司马迁所说的"召公、周公二相行政"。但由周、召两家"次子"辅政这一做法,后人多有误解,譬如唐代礼部尚书权德舆便把仲山甫当成了鲁献公的"仲子",即第二个儿子。其实"次子"并不意味着是第二个儿子,而应该理解为大儿子后面所有的儿子。譬如,仲山甫又被人称作樊穆仲,这里的樊是指他的封地为樊,穆是指他排行为穆,按理说被称为穆的人一般不是老二。鲁燕两国每代都会挑一个贤公子到周都去辅政。老大在家当国君,除了老大,其余的任何一个公子都可能被派到京城中去。

七、子路先祖与周朝的政治文化

明白了这层关系,我们再来看先祖文化对他们的后人有何影响。在上面的《诗经·大雅·烝民》中有这样一句形容仲山甫的话："夙夜匪解,以事一人。"这句话反映了仲山甫是如何勤奋工作、昼夜辛劳的。但仲山甫如此勤奋工作的精神是偶然的吗?不,我认为绝不是偶然的。

我国上古时代的政治文化遗传是相当严格的,如果没有周朝建国之初的政治文化,周朝绝不会延续800年,成为我国历史最长的一个朝代。周公是我国历史上最伟大的一个政治家。周公政治对我国后代政治的影响源远流长。看看当年周公是怎样工作的,就知道其后人仲山甫为什么会这样了。

《史记·鲁周公世家》记载："周公旦者,周武王弟也。自文王在时,旦为子孝,笃仁,异于群子。及武王即位,旦常辅翼武王,用事居多。武王九年,东伐至盟津,周公辅行。十一年,伐纣,至牧野,周公佐武王,作牧誓。破殷,入商宫。已杀纣,周公把大钺,召公把小钺,以夹武王,衅社,告纣之罪于天,及殷民。释箕子之囚。封纣子武庚禄父,使管叔、蔡叔傅之,以续殷祀。遍封功臣同姓戚者。封周公旦于少昊之虚曲阜,是为鲁公。周公不就封,留佐武王。"从这段记载可以看出周公是一个战功赫赫的人,但当周公的儿子伯禽要去封地鲁时,周公这样告诫他:"我文王之子,武王之弟,成王之叔父,我于天下亦不贱矣。然我一沐三捉发,一饭三吐哺,起以待士,犹恐失天下之贤人。子之鲁,慎无以国骄人。"(《史记·鲁周公世家》)这段话读起来真是感人,一个权位如此之高的人,居然待人如此谦虚谨慎。"一沐三捉发,一饭三吐哺"的成语就是从周公而来的。周公的品质影响了中国世世代代的政治家。

周公不仅严格管教自己的儿子,对所辅佐的少年成王,也时时加以劝导,为了防止成王淫佚,周公特意写了《多士》《毋逸》等几篇文章让成王阅读。《毋逸》里称:"为人父母,为业至长久,子孙骄奢忘之,以亡其家,为人子可不慎乎!故昔在殷王中宗,严恭敬畏天命,自度治民,震惧不敢荒宁,故中宗飨国七十五年。其在高宗,久劳于外,为与小人,作其即位,乃有亮暗,三年不言,言乃欢,不敢荒宁,密靖殷国,至于小大无怨,故高宗飨国五十五年。其在祖甲,不义惟王,久为小人于外,知小人之依,能保施小民,不侮鳏寡,故祖甲飨国三十三年。"(《史记·鲁周公世家》)

《毋逸》应当说是我国历史上最早的家训,后来的《朱子家训》《曾子家训》都起源于《毋逸》。周公深刻总结了商朝亡国的教训,在《多士》篇里周公写道:"自汤至于帝乙,无不率祀明德,帝无不配天者。在今后嗣王纣,诞淫厥佚,不顾天及民之从也。其民皆可诛。"并且指出:"文王日中昃不暇食,飨国五十年。"作此以诫成王。(参见《史记·鲁周公世家》)

周朝开国政治家们严谨的治国理念深深地影响了他们的后人。周厉王搞独裁,不让国人说话批评,召公的后人召虎便对他进行耐心的规劝。《史记·周本纪》里进行了详细的记载:

"王行暴虐侈傲,国人谤王。召公谏曰:'民不堪命矣。'王怒,得卫巫,使监谤者,以告则杀之。其谤鲜矣,诸侯不朝。三十四年,王益严,国人莫敢言,道路以目。厉王喜,告召公曰:'吾能弭谤矣,乃不敢言。'召公曰:'是鄣之也。防民之口,甚于防水。水壅而溃,伤人必多,民亦如之。是故为水者决之使导,为民者宣之使言。故天子听政,使公卿至于列士献诗,瞽献曲,史献书,师箴,瞍赋,矇诵,百工谏,庶人传语,近臣尽规,亲戚补察,瞽史教诲,耆艾修之,而后王斟酌焉,是以事行而不悖。民之有口也,犹土之有山川也,财用于是乎出;犹其有原隰衍沃也,衣食于是乎生。口之宣言也,善败于是乎兴。行善而备败,所以产财用衣食者也。夫民虑之于心而宣之于口,成而行之。若壅其口,其与能几何?'王不听。于是国莫敢出言,三年,乃相与畔,袭厉王。厉王出奔于彘。"

这一段话是中国历史的政治名言,它最大的意义在于向后人昭示了氏族政治的内容和特点。著名的政治术语"防民之口,甚于防川"就出自这段话。这段话使我们得知,周朝有着"百工谏、庶人传语"的民主风气,如果朝廷官员不称职、贪污腐败,便会立刻遭到民众口诛笔伐和群起而攻之。周厉王想压制社会舆情,结果遭到国人放逐。由此看来,西周的氏族政治是相当民主和开明的。这和秦朝以后的封建帝王大不相同。

周厉王被赶走后,仲山甫和召虎共同执政14年,等厉王的儿子静长大了以后将他扶上王位,这就是周宣王。但周宣王也是个扶不起来的天子,周公和召公时不时地经常告诫他。有一年,仲山甫的弟弟鲁武公(鲁真公去世后传位给弟弟)带着两个儿子来周都朝拜,周宣王看中少子戏,要立戏为太子。"周之樊仲山父(即仲山甫)谏宣王曰:'废长立少,不顺;不顺,必犯王命;犯王命,必诛之:故出令不可不顺也。令之不行,政之不立;行而不顺,民将弃上。夫下事上,少事长,所以为顺。今天子建诸侯,立其少,是教民逆也。若鲁从之,诸侯效之,王命将有所壅;若弗从而诛之,是自诛王命也……'宣王弗听,卒立戏为鲁太子。夏,武公归而卒,戏立,是为懿公……自是后,诸侯多畔王命。"(《史记·周本纪》)

就是从这件事之后,周天子的威信逐渐降低,诸侯变得越来越不听话了。周朝自宣王之后,特别是自平王东迁之后,天子的权威已经荡然无存了。从种种事情上看,仲山甫等辛辛苦苦抚养长大扶上王位的周宣王不是个合格的帝王。周室的衰落就是从宣王之子周幽王开始的。

八、孔子和子路继承了先周文化的高山大河

通过以上分析,我们可以看到,子路的先祖乃周人。500多年前,周人击败殷人时,周人是战胜者和征服者。他们驾着战车来到分封的土地,筑城为国,统治着当地的殷商居民。这些周人一般被称为国人,而城外的居民多半是殷朝的遗民,一般被称为野人。作为统治者的周人与当地的殷人这种不同的身份关系,尽管经过时间的消磨逐渐淡化,但周族人的痕迹到子路这一代仍然十分清晰。子路和孔子都十分清楚自己的先祖和身份,因此,他们有着

正名分、维护封建等级的正统愿望。这种愿望是儒家文化的核心。孔、仲二人为什么历尽千辛万苦也要恢复周礼？出身是一个重要的原因，文化传承和积淀是第二个重要原因。

我国历史上曾经出现过两种截然不同的政治文化，一种是以周人为代表的氏族政治，一种是以秦始皇为代表的帝王皇权政治。氏族政治最大的特点是国人干政，这是皇权政治所不具备的优点。国人就是族人，族人可以起来赶走不称职的君主。这就是早期的民主与共和。今天的中国，最应发扬和继承的是这种文化传统。

由周文王和周公旦创造的西周政治文化曾达到一个辉煌的地步，这一时期诞生的文学作品《诗经》大量地记录了当时政治家的光辉形象。譬如《诗经·大雅·烝民》中这段描写仲山甫的诗歌："人亦有言：柔则茹之，刚则吐之。维仲山甫，柔亦不茹，刚亦不吐。不侮矜寡，不畏强御。人亦有言：德輶如毛，民鲜克举之。我仪图之，维仲山甫举之，爱莫助之。衮职有阙，维仲山甫补之。仲山甫出祖，四牡业业，征夫捷捷，每怀靡及。四牡彭彭，八鸾锵锵。王命仲山甫，城彼东方。四牡骙骙，八鸾喈喈。仲山甫徂齐，式遄其归。吉甫作诵，穆如清风。仲山甫永怀，以慰其心。"这样一些先人榜样，世代流传影响着仲氏后人。子路的血液里潜移默化地遗留着先祖的浩然正气，这些因素后来也渗透到了儒家思想里面。应当说西周的氏族政治文化是我国政治文化的一个高峰！春秋战国之后，氏族政治逐渐由皇权政治所代替。秦汉以后，我国周朝的氏族政治文化逐渐退出政治舞台。

尽管先周政治文化中道衰落，但仍在社会中流传。陈子禽曾经问子贡，孔子的学问是从哪儿来的。子贡曰："文武之道未坠于地，在人，贤者识其大者，不贤者识其小者，莫不有文武之道。夫子焉不学，而亦何常师之有！"（《史记·仲尼弟子列传》）

孔子的先祖微子也是有名的贤士。纣王无道，微子进言规劝，劝之不从，微子只有远远地离开了。为此孔子后来总结说，殷朝有三个仁人："微子去之，箕子为之奴，比干谏而死。孔子曰：'殷有三仁焉。'"（《论语·微子》）在纣王暴政之下，比干死得最惨，被挖心而死；箕子被投入大牢，九死一生；微子隐居山林，远离了灾难。

应当说，儒家文化继承的是我国殷周政治文化的主干，根本性的内涵传承在儒家文化之中。但子路和孔子继承的殷周政治文化又有所不同,孔子身上多少带着他老祖宗微子的一些特性,即走为上的特点,谏而不听,就一走了之。但孔子汲取了周公旦很多谦虚谨慎的文化传统。例如:"仲弓问仁。子曰:'出门如见大宾,使民如承大祭。己所不欲,勿施于人。在邦无怨,在家无怨。'"(《论语·颜渊》)孔子的这种思想是周公"一沐三捉发,一饭三吐哺"的典型翻版。而子路身上流传着周公旦的忠直和刚正,周人先祖的质朴、勇义。正是这两个人不同的特色,丰富了儒家思想。

九、子路也是一个大思想家

子路是与孔子相处时间最长、说话交流最多的人。子路也是一个大思想家,并且,孔子的思想在很大程度上是受子路影响的。孔子思想的形成与他周围最亲密的几个同事和朋友兄弟有密切的关系,没有一个集体的思想氛围,没有一个志同道合的群体,没有社会一定群体的拥护和赞成,孔子是独木难以成林的,儒家学派也是难以形成的。因此,儒家学说与其说是孔子一人的思想,不如说是儒家弟子群体的思想。

儒家的思想绝不是孔子一个人想出来的,而是其与广大师生和同事一起切磋研究后形成的。儒学思想必须是一个社会集团思想氛围的产物,是社会中一群人的价值观念。儒学与当时的社会是鱼与水的关系,只有在鲁国这个社会和文化氛围里,只有在与子路这么一帮朋友的交往中,才能诞生孔子的思想体系。

《孔子家语》一书中记录了孔子与仲由的大量对话。如:孔子为鲁司寇,摄行相事,有喜色。仲由问曰:"由闻君子祸至不惧,福至不喜。今夫子得位而喜,何也?"孔子曰:"然,有是言也。不曰'乐以贵下人'乎?"(《孔子家语·始诛》)从此段可看出子路经常以一些做人的原则规劝孔子,子路并不是一个没有头脑和没有文化的人。

下面一段话也可以看出子路在一些重大的道德判断上的思想性:子路问于孔子曰:"管仲之为人何如?"子曰:"仁也。"子路曰:"昔管仲说襄公,公不受,是不辩也;欲立公子纠而不能,是不智也;家残于齐而无忧色,是不慈也;桎梏而居槛车无惭心,是无丑也;事所射之君,是不贞也;召忽死之,管仲不死,是不忠也。仁人之道,固若是乎?"(《孔子家语·致思》)

子路对管子的做法提出了深深的质疑，而孔子却为管子辩护。孔子曰："管仲说襄公，襄公不受，公之暗也；欲立子纠而不能，不遇时也；家残于齐而无忧色，是知权命也；桎梏而无惭心，自裁审也；事所射之君，通于变也；不死子纠，量轻重也。夫子纠未成君，管仲未成臣。管仲才度义，管仲不死，束缚而立功名，未可非也；召忽虽死，过与取仁，未足多也。"（《孔子家语·致思》）

《论语》中也有一些显示子路思想水平的话。在周游列国的途中，有一天子路借宿一个隐者的家里。事后子路评价道："不仕无义。长幼之节，不可废也；君臣之义，如之何其废之？欲洁其身，而乱大伦。君子之仕也，行其义也。道之不行，已知之矣。"（《论语·微子》）这段话把当时社会矛盾的状态完全分析出来了。既要行君臣之道，又要不仕无义，在一个天下无道的社会里是多么难啊！

子路影响孔子的语言随处可见。《孔子家语·致思》中还记载了这样一段对话：子路见于孔子曰："负重涉远，不择地而休；家贫亲老，不择禄而仕。昔者由也事二亲之时，常食藜藿之实，为亲负米百里之外。亲殁之后，南游于楚，从车百乘，积粟万钟，累茵而坐，列鼎而食，愿欲食藜藿，为亲负米，不可复得也。枯鱼衔索，几何不蠹？二亲之寿，忽若过隙。"孔子曰："由也事亲，可谓生事尽力，死事尽思者也。"这完全是两个大思想家的对话！子路作为一个兢兢业业的教育家、思想家，甘为儒家教育事业献身，甘为辅佐孔子献身，可以说没有子路就没有孔子，子路的高尚品格是特别令人敬佩的。

其实以孔子为代表的儒家思想都是由子路等人参与讨论过的，然后才形成了儒家思想。就像今天的毛泽东思想一样，绝非毛泽东一人的思想，而是整个中国共产党革命群体的共识。孔子所代表的儒家思想也绝非孔子一人的思想，必然是一个集体的共识。所以说子路是儒家学说的奠基人是绝不夸张的。

十、孔子与子路的一些分歧

孔子与子路应当说在大的政治思想方面是没有分歧的，但在一些具体问题上则各有不同的方式方法。为此两人也经常发生一些争执。这些分歧往往能显示出孔子和子路各自的特点，那就是文与武的不同和曲与直的不同。这种不同的性格特点反映了儒家文化的两种传统：孔子风格与子路风格。

《孔子家语·致思》记载了这样一个故事，子路在蒲地为宰，带领人民兴修水利，子路自己掏钱为民工买饭吃，买水喝。孔子听到了，认为子路这样做会有碍君德，特派子贡前去制止。子路生气地反驳说："由也以暴雨将至，恐有水灾，故与民修沟洫以备之。而民多匮饿者，是以箪食壶浆而与之。夫子使赐止之，是夫子止由之行仁也。夫子以仁教而禁其行，由不受也。"孔子辩护说："汝以民为饿也，何不白于君，发仓廪以赈之？而私以尔食馈之，是汝明君之无惠，而见己之德美矣。"

这件事可以看出孔子的世故，处处为君王着想，而子路一心只想着平民百姓。在这场分歧中，子路明确地告知孔子：我不能听你的。但在孔子心目中，君王名誉是至高无上的。孔子有句名言："臣不可言君亲之恶，为讳者，礼也。"（《史记·仲尼弟子列传》）所以，孔子从来不说统治者的错误和短处。这一特点已成为儒家学派最致命的弱点。如果儒家学说更多地汲取子路的风格，那么中国后代的文化会阳刚得多。

子路重视在实践中学习，反对死读书，讨厌空谈，强调实践能力和在实践中学习，在这一点上他与孔子也曾发生过分歧。例如，子路在季氏家当总管时，任命学习还没毕业的学生子羔为费邑宰，孔子说那是害人子弟，子路反驳说："有民人焉，有社稷焉，何必读书，然后为学？"（《论语·先进》）

子路认为子羔可以在实践中学习，不一定死读书。从这段话中可以看出，即使子路与孔子交往这么多年，子路对孔子也不是言听计从，子路对知识的获得仍然有自己的看法。

不光是子路经常与孔子发生分歧，其他一些学生也经常与孔子展开辩论。譬如学生宰予明确反对孔子主张父母死后守孝三年的做法，并举出理由说君子为了守孝而三年不干活，不演习礼仪，不练习音乐，就必然误事。孔子对此也无可奈何。这一段原话是这样说的：宰我问："三年之丧，期已久矣。君子三年不为礼，礼必坏；三年不为乐，乐必崩。旧谷既没，新谷既升，钻燧改火，期可已矣。"子曰："食夫稻，衣夫锦，于女安乎？"曰："安。""女安，则为之！夫君子之居丧，食旨不甘，闻乐不乐，居处不安，故不为也。今女安，则为之！"（《论语·阳货》）

孔子与子路以及众多的弟子们绝不仅仅是单向的学习关系，而是双向的学习关系。孔子一生曾教过3000多学生，其中可称为贤人的有72个。孔子接触到这么多贤良的学生，怎么能不从中获得大量的反馈呢？譬如孔子总结的仁与孝、忠与义，就与子路有关。也并不是所有学生都认同孔子的思想和儒家的思想，如澹台灭明、墨子等人，就是不赞成儒家学说而离家出走自立门户的著名学者。

子路与宰予可能一样，也反感儒家的一些繁文缛节，因此不免时有抵触。加上子路性格耿直，经常直言不讳地批评孔子（例如批评孔子在卫国见国君夫人南子），这都在一定程度上影响了后代卫道之士对他的评价。特别是宋明两代的卫道之士又把孔子给绝对神圣化了，孔子教育集团的其他成员都成了围绕着圣人转的"门徒"，像子路这样一位地位重要的人物竟然混同于颜回、子游、子张这一群小孩子的行列，这与当时的历史是大相径庭的。

子路、颜路、曾点是和孔子一辈上的人，只比孔子小七八岁、八九岁，是孔子当年聚徒办学时最早的一批学生和伙伴。而冉求、颜回、子贡、曾参等都是比子路小20多岁的晚辈。颜回是颜路的儿子，曾参是曾点的儿子。至于说子张、子游等就更小了。子路在以后大半生的时间都是在帮着孔子办学，是孔子教育集团的掌门人之一。

所以，今天的中国，应当更多地发扬子路的文化传统。扬弃儒学中世故、为尊者和为亲者隐等封建成分。剔除糟粕，引进更符合当代社会的子路传统。

十一、子路是儒家思想伦理的创造者和实践者

从仁、义、礼、智、信、忠、勇、孝、廉、耻、简、约等各方面看，子路都是这一思想伦理的倡导者和实践者。子路不仅是思想和伦理的贡献者，而且也是一个伟大的实践者。

子路年轻时的忠孝仁义、扶危济困也是他最突出的特点。山东西部地区至今流传着子路"百里负米"的故事，反映了子路对父母的热爱和孝顺。

《论语·公冶长》记载："子路有闻，未之能行，唯恐有闻。"从这句话中可以看出子路是一个多么重视实践的人。我国古代有"一诺千金""一言九鼎"等词语，子路就是当时鲁国有名的一诺千金、一言九鼎式、说到做到的人。

"子路无宿诺。"（《论语·颜渊》）守信用是子路最大的特点。正是因为武士有着格外崇高的义气与品格，所以子路当时在鲁国有着极高的威望。举一个事实就可以知道。当时鲁国与南部相邻的一个小国郲国交涉事务，为了确保安全，郲国要子路出来做保证，可见子路当时在鲁国以及周边国家的信誉和威望。

"由也果。"(《论语·雍也》)孔子说子路办事果断勇敢。子曰:"片言可以折狱者,其由也与?"(《论语·颜渊》)孔子说,子路几句话就可以把一个复杂的案子判断清楚。通过这两条,可以看出子路办事具有高效率。孔子对子路这一特点了解得非常清楚:"由也,千乘之国,可使治其赋也。"(《论语·公冶长》)

子路曾经在卫国蒲地为官,孔子去参观后,连连称赞,后被誉为"三善治蒲"。这些故事一直流传至今。孔子的智慧与子路的实践相结合,使子路成为一个勤勤恳恳为人民服务的好官。"子路为蒲大夫,辞孔子。孔子曰:'蒲多壮士,又难治。然吾语汝:恭以敬,可以执勇;宽以正,可以比众;恭正以静,可以报上。'"(《史记·仲尼弟子列传》)

子路曾经与孔子深入探讨过如何做官,孔子说,身先士卒,吃苦耐劳,不知疲倦。"子路问政。子曰:'先之劳之。'请益。曰:'无倦。'"(《论语·子路》)这是中国最早的政治学,儒家政治学。这肯定也是子路的理念,只不过是通过孔子的嘴给说了出来。这种思想与子路的先祖周公旦的思想是一脉相承的。子路肯定会按着老祖宗的榜样去做,无论是在鲁国,还是在卫国,子路都是辛苦为民的好干部。

通过以上事实我们可以看出,子路的确是当时一位伟大的实践家和政治家。特别是,子路还是我国最早的共产主义者。子路曰:"愿车马衣轻裘与朋友共敝之而无憾。"(《论语·公冶长》)这句话可以看出子路的豪爽大方和古道热肠。

而在忠诚、守责方面,子路又以自己的行为证明了儒家的道德价值。子路为了阻止奸臣贼子篡权乱国、为了平息卫国的政变而死,反映了子路忠实于国家和社会,为职责而死,至死履行了他的责任。

子路反对孔子明哲保身的处世之道,是孔子教育集团中最忠勇正义、刚正不阿的人。孔子对子路会冒死赴义这一点看得很清楚。因此,他说过仲由"不得其死然"(《论语·先进》)的话,后来的事情果然如孔子所预测的那样。

子路在卫国为平叛结缨正冠而死,反映了他堂堂正正的人格威严,死也要死得庄重体面。子路的死,终于为儒家补上了在孔子方面所缺少的血性精神,弥补了孔子韬晦有余、刚强不足的缺点。"衣敝缊袍,与衣狐貉者立,而不耻者,其由也与?"(《论语·子罕》)我们在子路的身上发现了超越物质的人格尊严。"在陈绝粮,从者病,莫能兴。子路愠见曰:'君子亦有穷乎?'子曰:'君子固穷,小人穷斯滥矣。'"(《论语·卫灵公》)子路身上"君子固穷"的这一特点也很重要。当今中国社会很多人做不到坚守穷困,走上坑蒙拐骗的道路。今天的社会特别要学习子路这种精神。

公元前497年,当孔子仕途坎坷,在鲁国待不下去的时候,子路放弃了季氏家宰优厚的待遇,毅然与孔子一起踏上了逃难的路。孔子感叹地说:"道不行,乘桴浮于海。从我者,其由与?"(《论语·公冶长》)这一件事反映了子路与孔子患难与共的道义精神。

他们两个是真正有志向、有追求的人,是孔子教育集团的核心,儒家学派主要靠着这一文一武两个人在社会中打开了局面。子路对儒家学派的发展所做的贡献,除了孔子,无人可比。因此,子路是儒家学派重要的奠基人。

十二、发扬儒家文化中的子路精神,恢复中华民族的阳刚文化传统

今天我们纪念和追忆子路,主要是要发扬光大他勇武、刚直和见义勇为的精神传统,增强中华民族文化的阳刚之气,敢于与腐败和邪恶做斗争,敢于推进社会各方面的改革。

仔细分析,便可以看出儒家文化中有两种精神传统,一种是孔子的智慧、理智与避险精神,一种是子路刚毅、勇敢和豪放的精神。如果说孔子代表了儒家文化柔的一面,那么子路便是儒家文化中刚的一面。

在漫长的历史长河中,人们大多数继承学习的是孔子柔的精神传统,唯独在刚和正直的精神传统方面有所丧失。孔子有点像他的先祖微子,打不过就跑,一走了之。"危邦不入,乱邦不居。天下有道则见,无道则隐。"(《论语·泰伯》)孔子思想中有很多保命哲学和机会主义,灵活有余,勇敢不足。而子路见义勇为的精神恰恰可以弥补儒家文化的这种遗憾。

子路身上充满了堂堂正气,即后来孟子总结的大丈夫之气。今天我们研究子路,就是为了恢复传统的阳刚文化,从子路的事迹中汲取力量。仲子是孔子教育集团故事最丰富、性格最生动的一个人物,我们一定要将他被扭曲的形象更正过来。

(摘自仲伟帅主编《仲子历史文化研究》。作者仲大军系仲子第七十五代孙,曾在《中国经济时报》工作,现为北京大军经济观察研究中心主任、研究员,著名经济观察家、社会评论家)

论子路之死

——兼论中国古典文化的生死观

韩焕忠

子路死于卫国的蒯聩之乱。由于孔子说过"若由也,不得其死然"(《论语·先进》)的话,后世对此多持否定态度。我认为,子路之死在某种程度上具有其死然性,虽为可惜,但不足为先贤污,对于怎样才是"得其死然",不同的文化传统也有不同的看法,无论衡之于哪一家,子路都不失为圣贤之徒。

一

对于子路的死,《左传·哀公十五年》记载得非常详细,现将原文抄录如下:

卫孔圉取大子蒯聩之姊,生悝。孔氏之竖浑良夫,长而美,孔文子卒,通于内。大子在戚,孔姬使之焉。大子与之言:"苟使我入获国,服冕乘轩,三死无与。"与之盟。为请于伯姬。闰月,良夫与大子入,舍于孔氏之外圃。昏,二人蒙衣而乘,寺人罗御,如孔氏。孔氏之老栾宁问之,称姻妾以告。遂入,适伯姬氏。既食,孔伯姬杖戈而先,大子与五人介,舆豭从之。迫孔悝于厕,强盟之,遂劫以登台。栾宁将饮酒,炙未熟,闻乱,使告季子。召获驾乘车,行爵食炙,奉卫侯辄来奔。季子将入,遇子羔将出,曰:"门已闭矣。"季子曰:"吾姑至焉。"子羔曰:"弗及,不践其难。"季子曰:"食焉,不辟其难。"子羔遂出。子路入,及门,公孙敢门焉,曰:"无入为也。"季子曰:"是公孙也,求利焉而逃其难。由不然,利其禄,必救其患。"有使者出,乃入。曰:"大子焉用孔悝,虽杀之,必或继之。"且曰:"大子无勇,若燔台半,必舍孔叔。"大子闻之惧,下石乞、盂黡敌子路。以戈击之,断缨。子路曰:"君子死,冠不免。"结缨而死。孔子闻卫乱,曰:"柴也其来,由也死矣。"

文中所说的"大子"即"太子"蒯聩,"季子"即子路。《史记·卫康叔世家》《史记·仲尼弟子列传》的记载与此相同。

二

对于子路的死,历来多持否定态度。如《墨子·非儒下》谓"子贡、季路辅孔悝乱乎卫",以之作为儒家的一大罪状;《庄子·盗跖》借盗跖之口指斥孔子:"子以甘辞说子路而使从之,使子路去其危冠,解其长剑,而受教于子,天下皆曰孔丘能止暴禁非。其卒之也,子路欲杀卫君而事不成,身菹于卫东门之上,是子教之不至也。"将子路之死视为孔子教导失策的结果;《盐铁论·殊路》中的大夫,可能就是桑弘羊,站在否定儒家的基本立场上来评论此事:"子路仕卫,孔悝作乱,不能救君出亡,身菹于卫。"认为子路未能完成他所负有的职责。

最有代表性的数朱熹的《四书集注·论语集注·子路》引胡氏之言以释"子路问卫君待子而为政"一章:"卫世子蒯聩耻其母南子之淫乱,欲杀之,不果而出奔。灵公欲立公子郢,郢辞。公卒,夫人立之,又辞。乃立蒯聩之子辄,以拒蒯聩。夫蒯聩欲杀母,得罪于父,而辄据国以拒父:皆无父之人也,其不可有国也明矣。夫子为政,而以正名为先。必将具其事之本末,告诸天王,请于方伯,命公子郢而立之,则人伦正,天理得,名正言顺而事成矣。夫子告之之详如此,而子路终不喻也,故事辄不去。卒死其难。徒知'食焉不避其难'之为义,而不知食辄之食为非义也。"

朱熹既引胡氏之说,自然也是他所赞同的观点,以此解释孔子的正名思想,考之当时的实际,几同穿凿附会,明显是以北宋的思想观念、政治形势去评判古史。当时周天子虽有共主之虚名,但已没有任何实际的政治影响力,齐桓公、晋文公之霸业,也已成为历史的陈迹,诸侯既能坐视鲁国季平子之逐昭公,田常弑君而代齐,对于卫国的父子争立,自然也不会予以实际的干涉。且子路所事者为孔悝而非卫君辄,作乱者为废太子蒯聩,子路往救者是受到蒯聩要挟的孔悝而非出奔鲁国的卫君辄。如此看来,宋儒胡、朱二氏之论实属想当然之主观臆断,而墨、庄、桑等之说则不免于强词夺理。

三

从上录《左传》之文来看,子路死得刚强、壮烈、从容,衡之以其个人资质及其平素所受教于孔子者,子路以此方式作为人生的终结具有某种必然性。

据《史记·仲尼弟子列传》载:"仲由字子路,卞人也。少孔子九岁。子路性鄙,好勇力,志伉直,冠雄鸡,佩豭豚,陵暴孔子。孔子设礼稍诱子路,子路后儒服委质,因门人请为弟子。"

孔子是如何"设礼稍诱子路"的呢？《孔子家语·好生》对此有所记载：子路戎服见于孔子，拔剑而舞之，曰："古之君子，固以剑自卫乎？"孔子曰："古之君子，忠以为质，仁以为卫，不出环堵之室，而知千里之外。有不善，则以忠化之；侵暴，则以仁固之，何持剑乎？"子路曰："由乃今闻此言，请摄齐以受教。"

子路不遇孔子，挟其雄强侠气，或竟至于打架斗殴，乃至成为地痞流氓，为害地方。然子路之为子路，在于他听到至言高论能折节受教，他遇到了能言善辩、深通古今、明辨礼义的孔子，找到了一个能令人心悦诚服的导师，以"具臣"之才闻名于当时，这可以说是他的幸运，也是孔子因材施教的结果。

大致说来，孔子之教子路，在嘉其忠直、裁其勇武而以礼约其粗野。如《论语》中"道不行，乘桴浮于海。从我者，其由与？"（《公冶长》）是嘉其忠；"衣敝缊袍，与衣狐貉者立，而不耻者，其由也与？'不忮不求，何用不臧？'"（《子罕》）是称其直；"若由也，不得其死然"（《先进》）、"由也好勇过我，无所取材"（《公冶长》）、"君子义以为上，君子有勇而无义为乱，小人有勇而无义为盗"（《阳货》）是裁其勇；"若臧武仲之知，公绰之不欲，卞庄子之勇，冉求之艺，文之以礼乐，亦可以为成人矣……今之成人者何必然？见利思义，见危授命，久要不忘平生之言，亦可以为成人矣"（《宪问》）以及"六言六蔽"之论，是以礼约其粗野。《韩诗外传》（卷二第二十五章）引子路之言："士不能勤苦，不能轻死亡，不能恬贫穷，而曰我能行义，吾不信也。"则其平生素怀以行义自期可知也。

子路可谓是"学而时习之"的典范，凡孔子之所教，他都能见之于自己的人生实践，而且还总是怪自己做得不够好，所以师兄弟们说"子路有闻，未之能行，唯恐有闻"（《论语·公冶长》）。孔子教弟子以"忠"，故曾子每日三省，其一便是"与人谋而不忠乎"，曾子对子路非常佩服，不敢与之比贤，则子路与人谋而能忠是自然的；孔子教以"见危授命"，子路事孔悝，为蒲宰，又怎么会坐视孔悝被人胁迫？慷慨赴难，是不惧死，临危结缨，是知死之不可避免，但求无忘所学。所以子路之死，可以说是激于义而死者，后世不予嘉许，多半是因孔悝"竖子不足与谋"（《史记·项羽本纪》）耳。

四

子路之死虽无违孔子所教及其平生所学，但人们亦以孔子"若由也，不得其死然"为知言。子路"行行"(《论语·先进》),"其言不让"(《论语·先进》),行事过于果决,有时则不免失于鲁莽,所以孔子深诫之,然不幸而为言中,孔子此语遂也就成为预决子路命运的谶语。

那么我们要问的是,究竟怎样的死法才算"得其死然"？中国传统文化各家对此有不同的回答。

儒家认为"寿终正寝",即正常老死是最好的死法。就个人待遇而言,要能"乐岁终身饱,凶年免于死亡"(《孟子·梁惠王上》),有最基本的物质生活保证;就个人行事来说,则要"仰足以事父母,俯足以蓄妻子"(《孟子·梁惠王上》),"养生丧死无憾"(《孟子·梁惠王上》),尽到为人子、为人夫、为人父所应尽的责任和义务。但这是只有在太平之世才比较容易实现的事情,在春秋战国、三国两晋那种机棁不安的时代,则恐怕是"名士少有全者"。上引孟子之语,在今天看来微不足道,在当时却是老百姓求之不得的。即便如曾子得享高寿,易篑之际,语门人弟子曰:"启予足！启予手！《诗》云:'战战兢兢,如临深渊,如履薄冰。'而今而后,吾知免夫！小子！"(《论语·泰伯》)其能全身而得善终,也是一生都陪着小心谨慎。且人们往往被置于生存与仁义只能取其一的两难抉择之中,在这种情况下,儒家就主张不苟生,"有杀身以成仁"(《论语·卫灵公》),"舍生而取义"(《孟子·告子上》)。文天祥在《正气歌》中历叙古来为国家为正义而捐躯的典型,引以为仪范。动物都有贪生怕死的本能,而人也莫不愿得彭祖巫咸之寿,但事至无可奈何,只有那些素蓄道义的贤达之人才能突破这种本能,舍弃这种愿望,慷慨赴死,从容就义。

道家重视养生,主张"深根固柢"(《老子》五十九章),追求"长生久视"(《老子》五十九章),极力反对刚强果决。在老子看来,"柔弱胜刚强"(《老子》三十六章),因此他认为明智的处世之道是"一曰慈,二曰俭,三曰不敢为天下先"(《老子》六十七章),明确指出"强梁者不得其死"(《老子》四十二章)。子路性格刚直,为人强梁,与老子殊趣,道家自然也是认为他"不得其死"的。道家虽重视养生,但同时认为生必有死,生固然可贵,要重视,但死之到来,也没有什么可恐惧的,所以《庄子》主张"安时而处顺"《养生主》,有以"临尸而歌"为达的记载。据桓谭《新论·祛蔽》载:"庄周病剧,弟子对泣之。应曰:'我今死,则谁先？更百年生,则谁后？必不得免,何贪于须臾？'"生命虽然可贵,但对于必不得免的结局却也能坦然接受。

佛教视人生为"纯大忧悲烦恼苦聚",认为人世间的生死不过是在无边苦海中的头出头没,是业惑缘起的轮回果报。佛的大弟子中,如智慧第一的舍利弗、神通第一的大目犍连等,都是死于非命;东土高僧之中,如最早的译经家之一安世高、禅宗二祖慧可等,也是死于他人的格斗误伤或仇杀。在佛教看来,这些高僧虽然已经证得圣果,但仍受到因果法则的牵缠,不得不随缘受报,而佛教追求的终极就是"涅槃",即是入功德圆满、烦恼永寂的状态,在这种状态中,人们才能脱离苦海,解脱生死,超越轮回。所以这些高僧都将自己的死于非命视为"偿还宿债",是他们涅槃的一种方式。

五

衡之于中国文化的三家传统,对于子路之死可以给出不同的评价。在儒家看来,子路未能老死于户牖之下,是社会秩序失衡所导致的人生悲剧,子路临终表现出了一种尽责、忠勇无畏的精神,展现了原始儒家重在实践的品格;在道家看来,子路出仕于各种矛盾错综复杂的卫国是不够明智的,其强梁的性格也容易给自己带来危险,但他在最后一息所表现出来的从容和镇静却具有"齐生死为一贯"的超脱和豁达;从佛教的立场上看,子路之死是他生前的业惑(性格、气质、所受教育、抱定的价值观念等各种因素的综合)随缘(子路为蒲宰而适逢蒯聩之乱,孔悝被胁迫)受报的结果,是子路结束此一期生命的必然方式。

生命是可贵的。如何评价子路之死,牵扯到一个人生的终极价值问题。这里给出的一些说法,也仅只是笔者匆遽之中的逻辑推断,但愿能由此引起大家的思考。

(摘自仲伟帅主编《仲子历史文化研究》,有改动。作者韩焕忠系苏州大学教授)

解读子路

张 信

子路,姓仲名由,又称季路,在《论语》中频繁出现。关于子路的言论、事实等等,本来是什么时间中发生的,在《论语》中这些资料却散乱、无序。前人的注评中有一些抽象失真的解释,究其原因与材料零乱不无关系。只要找回原顺序并对材料做具体的理解,我们就会发现,所谓"率尔对曰",绝不是子路的性格模式,他在一些重要情景中沉思未语。所谓"登堂入室"也不是终生评价,只不过说的是琴艺。这样一来,我们就同真实的子路拉近了距离,同时也就使孔子的一个侧面变得更为可靠和清晰。

一、孔子发现和培养的第一位高才生

子路,鲁国卞邑人,小孔子九岁,魁梧健壮,喜争乐斗,游荡在鲁国都城,引起了孔子的注意。此时孔子二十六七岁,做过委吏、乘田等一些小官,刚设私塾教学不久。孔子发现,子路蔑视强权而不欺弱小,可谓爱仁;有武力而会用心计,可称有智;说话算数为信;明来明去为直;不避危险为勇;宁折不弯为刚,便决心收教他。

子曰:"由也!女闻六言六蔽矣乎?"对曰:"未也。""居!吾语女。好仁不好学,其蔽也愚;好知不好学,其蔽也荡;好信不好学,其蔽也贼;好直不好学,其蔽也绞;好勇不好学,其蔽也乱;好刚不好学,其蔽也狂。"——《论语·阳货》

教学本来是从简单到复杂,但对于文化起点不高的子路,孔子一开始就采取了深谈大论的姿态。仁、智、信、直、勇、刚,六个字,点出子路的胸怀端正,性格有优点。六个不学,六德变成六蔽,成了愚、荡、贼、绞、乱、狂,这是严肃告诫。仁爱用错地方即是愚蠢,聪明若知识不足就会放荡,守信若学习不够就会伤害好人,正直可转为狭隘,勇敢可导致作乱,刚毅可变成狂躁。这些大道理子路能懂吗?

子曰:"由!诲女知之乎!知之为知之,不知为不知,是知也。"——《论语·为政》

孔子要求子路说实话,说承认不知道才是智慧。子路在孔门中留下来,

他学习的记录在早期弟子中遥遥领先,居第一位。

子曰:"由之瑟奚为于丘之门?"门人不敬子路。子曰:"由也升堂矣,未入于室也。"——《论语·先进》

子路的琴艺,水平可知。教音乐时,尚且年轻的孔子脱口说出嘲讽之言。门人们瞧不起子路。孔子发现自己的失误,加强了对子路琴艺的辅导,过一段时间子路有了长进。孔子对弟子们说:子路的琴艺入门了,只是还谈不上专业水平。

孔子列举仲由的优点予以表扬:"衣敝缊袍,与衣狐貉者立,而不耻者,其由也与?'不忮不求,何用不臧?'"子路终身诵之。子曰:"是道也,何足以臧?"(《论语·子罕》)孔子还发挥说:"士志于道,而耻恶衣恶食者,未足与议也。"(《论语·里仁》)

子路内心充实,品质高尚,但从晓事时起,还没有人这样理解他、尊重他。他感到了温暖。

子路迷信,关心鬼神之事,孔子有力地把他的兴趣引向社会人生——季路问事鬼神。子曰:"未能事人,焉能事鬼?"曰:"敢问死。"曰:"未知生,焉知死?"(《论语·先进》)

孔子的教学大纲,是"兴于《诗》,立于礼,成于乐"(《论语·泰伯》)。围绕这三门主课,有射、御、书、数等实习。一般弟子学制三年。

他说:"小子何莫学夫诗?诗,可以兴,可以观,可以群,可以怨。迩之事父,远之事君;多识于鸟兽草木之名。"(《论语·阳货》)

《诗经》首篇是《关雎》,孔子对《关雎》的主题是这样把握的,他说:"《关雎》,乐而不淫,哀而不伤。"(《论语·八佾》)《关雎》篇首章:"关关雎鸠,在河之洲,窈窕淑女,君子好逑。"学生从学习伊始,就问君子是怎样的人:

子路问君子。子曰:"修己以敬。"曰:"如斯而已乎?"曰:"修己以安人。"曰:"如斯而已乎?"曰:"修己以安百姓。修己以安百姓,尧舜其犹病诸?"——《论语·宪问》

子路曰:"君子尚勇乎?"子曰:"君子义以为上,君子有勇而无义为乱,小人有勇而无义为盗。"——《论语·阳货》

子路问了又问,表明他已经不再是先前那个不爱学的子路了,他的第一个思想转变已经完成。子路性格单纯,问君子尚勇乎,把自己对号入座。而孔子的回答中,使用的是传统的君子小人的概念,提出以义为上的原则。孔子发现子路的从政潜能,回答时加重政治内涵,并且实际上给子路提出了将来应该去当官的目标。

孔门师生的身份属于士阶层。

子路问曰:"何如斯可谓之士矣?"子曰:"切切偲偲,怡怡如也,可谓士矣。朋友切切偲偲,兄弟怡怡。"——《论语·子路》

大概此时的子路在同门中融洽不足,所以孔子回答中引导他要融洽同门之间的关系。

以上内容,应属孔子30岁以前,是极珍贵的早期资料。

子路学期已满,但他不想离开。孔子发现了他,培养了他。他也发现孔子就是他可以终生追随的人。在问及管仲时,子路流露了政治抱负,同时也颇有矢忠侍奉孔子的热忱。孔子理解其中的深意,但还是希望子路的目标更远大一些。

子路曰:"桓公杀公子纠,召忽死之,管仲不死。"曰:"未仁乎?"子曰:"桓公九合诸侯,不以兵车,管仲之力也。如其仁,如其仁。"——《论语·宪问》

子路成了学以致用的积极分子。他从不拖延诺言,以至孔子要给他降温。

子路问:"闻斯行诸?"子曰:"有父兄在,如之何其闻斯行之?"——《论语·先进》

经过精心培养,子路成为孔门的第一张名牌,世人心目中的孔子,身边总是立有一虎,即子路。子路成为孔子形象的一部分。

达巷党人曰:"大哉孔子!博学而无所成名。"子闻之,谓门弟子曰:"吾何执?执御乎?执射乎?吾执御矣。"——《论语·子罕》

当时的社会下层已经发现孔子的伟大。公元前518年,鲁国三卿之一孟僖子临死留下遗嘱,要他的两个儿子向孔子学礼,孔子成了社会名流。"三十而立",孔子的确非凡。

二、孔子从政前的得力干将

子路35岁以后,孔门又有了一批出色的弟子,其中颜渊特别受孔子赏识,常在孔子身边侍奉。一次,孔子对子路、颜渊说:何不各讲一下你们的志向？子路说：我希望拥有车马衣裘，与朋友一起用，即使坏了也不遗憾。颜渊说：我希望能做到不自夸善行和功劳。子路说希望能听到老师的志向。孔子说：前辈放心，朋友信任，后辈怀念——这就是我希望得到的。

在鲁国诸侯、大夫、陪臣间矛盾激化的形势下，各方积极争取人才，孔子当了官。公元前502年，阳虎叛乱，公元前501年叛逃，站在诸侯和三家一边的孔子得到重用。公元前500年，齐鲁夹谷之会，孔子以相的重要身份出现，记于《左传》。

子路也做了官，开始是地方官。子路问从政，孔子说，要自己带头，大家出力。子路请多讲一点。孔子说，要坚持不懈。

子路威严、正直，百姓不敢在他面前说谎，他可以根据一方的讼词正确判案。孔子赞扬他"片言折狱"。子路当上了季氏的武官。他问怎样事君，孔子说：不能阳奉阴违，可以直言规劝。子路推荐高柴去当季氏封邑费城宰，孔子说高柴学习不好，他去当邑宰要误人子弟。子路说，有政府，有人民，为什么非要读书好才能当官？孔子说，我讨厌狡辩的人。高柴一直追随子路。在子路和孔子相继去世之后，高柴在鲁国继续当官，在后辈弟子中，有一定影响。公元前498年，孔子发起削低三家封邑的城墙的政治动作，鲁定公和三家都参与了活动。子路是这个名为"堕三都"行动的军事指挥者。叔孙氏堕了郈，季孙氏堕了费。轮到孟孙氏了，却未堕成。这就引起三家的矛盾和三家与鲁君的矛盾，而同时，三家都不满孔子师徒。公伯寮在季氏那里告子路的状。孟氏一系的子服景伯到孔子这里反映情况，说：我们有力量干掉公伯寮。孔子说："道之将行也与，命也；道之将废也与，命也。"（《论语·宪问》）公伯寮影响不了天命。孔子抱着一线希望，但却看不到光明的征兆，说："道不行，乘桴浮于海。从我者，其由与？"（《论语·公冶长》）子路听了很高兴。孔子说：现在还没有做木筏的材料。又等待几日，直到齐国季氏送来女子乐队，季氏接受，孔子看到确实没希望了，就踏上了行程。

公元前497年初，孔子54岁，子路45岁，开始周游列国。第一站是卫国，住进子路妻兄颜浊邹家。

三、周游列国的传奇英雄

卫灵公善待孔子，却不给他权力。卫灵公夫人南子是有名的美人，年轻，魅力超众,能干预朝政。《左传》记载卫灵公依了南子,把宋国的美男子公子朝接到卫国,成为南子的情人。这个细节很难思议。孔子说,没有祝鮀的辩才,而有宋朝之美,难以立足于当今之世!不知道这句话是像李泽厚理解的那样在发牢骚,还是替宋朝说话。南子的名声不佳,孔子应南子要求见了南子,子路很不高兴。孔子急得对天发誓:拿人家的俸禄怎么能拒绝人家的召唤呢?实在不是走后门,如有此念,天厌之!

卫国不用,鲁国有没有重新启用的可能?孔子让子路回鲁探家并了解政治动向。子路昼夜兼程赶到鲁城外门,见城门已闭,就夜宿门下。留下了石门晨门一章。鲁国政界对孔子的评价,就是晨门所说:孔子是个"知其不可为而为之"的人。归鲁不成,但这一批评却对子路的思想变化起了作用,埋下了尔后师生争论的伏笔。

公元前496年,孔子到了陈国。公元前495年,鲁定公卒。翌年,鲁哀公继位,吴使问骨节专车,孔子在鲁。鲁不用孔子,孔子又一次出走。公元前492年,孔子过宋,受到桓的驱逐。又到陈。秋,季桓子卒,季康子立。据《史记·孔子世家》,桓子遗言召孔子,而康子则选择了冉求。在冉求归鲁之前,孔子问子路、冉求、公西华、曾点的志向,子路直率地表示他要治军强国。在冉求受到招聘的情况下,他的话有点不看场合,孔子讥评他不够谦让。但子路的抱负无可非议。冉求走后,孔子的日子更难过了,子路的压力也加大了。第二年,孔子师徒从陈到了蔡,即楚国安置蔡人的负函,在今河南信阳,当时归楚国政界要人叶公管辖。叶公在今河南叶县,两地距离与鲁卫两国都城的距离差不多。孔子要见叶公,子路先到。叶公问子路孔子是怎么样的人,子路不答。孔子后来说:你怎么不说,他是个发愤忘食,乐而忘忧,不知道就要老了的人。叶公问政,孔子说:"近者悦,远者来。"(《论语·子路》)颂扬了叶公安置蔡人的政绩。谈到伦理观念,他们的分歧出现了。叶公说:我们这里有个正直的人,揭发了他父亲偷羊的事。孔子说,我们那里正直的人不这样。父为子隐恶,儿子隐瞒父新恶行,直在其中。从叶返蔡,遇到了几个隐士,有长沮、桀溺,有荷蓧丈人。长沮、桀溺认为天下混乱,人力难以改变世风,不如做隐士好。孔子说,人不可加入动物世界,正因为天下无道,才要去改变。荷蓧丈人批评孔子四体不勤,五谷不分。他杀鸡作黍款待了子路,并留宿。子路赶上孔子描述所遇情况,孔子说,隐士洁其身而乱君臣之义,是不义之徒。

回蔡不久，晋国的佛肸派人来请孔子，孔子准备应聘，子路说，佛肸占据中牟，背叛晋国，是非正义的，老师要去，有什么道理？孔子说，我能入污泥而不染，我也要吃饭。话虽然说了，但还是听了子路的话，中牟不久就被包围，孔子免除了一难。

公元前489年，吴国讨伐弱小的陈国，楚国派兵相救，战争使这个华夏边缘的国家更凄惨、贫困了。孔子在陈蔡一带苦度岁月，竟到了绝粮的地步，随从病倒起不来了。子路很不高兴，他怀着政治抱负，具有为千乘之国治军图强的真才实干，却如笼中虎，困在一隅，他慨叹："做个君子就该受这份罪吗？"孔子说："君子在穷困中保持节操，小人在穷困中胡作非为。"又说："仲由呵，理解道德的价值的当权者太少了！"困境中，孔子泰然的襟怀，印证了他所说的"君子坦荡荡，小人长戚戚"（《论语·述而》）、"岁寒，然后知松柏之后凋也"（《论语·子罕》）、"三军可夺帅也，匹夫不可夺志也"（《论语·子罕》）等一些格言，使子路受到了教育。但经过一次次颠沛、挫折之后，孔子的思想也发生了变化。他对颜渊说："用之则行，舍之则藏，只有我和你能做到。"子路说："您在三军中穿行，带谁？"孔子说："空手打虎，无船渡河，死也不悔，这样的人我不带他，一定要临事有所恐惧，做好应付准备的人，我才带他。"

《史记·孔子世家》记载孔子于鲁哀公五年（前490年）自楚返卫，而《史记·卫康叔世家》和《史记·十二诸侯年表》则记载为卫出公八年即鲁哀公十年（前485年）孔丘到卫国，学术界认为二者必有一错。据《史记·仲尼弟子列传》，卫国请子路为蒲大夫，事情可能在鲁哀公六年（前489年）以前。鲁哀公六年孔子一行到了卫国蒲城，这可能是《史记·孔子世家》的依据。子路认为，卫国要重用孔子，他向孔子试探有什么想法。

子路曰："卫君待子而为政，子将奚先？"子曰："必也正名乎！"子路曰："有是哉，子之迂也！奚其正？"子曰："野哉，由也！君子于其所不知，盖阙如也。名不正，则言不顺；言不顺，则事不成；事不成，则礼乐不兴；礼乐不兴，则刑罚不中；刑罚不中，则民无所错手足。故君子名之必可言也，言之必可行也。君子于其言，无所苟而已矣。"——（《论语·子路》）

这是一场真正意义的争论。

孔子讲的正名，是指卫国的一大怪事。卫君年幼，是卫灵公的嫡孙。其父原是太子，因为同南子作对，被贬，投了晋国，晋国凭武力把他安置到卫国边城戚那里。太子的称号一直没改,现在儿子是国君,父亲是太子,这个名分不摆正,这个国家还有正常的政治吗?但是子路却认为:一国之君要用你,你的条件是让他下台当太子,父亲当国君,这不是太迂腐了吗?不真的是"知其不可为而为之"吗?子路与孔子的这场争论,谁的理多,真有点难说。孔子不肯入卫国朝堂,采取了"不在其位,不谋其政"(《论语·泰伯》)的态度,继续教学。直到卫出公八年(前485年)方受到卫国公养,迁至卫都城。卫国史官把这年当作孔子到卫的年份,内情或许如上述推测的样子。

第二年,冉求率军打败齐军,孔子看到荣归鲁国的希望。子路问什么样的人可以称得上是完整无瑕的人,孔子的答话无意中为子路定格了一生。

"子路问成人。子曰:'若臧武仲之知,公绰之不欲,卞庄子之勇,冉求之艺,文之以礼乐,亦可以为成人矣。'曰:'今之成人者何必然?见利思义,见危授命,久要不忘平生之言,亦可以为成人矣。'"(《论语·宪问》)见利思义,见危授命,平生不忘旧约,子路正是这样的一个人。

鲁国聘请孔子归鲁,孔子苦苦坚持十三四年所要的体面得到了。一时兴奋、放松,长期的刺激、积劳造成的身体亏损发作了。《论语·述而》载:子疾病,子路请祷。子曰:"有诸?"子路对曰:"有之。《诔》曰:'祷尔于上下神祇。'"子曰:"丘之祷久矣。"孔子久病不愈,子路急得求神问鬼,孔子也承认他早已在心中祷告过了。

孔子病重,子路命令弟子们都执行臣下侍候卿大夫的礼节。病情稍缓和,孔子说:"仲由作假,搞得太久了。"孔子认为死于臣下之手的虚荣远不如死于弟子之手的真情,孔子说:"且予纵不得大葬,予死于道路乎?"(《论语·子罕》)可以看出,一个信念在支撑着孔子,一定要活着回鲁国,最后孔子奇迹般地病愈,弟子们欣喜万分,他们一起踏上了归途。

四、慷慨赴死的义勇楷模

子路辞去卫国官职,送孔子归鲁。此时子贡外交成名,冉求战功显赫。由、赐、求成为鲁国政坛三杰,受到政界关注。季康子问三位可以从政吗?孔子说"由也果""赐也达""求也艺"(《论语·雍也》),即一个果敢,一个通达,一个多才多能,从政都没问题。《论语》中还有季子然、孟武伯问子路等人的记录。子路、子贡、冉求,孔子的三个杰作,为孔子增添了很大光彩。

而子路在鲁国却似乎不太顺心。季康子要伐颛臾,子路跟着冉有一起受到孔子的批评。公元前481年,邾国大夫射要投奔鲁国,提出只要同子路协议就执行。季康子让冉求动员子路去接见射,子路严词拒绝,认为射背国不义,这样的人子路不肯与他签约。卫国掌军大夫孔悝请子路去做他的邑宰,子路答应了。公元前480年秋,子路再次出现在《左传》中时,已是卫国大夫,齐国使臣从楚国回来见子路,子路讲陈氏可能享有齐国,但应与鲁国友好。那么子路离开鲁国的具体情形《论语》有无记载?请读下文。

闵子侍侧,訚訚如也;子路,行行如也;冉有、子贡,侃侃如也。子乐。"若由也,不得其死然。"——《论语·先进》

訚訚是什么意思?《盐铁论·国疾》中有"诸生訚訚争"一语,闵子骞是个爱争论的人吗?什么事他一定要争论,不就是与他自幼同门的子路要到危机四伏的卫国去吗?行行如,就是要上路的样子,子路是一定要走了。子贡、冉求说了不少宽心话。虽然能让孔子一时转忧为乐,但孔子还是说出了他的心病,即害怕子路"不得其死"。"色斯举矣"(《论语·乡党》)一章不可解,是孔子、子路最后一别的情况记录的阙文吗?

公元前480年底,卫太子夺权,设计胁迫孔悝加盟。子路只身冲入,为救孔悝而战死,留下了他食人之禄不避人之难的大丈夫形象。遗憾的是孔悝终于立了庄公,把子路之死的价值大大贬损了。子路的死还给了孔子致命的打击。第二年四月,孔子逝世。两人之死仅隔三个多月。

子路最终树立起来的是人格,他是孔子的弟子,又是生死朋友。他是孔子丰富内涵的一个侧面,孔子把它列入四科中的政事一栏,而他却成为孔门忠义之道的人格典型。子路在《论语》中出现的章节居第一位,共三十九章。

(摘自仲伟帅主编《仲子历史文化研究》,原载《前沿》2002年第9期,有改动)

论颜回和子路的品格

张军凤

凡是读过《论语》的人，无不对颜回和子路留下深刻的印象。毫无疑问，二人都是孔子的得意门徒，是孔子的终身追随者。"子以四教：文，行，忠，信。"（《论语·述而》）其弟子各有发挥，分别在德行、言语、政事和文学上有所建树。其中，颜回居德行科之首，子路则居政事科第二，后人把二人称为孔子身边的"文""武"弟子和左膀右臂，"文"指的是颜回，"武"指的是子路。孔子对颜回更是疼爱有加，称其为贤人："贤哉，回也！"（《论语·雍也》）以至于"颜渊死，子哭之恸。从者曰：'子恸矣！'曰：'有恸乎？非夫人之为恸而谁为？'"（《论语·先进》）。孔子对颜回如此珍爱，以至于后世儒家尊称颜回为"复圣"，给予颜回极高的评价和地位。颜回号称孔门第一大弟子，其德行修养境界之高，并非浪得虚名，他是后世儒家垂学的典范。子路刚勇、鲁莽、热诚、坦率的性格和自由、批判的精神也足以使自己在孔门中占有一席之地。他们二人身上体现出来的许多优点，正是我们应该学习和效仿的。

一、出身、拜师

颜回，生于公元前521年，字子渊，亦称颜渊，鲁国人，庶民出身，比孔子小30岁。13岁进孔门学习。仲由，生于公元前542年，字子路，亦称季路，卞（山东）人，庶民出身，比孔子小9岁。孔子收子路为弟子的经过在《史记·仲尼弟子列传》中有载："（子路）冠雄鸡，佩猳豚，陵暴孔子。孔子设礼稍诱子路，子路后儒服委质，因门人请为弟子。"

颜回和子路二人年龄相差21岁，同出身于庶民家庭，家境贫寒。顺应当时新兴地主阶级"求贤若渴"的需要以及"养士之风"的盛行，他们都有着强烈的求知学习的愿望。所不同的是，颜回是主动拜孔子为师，而子路则是孔子以"礼"驯服而从师，子路拜师虽有被动、不情愿之嫌，但如果他当时没有学礼的内在需要，也就不会拜孔子为师，所以说子路有着从"仕"的强烈愿望。孔子用礼来教化子路，收子路为徒。可见，在孔子看来，子路是可造之才。在拜师入门这一环节里，我们可以看出，颜回和子路都有主动好学的优良品格。

二、性格刻画

在《论语》中，关于评论颜回性格的字句很少，因此我们只能从关于描写颜回的言语中来洞察他的性格特点。"哀公问：'弟子孰为好学？'孔子对曰：'有颜回者好学，不迁怒，不贰过。不幸短命死矣，今也则亡，未闻好学者也。'"(《论语·雍也》)孔子夸奖颜回为人好学，不拿别人出气，也不再犯同样的过失。孔子问颜回的志向，他说"愿无伐善，无施劳"(《论语·公冶长》)。"愿意不夸耀自己的好处，不表白自己的功劳"反映出颜回拘谨、恭谦、内敛的性格特点。他非常注重自身的道德修养，真正达到了"躬自厚而薄责于人"(《论语·卫灵公》)的境界。在陈脱险后，颜回落在了后面，等他赶上孔子时，孔子担心地说："我以为你已经死了。"颜回风趣地说："您还活着，我怎么敢死？"在这里，颜回并非是专门阿谀逢迎孔子，完全是感情的自然流露，充分体现了师生在大难不死之后重逢的喜悦心情，颜回的幽默诙谐也表现得淋漓尽致。"颜渊喟然叹曰：'仰之弥高，钻之弥坚。瞻之在前，忽焉在后。夫子循循然善诱人，博我以文，约我以礼，欲罢不能。既竭吾才，如有所立卓尔。虽欲从之，未由也已。'"(《论语·子罕》)从颜回的感叹中，我们可以看出：一方面，颜回对孔子的为人和学问有着深厚的敬仰之情；另一方面，也体现出他柔顺、退缩、不敢越雷池半步、与世无争的萎靡心态，怪不得孔子说："回也非助我者也，于吾言无所不说。"(《论语·先进》)颜回非常聪明，他的道德学问可以说已是高深莫测，可是他常常穷得没有办法，只过着"一箪食，一瓢饮，在陋巷"(《论语·雍也》)的简朴、落魄的生活："回也其庶乎，屡空。"(《论语·先进》)他也没有主动积极地参与社会生活，从而实现自己的社会价值。

在性格方面，子路趋于鲜明而有个性。当子路对孔子的言行有不满之时，他总是当面说出，毫不留情。一方面体现了子路粗鲁的性格特点，另一方面也反映了他的率真、坦荡和正直。"子见南子，子路不说"(《论语·雍也》)，孔子没有办法，也只得当着子路的面对天发誓，以表清白。"公山弗扰以费畔，召，子欲往。子路不说，曰：'末之也，已，何必公山氏之之也？'"(《论语·阳货》)孔子也只能巧言以辩道："那个叫我去的人，难道是白白召我吗？假若有人用我，我将使周文王、武王之道在东方复兴。"面对如此不给老师面子的学生，孔子有时也实在是恼火，便生气地说道："由也喭。"(《论语·先进》)"若由也,不得其死然。"(《论语·先进》)"野哉,由也!"(《论语·子路》)"喭""野"皆为鲁莽之意。可是"忠言逆耳利于行",如果没有子路的适时规劝,恐怕孔子真的要做出让他遗憾终身的错事,"喭""野"的评价真是有失偏颇。子路对待孔子一向赤诚忠心,对待他人诚实守信,对待工作刚正不阿、精明果断。"子疾病,子路请祷"(《论语·述而》),"子疾病,子路使门人为臣"(《论语·子罕》),子路如此热爱老师,孔子也有感而发道:"道不行,乘桴浮于海。从我者,其由与?"(《论语·公冶长》)孔子还夸奖子路做事果断:"子曰:'片言可以折狱者,其由也与?'子路无宿诺。"(《论语·颜渊》)

综观二人的性格特点,我们会发现,子路的性格中多有乐观、豁达的因素,但也有几分鲁莽和冲动,他给人以可爱、至亲、充满灵性的感受,相信他是孔子从内心里特别喜爱的学生。颜回的性格因素中有谦虚、幽默和内敛的特点,但也有几分萎缩、悲观的成分,或正是由于他性格上的消极因素,才导致了"回年二十九,发尽白"(《史记·仲尼弟子列传》)和他的英年早逝。

三、为学精神

孔门弟子所学包括"六艺",即《诗》《书》《礼》《乐》《易》《春秋》,弟子们都秉承了孔子"学而优则仕"的为学目的。孔子周游列国数十载,以期实现他的政治抱负,就是其弟子理应效仿的楷模。学生的学习过程是学思相济、学以致用,即"学而不思则罔,思而不学则殆""君子耻其言而过其行""君子欲讷于言而敏于行"。孔子强调学习要注重践履躬行,注重知与行的和谐统一,知是行的基础,行是知的检验。颜回能"闻一知十",他对所学的知识能够做到触类旁通、举一反三。孔子也不禁被他的毅力和好学所感动,连连称赞道:"惜乎!吾见其进也,未见其止也。"(《论语·子罕》)从中体现了颜回具有一定的知识创新和迁移能力,但他却过分重视知,而忽视了行(这里指"出仕"),甚至不敢行,甘愿做一个安贫乐道的好学的学生。他能做到"其心三月不违仁""一箪食,一瓢饮,在陋巷,人不堪其忧,回也不改其乐"(《论语·雍也》)。他始终没有认识到为学的根本目的,即行。颜回在《论语》中仅有一次问到治国之术:"颜渊问为邦。子曰:'行夏之时,乘殷之辂,服周之冕,乐则《韶》《舞》,放郑声,远佞人。郑声淫,佞人殆。'"(《论语·卫灵公》)由此可见,颜回对从政缺乏足够的兴趣甚至是力不从心,苦修德行也许是他最好的归宿。鉴于颜回对政事毫无建树,为了给颜回一些精神上的安慰,孔子也只得叹然感慨道:"用之则行,舍之则藏,惟我与尔有是夫!"(《论语·述而》)这却和孔子"知其不可而为之"(《论语·宪问》)的作风大相径庭。从某种意义上说,教育总是个体化的行为,受教育者所接受的外来思想总要和自己的内在思想相碰撞、交融。颜回视孔子的教诲和学问如亘古不变的真理,全盘接受,毫无批判意识,这是值得我们深思的。

  在子路身上,学、思、行有了较好的统一。子路十分注重个人的道德修养,曾向孔子请教有关怎样做君子和君子是否要有勇敢品质等问题。"子路问君子。子曰:'修己以敬……修己以安人……修己以安百姓。'"(《论语·宪问》)"子路曰:'君子尚勇乎?'子曰:'君子义以为上,君子有勇而无义为乱,小人有勇而无义为盗。'"(《论语·阳货》)针对子路鲁莽、尚勇的特点,孔子还专门授子路以"六言六蔽",并语重心长地对子路说:"由!知德者鲜矣。"(《论语·卫灵公》)告诫子路知与不知的关系:"知之为知之,不知为不知,是知也。"(《论语·为政》)要求子路脚踏实地地求学。孔子对于子路的道德修养也给予了很高的评价:"子曰:'衣敝缊袍,与衣狐貉者立,而不耻者,其由也与?'"(《论语·子罕》)子路不仅学习用功,并且善于提问,有疑难之处就向孔子请教,诸如"子路问事君""子路问君子""子路问成人""子路问政"。子路极其注重对所学知识的躬行实践:"子路有闻,未之能行,唯恐有闻。"(《论语·公冶长》。今译:子路有所闻,还没有能够去做,只怕又有所闻。)尤其令人欣慰的是孔子周游列国,子路如影随形,与孔子生死与共,他们这种不畏艰险、为志献身的精神实在叫人钦佩。子路终于不负孔子所望,为政一方,并且功绩卓著。孔子赞道:"由也果,于从政乎何有?"(《论语·雍也》)"由也,千乘之国,可使治其赋也。"(《论语·公冶长》)子路给笔者留下最为深刻印象的还在于他对待学习的存疑、叛逆、敢发前人之未发的自由批判精神;不唯师、不唯书,事事与实践相结合的求实精神;好学、猎奇的探究精神。孔子被困于陈,断绝了粮食,跟随的人相继病倒,子路很不高兴,对孔子所授的"君子"风范表示了质疑,便问道:"君子亦有穷乎?"(《论语·卫灵公》)"子不语怪,力,乱,神"(《论语·述而》),而子路却对鬼神、生死有着深厚的兴趣,他不顾孔子的学问禁忌,勇敢地发问:"季路问事鬼神。子曰:'未能事人,焉能事鬼?'曰:'敢问死。'曰:'未知生,焉知死?'"(《论语·先进》)这一点是其他弟子难以望其项背的。子路从政,在实际工作中有疑难之事,便虚心向孔子求教:"子路问政。子曰:'先之劳之。'请益。曰:'无倦。'"(《论语·子路》)对于孔子的授道,子路自有自己的理解和主张,当师徒有意见分歧时,他会毫不客气地不顾老师的颜面而加以批判:"子路曰:'卫君待子而为政,子将奚先?'子曰:'必也正名乎!'子路曰:'有是哉,子之迂也!奚其正?'"(《论语·子路》)子路问孔子如果卫君让孔子去治理国政,孔子应首先做什么。孔子说首先要纠正名分上的用词不当。子路却反对说老师的看法过于迂腐了,何必去正名呢?到底该不该正名,我们先不必过问,单单子路不唯师的勇气和胆魄就使我们为之一震,发人深省。子路有着强烈的自我表现的欲望。他的琴艺高超,还专门去孔子家里演奏,与孔子切磋。孔子对于子路的这一举动大为吃惊,子路的举动也遭到了同门的冷观,但他的积极进取和勇于表现自我的精神又非同门能比。

综上所述,我们可以清晰地看到,颜回和子路二人的品格各有优劣。一方面,我们对于二人品格中的消极因素要加以反省和批判。另一方面,我们更要学习和发扬二人品格中的积极因素。颜回的幽默、好学、注重创新、有坚定的人生志向、注重自身的道德修养以及尊师重道的品格,子路的自由批判意识、探究事理的求是意识、好学善问的主体意识,都是当今在素质教育中我们要求学生具备的优良的个性品质。

(摘自仲伟帅主编《仲子历史文化研究》,原载《太原大学教育学院学报》2008年第3期,有改动)

拥护又质疑的圣人追随者
——论仲由与端木赐在先秦两汉类型化
孔门故事中的共同形象

吴晓昀

一、前言

先秦以至西汉的文献中，载录了许多孔子弟子的言行事迹，然而这些资料内容驳杂，司马迁在《史记·仲尼弟子列传》文末云"学者多称七十子之徒，誉者或过其实，毁者或损其真，钧之未睹厥容貌"，显见孔子弟子的相关载述在西汉时便已虚实交杂。除了《论语》《左传》中的记载较为可信以外，其他文献中的事迹是否为真实的历史资料，历来学者都抱持着存疑的态度。由此，学者面对孔子弟子言行事迹的资料时，便不免产生取舍之间的两难：如果不加拣择而全部目之为真实的史料，难免有义取虚诞的问题，但是若斥为后人伪托而屏弃于讨论范围之外，则又有取材范围过窄、确切史料不足的遗憾。高专诚在《孔子·孔子弟子》一书中检讨孔子弟子研究时说"史料缺少而又零乱"，即是针对此一情况而来。

事实上，探问这些记述的真实性，本来就是一个难解的问题。因为孔子弟子相关事迹多数并非记录在史书之中，而是见于诸子说理性的著作。诸子书中列举事例，并非为了载录史实，而是为了印证记述者所要传达的道理，因此所举的人物故事往往介于虚实之间，无从肯定其真实性，同时也无法全盘否定，胡应麟《少室山房笔丛》云："取其议论而弗计其人有亡可也。"孙德谦《古书读法略例》亦云："以晏子聘鲁为寓言，是善读古书者矣。……必问其事之有无，则滞矣。"孔子弟子的故事自不例外。

正由于此，除了辨析其事之有无以外，学者也开始从另一个角度来探讨诸子书中的孔门故事，尝试分析当时学者著录流传这些"逸事"所寄寓的传述意义。俗文学史经常将诸子书中的寓言故事列入讨论，因为这些文字虽然出于文人之笔，却也表现出早期民间口传文学的特色——西汉以前的孔门故事亦然，其中又有两点最值得注意：类型化（genre）与变异性（variability）。所谓"类型化",简单来说就是根据某种"比较雷同的故事情节"或"似曾相识的人物形象",形成"比较固定的叙事模式";而根据类似的梗概,在细部增删改动,"产生同一母题的异文",即为"变异性"。(就民间文学的流传而言,"类型化"所形成的叙事模式,又构成了民间文学的"稳定性",而传述者即是以稳定的故事模式为基础,作细节增减、情节融合、角色替换等"变异"。)关于孔门故事的"变异",前人治学之际早已有所留意,如近人杨晋龙《子贡经学蠡测》文中所云:"考检资料之际,尝见先秦两汉记载子贡言行诸书,同一资料见诸多处之情形,甚为普遍……"许多孔子弟子的记述资料都有这种同一资料见诸各处,而各处文字情节多有相异的情形。只是"变异"有单纯文字上的小别,也有源于内在思想的大异,这一点便需要与同"类型"的记述相比对,才能看出不同传述者之间的相异之趣,杨少明《"孔子厄于陈蔡"之后》一文,便从同以"孔子厄于陈、蔡"为主题的九种不同版本的故事,讨论孔子在其中的不同形象以及传述者的思想策略,即是一例。

"孔子厄于陈、蔡"之类属于类型化的故事情节,至于类型化的人物形象部分,以往探讨的焦点以孔子为主,因为诸子书中多举孔子言行为说,但却是"各自表述",往往为了符合自家学说而托言、托事,塑造出各种不同面貌的孔子,有些故事比较贴近《论语》中的孔子思想与形象,也有些故事作者自创的成分极大,甚至将孔子写作自家学说的人物。近人研究成果如陈全得《〈韩非子〉中有关孔子形象及两家学说异同之比较》、庄文福《〈庄子〉中的孔子形象探析》、郑先彬《先秦诸子寓言中的孔子形象摭谈》、张岩《战国三部诸子著作中孔子形象的变异》等文章,便分别分析了孔子在《墨子》《庄子》《韩非子》《列子》《吕览》,乃至《孟子》《荀子》中的变异。以孔子弟子为对象的相关研究,则如沈鸿《孔子弟子形象在先秦两汉的演变》,比较颜回、仲由、端木赐三名弟子在《论语》中的人物原型与先秦两汉文献中的重塑;刘玲娣《子贡形象的重塑与司马迁的道德追求》,分析端木赐在《史记》中的形象;另外如于淑娟《〈韩诗外传〉的贫困考验主题及其文学价值——兼论孔门弟子的安贫乐道形象和故事演变》,则是探讨《韩诗外传》中孔子弟子安贫乐道故事"同类角色、同类主题的反复出现";丁千惠《庄子寓言人物再论——孔门弟子》,则借由分析颜回以外的孔子弟子在《庄子》寓言中的形象与其"本色"的不同,以及仲由、端木赐、曾参三个在内、外、难篇中形象的转化,讨论《庄子》设喻的用意。正视这些记述介于虚实之间的逸事性质,并由此本质探讨传述者所要传达的含义,不啻为观察作者、著作思想,甚至当时学术焦点的途径之一。

上述几篇前人研究成果,虽然主题、范围不一,却都或多或少提及于两名弟子——仲由(字子路,本文以下称字)与端木赐(字子贡,本文以下称字),因为观诸先秦西汉文献,子路与子贡是孔子弟子中相关记述数量最多的。而这些记述往往提取两人生平事迹中的几种人物形象或事件情节,形成类型化的故事。本文以下便将讨论子路与子贡在先秦至西汉时期的共同形象以及所衍生的类型化孔门故事,并尝试在思想史脉络下分析这些故事的思想背景、含义及影响。

二、《论语》中的子路与子贡

子路与子贡属于年纪较长的前辈弟子,两人主要的活动时间已在编纂《论语》之前,因此《论语》中关于两人言行事迹的记录大抵也经过取择、传述,未必是亲所闻见或其人全貌。(即便是《论语》的记述也或有争议。例如《论语·季氏》"季氏将伐颛臾"章,记述仲由与冉求与孔子的对话,崔述便认为"虽于义无大害,然其事未必有"。崔述疑《论语》篇章之例尚多,不过其他学者的见解未必相同,由于不在本文讨论范围之内,不一一列举辨析,以下将《论语》通盘视为较可靠的文献资料。)不过《论语》毕竟是目前所知最可靠的孔门言行事迹记录,相较于诸子书的可信度也最高,因此《论语》中的子路与子贡形象应该最贴近真实的子路、子贡,可以作为其他典籍记述的比对基准。

大致上来说,子路与子贡在《论语》中的事迹,主要呈现出两人作为孔子弟子论学、求教的种种,不过其中有两点很可注意:其一,《论语》既记两人作为孔子弟子的一面,也记录了两人个别的才性与各自的思考、言论。虽然《论语》以孔子为重心,所记自然以弟子问学于孔子为主,但是《论语》的记述不仅在师生教学问答之间隐约呈现出弟子个人的才性,也并不缺乏呈现子路、子贡个人特色或见解的记述。略举数例,如《论语·公冶长》两则:

子路有闻,未之能行,唯恐有闻。

颜渊季路侍。子曰:"盍各言尔志?"子路曰:"愿车马衣轻裘与朋友共敝之而无憾。"……子路曰:"愿闻子之志。"子曰:"老者安之,朋友信之,少者怀之。"

《论语·先进》：闵子侍侧，訚訚如也；子路，行行如也；冉有、子贡，侃侃如也。子乐。

《论语·子张》：子贡曰："纣之不善，不如是之甚也。是以君子恶居下流，天下之恶皆归焉。"

其二，不管是以"个人"身份或以"弟子"身份，子路与子贡所展现的面貌并不相同。以个人性情、才能而言，子路长于政事（类似今日所谓内政事务）、果决、好勇、忠信、刚直，而子贡则长言语（类似今日所谓外交陈词）、善说、灵活、敏捷。至于作为"弟子"，虽然两人在《论语》中都展现出求学从道的志向，对内接受孔子教诲，并作为孔门的重要成员，但是如果进一步分析《论语》中的相关记述，便会发现子路与子贡处事的方向仍有不同，子路偏向"行动"，而子贡则偏向"言辞"，可以从两种情况来比较：

1. 与孔子的应对态度。

子路与子贡作为孔子门下的重要弟子，对于孔子的态度自然都是以求教、规从为主。不过子路对孔子的服膺，一般是表现为行动上的"即知即行"，例如《论语·子罕》云：子曰："衣敝缊袍，与衣狐貉者立，而不耻者，其由也与？'不忮不求，何用不臧？'"子路终身诵之。子曰："是道也，何足以臧？"

另一方面，子路个性直率，针对孔子的言行表示疑惑并发诸质问的情况也所在多有，如《论语·阳货》：佛肸召，子欲往。子路曰："昔者由也闻诸夫子曰：'亲于其身为不善者，君子不入也。'佛肸以中牟畔，子之往也，如之何？"子曰："然，有是言也。不曰坚乎，磨而不磷；不曰白乎，涅而不缁。吾岂匏瓜也哉？焉能系而不食？"

《论语·子路》：子路曰："卫君待子而为政，子将奚先？"子曰："必也正名乎！"子路曰："有是哉，子之迂也！奚其正？"子曰："野哉，由也！君子于其所不知，盖阙如也。名不正，则言不顺；言不顺，则事不成；事不成，则礼乐不兴；礼乐不兴，则刑罚不中；刑罚不中，则民无所错手足。故君子名之必可言也，言之必可行也。君子于其言，无所苟而已矣。"

《论语·卫灵公》：在陈绝粮，从者病，莫能兴。子路愠见曰："君子亦有穷乎？"子曰："君子固穷，小人穷斯滥矣。"

在"佛肸召"一则中，子路对比昔日之教，诘问孔子出处进退之际行动是否合宜，至于后两条则是直接对孔子之言提出异议。视子路提问的情况不同,孔子的解释有时比较简单,如"夫召我者,而岂徒哉?如有用我者,吾其为东周乎?"(《论语·阳货》),有时则如"正名""固穷"之论,做出义理较深的解释。

至于子贡,他对孔子的钦服表现在言语的叹美,例如《论语·宪问》云:子曰:"君子道者三,我无能焉:仁者不忧,知者不惑,勇者不惧。"子贡曰:"夫子自道也。"

另一方面,子贡面对孔子的态度比子路委婉而谨慎,他对于老师个人行事的疑问多以"探询"的方式提出,话中取譬设喻,如同平日问学一般,不做针对性的诘问,如《论语·述而》云:冉有曰:"夫子为卫君乎?"子贡曰:"诺;吾将问之。"入,曰:"伯夷、叔齐何人也?"曰:"古之贤人也。"曰:"怨乎?"曰:"求仁而行仁,又何怨?"出,曰:"夫子不为也。"

《论语·子罕》云:子贡曰:"有美玉于斯,韫椟而藏诸?求善贾而沽诸?"子曰:"沽之哉!沽之哉!我待贾者也。"

孔子回应子贡的方式则与面对子路时略有不同,顺应问句中的隐喻,做出简要而寓有言外之意的答复。子路与子贡这几则记述发问的现实背景不同,因此无法完全放在同一基准上进一步比对,但是两人面对老师的态度与方式并不相同,仍然于此可见。

2. 应对外界对孔子的询问。

根据《论语》的记述,子路、子贡数度面对孔门以外的人物对孔子的询问甚至质疑,这一类的事迹在《论语》中只见于子路与子贡,不见于其他弟子。而在这类事迹中,子路比较倾向作为孔子的"代表人",例如《论语·宪问》:子路宿于石门。晨门曰:"奚自?"子路曰:"自孔氏。"曰:"是知其不可而为之者与?"

《论语·微子》二则:

长沮、桀溺耦而耕,孔子过之,使子路问津焉。长沮曰:"夫执舆者为谁?"子路曰:"为孔丘。"曰:"是鲁孔丘与?"曰:"是也。"曰:"是知津矣。"问于桀溺。桀溺曰:"子为谁?"曰:"为仲由。"曰:"是鲁孔丘之徒与?"对曰:"然。"曰:"滔滔者天下皆是也,而谁以易之?且而与其从辟人之士也,岂若从辟世之士哉?"耰而不辍。子路行以告。夫子怃然曰……

子路从而后,遇丈人,以杖荷蓧。子路问曰:"子见夫子乎?"丈人曰:"四体不勤,五谷不分。孰为夫子?"植其杖而芸。子路拱而立。止子路宿……明日,子路行以告。子曰:"隐者也。"使子路反见之。至,则行矣。子路曰:"不仕无义……"

隐者提出的问题,明里暗里都是针对孔子而发,子路一方面代表孔子接受对方诘问,一方面并没有做出辩解,都是转达之后由孔子自行评论与回应。("不仕无义"一段,子路是代为传话,因此仍等于是孔子之言。)至于善于言辞的子贡,则多是作为孔子的"代言人",例如《论语·子张》三则:

卫公孙朝问于子贡曰:"仲尼焉学?"子贡曰:"文武之道,未坠于地,在人。贤者识其大者,不贤者识其小者。莫不有文武之道焉。夫子焉不学?而亦何常师之有?"

叔孙武叔语大夫于朝曰:"子贡贤于仲尼。"子服景伯以告子贡。子贡曰:"譬之宫墙,赐之墙也及肩,窥见室家之好。夫子之墙数仞,不得其门而入,不见宗庙之美,百官之富。得其门者或寡矣。夫子之云,不亦宜乎!"

陈子禽谓子贡曰:"子为恭也,仲尼岂贤于子乎?"子贡曰:"君子一言以为知,一言以为不知,言不可不慎也。夫子之不可及也,犹天之不可阶而升也。夫子之得邦家者,所谓立之斯立,道之斯行,绥之斯来,动之斯和。其生也荣,其死也哀,如之何其可及也?"

《论语·述而》也记载叶公向子路问孔子,不过子路没有问答,反而需要孔子提点他"女奚不曰……",反观子贡面对这类场合时,颇能陈词解说,并且进一步颂扬孔子的成就,这也是两人不同的地方。

《论语》中的记述,可以看到两名具有丰富个人色彩而有同有异的活跃弟子,其中许多面向也成为子路与子贡在孔门故事中的人物形象的基础。不过,异、同之中,多数孔门故事的传述者似乎没有那么重视子路与子贡各自的特色,与《论语》中呈现的多样面貌呈现了对比。

三、子路与子贡弟子形象的混同

与《论语》相较之下,除了史书类《左传》《史记》以外,先秦至西汉诸典籍明显地放大了子路、子贡作为孔子弟子的一面,不仅极少单独着墨于子路或子贡个人的功业、情志,将传述的焦点投注于子路、子贡受教于孔子的事迹(亲承教诲、随侍从游等均属之),而且两人与孔子往来的记述数量远多于其

他弟子,似乎在孔子身边师事问学的学生,主要就是子路与子贡两人。举两段文字为例,如《韩非子·外储说右上》:

季孙相鲁,子路为郈令。鲁以五月起众为长沟,当此之为,子路以其私秩粟为浆饭,要作沟者于五父之衢而餐之。孔子闻之,使子贡往覆其饭,击毁其器,曰:"鲁君有民,子奚为乃餐之?"

《吕氏春秋·察微》:

鲁国之法,鲁人为人臣妾于诸侯,有能赎之者,取其金于府。子贡赎鲁人于诸侯来而让不取其金。孔子曰:"赐失之矣。自今以往,鲁人不赎人矣……"子路拯溺者,其人拜之以牛,子路受之。孔子曰:"鲁人必拯溺者矣。"孔子见之以细,观化远也。

这两则孔门故事正如前所言,事在虚实之间,不过可以看到两处不约而同地都直取子路、子贡作为其中的"弟子"角色。又以《庄子》为例,《庄子》书中曾提及的孔子弟子有颜回、闵损、冉有、仲由、端木赐、颛孙师、曾参、原宪、琴牢、常季共十人,而其中与孔子互动故事最多的是颜回,其次便是子路与子贡(七则与六则),再其下只有冉有(一则);许多文献都如此呈现出这种子路、子贡与孔子关系特别亲密的情况。

从《庄子》称引孔子弟子作为故事人物的情况,也可以窥见一种有趣的现象,就是先秦西汉典籍中,往往将同为前辈弟子的颜回与子路、子贡三人相提并论,将三人视为孔门最具代表性的三名弟子。例如《荀子·子道》以三人之答做对比:

子路入,子曰:"由,知者若何?仁者若何?"子路对曰:"知者使人知己,仁者使人爱己。"子曰:"可谓士矣。"子贡入,子曰:"赐,知者若何?仁者若何?"子贡对曰:"知者知人,仁者爱人。"子曰:"可谓士君子矣。"颜渊入,子曰:"回,知者若何?仁者若何?"颜渊对曰:"知者自知,仁者自爱。"子曰:"可谓明君子矣。"

《淮南子·人间训》则将子路、子贡与颜回作为孔门弟子的代表:

人或问孔子曰:"颜回何如有也?"曰:"仁人也,丘弗如也。""子贡何如人也?"曰:"辩人也,丘弗如也。""子路何如人也?"曰:"勇人也,丘弗如也。"宾曰:"三人皆贤夫子,而为夫子役,何也?"孔子曰……

又如《韩诗外传》卷七第二十五章记述三人从游:

孔子游景山之上,子路、子贡、颜渊从。孔子曰……

颜回是孔子生前最为称誉的学生,虽然诸记述有时也明确点出三人程度差异(如云士、士君子、明君子之类),但是并提、并列之间,子路与子贡"孔子弟子"形象的分量轻重,由此可见一斑。

在子路、子贡鲜明的孔子弟子形象之上,先秦至西汉的种种孔门相关记述经常将子路与子贡相连,而着墨于两人之"同"、略言两人之"异",这种情况见于几条诸子针对孔门的直接论述之中,也见于许多孔门故事之中。

诸子的论述,有《荀子·大略》:"子赣、季路,故鄙人也,被文学,服礼义,为天下列士。"《墨子·非儒下》:"孔某所行,心术所至也。其徒属弟子,皆效孔某。子贡、季路辅孔悝乱乎卫……"

《墨子》此处将子路与子贡并提根本是错误的,卫乱时子贡并不在卫国;至于《荀子》说子贡出身鄙人也颇有疑问,子路出身下地野人应无疑问,但是子贡以经商为业,应该并非以农耕为主的野人/鄙野农民,而更可能属于国人阶层。换言之,这两条论述与其说因为明确的事实根据而同时提到子路、子贡,不如说是把子路与子贡看作"一组"相联系的人物,因此提到其一便及于其二。这种将两人联结、混同的情形,在孔门故事中或许可以看得更明显。例如"穷于陈、蔡"之事,依照《论语》的记载,子路曾经因陈、蔡之厄而向孔子提出质疑,《荀子·宥坐》讲到孔子穷于陈、蔡的故事时,虽然文字思想不同,提问者仍只有子路。但是陈、蔡之厄的故事在《庄子·让王》与《孔子家语·困誓》中,心生不满的弟子又多了子贡,《庄子·让王》甚至直接将子路与子贡连在一起:

孔子穷于陈、蔡之间……颜回择菜,子路子贡相与言曰:"夫子再逐于鲁,削迹于卫……君子之无耻也若此乎?"颜回无以应,入告孔子。孔子推琴喟然而叹曰:"由与赐,细人也。召而来,吾语之。"子路子贡入……孔子削然反琴而弦歌,子路扢然执干而舞。子贡曰:"吾不知天之高也,地之下也。"

《庄子·让王》这一段记述不仅将子贡加入了原本由子路一人担当的角色(可注意颜回的角色与两人是不同的),《论语》中与老师相处风格的差异大为减弱,而两人在故事中的形象也几近相通。前引《吕氏春秋·察微》"赎人、拯溺"的故事也是一例,深思有远见的人物不是子路,而是能见其影响的孔子,因此文中子路与子贡的差异只是一般性质的做法不同而已,并没有见解歧异、程度高下等本质上的不同。与《论语》中的记述相较，诸典籍淡化了两人之间的差异，是很值得注意的发展。

特别扩大子路、子贡作为"孔子弟子"的形象，乃至将两人视为形象相近的人物而相联结，这种情况甚至造成了子路与子贡在孔门故事中人物形象的混淆。以笔者目前所见，几乎相同的故事，在某文献处作子路，另一文献处则作子贡的情况，共有五例之多（除了文中所引"孔子观桓公庙"事以外，还有"苛政猛于虎"事，《礼记·檀弓下》有作子路与作子贡两种版本；"孔子见温伯雪子"事，《庄子·田子方》作子路，《吕氏春秋·精谕》作子贡；"孔子过而不轼"事，《说苑·立节》作子路，《韩诗外传》卷一第十二章作子贡；"孔子临河而叹不济"事，《说苑·权谋》作子路，《史记·孔子世家》作子贡）。今举其中一例，如《荀子·宥坐》云：

孔子观于鲁桓公之庙，有欹器焉……孔子喟然而叹曰："吁！恶有满而不覆者哉！"子路曰："敢问持满有道乎？"孔子曰……

但是《淮南子·道应训》却作：

孔子观桓公之庙，有器焉，谓之宥卮……孔子造然革容曰："善哉，持盈者乎！"子贡在侧曰："请问持盈？"曰："揖而损之。"曰："何谓揖而损之？"……

这种现象虽然也出现在其他弟子的故事中，但是数量很少，也没有这种特定弟子之间彼此互混的情况。而且在这五个故事中，子路或子贡的角色全都是"发问的弟子"。因此这种情况或许并不单纯是偶然的失误，而正说明了在战国以降的诸多传述者心中，子路与子贡作为孔子弟子的形象非常相近，两人不仅被联系在一起，个人的分别也变得模糊不清，因此是子路还是子贡，就很容易有两种不同的说法。而且在联结、混同之中，子路与子贡作为"孔子弟子"的形象其实还有更进一步的发展。

四、子路与子贡共同形象的类型化故事

子路与子贡近似难分的孔子弟子形象，是战国以后传述者发展类型化故事的重要基础。有趣的是，先秦西汉的孔门故事同时撷取了子路、子贡的弟子形象中两种看似相反的特点来发挥。其一，是作为孔门代表、代言人的"拥护者"形象；其二，则是对孔子的言行直接诘问而表达不解之意的"质疑者"。

1. 拥护者。

子路与子贡作为拥护者的弟子形象发展于"面对他人怀疑或批评"的类型化故事中，子路与子贡作为孔子的代表，接受或回复各种外界对孔子的疑惑。这一类型的故事又可分为两种情况，一种是子路或子贡这两名拥护者最后为对方所诎，无法回应而居于下风，丁千惠在《庄子寓言人物再论——孔门弟子》中称之为"遭讥评教正"，如《庄子·天地》：子贡南游于楚……子贡曰："有械于此，一日浸百畦，用力甚寡而见功多，夫子不欲乎？"……为圃者忿然作色而笑曰："吾闻之吾师，有机械者必有机事，有机事者必有机心。机心存于胸中，则纯白不备；纯白不备，则神生不定；神生不定者，道之所不载也。吾非不知，羞而不为也。"子贡瞒然惭，俯而不对。有间，为圃者曰："子奚为者邪？"曰："孔丘之徒也。"为圃者曰："子非夫博学以拟圣，于于以盖众，独弦哀歌以卖名声于天下者乎？汝方将忘汝神气，堕汝形骸，而庶几乎！而身之不能治，而何暇治天下乎！子往矣，无乏吾事！"子贡卑陬失色，顼顼然不自得，行三十里而后愈。

《庄子·渔父》：孔子游乎缁帷之林……弟子读书，孔子弦歌鼓琴，奏曲未半。有渔父者……曲终而招子贡、子路二人俱对。客指孔子曰："彼何为者也？"子路对曰："鲁之君子也。"客问其族。子路对曰："族孔氏。"客曰："孔氏者何治也？"子路未应，子贡对曰："孔氏者，性服忠信，身行仁义，饰礼乐，选人伦，上以忠于世主，下以化于齐民，将以利天下。此孔氏之所治也。"又问曰："有土之君与？"子贡曰："非也。""侯王之佐与？"子贡曰："非也。"客乃笑而还，行言曰："仁则仁矣，恐不免其身；苦心劳形以危其真。呜呼，远哉其分于道也！"

《庄子》这两则故事，前一则只有子贡一人，向为圃者提出了一个具有现实功利效益的"聪明"建议，而为圃者先诎其法、再抑其学，讥刺作为"孔丘之徒"的子贡，是不能治身而用机械（机心）于天下之辈，使得代表儒者的子贡窘迫失态；而后一则有子路、子贡两人，但两人的形象也相似，身在"从学孔子"的弟子之中，而被旁观的渔父招来询问孔门情况，子贡虽然力称孔门之业，却还是被渔父道破儒者非君、非相，将危及身心之真的窘境。

至于另一种情况，则是子路与子贡两名拥护者极力称誉孔子，使对方知道孔子是一般人难以企及的，如《韩诗外传》卷八第十四章：

齐景公谓子贡曰："先生何师？"对曰："鲁仲尼。"曰："仲尼贤乎？"曰："圣人也，岂直贤哉！"景公嘻然而笑曰："其圣何如？"子贡曰："不知也。"……子贡曰："臣终身戴天，不知天之高也。终身践地，不知地之厚也。若臣之事仲尼，譬犹渴操壶杓，就江海而饮之，腹满而去，又安知江海之深乎？"景公曰："先生之誉，得无太甚乎？"子贡曰："臣赐何敢甚言，尚虑不及耳。臣誉仲尼，譬犹两手捧土而附泰山，其无益亦明矣。使臣不誉仲尼，譬犹两手杷泰山，无损亦明矣。"景公曰："善！岂其然？善！岂其然？"诗曰："民民翼翼，不测不克。"

《说苑·善说》有数则：

赵简子问子贡曰："孔子为人何如？"子贡对曰："赐不能识也。"简子不说，曰："夫子事孔子数十年，终业而去之，寡人问子，子曰'不能识'，何也？"子贡曰："赐譬渴者之饮江海，知足而已。孔子犹江海也，赐则奚足以识之？"简子曰："善哉，子贡之言也！"

齐景公谓子贡曰："子谁师？"曰："臣师仲尼？"公曰："仲尼贤乎？"对曰："贤。"公曰："其贤何若？"对曰："不知也。"公曰："子知其贤，而不知其奚若，可乎？"对曰："今谓天高，无少长愚智皆知高。高几何？皆曰不知也。是以知仲尼之贤而不知其奚若。"

赵襄子谓仲尼曰："先生委质以见人主，七十君矣，而无所通。不识世无明君乎？意先生之道固不通乎？"仲尼不对。异日，襄子见子路，曰："尝问先生以道，先生不对。知而不对，则隐也。隐则安得为仁？若信不知，安得为圣？"子路曰："建天下之鸣钟而撞之以梃，岂能发其声乎哉！君问先生，无乃犹以梃撞乎？"

上博简《君子为礼》虽残缺，但是第十一简中的对话，看来也近似此类：

子羽问于子贡曰："仲尼与吾子产孰贤？"子贡曰："夫子治十室之邑亦乐，治万室之邦亦乐，然则（下端残）。"

《说苑》一篇之中即采取了数则，可见这一类型盛赞孔子的故事应该有许多版本，颇为风行流传。子路或子贡在其中面对的是各国公卿，而所言则都是极言孔子为人或为道境界的崇高，并对比自己或对方乃远远不如。虽然故事情节的发展因应传述者论述策略的不同，而形成两种不同的情况，但是子路、子贡都是以追随孔子之重要弟子的"拥护者"形象出现，成为这些孔门故事共同的人物形象基础。

2. 质疑者。

子路与子贡以"质疑者"形象,对孔子提出诘问的故事,虽然成为当时非常盛行的一种孔门故事类型,"陈、蔡之厄"故事的九种版本中有半数结合了子路、子贡"质疑者"的角色在内,其他地方多有所见。陈、蔡故事有四则,分别见于下文。

《墨子·非儒下》:孔某穷于蔡、陈之间,藜羹不糁,十日。子路为享豚,孔某不问肉之所由来而食;号人衣以酤酒,孔某不问酒之所来而饮。哀公迎孔某,席不端弗坐,割不正弗食。子路进,请曰:"何其与陈、蔡反也?"孔某曰:"来!吾语女。曩与女为苟生,今与女为苟义。"

《荀子·宥坐》:孔子南适楚,厄于陈、蔡之间……弟子皆有饥色。子路进问之曰:"由闻之:为善者天报之以福,为不善者天报之以祸。今夫子累德、积义、怀美,行之日久矣,奚居之隐也?"孔子曰:"由不识,吾语女……夫遇不遇者,时也;贤不肖者,材也;君子博学深谋不遇时者多矣……故君子博学、深谋、修身、端行以俟其时。"

《庄子·让王》:孔子穷于陈蔡之间颜色甚惫,而弦歌于室。颜回择菜,子路子贡相与言曰:"夫子再逐于鲁,削迹于卫……弦歌鼓琴,未尝绝音,君子之无耻也若此乎?"颜回无以应,入告孔子。孔子推琴喟然而叹曰:"由与赐,细人也。召而来,吾语之。"子路子贡入。子路曰:"如此者可谓穷矣!"孔子曰:"是何言也!君子通于道之谓通,穷于道之谓穷。今丘抱仁义之道以遭乱世之患,其何穷之为!……"孔子削然反琴而弦歌,子路扢然执干而舞。子贡曰:"吾不知天之高也,地之下也。"

《说苑·杂言》:孔子遭难陈、蔡之境,绝粮。弟子皆有饥色。孔子歌两柱之间,子路入见曰:"夫子之歌礼乎?"孔子不应,曲终而曰:"由,君子好乐为无骄也……"子路不悦,援干而舞,三终而出。乃至七日,孔子修乐不休。子路愠见曰:"夫子之修乐时乎?"孔子不应,乐终而曰:"由……故居不幽则思不远,身不约则智不广……"于是兴,明日免于厄。子贡执辔曰:"二三子从夫子而遇此难也,其不可忘已。"孔子曰:"恶,是何言也?语不云乎:三折肱而成良医……"

其他同类型的故事还有几则。

《礼记·祭义》:仲尼尝,奉荐而进,其亲也悫,其行也趋趋以数。已祭,子赣问曰："子之言祭，济济漆漆然，今子之祭，无济济漆漆，何也？"子曰："……夫言岂一端而已，夫各有所当也。"

《韩诗外传》卷三第二十二章：传曰：鲁有父子讼者，康子欲杀之。孔子曰："未可杀也。夫民不知父子讼之为不义久矣，是则上失其道。上有道，是人亡矣。"……孔子退朝，门人子路难曰："父子讼，道邪？"孔子曰："非也。"子路曰："然则夫子胡为君子而免之也？"孔子曰："不戒责成，虐也。慢令致期，暴也。不教而诛，贼也。君子为政，避此三者……"

《说苑·指武》：孔子为鲁司寇，七日而诛少正卯于东观之下。门人闻之，趋而进，至者不言，其意皆一也。子贡后至，趋而进曰："夫少正卯者，鲁国之闻人矣。夫子始为政，何以先诛之？"孔子曰："赐也，非尔所及也。夫王者之诛有五……所谓诛之者，非谓其昼则攻盗，暮则穿窬也，皆倾覆之徒也。此固君子之所疑，愚者之所惑也……"

《韩诗外传》卷一第十二章：荆伐陈，陈西门坏，因其降民使修之，孔子过而不式。子贡执辔而问曰："礼过三人则下，二人则式。今陈之修门者众矣，夫子不为式，何也？"孔子曰："国亡而弗知，不智也。知而不争，非忠也。争而不死，非勇也。修门者虽众，不能行一于此，吾故弗式也。"诗曰："忧心悄悄，愠于群小。"小人成群，何足礼哉？

帛书《要》：夫子老而好易，居则在席，行则在囊。子赣曰："夫子它日教此弟子曰：'德行无矣，神灵之趋；知谋远矣，卜筮之繁。'赐以此为然矣……夫子何以老而好之乎？"夫子曰："……察其要者，不诡其福……"（子贡：）"……今子不安其用而乐其辞，则是用倚于人也，而可乎？"子曰："校哉，赐！吾告女。易之道……"子赣曰："夫子亦信其筮乎？"……子曰："……易，我后其祝卜矣！我观其德义耳也……"

子路与子贡的问题大致有两个重点，一是质疑孔子的言行是否正确，如子路问父子讼、子贡问诛少正卯、两人问孔子困而不绝乐等；而另一种则是质疑孔子今日之行与往日之教不同，如子贡问礼、问易之类。两人的语气有时比较温和，有时比较尖锐，但是都传达出对孔子言行的不解甚至不满，与前一种类型的故事中明确作为孔子忠诚弟子的形象大异其趣。

即使说子路与子贡拥护或质疑的一面，都有两人真实的身影作为转化衍生的基础，但同时提取出两种看似相反的形象，使两人有时是面对他人质疑的孔门拥护者,有时又是提出诘问的孔门质疑者,仍然是一种颇耐人寻味的情况。而这样的情况,或许只能指向一种可能,就是在当时传述者的心目中,这两种形象以及这两种类型化故事的意义是共通的,并没有冲突。

这种假设是否能够成立？我们可以细究以上几则子路、子贡提出质疑的故事情节。这些故事类型化的征象很明显,子路与子贡不仅拥有类似的人物形象,情节发展也大致相同,都是孔子的某种言行引发事件,子路子贡提出质疑,然后孔子做出解释,而这段解释也正是故事中最重要的宗旨所在。如果把这样的故事发展跟诸如渔父问子路子贡、为圃者训示子贡之类批评儒家人物的故事相比,渔父、为圃者之类故事情节的发展模式大致为：隐者提问、儒者回答或抗辩、隐者发表批评之论；从这套故事模式来看,如果是"真正的"质疑者,他的发言必定包含故事论述的宗旨,掌握"指教"被批评者的发言权。但是在子路与子贡的故事中,两人的诘问根本不是重点,而是用来提引孔子之言,孔子才是掌握发言权的主角。不仅如此,这些故事在对话安排上有一项类型化特征,就是孔子的回答时常先以略带贬抑意味的用语开始,如"非而所及""不识""细人"等等,更明白道出双方"教"与"被教"的关系。也就是说,子路与子贡在故事中看似攻击性地诘问孔子,其实两人仍然是居下受教的一方,是追随孔子的弟子。在"作为孔子追随者"这一层基本面上,两人无论是拥护还是质疑,其实只是两种不同的面向,并没有本质上的差别,而这一点正是传述者并用子路与子贡这两种形象而不觉其悖的原因。

传述者在将子路、子贡当作孔子追随者的基础上,以两人拥护者与质疑者两种弟子形象衍生出类型化的孔门故事,并非毫无意义的安排。而且这些故事并非限于某部典籍或某家学说,而是被时人广泛应用,因此在这两种类型化故事中,可能又蕴含了当时传述者共同的思考。

五、作为"圣人追随者"的子路与子贡

先秦西汉学者对于孔门故事的流传征引,一则是为了增强论证强度,在百家争鸣的时代中"托古立说以坚人之信"；一则是对于"孔子"的回应。孔子不只是儒家宗师,实际上也是王官学转入百家言的重要人物,许倬云讨论轴心时代时,便定位孔子的历史地位云："孔子到底是先秦诸子中最早而最重要的思想家；其他儒家及诸子百家,或推波助澜,或辩异责难,基本上都是围绕

着孔子的思想在辩论。"(《中国古代文化的特质》)无论认同还是反对,孔子确实是诸子在讨论自家思想时难以回避的重要人物,因此诸子对于孔子师生论学处事的故事,也就连带地多所留意。

有趣的是,即使诸子各自有其思想论点,对于孔子或儒家的批评攻击也不在话下,但是整体而言,孔子在孔门故事中的形象却是正面多于负面。孔门故事对于孔子形象的处理大抵有两种情况,一种情况是诋毁孔子的形象,进而攻击孔子之学,《墨子》借陈、蔡故事说明儒者之虚伪即是一例;而另一种情况则是抬高孔子的形象,不过所言却是自己的学说,也就是先秦寓言常用的"寄辞于人",《韩非子·内储说上》孔子请行罚于不救火之人的故事,虽然是赞誉孔子解救鲁国之危,但是这个孔子只是个"形象",传述者真正要传达的很显然是法家思想;而在西汉以前的孔门故事中,属于这种称引孔子之言,甚至赞誉孔子的情况比较多。以个别典籍而论,如《韩非子》以法家思想检视孔子,虽然对孔子的学说多所批驳,但是书中论及的孔门故事对孔子的才德却是肯定多过攻击,有些典籍如《吕氏春秋》,更几近于通篇肯定孔子的形象,鲜少有诋毁的意味。李冬君便认为,虽然先秦时代对于孔子有认同也有批判,但是"批孔是个逐步解构的过程,而尊孔则不断强化"(《孔子圣化与儒者革命》)。战国时代是百家争鸣的高峰,然而学术思想也在交锋间逐渐折冲、混合,尽管诸子的学说理念各有同异,但是他们在用来举证说明的孔门寓言故事中,却不约而同地倾向于抬高孔子的形象。此举虽然为了宣扬传述者各自的学说,但是这种共同行动却推波助澜地加强了孔子形象的圣化发展。可以说孔子的圣化体现在西汉以前的孔门故事中,也可以反过来说,时人对于孔门故事的流传散布,促成了孔子形象的圣化。

在子路与子贡的两种类型化故事中,也可以看到同样的情形。首先,子路、子贡的角色在安排上显然很能够加强故事效果。当传述者意图攻击孔子时,可以利用作为"拥护者"的子路、子贡来代表孔子,借由训斥追随者暗藏挫折宗师的含义,或者也可以利用追随者对孔子发出"质疑",自然会比出自外人之口更具有说服力与讽刺意味。另外,如果要抬高孔子,子路与子贡作为"拥护者"的称扬之言固然可以作为引证,以识见不及的"质疑者"身份来与孔子做对比,更显得孔子口中所说的教育(其实也就是传述者的主张)并非一般人所能思虑得到。这些故事既然有协助说理的功能,那么借由人物来增强故事效果,就不单单是文字上的趣味,而负有增强论证效力的任务。再者,子路与子贡的故事用来抬高孔子地位的情形,明显比用来攻击孔子的例子多得多,也就是说,子路、子贡的两种类型化故事对于孔子形象"圣化"的意义比较大。

这一点有助于我们思考一个问题:为什么会选择子路与子贡。拥护或质疑孔子的弟子形象,未必是子路与子贡的专利,其他弟子也曾经推崇孔子或与孔子意见不同。然而子路与子贡在众多孔子弟子之中,特别兼有两项重要的共通处:一是两人都与孔子关系密切,二是两人都在现实政治中事功彪炳。就师生关系密切而言,子路与子贡很早就从游于孔子门下,并且长期与孔子往来互动。子路与孔子只相差九岁,应该在孔子用仕于鲁之前便已从学,终其一生多数时间都跟随着孔子活动;孔子在鲁国出仕时,子路出仕季氏家宰,与孔子的改革措施相应和,孔子去鲁时,他也相从周游列国,并在孔子停留最久的卫国出仕。根据《论语》的记述,子路受孔子之教辄行、问孔子之誉则喜,可以看出他很重视孔子的教导与批评,而孔子对于子路这位年长的弟子相当信赖与关心,子路死于卫乱时,据说孔子极为哀恸。子贡则大约在孔子到卫国的时候开始从学,他追随孔子周游列国,之后又与孔子前后回到鲁国。据传孔子死后,子贡提议弟子若守父丧,并独自再多守心丧三年,可以想其伤痛之深。孔子对于这位学生也多所叮咛提携,师生关系同样相当亲近,正如李启谦云:"子贡和孔子的密切程度是超出一般的……子贡对孔子崇敬的过程,也是孔子对子贡关怀的过程。他们之间的亲密关系,就是在这种互相尊重和关怀下建立起来的。"(《孔门弟子研究》)又云:"虽然子路对孔子提了很多不同看法,孔子对子路也进行过很多次的批评教育,但是他们之间尊师爱生的关系一直是保持着的……孔子把颜回、子路的死,看成是失去了左右手……由此可以看出他们之间的感情是多么深厚。"(《孔门弟子研究》)这两名曾经从于陈、蔡的弟子,与孔子之间的师生情谊与互动关系之密切,的确非同一般。

除此之外,子路与子贡都在当时的政治舞台上拥有相当受人瞩目的成绩,而且对于鲁、卫两国的内政、外交都发挥了一定的影响力。子路为人果决重诺,善于处理内政事务,因此他任官卓有政绩,在鲁、卫两国都曾经仕官;不仅如此,哀公十四年(前481年)小邾大夫奔鲁,不愿与鲁订定盟约,而宁可相信子路之诺，《左传》云：小邾射以句绎来奔，曰："使季路要我，吾无盟矣。"使子路，子路辞。季康子使冉有谓之曰："千乘之国，不信其盟，而信子之言，子何辱焉？"对曰："鲁有事于小邾，不敢问故，死其城下可也。彼不臣而济其言，是义之也。由弗能。"《荀子·大略》中也记载了一则故事："晋人欲伐卫，畏子路，不敢过蒲。"

可见子路在当时名声之昭著远播，已不限于一国之内。而子贡敏捷善说，以外交辞令见长，他在哀公七年（前 488 年）至十五年（前 480 年）间多次为鲁、卫出使，屡屡以娴雅的行人之言化解鲁、卫的政治危机，使两国免于离乱动荡，如哀公十二年（前 483 年）卫侯被吴人围困，便仰赖子贡之辞而得免：秋，卫侯会吴于郧。公及卫侯、宋皇瑗盟，而卒辞吴盟。吴人藩卫侯之命。子服景伯谓子贡曰："……今吴不行礼于卫，而藩其君舍以难之，子盍见大宰？"乃请束锦以行。语及卫故，大宰嚭曰……。子贡曰："卫君之来，必谋于其众。其众或欲或否，是以缓来。其欲来者，子之党也。其不欲来者，子之仇也。若执卫君，是堕党而崇仇也。无堕子者得其志矣！且合诸侯而执卫君，谁敢不惧？堕党崇仇，而惧诸侯，或者难以霸乎。"大宰嚭说，乃舍卫侯。

子路与子贡的职位大约只是士人，并不特别显赫，但是在宗法政治刚开始产生变动的春秋中晚期，两人以平民身份入仕，而影响力甚至可及于一国政务，这样的成就是相当杰出而受瞩目的。前述叔孙武叔或陈子禽等人认为子贡比孔子更显能，恐怕是当时不少人所抱持的看法。

子路与子贡的特别之处就在于两项兼备。孔子门下并不乏从游多年、与孔子关系密切的学生，最好的例子便是与孔子情同父子的颜回，而且颜回也曾经对孔子倍加推崇，他作为拥护者的形象基础亦毋庸置疑，但是颜回没有仕官，年寿也不长，他留在世人心目中的印象以孔子对他的诸多称誉为主，实际上并没有很显达的名声。另外，子路、子贡以外，也并非没有在政治上取得较高成就的弟子，例如冉求作为季氏亲信的家臣，参与季氏许多重要决策，政治影响力甚至可以说比子路、子贡还高，但是他在政治领域中的种种做法，与孔子的主张有很明显的歧异，征田赋一事甚至是违抗孔子的意见。从目前已知的资料来看，孔子门下没有其他弟子像子路或子贡一样，既终身追随孔子，与孔子的关系密切，同时又事功显达而名闻四方。

这或许是子路与子贡在孔门故事中特别受到传述者"青睐"的关键因素，

因为两人的形象可以使抬高孔子地位的论证效果大为增强。与孔子关系密切，使两人作为"忠诚追随者"的形象基础非常稳固；因此，作为代孔子受质疑的"拥护者"，子路与子贡具有毋庸置疑的代表性，而即使对孔子发出诘问，也无损于两人作为受教弟子的身份，才能确使孔子以"师尊"的地位发言。至于事功彪炳、名声昭著，最直接的好处就是比较容易取信于人，这本来就是寓言故事托言的目的，不过除此之外可能还有值得注意的一点。孔子一直无法顺利施展政治抱负，为坚持行道的理想而周游列国十余年，始终仕途困蹇，最后退居终老于鲁，两名弟子杰出的事功，正好与孔子的境遇形成了对照。子路与子贡在孔门故事中的弟子形象，正挑战了世俗功利观点下的认知（比孔子更贤能），因为子路、子贡即使事功杰出，却仍然尊奉孔子为不可望其项背的圣贤，或者对事物的见解仍然比不上孔子的思虑精微、无法了解孔子的用意，两相对比之间，自然就增强了故事的张力。

更进一步说，子路、子贡的"政治成就"与孔子"道德成就"的对比，在先秦至西汉的孔子圣化过程中应该具有一定的作用。与现实政治权力之间的互动是先秦以来各家学者不得不面对的问题，而"道"与"政"之间也向来存在着紧张关系。即使学者将尧、舜等古圣王拟为"有德有位"的典范，现实世界中仍然是"有德者未必有位"。如何将"政统"与"道统"结合而能不沦丧道的地位，汉代学者所提出的解决方法是尊孔子为"素王"。李冬君讨论孔子的圣化过程时，认为陆贾选择"以圣为王"的路径尊奉孔子，"孔子虽非现实之王，却是理念之王……为现实之王建立了范式和标准——王道。所有现实之王都是相对的……惟有理念之王是绝对的"（《孔子圣化与儒者革命》）。此说经由董仲舒、刘安等人继续发展，建立了汉代以孔子为神圣素王、为汉立制的论点，而从先秦以来的孔子圣化过程，于此亦到达一座阶段性的高峰。

子路与子贡在孔子形象的圣化过程中，不只是扮演陪衬的角色而已。从子路与子贡的两类故事看来，子路与子贡在政治领域事功显达，但同时又在学术思想领域追随代表"道"的孔子，这样的特质使得他们有资格处于世俗与孔子之间，作为两方的中介，一方面代表孔子面对世俗，回答国君大夫对孔子的疑问，告诉他们孔子不是凡人所能企及的；另一方面又代表世俗面对孔子，向孔子提出一般人会有的质疑，并引出孔子精深的回答。子路与子贡这种中介的角色伴随着一种作用，就是将孔子与世俗区隔开来，稍晚于董仲舒的刘向所编的《说苑》中,对此便有很清楚的展现。《说苑》中有两则很值得注意的故事,一则是《善说》赵襄子问子路,一则是《指武》孔子诛少正卯(参前文所引)。在《善说》中,赵襄子本来是直接质疑孔子,但是孔子完全不回答他,因此襄子又问子路为何孔子不回答,襄子的问题中出现了一个其他向子路、子贡提问者没有用过的关键字"圣":"隐则安得为仁?若信不知,安得为圣?"而子路的回答也很特别,他没有像其他同类型故事直接回答孔子如何崇高、伟大,而是回答赵襄子:"你向孔子提问,犹如以草撞钟,怎么可能会有回声?"等于是将赵襄子看作孔子不值得给予回答的俗人。至于孔子诛少正卯的故事其实在《荀子·宥坐》已见,但是《荀子》中发问者是"门人",而《说苑·指武》中的记述却增加了一段很有意思的情节:门人群聚并有质疑之意,却都没有发言,而由较晚到的子贡一人上前提问。这一段情节可以说源自子贡在传述者心中的质疑者形象增强,也可以说与"赵襄子问"的故事一样,暗示一般人(俗)是没有办法轻易向孔子(圣)发问的。这两则记述无论是作为汉儒"素王"思想的前导还是产物(以《说苑》的成书情况,很难断定这两则故事中的特殊情节是否出于汉儒之手。《说苑》事刘向校雠中秘书时所见零散资料的整理,其中有战国诸子的材料,也有来自民间的材料,要之应为古代资料的收集。但是另一方面,刘向并非只是单纯辑录,而是就其义理加以取择编纂,因此其中可能也有刘向的增删。本文暂不做断定,以待后考),其作用都是以"故事"的方式加强了孔子的"圣人"形象。

总而言之,作为"圣人追随者"的子路与子贡拥护或质疑的类型化故事,在先秦以至西汉孔子圣化的过程中,无疑是相当重要的一股助力。反过来说,抬高孔子的地位,正是子路与子贡在孔门故事中的"弟子"形象被放大、混同、衍生,终至形成两人"既拥护又质疑的圣人追随者"的共同形象的原因以及意义。

六、结论

本文将先秦至西汉文献中偏向逸事性质的孔子与孔子弟子事迹,看作传述者用以引证自身思想的孔门故事,并探讨子路、子贡两名弟子在这些孔门故事中的共同形象,以及所衍生出来的两种类型化故事,最后置诸思想史脉络,尝试分析子路、子贡共同形象类型化故事的背景、影响与意义。

孔门故事大多出现在诸子书中作为论述的事证,由于经过辗转流传,这些故事往往呈现出民间口传文学的"类型化"特征,根据某种固定的人物形象或情节发展出固定模式的故事,另一方面,又在类型化的故事模式上"变异"其中的说理内容,以配合传述者论说的需要。

子路与子贡既与孔子关系密切,又拥有杰出的事功。子路长于政务,诚信而勇于任事;子贡长于外交,思虑敏捷而善言,两人身为重要的孔门成员弟子,个人成就也相当杰出。因此之故,两人不仅成为当时受人瞩目的人物,也特别受到诸家学者的重视,相关故事是孔子弟子中数量最多的。

不过,从子路、子贡在孔门故事中的形象,可以看到很有趣的发展。首先,传述者并不把两人的个别差异当作重点,而是特别强调两人作为"孔子弟子"的共相,甚至出现将子路、子贡相联结甚至混淆的情况。再者,子路与子贡孔门故事中有两种面向的形象:拥护者与质疑者。前者衍生为"代表孔子接受他人疑问"的类型故事,而后者则衍生为"向孔子提出质疑"的类型故事。传述者借由身为"孔子重要弟子"的子路、子贡的拥护或质疑,加强故事中贬抑孔子或者抬高孔子的效果,进而达到攻击儒家或者宣扬自家学说的目的。

从这两类型的种种故事看来,子路、子贡被用来抬高孔子形象的情形比较多。一来子路、子贡与孔子的密切关系毋庸置疑,作为"孔子弟子"的形象稳固,因此无论是拥护面或质疑面,都能确实建立孔子在故事中作为师尊的崇高地位。二来子路与子贡事功显达,是一般人心目中的"成功人士",因此由两人作为推崇、受学的弟子,更显出孔子思虑精深的形象。不仅如此,作为在世俗中事功显达而又在逆境中追随圣贤的弟子,子路、子贡代表孔子回应以及向孔子提问的故事,也隐含了作为中介、区隔圣与俗的意味。

在诸子抬高孔子形象以宣扬自己学说的过程中,孔子的地位逐渐上升,并随着汉儒所提出的"素王"之说而臻于圣化。子路与子贡作为"圣人追随者"向孔子提出质疑或拥护孔子的故事,在先秦以至西汉的孔子圣化过程中,无疑发挥了一定的助力。因此,作为既拥护又质疑的圣人追随者,子路与子贡在孔门故事中的共同形象,实具有学术发展史中的重要意义。

(作者吴晓昀原系台湾"国立"政治大学中国文学系研究所硕士生)

古籍中的子路形象及其文化意蕴

何仟年

在我国古籍中,文史哲内容常杂糅一体,不少史学、哲学著作同时也具有很高的文学价值,反映了客观的物质生活,表现了作者的主观情感,打上了作者观念的烙印。从它们的传播和被接受又可看出社会群体对这些作品表达出的思想观念和价值取向的认同。在此意义上,任何民族的文化产品,不管来自现实还是虚构,都是这个民族独特的文化心理的产物,反映了本民族的精神世界和深层文化心理。本文对历史人物子路形象的探讨就是由这个前提出发的。

关于子路的记载始于《论语》,此外《礼记》《说苑》《韩诗外传》《孔子家语》等也多有提及。其中以《论语》《说苑》所载最为重要全面,故本文所引材料便以此二书为主,并适当兼及其他典籍。

孔子弟子三千,贤者就有七十二人,但在《论语》一书中出现次数最多的则是子路。据杨柏峻《论语译注》统计,子路(含季路、由)共出现 82 次,远远多于其他弟子出现的次数。不仅《论语》如此,在其他涉及孔子及其弟子的典籍如《说苑》《孔子家语》中,记述子路的篇幅也大大超过记述颜回、曾子等其他著名弟子的篇幅。子路并非孔子最得意的弟子,只是德行、言语、政事、文学四门中"政事"一门的较优者。孔子最得意的弟子是颜渊。《论语》里,孔子多次称赞颜渊,肯定他是自己最好的学生,并对他的早死表现出极度的悲痛。《论语·雍也》记孔子说:"回也,其心三月不违仁,其余则日月至焉而已矣。""仁"是孔子追求的最高道德境界,在孔子看来,以"仁"作为标准来衡量,包括子路在内的其他弟子都不如颜渊,与此类似的话还见于《先进》等篇。

颜渊为孔门翘楚,其地位之高,非子路可及。后人甚至把颜渊与孔子并称。《清净法行经》谓佛祖三弟子到震旦(中国)教化,儒意菩萨即孔子,光净菩萨即颜渊,摩诃迦叶即老子。后儒称颜渊为"复圣",而称曾参为"宗圣",子思为"述圣",子路则不入"圣"流。值得注意的是,《论语》中反而有不少孔子责备他的话,如《先进》篇指称"由也喭",谓"若由也,不得其死然";《子路》篇则批评道:"野哉,由也!"《论语》中特别记载孔子弟子个人言论者不少,但其中不见子路,可见子路的言论不受重视。

子路还经常批评孔子。在当时的人们看来，孔子是完人，对他的批评如果不是错误的，至少也是性格急躁不成熟的表现。

由此可见，子路并非符合文化理想的人物，但对他的记载却特别丰富。我们在读《论语》《说苑》《孔子家语》等书时，往往对他留下深刻印象，并有一种亲切之感。这样的情况，从战国初年成书的《论语》，一直延续到魏王肃的《孔子家语》，始终如一。

这是一个饶有兴味的矛盾，一个并不完美的人物却获得了比那些相对完美的人物更多的记载、描述甚至塑造。人们给他更多的关注有什么理由呢？笔者认为，应该从子路形象与传统文化心理的契合中寻求答案。

子路的形象有什么特点？据《论语》《说苑》《孔子家语》等书所写，可以概括为以下几点：

第一，直率粗鲁。子路常对孔子的言行当面表示不满，提出疑问甚至批评，这样的记载不胜枚举。有名的如《论语·雍也》记："子见南子，子路不悦。"弄得孔子下不了台，情急中只好发誓。又如《论语·阳货》记："公山弗扰以费畔，召，子欲往。子路不说。"不仅如此，子路甚至当众批评孔子"迂"，并曾对孔子勃然大怒。

子路的直率粗鲁还表现在他的言行不假修饰，往往显得幼稚、冲动、鲁莽。《论语·公冶长》道："子路有闻，未之能行，唯恐有闻。"问题在于不能行，他却用不愿听来躲避良心的责备，简直是掩耳盗铃了。《说苑·臣术》活画出子路的幼稚冲动：子路为蒲令，备水灾，与民春修沟渎，为人烦苦，故予人一箪食、一壶浆。孔子闻之，使子贡止之。子路忿然不悦，往见夫子曰："由也以暴雨将至，恐有水灾，故与人修沟渎以备之，而民多匮于食，故人予一箪食、一壶浆。而夫子使赐止之，何也？夫子止由之行仁也。夫子以仁教，而禁其行仁也，由也不受。"

子路施行仁政，是他仁爱和尊师的表现，但他不能领会政治的复杂性，因而显得幼稚。他受了委屈便马上向老师振振有词地申诉，正是他直率的表现。

第二，尚武好勇。子路性格刚直，勇敢好斗，喜言军事。《论语》记他向孔子问学，常常涉及此类问题。如《述而》记其问："子行三军，则谁与？"《阳货》记其问："君子尚勇乎？"《中庸》里也有"子路问强"的记载。他还身体力行，古籍中关于子路戎服持剑且英勇好斗的记载颇不少。

尚武好勇显然已融入子路的人生理想。《说苑·指武》有如下记载：子路曰："愿得白羽若月，赤羽若日；钟鼓之音，上闻于天；旌旗翩翩，下蟠于地。由且举兵而击之，必也攘地千里，独由能耳，使夫二子者为我从焉。"孔子曰："勇哉，士乎！愤愤者乎！"

在孔子心目中，子路乃是勇士的化身，尚武好勇是他突出的特点，也是他的过人之处，所以当孔子向人提及子路时特别强调"由之勇贤于某"。

第三，忠善赤诚。无论对老师孔子，还是对父母、亲人、朋友，子路都是满腔赤诚、忠心耿耿。老师重病，他奔走效劳："子疾病，子路请祷。"（《论语·述而》）"子疾病，子路使门人为臣。"（《论语·子罕》）

所以孔子曾深情地说："道不行，乘桴浮于海。从我者，其由与？"（《论语·公冶长》）

对父母，他以赤子心怀恭奉孝顺。他说："昔者，由事二亲之时，常食藜藿之实，而为亲负米百里之外。亲没之后，南游于楚，从车百乘，积粟万钟，累茵而坐，列鼎而食。愿食藜藿为亲负米之时，不可复得也。"（《说苑·建本》）又说："伤哉贫也！生而无以供养，死则无以为礼也。"（《孔子家语·曲礼子贡问》）

对亲人、朋友他也有一颗赤诚之心：子路有姊之丧，可以除之矣，而弗除。孔子曰："何不除也？"子路曰："吾寡兄弟而弗忍也。"（《孔子家语·曲礼子贡问》）子路曰："愿车马衣轻裘与朋友共敝之而无憾。"（《论语·公冶长》）

由上可见，子路的形象是相当丰富、完整并且是前后一致的。先秦至魏晋时期是中国传统文化孕育和逐渐定型的时期，孔子是那个时期文化领域内的核心人物。我们在阅读孔子事迹时，总能隐约地感到在他的身边有个子路存在，从文化的角度看，这意味着孔子与子路之间存在着某种对应关系。

孔子是中国历史上的圣人，因其拥有至善之德而被奉为至善的化身。圣人是"人伦之圣"，他提出的准则是后世奉行的不变的准则，他的人格是后世人们努力追求的最高典范，成为中华民族精神上的"超我"。反映在典籍里，他的形象总是崇高、温和、谦恭、乐天知命，他言谈的特点是简练、深邃、高雅、雍容和顺，一切都同他的主张和谐一致。子路则作为孔子的对立面存在，他不同于颜渊、曾参等人，不是一个"具体而微"的小圣人。孔子镇静，他急躁；

孔子主张以仁服人,他崇尚武力;孔子认为玉帛钟鼓只是为表达礼乐的精神,他却偏爱"盛服""衣轻裘乘肥马"。这么多的不同,难怪孔子要尖锐地批评他:"野哉,由也!"(《论语·子路》)何谓"野"?"邑外谓之郊,郊外谓之牧,牧外谓之野。"(《尔雅·释地》)城市是文化的集中地,远离城市意味着保持自然的面貌,不受文明的影响,引申出来就是指朴野、粗鲁。孔子又说:"质胜文则野。"(《论语·雍也》)质是先天的本质,文是后天的习得,徒具本质而后天学习不够就是野,此语明白地指出了子路的性格特点。

《大戴礼记·卫将军文子》记子贡在卫将军文子面前评论颜渊、冉求、子路、曾参。对于子路,他如此评说:"不畏强御,不侮矜寡,其言曰性,都其富哉,任其戎,是仲由之行也。夫子未知以文也。《诗》云:'受小共大共,为下国恂蒙。何天之宠,傅奏其勇。'夫强乎武哉,文不胜其质。"后来子贡以此告诉孔子,孔子既闻之,笑曰:"赐!汝伟为知人,赐!"可见孔子对于子贡的评说断为"知人"之论,他俩对子路的认识和评价是心心相印的。

本性为"野"的子路还颇为任性,据《说苑·建本》记:

子路问于孔子曰:"请释古之学而行由之意,可乎?"孔子曰:"不可……"

这里,子路向孔子提出请求,希望保持自己本来的面貌,要"循性"而为,被孔子坚决否定了。同篇又记:

孔子谓子路曰:"汝何好?"子路曰:"好长剑。"孔子曰:"非此之问也。谓以汝之所能,加之以学,岂可及哉?"子路曰:"学亦有益乎?"孔子曰:"夫人君无谏臣则失政……君子不可以不学。"子路曰:"南山有竹,弗揉自直,斩而射之,通于犀革,又何学为乎?"孔子曰:"括而羽之,镞而砥砺之,其入不益深乎?"子路拜曰:"敬受教哉!"

这一段颇似小说家言的记述无疑反映了儒家一个重要观点,同《荀子·劝学》里的看法如出一辙,即认为一个人需要后天的教化,而不能停留在浑朴的阶段上。这也说明子路还没有很好地受到社会文化的熏陶。

古籍中子路形象"野"而"质"的特点,蕴含着丰富的文化学意义。

对人的本质如何理解,是不同文化各具特色的关键所在。人本来是怎样的?人应该成为怎样的?这是两个紧密相关的问题。对此不同的回答形成了不同的文化理想和文化特质。孔子从客观存在进入到文化领域就成了文化符号,承载了儒家文化对理想人格的理解,成为民族的"超我";同时,儒家也需要另一个符号来表达它对人的本来面貌即"本我"的理解。顺应这一需要，子路的形象便在古籍里应运而生。因此，我们在古籍里总能看到一个血肉丰满的子路形象隐约与孔子相对：莽撞、好斗、不太爱学习，却又心地善良、率真。与其说这是由于子路其人本性如此，不如说是因为从民族心理看来，人的本来面貌应该如此。子路虽然有许多缺点，并不像颜回等人那样优秀，但由于他身上所承担的文化使命而获得了比孔门其他弟子更为显著的关注。

孔子与子路是儒家文化的两个符号。虽然道家的《庄子》对孔子的理解有所不同，但中国传统文化向来以儒家为正统，儒家文化精神如对理想人格的理解、对"本我"的理解已深深积淀到整个民族的文化心理结构中，所以孔子与子路对应的文化意义启发了后世作家的创作，使得文学史上出现了一对对互相映衬的闪光形象。突出者如《水浒》里的宋江与李逵、《说岳全传》里的岳飞与牛皋、《隋唐演义》里的秦琼与程咬金等。前一位人物是作者极力肯定的正面形象，与之对应的另一位则不免有贪吃、懒惰、鲁莽、急躁之类毛病。尤其值得注意的是，他们都不识字，其隐喻的意义十分明显：文化的传承同文学有密不可分的联系，不识字即意味着难以受到文明的熏陶而更多地保持了朴野的本质。他们又具有许多优点，如对英雄主人公怀有发自内心的信任和忠爱以及天生的勇猛。其形象往往被作者浓墨重彩加以描绘。他们也许比主人公稍显次要，本领并非最高强，甚至较差，但比其他兄弟肯定重要得多。他们总是和英雄主人公交相辉映，共同赢得人们的喜爱，其中自然包括作者，因为作者常赋予意外的成功给他们，称他们为"福将"。这些人物都是传统文化对"本我"的理解的外化形式，不同点在于子路是历史人物形象，而牛皋们则是小说人物形象，然而在精神实质上，他们是共通的；甚至在对他们的描写上，也有类似之处。且看《史记·仲尼弟子列传》写子路登场："仲由字子路，卞人也。少孔子九岁。子路性鄙，好勇力，志伉直，冠雄鸡，佩猳豚，陵暴孔子。孔子设礼稍诱子路，子路后儒服委质，因门人请为弟子。"

这样的场面颇具戏剧性，它的象征意义也很显然。"鄙，野也"，二字意思等同，"好勇力，志伉直"等是"性鄙"的具体表现。子路桀骜不驯，对作为道德理想化身的孔子实施人身攻击，但孔子轻轻使出他的看家本领"礼"，子路便被驯服，穿上儒服接受了儒家文化的教育。这个故事实质上是文化降服野蛮的故事，是理想人格"超我"降服"本我"的故事。

无独有偶,钱彩《说岳全传》写牛皋的出场也与此类似。该书第六回"乱草冈牛皋剪径",牛皋打劫到岳飞的头上,但最终这个傻傻的莽汉被收服,成为智勇双全的岳飞的兄弟。

通过以上的分析可见,古籍中子路形象具有的特殊的丰富性、生动性和一致性是由这个形象所承载的文化意义决定的。子路与孔子形象的对应反映了传统文化对人的现实性与理想性的不同理解。如果深究这一问题,由子路形象反映了传统文化对人本来面貌的理解,追问这一形象所具特点的意蕴,应是饶有兴味的。如子路们都很勇敢,是否说明按传统文化的理解,凡未经社会文化熏陶的人都是勇敢的?(我国古代戏曲小说里的书生大都弱不禁风,而莎翁笔下的绅士都很勇敢。)为什么子路们都有犯法行为?是否传统文化认为法律同人的本性相背离?为什么子路们深受人们喜爱?是否说明传统文化精神具有两面性,一方面渴望超凡入圣,另一方面又向往返璞归真?这些问题值得我们深思。

(摘自仲伟帅主编《仲子历史文化研究》,原载《涪陵师专学报(社会科学版)》1999年第1期,有改动)

《论语》中子路、曾皙的形象和价值取向

韩 岚

细读《论语》，能深切感受到孔夫子和他的弟子们灿烂的生命形态。这种生命形态以个性化的形象表现出来，而内质是一种关于政治社会与人生的价值取向。其中子路和曾皙是两个突出的典型，从他们的言行之中，可以认识到孔门师生的博雅多姿，以及孔子儒家思想的丰富性和包容性。

一

人们向来认为子路性格爽直，敢于直言，鲁莽有勇。孔子在《论语》中就屡屡说到"由也好勇过我"（《公冶长》），"由也兼人"（《先进》），"野哉，由也！"（《子路》）。后人也强调这一点，例如司马迁《史记·仲尼弟子列传》说："子路性鄙，好勇力，志伉直，冠雄鸡，佩猳豚，陵暴孔子。"谭家健说："子路直率、淳朴，有时近乎鲁莽，有意见毫不隐晦，多次顶撞孔子。"（《先秦散文艺术新探》）袁行霈主编的《中国文学史》也说"耿直鲁莽的子路"。这种认识抓住了子路一个方面的个性特点，但是不够全面。其实，子路的爽直、鲁莽只是相对而言，他本质上依然讲"礼"，"勇"和"直"都是据"礼"而行，整体言行上不失儒雅。例如《论语·微子》记："长沮、桀溺耦而耕，孔子过之，使子路问津焉。长沮曰：'夫执舆者为谁？'子路曰：'为孔丘。'曰：'是鲁孔丘与？'曰：'是也。'曰：'是知津矣。'问于桀溺。桀溺曰：'子为谁？'曰：'为仲由。'曰：'是鲁孔丘之徒与？'对曰：'然。'曰：'滔滔者天下皆是也，而谁以易之？且而与其从辟人之士也，岂若从辟世之士哉？'耰而不辍。子路行以告。""子路从而后，遇丈人，以杖荷蓧。子路问曰：'子见夫子乎？'丈人曰：'四体不勤，五谷不分。孰为夫子？'植其杖而芸。子路拱而立。"面对批评嘲讽他的人，子路都恭敬有礼。朱熹《论语集注》："知其隐者，敬之也。"在《荀子》《孔子家语》等典籍中，也屡屡可见子路向孔子请教"礼"和言行拘束于"礼"的记录，甚至还有孔子在宋国受匡人围困时，"子路弹琴而歌，孔子和之"（《孔子家语·困誓》）的描述。子路治理蒲地三年后，孔子也"三称其善"（《孔子家语·辩政》）。显然，这些都不是耿直鲁莽所能概括的。

不少学者读《论语·先进》"子路、曾皙、冉有、公西华侍坐"章，解释"子路

率尔而对"的"率尔"为急遽、轻率的样子,其实是误解。我们先看其文:"子曰:'以吾一日长乎尔,毋吾以也。居则曰:"不吾知也!"如或知尔,则何以哉?'"这是孔子的谆谆诱导。正如皇侃《论语义疏》注云:"孔子将欲令四子言志,故先说此言以劝引之也。"朱熹《论语集注》也说:"盖诱之尽言以观其志。"显然,在孔子的反复启发下,子路才站起来回答。在座弟子中,冉有"少孔子二十九岁",公西华"少孔子四十二岁",曾晳的儿子曾参"少孔子四十六岁",曾晳也应该少孔子二十岁左右,子路则只"少孔子九岁",最为年长,在这种场合理应第一个回答。如程树德《论语集释》按言:"子路年长,固当先对。"所以,这里"率尔"的"率"不宜解释为轻遽的意思,何晏《论语集解》、刘宝楠《论语正义》等"先三人对"的注释比较合理。我们对子路性格的把握要有一个度,应该在孔门儒雅有礼的基调下再认识其"有勇"的个性特点。

　　性格特点总是影响了价值取向,子路"有勇"的性格使他具有驰骋疆场的军事抱负,而他的执着追求(有时不免偏执)却有异于孔子儒家的教义。孔子继承周公的礼乐制度,企图"吾其为东周乎"(《论语·阳货》),并且从"仁"的本质来阐释"礼"的合理性和必然性,即强调个性的修养和社会的教化,强调道德自觉和伦理建设,更多地表现为一种和风细雨式的温和风格。但是,子路的性格使他对于孔子的这种政治认识并不认同。子路把"有勇"的精神气概放在治理国家首要的、基本的地位,追求简明有效的手段,希望通过军事活动来实现政治理想:"千乘之国,摄乎大国之间,加之以师旅,因之以饥馑;由也为之,比及三年,可使有勇,且知方也。"(《论语·先进》)因此,当他在另一场合听到孔子说政治的首要问题是"正名"这种礼的形式时,就大不以为然地说:"有是哉,子之迂也!"(《论语·子路》)他还向孔子提出"子行三军,则谁与"(《论语·述而》)这样的问题。

　　进而探究子路的价值取向,发现他有法家的某些思想因子,可谓是儒家向法家过渡的早期人物,是儒家中的左派。从学术发展史看,法家是从儒家曲折蜕变过来的。萧公权曾说过:"当时政治之趋势,系由贵族政治趋向君主专制政治,由人治礼治趋于法治。故法家学说乃应此而产生。"(《中国政治思想史》)许多法家成员在早期曾接受过儒家的教育,如吴起"尝学于曾子"(《史记·孙子吴起列传》),商鞅初见秦孝公时有"比德于殷周"(《史记·商君列传》)的理想,李斯师事过荀子。他们有同儒家一样的价值理想,强公室而抑私利,追求国家整体利益。他们觉得儒家传统的手段过于理想化,不能达到实际的目的,因此更加考虑现实的可行性,急功近利,把原木用在军队里的刑法措施改造推广为国家法规,通过战争的手段加强国力。因此法家都重视战争实践,像吴起本身还是著名的军事家。法家这些思想和实践的特征,从子路"好勇过我"(《论语·公冶长》)、有违"为国以礼"(《论语·先进》)传统的言行中已经可以看到一二。

二

曾皙的形象则另具特色,在《论语·先进》的"子路、曾皙、冉有、公西华侍坐"章中有生动的表现。这段脍炙千古的文字描写道:"'点!尔何如?'鼓瑟希,铿尔,舍瑟而作,对曰:'异乎三子者之撰。'子曰:'何伤乎?亦各言其志也。'曰:'莫春者,春服既成,冠者五六人,童子六七人,浴乎沂,风乎舞雩,咏而归。'夫子喟然叹曰:'吾与点也!'"前有情景作为铺底,后又有孔子的感慨作为烘托,曾皙恬淡洒脱,一派清华。何焯《义门读书记》就评点道"心胸洒落","一往放旷为乐也"。当然,他在洒脱中依然谦逊有礼。其中有两个词特别需要重视。其一是"异乎三子者之撰"的"撰"。一种观点释为"述",全句意思说"我的志向和他们三位所讲的不一样"(朱东润主编《中国历代文学作品选》上编第一册)。另一种观点认为通"僎",刘宝楠《论语正义》记:"撰,郑本作僎。云僎读曰诠,诠之言善也。案《广韵》曰:'诠,善言也。'""案:郑以点为谦言。"陈鳣《论语古训》记:"臧在东曰:'异乎三子者之僎,言不能如三子之善。'"相比较,后一种解释更能表现曾皙的形象特点。其二是最后一段话:"曰:'夫子何哂由也?'曰:'为国以礼,其言不让,是故哂之。''唯求则非邦也与?''安见方六七十如五六十而非邦也者?''唯赤则非邦也与?''宗庙会同,非诸侯而何?赤也为之小,孰能为之大?'"例如理解为"曾皙问而夫子答也"(朱熹《论语集注》),"唯"应释为应诺副词。《汉语大字典》释作"应答声。用于对尊长,表恭敬"。《礼记·曲礼上》:"父召无诺,先生召无诺,唯而起。"郑玄注:"应辞'唯'恭于'诺'。"这样更能表达曾皙对先生的恭敬神态。

曾皙的价值取向则显然与道家相近,假如说子路是儒家中的左派,那么他应该称为儒家中的右派了。《朱子语类》(卷四十)就说过:"曾点意思,与庄周相似,只不至如此跌荡。""他大纲如庄子。"我们读《庄子·逍遥游》的"列子御风而行,泠然善也",读《世说新语》的"栖逸"等章,分明可直观到其相互间的精神联系。从思想逻辑看,庄子道家也是从孔子儒家转折过来的,两者都重视人的生命和意义。孔子从礼乐制度中揭示出"仁"的精神,即解释了礼关系所包含的人的社会情感需要的内核,重视社会关系的"人"。庄子目睹了礼崩乐坏的现状,认识到外在要求的"礼"和内在需要的"仁"只有在理想世界中才能够统一,从而拓展出张扬个性、追求精神自由的要义。《天下》篇是庄子后学所著的先秦学术史,它把孔子儒家放在"古之所谓道术"阶段,把庄子放在"多得一察"的"方术"阶段,已经明示了这种承传发展的关系。历代学者虽然对于其中具体的传承路线没有统一的认识,但对于庄子道家与孔子儒家有思想联系这一点也多有阐述,例如郭象《庄子注》:"阳訾孔而阴尊。"苏轼《庄子祠记》:"庄子盖助孔子者。"章学诚《文史通义》说:"荀庄皆出子夏门人。"章太炎《国学概论》则说:"孔子传颜回,再传至庄子。"由此看,孔子儒家中有曾皙那样向往个人精神自由的思想倾向实不足为怪。

有许多学者不同意《朱子语类》对曾皙价值取向的评点,认为他本旨是描述儒家的理想社会。例如《解〈论语〉笔》李翱说:"盖美其乐王道也。"李树增说:"曾皙向往的悠闲自得的生活,正是孔子所追求的太平社会的缩影,是儒家治国平天下目标的形象化表述。"(乔力主编《先秦诸子散文——诗化的哲理》)这样的解读从文理上讲似乎不通。孔子提问:"如或知尔,则何以哉?"(《论语·先进》)意为:假如有人了解你们,打算请你们出去,那么你们准备怎么做?子路、冉有、公西华都是按这样的如何政治实践问题作答。曾皙虽然说了"异乎三子者之撰",但回答的也应该是自己准备怎么做。他假如只描述礼乐社会的理想境界,显然答非所问。

后来一些人对于子路、曾皙的价值取向的忽略和曲解,实质上是没有认识到孔子儒家思想的丰富性和包容性,把孔子儒家等同于宋明儒家。"儒"在孔子之前不是一个学派的名称,而是指以襄礼为职业的传承礼乐文化的士人;后代才把承传发展周礼的学派称为儒家。其中孔子起了关键性的作用,他使"儒"成为自觉地承担社会历史使命的思想学派,孟子和荀子又向伦理修养和政治建设两极发展。但由于孔子儒家对殷周文化的继承性,因而具有原创的丰富性和包容性,不像战国诸子那样偏执于一端。从《论语》看,《颜渊》篇的"四海之内皆兄弟",就是墨家思想的滥觞;《子路》篇的"必也正名乎",为名家的思想资源;《公冶长》篇"乘桴浮于海"的志向,《子罕》篇"逝者如斯夫"的生命感叹,又近同于庄子道家的认识;《荀子·宥坐》还记载:"孔子为鲁摄相,朝七日而诛少正卯。"可见也有法家式的政治实践。这些都是明证。理解这一点,对于子路和曾晳的形象特点和价值取向就不难清楚了。

孔门师生是中国历史上第一个思想团体,也是中国文学史上第一组人物群像。他们作为个体,都各有志向,各具性格,有灿烂的生命实践;作为一个群体,则都文质彬彬,关怀政治人生。他们多元的,甚至矛盾的思想,形成了孔子儒家这一学派的张力和开放性,使之成为中华民族取之不竭的文化源泉。

(摘自仲伟帅主编《仲子历史文化研究》,原载《浙江海洋学院学报(人文科学版)》2002年第2期,有改动)

司马迁笔下子路之死探微

陈 曦

子路是孔子最喜爱的弟子之一,孔子甚至断言当自己"道不行"而"乘桴浮于海"(《论语·公冶长》)时,随侍其左右的最佳人选是子路,然而子路不幸死于公元前480年卫国的宫廷政变,小孔子九岁的子路竟在孔子之前辞世,噩耗传来,孔子心伤神摧!关于子路遇难的详情,司马迁在《史记》中的《卫康叔世家》及《仲尼弟子列传》中均有记述。但值得研究的是,这两篇的文字竟然出入很大,观点迥异。《卫康叔世家》基本沿用《左传》的材料,说子路是为救助其主孔悝而死,而《仲尼弟子列传》却将孔悝写成乱贼,子路正是前去向他问难而被杀。顾炎武云:"凡《世家》多本之《左氏传》,其与传不同者,皆当以《左氏》为正。"(《日知录》卷二六)杨伯峻先生也认为:"战国以后人述春秋事不同于《左氏》者,多不足信也。"正是依据这一原则,前人纷纷指出《史记·仲尼弟子列传》的谬误,但对司马迁自相抵牾,把子路的死因有意写得有异于《左传》的深层原因,却忽略一边,未加深察。

太史公对子路的人生结局是深感遗憾的,若明了于此,就不能不言及子路的性情及其在错综复杂的卫国政坛中的政治立场。

子路性格悍猛、倔强,"好勇力,志伉直,冠雄鸡,佩猳豚,陵暴孔子。孔子设礼稍诱子路,子路后儒服委质,因门人请为弟子"(《史记·仲尼弟子列传》)。入了孔门后,他对孔子的人品与学问虽充满了敬仰,但也绝不随声附和,而是坚持独立思考,若自认正确,则不肯盲从权威,因此经常与孔子发生争辩。如子路在担任鲁国季氏总管期间,任用孔子的另一位弟子子羔(高柴)到季氏的费邑当邑宰。孔子听说后,认为子羔还不精熟诗书礼乐而表示反对道:"贼夫人之子。"子路不以为然,说:"有民人焉,有社稷焉,何必读书,然后为学?"(《论语·先进》)最终也未因老师反对而收回对子羔的任命。同样,在如何看待卫国政局的问题上,孔子与子路也存有较大分歧。

分歧点集中于卫庄公、出公父子的争国。卫庄公名蒯聩,在做卫灵公太子时,对母亲南子的生活放荡而感到羞愧难当,一怒之下竟派人行刺南子,不果而逃亡。灵公死后,南子立蒯聩之子辄为君,辄即卫出公。卫出公的上台还得到了卫国世卿大族的支持。当时卫国最显赫的是石、孔两族,均积极辅佐出公。身居国外的蒯聩不甘寂寞，在强国晋国赵鞅的赞助下，于卫出公元年（前492年）潜回国内图谋篡位，遭到卫军阻拒，而卫军的统帅便是石氏曼姑。蒯聩未能获得卫国朝臣拥护，个中缘由因史料缺乏而不得其详，马骕曾为此而大致分析道："蒯聩之出，坐以杀母之名，锢以严君之命，历年不返，国人忘之久矣。"（《左传事纬》）笔者同意这一论断，但认为还需补充：蒯聩此人品性恶劣，大概也是其为国内朝臣所厌弃的重要因素之一。他当太子期间的表现，《左传》除了记述其中图谋杀母一事外，其余皆语焉不详。他的失德行径主要见载于他归国之后：他以怨报德，即位不久便对扶他登基的孔悝、浑良夫或撵或杀（分别参见《左传·哀公十六年》《左传·哀公十七年》），又得罪帮助他归国的晋赵鞅；他好干荒唐事，招致民人怨恨，如他发现戎州己氏之妻头发很美，便派人剪掉，将头发送给其夫人吕姜（参见《左传·哀公十七年》）。从他归国后的劣迹可以推知他在当太子时必定是不得人心的。因而在鲁哀公十五年（前480年），当他再次图谋篡位时，支持他的仅有其姊孔伯姬及孔氏家臣浑良夫，他们用卑劣手段劫持孔悝，胁迫孔悝加入他们一伙，发动宫廷政变，赶走了卫出公，使蒯聩登上了国君的宝座。

在卫出公未被撵下台之前，孔子与子路有过如下一段有趣的对话：子路曰："卫君待子而为政，子将奚先？"子曰："必也正名乎！"子路曰："有是哉，子之迂也！奚其正？"子曰："野哉，由也！君子于其所不知，盖阙如也。名不正，则言不顺；言不顺，则事不成；事不成，则礼乐不兴；礼乐不兴，则刑罚不中；刑罚不中，则民无所错手足。故君子名之必可言也，言之必可行也。君子于其言，无所苟而已矣。"（《论语·子路》）这段话有两点值得注意：一是何谓"正名"？《左传·哀公二年》称蒯聩为"世子"，故全祖望说："故孔子之正名也，但正其世子之名而已。既为世子，则卫人所不可拒也。"（《论语正义》卷十六引）刘宝楠亦云："名之颠倒，未有甚于此者。夫子亟欲正之。而辄之不当立，不当与蒯聩争国。"（《论语正义》卷十六）在他们看来，孔子之主张"正名"，就是主张卫国的王位应由蒯聩而不是辄来坐，所谓"教辄避位而纳蒯聩耳"（《史记评林》卷三十七引蔡颖滨）。联系孔子所提倡的"君君、臣臣、父父、子子"的思想，以及《论语·述而》所载"夫子不为（卫君辄）也"之语，可知这是符合孔子的原意的。二是子路觉得孔子的"正名"论过于迂腐。尽管他挨了孔子的骂，但从《左传》的记述中，可以看出他并没有接受孔子的意见，坚持认为卫出公乃理所当然的卫国国君,并继续担任卫出公的辅佐大臣孔悝的邑宰,积极为卫出公政权效力。

孔门弟子中最具政治才干的,除了冉有外,便是子路了。孔子欣赏他们的从政能力,但却为他们未能真正实践自己的政治理想而感到遗憾。当有人问他:"仲由、冉求可谓大臣与?"他答道只有符合"以道事君,不可则止"的为官原则时,才可称为大臣;子路两人是不够格的,不过聊备臣数而已。(参见《论语·先进》)由此愈加显明了孔子与子路师徒间的思想分歧,这种分歧显然主要体现在对"道"的理解上。子路是个殉道者,他与其说是死于敌人的刀剑,不如说是死于道德自律,这是无可置疑的,问题是他所遵奉的"道"的内涵,到底是什么?一句话,是忠于其主。

春秋时期礼崩乐坏,周天子只是名义上的天下共主,西周初期周公所精心设计的政治格局已被损坏殆尽。紧随周天子失势的是诸侯国的国君,君权旁落、大夫当政乃至陪臣执命已成各国的普遍现象。这种层层僭越的局面不能不引发君臣关系的复杂化。即以子路而言,他既是卫君的臣子,同时又是孔悝的家臣。按照"周礼"规定,他效忠的对象首先应是卫君,其次才是孔悝,当卫君与孔悝有危难的时候,他理当更加关注卫君的命运才是。但实际情形却恰好相反。孔氏作为卫国的大族,政治、经济实力均十分强大,招揽了像子路这样的人才为其家族服务。子路无论是在经济上还是政治上都依赖于孔家,使得他只知一心侍奉孔悝,用他的话来说就是"利其禄,必救其患"(《左传·哀公十五年》)。这是春秋时期产生的一种新的道德观念,已被当时社会所普遍认可。但恪守周礼的孔子却对这种新观念不以为然,故而当他闻知子路遇难的消息后固然悲痛万分,但却对子路的作为未加任何褒语。秦汉以降,随着君主制的日益加强,君权逐渐被提到至高无上的地步。在牢固的"忠君"意识武装下,儒家学者普遍认为"子路之死于义未精",也就不足为奇了。

若假以今人的眼光,自会觉得卫庄公、出公父子为争王权而不惜兵戈相见,充分暴露了权力欲对人性的销蚀,暴露了这一对父子灵魂的丑恶。但若从民心向背及维护政局稳定的角度来看,孔子对卫国政局的认识的确十分迂腐,过于机械化、理想化了,而子路在选择政治路线时则表现得比较通达,更多地考虑到了卫国的国情及卫人的现实利益。但他单枪匹马地前去救助被劫持的孔悝,却未免显得勇气有余而智慧不足。他的死不仅于卫国政局丝毫无补，而且他所献身的对象孔悝竟是一个才德平平的人物，就更令人对其所殉之道的偏狭而感慨叹息了。

但若采用司马迁的记载，情形就不同了。他在《史记·仲尼弟子列传》中用"作乱"二字评价蒯聩、孔悝等人的行为，认为蒯聩返国夺自己儿子的王位属谋反叛乱，而孔悝更是一个助纣为虐的逆臣，子路正是出于对卫出公政权的维护才挺身而出，不惜以鲜血和生命为代价，抗议蒯聩等人的篡国行径。司马迁将子路的死因由"效忠其主"改为"讨伐乱贼"，一下子将子路之死提升到维护卫国政局稳定的层面上，从而赋予子路的悲剧结局以一种崇高的意味。

太史公为何一改《左传》之成说呢？笔者以为其出发点有二。

一是在卫庄公父子争国的问题上，他倾向于《公羊传》而非孔子的主张。《春秋》曰："（哀公）二年，晋赵鞅帅师纳卫世子蒯聩于戚。""三年春，齐国夏、卫石曼姑帅师转围戚。"《公羊传》释经道："曼姑受命乎灵公而立辄，以曼姑之义，为固可以距之也……然则辄之义可以立乎？曰可。其可奈何？不以父命辞王父命也。"认为辄之继承王位是合乎礼法的。司马迁对《公羊传》的这种看法显然深为赞许，故而在行文中对蒯聩采取了一种贬斥的叙事态度。

二是为了让子路的死变得富有价值。司马迁最讨厌狡诈虚伪之徒，而对子路这样勇猛无畏、心地坦荡的人物，则格外欣赏，大加揄扬。然而当他以其特有的生死观衡量子路之死时，就不能不萌生憾意。他固然欣赏置生死于度外的人生境界，但他更提倡的是死得其所。他在《报任安书》中慷慨陈词道："人固有一死，死，有重于泰山，或轻于鸿毛，用之所趋异也。""勇者不必死节，怯夫慕义，何处不勉焉！"因此，他认为屈原死得不值，"怪屈原以彼其材，游诸侯，何国不容，而自令若是"（《史记·屈原贾生列传》），没有必要为昏庸的楚国统治者牺牲其生命。同理，他也会认为子路赴死的意义不大，从而不惜重新加以演绎。韩兆琦先生曾总结出《史记》的十项特殊书法，其一便是"明知史实不确，亦必记入，以见作者的观点理想"（《史记通论》），如程婴、杵臼"救孤"与曹沫"劫桓"之类，《史记·仲尼弟子列传》对子路之死的记述亦当作如是观。

（摘自仲伟帅主编《仲子历史文化研究》，原载《管子学刊》2000年第1期，有改动）

仲子的历史地位

梁士奎

仲子生前和死后，均未留下什么著述，他的学生见之于史籍的也只有成回一人。因此，他的生平事迹很不完整，仅散见于《论语》《左传》《孟子》《史记》等典籍中。但仲子以其突出的个性、高尚的道德、终身事师和捍卫圣道等，赢得了当时及后世人们的尊敬和爱戴，在历史上一直占有重要的地位。

仲子生前，即在孔门弟子中和鲁国社会乃至列国中，享有很高的威望。如前所述，他的刚猛勇武、忠信明决、敬师孝亲、一诺无盟以及治赋从政的道德修养和才能，是很少有人能比的。因此孔门弟子敬畏他，楚人羡慕他，晋人忌惮他，鲁、卫两国争聘他，在当时即成为美谈。孔子的高足子贡曾评价说："不畏强御，不侮矜寡，其言循性，其都以富，材任治戎，是仲由之行也。"(《孔子家语·弟子行》)这个评价是很高的，也是很客观的。因为以子贡的修养，绝不会说些阿谀之词，而且很可能代表了孔门弟子的共识。后来曾参的孙子曾西也说过一句很能说明问题的话。有人问曾西："您和子路相比谁更贤能些？"曾西惶恐不安地说："子路是我祖父所敬畏的人，我怎么敢和他相比呢？"(参见《孟子·公孙丑上》)曾参在历史上的地位比仲子和子贡都要高，被尊为"宗圣"，但他对仲子也很"敬畏"，足见仲子在同门中是多么受到推重。

在孔门弟子中，仲子年龄仅小于颜路和冉耕，而且是入门最早的弟子之一。因此受到晚辈师弟如子贡、曾参等的尊重是很自然的。但这不是主要原因，主因是仲子在德才两方面均已达到很高的水平。孔子对仲子的批评是很多的，但对仲子的赞扬也是最多的。如称其勇说"由也好勇过我"(《论语·公冶长》)，"由之勇贤于丘"(《孔子家语·六本》)，"勇人也，丘弗如也"(《淮南子·人间训》)；称其孝说"由也事亲，可谓生事尽力，死事尽思者也"(《孔子家语·致思》)；称其义说"道不行，乘桴浮于海。从我者，其由与？"(《论语·公冶长》)；称其才说"千乘之国，可使治其赋"(《论语·公冶长》)，"由也果，于从政乎何有？"(《论语·雍也》)，治蒲"虽三称其善，庸尽其美乎？"(《孔子家语·辩政》)，"由也升堂矣，未入于室也"(《论语·先进》)；称其德说"不忮不求，何用不臧？"(《论语·子罕》)；等等。在对仲子的严责苛求中，又对其进行高度的评价，更显得仲子的品德之可贵。

对孔子来说,仲子既是他的学生,又是他的朋友和得力助手。从总体评价上说,孔子总是把颜回排在首位。但从对他的批评帮助方面看,孔子认为非仲子莫属,因为只有仲子敢于说实话,敢于和他相互争执辩难,因而能够御侮卫道。所以孔子曾自豪地说:"周文王得到四个贤臣,我孔丘则得到四个朋友。""自吾得由也,恶言不至于耳,是非御侮邪?"(《尚书大传》卷二)后人也评价说"仲子最为有功于孔子","孔子之道虽大,得仲子而愈尊"。(《仲里志·仲子本传》)"孔门弟子,颜(回)曾(参)而下,冉(有)闵(损)次之,子贡又次之。若子路好勇而信道也笃,卫道也严,其功不在颜曾下。"(《仲里志序》)

仲子在历史上的重要地位,从众多的古籍记载和评价上也可看出来。比如《论语》,它是在孔子死后由其弟子有若和曾参为主整理而成的,是孔子及其弟子们的言行录。全书共20篇、482章,而其中记载仲子言行的就有40章零1节。而且还有一篇以《子路》作为篇名,所占篇幅之多,在孔门弟子中是极为罕见的。后来司马迁作《史记·仲尼弟子列传》,入传者有77人,有事迹者29人,其中着墨最多的是子贡,其次就是仲子。据统计,大约有60余种古籍都或多或少地记载了仲子的言行事迹,并给予高度评价,如《汉书·刑法志》说子路"治其赋兵,教以礼谊",即把治军与教化结合起来。《后汉书·列女传》称"子路至贤",而《三国志·吴书·诸葛恪》更称子路有"亚圣之德"。有的史籍所载,甚至是有些猜度附会或演义之词。虽不可信,但亦说明仲子作为孔子的高弟,从来未被人们忽视过,孔子的一生及其学说是与仲子密不可分的。

自汉武帝采纳董仲舒"罢黜百家,独尊儒术"的建议后,孔子及儒学的地位一步步升高,仲子的地位也随之提升,如南宋大儒朱熹在《四书集注》中,就对仲子给予了很高的评价,在"仁"的方面,他说"子路之于仁,盖日月至焉者";在才艺方面,他说"子路之学,已造乎正大高明之域";在信义方面,他说"子路忠信明决,故言出而人信服之,不待其辞之毕也","子路之所以取信于人者,由其养之有素也"。他还引用北宋大儒程颐的话说:"子路,人告之以有过则喜,亦可谓百世之师矣。"程朱的话,都是有权威性的,故自宋以来,他们对仲子的评价基本上成为定式。至清初,官拜内阁中书的顾彩曾为微山仲庙撰写了一副对联:"治赋其才,升堂其德,七十国追随无倦,长为至圣之干城,先游夏而列贤科,有自来矣;负米是孝,结缨是忠,二千年俎豆常新,允作帝王之师表,并颜曾而膺世爵,不亦宜乎。"这副对联对仲子的德才和在历史上的地位做了很好的评价和概括,是很有代表性的。

仲子的历史地位,除了后世儒家及社会的尊崇外,主要的还在于历代王朝的官方认可。自西汉政权确立后,孔子及其学说被确认为天下独尊,其主要的弟子也随之而被尊崇。

东汉明帝永平十五年(72年),汉明帝东巡至阙里朝圣,祀孔子及七十二弟子。从此,凡祭祀孔子,仲子皆从祀。唐玄宗开元八年(720年),仲子被列为"十哲"之一;开元二十七年(739年),追封仲子为卫侯。宋真宗大中祥符二年(1009年)加封仲子为河内公,并遣尚书左丞陈尧叟到澶渊(今河南濮阳)祭仲子墓。宋神宗熙宁八年(1075年)诏定孔子冕服九旒九章,仲子冕服七旒七章。宋徽宗崇宁五年(1106年),考正孔子冕十二旒,服十二章;仲子冕九旒,服九章。旒即冕冠前后悬垂的玉串,章即冕服上的彩色图文,用以标志等级地位。按古礼制之规定,冕冠和冕服都有严格的等级,除天子为十二旒、十二章外,最高的冕服等级就是九旒九章了。宋度宗咸淳二年(1266年)晋封仲子为卫公。明世宗嘉靖九年(1530年)追尊仲子为先贤。清代对仲子格外推崇。康熙曾为微山仲庙题写匾额,称仲子为"圣门之哲";雍正也为其题匾曰"圣道干城""勇行贻范";乾隆除题写"贤诣升堂"的匾额外,还亲撰楹联颂扬仲子:"三德达身修勇故不怠,四科从政事果则无难。"

仲子距今已有两千多年,在这漫漫的历史岁月里,有多少人被历史淘汰,被世人忘却!而孔子及其主要弟子,其中包括仲子却始终受到人们的景仰和传颂,这难道不值得我们深思吗?

(摘自仲伟帅主编《仲子历史文化研究》,有改动。作者梁士奎原系泗水县委组织部副部长、泗水县仲子文化研究会会长)

仲子概述

梁士奎

仲子姓仲名由，字子路，又字季路，春秋末鲁国卞邑（今山东泗水东南）人，生于公元前542年夏历九月初七日。

仲子的先祖仲咨曾做过卞邑大夫，从那时起仲家便成了卞邑人。传至仲子时，家道早已中落，成为贫寒之家。这样的家庭条件及当时礼崩乐坏、动荡不安的社会历史环境，使仲子自幼养成了吃苦耐劳、扶弱济贫的精神和无拘无束、尚勇好强、果敢刚毅的性格。他小时曾读过书，受到学校教育，但其本性是好动不好静，因此不大爱学习。他经常戴着雄鸡冠，腰束猪牙串，身佩长剑大弓，一副雄赳赳、气昂昂的样子，希望将来能驰骋疆场，冲锋陷阵，杀敌报国。

大约在他十八九岁的时候，孔子带着几个弟子溯泗河来到卞邑。在这里，他们邂逅了仲子并遭其"陵暴"。孔子对仲子以礼相待，耐心说服诱导，并收之为徒。从此，仲子便终身追随孔子，受四教（文、行、忠、信）、习六艺（礼、乐、射、御、书、数）、堕三都、游列国。在几十年的甘苦患难中，师生结下了深厚的友谊，仲子也由一介勇夫而终至学造升堂，荣登四科（德行、言语、政事、文学）中的"政事"科，成为德才兼备、文武双全的难得的人才，在当时即受到孔门弟子和各国的尊重。

仲子从"卞邑乡野之人"成长为一代贤哲，绝不是偶然的。除了孔子对他的悉心教诲和社会实践的磨炼外，最主要的还在于他自身的努力。他通过坚持不懈的努力，不断提高自身素质，逐渐凝聚为许多高尚的道德品质和多种才艺技能。其最突出的是：

尊师重道。他视师如父，终身侍奉在侧，虚心接受孔子的教诲，并以保卫孔子安全、维护孔子学说为己任。孔子周游列国，他不是驾车就是充当侍卫。对于攻击和污蔑孔子的言论，他总是针锋相对地予以回击。所以孔子曾不无感激地说："自吾得由，恶言不闻于耳。"（《史记·仲尼弟子列传》）又说："道不行，乘桴浮于海。从我者，其由与？"（《论语·公冶长》）

事亲至孝。在家时，仲子自己吃糠咽菜，省下粮米以供父母。拜师后，他经常百里负米回家，以养双亲。父母死后，他时常怀念，并为未能尽孝而内疾。孔子曾赞叹道:"由也事亲,可谓生事尽力,死事尽思者也。"(《孔子家语·致思》)他的孝行被后世作为典范而列入"二十四孝"之中,广为传颂。

勤学好问。仲子拜师后,一改过去不爱学习的毛病,以孜孜不倦的精神刻苦读书学习。其突出的特点就是"好问",而且常常"打破砂锅问到底"。尤其可贵的是,他敢于发表自己的看法,敢于质疑和批评老师。师徒间的相互攻击辩难,对孔子和仲子的自身修养和学问的深造都有极大的好处,所以孔子对此非常赞赏,认为做学生的,就应该"当仁,不让于师"(《论语·卫灵公》),并批评颜回说:"回也非助我者也,于吾言无所不说。"(《论语·先进》)

闻过则喜。孔子对仲子的批评是很多的,有时甚至批评过了头,但仲子总能欣然接受。一次,仲子弹琴有北鄙杀伐之声,遭到孔子的严厉批评,于是仲子痛悔自责,闭门思过,"不食,七日而骨立焉"(《说苑·修文》)。孔子听说后很受感动,说:"由之改,进矣。"(《说苑·修文》)"过而能改,其进矣乎!"(《孔子家语·辩乐解》)孟子曾把仲子的这种喜于闻过、勇于改过的品德比于禹、舜,给予极高的评价。

尚义信诺。仲子的另一美德是见义勇为、诚信重诺。凡是于义当为的事,他总是抢着去做;凡是承诺了的事,他就急于去兑现。所以《论语》上记载"子路无宿诺"(《颜渊》),"子路有闻,未之能行,唯恐有闻"(《公冶长》)。仲子的信义,甚至达到了"一诺无盟"的地步。小邾国的大夫射叛投鲁国,指名要和子路定盟,说只要子路能说句话,他就不用和鲁国盟誓了。可见仲子的信誉之高。

治赋千乘。仲子多才多艺,他既会弹琴鼓瑟,又能诵诗襄礼;既会御车射箭,又能治军牧政。他的勇武闻名于世,是当时少有的军事将才、帅才。他晚年任蒲邑宰时,仍能使强大的晋国不敢兴兵犯卫,古籍记载:"晋人欲伐卫,畏子路,不敢过蒲。"(《荀子·大略》)孔子也经常说:"由也好勇过我。"(《论语·公冶长》)"由也,千乘之国,可使治其赋也。"(《论语·公冶长》)可惜的是,仲子的军事才能始终没有机会得到展现。

从政唯优。在孔门弟子中,政事才干突出者不乏其人,而孔子独称仲子和冉有,可见两人又在他人之上。仲子在任季氏宰时就充分显示出其才干,得到孔子的赞赏。他任蒲邑宰时,以德行政,亲率民众兴修水利,把蒲邑治理得很好。所以孔子接连三次称赞"善哉!由也",并说:"虽三称其善,庸尽其

美乎?"(《孔子家语·辩政》)

仲子的高尚道德品质是中华民族优良传统的具体体现,对当代思想道德建设具有重要意义。其多才多艺特别是治赋从政的才能,也对我们培养大批治军、治政的高素质人才具有指导意义。

公元前480年冬,卫出公的父亲蒯聩,挟持卫国执政孔悝发动政变。仲子闻讯赶回卫都,欲制止政变、营救孔悝。搏斗中,仲子的帽带被打断,他大声说:"君子死而冠不免。"(《史记·仲尼弟子列传》)于是系好帽带,从容就义。消息传到鲁国,孔子痛哭不已,连呼:"老天爷要绝我命啊!老天爷要绝我命啊!"

仲子作为一代贤哲,受到后世的尊崇,占有重要的历史地位。《论语》《孟子》《史记》等60余种古籍都记有他的言行及对他的评价;汉明帝时开始从祀孔子;唐玄宗时追封为卫侯,被列为孔门"十哲"之一;宋真宗时加封为河内公;宋度宗时晋封为卫公;明嘉靖时追尊为先贤。有清一代,更对仲子尊崇有加,如称颂仲子为"圣门之哲""勇行贻范""圣道干城""贤诣升堂"等等。历代封建统治者对仲子的尊崇和封谥,目的是要人们去恪守封建道德制度,维护封建统治。今天我们研究和宣传仲子,则是要从仲子的思想道德、言行事迹中发掘和汲取传统文化中的精华,古为今用,为我们的"四化"建设服务。

(摘自仲伟帅主编《仲子历史文化研究》,有改动。作者梁士奎原系泗水县委组织部副部长、泗水县仲子文化研究会会长)

率直可亲的子路

黄朴民

孔子门下弟子号称三千人,但其中真正有造诣、"受业身通者七十有七人"(《史记·仲尼弟子列传》)。在这些数得上的大弟子中,让人感到最为亲切、最为可爱的是名列"政事"之科、勇武有力的子路。

子路在孔门弟子中属于年龄较长者,只比孔子年轻九岁。据此一条,子路与孔子的关系似乎应处于亦师亦友之间,但通观《论语》《孔子家语》《史记》等文献,我们发现子路像是总也长不大的顽童,心直口快,了无城府,天真直率,血气方刚,是一位个性鲜明、有棱有角的生动人物。《论语》关于子路言行的记载多达二十余则,其音容笑貌逼真生动,呼之欲出。

子路能当上孔门大弟子,并深得孔子信任,自然有其独到可取的长处。子路的长处就在于他具备干练的办事能力。孔子曾说:"由也,千乘之国,可使治其赋也。"(《论语·公冶长》)又说:"由也果,于从政乎何有?"(《论语·雍也》)"片言可以折狱者,其由也与?"(《论语·颜渊》)可见,尽管孔子有时对子路有所批评,认为子路鲁莽冲动,但对子路的从政才干还是充分肯定的。

当然,子路让人觉得亲切可爱,并不在于他的工作能力,而是因为其纯朴质直的人格魅力。套句俗语,就是子路的为人,于平凡中见伟大;子路的个性,于率真中见真情。作为典型的性情中人,子路才是严格意义上的"儒之大者"。

子路对于自己的老师孔夫子尊重而不迷信。在孔门诸多弟子之中,敢于对孔子的所作所为直言不讳表示不同意见甚至尖锐批评质疑的,唯有子路一人。孔子见南子,子路不满之色溢于言表,逼得孔子连连向天发誓:"予所否者,天厌之!天厌之!"(《论语·雍也》)公山弗扰、佛肸等人搞叛乱,想借重孔子的名望造声势,征召孔子前去帮忙,整天希望"治国平天下"的孔子心动了,准备应召。子路知道后,便"以子之矛,攻子之盾",用孔子经常挂在嘴边的礼义大防之道责备孔子,逼得孔子连声辩白,最终不敢去与"乱臣贼子"为伍。孔子津津乐道什么"必也正名乎"一套东西,子路听得不耐烦,认为这简直是"迂腐而阔于事情",直截了当地批评孔子:"有是哉,子之迂也!奚其正?"弄得孔子颜面上十分难堪,下不了台,气急败坏地斥责子路:"野哉,由也!"(参见《论语·子路》)与那位一天到晚对孔子唯唯诺诺、毕恭毕敬的"优秀"弟子颜渊相比,子路实在有点"头上长角,身上长刺"的味道。从表面上看,子路锋芒毕露,快人快语,不大给孔子面子,但实际上,子路把老师看作人而不是神,乃是对老师真正的尊重,是真情实感的天然流露,没有半点的虚伪矫饰,从而在真正意义上践行了孔子的道德原则:"当仁,不让于师。"(《论语·卫灵公》)相反,像颜渊那样对老师亦步亦趋,并不是真正的从师之道,起不到任何教学相长的作用,这一点连孔子自己都承认:"回也非助我者也,于吾言无所不说。"(《论语·先进》)

  子路的质朴天真,还表现为勇于在公开场合表达自己的真正看法,从不虚与委蛇、欲说还休。《论语·先进》中有件事典型地反映了子路这一性格特点:他委派子羔去做费邑的行政长官,孔子认为这一任命不明智,说重了,简直是误人子弟,"贼夫子之子"。子路却觉得老师的批评没有道理,表示:"有民人焉,有社稷焉,何必读书,然后为学?"孔子听了自然很不高兴,指责子路是强词夺理、逞舌狡辩。这件事本身的对错我们姑且不论,但子路能够光明磊落地说出自己的意见,就是其为人正直、言行一致的形象写照,那种"逢人且说三分话,未可全抛一片心"的圆滑之态在他的身上找不到半点影子。这样的品德实在是难能可贵。

  子路的可爱,还表现为他毫无私心,喜怒哀乐全形于色。《论语》和《史记》等典籍中所描述的子路是一个易动感情,且多少有点自我表现欲的寻常男子。孔子"在陈绝粮",跟随的弟子们都饿得两眼发昏,躺在地上爬不起身,但碍于情面,不敢在老师跟前发牢骚。这时唯有子路敢到孔子那里发泄不满:"子路愠见曰:'君子亦有穷乎?'"(《论语·卫灵公》)一个"愠"字,传神地写出子路的真切情感。又如,孔子悲叹自己生不逢时,政治理想无法实现,萌生"道不行,乘桴浮于海"的念头,且以为届时只有子路能够陪伴自己出行,即"从我者,其由与?"时,子路听后不禁沾沾自喜,得意起来。"子路闻之喜",一个"喜"字,生动地体现了当时子路乐不自禁的神态。(参见《论语·公冶长》)"唯大英雄能本色,是真名士自风流。"子路不失赤子本色,称得上是大英雄与真名士。

  "儒者,柔也。"(《说文解字》)令人遗憾的是,子路的本色精神在后世儒者的身上并没有继承下来,更遑论发扬光大了。历史上的儒者大多不是巧言令色、道貌岸然、口是心非的伪君子,就是拘泥教条、迂阔无能、尸位素餐的酸夫子,使得儒家学说的真正生机遭到严重的窒息。子路若泉下有知,一定会为这种儒林异化现象冲冠一怒,痛惜不已!

(摘自仲伟帅主编《仲子历史文化研究》,有改动)

仲子其人其事及对后世影响

周 棉

在中国五千年光辉灿烂的历史长河中，曾经涌现出一批光耀百代的政治家、思想家、教育家、文学家，其中影响最大的莫过于儒家学说的奠基人孔子，而提到孔子及其思想，我们就不能不想到他的许许多多的学生。据说，孔子有弟子三千，其中能够称得上贤人的有七十二个。在这七十二个贤人当中，有一个深受孔子器重和喜欢的学生，他的名字叫仲由，因为他品德高尚，知识渊博，受历代推崇，所以称他为先贤仲子。

仲子，名由，字子路，又字季路，春秋时期鲁国人。具体地说，就是现在山东泗水人，生于公元前542年，卒于公元前480年，一共生活了63年，他比孔子小9岁，是孔子弟子中年龄比较大的一个学生。他从19岁成为孔子的学生，一生跟随孔子学习，并参与创建儒家学说和周游列国，长达40余年。他不仅是孔子得意的学生，也是儒家学派的主要成员和直接继承者之一，同时也是仲氏家庭最有影响的代表性人物，是仲氏后裔最崇拜、最为自豪的先祖。这也是我们今天学习、研究和纪念仲子的主要原因。

那么仲子为人和思想的主要特点是什么呢？下面我就简要地介绍一下。

大家知道，儒家学说的核心是"仁"，而"仁"的具体内容就是"忠""恕"。也就是说，做人要讲仁爱，要忠诚，要忠于职守，忠于国家，孝敬父母长辈；要讲"恕"道，要严于律己，宽以待人，原谅别人的过错。而仲子一生的言行就是以"仁"的思想为行动准则的，作为儒家学说积极的宣传者、得力的实践者和忠诚的捍卫者，仲子一生最突出的两点就是"至孝"和"善政"。

首先，仲子是一位大孝子。早年，他能够"负重涉远，不择地而休；家贫亲老，不择禄而仕"《孔子家语·致思》。就是说，仲子为了母亲喜欢吃的稻米，不怕路远背着重担，即使累了也不选择休息的地点；因为家境贫寒，父母年老，他年轻时放弃了升官发财的选择，一心一意地赡养父母。在中国古代有名的"二十四孝"图中，就记载了他为母亲百里背米的故事，讲的是仲子拜孔子为师后，一面刻苦学习，一面照顾家中年迈的父母。因为他的母亲喜欢吃山东曲阜的稻米，仲子就经常往返百里为他母亲背米。每次背米回家，他经常在济河西边休息，引起了人们的注意。后来，为了宣扬仲子的孝顺精神，人们就在河边立了一个石碑,并刻上了"仲子负米息肩处"。仲子在为父母养老送终以后,就到南方的楚国游览考察,随行的车子有上百辆,各种粮食、食品更是琳琅满目,享用不尽。这时仲子不由得感慨万端,想到自己虽然富贵,但是为父母背米却再也不可能了。孔子听说以后,也很感动,称赞他的这位学生为了父母"生事尽力,死事尽思"(《孔子家语·致思》)。也就是说,仲由在他父母生前,能够全心全意地尽孝,在父母去世以后,还不忘经常哀悼怀念,是真正的、彻底的孝顺。

其次,仲子善于从政,具有远大的政治抱负。有一次,他就对老师孔子慷慨陈词:如果一个有千辆兵车的国家,夹在大国之间,外面受到侵略,国内又有饥荒灾难,让我去治理,我只要用三年的时间,就可使人人有勇气,并且懂得道理。为了实现自己的理想,他61岁时出任卫国蒲邑宰。在任职期间,仲子勤政爱民,重视教化,兴修水利,取得很大成绩,深得人民爱戴。两年以后,孔子和他的另一个学生子贡来到这里,看到五谷丰登、老百姓安居乐业,孔子不由得三称其善,认为仲由"恭敬以信""忠信以宽""明察以断"。

仲子从政的突出表现是忠于职守,勇于献身。就在仲子在卫从政的第三年,即公元前480年,卫国发生了"父子争国"的政变。这时,63岁的仲子正担任卫国的大夫孔悝的家臣。为了制止内乱,仲子全然不顾个人安危,最后为国尽忠。原来卫灵公的太子因为受到宋国人的调唆,杀死了他的母亲而流亡在外,未能继承王位。这一年他回国,为了夺他的儿子卫出公的君位,就勾结他的姐姐,也就是孔悝的母亲,劫持了孔悝。仲子知道后就去营救。路上遇到子羔,子羔劝仲子不要去,因为他担心仲子去了会招来杀身之祸。但是,仲子却慨然地说:"吃人家的粮食,拿人家的工资,就应该替人消灾。"然后,就拿着剑毅然进城,与叛军展开搏斗,身负重伤,满身是血,就连帽缨也被击断。但是,他仍然顽强抵抗,临终前对逼近他的敌人说:"君子死,而冠不免。"(《史记·仲尼弟子列传》)也就是说:"君子可以死,但是帽子不能不戴。"于是他认真地戴好帽子,并且系好,最后被叛军砍成肉泥,从容就义。

但是,仲子的"忠"并不是"愚忠",他不像颜回那样对孔子唯命是从,而是能够坚持真理,敢于向孔子提出不同的建议,对老师的言行也敢于质疑和批评,有一种"吾爱吾师,吾尤爱真理"的品格。当他认为老师的言行违背了他的教导,就直言不讳地提出意见或批评。有一次,仲由问孔子:"假如卫国的国君让您去治理国家,您准备先干什么?"孔子说:"那一定先正名分。"仲子立即批评孔子说:"我的老师啊,您怎么这么迂腐啊!为什么要先去正名呢?"由此,我们可以看出仲子不盲从的品格。

仲子还闻过则喜,富于批评与自我批评的美德。他的这个优点为古代的很多文献所充分肯定。与孔子齐名的孟子就这样称赞仲子:"子路,人告之以有过,则喜。"(《孟子·公孙丑上》。今译:子路这个人啊,别人告诉他有过错,他就高兴。)宋朝的大儒周敦颐也说:"仲由喜闻过,令名无穷焉。"(《孟子·公孙丑上》。今译:仲由喜欢接受别人的批评,所以他的名字能够流传下去。)相传仲子拜孔子为师的时候,穿着华丽的衣服去见孔子。孔子对仲由说:仲由啊,你怎么这样神气啊,你知道吗,岷江之水从岷山流出时,只能浮起酒杯,但是,如果到了下游渡口,你不把船并在一起,不躲避大风,都不能过去。这是因为下游水大啊。现在你穿着华美的服饰,脸上又神气高傲,天下的人谁还肯把你的过失告诉你呢?于是,仲由立即换上了粗布衣服。

仲子还以诚信著称于世。中国著名的史书《左传》还记载了这样一件事:当时很小的邾国有一个名字叫作射的大夫想联络鲁国,指名叫仲子代表鲁国与他一起宣誓,因为他对鲁国的其他人一概不信。用孔子另一个学生冉求的话来说就是:"千乘之国不信其盟,而信你仲由一人之言。"当时鲁国是一个有上千辆兵车的大国,而射一个人都不信任,唯独信仲子一个人的话,可以看出仲子在当时是一个以诚信著称的君子。

仲子生前轰轰烈烈,悲壮不凡,死后更得到人们的敬仰和怀念,不仅仲氏后裔为他树碑立传,祠庙祭祀;后世很多学者也把他作为研究对象,据不完全统计,记载仲子的史书就有 20 部左右,至于文章那就更多了;有时还受到朝廷赐封。仲子死后,人们为了怀念他的业绩,为他修建了三座坟墓,一处在开州,就是现在的河南濮阳,埋葬了他的尸骨;一处在河南清丰,是他的招魂墓;一处在河南长垣,埋葬了他的衣服,是他的衣冠冢。可以说,仲子是生而有为,死而有名,生逢其时,死得其所。

今天,我们研究仲子,就是为了总结中华民族优秀的历史文化遗产。继承和弘扬中华民族优秀的民族道德和民族精神,特别是在全民族贯彻"八荣八耻"精神和力行和谐,提倡科学发展的今天,研究中国传统文化,研究中国传统文化的创建,研究儒家学派的创始人孔子及其弟子仲由等人,也就不仅有文化上的学术意义,更具有现实的意义和功用。仲子尊老诚信、忠勇进取的品格和精神,不仅是儒家思想的精神之一,也是仲子一生为人行事的闪光点。事实上,这已经成为中华民族优秀传统和道德的一部分,是我们今天可以而且应该继承和发扬的。一言以蔽之,我们要以古为今用的原则,用辩证发展的观点,研究、学习仲子和其他古代名人,为促进民族文化的发展和民族精神的更新服务。这不仅是仲氏后裔应该注意和努力的,也是我们大家应该注意和努力的。

(摘自仲伟帅主编《仲子历史文化研究》,有改动。作者周棉系江苏师范大学教授、徐州仲子历史文化研究会会长)

话圣门之哲

仲汉祥

圣门十哲,原以德行、言语、政事、文学四科的代表人十子称之。后因颜子配享,升曾子为哲,继又升曾子为配享,增子张为哲,总之,他们都是孔子的得意门生,儒家典范。孔子施教以德为先。这并不意味着德行之冠者便是学长,反而把兼有四科之长者居其后。

千百年来,由于历史的偏见和时代的局限,把仲子地位列于颜曾之后,这是不公正的。今天,我们用唯物主义观点、实事求是的态度来看一看,谁是学长,谁是十哲之首,应该如何对待仲子,还历史以本来面目。

一、孔子和仲子

仲子自儒服委质之后,一直跟随孔子,是孔子设学布道的早期门生。由于他忠诚勇敢,聪明能干,才能保护孔子安全,使教育事业不受干扰。因此,孔子非常信赖他。"自吾得由,恶言不闻于耳。"(《史记·仲尼弟子列传》)从这句话里我们可以想象当年儒学初创的情景,亦说明孔子自得仲子而愈尊。所以说:他们不仅是师生关系,同时还存在着朋友关系。

孔门三千弟子七十二贤人之中,唯有仲子敢与他抗争,其余皆亦步亦趋而已。我们知道,只有最亲近的人或最要好的朋友,才互相批评,有话直说,并不避嫌。其次便是一切以国家人民利益为重,不顾个人得失,无私无畏,敢于犯上直谏,多少年来为了维护君、父、师的尊严,错误地认为犯上不恭,这是不正确的,殊不知朝无诤臣、家无诤子之结果,又是怎样一个局面呢?

经过漫长时期的相处和共事,孔子最终得出"道不行,乘桴浮于海。从我者,其由与?"(《论语·公冶长》)这一结论。因此,我们知道,孔子始终是信赖仲子的,也就是说仲子是孔子最得意的门生。

二、仲子和颜子

孔子视由犹弟也,视回犹子也。仲由、颜路、曾点年龄都与孔子相差不远,他们与儒学的创建和孔教的起家是分不开的,是功不可没的。特别是仲子的贡献最大,事迹最多。而颜渊呢?不过是一个聪敏又非常听从老师之话的好学生而已,子曰:"语之而不惰者,其回也与!"(《论语·子罕》)由于他年少于诸贤,也不可能自始至终跟随孔子,所以他并不是当时的学长。

孔子的一切重大举动,都离不开仲子,诸如堕三都、周游列国等等,从而得到后世"孔子之道虽大,得仲子而愈尊"(《仲里志·仲子本传》)的评价。而诸子除做陪行人员之外,未闻其大有为也。可以说在儒学发展史上,仲子是孔子的得力助手,佐孔、相孔、卫孔,堪称孔子之副。论人品、学识、功绩均非其他弟子能比,后世人评曰:"孔门弟子,颜曾而下,冉闵次子,子贡又次子。若子路好勇而信道也笃,卫道也严,其功不在颜曾下。"(《仲里志序》)事实证明:由是学长,回不能代。日本著名学者井上靖就把仲子的历史地位排在颜曾之上。把仲子排在颜子后面,这是极不公正的。

三、仲子的风度和气质

古今以来,前朝文人墨客,当代研古同人,对仲子美德的赞誉、功绩的褒扬,已是够多的了。我作为仲子裔孙,表示感谢。在这里只想着重写一写仲子的光辉形象——风度和气质。

"内圣外王"一直是千古圣贤所追求的最高目标,其所谓内圣外王者,即是有王者风度,而含圣人之气质也。真正能达到这个境界,文王之后恐怕是寥寥无几。一般的帝王将相、耆英大儒多好大喜功,甚至排除异己,不能容人;爱听好话,怕闻逆耳之言。有风度者则缺乏气质,具优良气质者,却都又不能兼有风度。独仲子则兼而有之,诚百世儒宗千古之楷模也。

所谓王者风度,就是心胸宽广,以天下为己任,爱民如子,一切以人民利益出发,毫不顾虑个人得失。于君敢谏,于师敢净。"愿车马衣轻裘与朋友共敝之而无憾"这种风度在仲子治蒲期间已充分体现出来。兼之"儒服委质,闻过则喜"更显卓人之处,至于知难而进,以身殉国,临死不惧,结缨就义,便达到了王者风度之顶峰。殁后还永远留着高大威武的形象于人间,恐怕有史以来,再也没有第二个人吧!

就气质而言,仲子生性善良,诚恳朴实,刚直勇敢,事亲孝,交友信,虚心求学,勇于质疑,坚持真理,终身不怠。百里之地为亲负米,列国之间从师周游。不辞辛劳,无怨无悔。"大人者,不失其赤子之心者也"(《孟子·离娄下》),圣人之气质在焉。

四、仲子对后世的影响

仲子的生活年代，距今两千多年了。为纪念这一历史人物，有墓祠，有庙，有各地仲氏祠堂，还有更多的地名山名皆以仲子名，举不胜举。而留在百姓口碑中，尤其难能可贵！结缨之事多数人能言，老百姓常讲仲子故事，而颜曾则鲜为人知也。从这一点看来，孔门诸贤影响后世最深最远的也就是仲子了。

由此观之，不管是什么人，只要有高尚的品德、光辉的事迹，是会永远留在人们心中的。我认为儒家的形成与发展离不开仲子，圣门十哲对后世影响最深最大的也是仲子。仲子是学长，更容不得怀疑，名次不能列在颜曾之下。经过深入研究、深刻认识，我们要还历史以本来面目，更好地发扬仲子美德，启迪青年后生，让仲子高大的形象永世长存。

（摘自仲伟帅主编《仲子历史文化研究》，有改动。作者仲汉祥系仲子第七十三代孙，湖北省武汉市资深诗词学者）

新乡长垣第一任"县令""三善"美名因他而得

杨 扬

新乡,历史悠久,文化底蕴深厚。千百年来,这片土地上曾出现了许许多多灿若星辰的仁人志士。孔子、蘧伯玉曾在这里撒下"君子文化"的种子,关龙逄、比干曾在这里留下"忠魂义胆"的风骨,孙登、竹林七贤曾在这里传播"魏晋遗风"的潇洒淡泊……新乡的历史因他们而厚重,新乡的文化底色因他们而丰富。子路,就是其中一位。他在新乡长垣任职期间,为长垣赢得了"三善之地"的美名,他的故事至今仍被当地人津津乐道。

子路——长垣第一县令

沿新长北线进入长垣,在亿隆大道和新长北线交叉口人们会看到一尊近十米高的人物塑像:春秋装束,腰间佩剑,手执长卷,雄视前方,威仪凛然。他就是被后人评为"圣门高弟三千士,独立刚强第一人"的孔子的学生子路,也是长垣历史上有文字记载的第一位地方长官。子路(前542—前480年),姓仲名由,字子路,又字季路,鲁卞邑(今山东泗水东)人。子路擅长政事,孔子称赞他:"千乘之国,可使治其赋也。"(《论语·公冶长》)

《论语·先进》中,四子(子路、曾皙、冉有、公西华)言志之时,子路说:"一个千乘之国,夹在几个大国之间,外有军队威胁,内有饥馑逼迫。如果让我来治理,三年时间,便可使人民勇健,而且知晓方略。"可见,子路素有大志,志在报国,勤政为民。公元前487年,经孔子推荐,子路被卫国聘为蒲邑宰(今河南省长垣地方最高行政长官)。

上任之前,他向孔子告别。孔子告诉他:蒲城多壮士,是个很难治理的地方,要他谨慎从事,尊重他人,对百姓既要严格又要宽容。子路上任三年后,蒲城人民安居乐业。

有一回,子贡驾车,载着孔子路过蒲城。车子刚入蒲城境,孔子便称赞说:"善哉!由也,恭敬以信矣。"(子路做得真不错,做到恭敬谨慎而又有信用了。)

车子缓缓驶入城中,城内人来人往,熙熙攘攘,房舍俨然,孔子又称赞说:"善哉!由也,忠信以宽矣。"(子路做得真好,做到忠信而宽厚了。)

车子继续向前走,很快到了子路的官署。子贡停下车,牵着马,拉着缰绳,准备卸车。孔子下了车,踏上官署的台阶,又称赞说:"善哉!由也,明察以断矣。"(子路做得真好啊,做到明察而又有决断了。)

旁边的子贡大感不解,于是问道:"先生您还没有看到子路,然而却三次称赞他做得好。他做得好的地方,弟子能听您讲解一下吗?"

孔子看到子贡疑惑不解的样子,这才说:"一进入蒲境,我就看到耕地都整理得很好,杂草都铲除了,田间的水道也加深了,百姓都在田间劳作,这就可以看出是子路恭敬谨慎又有信用,所以百姓竭尽其力劳作。走进城内,看到垣墙和屋宇都完好牢固,树木长得很茂盛,这是因为他的政令忠信而宽厚,所以百姓才不苟且马虎啊。而走进他的官署,那里清静闲暇,我看到下面办事的人都很效力、服从命令,这是因为他明察一切,而又非常果断,所以他的政令没有扰民啊。从这些方面来看,即使我连续三次称赞他做得好,又怎能将他的政绩说尽呢?"(参见《孔子家语·辩政》)

至此,长垣被称为"三善之地",子路有了"三善治蒲"的美誉。

仁孝贤　真勇士

子路比孔子小9岁,是孔子的弟子中追随孔子时间最长的人。在《论语》一书中有关子路的记载就有41处,足可见子路在孔门中的地位。

子路十分孝顺父母,早年家里很穷,自己常常靠吃粗粮野菜度日,却从百里之外背米回家侍奉双亲。他做官以后锦衣玉食,常常怀念逝去的双亲,慨叹说:"即使我现在想吃野菜,为父母亲去负米,哪里能够再如愿以偿呢?"孔子称赞他:"生事尽力,死事尽思。"(《孔子家语·致思》)"二十四孝"中为亲负米故事的主人公就是子路。

子路性格直爽,敢于对孔子提出批评,他几乎是唯一一个敢当面批评孔子,表达自己态度的孔门弟子。如孔子见卫灵公的夫人南子时,子路不高兴,因为南子"美而好淫";当孔子谈"正名"时,他就说孔子太迂阔,甚至认为读书并不是成才的唯一路径,即"何必读书,然后为学?"(《论语·先进》),如此坦诚直言,是其他弟子所没有的。

子路为人勇武,孔子常与弟子谈志向,每次子路都抢先发言,而且多数是谈他如何勇敢,如何教别人勇敢,以及如何打仗等等。由于他极勇武,孔子周游列国途中,子路在孔子身边也扮演着御者(给夫子赶马)和保镖的角色,所以孔子说:"自从我有了仲由后,我就没有再听到恶意的言辞了。"

孔子对于子路也是很信任的,曾概叹说:如果道路行不通,就坐个木筏去海里,所有的弟子中,恐怕也只有子路会与他一同。

那么问题来了,地位如此重要,又深得夫子信任的子路最后何以惨死而终呢?

公元前481年,子路曾担任卫国大夫孔悝的邑宰。第二年,卫国发生政变,子路不在卫国,但他听说这件事后毅然前往卫国。

他的理由是:"食其食者不避其难。"意思是说,我拿人家卫国的薪水,吃人家卫国的俸禄,人家卫国有难了,我不能干看着。

他参加了同叛乱军的战斗。战斗中,子路身负重伤,衣冠不整,鲜血流了一身。这样的情形下,子路想起老师的教导:"君子死而冠不免。"于是他停下来,重新整理了帽子,系好了缨带。在系缨带的过程中,子路被叛军砍成肉泥。(参见《史记·仲尼弟子列传》)

子路死后,孔子失声痛哭。他听说子路被剁成肉酱,决心从此以后再也不吃肉糜。而长垣人民为了纪念子路,形成了大年初一第一顿吃素馅饺子的习俗,长垣美食"素四方饺"就是因此而来。

或许在今人看来,子路死得很迂腐,可细想,子路之死又是何其壮烈!到生命的最后一刻依旧保持君子的风度,坚守本我,恪守本心。如今又有几人?所以,子路的一生,是快意的一生,也是相当剽悍的一生。

德行不如颜渊,言语不如宰我,政事不如冉有,文学不如子游,而子路之死,则有颜渊、宰我、冉有、子游所不能为者。这大概就是孔子特别钟爱他的原因吧。

功千秋　利万代

子路治蒲三年,为长垣办了很多好事。他到长垣后干的第一件事就是带领人民兴修水利。

1. 文明渠。

他身先士卒,与百姓们一起挖沟修渠、打坝筑堤。老百姓劳务繁重,生活困苦,他便拿出自己的部分俸禄,每人每天发给一碗饭、一壶汤,以救助当时饥饿困乏的百姓,保证水利工程如期完工。

今长垣城西北的文明渠,就是子路亲率民众开挖的,虽历尽沧桑,但至今还发挥着排灌农田的作用。

在子路看来,对于蒲邑的治理,就是为百姓消灾避祸,让人们吃好穿好住好,安居乐业,他要实施的事儿,既具体又朴实。既然长垣,包括滑县、帝丘(濮阳),最困扰百姓的是旱涝,受黄河之害,未受其利,那么,蒲城的治理者必须首先成为一个合格的水利学家。

他从百公里外的黄河上游徒步跋涉,进行勘测,规划线路,带着干粮,风餐露宿,亲自带领全县民众开挖渠道,延伸至下游帝丘的金堤河。

在那样的时代,开挖一条文明渠可算得上是一个宏大的工程,也许比现代修建一座三峡大坝工程艰辛得多,困难得多。寒去暑往,全县民众齐心协力,历尽千辛万苦,挖通了贯穿4个县城的文明渠。从此,长垣的旱涝问题从根本上得到了解决。

2. 子路坟。

温顺流淌了两千多年的文明渠水,是至圣至善的遗言。

长垣人民在县城内东南隅建立子路祠,后在北街建河内公祠,以祭祀子路。他在帝丘遇难后,长垣人民又在城东北岳庄村东100米处修建子路坟,以表示对子路的纪念。由于子路坟规模宏大,古树成荫,亦为旧时长垣八景之一。

昔人已去,精神长存!两千多年后的今天,我们依然谈论、纪念子路,绝非仅仅是赞扬他的"治蒲之道",他"仁""孝""勇"的人格魅力,同样值得我们继承和发扬。

三毛说:"许多时候,自己可能以为许多看过的书籍都成过眼烟云,不复记忆,其实它们仍是潜在的。在气质里,在谈吐上,在胸襟的无涯,当然也可能显露在生活和文字中。"

虽然,子路、孙登等古代先贤们已经离我们远去,但他们的精神在历史沉淀中不知不觉地滋养着你我、滋养着这片土地上的每个灵魂。先贤们留下的每一点"精神的碎片"都会在恰当的时间展现出它的光芒。

(摘自冯平安主编《亿隆文学》,有改动)

附录：

蒲东

——"三善之地"的发祥地 "三善文化"的传播源

长垣在中国历史上的确是受上天眷顾的"幸运之地"，特别是在春秋时期，不仅孔子多次光顾，而且他的得意门生子路在此任蒲邑宰三年。三年来，一千多个日日夜夜，子路在这里充分展现了他治国理政的天赋，更把他个人的高尚品德和爱民情怀抒发得淋漓尽致，在这方土地上创造出千古传颂的"三善之地"。

蒲东——"三善之地"的发祥地

长垣人自古就有豪爽仗义的民风，敢爱敢恨，爱憎分明。在老县志上曾有这么一段话："蒲之民有功于则祀之，蒲岂善忘之功者乎？历代时而思之父母之祠，而祀之神明之者，有年矣。"特别是对子路，长垣人把他作为父母官的楷模，几千年来对子路的怀念和祭祀深入人心，它彰显着先贤仲由厥功懋德在长垣至高无上的存在和传承，也表达了古蒲人对当地官员遵循子路的希冀和渴望，逐步形成了一种儒教文化的风尚。

公元前480年，子路结缨遇难后，有文字记载的子路坟有三处：一是濮阳的首级墓，二是长垣的肢体墓（有的说是衣冠冢），三是清丰的招魂墓。长垣的子路墓前还建有全国最早的子路祠。清朝之前，长垣仲子墓祠的规模很大：前有山门，山门右旁立"先贤仲由祠墓"巨碑。过山门为牌坊，上书"三善遗踪"金匾。过牌坊为影壁墙。牌坊与影壁左侧为庑一排，右侧为筒子楼三层。影壁后为子路祠主殿，门上方有"先贤河内公墓"六个大字，后改为"正大高明"匾。主殿后为子路墓,墓前有巨型石碑,上书"大贤河内公子路墓"(字径七寸),整个祠墓占地数十亩。自春秋时期子路墓及墓祠修建始,两千多年来,它不仅是长垣重要的景观之一,而且是长垣人怀念、敬仰子路的精神场所。

两千多年来,在子路祠举行春秋二祭都是长垣的大事,除祀田所得外,县衙每次拨银三两为助。乾隆五十六年(1791年)所立石碑记载,每年九月九日重阳节,在子路墓前举行敬贤大会,公布子路墓附近村民的优免事项。每年九月九日的子路坟前的祭祀会,也成了远近闻名的商贸会,一直延续到现在。在老城区内,纪念子路的建筑还有仲子祠、子路书院,在县南街还修建了二贤祠(祭祀蘧伯玉和子路)等。有古诗云:

圣门高弟三千士,独立刚强第一人。

率意敢言师不让,直情求义气常伸。

治蒲略见平生学,仕卫终成志士仁。

说到结缨千古恨,祠前凭吊一沾巾。

在城北十里的学堂岗村(如今也属蒲东区管辖),这里曾是孔子讲学和子路等四子言志处,建有规模宏大的圣庙。

长垣子路坟的所在地,就在长垣蒲东街道的中心地位。

蒲东街道的前身是长垣的老城区,自古以来,老城区一直是县邑所在地,也是长垣人才荟萃之地,均属当时的政治、经济、商贸、文化中心。

三善文化作为传统儒家文化的一部分,根植于长垣,根植于古蒲城大地。蒲东街道长久以来承载着长垣历史文化的沉淀与发展,在三善文化和子路遗风的潜移默化中,善政善治,以人为本,以文化城,以文化人,与时俱进,率先发展。1996年城关镇被市委、市政府命名为"小康乡镇",1998—2000年连续三年被市委、市政府评为"治安模范乡镇",2000年被市委、市政府评为市级"文明乡镇"。

以习近平为核心的党中央,更是将中华优秀传统文化和重要性提升到一个崭新的高度,赋予中华优秀传统文化新时代的内涵,将中华优秀传统文化转化为实现中华民族伟大复兴、构建"人类命运共同体"的强大精神力量。习近平认为:"中华优秀传统文化是中华民族的精神命脉,是涵养社会主义核心价值观的重要源泉,也是我们在世界文化激荡中站稳脚跟的坚实根基。""中华文明绵延数千年,有其独特的价值体系。中华优秀传统文化已经成为中华民族的基因,植根在中国人内心,潜移默化影响着中国人的思想方式和行为方式。今天,我们提倡和弘扬社会主义核心价值观,必须从中汲取丰富营养,否则就不会有生命力和影响力。"

蒲东街道办事处几届党委认真学习和领会了习近平关于弘扬中华优秀历史传统的指示精神,依据蒲东得天独厚的历史资源,决定将三善文化作为推动蒲东各项工作的指导方针,作为全体干部治国理政的精神命脉,作为蒲东区建设新农村的强大动力,作为全民贯彻社会主义核心价值观的思想源泉……经过几年实践,一致认为,弘扬三善文化是一项"重传统、有创新、接地气、顺民心"的惠民工程,今后,从意识形态到具体工作的方方面面,都要长久地贯彻下去。

走进蒲东街道办事处,首先映入眼帘的就是办公大楼顶上的八个大字:三善之地,人文蒲东。这是一种独特的精神标识,它在向世人表明,蒲东人要把先人传承下来的价值理念和道德规范作为当代发展的固有根本,并从中华优秀传统文化中充分汲取思想道德营养,结合时代要求加以延伸阐发,做好创造性转化和创新性发展。

在蒲东街道办事处院内,立有一块镌刻着"恭敬、诚信、明察"的石碑,这六个字就是"三善文化"的精神内涵,它要作为机关干部每个人的座右铭。

2001年12月,位于蒲东街道繁华的龙山商业街北口,一座由汉白玉雕刻而成的子路雕像落成。

2019年,位于蒲东街道金源农贸市场北口的三善坊落成,高10米,宽13米,牌坊顶层正中镶嵌着匾额"三善坊",横跨在人员密集流动的大道上。

2021年9月3日,蒲东街道景荣路与景贤大道交叉口的论语公园,正式更名为"子路园",让人们在休闲游乐时学习"三善文化"的知识。

2021年5月14日,由市人大和蒲东街道共同主持的《长垣三善文化志》编纂工作正式启动,组织专职人员对三善文化的历史资料进行系统深入的挖掘、鉴别和整理;对三善文化形成的历史渊源进行认真的研究和探讨;特别是两千多年来三善文化对长垣政治、经济、人文的影响和作用,要进行全面、系统的归纳和完善,使其成为一本资料翔实、准确、丰富的历史文本,在市场经济发展中激活中华民族中优秀的精神基因,使其成为建立社会主义市场经济新伦理的一个重要精神来源,对弘扬、学习优秀传统文化,建设新长垣,起到一定的推动作用。

《长垣三善文化志》的编纂工作,也得到子路故里仲氏后人的支持和欢迎,他们多次来信表示感谢,并主动提供相关资料。

由于岁月的侵蚀和人为的破坏,在蒲东境内的子路坟、子路祠,在"文化大革命"后已茫然无存,只有残留的石碑、石柱座等散落民间。这是长垣人心中的罪责,心中的痛。蒲邑的后人对重修子路坟、子路祠的呼声越来越高。蒲东街道几届领导班子对此也十分重视,重建工作已逐步进入议事日程。

2021年10月22日,子路坟遗址勘探定位工作已取得重大进展,子路坟大殿遗址已重见天日,后续重建的规划设计、资金来源等正在紧锣密鼓地进行,不久的将来,子路坟、子路祠将重现蒲邑大地。

蒲东街道扎实推进"以文化城"工程,充分担起蒲东街道作为老城关镇、古蒲城在历史文化传承上的责任和使命,培育新兴产业,壮大优势产业,紧抓城市东进战略发展机遇,以新型城市建设和现代服务业发展为重点,加大招商引资力度,高标准谋划蒲东新城、东南新城,打造城市双修示范区,房地产、现代服务业等新兴产业蓬勃发展。多年来引进、落地、完成了如职业装小镇、黄河滩区迁建、静脉产业园、卫蒲公园、卫蒲小学、汇森紫云府、佳龙水云轩、银河君悦等一批高质量、支撑性项目,谋划了匡城路商贸综合体、蒲东商贸综合体、蒲东医院等辐射性强的项目,推进城市持续扩容提质。在"恭敬、忠信、明察"的三善文化的影响下,生态、文明、富强、和谐的现代化蒲东正在建设中。

蒲东,作为"三善之地"的发祥地,充分利用这一优秀的历史资源,秉持客观、科学、礼敬的态度,为社会主义现代化建设提供精神滋养和智力支撑,推动蒲东的现代化建设。

同时蒲东也要成为三善文化的传播源,三善文化这一传统文化的优秀基因,经过创新转化在当今时代具有重大思想价值和现实意义,它是现代文明的根基和源泉。传承和弘扬三善文化,推动中华文化现代化,建设中华民族共有的精神家园,这是历史赋予蒲东的不容推卸的责任与担当。

蒲东街道(原城关镇)

蒲东街道位于东经114°40′42″—114°44′30″,北纬35°10′35″—35°14′25″,东与孟岗镇为邻,南、西南同南蒲街道相连,西、西北同蒲西、蒲北接壤,北、东北和满村镇相依。

长垣西周时属卫国,春秋时卫国的蒲邑邑治在今县城区域,为长垣建置前的原始县城。明属大名府开州,洪武二年(1369年)因黄河水患,迁县治于蒲城镇,即今治所在地。蒲东区域包含原长垣县城,明清时期老城区属当时县邑、县集所在地,曾被称为三善镇;民国时期分属一区在城镇、东关乡、南关乡。1945年9月,中共长垣县委在城关建立一区。1956年春,城关区改为城关镇,辖四关五街。1958年7月,撤区并乡为一乡一社,城关镇改为城关人民公社。1961年9月公社改称区,归属未变。1963年5月撤区,又建人民公社,西部属城关,东部属孟岗,东北部属满村人民公社。1982年5月社改乡、镇,西部属城关镇,东部、东北部分属孟岗、满村二乡。

2006年1月,根据河南省民政厅豫民行批〔2006〕3号、新乡市人民政府新政文〔2006〕14号文件精神,撤销城关镇,设立蒲东街道。目前,蒲东街道共辖27个村、8个社区,面积38.9平方公里,户籍人口6.8万人,常住人口12.9万人。

从农耕时期的兴农兴水利,到新中国成立后社会主义三大改造,从初级合作社到家庭联产承包,从基础设施提升到城市扩建,从民营企业发展到新时代县域经济提升,正是蒲东街道兴经济、促文教、重民生的发展举措,既是弘扬三善文化的具体表现,也使三善文化的精神内核历经时代变迁,焕发新的光彩。

无论是城关镇还是蒲东街道,始终坚持弘扬中华优秀传统文化、保护历史文脉,致力于传统文化的传承与发展。1997年4月14日,学堂岗圣庙内的杏坛碑重立,当日在学堂岗村举行揭牌仪式。2020年3月1日,蒲东街道杏坛综合教育实践基地项目开始建设。2020年12月,蒲东街道以杏坛、子路、化龙、景荣、兴文、兴武等文化资源命名城市社区。2021年,蒲东街道多次组织传统文化资源调研。蒲东文化资源丰富,包括小岗遗址、学堂岗圣庙(杏坛)、崔景荣祠堂、郜氏胡同、郭寨石刻造像、寡过书院、兴文塔、子路坟、铜塔寺等多处古迹遗址。现存碑刻包括邑侯黄公修城记碑、杏坛碑、透影碑、重修学堂岗文庙记碑、重修学岗孔庙记碑等，其中"重修学堂岗文庙记碑"于万历二十五年(1597年)立，由李化龙撰文，郜永春书，崔景荣篆额，该碑完整无损。2021年，蒲东街道对辖区内13处文化遗址明确责任人，签订文物安全目标责任书，重新修葺小岗龙山文化碑。

学堂岗圣庙：位于城北5公里学堂岗村东。据《一统志》载："在长垣县城北十里，平广突兀，近岗土皆赤色，相传孔子曾过此讲学，今有庙……"《名胜志》载："昔孔子聘列国与弟子诵于此，故曰'学堂岗'。"县志记载，春秋时孔子和子路、曾皙、冉有、公西华四弟子周游列国。路过蒲城城北小岗村一带，因大雨而暂住于此并讲学7天。空闲时，孔子与四弟子言谈各人的志向，了解他们治理国家的才能，故此处又称"四子言志处"。子路任蒲宰时曾于此建草堂。圣庙始建于汉，唐宋渐盛。后将圣庙移建于学堂岗村东高岗上，村亦因学堂而得名。经明、清多次修葺，规模宏伟，逐渐成为豫北规模宏大的古建筑群，俗称"北杏坛"，为古蒲八景之一。新中国成立初期，庙宇、柏林犹存，后渐废。现存杏坛亭一座和碑刻数通。

小岗遗址：位于城东北4公里小岗村北300米处，1977年发现，南北长220米，东西宽120米，面积4.4万平方米，为新石器龙山、商、周至汉代的遗存。文化层约4.5米，距今4500年。1978年被列入长垣县第一批文物保护单位，1987年升为省级文物保护单位。

寡过书院遗址：位于城内东南隅，正德二年(1507年)建，万历二十三年(1595年)集童生于此攻读。康熙十五年(1676年)复建房数十间，历为县童生入泮试场。清末改为两等小学堂，辛亥革命后改为第一完全小学校，1938年毁于日军。

仲由墓(子路坟遗址)：子路治蒲，颇具政绩，邑人在其死后，于城东2公里处岳庄东地路北设坟一座，葬子路遗物，坟前修祠，庙内有碑两通，墓碑为"先贤仲由之墓"。每年九九重阳登高期间，群众多来朝拜，为长垣"四致八景"第三景。子路坟于1933年被黄河水冲毁。现文管所存清代碑刻1通。

兴文塔遗址：位于南关南头双忠祠前。塔13层，高10余丈，造型优美，雄伟壮观，是当时长垣最高的建筑物。嘉靖三十五年(1556年)建。1947年毁于国民党四十七师三八〇团工兵营敖学仁之手。

邑侯黄公修城记碑：1982年于县城北街井台上发现。1983年运至县文化馆，现收藏于县文管所。碑通高215厘米，宽74厘米。为嘉靖四十年（1561年）冬十月所立。碑中记载了长垣县的历史地位、区域，长垣县城的修建历史和嘉靖三十八年（1559年）夏秋大雨三月不绝、行人渡舟的水灾状况以及修城的经过，是珍贵的水文资料。

杏坛碑：现存学堂岗圣庙。高190厘米，宽77厘米。篆书"杏坛"二字居中，款云"承安戊年（1198年）五十一世孙元措立，门生党怀英篆书。万历乙亥（1575年）春后学知县事休宁胡宥重修"，该碑同曲阜孔庙杏坛碑笔迹完全相同。此处尚有楷书杏坛碑1通。仅存残石1块。

透影碑："长垣县重修学岗记"碑，俗称透影碑，碑高330厘米，宽103厘米，厚40厘米，楷书。万历三年（1575年）立，由广东按察司副使东明穆文熙撰文，河南道监察御史魏博郑国仕书丹，邑人明兵部尚书李化龙篆额。其碑透亮如镜，于1984年7月重立于"杏坛亭"西侧，并建有碑楼。

自古以来，蒲东区域文化深厚，教育资源丰富。春秋时，孔子曾讲学于长垣，讲学之处杏坛位于蒲东街道学堂岗村。蒲东街道始终传承古训，尊师重教，高度重视文教事业发展，目前辖区内有中小学17所，新建的景荣中学、景贤小学、景荣小学均已招生。明时，长垣城乡私塾甚多。明以后，官学日盛，城区内书院、学堂、县学等多处，如双忠祠义学、仲子祠义学、城东关帝庙义学、城内西街白塔寺义学、城内忠义祠义学等。建于嘉靖三十五年（1556年）的求仁书院是长垣最早的书院，曾位于长垣城内北街。明洪武初年，县丞刘彦昭在今北街路西处建文庙。康熙五十九年（1720年），知县赵国麟整修莲子祠时，于祠内建寡过书院。乾隆五十年（1785年），知县傅轶宗因双忠祠义学倾废，将原学田56亩拨入寡过书院，当时寡过书院享有盛名，士子踊跃争胜，人才辈出。

民国二年（1913年），在县城旧学署内创办第一所县立女子完全小学；民国六年（1917年），由原寡过书院改办的高等小学堂再次改为县立高级小学，是长垣县第一所新型小学；民国十九年（1930年），在县城黉学内创建县民众教育馆；民国二十一年（1932年），在女子完小内修建教学楼一座，开设女子师范，培养了长垣第一批女教师。

中华人民共和国成立后,文化教育事业迅速发展,兴学之风实为空前,作为县城政治文化中心,城关镇文化基础设施完善,居民文化生活丰富多彩。1959年,县人民影院在城关南大街路西建成,戏院、剧院、图书馆等公共文化设施先后在城关建成。1951年,在城内西大街建立初级师范,1953年师范改为初中,1955年改为长垣一中。1968—1969年,一中由城关公社管理。

1949年,县人民政府进驻县城(一区)办公,城关经济逐渐复苏,商贸繁荣。老城区无论在基础设施还是经济形态上,都率先开启发展之路,是国有经济和个体经济的领头军。1956年1月6日,城关落阵屯村成立全县第一个高级农业生产合作社(时称五星集体农庄),掀起大办高级社高潮;同年春,落阵屯使用外燃式五马力锅驼机抽水,开长垣排灌动力机械先例。1959年,长垣开始自建电厂发电,城关中心街安装路灯,为长垣照明之开始。党的十一届三中全会后,个体工商业生意兴隆,形成眼镜、农贸、布匹、服装、食品批发等五大专业市场。1985—1988年,先后完成四关五街道路拓宽改造工程。1988年,城关镇投资80多万元建成百货专业市场;1989年,城关镇政府建成三层眼镜市场大楼,占地5100平方米,有212间营业室,容纳580个摊位;1990年,投资180万元建成可容纳240个摊位的仿古式东风商场;1991年,城关镇政府投资156万元,在东关建立集体企业——河南蒲城起重机厂;1992年,扩建南街农贸商业街;1993年,为振兴城关经济,投资1500万元兴建站前商业街,引进外资300万元,长垣市利用外资建造的第一家商场——侨泰商场正式开业,投资2000万元在县城建设南路东侧兴建新城眼镜专业市场,筹建集体企业——新乡市起重机厂;1995—1998年,城关镇政府投资2070万元建设长垣铝厂,把原南街眼镜市场改建成家具市场,建成中心街小商品批发市场、林庄电焊市场。

1999—2003年,蒲东街道开启了城市大发展。1999年底完成铝厂债转股改制。2000年,多方筹集资金1000万元启动建设"龙山仿古商业街",于2001年10月31日建成。同年,东风商场投入使用。2002年9月26日,总投资9500万元的金贝山商城奠基施工,投资1500万元建成的金源农贸大市场开始营业。2002年8月22日,城关镇为了发展经济,将镇政府搬迁至长城大道东段,开启了蒲东新区建设。2002年10月25日,城关镇南街街委会将倒闭破产的针织厂改建成南街针织鞋帽批发市场。2003年10月28日,占地

126亩的金贝山温州商贸城隆重开业。

2006年以来,蒲东街道立足当下,科学规划发展蓝图,以城镇化带动"三化"协调发展,培育新兴产业,壮大优势产业,紧抓城市东进战略发展机遇,以新型城市建设和现代服务业发展为重点,加大招商引资力度,房地产、医疗器械、防腐及现代服务业等新兴产业蓬勃发展。先后引进、落地、建成了长城商贸城、静脉产业园、黄河滩区迁建、职业装小镇、子路园、湿地公园、汇淼紫云府等项目。

2017年1月,吕楼村整村拆迁完成,启动蒲东新城建设。2017年,完成蒲东新城的规划编制,蒲东街道成为全国唯一的县级城市双修示范区。2019年5月,五里铺村整村拆迁完成。2021年5月,治岗、小姜寨村整村拆迁完成,城市东南发展关口正式打通。谋划了东南新城、匡城路商贸综合体、蒲东商贸综合体、蒲东医院等辐射性强项目,推进城市持续扩容提质。2021年谋划建设的烹饪小镇(烹饪食品产业园)被写入长垣市"十四五"规划,正在编制整体规划。截至2021年底,蒲东街道公共财政预算收入完成2.39亿元,固定资产投资32.7亿元,居民人均可支配收入28427.2元,比上年增加8.3%。

2021年,蒲东街道扎实推进"以文化城"工程,充分担起蒲东街道作为老城关镇、古蒲城在历史文化传承上的责任和使命,持续提升公共文化服务水平,27个村街、8个社区均建设有文化站与新时代文明实践所,建成柴堤文化合作社,各村街每年举办重阳节敬老活动,弘扬传统文化,文化力量不断增强。2021年6月6日,蒲东街道庆祝建党百年华诞系列庆典活动开幕,"百年更青春 党的光辉照我心"文艺巡演首场演出,全年演出20余场。2021年6月24日,由蒲东街道联合主办的"百年更青春"——全国王氏书法名家百人百幅全国巡展开幕。

2020年初至今,新型冠状病毒引起的肺炎全球肆虐,蒲东街道严格落实上级疫情防控精神,建立工作体系,外防输入,内防反弹,强化中高风险地区返长人员的管控工作。2021年完成疫苗接种工作131941人次,完成全民核酸检测92000人次,筑牢防控屏障。

后 记

文化是一个地方最为持久的力量。

一个初秋的午后,与广民兄、文举老弟和孙宝全老师在文馨苑茶馆探讨《长垣三善文化志》的编纂工作时,我的头脑里忽然闪现出一个念头,如何梳理县城特色文化,更好地为这个伟大时代服务呢?

这实在是一个大问题。县城在历史和现实中有着十分特殊而重要的地位。我们习惯上认为,县以下即是农村,县城则是一个城市和农村的结合体,有其独特的文化。没有文化,就没有县城。反之,没有县城,文化也难以传承。县城文化和城市文化差异巨大,所以县城的管理与城市截然不同,过去有"皇权不下县"的说法。城市可以是现代化、规范化、法制化的管理模式,而县城则是人治与法治、德治的有机统一。费孝通先生在他的《乡土中国》中,提出"作为中国基层社会的乡土社会究竟是个什么样的社会"的问题,对县以下社会治理文化进行了论述,提出很多见地高远的意见和建议。之后还有许多大家对此做了深入的研究,得出的结论基本相同,即师古不泥古,师法古人又因时而变是大多数人的观点。那么对于长垣呢?我想,更要认同这样的说法。

中华文明五千年绵延不绝,是世界上的一个大文明,也是华夏民族的大贡献。中原地区是中华文明的发祥地,而长垣作为中原古邑,文化底蕴深厚,是生发、承载、弘扬中华文明的众多县级载体之一,有其独特的文化魅力和贡献。长垣文化绚烂多姿,尤其是传统文化博大精深。在漫长的历史长河中,长垣产生了诸如黄河文化、君子文化、三善文化、烹饪文化、民营企业文化等特色文化,为厚重多彩的中华文明增添了丰富内涵和一抹亮色,应当大书特书、歌之咏之。

长垣自古有重文的传统,历届党委、人大、政府、政协高度重视挖掘、整理、升华和弘扬县城特色文化,尤其是近年来,把文化建设放在了更加突出的位置,有条不紊地加以推进,彰显了进入新时代的文化自信。而一些有识之士顺势而为、主动作为,在传承和发扬县城传统文化上做出不懈努力,特别是宋广民、陈振宇、李建新等人相继整理出版了《长垣君子文化志》《长垣金石志》《长垣古代名人传》等皇皇大作,把长垣传统文化研究工作推向了一个高潮。

《长垣三善文化志》即在此背景下应运而生。

《长垣三善文化志》的定位是县城特色文化,其编纂也经历了一个曲折复杂的过程。有人提出问题,三善治蒲能否算作一种文化抑或能否称作三善文化?答案是肯定的。文化是相对于经济、政治而言的人类全部精神活动及其产品。文化是一种社会现象,是由人类长期创造形成的产物,同时又是一种历史现象,是人类社会与历史的积淀物。从长垣历史和现实来看,三善治蒲从甫一产生便已融入长垣经济社会发展之中,从"三称其善"到"三善之地",到三善镇、三善园、三善坊、子路园,三善基因根植血脉,三善理念深入人心,成为一种向上向善向好的价值追求。三善治蒲的影响还遍及全国各地,山东、河南、安徽等地到处都有历史遗存,而且不断发扬光大。毋庸置疑,三善文化可谓是长垣传统文化中最具代表性的文化之一,像黄河一样滋润了一代又一代的长垣人。三善文化在新的时代必将得到应有的尊崇。有人提出疑问,现在挖掘整理三善文化是否附庸风雅一时意气而为之?是否为赋新诗强说愁?一言以蔽之,三善文化还有用吗?这就涉及三善文化的内涵和时代意义了。其实,三善文化是以"恭敬""忠信""明察"为主要内容的治理文化,核心就是执政为民。自古以来,历代长垣人对三善文化颇为重视,不断加以丰富、传承和弘扬,使之成为长垣显性的文化符号和厚重的文化名片,"三善之地"享誉中原,三善治蒲名垂天下。进入新时代,长垣对三善文化倍加重视,叫响"三善之地",彰显三善特质,提升三善文化,助力长垣发展,为三善文化植入了时代基因,注入了生机活力,使之与时俱进、历久弥新。从这个意义上说,三善文化绝非封建糟粕、过时的文化,它还会秉承时代精神,不断注入新鲜血液,革故鼎新,永不过时。而我们编纂《长垣三善文化志》也绝非无病呻吟,而是以体用为要,用来服务当下、启迪未来、助推建功新时代,其时代意义是不言而喻的。

艰难困苦，玉汝于成。《长垣三善文化志》编纂历时近一年，即将付梓。在编纂的过程中，我们秉持初心，牢记使命，坚守原则，做好自我，以做人的标准来做学问，坚持历史唯物主义的观点，敬畏历史，直面当下，严谨治学，秉笔直书，为伟大时代奉献健康有用、积极向上的精神食粮。尤其是市委书记范文卿给予高度关注和大力支持，为文化建设把航定向，在市委全会上寄予殷殷嘱托，吹响了全市文化自信的号角。市人大常委会主任夏治中高度重视，躬身入局，亲自参与，为志书编纂制定任务书、路线图和时间表，确保志书编写有序推进。市政协党组副书记宋广民不辞辛劳，悉心指导，提供支持和帮助，对志书编写倾注了大量心血和汗水。全体编纂人员不负重托，宵衣旰食，协调一致，勉力尽责，四处采编，多方求证，高标准、高质量完成了工作任务。其中蒲东街道党工委书记王文举颇具人文情怀，传承弘扬传统文化，力推三善文化建设，给志书编纂提供了支持和保障。副主编孙宝全家学渊薮，治学严谨，心系桑梓，不遗余力，承担了大量工作，为志书编纂付出了艰辛和努力。市人大代表、富美公司李志刚热衷文化研究，对编纂志书提出了建设性意见和建议。还有济宁市仲子文化研究会会长仲伟帅为志书编写提供了大量资料，濮阳市子路博物馆也给予了热情帮助。在此，一并表示谢忱！

文章合为时而著。进入新时代，我们躬逢盛世。伟大的时代呼唤伟大的文化传承，注定要加压奋进、高歌猛进。这是我们着力研究县域特色文化、编好《长垣三善文化志》的不竭动力。2021年10月22日，天降祥瑞，子路坟大殿遗址重见天日，昭示长垣三善文化即将迎来春天。《长垣三善文化志》仅仅是我们对县域特色文化研究所尽的一点绵薄之力。这里面饱含着我们对县域文化尤其是治理文化的一些研究、思考和归纳，饱含着我们对家乡故土尤其是长垣传统文化的心血、汗水和挚爱，更饱含着我们对这片热土的希冀、祝福和期盼，同时也饱含着我们对历史先贤的敬畏和膜拜。我们也借此唤起对基层传统文化研究的重视，筑牢文化自信的根基，为家国、为民族、为这个时代出一份力、添一份彩，这也是我们不揣固陋、抛砖引玉的初衷。尽管如此，由于我们站位不高，专业素养欠缺，加之资料搜集不够，实际考察较少，才疏学陋，在志书编纂中难免有所疏漏，个别观点也难免有失偏颇。凡此种种，敬请专家学者批评指正。

又是一个怡人的午后，春和景明，杨柳依依。我们围坐在河南大学出版社马老师的书桌前,手捧厚厚的志书草稿,眺望远处的百年礼堂和铁塔,默默祝愿,静待花开,期待着《长垣三善文化志》的出版,能为县城文化建设增添一抹动人的春色,奏响一支春之歌。

陈文圣

2022 年 2 月 22 日

ISBN 978-7-5649-5179-5